Berit Ebert

# Wie Europa Zeus bändigte

Berit Ebert

# Wie Europa Zeus bändigte

## Transnationalität im europäischen Gleichstellungsrecht

Tectum Verlag

Berit Ebert
Wie Europa Zeus bändigte
Transnationalität im europäischen Gleichstellungsrecht


ISBN 978-3-8288-4582-4
ePDF 978-3-8288-7643-9

Umschlagabbildung: Maria, Ercole de. Zuschreibung nach Reni, Guido: Raub der Europa, nach 1630, GK I 7650 / Stiftung Preußische Schlösser und Gärten Berlin-Brandenburg / Fotograf: Roland Handrick

Gesamtverantwortung für Druck und Herstellung:
Nomos Verlagsgesellschaft mbH & Co. KG
Printed in Germany



Besuchen Sie uns im Internet
www.tectum-verlag.de

**Bibliografische Informationen der Deutschen Nationalbibliothek**
Die Deutsche Nationalbibliothek verzeichnet diese Publikation in der Deutschen Nationalbibliografie; detaillierte bibliografische Angaben sind im Internet über http://dnb.d-nb.de abrufbar.

*Für all jene, die an die Menschlichkeit glauben*

# Vorwort von Professor Karen Hagemann

Dieses hochinteressante Buch zeigt am Beispiel des Gleichstellungsrechts, dass Europarecht nicht von den europäischen Institutionen aufgezwungen wurde, wie vielfach behauptet wird, sondern ein Resultat des Zusammenwirkens von Mitgliedstaaten, Europäischem Parlament und Rat, sowie nicht zuletzt dem Gerichtshof der Europäischen Union und den vielen KlägerInnen ist, die dieses Recht und den Gerichtshof sehr aktiv genutzt haben. Zugleich macht es deutlich, wie zentral für jede Gender Mainstreaming Politik in den EU Staaten und damit eine Verbesserung der Position von Frauen in Wirtschaft, Politik und Gesellschaft das Gleichstellungsrecht der EU war und ist.

**Karen Hagemann**, James G. Kenan Distinguished Professor of History
University of North Carolina at Chapel Hill, Department of History

# Vorwort von Professor Moira Fradinger

*Transnatioanlität im Gleichstellungsrecht der Europäischen Union* is a must read for scholars, professionals and activists who strive for the elimination of gender discrimination. Ebert's authoritative book not only raises our hopes for gender justice but also offers future paths toward strengthening European supranational legal institutions. The author's impeccable, rigorous, seamless analysis of seventy legal case-studies of discrimination based on gender and sexuality from across Europe and settled at the Court of Justice of the European Union (CJEU), gives us a fascinating view of the dynamics between the supranational and individual levels, as the former empowers the latter. Contrary to the view that the CJEU suffers from a "democratic deficit" in by passing the regular political processes leading to law-making in member states, Ebert brilliantly concludes that the CJEU can actually do the opposite: it can revitalize democratic processes as individuals and gender-based interest groups mobilize legal cases solved by the CJEU to defend their rights against member states' laws. As the book reveals, while the Union's gender equality agenda initially came from the market logic of fair competition, it has gradually shifted toward a fundamental and human rights paradigm. Ebert's book is a beacon of light shining over one of the urgent questions of our times: the legal futures of gender.

Moira Fradinger, Associate Professor of Comparative Literature,
Department of Comparative Literature, Yale University

# Vorwort von Carl Otto Lenz

Die Autorin untersucht den Einfluss der Bürger (Kläger, Interessengruppen politischen Strömungen), der Regierungen der Mitgliedstaaten und der Organe der Europäischen Union (EU) – Europäischer Gerichtshof (EuGH), Europäisches Parlament und EU-Kommission – auf die Entwicklung des Gleichstellungsrechts der Europäischen Union. Sie tritt der These entgegen, dass ein aktivistischer EuGH durch umfangreiche eigene Rechtsetzung die Europäische Union dem Bürger entzogen habe. Die Rechtsentwicklung verdeutliche, dass das *Europarecht nicht von den europäischen Institutionen oktroyiert wurde.* Vielmehr gehe aus dem interdependenten Wirken von EU-Organen, Mitgliedstaaten und Klägern ein europäischer Rechtsbestand hervor, der aktiv genutzt werde. *Dieser demokratische Ansatz, der aus jedem auf diesem Feld tätigen Bürger einen Mitautor des Europarechts macht,* zeichnet das Buch aus und macht es ganz besonders lesenswert.

Carl Otto Lenz, ehemaliger Generalanwalt am Europäischen Gerichtshof (1984-1997)

# Vorwort von Veronika Springmann

Am 19. Mai 2021 sollte im Bundestag über die Aufhebung des Transsexuellengesetzes und die Einführung des Selbstbestimmungsgesetzes entschieden werden. Eine erschreckend große Mehrheit sprach sich für die Beibehaltung des Gesetzes aus. Das Thema Gleichstellung ist also nicht nur facettenreich, es ist leider auch immer wieder aktuell. Sich mit Gleichstellung zu beschäftigen, heißt eben auch sich damit auseinanderzusetzen, wie und in welcher Weise Geschlecht immer wieder gemacht und festgeschrieben wird. Das Buch von Berit Ebert zeigt einmal mehr, wie beharrlich die Kräfte sind, die sich immer wieder gegen Gleichstellung positionieren. Ob es Europa gelingt Zeus zu bändigen, wird sich herausstellen. Das Potential des Rechts, des Europarechts ist dabei ein wichtiger Verbündeter. In diesem Sinne ist Berit Eberts Studie wichtig und aktuell.

Veronika Springmann, DFG Forschungsgruppe Recht-Geschlecht-Kollektivität

# Inhaltsverzeichnis

# Abkürzungsverzeichnis

| | |
|---|---|
| ACUE | American Committee for a United Europe |
| AEUV | Vertrag über die Arbeitsweise der Europäischen Union |
| AfD | Alternative für Deutschland |
| ARBED | Aciéries Réunies de Burbach-Eich-Dudelange |
| BRD | Bundesrepublik Deutschland |
| BUSINESSEUROPE | Union of Industrial and Employers' Confederations of Europe |
| BVerfG | Bundesverfassungsgericht |
| CEDAW | Convention on the Elimination of All Forms of Discrimination Against Women |
| CEEP | European Centre of Employers and Enterprises providing Public Services |
| CSU | Christliche-Soziale Union |
| DSM | Diagnostic and Statistical Manual of Mental Disorders |
| ECICW | European Centre of the International Council of Women |
| Ecosoc | United Nations Economic and Social Council |
| EEA | Einheitliche Europäische Akte |
| EG | Europäische Gemeinschaft |
| EGB | Europäischer Gewerkschaftsbund |
| EGKS | Europäische Gemeinschaft für Kohle und Stahl |
| EGMR | Europäischer Gerichtshof für Menschenrechte |
| ELD | European Liberals and Democrats |
| ELDR | European Liberal Democrats and Reformists |
| EMRK | Europäische Konvention zum Schutze der Menschenrechte und Grundfreiheiten |
| EP | Europäisches Parlament |
| EPU | Europäische Parlamentarier-Union |
| EU | Europäische Union |
| EuGH | Gerichtshof der Europäischen Union |
| Euratom | Europäische Atomgemeinschaft |
| EUV | Vertrag über die Europäische Union |
| EUW | European Union of Women |
| EVG | Europäische Verteidigungsgemeinschaft |
| EVP | Fraktion der Europäischen Volkspartei |
| EWG | Europäische Wirtschaftsgemeinschaft |
| EZB | Europäische Zentralbank |
| FidAR | Frauen in die Aufsichtsräte e. V. |
| FN | Fabrique nationale d'armes de guerre |
| FüPoG | Gesetz zur gleichberechtigten Teilhabe von Frauen und Männern an Führungspositionen |
| GATE | Global Action for Trans* Equality |
| GATT | General Agreement on Tariffs and Trade |
| GG | Grundgesetz |

| | |
|---|---|
| GmbH | Gesellschaft mit beschränkter Haftung |
| GRCh | Charta der Grundrechte der Europäischen Union |
| IAO | UNO-Sonderorganisation für Internationale Arbeitsorganisation |
| ICD | International Statistical Classification of Diseases and Related Health Problems |
| ICW | European Union of Women |
| IGLYO | The International Lesbian, Gay, Bisexual, Transgender, Queer & Intersex Youth and Student Organisation |
| ILGA | International Lesbian, Gay, Bisexual, Trans and Intersex Association |
| ILO | International Labour Organization |
| ISK | Internationales Stahlkartell (auch Internationale Rohstahlgemeinschaft) |
| IWF | Internationaler Währungsfonds |
| KPH | Kampania Przeciw Homofobii |
| KSZE | Konferenz für Sicherheit und Zusammenarbeit in Europa |
| LaKoG | Landeskonferenz der Gleichstellungsbeauftragten an brandenburgischen Hochschulen |
| LGBTQIA+ | Lesbian, Gay, Bisexual, Transgender, Queer, Intersexual, Agender, Asexual, and Ally |
| MLF | Mouvement pour la libération des femmes |
| NATO | North Atlantic Treaty Organization |
| NPD | Nationaldemokratische Partei Deutschlands |
| OAS | Organization of American States |
| OECD | Organisation for Economic Co-operation and Development |
| OEEC | Organization for European Economic Co-operation |
| OSZE | Organisation für Sicherheit und Zusammenarbeit in Europa |
| PEU | Paneuropa-Union |
| PiS | Prawo i Sprawiedliwość |
| PO | Platforma Obywatelska |
| PSPP | Public Sector Purchase Programme |
| S&D | Progressive Alliance of Socialists and Democrats |
| SPD | Sozialdemokratische Partei Deutschlands |
| STP | Stop Trans Pathologization |
| TGEU | Transgender Europe |
| UEF | Union der Europäischen Föderalisten |
| UNICE | Union of Industrial and Employers' Confederations of Europe |
| UNO | United Nations Organization |
| USA | United States of America |
| VAMV | Verband alleinerziehender Mütter und Väter |
| WHO | World Health Organization |
| WOB-Index | Women-on-Board-Index |
| WUCWO | World Union of Catholic Women's Organisations |

# Abbildungsverzeichnis

# 1. Einleitung

Als Stier verwandelt entführte Zeus, der oberste und mächtigste aller Götter auf dem Olymp, die schöne Europa, die als Tochter des Königs Agenor von Phönizien im heutigen Libanon lebte. Zeus brachte sie nach Kreta, wo er wieder zu Zeus wurde. Wenig begeistert von ihrem Schicksal musste Europa erst von Aphrodite und Eros überzeugt werden, dass es durchaus im Rahmen des Erträglichen war, als irdische Gattin von Zeus erwählt zu sein. Der Erdteil, auf dem sie nun lebte, sollte fortan ihren Namen tragen. Die Rolle Europas in der griechischen Mythologie zeichnet sich vor allem durch eines aus: Passivität. Und diese Eigenschaft entspricht genau dem, was heute vielfach mit der Europäischen Union (EU) assoziiert wird, jedoch das Erreichte der Union verkennt. Das europäische Gleichstellungsrecht, so wird im Folgenden dargelegt, ist ein Beispiel für ein unionsrechtliches Positivum, jedoch ist das Recht nur dann im Sinne des Einzelnen erfolgreich, wenn seine Entwicklung vom politischen und gesellschaftlichen Diskurs begleitet wird. In Anlehnung an die Theorie Ernst B. Haas' wird gezeigt, wie diese auf mehreren Ebenen stattfindende Auseinandersetzung über die Jahre zu einem Transfer von Loyalitäten von der nationalstaatlichen auf die europäische Ebene führte.[1] Eingebettet in die entsprechenden nationalen und europäischen Prozesse waren es vor

1 Vgl. Haas, Ernst B.: The Uniting of Europe. Political, Social, and Economic Forces, 1950–1957, Notre Dame 2004, S. 299f. Haas definiert neben dem Aktivismus und dem Loyalitätentransfer von Interessengruppen, Gewerkschaften, Verbänden und Parteien weitere die Integration fördernde Faktoren. Darunter fällt der vertraute Umgang der Gründerväter miteinander, der klassische nationalstaatliche Machtpolitik in den Hintergrund rückte. Weiterhin sieht er die Abwesenheit einer starken Ideologie im Europakonzept der 1950er Jahre, die Notwendigkeit einer Koordination der europäischen Staaten im Kontext von GATT (General Agreement on Tariffs and Trade) und OEEC (Organization for European Economic Cooperation) sowie den Wunsch, gegenüber den USA und der Sowjetunion ein wirtschaftliches Gegengewicht zu bilden, als integrationsbegünstigende Faktoren an. Ein weiterer externer Faktor war laut Haas die Suez-Krise.

allem sozialpolitisch motivierte Anliegen, die nichtstaatliche Akteure[2] europarechtlich und staatstranszendierend in Anspruch nahmen.

Die heutige Europäische Union ging aus der Europäischen Gemeinschaft für Kohle und Stahl (EGKS) hervor, gegründet am 18. April 1951 und in Kraft getreten am 23. Juli 1952.[3] Ihre Gründungsansprüche – Frieden sowie wirtschaftlicher und sozialer Fortschritt – wurden maßgeblich avanciert durch Jean Monnet, Robert Schuman, Paul-Henri Spaak,[4] Altiero Spinelli,[5] Alcide de Gasperi,[6] Konrad Adenauer, und Winston Churchill[7], die alle durch die vorherige Erfahrung des Krieges geprägt waren. Nach dem Zweiten Weltkrieg und vor dem Hintergrund des sich ab 1947[8] abzeichnenden Kalten Krieges war die

2 Im Folgenden wird die männliche Form verwendet. Gemeint sind alle Geschlechtsidentitäten. Das Gleiche gilt für spezifische Akteure wie Aktivisten, Bürger, Kläger oder Richter etc.

3 Vgl. Vertrag über die Gründung der Europäischen Gemeinschaft für Kohle und Stahl, 1951, online verfügbar: https://eur-lex.europa.eu/legal-content/DE/TXT/PDF/?uri=CELEX:11951K/TXT&from=DE [Zugriff: 9. August 2019].

4 Seit 1935 war Paul-Henri Spaak (1899–1972) Mitglied der belgischen Regierung, zunächst als Minister für Verkehr und Post, danach als Außen- und Premierminister. In der Zeit von 1940 bis 1944 war er Außenminister der belgischen Exilregierung in London.

5 Altiero Spinelli (1907–1986) war im kommunistischen Widerstand gegen das faschistische Regime unter Mussolini aktiv. 1943 gründete Spinelli die Europäische Föderalistische Bewegung. In den 1960er Jahren war er Berater der italienischen Regierung und im Weiteren von 1970 bis 1976 Mitglied der Europäischen Kommission sowie 1979 Mitglied des Europäischen Parlamentes, wo er sich für ein föderalistisches Europa einsetzte. Mit anderen Mitgliedern des Parlamentes gründete er 1980 den Club Crocodile, der eine neue vertragliche Grundlage über eine Europäische Union ausarbeitete. Dieser sogenannte Spinelli-Entwurf wurde am 14. Februar 1984 vom Europäischen Parlament mehrheitlich angenommen. Die nationalen Parlamente stimmten dem Vertrag jedoch nicht zu.

6 Alcide de Gasperi (1881–1954) war von 1945 bis 1953 Premierminister Italiens.

7 Winston Churchill (1874–1965) war 1940 bis 1945 und 1951 bis 1955 britischer Premierminister.

8 Die von US-Präsident Harry Truman am 12. März 1947 vor dem US-Kongress abgegebene Erklärung wurde als Truman-Doktrin bekannt. Darin wird der außenpolitische Grundsatz formuliert, allen „freien Völkern beizustehen, die sich der angestrebten Unterwerfung durch bewaffnete Minderheiten oder durch äußeren Druck widersetzen“ (Rede des amerikanischen Präsidenten Truman vor beiden Häusern des Kongresses, 12. März 1947, in: Görtemaker, Manfred: Ursachen und Entstehung des Kalten Krieges, Bundeszentrale für politische Bildung, 9. Juli 2004, online verfügbar: https://www.bpb.de/izpb/10328/ursachen-und-entstehung-des-kalten-krieges?p=all [Zugriff: 24. Juli 2020].

europäische Einigung für sie ein Weg, ihre Länder auf einem besiegten Kontinent wieder ins politische Geschehen einzubinden. Die Verhinderung eines weiteren Krieges mittels Schaffung einer europäischen Struktur war damit kein idealistisches Traumprojekt, es war eine realpolitische Notwendigkeit.[9] Dies signalisieren auch die zahlreichen, in den 1940er Jahren initiierten Gründungen internationaler Organisation und Abkommen, darunter die Vereinten Nationen (United Nations Organization, UNO), der Internationale Währungsfonds (IWF) und die Weltbank im Jahre 1945, das Allgemeine Zoll- und Handelsabkommen (General Agreement on Tariffs and Trade, GATT) 1947, die Organisation für europäische wirtschaftliche Zusammenarbeit (Organization for European Economic Cooperation, OEEC) 1948,[10] die Weltgesundheitsorganisation (World Health Organisation, WHO) 1948, der Europarat 1949, die North Atlantic Treaty Organization (NATO) 1949, die Organisation Amerikanischer Staaten (Organization of American States, OAS) 1948 oder die Europäische Konvention zum Schutze der Menschenrechte und Grundfreiheiten (EMRK) im Jahre 1950. Ihre Aufgaben haben – analog zur Europäischen Union – wirtschaftliche, politische und menschenrechtliche Dimensionen.

Vor dem Hintergrund der am Boden liegenden europäischen Wirtschaft – Investitionen und Modernisierungen holten nach 1945 zunächst nur auf das Niveau von 1913 auf – fokussierten Jean Monnet und Robert Schuman auf die europäische Integration Frankreichs, die nachhaltig Wachstum sichern sollte.[11] Für Deutschland war das Projekt Europa mit der Hoffnung auf eine gleichberechtigte Rückkehr in die internationale Gemeinschaft verbunden.[12] Die Niederlande bauten auf den Absatzmarkt, der sich durch eine erholte deutsche Wirtschaft abzeichnete.[13] Für die USA war die europäische Integration angesichts der außenpolitischen Strategie des *Containment* (Eindämmung) will-

9 Vgl. Judt, Tony: A Grand Illusion? An Essay on Europe, London 2011, S. 24ff.

10 Die OEEC wurde gegründet, um die Marshallplan-Hilfe in Europa zu organisieren. 1961 wurde die OEEC in die Organisation für wirtschaftliche Zusammenarbeit und Entwicklung (Organisation for Economic Co-operation and Development, OECD) überführt.

11 Vgl. Judt, Tony: a. a. O., S. 31.

12 Vgl. ibid., S. 15.

13 Vgl. ibid., S. 16.

kommen.[14] Deutschland konnte mittels europäischer Integration auch international hilfreich sein: gegen die Sowjetunion und als Stütze des wirtschaftlichen Aufbaus in Westeuropa.[15] Darüber hinaus zeichnete sich in den USA aufgrund des Koreakrieges ein Mangel an Stahl ab.[16] Positive Entwicklungen eines innereuropäischen Handels versprachen aussichtsreiche Effekte für den transatlantischen Markt.[17]

Später, nach dem Scheitern einer Europäischen Verteidigungsgemeinschaft (EVG), entschlossen sich die Außenminister der EGKS 1955 auf der Konferenz von Messina[18] zur Gründung der Europäischen Wirtschaftsgemeinschaft (EWG)[19] und der Europäischen Atomgemeinschaft (Euratom);[20] beide traten am 1. Juni 1958 in Kraft. Der Anspruch der Gemeinschaften ist mehr als nur der Gemeinsame Markt[21] und die Verringerung des europäischen Produktivitätsrückstandes: Er ist politisch, sozial und auf das Zusammenwirken der Völker Europas und das Verhindern eines weiteren Krieges gerichtet. Christian Calliess

14 Vgl. Gehler, Michael: Europa. Ideen, Institutionen, Vereinigung, München 2005, S. 144ff.

15 Vgl. Lundestad, Geir: East, West, North, South. Major Developments in International Relations since 1945, London/Thousand Oaks/Neu Delhi 2006, S. 158.

16 Vgl. Gehler, Michael: a. a. O., 2005, S. 151f.

17 Vgl. Lundestad, Geir: a. a. O., S. 159.

18 Die Konferenz von Messina fand vom 1.-3. Juni 1955 statt. Teilnehmende Außenminister waren Gaetano Martino (Italien), Jan Willem Beyen (Niederlande), Antoine Pinay (Frankreich), Joseph Bech (Luxemburg), Paul-Henri Spaak (Belgien) und Walter Hallstein (damals Staatssekretär im Auswärtigen Amt, Deutschland). Hallstein wurde später der erste Präsident der Kommission der EWG.

19 Vgl. Vertrag zur Gründung der Europäischen Wirtschaftsgemeinschaft, 25. März 1957, online verfügbar: https://eur-lex.europa.eu/legal-content/DE/TXT/PDF/?uri=CELEX:11957E/TXT&from=DE [Zugriff: 9. August 2019].

20 Vgl. Steindorff, E.: Europäischer Markt und Euratom, Archiv des Völkerrechts, Vol. 6, Nr. 2, 1957, online verfügbar: www.jstor.org/stable/40797175 [Zugriff: 25. Juli 2020], S. 174–190.

21 Vgl. Calliess, Christian: Die Werte der Europäischen Union – Der europäische Staaten- und Verfassungsverbund als Werteverbund, in: Berliner Online-Beiträge zum Europarecht, Nr. 18, 10. Dezember 2004, online verfügbar: https://www.jura.fu-berlin.de/forschung/europarecht/bob/berliner_online_beitraege/Paper18-Calliess/Paper18---Die-Werte-der-Europaeischen-Union---Der-europaeische-Staaten--und-Verfassungsverbund-als-Werteverbund.pdf [Zugriff: 12. Dezember 2020], S. 6.

spricht von einem „magische[n] Wertedreieck“[22] bestehend aus „Frieden, Wirtschaft und Integration“[23]. Maßnahmen zur Erreichung der wertbestimmten Ziele waren die Errichtung einer Zollunion, der Abbau von Binnenzöllen, Wettbewerbsverzerrungen und Grenzkontrollen, das Sicherstellen des freien Warenverkehrs und die Beseitigung mengenmäßiger Beschränkungen. Wettbewerbs-, Landwirtschafts-, und Verkehrspolitiken sollten vergemeinschaftet und innerstaatliche Rechtsvorschriften dementsprechend angeglichen werden. Die Außenhandels-, Finanz- und Währungspolitiken wurden gemeinsam koordiniert. Die Euratom ermöglichte die gemeinsame Atomforschung zu friedlichen Zwecken.

Der Ausgangspunkt der europäischen Friedenssicherung ist nicht neu. Michael Gehler betrachtet den Aufstieg des Bischofs von Rom zum Papst, die Taufe des Merowingers Chlodwig und die Krönung Karls des Großen durch Papst Leo III. bereits als entscheidende Etappen. Sie, so Gehler, waren essentiell für die Verbindung von römisch-lateinischen und romanisch-germanischen Traditionen.[24] Gehler konstatiert, dass das Kaiser- und Königtum Rom und das römische Recht oft mit einem Vorläufer dessen, was als Europäische Einheit betrachtet wird, verglichen werden kann und auch, dass mit Karl dem Großen der Beginn des „Abendlandes“ assoziiert werde.[25] Aber das „Europa“ Karls des Großen bestand aus einem Mixtum compositum von Stämmen und Völkern, die sich selbst nicht als Europäer betrachteten.[26] So sieht

---

22 Ibid., S. 7. Christian Calliess orientiert seine Wertedefinition an Udo Di Fabios *Grundrechte als Werteordnung* (Vgl. Di Fabio, Udo: Grundrechte Als Werteordnung, in: *JuristenZeitung*, Vol. 59, Nr. 1, 2004, online verfügbar: www.jstor.org/stable/20827102. [Zugriff: 12. Dezember 2020], S. 1–8.) Sie sind „Grundeinstellungen der Menschen, die sich durch eine besondere Festigkeit und Überzeugung von der Richtigkeit auszeichnen. [...] Auf diese Weise können Werte also eine integrierende Funktion haben, die zur Identitätsbildung in einem Gemeinwesen beitragen kann. Werte stehen gewissermaßen zwischen Recht und Moral. [...] Werte sind schillernd, deshalb haben sie auch keinen fixen Inhalt, sondern verändern sich im Laufe der Zeit und aufgrund der gesellschaftlichen Bedingungen.“ (Callies, Christian: a. a. O., S. 4f.)

23 Ibid., S. 7.

24 Vgl. Gehler, Michael: Europa. Von der Utopie zu Realität, Wien 2014. S. 13f.

25 Vgl. ibid., S. 14.

26 Foerster, Rolf Hellmut: Die Idee Europa 1300–1946. Quellen zur Geschichte der politischen Einigung, München 1963, S. 10ff.

Gehler gleichwohl wie Rolf Hellmut Foerster erste Einigungsideen Europas im Mittelalter verankert.[27] Die Loslösung von Kaisertum und Kirche in Verbindung mit dem Aufkommen von weltlich-antiken Vorstellungen stellt für Foerster den Beginn der Idee Europa dar. Seine Analyse eröffnet die Konzepte Dante Alighieris und Pierre Dubois'.[28]

Gedanken um die europäische Einigung beschäftigen uns somit schon seit Jahrhunderten. Die Motivation, die Staaten Europas näher zusammenzubringen war jeweils stark vom historischen und politischen Kontext und von den entsprechenden zwischenstaatlichen Machtverhältnissen geprägt. Dies wurde in verschiedenen Ansätzen reflektiert, indem militärische[29] oder wirtschaftliche[30] Macht bei den Modi der Entscheidungsfindung berücksichtigt wurden. Alle Konzepte vor der EGKS gingen jedoch in großem Maße von souveränen Staaten als Tänzer auf dem europäischen Parkett aus. Aber auch Ansätze mit föderativem Charakter existierten. Abbé de St. Pierre sprach bereits 1712 von einer europäischen Union. Im 19. Jahrhundert forderte Victor Hugo gar eine Nation Europa.

Mit der Schaffung der EGKS kam das Element der Supranationalität, der Abgabe nationalstaatlicher Souveränität mit dem Ziel nationalstaatlich zentrierte Denkmuster zu überwinden, hinzu. Dies war Ausgangspunkt eines europäischen Integrationsprozesses, der zu den heutigen europäischen Institutionen und dem entsprechenden Recht der Europäischen Union führte. Er geht einher mit der Transzendenz des Nationalen, mit dem Verlassen der eigenen nationalen Perspektive und dem Hinwenden zu einer, wie Jean Monnet sie nannte, „übernationalen Psychologie",[31] verbunden mit dem Ziel, „auf sicheren und dauerhaften Fundamenten eine Interessengemeinschaft zwischen den Wirtschaften und den Völkern herzustellen".[32] Diese Worte verdeutlichen:

27 Vgl. Gehler, Michael: a. a. O., S. 34.

28 Foerster, Rolf Hellmut: a. a. O., S. 10.

29 Vgl. Bluntschli, Johann Caspar: Die Organisation des Europäischen Staatenvereines, Darmstadt 1878.

30 Vgl. Penn, William: Essay über den gegenwärtigen und künftigen Frieden Europas, 1692, in: Foerster, Rolf Hellmut: a. a. O., S. 79–85.

31 Institut für Zeitgeschichte im Auftrag des Auswärtigen Amtes (Hrsg.): Akten zur Auswärtigen Politik der Bundesrepublik Deutschland 1949/50, September 1949 bis Dezember 1950, München 1997, S. 199.

32 Monnet, Jean: Erinnerungen eines Europäers, München 1978, S. 353.

Neben dem institutionellen Aspekt der Supranationalität geht Monnets Europakonzept mit einer Dynamik jenseits der gemeinschaftlichen, durch die Mitgliedstaaten geschaffenen Einrichtungen einher. Damit ist Monnet Kind einer transnationalen Denkweise, die bereits zwischen den beiden Weltkriegen begann und nach dem Zweiten Weltkrieg einen neuen Impuls erhielt.

Monnet spricht von den Völkern Europas. Supranationalität, verstanden als das institutionelle Gefüge, das über geopolitische Grenzen hinausreicht, regte eine transnationale Sphäre an, die sich in der Formierung gemeinsamer Interessen nichtstaatlicher Akteure über geopolitische Grenzen hinweg manifestiert. Transnationalität ist dabei nicht an Mobilität gebunden. Transnationalität definiert sich im vorliegenden Kontext als gemeinsames Interesse nichtstaatlicher Gruppen in der Europäischen Union, welches nationalstaatliche Grenzen transzendiert.

Diese Transzendenz des Nationalen war bei der Gründung der EGKS der grundlegende normative Anspruch Jean Monnets. Im Geiste der kriegsgezeichneten Zeit[33] schwebte ihm ein Europa vor, das nationale Egoismen überwindet, sich jenseits der Staatsgrenzen solidarisch defi-

33 Weitere Gedanken der Zeitgenossen Monnets finden sich in einer von Walter Lipgens zusammengetragenen Dokumentsammlung. Darin enthalten sind unter anderem Beträge von William Beveridge (1879–1963, Direktor der London School of Economics), Ronald W.G. Mackay (1902–1960, geboren in Australien, später unter anderem Rechtsanwalt in London und 1945–51 Labour-Abgeordneter im Unterhaus), Léon Blum (1872–1950, Mitbegründer der Sozialistischen Partei Frankreichs), Ernesto Rossi (1897–1970, Wirtschaftswissenschaftler und Mitherausgeber der antifaschistischen Untergrundzeitschrift *Non Mollare*), Arnold Brecht (1884–1977, Jurist und Beamter der Republik Preußen), Milan Hodža (1878–1944, in der Führung der slowakischen Bauernpartei und später 1935–1938 Premierminister der Tschechoslowakei), G. J. van Heuven Goedhart (1901–1956, Chefredakteur des *Het Parool*, später Justizminister der niederländischen Exilregierung und 1951 erster Hoher Flüchtlingskommissar der Vereinten Nationen), Carl Goerdeler (1884–1945, Oberbürgermeister von Leipzig und Mitglied des konservativen Widerstandes seit 1938, Verhaftung am 20. Juli 1944, Hinrichtung 1945), des französischen Rechtswissenschaftlers Michel Mouskheli (1903–1946, geboren in Georgien, Lehre in Paris, Kairo und Straßburg, publizierte zum europäischen Föderalismus gemeinsam mit seinem Kollegen Gaston Stefani), Carlo Schmid (1896–1979, Staatsrechtler, 1948/49 Mitglied des Parlamentarischen Rates,1949–72 Mitglied des Bundestages/SPD, 1966–1969 Bundesratsminister) sowie der Polnischen Sozialistischen Partei, der Union deutscher sozialistischer Organisationen in Großbritannien, der Katholischen Gesellschaft für den Internationalen Frieden und der Nieder-

niert und somit einen weiteren Krieg unmöglich werden lässt. Monnets Anspruch der Abkehr von Nationalismen, der ohne sozialpolitische Komponenten nicht auskommt[34], könnte im heutigen Europa nicht aktueller sein. Nationalistische Tendenzen in Verbindung mit einem Rückgang an Rechtsstaatlichkeit in einigen Mitgliedstaaten, rechtspopulistische und pauschalisierende politische Debatten, nationalstaatliche Egoismen und der Verlust der gesamtheitlichen Perspektive begegnen uns immer wieder.[35] Während Jean-Claude Juncker von einer „Polykrise"[36] spricht, sind es genau diese Entwicklungen, die Jean Monnet nach dem Zweiten Weltkrieg mit der Gründung der Europäischen Gemeinschaft – den Begriff verwendete er zum ersten Mal im Rahmen der Verhandlungen zum Schuman-Plan[37] – hinter Europa lassen wollte.

Monnet, geboren am 9. November 1888 in Cognac, war nie Politiker. Zunächst war er seit seinem 16. Lebensjahr im familieneigenen Unternehmen Monnet Cognac, das Weinbrand herstellte, tätig; 1924 übernahm er die Leitung. Gegen Ende des Ersten Weltkrieges vertrat Jean Monnet Frankreich im Allied Maritime Transport Council. Das Gremium koordinierte die Verteilung der alliierten Seeschiffe. Die Position des stellvertretenden Generalsekretärs des Völkerbundes hatte Monnet von 1920 bis 1923 inne. Das Resümee Monnets aus dieser Zeit ist vor allem eine Skepsis gegenüber nationalen Egoismen und Starrheit, die er für die Entscheidungsunfähigkeit des Völkerbundes verantwortlich machte. Hier ist der Ursprung seiner späteren Abwendung

ländischen Résistance (Lipgens, Walter (Hrsg.): 45 Jahre Ringen um die europäische Verfassung, Dokumente 1939–1984. Von den Schriften der Widerstandsbewegung bis zum Vertragsentwurf des Europäischen Parlaments, Bonn 1986).

34 Zur Sozialpolitik in der Europäischen Union siehe auch: Hine, David/Kassim, Hussein (Hrsg.): Beyond the Market. The EU and National Social Policy, The State and the European Union Series, London 1998.

35 Vgl. Müller-Brandeck-Bocquet, Gisela: Schicksalsjahre für die EU: 2017–2018, in: Hilz, Wolfram/Nötzold, Antje (Hrsg.): Die Zukunft Europas in einer Welt im Umbruch. Festschrift zum 65. Geburtstag von Prof. Dr. Beate Neuss, Wiesbaden 2018, S. 23.

36 Juncker, Jean-Claude: Rede beim Festakt des Europäischen Forums Alpbach, 21. August 2018, online verfügbar: https://ec.europa.eu/commission/presscorner/detail/de/SPEECH_16_2863 [Zugriff: 17. August 2020].

37 Vgl. Monnet, Jean: a. a. O., S. 409.

vom Konzept nationalstaatlicher Souveränität im Kontext der Europäischen Gemeinschaft für Kohle und Stahl zu verorten.

Während des Zweiten Weltkrieges leitete Monnet das Alliierte Koordinationskomitee, eine Rüstungskooperation zwischen Frankreich und England. Die Mobilisierung der US-amerikanischen Wirtschaft für die Kriegsproduktion arbeitete Monnet in den Jahren 1940 bis 1934 gemeinsam mit Felix Frankfurter, Henry Stimson, John McCloy, William Averell Harriman und Dean Acheson aus.[38] Ihre „Leidenschaft für die Freiheit“[39] sowie ihre „Anstrengung und […] Disziplin“[40], mit der sie für diese Werte einstanden, beeindruckten Monnet nachhaltig.[41]

Als erster Generalsekretär des Commissariat général du plan erarbeitete Monnet 1946 bis 1950 Modernisierungsprogramme für die französische Wirtschaft und wurde 1952 schließlich erster Präsident der Hohen Behörde der Europäischen Gemeinschaft für Kohle und Stahl.[42] Besondere Bedeutung erlangte Monnet durch seinen gestalterischen Einfluss als Vorsitzender der Konferenz zum Schuman-Plan,[43] der am 9. Mai 1950 vom französischen Außenminister Robert Schuman vorgelegt wurde. Er sah vor, die deutsche und französische Kohle- und Stahlindustrie den nationalen Kontrollen zu entziehen. Sie sollte von einer gemeinsamen europäischen Behörde, dem Vorläufer der heutigen Europäischen Kommission, beaufsichtigt werden. Diese Organisation stand auch anderen europäischen Ländern offen.[44] Der Schuman-Plan war Grundlage für die Gründung der EGKS im Jahre 1951 und wird daher als Beginn der europäischen supranationalen Integration, der *Methode Monnet,* betrachtet. Bisweilen wird Monnets Herangehensweise heute als überholt abgetan.[45] Dennoch begründet sie die

38 Vgl. ibid., S. 193ff.

39 Ibid., S. 199.

40 Ibid.

41 Vgl. ibid.

42 Vgl. ibid.

43 Vgl. ibid., S. 6.

44 Schuman, Robert: Erklärung vom 9. Mai 1950, in: Robert-Schuman-Stiftung: Europäische Frage, Nr. 204, 10. Mai 2011, online verfügbar: https://www.robert-schuman.eu/de/doc/questions-d-europe/qe-204-de.pdf [Zugriff: 29. März 2020].

45 Wessels, Wolfgang: Mensch und Methode. Überschätzt und überholt? Wolfgang Wessels, Mai 2001, online verfügbar: https://www.ihs.ac.at/publications/pol/pw_74.pdf [Zugriff: 29. März 2020], S. 3.

geistigen Ursprünge der europäischen Integration. Eine genaue Definition der *Methode Monnet* liegt in der Forschung nicht vor.[46] Sie könnte als ergebnisoffenes Zusammenwachsen von Staaten durch Übertragung nationalstaatlicher Souveränität, verstanden als der Ort der höchsten Autorität in definierten Zuständigkeitsbereichen, auf die europäische Ebene, deren Institutionen sich schrittweise entwickeln, zusammengefasst werden. So versteht er den Ausgangspunkt des europäischen Zusammenlebens als „Friedensentscheidung"[47]. Daraus ergeben sich die Schwerpunkte für die vorliegende Analyse: die Abgabe der nationalen Souveränität in Verbindung mit der daraus resultierenden supranationalen Struktur der Europäischen Union, eine dynamische Ergebnisoffenheit sowie die Betonung eines gemeinsamen europäischen Interesses als „Solidarität der Tat"[48]. Letztere ist transnational definiert. Und obgleich nationalistische Überzeugungen weltweit und in Europa wieder auftreten, gibt es Politiken der Europäischen Union, die maßgeblich durch transnationale Interessen und ein Zusammenwirken europäischer, mitgliedstaatlicher, individueller Akteure und Interessengruppen initiiert wurden.

Während Monnet den Einzelnen nicht vorrangig als Initiator der Integration betrachtete, ermöglichte das institutionelle und rechtliche Gefüge der Gemeinschaften dessen Eintreten für die eigenen Belange, was dazu führte, dass die Institutionen wiederum die entsprechenden Themen adressierten. Supranationalität und Transnationalität gehen

---

46 Vgl. Wessels, Wolfgang: a. a. O., S. 7. Wessels identifiziert die folgenden Komponenten der Methode Monnet: a) konkrete Solidarität der Tat, b) begrenzte Übertragung von realen Kompetenzen (Abgabe von Souveränität an die europäische Ebene), c) Etappe(n) auf dem Weg zu einer noch wenig ausgeprägten *finalité* (Ergebnisoffenheit bezüglich des zu Erreichenden), d) ökonomische Instrumente als Mittel der politischen Integration, e) Koppelprodukt von Politikfeld und institutioneller Gestaltung (Institutionen entwickeln sich schrittweise), f) im Konsens getroffene Elitenentscheidungen, g) Grundentscheidung für die europäische Föderation als Friedensgemeinschaft, h) der französisch-deutsche Kern als Nukleus der Einigungspolitik. Ebenfalls zur Methode Monnet: Schmitter, Philippe C.: How Democratize the european union… And Why Bother?, Lanham 2000. Schmitter assoziiert die Methode Monnet mit „functional interdependence, indirection, unintended consequences, spillovers from one issue area to another, and package deals that increase the scope and level of common institutions". (Ibid., S. 19)

47 Wessels, Wolfgang: a. a. O., S. 10.

48 Schuman, Robert: a. a. O.

auf diese Weise eine synergetische Wechselwirkung ein. Die Gleichstellungspolitik der Europäischen Union stellt ein solches Beispiel dar. Ihre Betrachtung zeigt wie die Gedanken Monnets von Einzelnen genutzt wurden und wie die nationalstaatliche sowie die europäische Ebene damit umgegangen sind. Diese Narrative jenseits des offiziellen politischen Diskurses ist mit positiven Nachrichten für die Europäische Union verbunden. Letztere ist nicht nur ein Produkt der Eliten, denn engagierte, bisweilen öffentlich wenig sichtbare Menschen haben sich für Europa stark gemacht und traten somit als Gestalter des Rechts in Erscheinung. Die Europäischen Union ist damit auch das Produkt ihrer Bürger – ein Aspekt, der in vielen Narrativen unserer Zeit übersehen wird.

Monnets Gründungsvision zeichnet sich somit nicht durch einen Wunschcharakter aus, sondern wird gelebt – trotz der Skepsis gegenüber der liberalen Grundlage der Europäischen Union, trotz des Hinwendens zum Nationalismus in europäischen Staaten wie Ungarn und Polen, trotz des Austritts Großbritanniens aus der Union sowie der Abnahme der Popularität von Parteien der politischen Mitte[49].

Die vorliegende Arbeit wird dies am Beispiel der Nutzung des Gleichstellungsrechts durch individuelle Kläger darlegen. In Anlehnung an Peter Häberle und dessen Fokus auf die Vielfalt Europas, die sich immer wieder neu deutet (jedoch ohne diesen Vorgang und die damit zusammenhängenen Werte allein Europa zuzuschreiben), kann in diesem Zusammenhang konstatiert werden, dass rechtskulturelle Elemente, die Herausbildung einer europäischen Öffentlichkeit mitformen.[50] Die Reziprozität von Recht, Klägern und Öffentlichkeit verdeutlicht, dass das Europarecht nicht von den europäischen Institutionen oktroyiert wurde. Vielmehr ging aus dem interdependenten Wirken von Mitgliedstaaten, Rat, Gerichtshof der Europäischen Union (EuGH) und Klägern ein europäischer Rechtsstand hervor, der aktiv genutzt und entwickelt wird. Die Rolle der einzelnen Kläger ist dabei insofern zentral, als sie durch den Gebrauch des Europarechts vor nationalen Ge-

49 Fukuyama, Francis: Identity. The Demand for Dignity and the Politics of Resentment, New York 2018.

50 Vgl. Häberle, Peter: Gibt es eine europäische Öffentlichkeit?: Vortrag gehalten vor der Juristischen Gesellschaft zu Berlin am 15. Dezember 1999, Berlin 2000, S. 14.

richten die Häufigkeit der an den EuGH gerichteten Vorabentscheidungsfragen erhöhten. Dem Einzelnen kommt damit eine gewisse Bedeutung im „Agenda Setting" auf europäischer Ebene zu.[51] Dies widerspricht der gegenwärtig wieder stärker thematisierten,[52] aber keineswegs neu beobachteten[53] Entfremdung der Europäischen Union vom Bürger.

Diese Alienation des Einzelnen vom Projekt Europa wird immer wieder im integrationstheoretischen Diskurs thematisiert. Theorien zu Beginn der Europäischen Gemeinschaft versuchten, die Motivationen für Integration zu erklären. In diesem Zusammenhang sind vor allem der Funktionalismus[54], der transnational auf Regionen fokussierte Neofunktionalismus[55] sowie der staatszentrierte Intergouvernementalismus[56] zu nennen. Letzterer offerierte eine Theorie rationaler Akteure und wurde mit dem Liberalen Intergouvernementalismus[57] weiterentwickelt. Jüngere Theorien befassen sich vermehrt mit dem Mangel an Demokratie im politischen Prozess der Europäischen Union, was vor allem mit den unterschiedlichen Stadien der Integration zu erklären ist.

In der Zeit zwischen den Pariser Verträgen und den Römischen Verträgen war die Einstellung Europa gegenüber positiv. Die folgenden 1960er Jahre und die Krisen der 1970er Jahre ließen teilweise Zweifel aufkommen. Mit der Einheitlichen Europäischen Akte (EEA) gewann

---

51 Eine detaillierte Analyse der Interessenformation in der EU bietet Mark A. Pollacks *The Engines of European Integration* (Vgl. Pollack, Mark A. (Hrsg.): The Engines of European Integration. Delegation, Agency, and Agenda Setting in the EU, Oxford 2003).

52 Vgl. Hans Böckler Stiftung: Wir brauen ein Recht ohne Schlupflöcher, Interview mit Jo Leinen, in: Hans Böckler Stiftung (Hrsg): Magazin Mitbestimmung, Ausgabe 07/2018, online verfügbar: https://www.boeckler.de/66355_111567.htm?id=magazinmitbestimmung_baf4f1a5938b8d520b328c13b51ccf11 [Zugriff: 26. Oktober 2019].

53 Vgl. Süddeutsche Zeitung (Hrsg.): Volksabstimmung zu Europafragen, 27. Dezember 2012, online verfügbar: https://www.sueddeutsche.de/politik/europaeische-union-so-will-die-csu-europa-reformieren-1.1559407-2 [Zugriff: 26. Oktober 2019].

54 Vgl. Mitrany, David: A Working Peace System, Chicago 1966.

55 Haas, Ernst B.: a. a. O., 2004.

56 Vgl. Hoffmann, Stanley: The European Process at Atlantic Crosspurposes, in: Journal of Common Market Studies, Vol. 3, Nr. 2, 1964, S. 65–101.

57 Moravcsik, Andrew: Preferences and Power in the European Community: A Liberal Intergovernmentalist Approach, in: Journal of Common Market Studies, Vol. 31, Nr. 4, 1993, S. 473–524.

die Idee Europa wieder neuen Impetus. In den 1990ern wurden Unionsbürgerschaft und Währungsunion eingeführt. Mit dem Vertrag von Amsterdam (1997) wurden die sozialpolitischen Regelungen der Union erweitert. Damit kamen neue Fragestellungen auf, beispielsweise die doppelte Identifikation des Einzelnen als Bürger seines Mitgliedstaates und der Europäischen Union,[58] die Rolle der mitgliedstaatlichen Regierungen und Vertreter im Rat als Moment der demokratischen Rückkopplung[59]. Neue Theorien problematisieren die Erosion der Macht nationaler Parlamente,[60] sie beklagen einen aktivistischen Europäischen Gerichtshof, der durch umfangreiche eigene Rechtssetzung dem Bürger die Union entzogen habe[61] und dessen Entscheidungen kaum rückgängig zu machen seien[62]. Auch adressieren sie die schwache europäische Öffentlichkeit,[63] wünschen sich in diesem Zusammenhang veränderte institutionelle Strukturen, um schneller zu Politikresultaten zu gelangen und um so die Bürger wieder für die Europäische Union zu begeistern beziehungsweise eine Öffentlichkeit zu generieren.[64]

Die jüngeren Theorien finden in einer gemeinsamen Erkenntnis zusammen: Dem Bürger fehlt es an Einfluss. Je nachdem aber, wo das Problem verortet wird, werden unterschiedliche Lösungsansätze generiert. Die Definitionen des jeweiligen Krisen- oder Problemverständnisses bestimmen Lösung[65] und Erwartungshaltung an die europäischen Akteure.[66]

---

58 Vgl. Habermas, Jürgen: Zur Verfassung Europas. Ein Essay, Berlin 2011.

59 Vgl. Weiler, Joseph: The Transformation of Europe, 1991, Yale Law Journal, S. 2403–2473.

60 Grimm, Dieter: Europa ja – aber welches. Zur Verfassung der europäischen Demokratie, München 2016.

61 Vgl. ibid.

62 Vgl. Casper, Gerhard: Gibt es ein europäisches Demokratiedefizit?, Carl Friedrich von Siemens Stiftung, München, 30. Mai 2006, online verfügbar: https://web.stanford.edu/group/gcasper_project/cgi-bin/files/papers/demokratiedefizit.pdf [Zugriff: 29. Oktober 2019].

63 Vgl. Grimm, Dieter: a. a. O., München 2016, S. 117f.

64 Majone, Giandomenico: The European Union Post-Brexit: Static or Dynamic Adaption?, in: European Law Journal, Vol. 23, No. 1–2, August 2017, S. 9–27.

65 Vgl. Möllers, Christoph: Krisenzurechnung und Legitimationsproblematik in der Europäischen Union, in: Leviathan, 43. Jahrgang, 3/2015, S. 339.

66 Vgl. Casper, Gerhard: a. a. O., 2006.

Der Anspruch der vorliegenden Forschungsarbeit ist nicht, ein abschließendes Urteil über die Diskussionen zum Demokratiedefizit zu fällen. Sie baut aber insofern auf die Überlegungen zum Demokratiedefizit auf, als sie hilfreich sind, um die Einflüsse verschiedener Akteure auf die Gestaltung des Europarechts zu systematisieren. Ausgehend davon ist das Ziel jedoch, darzulegen, wie das Gleichstellungsrecht der Europäischen Union zustande kam, avancierte und welche Rolle dabei die Bürger im Rahmen der Rechtsprechung des Europäischen Gerichtshofes in Anspruch zu nehmen versuchten. Integrationstheorien sind dafür bedeutsam, weil sie diesen Ansatz mit Blick auf die europäischen Institutionen und Mitgliedstaaten kontextualisieren. Eine solche gesamtheitliche Betrachtung in der Tradition des von Ernst B. Haas vertretenen Neofunktionalismus verdeutlicht erstens eine gelebte europäische Transnationalität auf Basis gemeinsamer Interessen, zweitens wird die Notwendigkeit eines kooperativen Verhältnisses sämtlicher Akteure für erfolgreiche Rechtsentwicklung veranschaulicht. Während Kläger, aber auch Interessengruppen, themensetzend als „Agenda Setter" fungieren können, sind sie keinesfalls grundsätzlich in der Lage, das europäische Recht stets zu ihren Gunsten zu gestalten. Die Position der Mitgliedstaaten bleibt wesentlich. Daraus ergibt sich drittens und im Einklang mit Christoph Möllers' Analyse der Institutionen der Europäischen Union[67] die Widerlegung der These eines zu europafreundlich urteilenden Europäischen Gerichtshofes. Diese Erkenntnis geht einher mit der Feststellung, dass Politik nie vom Raum der Jurisdiktion zu trennen ist. Ein aktivistischer Gerichtshof müsste politisch unabhängig sein. Der EuGH kann aber nicht losgelöst von den Politiken und Rechtsordnungen der EU-Mitgliedstaaten agieren. Europa- und nationales Recht sind verzweigt[68]: Gesellschaftliche Überzeugungen werden in Politik und Recht reflektiert – auf nationaler wie auf europäischer Ebene.

Auch die von Klägern vertretenen Meinungen sind nicht losgelöst oder frei von politischen Standpunkten, der freilich nicht notwendigerweise in politisches Engagement münden muss. Der Gebrauch des von den Mitgliedstaaten erlassenen Europarechts durch den Einzelnen sollte in

67 Vgl. Möllers, Christoph: a. a. O., S. 339.
68 Vgl. Calliess, Christian: a. a. O., S. 26.

diesem Zusammenhang nicht überraschen. Er belegt lediglich, dass Bürger der Union an der Rechtsentwicklung beteiligt waren. Dies waren sie nicht im Kontext eines klassischen parlamentarischen Modells, doch fanden sie andere Wege, das europäische Recht für sich dienlich zu handhaben, in dem Fall durch Klageverfahren vor nationalen Gerichten auf europarechtlicher Grundlage. Transnational vergleichbare Themen, die zuerst in nationalen Verfahren aufgegriffen wurden und dann den EuGH erreichten, können dabei als Indikator für ein grundlegendes gemeinsames europäisches Interesse der Bürger gewertet werden. Dies lässt das Verhältnis der Europäischen Union und ihrem Recht zum Einzelnen in neuem Licht erscheinen. Nicht eine Hinwendung zum Nationalismus, wie er gegenwärtig scheinbar vermehrt zu beobachten ist,[69] wird sichtbar, sondern vielmehr eine lebendige Nutzung europarechtlicher Vorgaben im Sinne Jean Monnets.

In einem ersten Schritt erläutert die vorliegende Untersuchung daher das Europakonzept Jean Monnets im Kontext gegenwärtiger Integrationstheorien. Zentral wird dabei der Neofunktionalismus von Ernst B. Haas sein, dessen Gedanken im Rahmen der Analyse der Entwicklung der gleichstellungspolitischen Rechtsprechung des Europäischen Gerichtshofes bestätigt werden. Ausgangspunkt im Bereich der Gleichstellung von Männern und Frauen war zunächst Artikel 119 EWG, der in Synthese mit den auf ihm aufbauenden Klagen sowie der Entwicklung von Primär- und Sekundärrecht ein umfassendes europäisches Gleichstellungsrecht nach sich zog.

Die Gründungsverträge, die Änderungsverträge inklusive ihrer Protokolle sowie die Beitrittsverträge konstituieren das Primärrecht der EU. Die wichtigsten gegenwärtig gültigen Verträge umfassen den Vertrag über die Europäische Union (EUV), den Vertrag über die Arbeitsweise der Europäischen Union (AEUV) sowie den Vertrag zur Gründung der Europäischen Atomgemeinschaft.[70] Die Charta der Grundrechte der Europäischen Union (GRCh), deren Ausarbeitung 1999 in Auftrag gegeben und die 2007 proklamiert wurde, erhielt zudem mit dem Inkrafttreten des Vertrages von Lissabon am 1. Dezember 2009 Rechts-

---

69 Vgl. Fukuyama, Francis: a. a. O.

70 Der Vertrag von Lissabon, EU-Vertrag, Vertrag über die Arbeitsweise der EU, Textbuch Deutsches Recht, Heidelberg 2011, 4. Auflage.

verbindlichkeit;[71] sie ist nicht Teil des Vertrages. Durch Artikel 6 EUV hat sie jedoch bindende Wirkung für alle Mitgliedstaaten außer Polen.[72]

Bei der Anwendung und Interpretation vom Europarecht bedient sich der Europäische Gerichtshof zusätzlich allgemeiner Rechtsgrundsätze, die ebenfalls zum Primärrecht gehören und bei denen es sich um Prinzipien, die in der Mehrzahl der Rechtsordnungen der Staaten gelten, handelt. Er geht damit analog zum klassischen Völkerrecht vor, zu dessen Quellen die allgemeinen Rechtsgrundsätze ebenfalls zählen.[73] Im Gegensatz zum Primärrecht, das von den Regierungen der Mitgliedstaaten ins Leben gerufen wird, bezeichnet Sekundärrecht sämtliches von den Unionsorganen geschaffenes Recht: unmittelbar geltende und in allen Teilen verbindliche Verordnungen, hinsichtlich der Ziele ver-

71 Charta der Grundrechte der Europäischen Union, Amtsblatt der Europäischen Union, Abl. Nr. C 83/391, 30. März 2010, online verfügbar: http://www.europarl.europa.eu/germany/resource/static/files/europa_grundrechtecharta/_30.03.2010.pdf [Zugriff: 27. Juli 2019].

72 Das Vereinigte Königreich (nun nicht mehr Mitglied der Union) und Polen erhielten ein Opt-out. Laut Ingolf Pernice ist dieses Opt-out insofern wirkungslos als in der Erklärung zur Charta der Grundrechte der Europäischen Union Folgendes festgehalten wird: „[Die] Charta der Grundrechte der Europäischen Union, die rechtsverbindlich ist, bekräftigt die Grundrechte, die durch die Europäische Konvention zum Schutz der Menschenrechte und Grundfreiheiten garantiert werden und die sich aus den gemeinsamen Verfassungsüberlieferungen der Mitgliedstaaten ergeben.“ In Verbindung mit dem Protokoll zum Opt-out für Polen und das Vereinigte Königreich, in dem es heißt, dass „die Charta die in der Union anerkannten Rechte, Freiheiten und Grundsätze bekräftigt und diese Rechte besser sichtbar macht, aber keine neuen Rechte oder Grundsätze schafft“, stellt sich für Pernice die Frage, von welchen rechtlichen Vorgaben ein Opt-out in diesem Fall überhaupt möglich ist. Einerseits besteht direkter Bezug zu den Verfassungstraditionen der Mitgliedstaaten, die bereits existieren. Andererseits kreiert die Charta keine neuen Rechte. Der Status quo gilt jedoch bereits auch für Polen und das Vereinigte Königreich. Erweiterungen sind aufgrund der Unmöglichkeit, neue Grundrechte zu begründen, nicht möglich. Somit ist das Opt-out für Pernice wirkungslos (vgl. Pernice, Ingolf: The Treaty of Lisbon and Fundamental Rights, in: Griller, Stefan/Ziller, Jaques (Hrsg.), The Lisbon Treaty. EU Constitutionalism without a Constitutional Treaty?, Wien/New York 2008, S. 245.)

73 Art. 38 (1.c), Statut des Internationalen Gerichtshofes, 26. Juni 1945, in: Charta der Vereinten Nationen, Statut des Internationalen Gerichtshofes, Stuttgart 1995, S. 62.

bindliche Richtlinien,[74] für bestimmte Adressaten unmittelbar geltende und verbindliche Beschlüsse, Empfehlungen und Stellungnahmen.[75]

Der Stand des Primär- und Sekundärrechts ist maßgeblich für die Urteilsfindung des Europäischen Gerichtshofes. In der vorliegenden Analyse werden 70 Rechtssachen des Europäischen Gerichtshofes im Bereich der Gleichstellung betrachtet. Kläger haben mehrheitlich, und zwar in 42 der 70 untersuchten Entscheidungen, und bereits vor nationalen Gerichten Europarecht als Basis ihrer Ansprüche geltend gemacht; dies entspricht 60 Prozent.

Je nach Rechtsbereich ergeben sich weitere Erkenntnisse für den Einfluss des Bürgers auf das Recht, der jeweils unterschiedlich ausfällt. Untersucht werden das Lohngleichheitsgebot, Regelungen zu Teilzeit- und Vollzeitbeschäftigung, die Frage nach der Gleichwertigkeit von Arbeit sowie Voraussetzungen des Zugangs zu Beschäftigung, Schwangerschaft und Elternzeit, positive Maßnahmen und Vorgaben im Bereich Gender Identity und Lebenspartnerschaften.

Entgegen der These Alec Stone Sweets, allein soziale Bestrebungen prozessführender Parteien seien für die Expansion des europäischen Sozialrechts verantwortlich[76], ist in der vorliegenden Analyse für jeden Rechtsbereich eine einflussreiche Stellung der Mitgliedstaaten erkennbar (wenngleich nicht in derartig starkem Ausmaß, das Geoffrey Garrett identifiziert[77]): zum einen aufgrund von Zuständigkeiten im Rechtssetzungsprozess, zum anderen aufgrund der prominenten Rolle von Rechtsgrundsätzen im Rahmen der Rechtsprechung des Europä-

74 Richtlinien müssen von den Mitgliedstaaten in nationales Recht umgesetzt werden. Wie das verbindliche Ziel umgesetzt wird, bleibt dabei den Mitgliedstaaten überlassen. Setzt ein Mitgliedstaat eine Richtlinie nicht innerhalb der Umsetzungsfrist um, so gilt die unmittelbare Anwendbarkeit, auf die sich die Bürger des betreffenden säumigen Staates berufen können. Voraussetzung für die unmittelbare Anwendbarkeit ist der Ablauf der Umsetzungsfrist, eine durch die Richtlinie evozierte Begünstigung der Unionsbürger sowie die unbedingte und hinreichende Bestimmung des Inhaltes der Richtlinie.

75 Art. 228 AEUV.

76 Vgl. Stone Sweet, Alec: Governing with the Judges: Constitutional Politics in Europe, New York 2000, S. 200.

77 Vgl. Garrett, Geoffrey: International Cooperation and Institutional Choice: The European Community's Internal Market, in: International Organization, Nr. 46, 1992, S. 533–560.

ischen Gerichtshofes. Mitgliedstaaten müssen zunächst Recht schaffen, welches von Bürgern in Anspruch genommen werden kann. Greifen Kläger nicht auf Europarecht zurück, so kommt den nationalen Gerichten eine besondere Rolle zu, was vor allem in den Bereichen der Gleichwertigkeit von Arbeit (Kapitel 6.1 und 6.2) sowie Schwangerschaft, Mutterschaft und Elternzeit (Kapitel 7) deutlich wird. Weiterhin haben nationale Gerichte Bedeutung bei der Auslegung und Umsetzung der Entscheidungen des Europäischen Gerichtshofes, was die Rechtsprechung bezüglich des Zugangs zu Beschäftigung thematisiert (Kapitel 6.3 bis 6.5).

Je nach Ausgestaltung und Umfang des Primär- und Sekundärrechts urteilt der Europäische Gerichtshof entweder durchgreifend oder zurückhaltend (Kapitel 3 bis 5). Dies wird besonders an der Entwicklung des Lohngleichheitsgebotes und angrenzenden Rechtsgebieten deutlich. Zudem war die umfangreiche Rechtsentwicklung im Bereich der Entgeltgleichheit nach den anfänglichen Schwierigkeiten vor allem deshalb möglich, weil sie nicht frauenrechtlich, sondern allgemein sozialrechtlich argumentiert wurde. Eruiert wurde vordergründig, welche Bestandteile zum Gehalt gehören. Erst an zweiter Stelle stand, auf welche Bezugspersonen sie anzuwenden waren. Dies ermöglichte, unterschiedliche soziologische Überzeugungen der Mitgliedstaaten außen vor zu lassen und den Gründungsgedanken der Gemeinschaften, die Verbindung von wirtschaftlichem und sozialem Fortschritt, in den Mittelpunkt zu stellen. Beispielhaft ist die *Barber*-Rechtsprechung zum Renteneintrittsalter aus den 1990er Jahren.

Dem Europarecht zuwiderlaufende Rechtsgrundsätze der Mitgliedstaaten, festgefahrene soziokulturelle Überzeugungen und das Betreten von rechtlichem Neuland wirkten demgegenüber meist restriktiv auf die Urteile des EuGH und sorgten für eine vorsichtige Vorgehensweise des Gerichtshofes. Über die grundsätzliche Bestätigung seiner Zuständigkeit sichert der Europäische Gerichtshof jedoch zukünftige Flexibilität und Anpassung des Rechts, was die Fälle im Zusammenhang mit dem Zugang zu traditionell Männern beziehungsweise Frauen vorbehaltenen Tätigkeiten veranschaulicht (Kapitel 6.3 bis 6.5). Gleichermaßen, so wird aus den Rechtssachen zur Teilzeitbeschäftigung ersichtlich, fließen Entwicklungen der Weltwirtschaft und politisches Klima in den Mitgliedstaaten in die Intensität der Entscheidungen ein (Kapitel 5). Die Rechtsprechung zu positiven Maßnahmen, insbesondere Quotenregelungen, verdeutlicht den Einfluss des Rechtsstandes neuer Mitgliedstaaten. Der Beitritt Finnlands und Schwedens war bedeutsam für eine progressive Kehrtwende im Tenor des Gerichtshofes (Kapitel 7 und 8). Die Rechtsprechung im Bereich Gender Identity (Kapitel 9) verdeutlicht schließlich, dass mitgliedstaatliche Rechtsgrundsätze als Rechtsquelle und in Abwesenheit europarechtlicher Regelungen auch integrativ wirken können, sobald sie mehrheitlich in den Mitgliedstaaten vertreten sind. Allerdings haben Rechtstraditionen unter Umständen auch desintegrative Effekte, selbst wenn Kläger und Zivilgesellschaft anderer Meinung sind (Kapitel 10 und 11). Aus alledem ergibt sich die Erkenntnis, dass der Europäische Gerichtshof keineswegs als zu europafreundlich urteilend charakterisiert werden kann. Dies ist auf die Reziprozität von nationalem und europäischen Recht zurückzuführen.

Gleichzeitig verstanden es individuelle Kläger, das von den Mitgliedstaaten geschaffene Recht zu nutzen und sowohl die europäische als auch nationale politische Agenda für ihre Anliegen zu sensibilisieren. Die Interdependenzen von Europarecht, nationalem Rechtsstand und Klägern, das Zusammenwirken von Rat, Kommission, Europäischem Gerichtshof und den nationalen politischen Akteuren waren dabei entscheidend für den Erfolg der Kläger. Es wäre aber vermessen, aus 70 individuellen Fällen eine grundsätzlich proeuropäische Tendenz abzuleiten. Zahlreiche Initiativen der Zivilgesellschaft oder von Interessengruppen, die sich für die gleichen Anliegen einsetzen und die eine interessenspolitische Kongruenz mit Klägern, Kommission und Europäischem Parlament erkennen lassen, sprechen für eine unionsweite Dimension. Letztere kann den Weg in konkrete politische Maßnahmen aber nur dann schaffen, wenn sie von den Regierungen der Mitgliedstaaten mitgetragen wird. Eine Stärkung ihrer Paradigmen wurde jüngst von der Kommission unter Ursula von der Leyen mit der Strategie für die Gleichstellung der Geschlechter 2020–2025[78] bestätigt.

78 Europäische Kommission: Mitteilung der Kommission an das Europäische Parlament, den Rat, den Europäischen Wirtschafts- und Sozialausschuss und den Ausschuss der Regionen. Eine Union der Gleichheit: Strategie für die Gleichstellung der Geschlechter 2020–2025, COM(2020) 152 final, 5. März 2020, online verfüg-

Dies alles weist nicht auf Nationalismen, sondern auf das Vorhandensein einer transnationalen europäischen Geisteshaltung im Sinne Jean Monnets hin. So entwickelte sich mit dem Gebrauch des Europarechts ein europäisches Verständnis der Beteiligten – wenn auch mit unterschiedlichem Tempo und Erfolg für den Einzelnen. Deutlich wird, dass gesellschaftliche Entwicklungen das Recht bedingen und das Recht wiederum auf gesellschaftliche Entwicklungen wirkt. Bisweilen ist dies ein langer Prozess. Diese Dynamik ist jedoch bei einer auf Langfristigkeit angelegten Union von Bedeutung. Je nach Rechtsbereich dauern die Entwicklungen in verschiedenartiger Intensität auch auf europäischer Ebene fort. Somit kann Europa nicht pauschal als Konstrukt jenseits des Lebens seiner Bürger betrachtet werden. Vielmehr ermöglichte es die Europäische Union, transnationale Interessen jenseits von Grenzen zu konsolidieren und rechtsordnungsübergreifend zu wirken. Die Union wird genutzt, wird gestaltet und ist damit nicht realitätsfern oder passiv – ganz im Gegenteil. In Polen bauen heute große Teile der Bevölkerung ihre Hoffnungen auf europäisches Recht, um Gleichheit vor dem Gesetz und Rechtsstaatlichkeit durchzusetzen sowie die Willkür der Regierung zu aufzuhalten. Das Historie des europäischen Gleichstellungsrechts veranschaulicht: Ohne Europa ist Zeus nicht zu bändigen.

---

bar: https://eur-lex.europa.eu/legal-content/DE/TXT/PDF/?uri=CELEX:52020DC0152&from=EN [Zugriff: 19. Juni 2020].

## 2. Jean Monnet und die Idee Europa im Kontext ihrer Zeit

Jean Monnets Idee einer dauerhaften Friedenssicherung in Europa war auch zu dessen Zeit nicht neu. Unterschiede in den jeweiligen Konzepten ergaben sich aus verschiedenen historischen Kontexten, die detailliert erforscht sind. Unter anderem entstand vor einigen Jahren der Band *Europa – notre histoire: l'héritage européen depius Homère* thematisiert,[79] unter der Leitung von Etienne François und Thomas Serrier. Den komplexen Facettenreichtum des Kontinents thematisierend, beleuchten 109 Autoren in 149 Essays die Schwierigkeit, Europa auf eine Idee zurückzuführen. Diese Herausforderung wurde in der Wissenschaft vielfach und aus der Perspektive zahlreicher Fachbereiche analysiert, unter anderem von Georg Cavallar[80], Heinz Gollwitzer[81], Peter Häberle[82], Herfried Münkler[83]. Die Aufsatzsammlung *Developing a Constitution for Europe*[84] kommt im Kontext einer fachübergreifenden Debatte um den Verfassungsvertrag immer wieder auf die Frage *Was ist Europa?* zurück. Der Band *Bilder von Europa*[85] befasst sich interdisziplinär mit der Ikonografie,

79 François, Etienne/Serrier, Thomas (Hrsg.): Europa – notre histoire: l'héritage européen depius Homère, Les Arènes, 2017.

80 Vgl. Cavallar, Georg: Die Europäische Union – von der Utopie zur Friedens- und Wertegemeinschaft, Wien 2006.

81 Vgl. Gollwitzer, Heinz: Europabild und Europagedanke, München 1964.

82 Vgl. Häberle, Peter: Europäische Rechtskultur. Versuch einer Annäherung in zwölf Schritten, Baden-Baden 1994.

83 Vgl. Münkler, Herfried: Europa als politische Idee: Ideengeschichtliche Facetten des Europabegriffs und deren aktuelle Bedeutung, in: *Leviathan*, Vol. 19, Nr. 4, 1991, S. 521–54, online verfügbar: www.jstor.org/stable/23984201 [Zugriff: 25. März 2021]. Münkler arbeitet heraus, dass Begriffe von Europa niemals ohne normative Elemente auskommen können.

84 Vgl. Eriksen, Erik Oddvar/Fossum, John Erik/Menéndez, Agustin José: Developing a Constitution for Europe, London 2004.

85 Vgl. Drechsel, Benjamin/Jaeger, Friedrich/König, Helmut/Lang, Anne-Katrin/Leggewie, Claus: Bilder von Europa. Innen- und Außenansichten von der Antike bis zur Gegenwart, Bielefeld 2010.

Politik und Geschichte Europas. Einen Eindruck darüber, was diese Vielfalt Europas für politische Praxis bedeutet, gibt Jacques Delors in *Mein Leben für Europa*[86].

Monnets Ideen wiederum können nicht als Versuch verstanden werden, die Europäische Union theoretisch oder ideengeschichtlich zu erklären, aber sein Fokus auf Zukunftsorientierung, supranationale Elemente und ein enorm starkes Hinterfragen der staatlichen Souveränität (die auch Ulrich Beck und Edgar Grande mit ihrem Konzept eines kosmopolitischen, anerkennungstheoretisch konzipierten Europas aufnahmen[87]) bietet die Möglichkeit einer ergebnisoffenen, dauerhaften Annäherung. Dies begünstigte schließlich die Entwicklung einer europaweiten Transnationalität – jenseits der etablierten institutionellen Strukturen, die Monnet, selbst enorm fokussiert auf Institutionen, nicht in ihrem vollen Umfang vorausgesehen haben konnte.

## 2.1 Das irdische Glück von Frieden und Freiheit

Während Heiner Timmermann ein „Europa-Bewusstsein"[88] bis in die Antike zurückverfolgt[89], wird der Beginn einer Idee Europa vielfältig in der Loslösung von Kaisertum und Kirche in Verbindung mit weltlich-antiken Vorstellungen gesehen. So beginnt Rolf Hellmut Foerster seine Sammlung *Die Idee Europa 1300–1946* mit *Über die Monarchie*[90] von Dante Alighieri aus dem 14. Jahrhundert, in dem die friedliche Einigung aller Menschen gefordert wird.[91] Dabei war der Papst für das ewige

86 Grätz, Ronald/Neubauer, Hans-Joachim (Hrsg.): Jacques Delors. Mein Leben für Europa. Gespräche. Karl De Keyzer. EVROPA. Fotografien, Göttingen 2013.

87 Vgl. Beck, Ulrich/Grande, Edgar: Das kosmopolitische Europa. Gesellschaft und Politik in der zweiten Moderne, Frankfurt am Main 2004.

88 Timmermann, Heiner: Europa – eine Idee, in: Timmermann, Heiner (Hrsg): Eine Verfassung für die Europäische Union. Beiträge zu einer grundsätzlichen und aktuellen Diskussion Wiesbaden 2001, S. 31.

89 Dazu auch: Dumont, Gérard-François/Zurfluh, Anselm: Die Identität Europas. Werte für eine gemeinsame Zukunft, Schaffhausen 2001, S. 16ff.

90 Vgl. Alighieri, Dante: Über die Monarchie; 14. Jahrhundert, in: Foerster, Rolf Hellmut: a. a. O., S. 25–34.

91 Vgl. Stüwe, Klaus: Europas Einigung als Idee. William Penn und das Projekt der Europäischen Union, in: Der Staat, Vol. 38, Nr. 3, 1999, S. 359.

Leben, der Kaiser für das irdische Glück in Form von Frieden und Freiheit zuständig.[92] Kurt von Raumer stellt in dem Band *Ewiger Friede. Friedensrufe und Friedenspläne seit der Renaissance*[93] ebenfalls das Streben nach Frieden in das Zentrum seiner Analyse und arbeitet heraus, wie religiös untermauerte Konzepte (Erasmus von Rotterdam, Sebastian Frank, Herzog von Sully, Émeric Crucé[94]) durch wirtschaftlich motivierte Denkweisen bei William Penn (1693, siehe unten) und Jeremy Bentham (1789[95]) erweitert und schließlich bei Immanuel Kant (1795[96]) und Friedrich Gentz (1800[97]) vernunftbasiert begründet wurden. Raumer beginnt seine Analyse mit Erasmus von Rotterdams *Klage des Friedens, der bei allen Völkern verworfen und niedergeschlagen wurde* aus dem Jahre 1517, das nach zahlreichen Auseinandersetzungen der Habsburger und der französischen Könige um das Erbe Karls des Kühnen (1433–1477) und die Vorherrschaft in Italien entstand. Rudolf Liechtenhan, Schweizer Theologe und Vertreter des religiösen Sozialismus, schreibt:

> „[…] jedes Mittel zum Zweck schien erlaubt; Politik war zu einem großen Schachergeschäft geworden, bei dem Gewalthaber mit ihren Völkern, ihrem Wohl und Wehe, wie mit einer Ware umsprangen. Heiratsgeschichten waren immer wieder der Mittelpunkte, um den sich dieses ganze Schacherspiel drehte; sie waren Kriegsursachen, und die Untertanen mussten dafür bluten."[98]

Erasmus von Rotterdam hatte bereits einen Ruf als humanistischer Gelehrter, als er in Cambrai auf Einladung von Kanzler Jean Le Sauvage im Auftrag des Burgunder Herzogs Karl, Enkel Kaiser Maximilians I.

---

92 Vgl. Gehler, Michael: a. a. O., S. 36.

93 Vgl. Raumer, Kurt von: Ewiger Friede. Friedensrufe und Friedenspläne seit der Renaissance, Freiburg/München 1953.

94 Vgl. Crucé, Émeric: Le Nouveau Cynee, ou Discours dees Occasions Et Moyens d'Etablier une Paix Generale Et la Liberté du Commerce par Tout le Monde (1629), London 2018.

95 Vgl. Bentham, Jeremy: Introduction to the Principles of Morals and Legislation (1789), in: Burns J. H./Hart, H. L. A.: The Collected Works of Jeremy Bentham, London 1970.

96 Vgl. Kant, Immanuel: Zum ewigen Frieden und andere Schriften (1795), Frankfurt am Main 2008.

97 Vgl. Gentz, Friedrich: Über den Ewigen Frieden (1800), in: Raumer, Kurt von: Ewiger Friede. Friedensrufe und Friedenspläne seit der Renaissance, Freiburg im Breisgau 1952, S. 461–497.

98 Liechtenhan, Rudolf: Einleitung, in: Rotterdam, Erasmus von: Klage des Ewigen Friedens, Unter Beigabe einer geschichtlichen Einleitung, Bern/Leipzig 1994.

und später Kaiser Karl V.[99], eine Rede bei einer internationalen Friedenssynode halten sollte. Sie sollte am 2. Februar 1517 stattfinden, am 11. März wurde ein vorbereitendes Abkommen für das eigentliche Fürstentreffen erarbeitet, welches jedoch nie stattfand. Die Rede aber war geschrieben. Sie war hoffnungsvoll, denn nach einer ersten gescheiterten Friedenskonferenz von Cambrai im Jahre 1508 stand ein Generationenwechsel bei den europäischen Herrscherfamilien an. Mit dem Vertrag von Noyon (13. August 1516)[100] wurde durch Franz I. von Frankreich[101] und Karl, damals noch Herzog von Burgund, zwischen Frankreich und Burgund Friede geschlossen. Langjährige Konflikte zwischen Frankreich, Burgund, England, der Eidgenossenschaft, dem Habsburgischen Erblande und dem Papst gingen diesem Friedensvertrag voraus. Am 3. Dezember 1516 schloss sich Kaiser Maximilian mit dem Brüsseler Friedensvertrag dem Vertrag von Noyon an. Aufgrund von Streitigkeiten über Gebiete in Norditalien war Maximilian I. diesbezüglich zuvor

99 Karl V. gehörte zum Herrscherhaus der Habsburger. Er lebte von 1500 bis 1558. Karl war nach dem Tod seines Vaters Philipp I. von Habsburg und Kastilien ab 1515 Herzog der Burgundischen Niederlande und ab 1516 als Carlos I. der erste König von Kastilien, León und Aragón in Personalunion. 1519 erbte er das Erzherzogtum Österreich und wurde als Karl V. zum römisch-deutschen König gewählt. 1520 wurde er in Aachen zum erwählten Kaiser des Heiligen Römischen Reiches (diesen Titel erhielten Kaiser ohne päpstliche Krönung). 1530 ließ sich Karl V in Bologna nachträglich von Papst Clemens VII zum Kaiser krönen. Es war die letzte Kaiserkrönung eines römisch-deutschen Königs durch einen Papst. Karl V. folgte auf seinen Großvater Maximilian I., der 1508 bis 1519 römisch-deutscher Kaiser war.

100 Franz I. unterzeichnete den Vertrag am 29. September 1516, Karl unterzeichnete am 29. Oktober in Brüssel. Der Vertrag sollte die Streitigkeiten von Frankreich und Habsburg über Burgund beenden. Er sicherte Karls Position in Burgund sowohl innen- als auch außenpolitisch. Die Übernahme der Herrschaft in Spanien wurde ebenfalls möglich. Der Frieden widersprach zunächst dem Willen Maximilian I., der in Norditalien mit Frankreich Krieg führte. Er war zuvor mit König Ferdinand, der Gebieter Neapels war, und Heinrich VIII. von England (Schwiegersohn Ferdinands) ein Bündnis gegen Frankreich eingegangen, unter anderem, um die Stadt Mailand für sich zurückzugewinnen und Verona sowie Brescia gegen Frankreich zu verteidigen. Mit dem Tod König Ferdinands dem Katholischen am 23. Januar 1516 begann sich die Haltung Maximilians I. zu ändern. (Vgl. Schneller, Adelheid: Der Brüssler Friede von 1516, Berlin 1910, online verfügbar: https://diglib.uibk.ac.at/download/pdf/55118?name=Der%20Br%C3%BCssler%20Friede%20von%201516 [Zugriff: 19. Dezember 2020], S. 13f., S. 24f.)

101 Franz I. war ein französischer König aus dem Hause Valois-Angoulême, einer Nebenlinie des Hauses Valois. Er lebte von 1494 bis 1547. Am 25. Januar 1515 wurde er König von Frankreich, welches er bis zu seinem Tode regierte.

zögerlich, Geldsorgen und im Brüssler Vertrag in Aussicht gestellte Zahlungen an Maximilian I. führten schließlich zu seinem Umdenken.[102] Später, in den Italienischen Kriegen, die bereits 1494 begannen, aber in einem Konflikt zwischen den Häusern Valois und Habsburg eskalierten, standen sich Franz und Karl Mitte des 16. Jahrhunderts wieder feindlich gegenüber. 1516 und 1517 waren sie allerdings Hoffnungsträger. Und so waren auch Erasmus' Ausführungen für den Kongress optimistisch, selbst unmittelbar vor der Reformation. In seinen Darlegungen ließ Erasmus die Friedensgöttin selbst sprechen. Ihre pazifistische Perspektive betonte Bildung, Wissenschaft und Kunst. Diesen Tenor griff Erasmus auch in einem Brief an Heinrich VIII auf. Waffen und Wissenschaft vertragen sich nicht, so Erasmus.[103]

Ein weiterer Ansatz aus dem Mittelalter, der vor dem Hintergrund des Dreißigjährigen Krieges und der vorhergehenden Konflikte zwischen Katholiken und Protestanten in Frankreich zu lesen ist, findet sich in *Der Große Plan* des Herzogs von Sully.[104] Ihm schwebte eine christliche Republik, bestehend aus Monarchien, Wahlmonarchien und Republiken, vor.[105] Als Mittel zur Kriegsüberwindung sah Sully einen starken Machtstaat und den Krieg selbst vor.[106]

Mit der Aufklärung gewann die Idee Europa schließlich neue Impulse. Die vernünftige Ordnung Europas, Bildung und Bürgerrechte, vielfach ausgedrückt in gemeinsamen Rechtsordnungen, rückten ins Zentrum der Auseinandersetzung. Religiöse Toleranz und eine gemeinsame Rechtsordnung bilden die Grundgedanken in William Penns *Essay über*

102 Vgl. Schneller, Adelheid: a. a. O., S. 48.

103 Zweig, Stefan: Einleitung, in: Rotterdam, Erasmus von: Die Klage des Friedens (1517), Zürich 2017, S. 28.

104 *Der Große Plan* wurde ursprünglich als Konzept Heinrich IV. angenommen. Später wurde der Herzog von Sully als sein Verfasser identifiziert. Bei dem Plan handelt es sich nicht um ein einziges Dokument, sondern um einen Entwurf, der aus mehreren Schriftstücken des Herzogs hervorging (vgl. Salewski, Michael/Timmermann, Heiner (Hrsg.): Gesichter Europas, Münster 2002, S. 67). Eine neuere Version der Memoiren erschien im Jahr 1822: Sully, Maximilien de Bethune: Mémoires du Duc de Sully, Vol. 1–6, Paris 1822.

105 Vgl. Majer, Diemut/Höhne, Wolfgang: Europäische Einigungsbestrebungen vom Mittelalter bis zur Gründung der Europäischen Wirtschaftsgemeinschaft (EWG) 1957, Karlsruhe 2014, S. 55.

106 Vgl. Kükelhaus, Theodor: Der Ursprung des Planes vom Ewigen Frieden in den Memoiren des Herzogs von Sully (1893), London 2018.

*den gegenwärtigen und künftigen Frieden Europas* aus dem Jahre 1692.[107] Russland und die Türkei sollten Teil des europäischen Staatenbundes sein, der mit einem Europäischen Reichstag auf wirtschaftlichen Annahmen und Religionsfreiheit basiert. Freier Handel, Industrie und sichere Besitzstände sollten Frieden in Europa garantieren. Eine gerechte Wirtschaft war das Mittel zur innenpolitischen Verhinderung von Bürgerkrieg und gleichermaßen die friedenssichernde Maßnahme zwischen Staaten.

Der Abbé de Saint-Pierre, geprägt vom Spanischen Erbfolgekrieg[108], sprach sich im Jahre 1713 für die Gründung einer Europäischen Union aus. Sie sollte die christlichen Staaten Europas gleichberechtigt umfassen und war auf den dauerhaften Frieden angelegt, einhergehend mit der Abgabe staatlicher Souveränitätsrechte.[109] Für souveräne Herrscher, so St. Pierre, war die in Aussicht gestellte Garantie des inneren und äußeren Friedens die entscheidende Motivation für den Beitritt zur Europäischen Union.[110]

---

107 Vgl. Penn, William: a. a. O., S. 79–85.

108 Der Spanische Erbfolgekrieg fand zwischen 1701 und 1714 statt. Das Erbe des kinderlosen König Karls II., des letzten spanischen Habsburgers, war Anlass des Krieges. Karl II. hatte den Bourbonen und Enkel Ludwigs XIV., Philipp V., als seinen Nachfolger vorgesehen. Daher befürchteten andere Herrscher, unter anderem Kaiser Leopold I. aus der österreichischen Linie der Habsburger sowie England und die Niederlande, nachteilige Machverschiebungen.

109 Saint-Pierre, Charles Irénée Castel de: Projet pour rendre la paix perpetuelle en Europe (1713), Paris 1986, S. 12.

110 „Si la Société Européenne que l'on propose, peut procurer à tous les Princes Chrétiens sureté suffisante de la perpétuité de la Paix au dedans et dehors de leurs États, il n'y aucun d'eux pour qui le Traité pour l'établissement de cette Société, qu'à ne le pas signer. Or la Société Européenne, que l'on propose, pourra procurer à tous les Princes Chrétiens sureté suffisante de la perpétuité de la Paix au dedans et au dehors de leurs Etats" (ibid., S. 15).

## 2.2 Von Frauen und Männern im 19. Jahrhundert

De Saint-Pierres Ideen wurden von Jean Jacques Rousseau[111] und Immanuel Kant[112] aufgegriffen.[113] Kant entwickelte, wie Crucé, kein europäisches, sondern ein universelles Konzept. Victor Hugo forderte in seiner Eröffnungsansprache des internationalen Friedenskongresses, der vom 21. bis 24. August 1849 in Paris stattfand, schließlich eine *Nation Europa*, die als Vereinigte Staaten von Europa betrachtet werden kann.[114] Hugos Nation Europa gründet auf einem naturrechtlichen Konzept der Menschlichkeit jenseits nationalstaatlicher Grenzen. Diesen menschrechtsbasierten Ansatz verfolgten auch viele der Aktivistinnen, die sich im Rahmen der Deutschen Revolution 1848/49 für die Abschaffung der Monarchie einsetzten, darunter Mathilde Franziska Anneke[115], Louise

111 Vgl. Rousseau, Jean Jacques: Auszug aus dem Plan des Ewigen Friedens der Herrn Abbé de Saint-Pierre und Urteil über den ewigen Frieden, in: ibid. S. 86–101.

112 Vgl. Kant, Immanuel: Zum ewigen Frieden und andere Schriften (1795), a. a. O., S. 152–183.

113 Eine Sammlung der Europaideen der Aufklärung haben Rotraud von Kulessa und Catriona Seth zusammengestellt. (Vgl. Kulessa, Rotraud von/Seth, Catriona (Hrsg.): Die Europaidee im Zeitalter der Aufklärung, Cambridge 2017.)

114 Vgl. Hugo, Victor: Eröffnungsansprache des internationalen Friedenskongresses, 22. August 1849, online verfügbar: https://ifor-mir.ch/eroffnungsrede-von-victor-hugo-beim-pariser-friedenskongress-1849/ [Zugriff: 6. Dezember 2018].

115 Mathilde Franziska Anneke (1817–1884) 1849 emigrierte mit ihrem Mann Carl Friedrich (Fritz) Theodor Anneke (1818–1872) in die USA. Zuvor waren beide in Köln zum Dreh- und Angelpunkt einer Vorläuferorganisation des späteren Kölner Arbeitervereins geworden, den Fritz Anneke mitbegründete. Das Paar war mit Karl Marx und Friedrich Engels sowie mit dem von Sebastian Longard, Andreas Simons und Johanna (1810–1858) und Gottfried Kinkel (1815–1882) gegründeten Maikäferbund (1840–1847), einer literarischen Gruppe, die die wöchentliche Zeitschrift *Der Maikäfer. Zeitschrift für Nicht-Philister* herausgab, bekannt. Fritz Anneke gab die *Neue Köllnische Zeitung für Bürger, Bauern und Soldaten* heraus, die am 10. September 1848 zum ersten Mal erschien und bei der Mathilde als Redakteurin tätig war. Martin Henkel und Rolf Taubert bezeichnen die Zeitung als dasjenige Blatt, dem es in Köln am besten gelang, Arbeiter, Bauern und Soldaten zu erreichen während Marx und Engels mit der Neuen Rheinischen Zeitung „eine unheimlich gute gemachte bürgerliche Tageszeitung mit revolutionärer Tendenz, aber weder ein Organ des Proletariats noch ein Organ für das Proletariat" (Henkel, Martin/Taubert, Rolf: Das Weib im Conflict mit den Socialen Verhältnissen, mathilde franziska anneke und die erste deutsche frauenzeitung Bochum 1976, S. 41.) ins Leben gerufen hatten. Henkel und Taubert schreiben: „Wenn es aber in Köln 1848/49 eine Zeitung gegeben hat, mit der die vielen einzelnen Arbeiter, Bauern und Soldaten in ihrem

Aston[116], Elise Blenker, Emma Herwegh, Johanna Kinkel[117] und Amalie Struve[118], über deren Leben Ursula Linnhoff in „Zur Freiheit, oh, zur einzig wahren –" einen guten Überblick gibt.[119] Emanzipiert, hochver-

täglichen Leben etwas anfangen konnten, aus der sie etwas lernen konnten, die sie benutzen konnten, dann war das gewiß [sic] nicht die höchst intellektuelle, die große Politik mit satirischer Schärfe analysierende NRhZ, sondern eher ‚das kleine, unschuldige Blättchen Neue Köllnische Zeitung' der Mathilda Franziska Anneke." (Vgl. ibid). Im Rahmen der deutschen Revolution 1848/49 fand vom 2. Mai bis 19. Juni 1849 der Pfälzische Aufstand statt, dessen Ziel die Annahme der Frankfurter Reichsverfassung und die Loslösung vom Königreich Bayern waren. Am 18. Mai 1849 schloss die Rheinpfalz ein Bündnis mit der Badischen Republik. Kommandeure in der Revolutionsarmee waren unter anderem Ludwig Blenker, Gustav Struve und Fritz Anneke. Wilhelm Liebknecht (1828–1900), späterer Gründer der Sozialdemokratischen Partei Deutschlands, war Adjutant Gustav Struves. Später, in den USA, nahm Blenker als Kommandeur von Truppen der Nordstaaten am Amerikanischen Bürgerkrieg (1861–1865) teil.

116 Vgl. Aston, Louise: Aus dem Leben einer Frau, Hamburg 1847. Sowie: Aston, Louise: Revolution und Conterrevolution, Mannheim 1849. Astons Gedichtsammlung *Wilde Rosen* erschien 1846, die *Freischärler-Reminiscenzen* 1849 [vordatiert auf 1850] und ihre emanzipatorische Schrift *Meine Emancipation, Verweisung und Rechtfertigung* im Jahre 1846 (Vgl. Aston, Louise: Wilde Rosen. Meine Emancipation. Gedichte und Autobiographisches, Neuausgabe, Berlin 2015.). Ihren ersten von drei Romanen, *Lydia*, veröffentlichte die 1814 in Gröningen bei Halberstadt geborene Louise Aston (1814–1871) im Jahre 1848 (Aston, Louise: Lydia, Magdeburg 1848). Im selben Jahr nahm Aston in einem Freikorps am Krieg gegen Dänemark teil und gründete die Zeitschrift *Der Freischärler*. Mit ihrem zweiten Ehemann, dem Mediziner Daniel Eduard Meier, kämpfte sie für die Revolution und musste deswegen das Land verlassen. Nach Aufenthalten in Russland, Ungarn und Österreich ließ sich das Paar schließlich im Allgäu nieder. Aston wurde von anderen Frauenrechtlerinnen kritisch gesehen. Man bezeichnete sie als die deutsche George Sand. Sie trug Hosen, rauchte, besuchte mit Männern Lokale und setzte sich für die freie Liebe ein. (Vgl. Sichermann, Barbara: Ich rauche Zigaretten und glaube nicht an Gott. Hommage an Louise Aston, Berlin 2014.)

117 Kinkel, Johanna: Hans Ibeles in London. Ein Familienbild aus dem Flüchtlingsleben, Berlin 1860. Johanna Kinkel war Komponistin und Schriftstellerin sowie Vorkämpferin der Frauenbewegung. Nach ihrem Studium in Berlin gründete sie in Bonn einen der ersten Gesangsvereine, der von einer Frau geleitet wurde. Ihr fünf Jahre jüngerer und zweiter Ehemann Gottfried trat im badisch-pfälzischen Aufstand für eine gesamtdeutsche Republik ein. Nach dessen Niederschlagung wurde Gottfried Kinkel 1849 verhaftet. Mit Hilfe von Carl Schurz (1829–1906) aus dem Gefängnis befreit, wanderte Gottfried Kinkel gemeinsam mit Johanna nach London aus. Von dort aus setzte er sich weiterhin für seine politischen Ziele ein, unter anderem, indem er in den USA finanzielle Unterstützung für eine neue deutsche Revolution einwarb, während Johanna ihm durch ihre Tätigkeit als Musiklehrerin finanziell den Rücken freihielt.

netzt, exzellent gebildet, aktiv an der Revolution beteiligt, aber zunächst ohne großen Erfolg in ihren frauenpolitischen Anliegen waren es diese

118 Amalie Struve (1824–1862) und ihr Mann, der Anwalt und Publizist Gustav Struve (1805–1870) nahmen im April 1848 am Heckerzug von Konstanz nach Karlsruhe (Bestrebung unter Führung Friedrich Heckers und Gustav Struves, die Monarchie im Großherzogtum Baden abzuschaffen und eine Republik zu errichten) teil und initiierten im Herbst desselben Jahres mit weiteren Anhängern den Struve-Putsch, in dessen Rahmen Gustav Struve am 21. September 1848 eine deutsche Republik ausrief. Das Paar wurde am 25. September 1848 verhaftet. Nach ihrer Freilassung aus dem Freiburger Gefängnis reiste Amalie Struve am 16. April 1849 nach Rastatt, wo Gustav inhaftiert war. Er wurde in der Nacht vom 13. auf den 14. Mai 1849 aus dem Gefängnis befreit. Struve setzte sich weiterhin für die Revolution ein und war unter anderem an der Reichsverfassungskampagne beteiligt. Nach ihrem Scheitern ließen sich Amalie und Gustav Struve in England nieder, wo sie vor allem publizistisch tätig waren. Finanzielle Not bewog das Paar, 1851 in die USA auszuwandern, wo sich Amalie Struve für das Frauenwahlrecht und Frauenbildung einsetzte. Frauen, so Struve, müssten für ihre Gleichberechtigung handeln, wofür Bildung als Voraussetzung diente. Zudem setzen sich Amalie und Gustav Struve für die Gründung der deutsch-katholischen Gemeinde in Mannheim ein. Sie versammelte Liberale, die ein Miteinander der Konfessionen avisierten. Mit dem Prediger Carl Scholl gründete Gustav Struve für die Versöhnung von Katholiken und Juden den sogenannten *Montagsclub*. Die deutsch- katholischen Vereine gehörten zu den ersten Vereinen, die die Mitgliedschaft von Frauen erlaubten, und ihre Frauenvereine sorgten dafür, dass belastbare Frauen- Netzwerke entstanden. Demokratische Frauenvereine entstanden ab 1849. Frauen sorgten für die Gründung der Frauen-Hochschule in Hamburg, in die Amalie Struve involviert war. In den USA hatte Struve Kontakt mit Mathilde Franziska Anneke, die sich dort öffentlich für Frauenrechte einsetzte und die *Deutsche Frauenzeitschrift* herausgab. Alles in allem kann Struve als gemäßigte Frauenrechtlerin betrachtet werden. So stellte sie in Zeitschriftenbeiträgen die revolutionären Frauen Frankreichs vor, jedoch niemals Olympe de Gouges, die 1791 hinter der „Erklärung der Frauenrechte“ stand. Für die Vermutung Monika Marcello-Müllers, dass Gouges in den Augen Stuves zu radikal war, spricht Struves Beitrag „Die Feinde weiblicher Freiheit, in dem sie Frauen, die glauben, „sich aller übernommenen Pflichten entschlagen zu dürfen, wenn sie die Lust verlieren, sie zu erfüllen, ohne strafbar zu sein und ohne die Verachtung ihrer Nebenmenschen zu verdienen. Sie ‚emanzipieren‘ sich ihn ihrem Wahne, indem sie Tabak rauchen, sich auffallend kleiden, Nächte hindurch schwärmen, und andere ähnliche Ausschweifungen begehen.“ (Struve, Amalie: Die Feinde weiblicher Freiheit, in: Marcello-Müller, Monica (Hrsg.): Frauenrechte sind Menschenrechte! Schriften der Lehrerin, Revolutionärin und Literatin Amalie Struve, Herbholzheim 2002, S. 121.) Am 13. Februar 1826 starb Amalie nach der Geburt ihrer dritten Tochter. Gustav Struve kehrte 1863 nach Europa zurück, zuerst nach Stuttgart, dann nach Wien (1868). Er verstarb 1870. (Vgl. Marcello-Müller, Monica (Hrsg.): ibid., S. XIII ff.)

119 Vgl. Linnhoff, Ursula: „Zur Freiheit, oh, zur einzig wahren –“ Schreibende Frauen kämpfen um ihre Rechte, Köln 1983.

Aktivistinnen ihrer Zeit, die trotz der Rückschläge das Fundament für die spätere frauenrechtliche Entwicklung legten. Viele von ihnen emigrierten in die USA, um in ihrer Heimat Haftstrafen zu entgehen.[120] Diana Ecker befasst sich in *Der Freiheit kurzer Sommer*[121] mit dem Leben Mathilde Franziska Annekes[122] sowie der pfälzisch-badischen Revolution, die die Publizistin und Lehrerin Amalie Struve als Beteiligte selbst detailliert analysierte.[123] Amalie Struve verstand Frauenrechte als Menschenrechte[124], die sich aus einem stark bildungsorientieren Freiheitsbegriff, auf den Männer und Frauen Anspruch hatten, speiste.[125] Ihr und ihrem Mann[126] ging es um die „Gesammtbürgerschaft [sic!] der Völker"[127], nicht ohne vor dem Hintergrund einer wachsenden Arbeiter-

120 Vgl. Bank, Michaela: Women of Two Countries. German-American Women, Women's Rights, and Nativism, 1848–1890, Transatlantic Perspectives, Band 2, New York 2012.

121 Ecker, Diana: Der Freiheit kurzer Sommer. Auf Mathilde Franziska Annekes Spuren durch die pfälzisch-badische Revolution von 1849, Ubstadt-Weiher 2012.

122 Eine Auswahl ihrer Werke hat Enno Stahl zusammengestellt (Stahl, Enno: Lesebuch Mathilde Franzsika Anneke, Nylands Kleine Westfälische Bibliothek, Band 49, Köln 2015). Eine Auswahl auf englisch bietet Piepke, Susan L.: Mathilde Franziska Anneke (1817–1884). The Works and Life of a German-American Activist, New York 2006.

123 Struve, Amalie: Erinnerungen aus den Badischen Freiheitskämpfen. Den Deutschen Frauen gewidmet, Hamburg 1850, online verfügbar: https://download.digitale-sammlungen.de/BOOKS/download.pl?ersteseite=1&letzteseite=186&id=1002175 1&ersteseite=1&letzteseite=186&vers=d&nr=&abschicken=ja&captcha_zeit=160 93897131002175 1&xdfz=2&captcha_in=7439&submitbutton=WEITER& dafoemail= [Zugriff: 3. Dezember 2020].

124 So schreibt sie: „Die Menschheit wird nie den Höhepunkt, dessen sie fähig ist, erreichen, so lange eines der beiden Geschlechter, aus denen sie besteht, in einer verkehrten Richtung befangen ist, oder in einem falschen Verhältnisse zu dem anderen steht" (Marcello-Müller, Monica (Hrsg.): a. a. O., S. 126.) Vereine, die während der Revolution zunehmend entstanden, müssten daher „Menschenvereine" (Ibid. S. 107.) sein, die die „unveräußerlichen Rechte der Menschen" (Ibid. S. 126.) sicherten.

125 Vgl. ibid. S. IX.

126 Gustav Struve dachte Freiheit gleichzeitig im Kontext der Nationenbildung sowie der Nation als Garant für die repräsentative Verfassung und Pressefreiheit, die für Struve maßgeblich waren, Regierungen mit ihrem Volk zu verbinden. In der Presse ließen sich Erkenntnisse über die Ansichten der Regierenden gewinnen. Repräsentative Verfassungen garantierten dem Volk schließlich, Regierungen abzuschaffen, mit denen es nicht mehr einverstanden war. (Vgl. Struve, Gustav: Briefwechsel zwischen einem ehemaligen und einem jetzigen Diplomaten, Mannheim 1845, S. 18, S. 21f.)

127 Struve, Amalie/Struve, Gustav: Die Stellung der Frau im Leben, Deutsche Zuschauer, New York, 24. Januar 1852, in: Michalka, Wolfgang/Weber, Hartmut: Gustav und

schaft soziale Fragen aus den Augen zu verlieren.[128] Freiheit für alle Menschen konnte nur dann erreicht werden, wenn Wohlstand und demokratische Mitbestimmung aller gesichert waren – wirtschaftliche Teilhabe, politische Mitwirkung und den Anspruch auf Bildung betrachtete auch die von der Women's Rights Convention (1850) in den USA inspirierte Harriet Taylor Mill (1807-1858), Ehefrau und Mitautorin John Stuart Mills (1806-1873), als zentale Fundamente des Zusammenlebens „menschliche[r] Wesen".[129] Amalie Struve positionierte ihre Ansichten dabei jenseits politischer und religiöser Dogmen. Von Kant inspiriert, aber insofern frauenrechtlich über ihn hinausgehend, als sie die soziale Konstruktion von Geschlechterrollen erkannte. So stellte die Welt die Referenz des Freiheits- und Rechtsverständnisses Struves dar.[130]

Demgegenüber betrachteten beispielsweise Friedrich Gentz, Conrad Friedrich von Schmidt-Phiseldeck und Johann Caspar Bluntschli die Aufgabe nationaler Souveränität kritisch. Gentz favorisierte im Jahre 1800 in *Über den Ewigen Frieden* einen auf Dauer angelegten föderalen

---

Amalie Struve. Freiheit und Menschlichkeit, Bibliothek Europäischer Freiheitsbewegungen, Band 2, Eggingen 2003, S. 178.

128 Vgl. Hank, Peter: Gustav Struve. Der konsequente Revolutionär, Freiburg 1998, S. 30.

129 Vgl. Schuder, Felicitas: Gustav Struve (1805–1870). Scharfer Denker – glückloser Akteur, in: Rehm, Clemens/Hofmann Annette R. (Hrsg.): Gustav Struve. Turner, Demokrat, Emigrant, Ubstadt-Weiher 2020, S. 23. Taylor Mill, Harriet: Zur Erteilung des Frauenwahlrechts. Essay, Wien 2020 (1851), S. 14. Zu Struves Freiheitsbegriff vgl. Schuder, Felicitas: Gustav Struve (1805–1870). Scharfer Denker – glückloser Akteur, in: Rehm, Clemens/Hofmann Annette R. (Hrsg.): Gustav Struve. Turner, Demokrat, Emigrant, Ubstadt-Weiher 2020, S. 23.

130 Vgl. Marcello-Müller, Monica (Hrsg.): a. a. O., S. 103. Struve schreibt: „Von der vollen menschlichen Gleichberechtigung beider Geschlechter ausgehend, will sie [die Frauen-Hochschule zu Hamburg] diejenigen unter den Frauen, welche ein innerer oder äußerer Beruf auch nach den Schuljahren zu weiteren Fortschreiten und geistigem Arbeiten drängt, die Gelegenheit zu jeder Entwickelung (sic!) gewähren, geht überhaupt von einem Prinzip der Freiheit aus, welches sie in allen seinen Consequenzen (sic!) in sich walten läßt (sic!), überzeugt, daß (sic!) dadurch nur das wahrhaft Schöne, das wahrhaft Sittliche Gestalt gewinnen kann." Das Schöne und Sittliche ist hier geschlechtsunabhängig zu verstehen. Kant hingegen schreibt das Gefühl für das Schöne Frauen zu, während Männer vom Gefühl für alles Edle geleitet werden. (Vgl. Kant, Immanuel: Beobachtungen über das Gefühl des Schönen und Erhabenen, Königsberg 1766, S. 47ff.) Solche Ansichten sind bei Struve unwahrscheinlich. Sie positioniert sich gegen die Verbindung von Schönheit und Weiblichkeit (Vgl. Marcello-Müller, Monica (Hrsg.): a. a. O. S. 106, S. 131, S. 133).

Bund souveräner Staaten,[131] verbunden mit dem Ziel, das Gleichgewicht der Mächte in Europa zu stabilisieren.[132] Die Ideen in *Der Europäische Bund* aus dem Jahre 1821 konzipierte Schmidt-Phiseldeck nach dem Wiener Kongress, vor dem Hintergrund der inneren Zerrissenheit Europas, der Koalitionskriege (1795–1815) und des gleichzeitigen Machtzuwachses der Vereinigten Staaten von Amerika.[133] Das Friedensziel wird in diesem Zusammenhang zu einem Vernunftprojekt. Schmidt-Phiseldecks europäische Konföderation und ihre Zusammengehörigkeit speisten sich aus einem gemeinsamen europäischen Rechts- und Kulturbegriff.[134] *Die Organisation des Europäischen Staatenvereines* Johann Caspar Bluntschlis aus dem Jahre 1881 bezeichnete einen Staatenbund ungleichberechtigter, aber souveräner Staaten. Großmächte, definiert durch militärische Macht, und übrige Staaten legen gemeinsame Ziele fest.[135] In den Entscheidungsgremien werden Stimmen nach militärischer Stärke bemessen – anders als bei William Penn, der die Stimmgewichtung wirtschaftlich aus dem Staatseinkommen herleitet. Ein europäisches Volk, wie es Monnet vorschwebte, gab es bei Bluntschli nicht. Ein Bundesbudget oder ein gemeinsam organisiertes Militär waren ebenfalls nicht vorgesehen.[136]

## 2.3 Vom Völkerbund zur Paneuropa-Union und den Vereinigten Staaten von Europa

Nach dem Ersten Weltkrieg änderte sich der zeithistorische Kontext derartig, dass zügig zahlreiche Friedensinitiativen entstanden. Der Völkerbund nahm 1920 seine Arbeit auf und wurde 1927 mit der Internationalen Weltwirtschaftskonferenz zur diplomatischen Arena für Europa-Konzeptionen zahlreicher Initiativen. Auf der Weltwirtschafts-

131 Vgl. Gentz, Friedrich: Über den Ewigen Frieden (1800); a. a. O., S. 461–497.

132 Gentz, Friedrich: Schriften zum Europäischen Gleichgewicht, in: Foerster, Hellmut Rolf: a. a. O., S. 125–140.

133 Schmidt-Phiseldeck, Conrad Georg Friedrich Elias von: Europa und Amerika und Der Europäische Bund, in: Foerster, Rolf Hellmut: a. a. O., S. 179–195.

134 Vgl. Schmidt-Phiseldeck, Conrad Georg Friedrich Elias von: Der Europäische Bund, Kopenhagen 1821.

135 Vgl. Bluntschli, Johann Caspar: a. a. O.

136 Vgl. ibid., S. 26.

konferenz wurde die Schaffung eines europäischen Wirtschaftsraumes diskutiert, darunter Aspekte einer Zollunion, Lohndumping, Niederlassungsfreiheit, Kartelle und Meistbegünstigung.

Der Verband Europäische Zollunion rückte schließlich wirtschaftliche Anliegen in das Zentrum. Zuvor, 1920, wurde die Internationale Handelskammer in Paris ins Leben gerufen. Sie setzte sich ebenfalls für eine europäische Zollunion ein.[137] Gleichzeitig unterstützten Walther Rathenau[138], Joseph Caillaux[139] und Elemér Hantos[140] den freien innereuropäischen Handel mit ihren Publikationstätigkeiten. Hantos gründete 1925 mit Julius Meinl[141] die Mitteleuropäischen Wirtschaftstagungen.[142] Sie wollten die Wirtschaften der ostmitteleuropäischen Staaten beleben, da viele exportorientierten Unternehmen aufgrund neuer Zollgrenzen ihre Absatzmärkte verloren. Während der russische Markt seit der Oktoberrevolution (1917) nicht mehr zur Verfügung stand, war der deutsche Markt zu schwach war, um diesen Verlust auszugleichen.[143]

137 Vgl. Schulz, Matthias: Europa-Netzwerke und Europagedanke in der Zwischenkriegszeit, European History Online, 3. Dezember 2010, online verfügbar: http://ieg-ego.eu/en/threads/models-and-stereotypes/model-europe/matthias-schulz-europa-netzwerke-und-europagedanke-in-der-zwischenkriegszeit#HorizonteeinereuropischenWirtschaftsverstndigungDieUniondouanireeuropenneundandere Wirtschaftsorganisationen [Zugriff: 24. Juli 2020].

138 Walther Rathenau (1867–1922) war 1922 deutscher Außenminister. Er wurde 1922 von Mitgliedern der rechtsterroristischen „Organisation Consul" ermordet.

139 Joseph Caillaux (1863–1944) war von Juni 1911 bis Januar 1912 Premierminister und 1925, 1926 sowie 1935 Finanzminister Frankreichs.

140 Elemér Hantos (1881–1924) war ungarischer Rechts- und Staatswissenschaftler, ehemaliger habsburgischer Finanzstaatssekretär und Vertreter Ungarns für Wirtschaftsfragen beim Völkerbund. Hantos repräsentierte die Paneuropa-Union in Ungarn und war Wirtschaftsexperte der Union.

141 Julius Meinl (1869–1944) war Geschäftsführer der Julius Meinl AG, eines österreichischen Lebensmittelkonzerns.

142 Einen Überblick über in Ungarn und Deutschland entstandene Europakonzepte in der Zeit zwischen den beiden Weltkriegen bietet *Der Europa-Gedanke in Ungarn und Deutschland in der Zwischenkriegszeit* (vgl. Duchhardt, Heinz/Németh, István (Hrsg.): Der Europa-Gedanke in Ungarn und Deutschland in der Zwischenkriegszeit, Veröffentlichungen des Instituts für Europäische Geschichte Main, Beihefte, Band 66, 2009.)

143 Vgl. Schulz, Matthias: a. a. O.

Der luxemburgische Stahlindustrielle Émile Mayrisch gründete 1926 das Deutsch-Französische Komitee für Information und Dokumentation (Deutsch-Französisches Studienkomitee), das über kulturellen Austausch den Streitigkeiten der französischen und deutschen Stahlindustrie beikommen sollte. So hoffte er, den Fortbestand seines Unternehmens, Aciéries Réunies de Burbach-Eich-Dudelange (ARBED), zu gewährleisten. Im luxemburgischen Schloss Colpach trafen sich auf Mayrischs Einladung sechzig Industrielle, Politiker, Schriftsteller und Publizisten für regelmäßige disziplinenübergreifende Diskussionen, darunter Wladimir d'Ormesson, Herausgeber der französischen Tageszeitung *Le Figaro*, der Romanist Ernst Robert Curtius und der Zentrumspolitiker und spätere Reichskanzler Franz von Papen.[144]

Im gleichen Jahr gründeten Mayrisch und Fritz Thyssen gemeinsam mit anderen Industriellen und mit Unterstützung der jeweiligen Regierungen das Internationale Stahlkartell (ISK). Vor dem Hintergrund der Folgen des Ersten Weltkrieges sollte der Fortbestand der Stahlindustrien Belgiens, Luxemburgs, Deutschlands und Frankreichs gesichert werden. Später traten Österreich (1927), Ungarn (1927), Polen (1935) und die Tschechoslowakei (1935) bei, 1935 wurde Großbritannien assoziiertes Mitglied. Industrielle der USA (United States Steel, Bethlehem Steel, Republic Steel) traten 1938 als affiliierte Mitglieder bei.[145] Das ISK kontrollierte 90 Prozent der Weltstahlexporte im Jahre 1939, demselben Jahr, in dem es aufgrund des Zweiten Weltkrieges zerfiel. John Gillingham sieht im ISK dennoch eine politisch-diplomatische Dimension, wenn er Mayrischs Intention zusammenfasst. Das ISK „könnte zum Kern eines ganzen Netzes industrieller Vereinbarungen werden, mit denen die Produzenten den durch Krieg und kurzsichtige politische Interventionen gestörten internationalen Handelsverkehr wiederherstellen und regulieren […]".[146]

Kaum eine Initiative ist heute so prominent mit dem damaligen internationalen Zeitgeist verbunden wie die 1922 gegründete Paneuropa-

144 Vgl. ibid.

145 Vgl. Gillingham, John: Zur Vorgeschichte der Montan-Union Westeuropas. Kohle und Stahl in Depression und Krieg, Vierteljahreshefte für Zeitgeschichte, Jahrgang 34, Heft 3. 1986, online verfügbar: https://www.ifz-muenchen.de/heftarchiv/1986_3_4_gillingham.pdf [Zugriff: 25. Juli 2020].

146 Ibid., S. 383.

Union (PEU). Heute wird der Ansatz als ein Versuch einer aristokratischen Elite, die europäische Kultur zu retten, als überholt verstanden.[147] Die Paneuropa-Idee hat die breite Öffentlichkeit sicherlich nie erreicht, aber jedenfalls ihr normativer Anspruch, breit in die Bevölkerung zu wirken, ist erwähnenswert. Ab der 1940er Jahren, dem Beginn planerisch-rationaler Europakonzepte, wurde das Konzept als der Vergangenheit angehörig schließlich immer bedeutungsloser.[148] Durch die (kosmopolitische) Persönlichkeit Richard Coudenhove-Kalergis, eines japanisch-österreichischen Politikers und Philosophen sowie Trägers des ersten Karlspreises zu Aachen im Jahre 1950, gewann die Paneuropa-Bewegung an Bedeutung. Gleichermaßen steht sein Einsatz unter der Kritik eines individuellen „Geltungsdrangs"[149].

Durch Fürsprache des damaligen österreichischen Bundeskanzlers Ignaz Seipel hatte die Bewegung ihren Sitz zunächst in der Wiener Hofburg. Die erste finanzielle Unterstützung tätigte der Bankier Max M. Warburg. Gegründet von dem damals 29 Jahre alten Coudenhove-Kalergi fiel die PEU zeitlich mit dem Gedankengut Magnus Hirschfelds und Sigmund Freuds, die im Bereich der Sexologie und der Psychologie ebenfalls radikale Neuerungen auf ihren Gebieten verfolgten, zusammen. Hirschfelds Dekonstruktion binärer Geschlechterverhältnisse – er ging von 64 verschiedenen Geschlechtsoptionen aus – ist bis heute Teil des Genderdiskurses.[150] Die Skepsis gegenüber Dogmen, gegenüber Nationalismen[151] und gegenüber dem Totalitären war disziplinenübergreifend.

Die Paneuropa-Union, der auch Hantos (als Wirtschaftsexperte und Repräsentant der Paneuropa-Union in Ungarn) und Mayrisch (als Präsident der Paneuropa-Union Luxemburgs) angehörten, forderte die

147 Vgl. Richter, Emanuel: Die Paneuropa-Idee. Die aristokratische Rettung des Abendlandes, in: Nautz, Jürgen/Vahrenkamp, Richard (Hrsg.): Die Wiener Jahrhundertwende, 2. Auflage, Wien 1996, S. 789.

148 Vgl. ibid.

149 Ibid.

150 Ebert, Berit/Fradinger, Moira: Gender Dissidence in the 21st Century, The Berlin Journal, Nr. 34, Oktober 2020, S. 78–83.

151 Das Konzept der Nation selbst hinterfragte Coudenhove-Kalergi jedoch nicht. Vgl. Coudenhove-Kalergi, Richard Nikolaus: Pan-Europa-Programm, Wien 1982 (1923), S. 36ff., 39ff. (Europa und England), 53ff. (Die russische Gefahr), 67ff. (Europa und Amerika).

politische und wirtschaftliche Einigung aller Demokratien des europäischen Kontinents zu einem Bundesstaat.[152] England und Russland waren aufgrund ihrer machtpolitischen Interessen von einer Teilnahme ausgeschlossen.[153] Besonderen Wert legte man auf die Inklusion der Jugend.[154] Vor allem Eliten aus Politik, Kultur und Wirtschaft, aus liberalen und konservativen Kreisen, teilten die Ideen der Paneuropa-Union, deren Sprachrohr die Zeitschrift *Paneuropa* war. Sie wurde von deutschen und österreichischen Industriellen und Bankiers gefördert. Die Paneuropa-Union vereinte neokonservative, sozialistische und andere aktivistische Denkströme der Zeit. Fokussiert auf die politisch-wirtschaftliche Zusammenarbeit[155] sollte die Lebensform der teilnehmenden Staaten nicht länger aus dem nationalen Kontext, sondern europäisch motiviert sein.[156] Die im Jahre 1926 gegründete ungarische Sektion der PEU veranschaulicht, dass die politisch-wirtschaftliche Komponente durch Kunst und Kultur ergänzt wurde. Dem PEU-Mitglied Adolf Rothmann schwebte die Förderung der bildenden und darstellenden Kunst sowie der Literatur als fester Bestandteil der PEU vor.[157] Lesungen und Diskussionen in Kaffeehäusern gehörten zum

152 Vgl. ibid., S. 27.

153 Vgl. ibid., S. 39ff. sowie 51. Coudenhove-Kalergi sah für England und Russland spezielle Abkommen mit Pan-Europa vor, um einen dauerhaften Frieden zu garantieren (vgl. ibid. S. 38, 49f.).

154 Vgl. Paul, Ina Ulrike: Einigung für einen Kontinent von Feinden?, in: Duchhardt, Heinz/Németh, István (Hrsg.): Der Europa-Gedanke in Ungarn und Deutschland in der Zwischenkriegszeit, Veröffentlichungen des Instituts für Europäische Geschichte Main, Beihefte, Band 66, 2009, S. 25.

155 Die Einigung sollte – wie später auch jene der Europäischen Gemeinschaften – stufenweise stattfinden. Zunächst sollte eine paneuropäische Konferenz stattfinden verbunden mit der Gründung von Ausschüssen, die sich den zentralen Themen annehmen sollte. Die zweite Stufe sah einen Schieds- und Garantievertrag für alle demokratischen Staaten Kontinentaleuropas vor. Die dritte Stufe bezeichnete die Gründung eines europäischen Zollvereins. Darauf sollte der letzte Schritt, die Verabschiedung der Paneuropäischen Verfassung folgen.

156 Vgl. Paul, Ina Ulrike: a. a. O., S. 26.

157 Vgl. Tuli, Andrea: Die Paneuropäische Sektion in Ungarn, in: Duchhardt, Heinz/Németh, István (Hrsg.): Der Europa-Gedanke in Ungarn und Deutschland in der Zwischenkriegszeit, Veröffentlichungen des Instituts für Europäische Geschichte Main, Beihefte, Band 66, 2009, S. 53.

Programm. Autoren wie Mihály Babits[158] und Ferenc Móra[159] waren ebenso in die Vorträge eingebunden wie der Politiker Pál Auer[160], Antal Rainprecht[161] und Antal Székács. Ihr Vorsitzender, Geheimrat György Lukács[162], betrachtete den Völkerbund als reformbedürftig und positionierte sich gegen sein Einstimmigkeitsprinzip bei der Beschlussfassung.[163] Jean Monnet teilte diese Skepsis später.

Der erste Paneuropa-Kongress, der jedoch nur deklaratorischer Natur war, fand 1926 mit 2.000 Delegierten aus 24 Staaten in Wien statt. Zu den Mitgliedern und Förderern gehörten unter anderem Carl Bosch, Albert Einstein, Hugo von Hofmannsthal, Sigmund Freud, Ortega y Gasset, Max Reinhardt, Rainer Maria Rilke, Arthur Schnitzler, Richard Strauss, Franz Werfel, Stefan Zweig, Otto von Habsburg (ab 1972 Präsident der Vereinigung) und Konrad Adenauer.[164] Thomas und Heinrich Mann waren zeitweise Ehrenpräsidenten der PEU. In Budapest und Warschau bildeten sich weitere Paneuropa-Komitees.

Dem Völkerbund stand Coudenhove-Kalergi kritisch gegenüber, da er nicht alle Staaten der Welt umfasste; Russland, Nordamerika, Deutschland, Argentinien und Mexiko gehörten nicht dazu.[165] Dennoch gab es über einzelne engagierte Personen Verbindungen. Aristide Briand, frü-

158 Der Schriftsteller und Dichter Mihály Babits (1883–1941) war Vertreter der ungarischen Nyugat Epoche und Mitarbeiter der gleichnamigen Zeitschrift. Nyugat setzte sich für Rezeption zeitgenössischer philosophischer und künstlerischer Strömungen Westeuropas in Ungarn ein.

159 Ferenc Móra (1879–1934), Autor und Journalist, ist bekannt für seine Jugendromane wie Csalicsali Csalavári Csalavért (1913) sowie andere Kurzgeschichten und Romane, beispielsweise *Lied von den Weizenfeldern* (1927) und *Der goldene Sarg* (1932). Móra schrieb unter anderem für die Budapester Zeitung Advanced Civilian.

160 Pál Auer (1885–1978) war Politiker, Diplomat und Schriftsteller.

161 Antal Rainprecht (1881–1946) war von 1922 bis 1926 Abgeordneter des Wahlkreises Veszprém. Ab 1926 beteiligte er sich an der Organisation des Paneuropa-Bewegung in Ungarn.

162 György Lukács (1865–1950) war Rechtsanwalt, von1897 bis 1905 Obergespan und 1905/1906 Minister für Religion und Unterricht (vgl. Márton, Mihai/Dobra, Dorin/Lengyel, Zsolt K. (Hrsg.): Kooperation in Europa. Modelle aus dem 20. Jahrhundert, Regensburg 2014, S. 15).

163 Vgl. Tuli, Andrea: a. a. O., S. 48.

164 Vgl. Richter, Emanuel: a. a. O., S. 804.

165 Vgl. Coudenhove-Kalergi: a. a. O., S. 81. Coudenhove-Kalergi schreibt: „Statt zu einem Parlament der Nationen wurde der Völkerbund zu einem Rumpfparla-

herer französischer Außenminister und seit 1927 Ehrenpräsident der Paneuropa-Bewegung, wurde als Präsident des Völkerbundes wiederum von dessen Abgeordneten beauftragt, ein Konzept für die europäische Einigung zu erarbeiten. Am 17. Mai 1930 wurde den europäischen Regierungen das *Memorandum über die Organisation eines Systems europäischer föderativer Union* übermittelt.[166] Die nationale Souveränität blieb in dieser Föderation unangetastet. In einer Zeit aber, in der Nationalismen in Europa wieder zunahmen, scheiterte der Plan. 1933 wurde die Zeitschrift *Paneuropa* vom nationalsozialistischen Regime in Deutschland verboten, die PEU löste sich auf und zog sich nach Österreich zurück. 1938 musste die Redaktion ihren Sitz in der Wiener Hofburg räumen. Coudenhove-Kalergi führte die PEU alleine aus Bern weiter. Nach dem Zweiten Weltkrieg wurde die Paneuropa-Bewegung wiedergegründet. Sie existiert bis heute, nun wieder mit Sitz in Wien. Am 19. August 1989 erlangte sie durch Friedensdemonstrationen ungarischer Oppositioneller, die Paneuropäischen Picknicks, öffentliche Beachtung: Als die österreichisch-ungarische Grenze im Rahmen der Demonstration für einige Stunden geöffnet wurde, flüchteten hunderte DDR-Bürger, die zuvor von Aktivisten der PEU durch Flugblätter auf die Aktion aufmerksam gemacht wurden, in den Westen.

Die Jahre nach dem Zweiten Weltkrieg waren von einer ähnlichen Dynamik gekennzeichnet. Am 9. September 1946 forderte Winston Churchill in Zürich die Schaffung der Vereinigten Staaten von Europa.[167] Im Juli 1947 versammelte Coudenhove-Kalergi Abgeordnete verschiedener Staaten und gründete die Europäische Parlamentarier-Union (EPU). Es folgte eine Konferenz mit 114 Abgeordneten im September desselben Jahres. Die EPU nahm vom 8. bis 10. Mai 1948 am Europakongress in Den Haag teil, wo 800 Aktivisten, beispielsweise die

ment: er hat kein Recht, als Vertreter der Menschheit zu fungieren; denn er ist bloß eine Vertretung wahllos zusammengewürfelter Staaten, die sich im Interesse ihrer Machtpolitik bedienen" (ibid., S. 81f).

166 Vgl. Briand, Aristide: Memorandum über die Organisation eines Systems europäischer föderativer Union, 1. Mai 1930; in Europäische Gespräche, 8. Jahrgang, 1930, Heft 7, S. 372–384.

167 Vgl. Churchill, Winston: Speech delivered at the University of Zurich, 19. September 1946, Council of Europe, online verfügbar: https://rm.coe.int/16806981f3 [Zugriff: 25. Juli 2020].

am 17. Dezember 1946 in Paris gegründete Union der Europäischen Föderalisten (UEF)[168], zusammenkamen und die europäische Einigung diskutierten. Enorme Unterstützung erhielt der Haager Kongress durch das (von Coudenhove-Kalergi im Faculty Club der New York University zusammengerufene) American Committee for a United Europe mit seinem Präsidenten James William Fulbright. Aus dem Haager Kongress ging unter anderem am 5. Mai 1949 der intergouvernementale Europarat hervor.[169] Letzterer wiederum verabschiedete die EMRK, deren Einhaltung durch den Europäischen Gerichtshof für Menschenrechte mit Sitz in Straßburg sichergestellt wird. Am 25. Oktober 1948 entstand die Europäische Bewegung, die Nachfolgeorganisation des Joint International Committee for European Unity. Ihr Präsident wurde Duncan Sandys, Schwiegersohn Winston Churchills. Die Organisation ist heute in 39 Ländern vertreten.[170]

In diesem Klima wurde Jean Monnets Haltung gegenüber Europa geprägt. Selbst von 1920 bis 1923 beim Völkerbund tätig, widmete er sich danach vorerst dem Familienunternehmen sowie dem Bankengeschäft und verbrachte einige Zeit in den USA und China. Als Zeuge politischer Entscheidungsunfähigkeit im Völkerbund, erstarkender Nationalismen, einer Abkehr von internationalen Kooperationen und schließlich der Kulmination all dieser Entwicklungen im Zweiten Weltkrieg hatte Monnet in den Vorbereitungen des Schuman-Plans ein Europa vor Augen, welches es dauerhaft schafft, nationale Egoismen zu überwinden und friedfertig zu leben. Sämtliche intergouvernementale Organisationsformen hielt er aufgrund der zentralen Stellung der nationalen Regierungen für untauglich. Sein Konzept der Abgabe von Souveränitätsrechten an eine europäische Behörde sollte dementsprechend gerade kein unglaubwürdiges, über allem schwebendes Konstrukt sein, sondern den europäischen Gedanken lebendig und praktikabel werden lassen und auf diese Weise den Bestand der Demokratie sichern.[171] Dafür mussten die Institutionen und das Recht adaptiv und dynamisch sein. Es brauchte eine solide Basis, die entwickelt werden

168 Die UEF ist ein Zusammenschluss von nationalen Europavereinen. Sie setzt sich für die Schaffung eines europäischen Bundesstaates ein.

169 Vgl. Gehler, Michael: a. a. O., 2014, S. 111.

170 Vgl. https://europeanmovement.eu/who-we-are/history/.

171 Vgl. Monnet, Jean: a. a. O., S. 345.

konnte, denn nur so wurde Dauer garantiert. Dies war in den europäischen Gemeinschaften und ist nun in der Europäischen Union gegeben. Insofern legte die supranationale Basis in Verbindung mit dem inkonsequenten Denken ohne definitive Zielkonzeption für die Gemeinschaften den Grundstein für transnationale Verbindungen, die sich auch heute kontinuierlich entwickeln.

## 2.4 Die Methode Monnet: Dauerhaftigkeit und Dynamik

Jean Monnet führt in seiner Autobiografie Gedanken zur europäischen Einigung aus. Betrachtenswert ist sie, weil sie die Unterscheidung einer nationalen und einer europäischen Perspektive, wie sie heute oft in der Politikwissenschaft herangezogen wird, zwar kennt, aber mittels europäischer Institutionen überwinden möchte. Für Monnet stand eine Kongruenz beider Perspektiven außer Frage. Heutige Ansätze tendieren jedoch dazu, die Ebenen isoliert zu betrachten und verlieren den gesamtheitlichen Blick. Eine Erinnerung an Monnets Intention kann daher als eine sinnvolle Orientierung für die Einschätzung der zukünftigen Entwicklung der Union angesehen werden.

Wie bereits andere vorangegangene Europakonzepte speist sich Monnets Konzept aus der Friedenssicherung.[172] Hintergrund für einen dauerhaften Frieden ist die Verbindung von wirtschaftlichem und sozialem Fortschritt sowie eine klare Abkehr von nationalstaatlich orientiertem Denken, die in den neu zu schaffenden europäischen Institutionen ihren Ausdruck fand: „Die nationalen Formen hatten bewiesen, daß [sic!] sie zur Anpassung nicht fähig waren. Ich erblickte in den neuen gemeinsamen Institutionen die einzige geeignete Methode, den Europäern die einzigartigen Fähigkeiten wiederzugeben, die sie einmal in der Geschichte gezeigt hatten […].“[173] Institutionen, so Monnet, sammeln kollektive Erfahrung und die den institutionellen Gesetzen unterworfenen Menschen lernen aus ihnen und entwickeln sich weiter.[174] Menschen werden im Denken Monnets von den europäischen

172 Vgl. ibid., S. 499.
173 Vgl. ibid., S. 497.
174 Vgl. ibd., S. 498.

Institutionen beeinflusst. Hier klingt zum einen an, dass die europäischen Gemeinschaften nicht durch eine einzelne Aktion entstehen würden und – Stichwort Anpassung – dass Flexibilität, Offenheit und Dauerhaftigkeit „ohne Gedanken an Umkehr“[175] und ohne ein verbindliches Einigungsziel notwendig waren. Zum anderen misst Monnet dem Willen der Bürger zunächst keinen initiierenden Stellenwert bei, sieht die „Gemeinschaft […] zwischen Völkern“[176] aber als eine Zielgröße. Zunächst sollten die Institutionen helfen, den europäischen Geist wiederzuerlangen. Die Entwicklung, so wird die vorliegende Untersuchung darlegen, wirkt aber in beide Richtungen. Institutionen und Menschen beeinflussen sich gegenseitig. Auch Monnet und seine Zeitgenossen waren zuvor von Institutionen geleitet, deren Erfolg sie als verfehlt betrachteten. Das Schlagwort *Interaktion* charakterisiert diese Entwicklung womöglich am besten. Eine wechselseitige Dynamik entstand, die dem Aspekt des europäischen engagierten Bürgers, die Monnet eher als eine der Zielgrößen verstand, schon früher Geltung verschaffte. Diese Gesichtspunkte wurde später vor allem im neofunktionalistischen Denken aufgenommen und avanciert.

Die ersten europäischen supranationalen Strukturen waren mit der Europäischen Gemeinschaft für Kohle und Stahl (1951), der Europäischen Wirtschaftsgemeinschaft (1957) und der Europäischen Atomgemeinschaft (1957) um wirtschaftliche Zielsetzungen organisiert. Letztere sind aber nur Mittel zum Zweck, sie gehen mit einem klaren politischen Ziel einher. Monnet war weder technokratisch noch unpolitisch. Er schreibt:

> „Der grundlegende Satz lautet: Durch die Zusammenlegung der Basisproduktion und die Einrichtung einer Hohen Behörde, deren Entscheidungen für Frankreich, Deutschland und die sich anschließenden Länder verbindlich sind, werden die ersten konkreten Grundlagen einer europäischen Föderation geschaffen, die unerläßlich [sic!] ist für die Wahrung des Friedens. Ich verlangte, daß [sic!] diese Passage unterstrichen werde, weil sie gleichzeitig die Methode, die Mittel und das Ziel beschrieb, die künftig nicht mehr voneinander zu trennen waren. Das letzte Wort war das Hauptwort: Frieden.“[177]

175 Ibid., S. 413.

176 Ibid., S. 413.

177 Ibid., S. 380. Diese Passage des Schuman-Plans ist durch die Europäische Union in leicht abgewandelter Übersetzung veröffentlicht: „Durch die Zusammenlegung

Maßgeblich beeinflusst durch die Erfahrung zweier Weltkriege und erneuter Kriegsangst in den 1950er Jahren[178], durch die angespannte wirtschaftliche Lage in Frankreich sowie durch die schwierigen Entscheidungsfindungen in intergouvernementalen Organisationen wie der OEEC, dem Europarat und der UNO stand Monnet einem Konzept Europas, das auf gleichberechtigten souveränen nationalen Mitgliedstaaten basierte, skeptisch gegenüber.[179] Vielmehr bedurfte es eines klaren gemeinsamen Interesses und handlungsfähiger supranationaler Organisationen.[180] Man musste, so Monnet, „die nationale Souveränität mit mehr Kühnheit an einer begrenzten Stelle angehen".[181] Monnet sah aber weder in der sofortigen Schaffung einer Föderation noch in einer intergouvernementalen Organisation den pragmatischen Weg. Sein Mittelweg ist als Gemeinschaftsmethode bekannt, die mit der Europäischen Gemeinschaft für Kohle und Stahl umgesetzt wurde und die Abgabe von staatlichen Souveränitätsrechten beinhaltete. Ihre Gründungsstaaten waren Belgien, Deutschland, Frankreich, Italien, Luxemburg und die Niederlande. Ausgangspunkt der Verhandlungen über die EGKS war der Schuman-Plan, der nach dem Zweiten Weltkrieg vorsah, die deutsche und französische Kohle- und Stahlproduktion der nationalen Kontrolle zu entziehen und unter die Aufsicht einer gemeinsamen Behörde, des Vorläufers der heutigen Europäischen Kommission (seit 1967)[182], zu stellen. Jean Monnet war auf der französischen Seite mit den Verhandlungen beauftragt.

Folgende Dokumente wurden in die vorliegenden Überlegungen zur Struktur der EGKS konsultiert: die Diskussionen im Vorfeld des Schu-

der Grundindustrien und die Errichtung einer neuen Hohen Behörde, deren Entscheidungen für Frankreich, Deutschland und die anderen teilnehmenden Länder bindend sein werden, wird dieser Vorschlag den ersten Grundstein einer europäischen Föderation bilden, die zur Bewahrung des Friedens unerläßlich [sic!] ist" (vgl. Schuman, Robert: a. a. O.).

178 Vgl. Monnet, Jean: a. a. O., S. 369.

179 Vgl. ibid., S. 358f.

180 Vgl. ibid., S. 345ff.

181 Vgl. ibid., S. 349.

182 Mit dem Fusionsvertrag aus dem Jahre 1967 wurde die Hohe Behörde mit den beiden Kommissionen von EWG und der Euratom zu einer Europäischen Kommission verschmolzen.

man-Plans, auf die Monnet in seinen Erinnerungen eingeht[183], die Schuman-Erklärung vom 9. Mai 1950[184], die nachfolgenden Plenarsitzungen der Konferenz über den Schuman-Plan in Paris vom 20. bis 22. Juni 1950[185] sowie der resultierende Vertrag über die Gründung der Europäischen Gemeinschaft für Kohle und Stahl[186] vom 18. April 1951 und der Vertrag zur Gründung der EWG vom 25. März 1957[187]. Die Verträge waren von einer europäischen Komponente in Verbindung mit einem Bewusstsein um das nationalstaatliche Denken der teilnehmenden Staaten gekennzeichnet. Die Bereitschaft der Mitgliedstaaten, sich allen ihren Regelungen des Vertrages zu unterwerfen, war Bedingung für den Beitritt. Ausnahmeregelungen, wie wir sie später beispielsweise in Form des Schengener Abkommens[188] kennen, lehnte Monnet ab.[189]

Monnets Weigerung, Sonderregelungen zu etablieren, drückt sich in seinen Gesprächen mit den Vertretern der Regierung Großbritanniens aus. Großbritannien war vor Deutschland einer der ersten Anlaufpartner Monnets im Rahmen der Vorverhandlungen zum Schuman-Plan. Monnet hatte die Schaffung einer französisch-englischen Wirtschaftsunion im Sinn, die eine Vorstufe zu einer europäischen Föderation sein sollte.[190] Diese Verhandlungen verliefen ergebnislos. Mit dem bri-

183 Die vorliegenden Gespräche sind der Biografie Jean Monnets, Erinnerungen eines Europäers, entnommen: Monnet, Jean: a. a. O.

184 Vgl. Schuman, Robert: Schuman-Plan, 9. Mai 1950, online verfügbar: https://europa.eu/european-union/about-eu/symbols/europe-day/schuman-declaration_de [Zugriff: 10. März 2019].

185 Vgl. Institut für Zeitgeschichte im Auftrag des Auswärtigen Amtes (Hrsg.): a. a. O., München 1997, S. 71ff. An der Regierungskonferenz in Paris nahmen Belgien, die Bundesrepublik Deutschland, Frankreich, Italien, Luxemburg und die Niederlande teil. Leiter der deutschen Delegation war Walter Hallstein. Später, am 7. Januar 1958, wurde Walter Hallstein erster Präsident der Europäischen Wirtschaftsgemeinschaft.

186 Vgl. Vertrag über die Gründung der Europäischen Gemeinschaft für Kohle und Stahl, Paris 18. April 1951, online verfügbar: https://eur-lex.europa.eu/legal-content/DE/TXT/PDF/?uri=CELEX:11951K/TXT&from=DE [Zugriff: 13. März 2019].

187 Vgl. Vertrag zur Gründung der Europäischen Wirtschaftsgemeinschaft, a. a. O.

188 Erst seit dem Vertrag vom Amsterdam aus dem Jahre 1997 erfolgt die Aufnahme in das Schengener Abkommen direkt mit dem Beitritt zur Europäischen Union.

189 Vgl. Monnet, Jean: a. a. O., S. 391.

190 Vgl. ibid., S. 357.

tischen Sir Edwin Plowden[191], den Monnet während des Zweiten Weltkrieges im Rahmen dessen Tätigkeit im britischen Versorgungsministerium kennenlernte, tauschte sich Monnet über sein Vorhaben aus. Plowden stand im Jahre 1949 als Chief Planning Officer einer Wirtschaftsplanungskommission, dem Central Economic Planning Staff, das im Kabinett angesiedelt war, vor.[192] Infolge der Gespräche wurde deutlich, dass Großbritannien sich nicht als Mitgliedstaat eines supranationalen Systems sah, das „über den gewöhnlichen Warenaustausch hinausgeht"[193]. Die französische Regierung sendete am 25. Mai 1950 dennoch ein Kommuniqué an Großbritannien, in dem Frieden und Solidarität als europäisches Ziel festgehalten und die Vergemeinschaftung der Kohle- und Stahlproduktion mit der „Einrichtung einer neuen Hohen Behörde, deren Entscheidungen für die beteiligten Länder verbindlich sind",[194] verschriftlicht wurde. Die Labour Party reagierte darauf mit dem Memorandum *European Unity*: „Wir lehnen jede Form von supranationaler Behörde ab."[195] Diese Skepsis teilte auch die konservative Partei. Somit nahm Großbritannien nicht an der am 20. Juni 1950 beginnenden Regierungskonferenz, die sich mit der Umsetzung des Schuman-Planes befasste, teil. Eine zuvor von Schuman vorgeschlagene Assoziierung Großbritanniens[196] befürwortete Monnet nicht, da auf diesem Wege besondere Bedingungen entstünden, die auf spätere einseitig Vorteile hoffen lassen konnten.[197]

Die Argumentation Monnets legt zwei Erkenntnisse dar: einerseits die Überzeugung, dass das Ziel des Friedens nicht mehr durch souveräne

191 Edwin Plowden (1907–2001) war Beamter im britischen Wirtschafts- und Finanzministerium. Während des Zweiten Weltkrieges war er beim Ministry of Economic Warfare (Ministerium für wirtschaftliche Kriegsführung), das von 1939 bis 1945 existierte, und am Ministry of Aircraft Production (Ministerium für Flugzeugproduktion), welches von 1940 bis 1945 bestand, beschäftigt.

192 Vgl. Monnet, Jean: a. a. O., S. 354ff.

193 Plowden, Edwin: Brief an Jean Monnet, 1949, in: Robert Hall remembered; in Cairncross, Alec (Hrsg.): The Robert Hall Diaries 1954–1961, London 2014, S. 357.

194 Vgl. Monnet, Jean: a. a. O., S. 396.

195 Ibid., S. 399.

196 Schuman, Robert, in: ibid., S. 391.

197 Vgl. ibid.

Staaten erreicht werden kann;[198] eine europäische Geisteshaltung liegt in der Abkehr von einer staatszentrierten, an nationalstaatlichen Interessen orientierten Perspektive.[199] Nationalismen, so die Auffassung, waren ursächlich für die Kriege in Europa. In diesem historischen und politischen Kontext ist Monnets Ansatz zu verstehen. Andererseits mussten sich Mitgliedstaaten der Europäischen Gemeinschaft mit all seinen Vorgaben anschließen und das Projekt in seiner Gesamtheit mittragen. Ausnahmen waren nicht vorgesehen. Dass schließlich auch zunächst zögerliche Regierungen wie jene der Niederlande, repräsentiert durch Dirk Pieter Spierenburg,[200] oder Luxemburgs, vertreten durch Albert Wehrer[201], der Abgabe von Souveränität zustimmten, lag an dem Druck, den sie aus der eigenen Bevölkerung erhielten. Das Projekt Europa stieß dort auf große Zustimmung.[202]

## 2.5 Am „Schnittpunkt zweier Souveränitäten": die Institutionen der EU

In einer Atmosphäre von allgemeinem Zuspruch und Begeisterung für Europa wurden nun die europäischen Institutionen geschaffen Das gemeinsame europäische und staatenübergreifende Interesse sollte durch die entsprechende institutionelle Struktur, auf die im Folgenden eingegangen wird, sichergestellt werden. Die finanziell unabhängige Hohe Behörde wurde durch eine Gemeinsame Versammlung, einen Besonderen Ministerrat (Rat) und einen Gerichtshof ergänzt.[203]

Der Rat, bestehend aus Vertretern der Mitgliedstaaten, steht für Monnet am „Schnittpunkt zweier Souveränitäten"[204]. Zwar bringe er das

198 Vgl. Plenarsitzung der Konferenz über den Schuman-Plan in Paris, 22. Juni 1950, in: Institut für Zeitgeschichte im Auftrag des Auswärtigen Amtes (Hrsg.): a. a. O., S. 194ff.

199 Vgl. ibid. S. 199.

200 Dirk Pieter Spierenburg (1909–2001) war Diplomat und zwischen 1952 und 1962 Mitglied der Hohen Behörde der EGKS, davon in den Jahren 1957 bis 1962 ihr Vizepräsident.

201 Albert Wehrer (1895–1967) war Diplomat und zwischen 1952 und 1967 Mitglied der Hohen Behörde der EGKS.

202 Vgl. Monnet, Jean: a. a. O., S. 406.

203 Vgl. Art. 5 EGKS.

204 Vgl. Monnet, Jean: a. a. O., S. 482.

nationale Interesse in die Debatten auf europäischer Ebene ein, seine vorrangige Aufgabe sollte die Förderung der Interessen der Gemeinschaft sein.[205] Von den Mitgliedstaaten wird das Ablegen des nationalen Mantels verlangt, keine Kompromisse, sondern „gemeinsame Ansichten“ seien zu erarbeiten.[206] In der Praxis zeigte sich jedoch, dass sich die Mitglieder des Rates konträr zu Monnets Vorstellung als Vertreter nationaler Interessen verstehen und diese verhandeln. Dieter Grimm bezeichnet den Rat daher als „negotiierendes Gremium“[207] – im Gegensatz zur Deliberation. Dies wird auch die Analyse des Gleichstellungsrechts zeigen. Und es ist unter anderem dieses Charakteristikum, welches den Rat gerade *nicht* als Vertreter demokratischer Willensbildung erscheinen lässt – besonders dann, wenn die Meinungen von Volk und Regierungen auseinanderlaufen.

Für Monnet aber erübrigt sich der Gegensatz von national und europäisch. Dies erklärt den im EGKS-Vertrag festgeschriebenen Entscheidungsmodus im Rat, der sich am Gesamtwert der Kohle- und Stahlproduktion orientierte. Außer bei einigen Entscheidungen, für die im EGKS-Vertrag die qualifizierte Mehrheit oder Einstimmigkeit vorgesehen war, sollte der Rat grundsätzlich mit absoluter Mehrheit der Vertreter der Mitgliedstaaten entscheiden. Darin musste die Stimme eines Vertreters eines Mitgliedstaates mit 20 Prozent der Kohle- und Stahlproduktion beinhaltet sein.[208] Die Regel der Mehrheitsentscheidung ist Ausdruck der von Monnet gewünschten Dynamik einerseits und der Überwindung von Sonderwegen andererseits. Entscheidungen sollten für alle teilnehmenden Staaten verbindlich sein. Dies war Teil des Monnet'schen „Gemeinschaftsgeist[es]“[209], der seiner Auffassung nach in internationalen Organisationen wie der OECD fehlte; dort konnte man sich Entscheidungen entziehen. Der Aspekt der Gemeinsamkeit kann auch als Konsequenz der zahlreichen verschiedenen Initiativen gelesen werden, die zwischen den beiden Weltkriegen entstanden sind und Ziele mit divergierenden Schwerpunkten verfolgten. Der Begriff

205 Vgl. ibid.
206 Vgl. ibid., S. 483.
207 Vgl. Grimm, Dieter: a. a. O., München 2016, S. 159.
208 Vgl. Art. 28 EGKS.
209 Vgl. Monnet, Jean: a. a. O., S. 348.

Gemeinschaftsgeist legt etwas Größeres, jenseits der „Pfade des Feilschens“[210], nahe.

Auffällig ist, dass die Bevölkerung in der Logik dieses Entscheidungsmechanismus nicht zum Tragen kam. Die Bevölkerungsstärke als Faktor des Entscheidungsmechanismus wurde zwar im Rahmen der EGKS-Verhandlungen als eine Möglichkeit betrachtet, kam aber erst im EWG-Vertrag 1957 zum Tragen.[211] Bei Entscheidungen mit qualifizierter Mehrheit erhielten Deutschland, Frankreich und Italien jeweils vier, Belgien und die Niederlande jeweils zwei und Luxemburg eine Stimme. Der aktuell gültige Vertrag von Lissabon hob die Stimmgewichtung auf. Diese aktuelle Abschaffung der Stimmgewichtung wie sie in internationalen Organisationen praktiziert wird ist ein weiterer Schritt in Richtung einer Distanzierung vom intergouvernementalen Modell hin zum föderativen Charakter der Union. Die Entscheidungsfindung im Rat orientiert sich gleichwohl immer noch an der Bevölkerung. So regelt Artikel 238 AEUV für die qualifizierte Mehrheit, dass sie 55 Prozent der Mitglieder des Rates (72 Prozent sollte der Vorschlag nicht von der Kommission oder dem Hohen Vertreter vorgelegt worden sein), also mindestens 15 Mitglieder von 17 Mitgliedern, die wiederum mindestens 65 Prozent der Bevölkerung der Union repräsentieren, ausmachen müssen. Es bleibt festzuhalten, dass Mehrheitsentscheidungen im Rat seit jeher in den Verträgen vorgesehen waren. 1966 wurden sie jedoch durch den Luxemburger Kompromiss, der eine der bekanntesten Krisen der europäischen Integrationsgeschichte beendete, in der Praxis ausgesetzt.[212]

Der Luxemburger Kompromiss geht zurück auf eine Uneinigkeit bezüglich eines den Mitgliedstaaten von der EWG-Kommission vorgelegten Vorschlages über einen eigenen Etat der Gemeinschaft und Haushaltsbefugnisse für das Europäische Parlament[213] vom 31. März

210 Vgl. ibid., S. 552.

211 Vgl. Art. 148 EWG.

212 Vgl. Ministerrat der EWG: Luxemburger Erklärung, 29. Januar 1966, in: Lipgens, Walter (Hrsg.): a. a. O., S. 485–487.

213 Vgl. Kommission der EWG: Vorschlag für eigene Mittel der Gemeinschaft und Haushaltsbefugnis des Parlaments, in: Lipgens, Walter (Hrsg.): a. a. O., S. 481–484.

1965;[214] er wurde im Kontext der weiteren Finanzierung der Agrarpolitik betrachtet. Die französische Regierung lehnte es ab, fiskale Kompetenzen des Parlamentes und agrarpolitische Regelungen gemeinsam in Erwägung zu ziehen und präferierte einen alleinigen Fokus auf die Landwirtschaftspolitik.[215] Gleichzeitig arbeiteten die anderen fünf Mitgliedstaaten mehr und mehr auf eine Einigkeit zur Eigenfinanzierung der Gemeinschaft hin. Der französische Außenminister Maurice Couve de Murville betrachtete die Verhandlungen damit als gescheitert, Charles de Gaulle untersagte seinen Ministern und Beamten die Teilnahme an den Sitzungen des Ministerrates. In einer Pressekonferenz am 9. September 1965 beklagte sich De Gaulle über das „anmaßende Verhalten"[216] der Kommission und sowie über den geplanten Mehrheitsentscheidungsmechanismus im Bereich der Agrarpolitik. Der Kommissionspräsident Walter Hallstein legte einen Budgetentwurf vor, welchen er zuvor nicht mit den Staatsoberhäuptern der Mitgliedstaaten besprochen hatte. Das folgende Fernbleiben von den Treffen des Ministerrates bis zum 30. Januar 1966 ist als *Politik des leeren Stuhls* bekannt. Dennoch führten die anderen fünf Mitgliedstaaten die Gemeinschaft ohne Frankreich weiter. Trotz der europakritischen Haltung der französischen Regierung war das innenpolitische Klima in Frankreich in Antizipation des Gemeinsamen Marktes durchaus proeuropäisch, was auf De Gaulle Druck ausübte. De Gaulles Wiederwahl am 19. Dezember 1965 geschah nur knapp und nach einer Stichwahl, so dass der französische Außenminister am 17. und 18. Januar 1966 wieder an einer Sitzung des Ministerrates partizipierte – jedoch nicht ohne Forderungen. Frankreich hoffte auf die Anerkennung eines Vetorechts der mitgliedstaatlichen Regierungen im Ministerrat und auf eine Beschränkung des Initiativrechts der Kommission. Die fünf anderen Mitgliedstaaten bestanden jedoch auf die Beibehaltung der Verträ-

---

214 Walter Lipgens bezeichnet die für das Europäische Parlament vorgesehenen Kompetenzen als „sehr maßvoll" (ibid., S. 481). Lediglich ernstlich beachten musste der Rat die Änderungsvorschläge des Parlamentes zum Etat. Grundsätzlich behielt der Rat die Hoheit über den Haushalt. Auf Vorschlag der Kommission konnte er mit qualifizierter Mehrheit oder, alternativ, mit fünf von sechs Stimmen im Rat die Vorschläge des Parlaments außen vorlassen.

215 Vgl. ibid.

216 Europa Archiv 20, 1965, S. 489f, in: ibid., S. 485.

ge.[217] Vor dem Hintergrund, dass der Gemeinsame Markt von Bedeutung für Frankreich war, einigte man sich auf die Luxemburger Erklärung, auch bekannt als Luxemburger Kompromiss, vorgeschlagen vom Luxemburger Premierminister Pierre Werner. Zwar wurde das vertraglich festgelegte Mehrheitsvotum bei der Entscheidungsfindung im Rat nicht berührt, aber auf Drängen Frankreichs wurde festgehalten, „daß [sic!] bei sehr wichtigen Interessen die Erörterung fortgesetzt werden muß [sic!], bis ein einstimmiges Einvernehmen erzielt worden ist".[218] Die vertragliche Grundlage der Mehrheitsregel im Rat bestand jedoch weiterhin. Die laufende Praxis erwies sich mit der vagen Begründung der „wichtigen Interessen"[219] als zäh. Erst mit der Einheitlichen Europäischen Akte (1986, in Kraft getreten am 1. Juli 1987) entschlossen sich die Regierungen der Mitgliedstaaten, wieder stärker auf qualifizierte Mehrheitsentscheidungen zurückzugreifen, um Handlungsfähigkeit zu gewährleisten.

Im Gegensatz dazu ist die gleichberechtigte Konsultation der Regierungen, ohne Rücksicht auf die Produktion oder die Bevölkerung, in den Verhandlungen zu den Verträgen (Primärrecht), Praxis. Es wird so lange verhandelt, bis Einigkeit herrscht. Damit hat jeder Staat bei der Schaffung der Verträge ein Vetorecht. Das Gleiche gilt bis heute für die Verabschiedung des Haushaltes der EU.

Die Gemeinsame Versammlung, das parlamentarische Kontrollorgan und Vorläufer des Europäischen Parlamentes[220], wurde zu Beginn nicht direkt von den Bürgern der Mitgliedstaaten gewählt. Sie setzte sich aus Abgeordneten zusammen, die von jedem nationalen Parlament entsendet wurden „oder in allgemeiner direkter Wahl zu wählen"[221] waren. In den Gemeinschaften blieb es zunächst bei der Entsendung von Parlamentariern, die seit Beginn der EGKS politische Frak-

217 Vgl. ibid., S. 487f.
218 Ziffer II, Luxemburger Erklärung: a. a. O.
219 Ibid.
220 Die Gemeinsame Versammlung wurde 1958 in Europäisches Parlament umbenannt.
221 Art. 21 EGKS.

tionen bildeten: Sozialdemokraten, Christdemokraten und Liberale.[222] Die Internationalisierungstendenz der 1970er Jahre erfasste auch die Parteien, aus denen Parteienbünde auf europäischer Ebene entstanden: der Bund der Sozialdemokratischen Parteien der Europäischen Gemeinschaft im Jahre 1974, die Föderation der Liberalen und Demokratischen Parteien der EG 1976 (European Liberals and Democrats, ELD; ab 1977 European Liberal Democrats and Reformists, ELDR) und die Europäische Volkspartei – Föderation der Christlich-Demokratischen Parteien der EG im Jahre 1976. Anfang der 1990er Jahre kamen die „Grünen in Europa“ hinzu, deren Bildung seit den 1980er Jahren vorbereitet wurde. Hier drückte sich die Hoffnung auf ein europäisches Parteiensystem aus.[223] Die offizielle Bezeichnung „Parteien auf europäischer Ebene“ ist mit ihrer erstmaligen Einführung im Vertrag von Maastricht (Artikel 138a EG) verhältnismäßig neu. Erst seit 2003[224] erhalten europäische Parteien eine Finanzierung aus dem EU-Haushalt.[225] Seit 2007 haben politische Stiftungen auf europäischer Ebene die Möglichkeit, Mittel aus dem EU-Haushalt zu beziehen. Sie müssen europäischen politischen Parteien angeschlossen sein und zu deren Zielerreichung beitragen.[226] Dies habe, so Rudolf Hrbek, zu einem größeren Handlungsspielraum der Parteien auf europäischer Ebene beigetragen und die Gründung neuer europäischer Parteien be-

222 Hrbek, Rudolf: Auf dem Weg zu einem europäischen Parteiensystem, in: Hilz, Wolfram/Nötzold, Antje (Hrsg.): Die Zukunft Europas in einer Welt im Umbruch. Festschrift zum 65. Geburtstag von Prof. Dr. Beate Neuss, Wiesbaden 2018, S. 135.

223 Vgl. ibid., S. 137.

224 Vgl. Verordnung (EG) Nr. 2004/2003 des Europäischen Parlaments und des Rates vom 4. November 2003 über die Regelungen für die politischen Parteien auf europäischer Ebene und ihre Finanzierung, ABl. Nr. L 297, 15. November 2003, online verfügbar: https://eur-lex.europa.eu/legal-content/DE/TXT/PDF/?uri=CELEX:02003R2004-20071227 [Zugriff: 17. August 2020].

225 Vgl. Leinen, Jo/Pescher, Fabian: Von Parteienbündnissen Zu ‚Echten Parteien‘ Auf Europäischer Ebene? Hintergrund, Gegenstand Und Folgen Der Neuen Regeln Für Europäische Parteien, in: Integration, Vol. 37, Nr. 3, 2014, S. 228–246, online verfügbar: www.jstor.org/stable/24224041 [Zugriff: 10. April 2021].

226 Vgl. Verordnung (EG) Nr. 1524/2007 des Europäischen Parlaments und des Rates vom 18. Dezember 2007 zur Änderung der Verordnung (EG) Nr. 2004/2003 über die Regelungen für die politischen Parteien auf europäischer Ebene und ihre Finanzierung, ABl. Nr. L 343/5, 27. Dezember 2007, online verfügbar: https://eur-lex.europa.eu/LexUriServ/LexUriServ.do?uri=OJ:L:2007:343:0005:0008:DE:PDF [Zugriff: 17. August 2020].

günstigt. So erweiterte sich die Parteienlandschaft in den letzten Jahren deutlich über die drei ursprünglichen Parteifamilien hinaus. Eine weitere Ursache für diese Fragmentierung liegt in den Erweiterungen der Union, die ihrerseits zur europaparteilichen Diversität beitrugen.[227]

Denkt man an den beständigen Wunsch, eine unionsweite politische Sphäre aktiver zu fördern, kommt die Wahl des Kommissionspräsidenten durch das Europäische Parlament in den Sinn (Artikel 17, Absatz 7 EUV). Dieses Verfahren der „Spitzenkandidaten", das nicht vertraglich bindend ist, wurde 2014 erstmalig angewendet.[228] Der Vorschlag des Kommissionspräsidenten kommt aber vom Europäischen Rat (nicht vom Parlament), welcher laut Artikel 17 EUV nach Konsultationen mit dem Parlament „das Ergebnis der Wahlen zum Europäischen Parlament [berücksichtigt]", was facettenreiche Interpretationen zulässt.[229] Während Jean-Claude Juncker 2014 die Liste der EVP anführte, war die aktuelle Kommissionspräsidentin Ursula von der Leyen 2019 keine Spitzenkandidatin einer Fraktion. Vorgaben zu den Verhandlungen von Europäischem Rat und Parlament gibt es nicht.

Die Frage, ob die neue Praxis zu der angestrebten höheren Sichtbarkeit der Europawahl beitrug, ist schwer zu beantworten. Zieht man die Wahlbeteiligung als Indikator heran, so liegt der Wert des Jahres 2014 (42,62 Prozent) in etwa auf dem gleichen Niveau wie 2009 (42,97 Prozent); 2019 war ein Anstieg auf 50,66 Prozent zu verzeichnen. Die europäische Beteiligungsniveau war damit vergleichbar mit dem der US Midterm Elections, das sich 2014 auf 41,9 Prozent und 2018 auf 53,4 Prozent belief.[230] Berücksichtigt man, dass die Wahlbeteiligung keinen aussagekräftigen Indikator für die grundsätzliche Zustimmung der

227 Vgl. Hrbek, Rudolf: a. a. O., S. 148.

228 Vgl. Göler, Daniel/Jopp, Mathias Jopp: Die Europawahl 2014 und das Konzept der Spitzenkandidaten – Ein Kommentar, in: Integration, Vol. 37, Nr. 2, 2014, S. 152–60, online verfügbar: http://www.jstor.org/stable/24224055 [Zugriff: 5. September 2020].

229 Vgl. Christiansen, Thomas/Göldner, Karin: EU-Spitzenkandidaten – Neue Impulse Und Ihre Folgen Für Das Politische System Der EU, in: Integration, Vol. 38, Nr. 1, 2015, S. 28, online verfügbar: http://www.jstor.org/stable/44076373 [Zugriff: 5. September 2020].

230 Vgl. United States Census Bureau (Hrsg.): Voter Turnout Rates Among All Voting Age and Major Racial and Ethnic Groups Were Higher Than in 2014, 23. April

Bürger zur EU darstellt – so mag es sein, dass zufriedene Unionsbürger nicht wählen –, scheint es sinnvoller, einen Blick darauf zu richten, wie die Bürger die für sie verbindlichen europapolitischen Entscheidungen beeinflussen können. Nicht nur Sichtbarkeit (eines Spitzenkandidaten), sondern auch der tatsächliche Einfluss der Wähler ist von Bedeutung. Nur auf diese Weise können Unionsbürger Entscheidungen der (eigenen) Regierungen im europäischen politischen Prozess korrigieren und für die eigene Gemeinschaft verbindliche Beschlüsse hinterfragen beziehungsweise anstoßen. Vor diesem Hintergrund ist die Direktwahl des Europäischen Parlamentes und ihre jüngste Reform zu verstehen.

Die bereits 1951 in Betracht gezogenen Direktwahlen der Gemeinsamen Versammlung, die Monnet als einen Ausgangspunkt für die Schaffung einer europäischen Föderation sah,[231] erfolgte 1979. Diese Direktwahlen des Europäischen Parlamentes gehen auf eine Initiative von Helmut Schmidt und Valéry Giscard d'Estaing zurück.[232] Die Europawahl kann jedoch vor dem Hintergrund zahlreicher Defizite nicht mit Wahlen zu nationalen Parlamenten verglichen werden. In den jeweiligen Mitgliedstaaten treten nationale Parteien an, die sich dann im europäischen Parlament zu europäischen Fraktionen zusammenschließen, was auf 27 verschiedene Wahlsysteme mit national bestimmten politischen Agenden herausläuft – eine informationspolitische Herausforderung, die Klaus Pöhle bereits im Jahr der ersten Direktwahlen erkannte und der er mit einem einheitlichen europäischen Wahlsystem begegnen wollte.[233] Wolfgang Wessels verband das Jahr 1979 mit der Hoffnung, dass die europäischen Parlamentarier den Bürgern die europäische Politiken erklären könnten. Je nach Strategie des Parlaments,

---

2019, online verfügbar: https://www.census.gov/library/stories/2019/04/behind-2018-united-states-midterm-election-turnout.html [Zugriff: 10. April 2021].

231 Vgl. Monnet, Jean: a. a. O., S. 465.

232 Vgl. Europäische Bewegung: European Elections 2019. More Transparent and Closer to Citizens? Electoral Law Reform, 19. November 2015, Event Report, online verfügbar: https://europeanmovement.eu/wp-content/uploads/2015/12/Electoral-Law-Reform-_EVENT-REPORT2.pdf [Zugriff: 14. August 2020].

233 Vgl. Pöhle, Klaus: Neues Parlament mit altem Umfeld. Zur Situation und Zukunft des direkt gewählten Europäischen Parlaments, in: Zeitschrift Für Parlamentsfragen, Vol. 10, Nr. 4, 1979, S. 525–538, online verfügbar: http://www.jstor.org/stable/24217689 [Zugriff: 5. September 2020].

so Wessels, könne es zu einer neuen europäischen Verfassungswirklichkeit und einem stärkeren Gemeinschaftsgeist kommen.[234]

Das Europäische Parlament regte 2015 unter Federführung von Jo Leinen (Progressive Alliance of Socialists and Democrats, S&D) und Danuta Hübner (Fraktion der Europäischen Volkspartei, EVP) eine Reform des Wahlsystems an, in der es vor allem um eine bessere Sichtbarkeit der europäischen Parteien und nachvollziehbarere, europaweit vereinheitlichte Verfahrensregeln ging.[235] Letztere betrafen Wahlalter, Gleichstellung von Männern und Frauen, Nominierungsfristen, Sperrklauseln, die Stimmabgabe von in Drittstaaten lebenden Unionsbürgern und die obligatorische Einführung von Möglichkeiten der elektronischen Abgabe. Die Sichtbarkeit der europäischen Parteien sollte durch die Positionierung der europäischen Parteienlogos auf den Wahlzetteln und in den Wahlkampfmaterialien erreicht werden. Jede Partei sollte einen Spitzenkandidaten nennen und eine EU-weite Kandidatenliste aufstellen.[236] Der vom Rat angenommene Beschluss[237], der einstimmig über den Vorschlag entscheiden musste[238], lag jedoch

234 Vgl. Wessels, Wolfgang: Zur Strategie des direkt gewählten Parlaments – Auf der Suche nach einer Rolle für das Europäische Parlament, in: Integration, Vol. 2, Nr. 3, 1979, S. 110–24, online verfügbar: http://www.jstor.org/stable/24217992 [Zugriff: 5. September 2020]. Wessels betont, dass Verfassungsgebung nicht nur durch die ursprüngliche Konstituierung, sondern auch durch Verfassungsinterpretation und -entwicklung vollzieht.

235 Vgl. Ausschuss für konstitutionelle Fragen des Europäischen Parlaments: Bericht über die Reform des Wahlrechts der Europäischen Union (2015/2035(INL)), 2. Oktober 2015, online verfügbar: http://www.europarl.europa.eu/sides/getDoc.do?pubRef=-//EP//TEXT+REPORT+A8-2015-0286+0+DOC+XML+V0//DE [Zugriff: 26. Dezember 2018].

236 Die Wähler würden mit zwei Stimmen wählen: eine Stimme für eine transnationale EU-weite Liste, die andere für eine nationale Liste im jeweiligen Mitgliedstaat.

237 Vgl. Rat der Europäischen Union: Beschluss (EU, Euratom) 2018/994 des Rates vom 13. Juli 2018 zur Änderung des dem Beschluss 76/787/EGKS, EWG, Euratom des Rates vom 20. September 1976 beigefügten Akts zur Einführung allgemeiner unmittelbarer Wahlen der Mitglieder des Europäischen Parlaments, ABl. Nr. L 178, 16. Juli 2018, online verfügbar: https://eur-lex.europa.eu/legal-content/DE/TXT/PDF/?uri=CELEX:32018D0994&from=EN [Zugriff: 25. Oktober 2019].

238 Art. 223, Abs. 1 AEUV.

weit hinter dem ursprünglichen Vorschlag des Parlamentes[239] zurück. Europäische Parteien kandidieren bis heute nicht. Einheitlichen Verfahrensregeln, unionsweite einheitliche quotierte Kandidatenlisten oder europaweite Wahlwerbung konnten nicht verbindlich durgesetzt werden. Die meisten der vom Parlament vorgesehenen Obligationen verabschiedete der Rat als den Mitgliedstaaten überlassene fakultative Regelungen.[240] Der Versuch, analog zu nationalen Paritätsgesetzen gleichberechtigte Repräsentanz von männlichen und weiblichen Abgeordneten zu gewährleisten, scheiterte ebenfalls am Rat.[241]

Bei Gründung der EGKS gab es in der Gemeinsamen Versammlung weder den Fraktions- noch den nationalen Gedanken. Die Abgeordneten wurden vielmehr schlicht nach Nachnamen in alphabetischer Reihenfolge platziert. So ging die Gemeinsame Versammlung zwar aus einem nationalen Kontext hervor, das Protokoll auf europäischer Ebene beschrieb die zweite politische Identifikationsebene jenseits des Nationalstaates. Diese doppelte politische Identität findet sich in den Ausführungen Jürgen Habermas' zu einer Art doppelten Staatsbürgerschaft – als Bürger eines Staates und als Bürger der Europäischen Uni-

---

239 Vgl. Europäisches Parlament: Entschließung des Europäischen Parlaments vom 11. November 2015 zu der Reform des Wahlrechts der Europäischen Union (2015/2035(INL)), 11. November 2015, online verfügbar: http://www.europarl.europa.eu/sides/getDoc.do?type=TA&reference=P8-TA-2015-0395&language=DE&ring=A8-2015-0286#BKMD-5 [Zugriff: 26. Dezember 2018].

240 Nahezu alle Vorgaben des ersten Entwurfes, der 2015 vom konstitutionellen Ausschuss des Europäischen Parlamentes vorgelegt wurde und der die Sichtbarkeit der europäischen Ebene unterstützt hätte, wurden entweder nicht oder nur als fakultative Regelungen aufgenommen. Diese beinhalteten: eine einheitliche Frist von zwölf Wochen für die Nominierung der Spitzenkandidaten (nicht aufgenommen), eine Sperrklausel für Wahlkreise mit mehr als 35 Sitzen (fakultativ), Mindestfrist von acht Wochen zur Erstellung des Wählerverzeichnisses (nicht aufgenommen), transparentes Verfahren für die Auswahl der Bewerber (nicht aufgenommen), Förderung der Gleichstellung von Männern und Frauen (nicht aufgenommen), Abdrucken des Logos und Namens der europäischen Parteien auf dem Wahlmaterial (freiwillig), einheitliches Verfahren für die Zustellung der Wahlunterlagen analog zu regionalen Wahlen (nicht aufgenommen), Ermöglichung der Teilnahme europäischer Parteien in Wahlsendungen im Fernsehen und anderen Medien (nicht aufgenommen), vorzeitige Stimmabgabe, Briefwahl und elektronische Wahl (fakultativ), Wahlrecht für in Drittstaaten lebende EU-Bürger (fakultativ).

241 Vgl. Rat der Europäischen Union: Beschluss (EU, Euratom) 2018/994 des Rates vom 13. Juli 2018, a. a. O.

on – wieder,[242] die Matteo Garavoglia als utopische geteilte Identität bezeichnet[243]. Die Anzahl der 78 Sitze waren pro Mitgliedstaat je nach Bevölkerungsstärke zugewiesen. Sie resultierten nicht aus wirtschaftlicher oder militärischer Macht wie in den Konzepten Penns oder Bluntschlis. Dabei waren 18 Sitze für Deutschland, Frankreich und Italien, je weitere zehn Sitze für Belgien und die Niederlande sowie vier Sitze für Luxemburg vorgesehen.[244]

Es bleibt festzuhalten, dass die Versammlung ohne Kontroll- oder Entscheidungsbefugnisse lediglich als minimaler Ansatz eines Parlamentes erachtet werden kann. Einzig die Hohe Behörde konnte sie durch Misstrauensvotum mit Zweidritteln ihrer Mitglieder zum Rücktritt zwingen.[245] Bis heute hat das Europäische Parlament kein Initiativrecht, kann jedoch die Kommission auffordern, tätig zu werden. Die Rolle des Parlaments bleibt aber im Gegensatz zum Rat auch in der Gesetzesinitiierung schwach: Erhält sie einen Vorschlag vom Parlament, muss die Kommission nicht zwangsläufig tätig werden. Sie muss das Parlament lediglich darüber informieren, weshalb sie dessen Initiative fallenlässt.[246] Trotz einer ähnlichen Formulierung der entsprechenden Vorgabe, die die Aufforderungen des Rates betrifft,[247] bleibt dieser ungleich einflussreicher. Paul Craig hebt hervor, dass viele Rechtsakte ihren Ursprung im Rat hatten, obwohl die Initiative for-

242 Vgl. Habermas, Jürgen: a. a. O., Berlin 2011, S. 68.

243 Vgl. Garavoglia, Matteo: Democracy in Europe: Politicizing Champions for the European Public Sphere, IAI Working Papers 11/14, Juni 2011, online verfügbar: https://www.jstor.org/stable/pdf/resrep09693.pdf?ab_segments=0%2Fbasic_search_gsv2%2Fcontrol&refreqid=fastly-default%3Abc5fb4b9ab736503333347b77566ce01 [Zugriff: 12. Dezember 2020].

244 Vgl. Art. 23 EGKS.

245 Vgl. Art. 24 EGKS.

246 „Das Europäische Parlament kann mit der Mehrheit seiner Mitglieder die Kommission auffordern, geeignete Vorschläge zu Fragen zu unterbreiten, die nach seiner Auffassung die Ausarbeitung eines Unionsakts zur Durchführung der Verträge erfordern. Legt die Kommission keinen Vorschlag vor, so teilt sie dem Europäischen Parlament die Gründe dafür mit." (Art. 225 AEUV)

247 „Der Rat, der mit einfacher Mehrheit beschließt, kann die Kommission auffordern, die nach seiner Ansicht zur Verwirklichung der gemeinsamen Ziele geeigneten Untersuchungen vorzunehmen und ihm entsprechende Vorschläge zu unterbreiten. Legt die Kommission keinen Vorschlag vor, so teilt sie dem Rat die Gründe dafür mit." (Art. 241 AEUV)

maljuristisch bei der Kommission lag.[248] Der Rat stand in der politischen Praxis hinter zahlreichen Einführungen und trieb sie unter anderem dadurch voran, indem er die Kommission aufforderte, Studien zur Erreichung von Zielen der Union zu erstellen.[249] Aus deren Erkenntnissen wurden schließlich Gesetze erarbeitet.

Gemeinsam mit dem Rat muss das Parlament im Rahmen des ordentlichen Gesetzgebungsverfahrens einem Vorschlag der Kommission zustimmen (Art. 294 AEUV). Das Initiativrecht wäre aber entscheidend, wenn es darum geht, für alle Bürger verbindliche Entscheidungen anzustoßen und dem Bürger auf diese Weise Gewicht und Verantwortlichkeit für die ihn betreffende unionspolitische Sphäre zu gewähren.

Für Monnet war es die Hohe Behörde, die spätere Europäische Kommission, die die neue europäische Dimension, ein allgemeines Interesse der Gemeinschaft, verkörperte. Sie ist Teil der supranationalen Struktur der Union. Im EGKS-Vertrag heißt es:

> „Die Mitglieder der Hohen Behörde üben ihre Tätigkeit in voller Unabhängigkeit im allgemeinen Interesse der Gemeinschaft aus. Sie dürfen bei der Erfüllung ihrer Pflichten weder Anweisungen von einer Regierung oder einer anderen Stelle einholen, noch solche Anweisungen entgegennehmen. Sie haben jede Handlung zu unterlassen, die mit dem überstaatlichen Charakter ihrer Tätigkeit unvereinbar ist.“[250]

Im Vergleich zu anderen internationalen Organisationen handelt die Hohe Behörde überstaatlich und unabhängig. Die Hohe Behörde trägt, „zur Ausweitung der Wirtschaft, zur Steigerung der Beschäftigung und zur Hebung der Lebenshaltung in den Mitgliedstaaten“[251] bei. Dies ist zunächst ein soziales, kein genuin wirtschaftliches Ziel. Dem Papier nach sollte die Hohe Behörde unabhängig sein, sich jedem Einfluss der Mitgliedstaaten entziehen.[252] Ernannt wurden acht der neun Mitglieder von Regierungen der Mitgliedstaaten mit einstimmiger Entschei-

248 Vgl. Craig, Paul: The Lisbon Treaty. Law, Politics, and Treaty Reform, Oxford 2013, S. 33.
249 Vgl. ibid.
250 Art. 9 EGKS.
251 Art. 2. EGKS.
252 Art. 9 EGKS.

dung.[253] Jede Regierung hatte unbegrenztes Vetorecht, das vom Gerichtshof für ungültig erklärt werden konnte.[254]

Heute besteht die Europäische Kommission aus 27 Mitgliedern, die von den Mitgliedstaaten vorgeschlagen werden. Der Kandidat für die Präsidentschaft der Kommission wählt die Kommissionsmitglieder aus. Diese Nominierungen müssen von den Staats- und Regierungschefs im Europäischen Rat angenommen und anschließend vom Europäischen Parlament bestätigt werden. Danach ernennt der Rat die Kommission mit qualifizierter Mehrheit. Die Europäische Kommission hat das alleinige Initiativrecht für Gesetzesvorschläge, die dem Rat und dem Parlament zur Entscheidung vorgelegt werden. Somit war die Hohe Behörde der genuine Ausdruck des gemeinsamen europäischen Projektes.

## 2.6 Der Gerichtshof der Europäischen Union

Die vierte Institution des Gründungsvertrages war der Gerichtshof. Seine Zuständigkeiten entsprachen im Konzept der EGKS keinesfalls den heutigen. Der Gerichtshof diente zuvorderst der Überprüfung von Beschlüssen der Hohen Behörde und des Rates, nicht aber dem Verhalten der Mitgliedstaaten.[255] In Artikel 43 EGKS wurde ein gewisser Spielraum etabliert, so dass der Gerichtshof „in allen mit dem Gegenstand dieses Vertrages in Zusammenhang stehenden Fällen entscheiden (kann), wenn die Gesetze eines Mitgliedstaates ihn für zuständig erklären“[256]. Artikel 41 EGKS[257] enthielt keine ausdrückliche Bestimmung darüber, dass der Gerichtshof für die Vertragsauslegung des EGKS-Vertrages selbst oder auf seiner Basis ergangener nationaler Rechtsvorschriften zuständig war. Die Prüfung mitgliedstaatlichen na-

253 Art. 10 EGKS.
254 Ibid.
255 Art. 41 EGKS.
256 Art. 43 EGKS.
257 Artikel 41 EGKS lautet: „Der Gerichtshof allein entscheidet, und zwar im Wege der Vorabentscheidung, über die Gültigkeit von Beschlüssen der Hohen Behörde und des Rates, falls bei einem Streitfall vor einem staatlichen Gericht diese Gültigkeit in Frage gestellt wird.“

tionalen Rechts war in Gründungsverträgen der EGKS zudem nicht vorgesehen.[258]

Aus dem maßgeblich von den Mitgliedstaaten abhängigen Gerichtshof bei Gründung der EGKS haben die Regierungen im Jahre 1957 mit der EWG und Euratom einen wesentlich unabhängigeren Gerichtshof erschaffen. Mit Artikel 177 EWG (heute Artikel 267 AUEV) wurde eine klarere Regelung über die Zuständigkeiten sowie das Vorabentscheidungsverfahren aufgenommen. Im Zuge dieser Vorgabe sind letztinstanzliche Gerichte, deren Entscheidungen nicht mehr mit Rechtsmitteln des innerstaatlichen Rechts in Frage gestellt werden konnten, zur Anrufung des Europäischen Gerichtshofes verpflichtet.[259] Darüber hinaus können sich nationale Gerichte an den EuGH wenden und ihn um Interpretation einer EU-Vorschrift oder um Klärung der europarechtlichen Vereinbarkeit eines nationalen Gesetzes oder einer Verwaltungsvorschrift ersuchen.

Von der Europäischen Kommission oder vom Rat kann ein Vertragsverletzungsverfahrens eingeleitet werden, wenn Verdacht besteht, dass ein Mitgliedstaat seinen EU-Verpflichtungen nicht nachkommt.[260] Es dient der Durchsetzung des Unionsrechts. Nichtigkeitsklagen (Artikel 263 AEUV) dienen der Annullierung von Unionsrecht, wenn dieses den EU-Verträgen oder den Grundrechten widerspricht. Nichtigkeitsklagen können vom Rat der EU, der Europäischen Kommission oder in bestimmten Fällen auch vom Europäischen Parlament eingereicht werden. Untätigkeitsklagen (Artikel 265 AEUV) sind das Gegenstück

258 Vgl. Alter; Karen: The European Court's Political Power, Oxford University Press, 2010, S. 114ff.

259 Artikel 177 EWG lautete: „Der Gerichtshof entscheidet im Wege der Vorabentscheidung a) über die Auslegung dieses Vertrags, b) über die Gültigkeit und die Auslegung der Handlungen der Organe der Gemeinschaft, c) über die Auslegung der Satzungen der durch den Rat geschaffenen Einrichtungen, soweit diese Satzungen dies vorsehen. Wird eine derartige Frage einem Gericht eines Mitgliedstaates gestellt und hält dieses Gericht eine Entscheidung darüber zum Erlaß [sic!] seines Urteils für erforderlich, so kann es diese Frage dem Gerichtshof zur Entscheidung vorlegen. Wird eine derartige Frage in einem schwebenden Verfahren bei einem einzelstaatlichen Gericht gestellt, dessen Entscheidungen selbst nicht mehr mit Rechtsmitteln des innerstaatlichen Rechts angefochten werden können, so ist dieses Gericht zur Anrufung des Gerichtshofs verpflichtet."

260 Art. 258 und Art. 259 AEUV.

zur Nichtigkeitsklage. In dem Fall stellt die Unterlassung eines Beschlusses die Rechtswidrigkeit dar. Ferner ist der EuGH für Maßnahmen bei Schäden, die Privatpersonen oder Unternehmen aufgrund rechtswidrigen Handelns der EU oder ihrer Mitarbeiter erlitten haben (Schadensersatzklage, Artikel 268 AEUV), zuständig.

Auf diese Arten sichert der Europäische Gerichtshof „die Wahrung des Rechts bei der Auslegung und Anwendung der Verträge“[261] und sorgt dafür, dass es in allen Mitgliedstaaten auf gleiche Weise angewendet wird. Am Europäischen Gerichtshof umfasst einen Gerichtshof[262] und ein Gericht. Jeweils ist ein Richter pro Mitgliedstaat vertreten.[263] Bei der Entscheidungsfindung wird der Gerichtshof seit Gründung der EGKS von unparteiischen und unabhängigen Generalanwälten[264] unterstützt.[265] Sie geben in Schlussanträgen Empfehlungen für den Urteilsspruch, die sie mithilfe der bisherigen Rechtsprechung des EuGH, der Rechtsgrundsätze der Mitgliedstaaten und des internationalen Rechts herleiten. Seit Oktober 2015 gibt es elf Generalanwälte.[266] Richter und Generalanwälte werden von den Regierungen der Mitgliedstaaten im gegenseitigen Einvernehmen auf sechs Jahre ernannt. Der Präsident des Gerichtshofes wird aus den Richtern für die Dauer von drei Jahren gewählt.[267]

Umstritten sind die unionsrechtlichen Prinzipien der unmittelbaren Wirkung sowie des Anwendungsvorranges. Die Direktwirkung des Europarechts erlaubt die Einklagbarkeit von unmittelbar vom Europa-

261 Art. 19 EUV.

262 Der Gerichtshof ist für Anträge auf Vorabentscheidungen von nationalen Gerichten, bestimmte Nichtigkeitsklagen und Berufungen zuständig.

263 Art. 19, Abs. 2 EUV.

264 Vgl. Satzung des Gerichtshofs der Europäischen Union, 2019, Artikel 49, online verfügbar: https://curia.europa.eu/jcms/upload/docs/application/pdf/2016-08/tra-doc-de-div-c-0000-2016-201606984-05_00.pdf [Zugriff: 11. Dezember 2020].

265 Art. 252 AEUV.

266 Vgl. Rat der Europäischen Union: Press Release, 3251st Council meeting, 25. Juni 2013, online verfügbar: https://www.consilium.europa.eu/uedocs/cms_data/docs/pressdata/EN/genaff/137614.pdf [Zugriff: 24. Juli 2020].

267 Art. 253, Abs. 3 AEUV.

recht betroffenen Rechten durch den Einzelnen.[268] Dem Anwendungsvorrang entsprechend müssen nationale Gerichte Europarecht anwenden, wenn nationales Recht mit dem Europarecht kollidiert:[269] Beide Prinzipien wurden vom Gerichtshof in den Rechtssachen *NV Algemene Transport- en Expeditie Onderneming van Gend & Loos gegen Niederländische Finanzverwaltung* (im Folgenden: *Van Gend en*

268 Der EuGH urteilte: „Die Europäische Wirtschaftsgemeinschaft stellt eine neue Rechtsordnung des Völkerrechts dar, zu deren Gunsten die Staaten, wenn auch in begrenztem Rahmen, ihre Souveränitätsrechte eingeschränkt haben; eine Rechtsordnung, deren Rechtssubjekte nicht nur die Mitgliedstaaten, sondern auch die Einzelnen sind. Das von der Gesetzgebung der Mitgliedstaaten unabhängige Gemeinschaftsrecht soll daher den Einzelnen, ebenso wie es ihnen Pflichten auferlegt, auch Rechte verleihen. […]" (vgl. Gerichtshof der Europäischen Union: Rechtssache 26/62, NV Algemene Transport- en Expeditie Onderneming van Gend & Loos gegen Niederländische Finanzverwaltung, a. a. O., Rdnr. 3).

269 Im Gegensatz zum Geltungsvorrang wird beim Anwendungsvorrang die ausgesetzte nationale Vorgabe jedoch nicht ungültig. Der Europäische Gerichtshof stellte in der Rechtssache *Flaminio Costa gegen E.N.E.L.* vom 15. Juli 1964 fest: „Zum Unterschied von gewöhnlichen internationalen Verträgen hat der EWG-Vertrag eine *eigene Rechtsordnung* geschaffen, die bei seinem Inkrafttreten in die Rechtsordnungen der Mitgliedstaaten aufgenommen worden und von ihren Gerichten anzuwenden ist. Durch die Gründung einer Gemeinschaft für unbegrenzte Zeit, die mit eigenen Organen, mit der Rechts – und Geschäftsfähigkeit, mit internationaler Handlungsfähigkeit und insbesondere mit echten, aus der Beschränkung der Zuständigkeit der Mitgliedstaaten oder der Übertragung von Hoheitsrechten der Mitgliedstaaten auf die Gemeinschaft herrührenden Hoheitsrechten ausgestattet ist, haben die Mitgliedstaaten ihre Souveränitätsrechte beschränkt und so einen Rechtskörper geschaffen, der für ihre Angehörigen und sie selbst verbindlich ist. […] Dem vom Vertrag geschaffenen, somit *aus einer autonomen Rechtsquelle fließenden Recht können wegen dieser seiner Eigenständigkeit keine wie immer gearteten innerstaatlichen Rechtsvorschriften vorgehen*, wenn ihm nicht sein Charakter als Gemeinschaftsrecht aberkannt und wenn nicht die Rechtsgrundlage der Gemeinschaft selbst in Frage gestellt werden soll. Die Staaten haben dadurch, dass sie nach Maßgabe der Bestimmungen des Vertrages Rechte und Pflichten, die bis dahin ihren inneren Rechtsordnungen unterworfen waren, der Regelung durch die Gemeinschaftsrechtsordnung vorbehalten haben, eine endgültige *Beschränkung ihrer Souveränitätsrechte* [Hervorhebungen durch die Autorin] bewirkt, die durch spätere einseitige, mit dem Gemeinschaftsbegriff unvereinbare Maßnahmen nicht rückgängig gemacht werden kann" (vgl. Gerichtshof der Europäischen Union: Rechtssache 6/64, Flaminio Costa gegen E.N.E.L., a. a. O., Rdnr. 3).

*Loos)*[270] aus dem Jahre 1963 und *Costa gegen ENEL*[271] aus dem Jahre 1964 interpretiert und werden bisweilen angeführt, um ein aktivistisches Vorgehen des Europäischen Gerichtshofes zu belegen. *Van Gend en Loos* betraf die Erhöhung eines niederländischen Importzolls. *Costa gegen ENEL* hatte die Verstaatlichung von 1.300 italienischen Elektrizitätsunternehmen im Jahre 1962 zu Gegenstand - eine Zugeständnis der Christdemokraten an die Sozialistische Partei des Landes.

Der direkte Effekt und der Anwendungsvorrang wurden in diesen Urteilen vom EuGH geschaffen, so das Argument. Dieter Grimm hebt weiterhin hervor, dass beide Prinzipien nicht nur die Staaten in die Pflicht nahmen, sondern auch Rechte für Bürger begründeten. Diese konnten sich nun direkt auf europäisches Recht berufen und es vor nationalen Gerichten einklagen.[272] Gerhard Casper nennt das Urteil in der Rechtssache *Defrenne 2* aus dem Jahre 1976 als Beispiel dafür, wie der direkte Effekt vom Europäischen Gerichtshof in Bezug auf Artikel 119 EWG angewandt wurde und die Konstitutionalisierung der Verträge von Rom voranbrachte.[273]

Demgegenüber kann eingewendet werden, dass beide Prinzipien – direkter Effekt und Anwendungsvorrang – sich bereits genuin aus dem Charakter der Verträge und dem damit verbundenen Souveränitätsverzicht der Mitgliedstaaten ergaben. Die beiden Grundsätze, so diese Lesart, wurden nicht vom EuGH geschaffen, sondern lediglich in Erinnerung gerufen. Unterliegt der Gemeinsame Markt der Aufsicht der Europäischen Institutionen, so müssen Letztere in der Lage sein, ent-

270 Vgl. Gerichtshof der Europäischen Union: Rechtssache 26/62, NV Algemene Transport- en Expeditie Onderneming van Gend & Loos gegen Niederländische Finanzverwaltung, 5. Februar 1963, online verfügbar: https://eur-lex.europa.eu/legal-content/DE/TXT/?qid=1572171673305&uri=CELEX:61962CJ0026 [Zugriff: 27. Oktober 2019].

271 Vgl. Gerichtshof der Europäischen Union: Rechtssache 6/64, Flaminio Costa gegen E.N.E.L. 15. Juli 1964, online verfügbar: https://eur-lex.europa.eu/legal-content/DE/TXT/?qid=1572171867641&uri=CELEX:61964CJ0006 [Zugriff: 27. Oktober 2019].

272 Grimm, Dieter: a. a. O., München 2016, S. 35.

273 Vgl. Casper, Gerhard: The Emerging Constitution of the European Community, in: The University of Chicago Law School Record, Vol. 24, Nr. 1, 1978, online verfügbar: https://chicagounbound.uchicago.edu/cgi/viewcontent.cgi?article=1046&context=lawschoolrecord [Zugriff: 3. Oktober 2020], S. 11.

sprechende Regelungen durchzusetzen, wofür sie die qua Vertrag delegierte Kompetenz erhielten. Dafür spricht auch, dass der EuGH in seiner Argumentation in den Rechtssachen *Defrenne* weder *Costa gegen ENEL* noch *Van Gend en Loos* vom EuGH als Referenzfälle für den Beleg der direkten Wirkung heranzog, der direkte Effekt in den Rechtssachen *Defrenne* also nicht offensichtlich war.[274]

Zudem ist gerade der von Casper beschriebene Artikel 119 EWG exemplarisch für die politische, nicht die juristisch-aktivistische Dimension der Entwicklung des Europarechts: *Defrenne 2* ging 1971 die Rechtssache *Defrenne 1* voraus. Die belgische Stewardess Gabrielle Defrenne forderte Rentenzahlungen in Höhe ihrer männlichen Kollegen.[275] Der Gerichtshof stellte klar, dass Sozialversicherungssysteme (und damit auch Rentenzahlungen) nicht von Artikel 119 EWG erfasst werden. Analog zu *Costa gegen ENEL* wäre zu erwarten gewesen, dass zwar in der Sache selbst (Renten als Teil des Gehaltes) zurückhaltend geurteilt würde, aber eine grundsätzliche Betonung von direktem Effekt und Vorrang für Artikel 119 EWG in das Urteil einfließen würde.[276] Der EuGH erwähnte in *Defrenne 1* aber weder die direkte Wir-

274 Vgl. Ellis, Evelyn: EC Sex Equality Law, 2. Auflage, New York 1998, S. 137f.

275 Vgl. Gerichtshof der Europäischen Union: Rechtssache 80/70, Gabrielle Defrenne gegen Belgischen Staat, 25. Mai 1971, online verfügbar: https://eur-lex.europa.eu/legal-content/DE/TXT/PDF/?uri=CELEX:61970CJ0080&from=DE [Zugriff: 14. April 2019].

276 In *Costa gegen ENEL* stand die Verstaatlichung der italienischen Elektrizitätsunternehmen in Frage. Flaminio Costa, ein Aktionär der Firma Edisonvolta, die von der Verstaatlichung betroffen war, sah darin einen Bruch mit dem Gemeinschaftsrecht. Er weigerte sich daher, seine Stromrechnung zu bezahlen. Zwei Verfahren bei zwei verschiedenen Mailänder Friedensgerichten resultierten daraus. Im ersten Fall versuchte Costas Anwalt Gian Galeazzo Stendardi zusätzlich zu einem Urteil des italienischen Verfassungsgerichts eine Entscheidung des Europäischen Gerichtshofes zu erwirken. Mit Anordnung vom 10. September 1963 befragte das Mailänder Gericht lediglich das italienische Verfassungsgericht, welches die Klagepunkte abwies und unter Verweis auf das Prinzip *Lex posterior derogat priori* (Das jüngere Gesetz hebt das ältere auf. Im konkreten Fall: Das ENEL-Statut im Jahre 1962 folgte zeitlich auf die Römischen Verträge.) von einer Vorabentscheidungsfrage absah. Als Costas Anwalt erfuhr, dass der EuGH nicht einbezogen wurde, reicht er Klage bei einem anderen Mailänder Gericht ein. Dieses zweite mit dem Fall befasste Friedensgericht rief den EuGH zur Vereinbarkeit des ENEL-Statuts mit den Artikeln 37, 53, 93 und 102 EWG an. Der Europäische Gerichtshof überließ die Prüfung, ob die italienische Verstaatlichung ein nach Gemeinschaftsrecht verbotenes Handelsmonopol darstellte, dem Mailänder Gericht.

kung noch den Vorrang des Gemeinschaftsrechts, obwohl die entsprechenden Urteile nur wenige Jahre zurücklagen. In der von Casper herangezogenen Rechtssache *Defrenne 2* war es die Klägerin, die indirekt eine Verbindung zu *Costa gegen ENEL* und *Van Gend en Loos* evozierte, indem sie auf die „von der Rechtsprechung des Gerichtshofes erarbeiteten Merkmale[...]“[277] und auf „in seiner Rechtsprechung aufgestellten Grundsätze“[278] hinweist. Der EuGH erklärt die direkte Wirkung von Artikel 119 EWG in *Defrenne 2* vor allem mit dem Wortlaut des Vertrages, der Schaffung von Rechten für den Einzelnen durch den EWG-Vertrag sowie mit der Frist zur Vollendung des Binnenmarktes, die sich aus dem Willen der Mitgliedstaaten ergab.[279] Da sich an den juristischen Realitäten seit *Defrenne 1* nicht viel geändert hatte, deutet *Defrenne 2* darauf hin, dass politische Umstände dafür entscheidend waren, frauenpolitische Anliegen auf die Tagesordnung zu bringen (vgl. Kapitel 3: Das transnationale Moment der Frauen und Artikel 119 EWG). Erst als sich das politische Klima änderte, konnten direkten Wirkung und Anwendungsvorrang auch für das Lohngleichheitsgebot greifen.

Diese Vermutung wird weiterhin dadurch gestützt, dass die Umsetzung von Vorrangprinzip und direkter Wirkung vom Gebrauch durch

Gleichzeitig bestätigte der EuGH den Vorrang des Gemeinschaftsrechts: „Der Vorrang des Gemeinschaftsrechts wird auch durch Artikel 189 bestätigt; ihm zufolge ist die Verordnung ‚verbindlich‘ und ‚gilt unmittelbar in jedem Mitgliedstaat‘."

277 Gerichtshof der Europäischen Union: Rechtssache 43/75, Gabrielle Defrenne gegen Societé Anonyme Belge de Navigation Aérienn5e Sabena, 8. April 1976, online verfügbar: https://eur-lex.europa.eu/legal-content/DE/TXT/PDF/?uri=CELEX:61975CJ0043&from=DE [Zugriff: 24. Juli 2019], S. 459.

278 Ibid.

279 „[...] denn wie der Gerichtshof schon in anderen Zusammenhängen festgestellt hat, schließt die Tatsache, daß [sic!] bestimmte Vertragsvorschriften ausdrücklich die Mitgliedstaaten ansprechen, nicht aus, daß [sic!] zugleich allen an der Einhaltung der so umschriebenen Pflichten interessierten Privatpersonen Rechte verliehen sein können. Schon dem Wortlaut von Artikel 119 ist zu entnehmen, daß [sic!] dieser den Staaten eine Ergebnispflicht auferlegt, die zwingend innerhalb einer bestimmten Frist zu erfüllen war. Diese Bestimmung darf in ihrer Wirksamkeit nicht dadurch beeinträchtigt werden, daß [sic] einige Mitgliedstaaten die ihnen vom Vertrag auferlegte Verpflichtung nicht erfüllt haben und daß [sic] die Gemeinschaftsorgane gegen diese Untätigkeit nicht mit der erforderlichen Schärfe eingeschritten sind.“ (Vgl. ibid., Rdnr. 30/34, S. 475)

nationale Gerichte und Kläger abhängig sind. Im Nachgang zum Urteil *Costa gegen ENEL* entschied der am Mailänder Giudice Conciliatore mit dem Fall befasste Richter Fabbri am 4. Mai 1966, dass das ENEL-Statut ein Monopol darstelle, welches Angehörige anderer Mitgliedstaaten gegenüber Italienern diskriminiere. Damit galt Artikel 37 EWG (Verbot staatlicher Handelsmonopole) als verletzt. Allerdings wurde das Mailänder Urteil von anderen Gerichten nicht als Präzedenzfall betrachtet und so blieb das ENEL-Statut bestehen.[280] Demzufolge ist bereits die Rechtssache *Costa gegen ENEL* selbst ein Beleg für die Abhängigkeit des Europäischen Gerichtshofes von anderen Akteuren: einerseits von den nationalen Gerichten, denn bevor der Fall den Europäischen Gerichtshof erreichte, scheiterte Flaminio Costa in einem ersten Versuch am 24. Februar 1964 am italienischen Verfassungsgericht, welches sich vorbehielt, die Vereinbarkeit von italienischem mit europäischem Recht selbst zu prüfen und von einer Vorabentscheidungsfrage absah. Erst im zweiten Versuch bei einem anderen Mailänder Gericht war Costa erfolgreich. Richter Fabbri übermittelte, im Gegensatz zu seinem Kollegen, den Fall sowohl an das Verfassungsgericht[281] als auch an den EuGH.

Andererseits legt *Costa gegen ENEL* die Bedeutung der Bürger dar. Amedeo Arena zeigt in seinem Aufsatz *From an Unpaid Electricity Bill tot he Primacy of EU Law: Gian Galeazzo Stendardi and the Making of Costa v. ENEL*, wie der Anwalt und Lehrbeauftragte Stendardi, der mit Flaminio Costa bekannt war, dessen Prozessstrategie formulierte, um ein Vorabentscheidungsverfahren durch den Europäischen Gerichtshof zu erwirken. Stendardi, monarchistischen Ideen zu- und der Sozialistischen Partei abgeneigt, war überzeugt, dass jeder Bürger gegen mit dem Gemeinschaftsrecht unvereinbare nationale Rechtsakte vorgehen können muss. Die Delegation gewisser Souveränitätsrechte auf europäische Ebene in Artikel 11 der italienischen Verfassung, so Stendardi,

280 Vgl. Arena, Amedeo: From an Unpaid Electricity Bill to the Primacy of EU Law: Gian Galeazzo Stendardi and the Making of Costa v. ENEL, in: The European Journal of International Law Vol. 30, Nr. 3, 2019, online verfügbar: http://www.ejil.org/article.php?article=3000&issue=149 [Zugriff: 2. Oktober 2020], S. 1031.

281 Wie schon zuvor am 24. Februar 1964 wies das italienische Verfassungsgericht sämtliche Klagepunkte ab (Urteil Nr. 66 vom 23. Juni 1965).

ziehe den Vorrang des Gemeinschaftsrechts nach sich.[282] Ohne Stendardi, so Arena, wäre eine Befassung des EuGH mit *Costa gegen ENEL* unwahrscheinlich gewesen.[283] Stendardis Überzeugung der direkten Verbindung des Gemeinschaftsrechts mit dem Bürger greift Giandomenico Majone in seiner Beschreibung der Grundsätze der Verträge auf: „[...] one of the important tasks of supranational institutions has always been to protect the rights and interests (as defined by the Treaties) of the citizens of the EC/EU, even against the majoritarian decisions of a Member State, or the unanimous position of all Member States."[284] Diese autonome Rechtsordnung haben die Regierungen der Mitgliedstaaten in den Verträgen festgeschrieben und entwickelt. Wie Gerhard Casper herausarbeitet, ist dadurch der Begriff der *Autonomie* der europäischen Rechtsordnung nicht ganz präzise.[285] Wird das Europarecht von den Mitgliedstaaten entwickelt, so steht es auch mit deren nationalen Rechtsordnungen in Verbindung. Diese Erkenntnis ist charakteristisch für die Entwicklung des Gleichstellungsrechts der Union. Eine Unabhängigkeit des Unionsrechts von den Gegebenheiten in den Mitgliedstaaten trifft nicht zu. Dies ergibt sich weiterhin aus der Bedeutung gemeinsamer Rechtstraditionen der Mitgliedstaaten für die Rechtsentwicklung. Somit sind Unionsrecht und nationale Rechtsordnungen als rechtliche Symphonie, nicht als isoliertes Nebeneinander zu verstehen.

Monnet versteht das europäische Recht ebenfalls analog zur Entwicklung der gesamten Union als dynamischen Prozess.[286] In diesem Zusammenhang setzte Monnets Denken zwar nicht genuin beim Bürger an, die neuen Institutionen waren aber dergestalt konzipiert, dass der Einzelne mit der Möglichkeit der Einflussnahme ausgestattet war. Er konnte sich vor nationalen Gerichten auf seine im Europarecht begründeten Rechte berufen. So wäre es voreilig, Monnet einzig und al-

282 Vgl. ibid., S. 1020ff.
283 Vgl. ibid., S. 1036.
284 Vgl. Majone, Giandomenico: Europe's „Democratic Deficit": The Question of Standards, in: European Law Journal, Vol. 4, Nr. 1, März 1998, S. 12.
285 Vgl. Casper, Gerhard: a. a. O., 1978, S. 11. Casper konstatiert bezüglich der Auffassung des Bundesverfassungsgerichts: „The proposition of the German Constitutional Court that Community law is ‚not part' of the national legal system is outright nonsense."
286 Vgl. Monnet, Jean: a. a. O., S. 487.

lein mit einem „Europa von oben“ zu assoziieren. Das von Monnet gedachte institutionelle Europa sah eine staatenübergreifende Architektur vor. Jenseits der Staaten, aber nicht losgelöst von ihnen (die Mitgliedstaaten sind in der Schaffung des Rechts, die nationalen Gerichte in der Umsetzung unabkömmlich): Dies wird in *Costa gegen ENEL* und *Van Gend en Loos* dargelegt. Somit sind beide Urteile Ausdruck der Gedanken Monnets und der Vorgaben der Verträge.

Aus den bisherigen Darlegungen ergeben sich die Bestandteile der Supranationalität. Sie unterscheidet die Europäische Union von anderen internationalen Organisationen: Grundsätzlich handelt es sich hier um eine neue Verbindlichkeit auf europäischer Ebene. Sie ist institutionell charakterisiert durch a) unabhängige, rechtssetzungsbefugte Organe, allen voran die Hohe Behörde, sowie durch b) Mehrheitsentscheidungen im Gremium der Vertreter der Mitgliedstaaten (Ministerrat und Rat) und c) durch eine eigene Gerichtsbarkeit. Die Struktur resultiert aus den Leitmotiven Monnets: der nachhaltigen Verbindung von wirtschaftlicher und sozialer Zielsetzung zu Verhinderung eines neuen Krieges, der damit einhergehenden Abkehr von Nationalismen, der Verbindlichkeit für alle Mitgliedstaaten (keine Ausnahmen), der Dauerhaftigkeit (keine Umkehr) und der Abwesenheit eines konkreten Ziels. All dies erlaubt die von Monnet avisierte Dynamik. Sie ist gerade nicht das sich vom Bürger und Staat losgelöste europäische Konzept. Ihre Vielschichtigkeit jenseits der nationalstaatlich zentrierten Perspektive kannte den Widerspruch „national versus europäisch“ nicht und ging von einer Kongruenz der Interessen aus. Was im europäischen Kontext sinnvoll war, war auch aus nationalstaatlichem Blickwinkel begrüßenswert. Hier wird etwas angenommen, die im Laufe der Jahre wachsen und von den Einzelnen genutzt werden sollte: eine sich kontinuierlich bedingende Transnationalität.

## 2.7 Intergouvernementalismus und Neofunktionalismus

Warum entscheiden sich Staaten zur Abgabe von Souveränität und wie verläuft dieser Prozess? Im Ansatz Jean Monnets ist die Antwort in der Sicherung des dauerhaften Friedens zu finden. In der politikwissenschaftlichen Forschung wird die europäische Integration, also der Vorgang, welcher dazu führt, dass Kompetenzen vom Nationalstaat auf die europäische Ebene übertragen werden,[287] vor allem von zwei Denkschulen, dem liberalen Intergouvernementalismus und dem Neofunktionalismus, erklärt. In deren Zentrum steht die Frage, weshalb sich Staaten zu einem supranationalen Verbund zusammenschließen.

Der unter anderem von Andrew Moravcsik vertretene staatszentrierte Liberale Intergouvernementalismus vertritt die Auffassung, dass die europäische Integration auf Basis eines Modells analog zu internationalen Organisationen hinreichend erklärt werden kann. Die Souveränität liegt bei den Staaten, welche aufgrund einer intergouvernementalen Logik zusammentreten und dabei immer rational sowie nutzenorientiert handeln. Der Bürger ist insofern repräsentiert, als sich das gesamtheitliche, uniforme Staatsinteresse aus den einzelnen Präferenzen der Wählerschaft im Staat ergibt (Two-Level-Ansatz beziehungsweise Zwei-Ebenen-Ansatz, später erweitert durch Smith und Ray zu einem Mehrebenenansatz[288]). Die Präferenzformierung findet vorranging im Staat statt und wird über die jeweilige Regierung aggregiert auf europäischer Ebene vertreten.[289] Während dieser Grundgedanke transnationale Interessen jenseits der nationalstaatlichen politischen Meinungsbildung als Faktor der Integration nicht ausreichend würdigt[290], wird er jedoch der Primärrechtssetzung gerecht. Staaten kommen als zentrale Akteure auf gleicher hierarchischer Ebene zusammen und gründen gemeinsam eine neue Organisation. Entsprechend handelt es sich um völkerrechtliche Verträge zwischen den Mitgliedstaaten, wie im Falle der ursprünglichen EGKS. Sie schaffen analog zum Rechtssetzungsprozess im Völkerrecht einstimmig neues Recht. Gegenwärtig umfassen die primärrechtlichen Verträge den Vertrag über die Europäische Union, den Vertrag über die Arbeitsweise der Europäischen Union sowie den Vertrag zur Gründung der Europäischen Atomge-

287 Lemke, Christiane: Internationale Beziehungen. Grundkonzepte. Theorien und Problemfelder, 4. Auflage, Berlin 2018, S. 195.

288 Smith, Dale L./Ray, James Lee: The 1992 Project, in: Smith, Dale L./Ray, James Lee (Hrsg.): The 1992 Project and the Future of Integration in Europe, New York 1993, S. 8f.

289 Vgl. Moravcsik, Andrew: a. a. O., S. 483.

290 Stone Sweet, Alec/Sandholtz, Wayne: European integration and supranational governance, Journal of European Public Policy, Vol. 4, Nr. 3, 4. Februar 2011, S. 297–317.

meinschaft. Die europäische Grundrechte-Charta existiert gleichberechtigt neben diesen Verträgen (Artikel 6 EUV). In der Normenhierarchie stehen sie an der Spitze des Unionsrechts. Nach dem unionsrechtlichen Prinzip der unmittelbaren Geltung[291] ist, anders als bei völkerrechtlichen Verträgen, keine Umsetzung des Primärrechts in den Mitgliedstaaten notwendig.

Der Liberale Intergouvernementalismus reicht mit seinem statischen Ansatz jedoch nicht aus, die Integration in ihrer Gesamtheit als Prozess sowie die Europäische Union als Institution sui generis zu erklären.[292] In diesem Zusammenhang legt die vorliegende Analyse dar, dass Interessen auf zahlreichen Ebenen entstehen und vertreten werden. Sowohl Interdependenzen der Akteure als auch Interdependenzen von Rechtsbereichen evozieren eine dynamische Entwicklung, die jenseits und innerhalb des Nationalstaates geschieht.

Die Denkschule des Neofunktionalismus, der an die Methode Monnet anschließt, liefert daher einen sinnvolleren, anpassungsfähigen Rahmen. Ausgehend vom Funktionalismus, vertreten von David Mitrany,[293] plädiert der Neofunktionalismus, vertreten von Ernst B. Haas[294], Leon Lindberg[295] und Philippe C. Schmitter[296], für ein flexibleres Konzept.

---

291 Rechtssache 26/62, NV Algemene Transport- en Expeditie Onderneming van Gend & Loos gegen Niederländische Finanzverwaltung, 5. Februar 1963, online verfügbar: https://eur-lex.europa.eu/legal-content/DE/TXT/?qid=1572171673305&uri=CELEX:61962CJ0026 [Zugriff: 27. Oktober 2019].

292 Vgl. Gehring, Thomas: Integrating Integration Theory: Neo-functionalism and International Regimes, in: Global Society, Vol. 10, Nr. 3, 1996.

293 Vgl. Mitrany, David: a. a. O., 1966.

294 Haas, Ernst B.: a. a. O., 2004.

295 Vgl. Lindberg, Leon N.: The Political Dynamics of European Economic Integration, Stanford 1963.

296 Vgl. Schmitter, Philippe C.: A Revised Theory of Regional Integration, in: Leon N. Lindberg, Stuart A. Scheingold (Hrsg.): Regional Integration. Theory and Research, Cambridge, MA 1971. Schmitter, Phillippe C. / Lefkofridi, Zoe: Neo-Functionalism as a Theory of Disintegration, Paper prepared for "European Disintegration – A Blind Spot of Integration Theory?' 22nd CES Conference, Paris july 8-10, 2015, 8. Juli 2015, online verfügbar: https://www.eui.eu/Documents/DepartmentsCentres/SPS/Profiles/Schmitter/Neo-F-Disintegration.final.pdf [Zugriff: 12. Dezember 2020]. Schmitter, Phillippe C.: Ernst B. Haas and the legacy of neofunctionalism, in: Journal of European Public Policy, Vol. 12, Nr. 2, 2005, S. 255-272, DOI: 10.1080/1350176050004395l.

Mitranys Funktionalismus, dargelegt 1943 in *A Working Peace System*, ging zunächst davon aus, dass Organisationen für die Umsetzung eines bestimmten gemeinsamen menschlichen Interesses möglichst unpolitisch und antidogmatisch entwickelt werden sollten: „the virtue of technical self-determination“[297]. Maßgeblich sind die Funktionen, denen Zusammenschlüsse dienen. Eine sofortige Schaffung einer Föderation wie im Konzept Coudenhove-Kalergis stufte Mitrany als unrealistisch ein. Er teilte Monnets Skeptizismus gegenüber dem Völkerbund, da dort Regierungen Entscheidungen trafen.[298] Im Gegensatz zu Monnet, der die politische Dimension des Einigungsprojektes immer wieder betonte, sieht Mitrany diese als hinderlich an.[299] Sein Konzept zielt mit einer darwinistischen Logik auf die Herausbildung eines gemeinsamen Interesses basierend auf einer „natural selection“[300]. Die Entscheidungsfindung im Nationalstaat, die ohne politische Ideologien nicht auskomme, verhindere demgegenüber wichtige Innovationen. Menschlichen Bedürfnisse werden nicht durch Staaten, sondern durch internationale flexible Zusammenarbeit, deren Ende nicht definiert ist, am besten vertreten.[301] Stelle sich während der Kooperation Erfolg ein, so werde dies zu weiteren Schritten und entsprechenden Organen führen: „The functional dimensions [...] determine ist appropriate organs.“[302] Von Normativität und definierter Territorialität[303] der neuen Organisationen sah Mitrany ab. Aufgrund dessen spricht Ben Rosamond Mitranys Konzept den Status einer Integrationstheorie ab. Laut Rosamond setzt eine Integrationstheorie ein definiertes Integrationsziel voraus.[304] Mitrany war den europäischen Institutionen, insbesondere der EWG, gegenüber kritisch: Sie reproduzierten staatenähnliche

297 Mitrany, David: a. a. O., 1966, S. 107.

298 Vgl. ibid., S. 94ff.

299 Vgl. ibid., S. 96.

300 Vgl. ibid., S. 104, 111.

301 Vgl. Mitrany, David: The Progress of International Government, London 1933, S. 101.

302 Vgl. Mitrany, David: a. a. O., 1966, S. 107.

303 Vgl. ibid., S. 104. Durch die Abwendung von territorialen Grenzen wird Mitranys Konzept zu einem universalen Konzept. Es geht über die europäische Einigung hinaus.

304 Vgl. Rosamond, Ben: Theories of European Integration, New York 2000, S. 34.

Strukturen auf der supranationalen Ebene und behielten die nationalstaatlichen Entscheidungsmechanismen in den Mitgliedstaaten bei.[305]

Teile von Mitranys Konzept finden sich im Neofunktionalismus, welche die Diskussion vor allem in den 1950er bis in die 1970er Jahre bestimmte. Der Neofunktionalismus brachte die Bedeutung subnationaler Akteure sowie den Effekt des Spill-over in die Europaforschung ein. Im Gegensatz zu Mitranys Ansatz legt der Neofunktionalismus Gewicht auf die politische Sphäre. Die Theorie berücksichtigt die verschiedenen Ebenen im politischen Prozess und lässt Raum für Akteure der Zivilgesellschaft. Grundlegende Gedanken dazu finden sich in der Theorie bei Ernst B. Haas. Dieser legt in *The Uniting of Europe. Political, Social, and Economic Forces, 1950–1957* dar, wie Verbände, Gewerkschaften und politische Parteien grenzübergreifend zusammenwirkten und auf diese Weise die europäische Integration avancierten.[306] Supranationale europäische Institutionen entwickeln laut Haas eine Dynamik, die wiederum eine weitere Integration zur Folge hat. Ob und wie erfolgreich Integration dann verläuft, hängt vom sozioökonomischen Umfeld, in dem sie stattfindet, ab. So erhöhe beispielsweise eine gut organisierte „soziale“ Struktur in einer pluralistischen und urbanen Gesellschaft die Mobilisierung und Teilhabe der Bevölkerung durch den politischen Prozess.[307] Haas hebt auch die Bedeutung der jeweils nationalen politischen Umgebung hervor. Der jeweils nationale Kontext beeinflusse den Erfolg der Integration.[308] Für den konkreten Fall heißt dies: Ist eine Mehrheit von Staaten proeuropäisch eingestellt, werden die Abweichungen einzelner nicht ins Gewicht fallen und die europäische Integration voranschreiten. Die weiteren Auswirkungen des Brexits auf die verbleibenden Staaten der EU wären ein Test für Haas' These.

305 Mitrany, David: a. a. O., 1966, S. 45f.

306 Vgl. Haas, Ernst B.: a. a. O., 2004., S. 113ff., S. 162ff., S. 214ff., S. 240ff.

307 Vgl. Haas, Ernst B.: International Integration: The European and the Universal Process, International Organization, Vol. 15, Nr. 3, 1961, S. 374.

308 Vgl. ibid., S. 377.

## 2.8 Die Politik des leeren Stuhls und die Corona-Pandemie: Spill-over oder Spill-back?

Der kürzlich vom 18. bis 20. Juli 2020 in Brüssel abgehaltene EU-Gipfel über ein Finanzpaket in Höhe von rund 1,8 Billionen Euro (davon 1,074 Billion für den EU-Haushalt für die Jahre 2020–2027[309] und 750 Milliarden Euro für einen Wiederaufbauplan im Zuge der Corona-Krise, der aus Krediten und nicht zurückzuzahlenden Subventionen besteht) weist auf die Bedeutung des jeweils nationalen Kontextes hin. Bei den Verhandlungen des Aufbaufonds über die wirtschaftlichen Folgen der Corona-Krise[310] setzte sich der niederländische Ministerpräsident Mark Rutte für eine Sparpolitik ein, die für ihn neu ist und mit dem rechtskonservativen Druck, den er aus den Niederlanden erhält, erklärt werden kann. Die aktuellen Verhandlungen belegen die zahlreichen Richtungen, die Haas' Theorie einnehmen kann. Einerseits erschwerte die Haltung der sogenannten „Sparsamen Vier", der Niederlande, Österreichs, Dänemark und Schwedens,[311] eine schnelle Integration. Andererseits koppelt sie, zurückgehend auf einen Vorschlag

309 Vgl. Europäischer Rat: Außerordentliche Tagung des Europäischen Rates (17., 18., 19., 20. und 21. Juli 2020) Schlussfolgerungen, 21. Juli 2020, online verfügbar: https://www.consilium.europa.eu/media/45136/210720-euco-final-conclusions-de.pdf [Zugriff: 19. November 2020].

310 Zu Beginn der Verhandlungen am 18. Juli 2020 sollte sich der gesamte Aufbaufonds auf 750 Milliarden Euro belaufen. Davon wiederum sollten 500 Milliarden Euro auf nicht zurückzahlbare Gelder entfallen.

311 Ein Streitpunkt bei dem Gipfel in Brüssel war, dass der größte Teil der Corona-Hilfen in Form von nichtrückzahlbaren Zuschüssen ausgegeben werden soll. Die Niederlande, Österreich, Schweden und Dänemark teilen diesen Ansatz nicht. Sie setzen sich dafür ein, dass die Empfänger das Geld zurückzahlen müssen. Finanzielle Hilfen sollen an strenge Bedingungen, beispielsweise an einen funktionierenden Rechtsstaatsmechanismus und entsprechende Reformen geknüpft werden. Diesen Vorschlag unterbreitete die Europäische Kommission bereits im Jahre 2018. Kürzungen oder auch Streichungen von Fördergeldern wären möglich, wenn sich die Empfänger rechtsstaatliche Regeln missachten. Die rechtspopulistische Regierung Ungarns kritisierte diesen Vorschlag. Orbán bezichtigte die Staaten, die eine Kontrolle der Rechtsstaatlichkeit befürworten, Methoden der ehemaligen Sowjetunion nachzuahmen. Vgl. Boffey, Daniel: EU leader in bitter clash over COVID-19 recovery package, The Guardian, 20. Juli 2020, online verfügbar: https://www.theguardian.com/world/2020/jul/19/eu-leaders-extra-time-tempers-fray-coronavirus-recovery-summit-angela-merkel-emmanuel-macron [Zugriff: 20. Juli 2020].

der Kommission, Hilfen an einen funktionierenden Rechtsstaatsmechanismus und bringt somit weitere Themen auf die Brüsseler Agenda, die langfristig auf anderen Gebieten zu Integration führen könnten. Zudem ist die Gesamtsumme von 750 Milliarden Euro für den Wiederaufbaufonds höher ausgefallen als der Betrag, den Frankreich und Deutschland im Mai 2020 vorgeschlagen haben (500 Milliarden Euro).[312] Das Gleiche gilt für die Tatsache, dass nicht zurückzahlbare Zuschüsse als Teil des Aufbaufonds überhaupt diskutiert wurden. Zwar sind die nicht zurückzahlbaren Beträge mit insgesamt 390 Milliarden Euro geringer ausgefallen als im französisch-deutschen Plan zu Beginn der Verhandlungen (400 Milliarden Euro), aber dennoch waren sie höher als in der Position der Sparsamen Vier (350 Milliarden Euro). Die Debatte selbst ist bereits Ausdruck einer Erweiterung des bisherigen Denkens und einer vermehrten Koordination: ein Spill-over. Andererseits ist der Gipfel aber beispielhaft für nationalstaatliches Feilschen, dem Jean Monnet äußerst kritisch gegenüberstand (siehe Kapitel 2.5: Am „Schnittpunkt zweier Souveränitäten“: Die Institutionen und das europäische Volk). Hans Kundnani befürchtet im Zusammenhang mit der Pandemie eine Erweiterung des technokratischen Regierens über Agenturen.[313]

Der Fortbestand der Gemeinschaften nach der Politik des leeren Stuhls durch Frankreich ist ein Beleg der Theorie in den 1960er Jahren: Ob-

---

Eine Überprüfung der Rechtsstaatlichkeit würde die dortigen Einschränkungen des Rechtsstaates und die zunehmenden Diskriminierungen von Minderheiten erschweren.

Werden Kürzungen von Fördergeldern festgelegt, kann der Europäische Rat eine sogenannte umgekehrte qualifizierte Mehrheit dagegen aufbringen und die Entscheidung auf diese Weise aufhalten: Mindestens 15 EU-Staaten mit 65 Prozent der EU-Bevölkerung müssten die Strafmaßnahme ablehnen. Bei den Haushaltsdebatten im Februar stand der Rechtsstaatsmechanismus ebenfalls auf der Agenda. Angela Merkel befürwortete ihn damals. Nun aber sind auch die Südeuropäer dringend auf Auszahlungen angewiesen. Ein Kompromissvorschlag von EU-Rats-Präsident Charles Michel sah vor, dass eine qualifizierte Mehrheit der Mitgliedstaaten bereits der Auslösung des Rechtsstaatsmechanismus zustimmen muss.

312 Vgl. Malingre, Virginie/Stroobants, Jean-Pierre: Négociations au forceps à Bruxelles, Le Monde, 21. Juli 2020, S. 2–3.

313 Kundnani, Hans: Europe after the Coronavirus: A “Return of the State”?, IAI Papers 20/32, November 2020, online verfügbar: https://www.jstor.org/stable/pdf/resrep27574.pdf?ab_segments=0%2Fbasic_search_gsv2%2Fcontrol&refreqid=fastly-default%3Abc5fb4b9ab736503333347b77566ce01 [Zugriff: 3. Dezember 2020].

wohl Frankreich sich zurückzog, arbeiteten die anderen Staaten gemeinsam weiter. Diesen Rückzug Frankreichs und die Stagnation der Integration in den 1960ern greift Leon N. Lindberg in *Integration as a Source of Stress on the European Community* auf.[314] So könne die Besinnung auf das Nationale könne durch weitere Integration eher verstärkt werden. Das Resultat: ein „Spill-back".[315] Philippe C. Schmitter ist sich mit Lindberg darin einig, dass verstärkte gemeinsame Entscheidungsfindung die Kosten derselben erhöhen können. Er sieht den Spill-over in diesem Zusammenhang als eine Möglichkeit verschiedener Integrationsstrategien, die als besondere Variationen des Spill-over mit unterschiedlichen Intensitäten, Zeithorizonten und institutionellen Zugeständnissen einhergingen.[316] Letztlich griffen Lindberg und Schmitter das von Haas beschriebene Umfeld der Integration im größeren Detail auf und beziehen nichtstaatliche Akteure, deren Loyalitäten im Laufe der Zeit auf die regionale europäische Ebene transferiert werden, in den Integrationsprozess ein[317] und verhalfen dem Neofunktionalismus somit zu weiterer Gültigkeit. Die nichtstaatliche Ebene, die grenzübergreifend wirkt, ist – in Anlehnung an den Neofunktionalismus – der Fokus der vorliegenden Untersuchung.

Oft wird der Neofunktionalismus als eine stärker ökonomisch fundierte Theorie als der Intergouvernementalismus angesehen.[318] Ein solches Verständnis erfasst den Neofunktionalismus jedoch nicht in seiner Gänze. Ernst B. Haas widmet einen Teil seiner Analyse der Bedeutung politischer Parteien auf der nationalen Ebene und zeigt, wie politische Erwägungen in eine Befürwortung europäischer Integration einflos-

314 Vgl. Lindberg, Leon N.: Integration as a Source of Stress on the European Community, International Organization, Vol. 20, Nr. 2, 1966, S. 233–265.

315 Vgl. Lindberg, Leon N./Scheingold, Stuart A.: Europe's Would-Be Polity: Patterns of Change in the European Community, The Annals of the American Academy of Political and Social Science, Englewood Cliffs 1970. Der Spill-back wurde als Resultat, welches durch geringere sektorale oder institutionelle Integration gezeichnet ist, definiert (vgl. ibid., S. 199).

316 Vgl. Schmitter, Philippe: a. a. O., S. 242. Diese Optionen sind: „Spill-over", „Spill-around", „Build-up", „Retrench", „Muddle-about", „Spill-back" und „Encapsulate".

317 Schmitter, Philippe C.: Neo-Neo-Functionalism, 2002, online verfügbar: https://www.eui.eu/Documents/DepartmentsCentres/SPS/Profiles/Schmitter/NeoNeoFunctionalismRev.pdf [Zugriff: 20. September 2020].

318 Vgl. Lemke, Christiane: a. a. O., S. 202.

sen.[319] Daraus entwickelt er verschiedene Kategorien des sogenannten Spill-over, der eine Ausweitung des Wirkungsbereiches Europas bezeichnet.

So legt Haas dar, dass die Zustimmung zu den europäischen Gemeinschaften in den 1950er Jahren gerade keine Konvergenz sechs verschiedener nationaler Interessen war. Vielmehr kam eine hohe Anzahl fragmentierter Interessen staatenübergreifend zusammen.[320] Die soziale Zielsetzung im EGKS-Vertrag,[321] die die wirtschaftliche Integration im Kohle- und Stahl-Sektor um die Steigerung der Beschäftigung sowie der Verbesserung der Lebenshaltung ergänzt, beschreibt zwei Bestrebungen, die Parteien, Gewerkschaften und Unternehmervereinigungen in allen Gründungsstaaten aufgrund verschiedener Motivationen befürworteten. In Verbindung mit der den Frieden betonenden Vorrede zum Vertrag, sich speisend aus der Erfahrung des Krieges, den alle Mitgliedstaaten erlebten, erfuhr die EGKS in den Jahren nach ihrer Gründung schließlich auch die Zustimmung von Gruppen, die in den Vertragsverhandlungen skeptisch waren. Dazu zählen unter anderem die Sozialdemokratische Partei Deutschlands und Wirtschaftsvertreter wie beispielsweise französische und belgische Stahlvereinigungen. So haben laut Haas zahlreiche Akteure des Projektes Europa eine positive Erfahrung gemacht, was zu einer breiteren Akzeptanz führte.[322]

Wirtschaftsvereinigungen befürchteten zu Beginn ein sozialistisches Projekt und „Dirgisme“[323], zögerten aber nicht, supranationale Regelungen zu befürworten, wann immer sie eine andere Position als die eigene Regierung vertraten.[324] Parteien wiederum sahen die Möglichkeit der Umsetzung ihrer Programme jenseits nationaler Grenzen und damit einen erhöhten Einflussbereich, Beamte der Institutionen wur-

319 Vgl. Haas, Ernst B.: a. a. O., S. 390–450.

320 Vgl. Haas, Ernst B.: a. a. O., S. 154ff.

321 Art. 2 EGKS bestimmt: „Die Europäische Gemeinschaft für Kohle und Stahl ist dazu berufen, im Einklang mit der Gesamtwirtschaft der Mitgliedstaaten und auf der Grundlage eines Gemeinsamen Marktes, wie er in Artikel 4 näher bestimmt ist, zur Ausweitung der Wirtschaft, *zur Steigerung der Beschäftigung und zur Hebung der Lebenshaltung in den Mitgliedstaaten* [Hervorhebungen durch die Autorin] beizutragen.“

322 Vgl. Haas, Ernst B.: a. a. O., S. 292ff.

323 Vgl. ibid., S. 309.

324 Vgl. ibid., S. 300.

den vom gemeinsamen Ziel mehr und mehr überzeugt und Regierungen befürworteten die europäische Handhabe, um Krisen zu entschärfen.[325] Diesen Vorgang bezeichnet Haas als Spill-over. Weitere Aspekte des Spill-over-Effekts betreffen die Zielsetzungen selbst. Haas erwartete, dass ein gemeinsamer Markt und dort angesiedelte Themenbereiche wie das Arbeitsrecht, Währungen oder Subventionen institutionelle Integration nach sich zögen.[326] Beispielhaft geschah dies mit der Gründung der EWG und Euratom im Jahre 1957.

Ein dritter Aspekt des Spill-over ist die Aufnahme neuer Mitgliedstaaten. Auf Grundlage des Interesses Großbritanniens, welches 1961 einen Antrag auf Aufnahme in die Gemeinschaften stellte, antizipierte Haas neben einem sektoralen und einem institutionellen einen geografischen Spill-over. Zwar strebte Großbritannien Ausnahmen von einer vollen Mitgliedschaft an, nämlich den Ausschluss aus der Harmonisierung der Sozialgesetzgebung und die Beibehaltung des eigenen britischen Zollsystems gegenüber Drittstaaten. Haas aber wertet selbst die nicht vollumfängliche Mitgliedschaft als ein Mehr gegenüber der ursprünglichen gänzlich ablehnenden, gar hinderlichen Haltung Großbritanniens gegenüber den Gemeinschaften. Eine partielle Mitgliedschaft band Großbritannien stärker an die Gemeinschaften als komplette Isolation.[327]

## 2.9 Der Gerichtshof der Europäischen Union und das Bundesverfassungsgericht

Es wäre vor diesem Hintergrund zu erwarten, dass Haas gleichermaßen einen vom Europäischen Gerichtshof ausgehenden Spill-over-Effekt konstatiert hätte. Dies war nicht der Fall. Der Gerichtshof sei im Gefüge der EGKS mit Macht ausgestattet, um Mitgliedstaaten und Unternehmen vor Handlungen der Hohen Behörde zu schützen.[328] Der Fokus liegt somit auf der Kontrolle des zentralen Gemeinschaftsorgans.

325 Vgl. ibid., S. 313.
326 Vgl. ibid., S. 307.
327 Vgl. ibid., S. 314ff.
328 Vgl. ibid., S. 56.

Darüber hinaus betrachtet er Artikel 37 EGKS,[329] der den Mitgliedstaaten bei Befürchtung wirtschaftlicher Störungen die Möglichkeit gab, Handlungen der Behörde zu umgehen, als Ausdruck eines hohen Respekts gegenüber nationaler Souveränität und antizipierter enger Interpretation des Rechts.[330] Sowohl der Gerichtshof selbst als auch die primärrechtliche Möglichkeit, die Hohe Behörde zu umgehen, erlauben den Mitgliedstaaten einen großen Handlungsspielraum.

Haas' Untersuchung der Akteure und Institutionen der späteren Euratom und EWG zeichnet schließlich ein anderes Bild des Gerichtshofes. Er spricht nicht mehr von Schutz der Mitgliedstaaten. Der Gerichtshof sei „the major medium for action against the member states in the event of violations of the Treaty since the Council and Commission enjoy very few powers of sanction".[331] Im Gegensatz zur EGKS konnte die Kommission im Kontext der EWG und Euratom keine direkten Sanktionen verhängen, sondern musste den Gerichtshof anrufen. Eine weitere Neuerung der EWG betraf die Verpflichtung der Anrufung des Gerichtshofes durch letztinstanzliche Gerichte im Rahmen des Vorabentscheidungsverfahrens. In Fällen, in denen ein Urteil im nationalen Rechtsrahmen nicht mehr angefochten werden konnte, musste der Gerichtshof bei Fragen die Gemeinschaften betreffend konsultiert werden,[332] was Haas zu der Einschätzung führt, die Verträge hätten „foreseen the emergence of the Court to the status of a European supreme tribunal for economic questions by expicitly subordina-

329 Art. 37 EGKS: „Ist ein Mitgliedstaat der Ansicht, daß [sic!] eine Handlung oder Unterlassung der Hohen Behörde in einem bestimmten Falle geeignet ist, tiefgreifende und anhaltende Störungen in seiner Wirtschaft hervorzurufen, so kann er die Hohe Behörde damit befassen. Diese stellt, falls hierzu Anlaß [sic!] besteht, nach Anhörung dos Rates das Vorliegen eines solchen Sachverhalts fest und entscheidet über die im Rahmen dieses Vertrages zu treffenden Maßnahmen, um diesem Sachverhalt unter Wahrung der wesentlichen Interessen der Gemeinschaft ein Ende zu machen. Wird gegen diese Entscheidung oder gegen eine Entscheidung, die ausdrücklich oder stillschweigend das Vorliegen eines solchen Sachverhalts verneint, auf Grund dieses Artikels Klage erhoben, so besitzt der Gerichtshof ein uneingeschränktes Nachprüfungsrecht. Im Falle der Nichtigerklärung hat die Hohe Behörde im Rahmen des vom Gerichtshof gefällten Urteils Maßnahmen zu den in Absatz 2 dieses Artikels vorgesehenen Zwecken zu treffen."

330 Vgl. Haas, Ernst B. a. a. O., S. 58.

331 Haas, Ernst B.: a. a. O., S. 306 sowie S. 311.

332 Art. 177 EWG

ting decisions of national tribunals to ist judgments in matters concerning the Treaty“[333]. Aufgrund des Vorabentscheidungsverfahrens, welches in der EGKS noch nicht existierte, gelangt Haas zu seiner Charakterisierung des Gerichtshofes als eine Art obersten Gerichtshof mit Letztentscheidungskompetenz, der über den Verfassungsgerichten der Mitgliedstaaten steht.

Wie in der weiteren Entwicklung unter anderem an der *Solange*-Rechtsprechung des Bundesverfassungsgerichtes (BVerfG) zeigte, wurde diese Auffassung nicht von allen Mitgliedstaaten geteilt.[334]In *Solange I* (1974) entschied das BVerfG zwar, dass es nicht über die Gültigkeit sekundären Gemeinschaftsrechts entscheiden könne, behielt sich jedoch im Falle der Kollision von Gemeinschaftsrecht mit deutschen Grundrechten die Letztentscheidungskompetenz bezüglich der Anwendbarkeit sowie der Wirkung des Gemeinschaftsrechts in der Bundesrepublik Deutschland (BRD) vor.[335] Das BVerfG sah im Gemeinschaftsrecht und im nationalen Recht zwei unabhängige Rechtskreise, aus denen sich kein automatischer Vorrang des Gemeinschaftsrechts ergäbe. Es hielt fest, dass die Gemeinschaft eine eigenständige Rechtsordnung und kein Bundesstaat ist.[336] Während die *Solange*-Rechtsprechung eine Nebeneinander der europäischen und der deutschen Rechtsordnungen

333 Vgl. Haas, Ernst B.: a. a. O., S. 311.

334 Vgl. Papier, Hans-Jürgen/ Hesse, Joachim Jens: Die Obersten Bundesorgane im Europäisierungsprozess: Das Bundesverfassungsgericht, in: Zeitschrift Für Staats- Und Europawissenschaften (ZSE)/Journal for Comparative Government and European Policy, Vol. 3, Nr. 3, 2005, S. 496–505, online verfügbar: http://www.jstor.org/stable/24237949 [Zugriff: 5. September 2020].

335 Vgl. Craig, Paul/de Búrca, Gráinne: EU Law. Text, Cases, and Materials, Oxford 2020, S. 319.

336 „Der Senat hält – insoweit in Übereinstimmung mit der Rechtsprechung des Europäischen Gerichtshofs – an seiner Rechtsprechung fest, daß [sic!] das Gemeinschaftsrecht weder Bestandteil der nationalen Rechtsordnung noch Völkerrecht ist, sondern eine eigenständige Rechtsordnung bildet, die aus einer autonomen Rechtsquelle fließt (BVerfGE 22, 293 [296]; 31, 145 [173 f.]); denn die Gemeinschaft ist kein Staat, insbesondere kein Bundesstaat, sondern ‚eine im Prozeß [sic!] fortschreitender Integration stehende Gemeinschaft eigener Art‘, eine ‚zwischenstaatliche Einrichtung‘ im Sinne des Art. 24 Abs. 1 GG.
Daraus folgt, daß [sic!] grundsätzlich die beiden Rechtskreise unabhängig voneinander und nebeneinander in Geltung stehen und daß [sic!] insbesondere die zuständigen Gemeinschaftsorgane einschließlich des Europäischen Gerichtshofes über die Verbindlichkeit, Auslegung und Beachtung des Gemeinschaftsrechts und

zuließ, wurde der Ton des BVerfG im Lissabon-Urteil aus dem Jahre 2009 sowie jüngst im Urteil vom 5. Mai 2020 über das Staatsanleihekaufprogramm der Europäischen Zentralbank (EZB) schärfer.[337] Im

---

die zuständigen nationalen Organe über die Verbindlichkeit, Auslegung und Beachtung des Verfassungsrechts der Bundesrepublik Deutschland zu befinden haben. Weder kann der Europäische Gerichtshof verbindlich entscheiden, ob eine Regel des Gemeinschaftsrechts mit dem Grundgesetz vereinbar ist, noch das Bundesverfassungsgericht, ob und mit welchem Inhalt eine Regel des sekundären Gemeinschaftsrechts mit dem primären Gemeinschaftsrecht vereinbar ist. Das führt zu keinerlei Schwierigkeiten, solange beide Rechtsordnungen inhaltlich nicht miteinander in Konflikt geraten. Deshalb erwächst aus dem besonderen Verhältnis, das zwischen der Gemeinschaft und ihren Mitgliedern durch die Gründung der Gemeinschaft entstanden ist, für die zuständigen Organe, insbesondere für die beiden zur Rechtskontrolle berufenen Gerichte – den Europäischen Gerichtshof und das Bundesverfassungsgericht – zunächst die Pflicht, sich um die Konkordanz beider Rechtsordnungen in ihrer Rechtsprechung zu bemühen. Nur soweit das nicht gelingt, kann überhaupt der Konflikt entstehen, der zwingt, die Konsequenzen aus dem dargelegten grundsätzlichen Verhältnis zwischen den beiden Rechtskreisen zu ziehen. Für diesen Fall genügt es nicht, einfach vom ‚Vorrang' des Gemeinschaftsrechts gegenüber dem nationalen Verfassungsrecht zu sprechen, um das Ergebnis zu rechtfertigen, daß [sic!] sich Gemeinschaftsrecht stets gegen das nationale Verfassungsrecht durchsetzen müsse, weil andernfalls die Gemeinschaft in Frage gestellt würde. So wenig das Völkerrecht durch Art. 25 GG in Frage gestellt wird, wenn er bestimmt, daß [sic!] die allgemeinen Vorschriften des Völkerrechts nur dem einfachen Bundesrecht vorgehen, und so wenig eine andere (fremde) Rechtsordnung in Frage gestellt wird, wenn sie durch den ordre public der Bundesrepublik Deutschland verdrängt wird, so wenig wird das Gemeinschaftsrecht in Frage gestellt, wenn ausnahmsweise das Gemeinschaftsrecht sich gegenüber zwingendem Verfassungsrecht nicht durchsetzen läßt [sic!]. Die Bindung der Bundesrepublik Deutschland (und aller Mitgliedstaaten) durch den Vertrag ist nach Sinn und Geist der Verträge nicht einseitig, sondern bindet auch die durch sie geschaffene Gemeinschaft, das ihre zu tun, um den hier unterstellten Konflikt zu lösen, also nach einer Regelung zu suchen, die sich mit einem zwingenden Gebot des Verfassungsrechts der Bundesrepublik Deutschland verträgt. Die Berufung auf einen solchen Konflikt ist also nicht schon eine Vertragsverletzung, sondern setzt den Vertragsmechanismus innerhalb der europäischen Organe in Gang, der den Konflikt politisch löst" (Bundesverfassungsgericht: Beschluss vom 29.5.1974, BvL 52/71, online verfügbar: https://openjur.de/u/2130475.html [Zugriff: 15. November 2019]).

337 Uwe Kranenpohl führt die Linie des Bundesverfassungsgerichts unter anderem auf die Frage nach „Über- und Unterordnung" zurück, die im Verhältnis zum EuGH, der den Anwendungsvorrang für seine Rechtsprechung beansprucht, deutlicher betroffen ist als beim völkerrechtlichen Europäischen Gerichtshof für Menschenrechte. (Vgl. Kranenpohl, Uwe: Ist Karlsruhe ›Europa‹ Ausgeliefert? Die Gestaltungsmacht des Bundesverfassungsgerichts und die Europäischen Gerichts-

Lissabon-Urteil 2009 entschied das BVerfG über die Vereinbarkeit des Grundgesetzes mit dem zum Vertrag gehörenden Transformationsgesetz, welches EU-Recht in innerstaatliches Recht überführt, sowie dem entsprechenden Begleitgesetz.[338] Es hielt fest, dass die Grundordnung der Europäischen Union „allein der Verfügung der Mitgliedstaaten unterliegt und in der die Völker – das heißt die staatsangehörigen Bürger – der Mitgliedstaaten die Subjekte demokratischer Legitimation bleiben"[339]. Die demokratische Legitimation, so das BVerfG, hat ihren Ursprung nur in den Mitgliedstaaten. Diese Auffassung ist insofern problematisch, als sie den mitgliedstaatlichen Regierungen in der Entscheidungsfindung auf europäischer Ebene ein derartiges Gewicht verleiht, welches nicht zu rechtfertigen ist, wenn die Ansichten der Bürger eines Mitgliedstaates nicht mit der Politik der jeweiligen Regierung auf Europaebene übereinstimmen. Die vorliegende Analyse ist ein Paradebeispiel solcher Divergenzen: Wären Kläger und Aktivisten mit den Politiken der Regierungen einverstanden gewesen, hätten sie wenig Anreiz gehabt, europarechtlich gegen die nationalen Vorgaben vorzugehen. Im Rahmen des Untersuchungsgegenstandes bedeutet dies: Der Europäische Gerichtshof erweiterte das Gleichstellungsrecht nicht eigenmächtig. Er reagierte vielmehr auf Anfragen, die an ihn gerichtet wurden. Selbst der Beginn von Artikel 119 EWG wäre ohne den Aktivismus, der sich direkt auf europarechtliche Vorgaben gründete, kaum denkbar gewesen. Demokratische Willensäußerung war gerade *nicht* im nationalstaatlichen Kontext möglich.

Das Lissabon-Urteil ist in einem weiteren Aspekt fragwürdig: Peter Gauweiler (Christliche-Soziale Union, CSU) klagte unter anderem auf Feststellung, dass das Gesetz zum Vertrag von Lissabon gegen das De-

barkeiten, in: Zeitschrift Für Politik, Vol. 60, Nr. 1, 2013, S. 101f., online verfügbar: http://www.jstor.org/stable/43855055 [Zugriff: 5. September 2020].

338 Vgl. Franzius, Claudio: Vom Nationalstaat zum Mitgliedstaat und wieder zurück? Modifikationen „offener Staatlichkeit" durch das Lissabon-Urteil des Bundesverfassungsgerichts, in: Leviathan, Vol. 38, Nr. 3, 2010, S. 429–64, online verfügbar: http://www.jstor.org/stable/23984766 [Zugriff: 5. September 2020].

339 Bundesverfassungsgericht: Urteil des Zweiten Senats vom 30. Juni 2009, 2 BvE 2/08, online verfügbar: https://www.bundesverfassungsgericht.de/SharedDocs/Entscheidungen/DE/2009/06/es20090630_2bve000208.html [Zugriff: 7. August 2020], 1. Leitsatz.

mokratieprinzip in Artikel 20, Absatz 1 und 2 GG[340], Artikel 23, Absatz 1 GG[341], die Ewigkeitsklausel in Artikel 79, Absatz 3 GG, sowie gegen die Rechte der Abgeordneten des Bundestages (als Vertreter des Volkes) in Artikel 38 GG[342] verstoße. Gleichermaßen klagte die Bundestagfraktion der Linken auf Feststellung, dass der Bundestag durch das Gesetz zum Vertrag von Lissabon in seinen Rechten als legislatives Organ beschnitten wurde.[343] Während es das deutsche Zustimmungsgesetz zum Vertag von Lissabon bestätigte, urteilte das BVerfG, dass die Rechte von Bundestag und Bundesrat im Begleitgesetz[344] zum Vertrag von Lissabon[345] nicht ausreichend berücksichtigt wurden.

340 Artikel 20 GG lautet: „(1) Die Bundesrepublik Deutschland ist ein demokratischer und sozialer Bundesstaat. (2) Alle Staatsgewalt geht vom Volke aus. Sie wird vom Volke in Wahlen und Abstimmungen und durch besondere Organe der Gesetzgebung, der vollziehenden Gewalt und der Rechtsprechung ausgeübt. (3) Die Gesetzgebung ist an die verfassungsmäßige Ordnung, die vollziehende Gewalt und die Rechtsprechung sind an Gesetz und Recht gebunden. (4) Gegen jeden, der es unternimmt, diese Ordnung zu beseitigen, haben alle Deutschen das Recht zum Widerstand, wenn andere Abhilfe nicht möglich ist."

341 Artikel 23, Absatz 1 GG lautet: „Zur Verwirklichung eines vereinten Europas wirkt die Bundesrepublik Deutschland bei der Entwicklung der Europäischen Union mit, die demokratischen, rechtsstaatlichen, sozialen und föderativen Grundsätzen und dem Grundsatz der Subsidiarität verpflichtet ist und einen diesem Grundgesetz im wesentlichen vergleichbaren Grundrechtsschutz gewährleistet. Der Bund kann hierzu durch Gesetz mit Zustimmung des Bundesrates Hoheitsrechte übertragen. Für die Begründung der Europäischen Union sowie für Änderungen ihrer vertraglichen Grundlagen und vergleichbare Regelungen, durch die dieses Grundgesetz seinem Inhalt nach geändert oder ergänzt wird oder solche Änderungen oder Ergänzungen ermöglicht werden, gilt Artikel 79 Abs. 2 und 3."

342 Artikel 38 GG lautet: „(1) Die Abgeordneten des Deutschen Bundestages werden in allgemeiner, unmittelbarer, freier, gleicher und geheimer Wahl gewählt. Sie sind Vertreter des ganzen Volkes, an Aufträge und Weisungen nicht gebunden und nur ihrem Gewissen unterworfen. (2) Wahlberechtigt ist, wer das achtzehnte Lebensjahr vollendet hat; wählbar ist, wer das Alter erreicht hat, mit dem die Volljährigkeit eintritt. (3) Das Nähere bestimmt ein Bundesgesetz."

343 Vgl. Bundesverfassungsgericht: Urteil des Zweiten Senats vom 30. Juni 2009, a. a. O.

344 Das Begleitgesetz regelt die Mitwirkungsmöglichkeiten von Bundestag und Bundesrat im Rahmen des Vertrages von Lissabon. Den nationalen Parlamenten werden im Vertrag von Lissabon Rechte zur Subsidiaritätskontrolle und institutionellen Entscheidungen gewährt. Diese sollte das Begleitgesetz umsetzen.

345 Deutscher Bundestag: Gesetzentwurf der Fraktionen CDU/CSU, SPD und BÜNDNIS 90/DIE GRÜNEN, Drucksache 16/8489, 11. März 2008, online ver-

In diesem Zusammenhang ist daran zu erinnern, dass die Regierungen den Vertrag von Lissabon unterzeichneten. 2008 stimmten Bundestag und Bundesrat dem Vertrag zu. Der Vorschlag über das Begleitgesetz kam aus dem Parlament selbst. Das Gremium also, welches das Volk vertritt, verabschiedete somit den Vertrag von Lissabon und war Urheber des Begleitgesetzes. Das BVerfG zweifelte im Lissabon-Urteil die Entscheidungen an, die das Parlament zuvor traf, und begründete dies letztlich mit der mangelnden Mitwirkung des Parlaments. Dies kann als ein erster Bruch mit der vorherigen langjährigen Kooperation beider Gerichte gelesen werden. Sie bisher ließ offen, welches Gericht abschließend entscheidet. In einem jüngeren Urteil wirft das BVerfG dem EuGH Willkürlichkeit und Kompetenzüberschreitung in dessen Entscheidung zu den Anleihekäufen der EZB[346] vor[347]: Das Urteil des BVerfG stellt eine jahrelange bewährte Praxis in Frage, die die Frage der Letztentscheidung unbeantwortet ließ und kontinuierlich von einem Miteinander beider Gerichte ausging. Das Urteil des BVerfG war erstaunlich hart in seinem Vorwurf der Willkür durch den EuGH. Ein auf 168 Randnummern hergeleitetes Urteil kann nicht als willkürlich betrachtet werden. Darüber hinaus kann das Urteil des Verfassungsgerichts als Gegenteil dessen, was die Gründungsväter des Grundgesetzes vorhatten, interpretiert werden: Artikel 23 GG zielt auf die „Verwirklichung eines vereinten Europas" und die „Entwicklung der Europäischen Union". Es geht um eine integrative, dynamische Ar-

---

fügbar: https://dipbt.bundestag.de/doc/btd/16/084/1608489.pdf [Zugriff: 7. August 2020].

346 Gerichtshof der Europäischen Union: Rechtssache 493/17, Verfahren über die Verfassungsbeschwerden von Heinrich Weiss u. a., Bernd Lucke u. a., Peter Gauweiler, Johann Heinrich von Stein u. a., 11. Dezember 2018, online verfügbar: https://eur-lex.europa.eu/legal-content/DE/TXT/?uri=CELEX%3A62017CJ0493 [Zugriff: 7. August 2020].
Der Europäische Gerichtshof entschied, der Beschluss EU 2015/774 des EZB-Rates vom 4. März 2015 über das Public Sector Purchase Programme (PSPP) sei kompetenzgemäß. Das Vorabentscheidungsverfahren betraf vier Verfassungsbeschwerden bezüglich der Anwendbarkeit der Beschlüsse der EZB in Deutschland, die Mitwirkung der Deutschen Bundesbank, die Untätigkeit der Deutschen Bundesbank und der Bundesrepublik Deutschland sowie des Deutschen Bundestages im Rahmen dieser Beschlüsse.

347 Bundesverfassungsgericht: Urteil des Zweiten Senats vom 05. Mai 2020, 2 BvR 859/15, online verfügbar: http://www.bverfg.de/e/rs20200505_2bvr085915.html [Zugriff: 7. August 2020], Rdnr. 118f.

beitsbeziehung, nicht um rigide Finalität. Carlo Schmid sprach im Parlamentarischen Rat am 8. September 1948 von einem Deutschland in Europa. Europa war nicht der Feind der Demokratie, sondern ihr Garant.[348] Der ehemalige Generalstaatsanwalt Carl Otto Lenz weist darauf hin, dass zum Zeitpunkt der Verabschiedung des Grundgesetzes keinesfalls klar war, wie die europäische Einigung genau aussehen sollte.[349] Artikel 23 GG existierte erst seit 1990.[350] Die Sichtweise, das Bundesverfassungsgericht sichere Demokratie und Grundrechte, ist im zeithistorischen Kontext der Europäischen Union eine neuere Perspektive. Bei Gründung von EGKS, EWG und Euratom standen die Gemeinsamkeiten im Vordergrund. Deutschland war ohne Europa undenkbar.

So war die jahrelange Praxis daher eher eine Verzahnung von national und europäisch. Eine Ebene war nicht ohne die andere denkbar, auch in der Jurisprudenz. Der EuGH ist dabei nicht in der Lage, analog zu einem nationalen letztinstanzlichen Gericht zu entscheiden, denn er ist bei der Umsetzung seiner Rechtsprechung im Rahmen der Vorabentscheidung auf die Mitwirkung der nationalen Gerichte angewiesen und auf die Fragen, die an ihn gerichtet werden. Diese resultieren aus den Anliegen der Kläger.

Auch ist der EuGH nicht komplett isoliert vom nationalen Recht zu betrachten, interagieren doch die im Europarecht geregelten Rechtsbereiche mit dem mitgliedstaatlichen Recht. Dabei expandierte die Wirkung des Europarechts über Jahre hinweg auf Rechtsbereiche, die zu-

348 Schmid, Carlo: Rede des Abgeordneten Dr. Carlo Schmid (SPD) im Parlamentarischen Rat, 8. September 1948, online verfügbar: http://artikel20gg.de/Texte/Carlo-Schmid-Grundsatzrede-zum-Grundgesetz.htm [Zugriff: 7. August 2020].

349 Lenz, Carl Otto: Der Europäische Bundesstaat: Das Grundgesetz hätte nichts dagegen, 5. November 2012, Verfassungsblog, online verfügbar: https://verfassungsblog.de/der-europaische-bundesstaat-das-grundgesetz-hatte-nichts-dagegen/ [Zugriff: 8. August 2020].

350 Deutscher Bundestag: Gesetz zur Änderung des Grundgesetzes, 21. Dezember 1992, Bundesgesetzblatt, Jahrgang 1992, Teil 1, online verfügbar: https://www.bgbl.de/xaver/bgbl/text.xav?SID=&tf=xaver.component.Text_0&tocf=&qmf=&hlf=xaver.component.Hitlist_0&bk=bgbl&start=%2F%2F*%5B%40node_id%3D%27561469%27%5D&skin=pdf&tlevel=-2&nohist=1 [Zugang: 8. August 2020], S. 2086. Artikel 23 GG schreibt das Subsidiaritätsprinzip, die Grundrechtsbindung, eine angemessene Mitwirkung der Länder sowie die Verpflichtung zur Entwicklung der Europäischen Union fest.

nächst nicht mit ihm in Verbindung gebracht wurden. Das Gleichstellungsrecht, welches aus Artikel 119 EWG hervorging, ist insofern beispielhaft dafür, als sich das Lohngleichheitsgebot auf mittelbar anschließende nationale Gegenstände wie das Familienrecht, Mutterschaft und Schwangerschaft oder Regelungen die nationalen Renten betreffend ausweitete. Dies geschah jedoch nicht isoliert oder etwa durch den Gerichtshof „von oben herab".

Viele der neueren Ansätze bewegen sich daher im Mittelfeld der beiden ursprünglichen Denkweisen und beziehen Akteure jenseits nationaler Regierungen und europäischer Institutionen ein. Problematisch an diesen Ansätzen bleibt, dass sie individuelle Probleme identifizieren und je nach Analyse tendenziell eindimensionale Lösungen favorisieren. Einige dieser neueren Überlegungen sollen hier kurz vorgestellt werden.

## 2.10 Demokratiedefizit und europäische Identität bei Jürgen Habermas und Dieter Grimm

Jürgen Habermas plädiert in *Zur Verfassung Europas* für ein Konzept der „geteilte[n] Souveränität"[351], bei der sich Bürger als Bürger ihrer Staaten und als Unionsbürger verstehen. Dies setze ein Gleichgewicht von Rat und Parlament sowie ein einheitliches transnationales europäisches Wahlrecht voraus,[352] welches bis heute nicht existiert. Aus dem Fehlen einer solcher institutionellen Struktur oder des entsprechenden Wahlrechts kann jedoch nicht geschlossen werden, dass Bürger der Union nicht bereits die doppelte Identität im Habermas'schen Sinne leben, vielleicht auch unbewusst.

Dieter Grimm sieht auch in der von Habermas vorgeschlagenen Stärkung des Parlaments keine Lösung des demokratischen Defizites.[353] Die Legitimität der Europäischen Union komme immer noch durch

351 Vgl. Habermas, Jürgen: a. a. O., Berlin 2011, S. 69.

352 Vgl. ibid., S. 73.

353 Vgl. Grimm, Dieter: Die Europäische Union im 60. Jahr, in: Zeitschrift Für Staats- Und Europawissenschaften (ZSE)/Journal for Comparative Government and European Policy, Vol. 15, Nr. 1, Themenheft: 60 Jahre Römische Verträge – Where to go from here? Zur künftigen Gestaltung der Europäischen Union, 2017, S. 3–15,

nationale Parlamente. Daher müsse die demokratische Legitimationslinie auf sie zurückzuführen sein. Dies sei aber immer weniger der Fall, so dass das zentrale Gremium, welches den Willen der Bürger repräsentiere, der Rat sei. Aber beim dortigen Entscheidungsverfahren mit qualifizierter Mehrheit[354] können einzelne Mitgliedstaaten überstimmt werden. Sie müssten Politiken mittragen, die sie selbst nicht vertreten. Europaverdrossenheit werde auf diese Weise intensiviert, wobei Raum für die Missbilligung europäischer Politiken entstünde[355]. Ob dieses strukturelle Vakuum ursächlich für eine mangelnde Popularität der Union bei der Bevölkerung ist, bleibt aber abschließend schwer zu bewerten. Zunächst war in den 1990er Jahren, nachdem 1986 mit der Einheitlichen Europäischen Akte der Luxemburger Kompromiss von 1966 beendet wurde, eine positive Stimmung zu beobachten. Es ist fraglich, ob sich die Bevölkerung detailliert mit den Entscheidungsmechanismen im Rat auseinandersetzt oder ob vielmehr größere politische Zusammenhänge für die Haltung gegenüber der Union entscheidend sind. So waren die 1970er und 1980er Jahre zwar von einer Währungs- und Wirtschaftskrise überschattet, gleichzeitig nahmen Vorabentscheidungsverfahren vor dem EuGH zu, was eher für eine Dissonanz mit den mitgliedstaatlichen Vorkehrungen, nicht den europäischen spricht. Seit Beginn der 1990er Jahre herrschte angesichts des Falls der Mauer eine positive Stimmung. 1992 wurde mit dem Vertrag von Maastricht die Europäische Union gegründet. Ihr Beginn fügt sich in die grundsätzliche Bejahung von Globalisierung und Internationalität dieser Zeit ein.

Die zwei von Habermas identifizierten Identitäten scheinen sich bisweilen zu vermischen. Eine solch klare Unterscheidung der europäischen und nationalen Ebenen, wie sie Grimms Ausführungen zugrunde liegt, kommt auch bei Monnet in einem solchen Umfang nicht vor. Nicht die Unterschiede, sondern die Gemeinsamkeiten waren definitorisch.

---

online verfügbar: http://www.jstor.org/stable/26165544 [Zugriff: 5. September 2020].

354 Vgl. Kapitel 2. Jean Monnet und die Idee Europa im Kontext ihrer Zeit.

355 Vgl. Grimm, Dieter: a. a. O., München 2016, S. 122f.

Joseph Weiler sieht im Einklang mit Dieter Grimm die demokratische Legitimität in den Mitgliedstaaten und das Veto eines jeden Mitgliedstaates als zentrales Moment. Die Einheitliche Europäische Akte aus dem Jahre 1986, die Mehrheitsentscheidungen im Rat in zahlreichen Politikbereichen ermöglicht habe, trage zum Demokratiedefizit bei: Es schwäche die parlamentarische Kontrolle des Rates, ohne das Parlament zu stärken.[356] Der Fokus auf den Rat als Vertretung des Volkswillens ist dann kritisch, wenn die Regierung die Aufgabe der Repräsentation des Volkswillens nicht mehr wahrnimmt, wie beispielsweise die gegenwärtigen Regierungen Polens und Ungarns. Dann, so das originäre Denken der Gründervater, muss Europa einen Schutzmechanismus bieten.

Zudem variiert die Gültigkeit dieser Kritikpunkte je nach vertraglicher Zuständigkeit und Entscheidungsstruktur, auf die sich die jeweilige Kritik bezieht. Zu unterscheiden ist zwischen der ausschließlichen Zuständigkeit der Union (Art. 3 AEUV), der geteilten Zuständigkeit (Art. 4 AEUV) und der ergänzenden Zuständigkeiten (Art. 6 AEUV). Die Einstimmigkeit im Rat gilt weiterhin in folgenden Bereichen: a) Gemeinsame Außen- und Sicherheitspolitik,[357] b) Gewährung neuer Rechte für EU-Bürger, c) EU-Mitgliedschaft, d) Harmonisierung nationaler Rechtsvorschriften über indirekte Besteuerung, e) EU-Finanzen (Eigenmittel und mehrjähriger Finanzrahmen), f) einige Bestimmungen im Bereich Justiz und Inneres (europäischer Staatsanwalt, Familienrecht, operative polizeiliche Zusammenarbeit) und g) Harmonisierung der nationalen Rechtsvorschriften im Bereich soziale Sicherheit und Sozialschutz. Auch fallen der Europäische Stabilitätsmechanismus, welcher der Kontrolle der Regierungen der Länder der Eurozone unterliegt, oder das Schengener Abkommen unter das Erfordernis der Einstimmigkeit.[358]

Zu Beginn der Gemeinschaften war die Einstimmigkeit im Rat bei Weitem nicht für alle Bereiche vorgesehen. In Anlehnung an Jean Monnets Skepsis gegenüber der Einstimmigkeit war für weitere Poli-

356 Weiler, Joseph: a. a. O., S. 2403–2473.

357 Ausnahmen bilden einige festgelegte Fälle, in denen eine qualifizierte Mehrheit erforderlich ist, etwa die Ernennung eines Sonderbeauftragten.

358 Möllers, Christoph: a. a. O., S. 343.

tikfelder bereits bei Gründung festgelegt, dass die Einstimmigkeit[359] nach Übergangsperioden aufgehoben werden soll.[360]

Nun könnte man mit Habermas annehmen, dass eine Aufwertung des Europäischen Parlamentes den reduzierten Einfluss nationaler Parlamente auszugleichen vermag. Aber selbst mit einer Stärkung des Europäischen Parlaments kann laut Grimm in Ermangelung einer europäischen Öffentlichkeit nicht von einem europäischen Volk, folglich auch nicht von einem wirklichen Parlament gesprochen werden.[361] Die Europawahlen seien bisher nur die Summe aus nationalen Wahlen.[362] Weder repräsentiere das Europäische Parlament die Gesellschaft, die es vertritt, noch habe es ausreichend Einfluss auf die politischen Entscheidungen der Union. Europäische Integration könne bislang auf zwei Wegen geschehen: über die Mitgliedstaaten durch die Setzung von Primär- und Sekundärrecht sowie über die Rechtsprechung des Europäischen Gerichtshofes, der auf diese Weise Sekundärrecht hervorbringt. Der Gerichtshof habe sich auf diesem Wege eine Stellung verschafft, die weit über jene von internationalen Gerichten hinausginge. Grimm bezeichnet dies mit Über-Konstitutionalisierung.[363] Diese Rolle, so kann jedenfalls seit der EWG und der Euratom entgegnet werden, wurde von den Mitgliedstaaten so konzipiert. Hätte der EuGH diese Rolle nicht, wäre seine Rechtsprechung kaum durchsetzbar. Grimm konstatiert, dass diese Rolle des Gerichtshofes in Verbindung mit der Entpolitisierung der Integration den Bürgern der Europäischen Union nicht erlaubte, ausreichenden Einfluss auf die Politik der Union zu nehmen. Die Zustimmung der Unionsbürger sei für die politische Integration nicht mehr notwendig.[364] Wo also ist die europäische Öffentlichkeit?

359 Vgl. Monnet, Jean: a. a. O., S. 492.

360 So sollte beispielsweise die Einstimmigkeit für die Agrarpolitik nach der ersten und zweiten Stufe des Binnenmarktes abgeschafft und zur qualifizierten Mehrheit übergegangen werden (Art. 43 EWG). Im Bereich der sozialen Sicherheit hingegen sollte die Einstimmigkeit beibehalten werden (Art. 51 EWG).

361 Grimm, Dieter: a. a. O., München 2016, S. 256.

362 Vgl. ibid., S. 256.

363 Vgl. ibid., S. 115ff.

364 Vgl. Grimm, Dieter: a. a. O., S. 115.

## 2.11 Die europäische Öffentlichkeit als Agenda-Setter

Im Rahmen der Debatte über die Bürgerbeteiligung in der EU weist Gerhard Casper vor dem Hintergrund der über die Jahre gewachsene Heterogenität der Union auf die Schwierigkeit hin, überhaupt erst eine „engagierte[n] europäische[n] Öffentlichkeit"[365] zu generieren und dafür die Voraussetzungen zu schaffen.[366] Je vielfältiger die Zusammensetzung, so das Argument, desto umständlicher wird die gemeinsame Teilhabe.

Entwicklungen der vergangenen Jahre scheinen jedoch in eine andere Richtung zu weisen. Dafür spricht zunächst, dass Bürger vertrauter mit den internationalen Medien werden und die Vielfalt auf diese Weise in ihr Leben eintreten lassen. Brüggemann und Schulz-Forberg zeigen, dass transnationale Medien den europäischen Markt mehr und mehr bereichern und besonders in den letzten 20 Jahren zur Entwicklung einer europaweiten Öffentlichkeit betrugen. BBC World, CNN International, Euronews, Sky News, CNBC- Europe, Deutsche Welle TV, TV 5, France 24 und Al Jazeera English sind grenzübergreifend gefragt. Während Euronews ein breites Publikum erreicht, sind andere Kanäle trotz ausweitender Tendenz vor allem von Eliten gefragt – ein Phänomen, das Nancy Fraser in ihrer Kritik an Habermas Konzept der Öffentlichkeit, welches marginalisierte Teile der Gesellschaft und Minderheiten außen vor lasse, aufgreift.[367] Dennoch sind wir auf dem Weg, die Arenen, die Habermas als Voraussetzung für die Herstellung einer (europäischen) informellen Öffentlichkeit[368] betrachtet, mehr und mehr zu nutzen und zu bilden: „demokratische Legitimation [entsteht] aus dem Zusammenspiel der institutionalisierten Beratungs- und Entscheidungsprozesse mit der informellen, über Massenmedien laufen-

---

365 Casper, Gerhard: a. a. O., München 2006, S. 10.

366 Vgl. ibid.

367 Vgl. Brüggemann, Michael/Schulz-Forberg, Hagen: Becoming Pan-European? Transnational Media and the European Public Sphere, The International Communication Gazette, 1748–0485, Vol. 71, Nr. 8, 2009, S. 693–712. Fraser, Nancy: Transnationalizing the Public Sphere. On the Legitimacy and Efficacy of Public Opinion in a Post-Westphalian World, in: Fraser, Nancy (u. a.): Transnationalizing the Public Sphere, Cambridge 2014, S. 14.

368 Vgl. Habermas, Jürgen: Strukturwandel der Öffentlichkeit, 16. Auflage, Frankfurt am Main 2019, S. 312ff., S. 353ff.

den Meinungsbildung in den Arenen der öffentlichen Kommunikation."[369] Die Medien agieren jedoch marktorientiert und können daher, so Claes H. de Vreese[370] (aufbauend auf Hans-Jörg Trenz[371], Marianne van de Steeg[372], Andreas Schuck[373] und Paul Statham[374]) nicht hauptverantwortlich für die Bereitstellung politischer Bildung und Information sein. Vielmehr stehen die mitgliedstaatlichen Regierungen und Politiker in der Pflicht, ihre Bürger in ausreichendem Maße zu informieren und die Union zu erklären. Jacques Delors vertritt die Auffassung, dass eine unzureichende Berichtstätigkeit der Politiker auf nationaler Ebene vielfach zu Irrtümern über die EU beitrug.[375]

Zusätzlich zu dem Problem einer schwach entwickelten Öffentlichkeit sieht Gerhard Casper eine hohe Hürde darin, dass vom EuGH geschaffenes Recht nur schwer zu revidieren ist.[376] Dies ist bezüglich des Prozesses zutreffend, jedoch wird bereits in der Urteilsfindung durch den EuGH in solchem Maße Rücksicht auf Rechtsgrundätze und -traditio-

369 Habermas, Jürgen: Warum braucht Europa eine Verfassung, in: Die Zeit, 28. Juni 2001, online verfügbar: https://www.zeit.de/2001/27/Warum_braucht_Europa_eine_Verfassung_/komplettansicht [Zugriff: 11. Dezember 2020].

370 Vgl. de Vreese, Claes H.: The EU as a public sphere, in: Living Review of European Governance, Vol. 2, Nr. 3, 2007, online verfügbar: http://www.europeangovernance-livingreviews.org/Articles/lreg-2007-3/download/lreg-2007-3BW.pdf [Zugriff: 11. Dezember 2020], S. 15.

371 Vgl. Trenz, Hans-Jörg: Media Coverage on European Governance Exploring the European Public Sphere in National Quality Newspapers, in: European Journal of Communication, Vol. 19, Nr. 3, 1. August 2004, online verfügbar: https://doi.org/10.1177/0267323104045257 [Zugriff: 11. Dezember 2020], S. 291–319.

372 Vgl. van de Steeg, Marianne: Rethinking the Conditions for a Public Sphere in the European Union, in: European Journal of Social Theory, Vol. 5, Nr. 4, 1. November 2002, online verfügbar: https://doi.org/10.1177/13684310276051 3884 [Zugriff: 12. Dezember 2020], S. 499–519.

373 Vgl. Schuck, Andreas R.T./Azrout, Rachid/Boomgaarden, Hajo/Elenbaas, Matthijs/van Spanje, Joost/Vliegenthart, Rens/de Vreese, Claes H.: Media Visibility and Framing of the European Parliamentary Elections 2009: A Media Content Analysis in 27 Countries, in: Maier, Michaela/Strömbeck, Jesper/Kaid, Lynda (Hrsg.): Political Communication in European Parliamentary Elections, Farnham 2011, S. 175–196.

374 Vgl. Statham, Paul: Making Europe News: Journalism and Media Performance, in: Koopmans, Ruud/Statham, Paul (Hrsg.): The Making of a European Public Sphere: Media Discourse and Political Contention, Cambridge 2010, S. 125–150.

375 Vgl. Grätz, Ronald/Neubauer, Hans-Joachim (Hrsg.): a. a. O., S. 25.

376 Vgl. Casper, Gerhard: a. a. O., München 2006, S. 13.

nen der Mitgliedstaaten genommen, dass eine Revision nicht notwendig erscheint.

Die vorliegende Untersuchung wird darlegen, dass europäische Bürger durchaus, aber nicht immer sichtbar engagiert sind. Es handelt sich nicht um das Verständnis einer erkennbaren Öffentlichkeit, sondern um eine eher stille Platzierung von Themen. Ein Vorhandensein von Engagement ist dabei insofern für die Diskussion um den Stand der europäischen Demokratie von Bedeutung, als dass das demokratische Moment in der vorliegenden Analyse im Einklang mit dem Tenor Steven Kleins in der Konferenz *Capitalism and Democracy in the 21st Century; Polanyian Perspective*[377] als derjenige Mechanismus verstanden wird, der dafür sorgt, dass sich Institutionen mit den Angelegenheiten beschäftigten, mit denen sie sich nach Auffassung der Bürger beschäftigen sollten. Die Aktivierung des Europäischen Rechts durch die Bürger im Bereich der Gleichstellung können als ein solches Beispiel eines lebhaften Engagements betrachtet werden, auch wenn dies natürlich nicht als gesamtheitlicher demokratischer Prozess oder gar europaweite Öffentlichkeit verstanden werden kann, in jedem Fall aber als bereichsspezifische Öffentlichkeit[378] mit Engagement in gleichstellungspolitischen Themen. Zudem können diese Aktivitäten als Indiz dafür verstanden werden, dass es eine breitere europäische Öffentlichkeit durchaus geben könnte, wenn man sie nur ließe. In Anlehnung an Erik Oddvar Eriksens Öffentlichkeitsdefinition als „the place where civil society is linked to the power structure of the state"[379] kann allerdings ein noch zu schwach ausgeprägter Einfluss auf die Politikgestaltung durch den Bürger erkannt werden. Eriksen versteht Öffentlichkeit in Verbindung mit dem ihr zukommenden politischen Einfluss – im Gegensatz zu Casper, der, einen Schritt vorher, das Zustandekommen einer willensbekundenden transnationalen Dynamik an sich zu vermissen scheint. Ebenfalls am Resultat orientiert, verbindet Claes H. de

377 Capitalism and Democracy in the 21st Century: Polanyian Perspective, 26. November 2019, Hertie School of Governance Berlin. Siehe dazu auch: Klein, Steven: European Law and the Dilemmas of Democratic Capitalism, Working Paper, 5. August 2019.

378 Vgl. Häberle, Peter: a. a. O., 2000, S. 15.

379 Vgl. Eriksen, Erik Oddvar: An Emerging European Public Sphere, in: European Journal of Social Theory, Vol. 8, Nr. 3, August 2005, S. 341–363.

Vreese Öffentlichkeit mit der Legitimität politischer Institutionen, die von der Zustimmung der durch sie Regierten abhängig ist.[380] Daher sei „a Europeanized public sphere [...] a precondition for democratic decision making in the EU“[381]. Die gegenteilige Meinung wird von Giandomenico Majone vertreten. Eine europäische Öffentlichkeit, die demokratisch an die Institutionen der Union gebunden ist, nimmt für ihn keine Priorität ein.

## 2.12 Giandomenico Majone: Rettung durch selektive Entpolitisierung?

Während Habermas, Grimm und Weiler ein demokratisches Defizit attestieren, sah Giandomenico Majone bereits in den 1990er Jahren für eine demokratische Rückkopplung im Nationalstaat keine Notwendigkeit. Laut Majone delegieren Mitgliedstaaten regulative Aufgaben auf europäische Ebene, um sich vom innerstaatlichen demokratischen Druck zu befreien und um somit langfristig auch über Wahlperioden hinaus bestmögliche Resultate herbeizuführen. Majone ist der Auffassung, ökonomische Integration ohne entsprechende politische Integration sei möglich, wenn beide Bereiche nur so weit als möglich auseinandergehalten würden. Die Entpolitisierung sei der Preis, der zu zahlen sei. Das demokratische Defizit sei somit demokratisch gerechtfertigt und herbeigeführt. Solange die europäische Bevölkerung einem europäischen „superstate“ kritisch gegenüberstünde, aber gleichzeitig wirtschaftliche Integration begrüße, sei eine Entpolitisierung die Konsequenz.[382]

Majone sah diese Entwicklung in den 1990er Jahren, einer Zeit der vermehrten europäischen Integration, wenig kritisch. Im Jahre 2017 avancierte er seine These in *The European Union Post-Brexit: Static or Dynamic Adaption?*. Um einer Europaskepsis entgegenzuwirken, plädiert Majone für eine dynamische Integration. Sie diene der Sicherung von Effizienz und damit der Akzeptanz beim Bürger. Unterschiedliche Mitgliedstaaten müssten sich je nach Zweck zusammentun und diese

380 Vgl. de Vreese, Claes H.: a. a. O., S. 8.
381 Ibid.
382 Vgl. Majone, Giandomenico: a. a. O., März 1998, S. 7.

Zwecke umzusetzen.[383] Im Gegensatz zu Dieter Grimm, für den in der Einführung von Mehrheitsentscheidungen im Rat eine Abkehr vom Gleichheitsprinzip der Mitgliedstaaten liegt, welche das Projekt Europa gefährden könnte,[384] sieht Majone das in den Verträgen verankerte Prinzip der Gleichheit aller Mitgliedstaaten als Grund für die Stagnation der politischen Entscheidungsprozesse. Nicht der Prozess wie bei Grimm ist für Majone zentral, sondern das Resultat. Und dieses, so Majone, ließe derzeit zu lange auf sich warten. Die Europäische Union werde daher nicht mehr als kollektives Projekt wahrgenommen.[385] Das Resultat ist, wie bei Grimm, eine beobachtete Entfremdung der Bürger von der Union. In Abwesenheit eines konkreten Zieles der Integration werde die Alienation noch verstärkt: „At the European level, the greater part of this problem is the absence of a generally accepted ultimate goal for the collective effort."[386] Das prozessuale Ziel der immer engeren Union reiche nicht aus, da Bürger die Politik nach Resultaten beurteilten. Diese seien nicht sichtbar.[387] Der Ausweg sei eine Integration, die sich an klaren Aufgaben orientiere, wie es bereits bei der gemeinsamen Währung der Fall sei. Dies wirke gleichermaßen der falschen Annahme der Neofunktionalisten entgegen, dass funktionale Integration zu politischer führen müsse. In der Praxis heißt dies, dass jede Aktivität gesondert betrachtet werden müsse und dass dafür in Anlehnung an Buchanans *An Economic Theory of Clubs*[388] eine Gruppe von Staaten gefunden werden müsse, die diese Aktivitäten umsetze und ein entsprechend institutionelles Modell entwickle. Problematisch ist, dass es bei Majone, sobald die Grundzüge eines Projektes ausgereift sind, nicht mehr um die Frage geht, ob etwas noch richtig ist oder nicht. Das Ziel wurde bereits festgelegt und Institutionen und Mitgliedstaaten arbeiten darauf hin. Hier ist kaum Platz für kritisches Hinterfragen.

Damit unterscheidet sich Majones Herangehensweise signifikant von jener Monnets. Monnet, durchaus in dem Bewusstsein, dass sich der

383 Vgl. Majone, Giandomenico: a. a. O., August 2017, S. 9–27.
384 Vgl. Grimm, Dieter: a. a. O., München 2016. S. 80f., 160, 209.
385 Vgl. Majone, Giandomenico, a. a. O., August 2017, S. 13ff.
386 Ibid., S. 16.
387 Vgl. ibid., S. 19.
388 Vgl. Buchanan, James M.: An Economic Theory of Clubs, in: Economica, Vol. 32, Nr. 125, 1965, S. 1–14.

Kreis der Mitgliedstaaten erweitern würde, insistiert darauf, keine Ausnahmeregelungen zu schaffen. Majone, in Zeiten der EU-27, favorisiert ein System, welches nur individuelle Konzepte sowohl mit Blick auf den Teilnehmerkreis als auch bezüglich der Inhalte vorsieht. Bei einer Union mit 27 Mitgliedstaaten birgt letzteres Konzept die Gefahr, dass die Union gerade nicht mehr zusammengehalten wird, sondern durch mannigfaltige unüberschaubare Interessen fragmentiert und somit noch weniger sichtbar ist. Monnets Konzept der die Union überspannenden Aspekte von Frieden und Solidarität erscheint vor diesem Hintergrund durchaus sinnvoll und wertestiftend.

Dies soll nicht heißen, dass nationale Interessen nicht bereits seit jeher eine Rolle spielten. Es ist richtig, dass sie dies tun, aber gerade bei der Frage der Demokratiefähigkeit der Union und der damit zusammenhängenden Frage, welche Institutionen die Bürger der Union am besten vertreten, zeigt sich bereits, dass die Option eines Auswahlkataloges politischer Projekte das Risiko der Unübersichtlichkeit birgt und auf diese Weise immer weniger durch die europäische Bevölkerung nachvollziehbar ist. Eine mögliche Konsequenz daraus ist wiederum, dass nationale Regierungen die Union missinterpretieren und für Entwicklungen in die Verantwortung nehmen, für die sie unter Umständen nicht verantwortlich ist. Die Unübersichtlichkeit würde abermals erhöht. Oft sind dem Bürger auch heute die Verzweigungen von nationaler und europäischer Politik nicht bewusst.[389] Eine angemessene Nachvollziehbarkeit und Attribuierung ist jedoch Voraussetzung für gut informierte Bürger, die auf der Basis ihres Wissens Politiken zuordnen und in Wahlen über sie abstimmen. Nur so kann auch das von

389 Vgl. Kietz, Daniela/Schunz, Simon: Das Europäische Parlament – Standortbestimmung Einer Unterschätzten Institution, in: Integration, Vol. 27, Nr. 4, 2004, S. 349–359, online verfügbar: http://www.jstor.org/stable/24221256 [Zugriff: 10. April 2021]. Die Autoren, die in diesem Beitrag die Erkenntnisse der *Tagung Das Europäische Parlament nach den Wahlen – Funktionen und Aufgabenprofile 2004–2009* zusammenfassen, verweisen auf Dieter Roth und Axel Schäfer. Letztere stellten fest, dass Wähler von einer Trennung von nationaler und europäischer Parteipolitik ausgingen, die es in dieser strengen Form nicht mehr gibt. (Vgl. ibid., S. 351)

Ulrich Beck und Edgar Grande identifizierte Dilemma der „second order national elections“[390] behoben werden.

Monnets Inklusion sämtlicher Mitgliedstaaten kann die Nachvollziehbarkeit politischer Entscheidungen besser garantieren als eine Varietät an Optionen, so dass politische Willkür als Nebenprodukt von Ausnahmen minimiert wird. Interessant ist, dass Monnet diese strikte Trennung als weniger bedeutsam einstufte, da einerseits nationale und europäische Interessen als kongruent angesehen wurden, andererseits erwartete Monnet im Fall des Interessenkonfliktes, dass überstimmte Staaten, vom Gedanken der Solidarität geleitet, die Mehrheitsentscheidungen der anderen zur Zielerreichung mittrugen. Eine Instrumentalisierung Europas zugunsten der eigenen nationalen Interessen kam für ihn nicht in Frage. Es war ja gerade ein Ziel, Nationalbewusstsein zu überwinden. Vor diesem Hintergrund ist seine Ablehnung einer wirtschaftlichen Assoziierung Großbritanniens ohne volle Mitgliedschaft, die Robert Schuman in den Vorverhandlungen zum Schuman-Plan konsiderierte, zu verstehen.[391]

Die Integrationsgeschichte bestätigt Monnet. In streng getrennten Kategorien zu denken, ist angesichts zunehmender rechtlicher und internationaler Verflechtungen kaum möglich. So legt die in den folgenden Kapiteln untersuchte Rechtsprechung im Bereich der Gleichstellung dar, dass in vielfältigen Bereichen wirtschaftliche Überlegungen von politischen und soziologischen nicht zu trennen sind. Zudem geht eine auf Dauer angelegte europäische Integration nicht mit einem Außenvorlassen einiger Mitgliedstaaten einher. Die vorliegende Forschungsarbeit steht daher in der Tradition Jean Monnets und dessen ganzheitlichen Ansatzes. Sie versteht sich auch als Bestätigung der Theorie Ernst B. Haas', die als jenes Konzept verstanden werden muss, welches Dynamik im europäischen Integrationsprozess zulässt. Der vorliegende Beitrag erweitert die Gedanken Monnets und Haas'. Mit der Be-

390 Beck, Ulrich/Grande: a. a. O., S. 351. Das Phänomen bezeichnet die überwiegende Assoziation nationaler Politiken mit den Europawahlen. Dadurch werden die Europawahlen zu nationalen Wahlen zweiter Klasse. Die Wähler sehen nicht, dass sie über europapolitische Konstellationen abstimmen, sondern treffen ihre Entscheidung auf der Basis der nationalen Themensetzung. Beck und Grande bezeichnen dies als „schizophrene Situation“ (ibid.).

391 Vgl. Monnet, Jean: a. a. O., S. 391.

rücksichtigung transnationaler Interessen der Einzelnen, beispielhaft dargelegt an den Klägern im Rahmen von Vorabentscheidungsverfahren, kommt eine neue Komponente der Transnationalität hinzu. Der Bürger hat dabei als Kläger vor dem EuGH die Möglichkeit, die Institutionen der EU sowie die nationale Politik für seine Themen zu sensibilisieren.

Dennoch bleibt ein synergetisches Zusammenwirken sämtlicher Akteure entscheidend. Die Anwendung der europäischen Rechtsordnung ist somit keineswegs einseitig möglich, sondern von allen Ebenen abhängig. Weder Kommission noch Gerichtshof, Rat der Europäischen Union, Regierungen oder Bürger sind isoliert erfolgreich. Die Mitgliedstaaten genießen dabei von jeher das höchste Gewicht im Integrationsprozess. Erfolgreich und mithilfe des Europarechts gegen nationalstaatliche Regelungen vorzugehen, war Bürgern der Union allein vor allem deswegen nicht möglich, weil die Rechtsgrundsätze der Mitgliedstaaten als Rechtsquelle des Europarechts und daher in seinen Entscheidungen hohe Bedeutung haben. Entscheidungen „an den Mitgliedstaaten vorbei" sind damit kaum möglich. Damit einher geht die Navigation zwischen der Durchsetzung von Europarecht und der Akzeptanz des Projektes Europas bei den Regierungen der Mitgliedstaaten. Dies ist ein wichtiger Grund für die Widerlegung der These eines aktivistischen Europäischen Gerichtshofes.

# 3. Das transnationale Moment der Frauen und Artikel 119 EWG

Der Gerichtshof der Europäischen Union wurde immer wieder als aktivistischer Gerichtshof mit einer Agenda, dem Ziel der fortschreitenden europäischen Integration, bezeichnet.[392] Diese Wahrnehmung einer Eigendynamik des Gerichtshofes trägt wiederum zur Perzeption der Europäischen Union als einer von den Mitgliedstaaten und in der weiteren Konsequenz von deren Bevölkerung losgelösten Institution bei. Der implizierte Antagonismus „EU versus Bürger" am Beispiel des Gerichtshofes der Europäischen Union soll in der folgenden Untersuchung widerlegt werden. Während der EuGH in seinen Urteilen nationale Regelungen der Mitgliedstaaten aufgrund von Unvereinbarkeit mit dem Unionsrecht für nicht anwendbar erklärte, ist es voreilig, dies mit der Dissonanz gegenüber den Bürgern gleichzusetzen. Es wird im Folgenden anhand von Beispielen im Bereich der Gleichstellung gezeigt, dass der Gerichtshof bis dato vielmehr von Bürgern der Europäischen Union genutzt wurde.

## 3.1 Unionsrechtliche Grundlagen und der Gebrauch des Vorabentscheidungsverfahrens im Gleichstellungsrecht

Artikel 119 EWG ist kein Beispiel für ein zu europafreundliches Vorgehen des Gerichtshofes, sondern vielmehr dafür, wie Kläger im europarechtlichen Rahmen agierten und nationale Regelungen ihrer Mitgliedstaaten hinterfragten. Dies geschah in verschiedenen Mitgliedstaaten über bei Klägern ähnlich gelagerte Intentionen und Belange.

392 Eine umfassende Analyse bietet: Dawson, Mark/DeWitte, Bruno/Muir, Elise: Judicial Activism at the European Court of Justice, Northampton 2013. Oder Alter, Karen: The European Court's Political Power: a. a. O.

An dieser Stelle ist die Transnationalität reflektiert. Eine solche Beanspruchung der Rechtswege auf Unionsebene kann als Indiz für eine Akzeptanz des Projektes Europa und für eine Lebendigkeit eines transnationalen europäischen Interesses gewertet werden, welches sich die supranationalen Strukturen zunutze macht.

Darüber hinaus wird ersichtlich werden, dass es sich bei der Rechtssetzung nicht um willkürliche, für sich selbst dynamische Urteile handelte, sondern dass der EuGH die in Frage stehenden nationalen Regelungen im jeweils geltenden Rahmen von Primär- und Sekundärrecht interpretierte, dabei die Rechtsentwicklungen in den Mitgliedstaaten berücksichtigte und das Recht somit in den Kontext der gesellschaftlichen Entwicklung setzte. Die Beachtung der Rechtsentwicklung und der Rechtstraditionen der Mitgliedstaaten nahmen durchweg eine prominente Rolle ein. Eine wesentliche Bedeutung kommt darüber hinaus den nationalen Gerichten der Mitgliedstaaten zu: Sie haben die Fragen der Kläger präzisiert, teilweise zogen sie das Europarecht auch in Fällen heran, in denen der Kläger ausschließlich auf Basis des nationalen Rechts argumentierte. Eine solche ausschließliche Argumentation mit dem nationalen Recht ist jedoch die Minderheit, während das Europarecht in 46 von 70 Rechtssachen (65,71 Prozent) herangezogen wurde. Lässt man die vier von der Kommission initiierten Vertragsverletzungsverfahren außen vor, so handelt es sich um 42 Rechtssachen bei insgesamt 66 Vorabentscheidungen (63,64 Prozent), in deren Rahmen Kläger Europarecht bereits im nationalen Kontext gebrauchten. Nationales Recht bildete in 18 Fällen (27,27 Prozent) die argumentative Grundlage und in sechs Fällen (9,09 Prozent) war die Strategie unklar. Damit kann auf jeden Fall konstatiert werden, dass nationale Gerichte in 27,27 Prozent der Fälle die Verantwortung für eine Hinwendung zum Gerichtshof tragen. Zählt man die sechs unklaren Strategien hypothetisch hinzu, so waren die Gerichte bei 36,36 Prozent maßgeblich.

Die Rechtsprechung im Bereich der Gleichstellung eignet sich für die vorliegende Analyse, da sie von Artikel 119 EWG ausgehend beleuchtet, welche Implikationen das Prinzip der Entgeltgleichheit für den Einzelnen hat, auf welche Bereiche es sich im Kontext der gesellschaftlichen Entwicklung auswirkt und vor diesem Hintergrund erweitert wird. Dem ursprünglichen Artikel 119 EWG –

„Jeder Mitgliedstaat wird während der ersten Stufe den Grundsatz des gleichen Entgelts für Männer und Frauen bei gleicher Arbeit anwenden und in der Folge beibehalten. Unter ‚Entgelt' im Sinne dieses Artikels sind die üblichen Grund- oder Mindestlöhne und -gehälter sowie alle sonstigen Vergütungen zu verstehen, die der Arbeitgeber auf Grund des Dienstverhältnisses dem Arbeitnehmer mittelbar oder unmittelbar in bar oder in Sachleistungen zahlt. Gleichheit des Arbeitsentgelts ohne Diskriminierung auf Grund des Geschlechts bedeutet, a) daß [sic!]das Entgelt für eine gleiche nach Akkord bezahlte Arbeit auf Grund der gleichen Maßeinheit festgesetzt wird; b) daß [sic!] für eine nach Zeit bezahlte Arbeit das Entgelt bei gleichem Arbeitsplatz gleich ist."[393]

– folgte eine umfangreiche Rechtssetzung des Gerichtshofes, weiteres Sekundärrecht sowie Änderungen und Ausweitungen des Primärrechts, die die Gleichwertigkeit der Arbeit, den Zugang zur Beschäftigung und sämtliche Lohnkomponenten einschließt.[394] Artikel 119 EWG ist heute im Vertrag von Lissabon in Artikel 157 AEUV geregelt. Gleichstellung von Männern und Frauen in Artikel 2 EUV begründet

393 Art. 119 EWG.

394 Die Entgeltgleichheit findet sich heute in Art. 157 AEUV. Die Gleichstellung von Männern und Frauen im Arbeitsleben wird explizit in Art. 157 (4) AEUV genannt: „(1) Jeder Mitgliedstaat stellt die Anwendung des Grundsatzes des gleichen Entgelts für Männer und Frauen bei gleicher oder gleichwertiger Arbeit sicher."
(2) Unter „Entgelt" im Sinne dieses Artikels sind die üblichen Grund- oder Mindestlöhne und -gehälter sowie alle sonstigen Vergütungen zu verstehen, die der Arbeitgeber aufgrund des Dienstverhältnisses dem Arbeitnehmer unmittelbar oder mittelbar in bar oder in Sachleistungen zahlt. Gleichheit des Arbeitsentgelts ohne Diskriminierung aufgrund des Geschlechts bedeutet, a) dass das Entgelt für eine gleiche nach Akkord bezahlte Arbeit aufgrund der gleichen Maßeinheit festgesetzt wird und b) dass für eine nach Zeit bezahlte Arbeit das Entgelt bei gleichem Arbeitsplatz gleich ist.
(3) Das Europäische Parlament und der Rat beschließen gemäß dem ordentlichen Gesetzgebungsverfahren und nach Anhörung des Wirtschafts- und Sozialausschusses Maßnahmen zur Gewährleistung der Anwendung des Grundsatzes der Chancengleichheit und der Gleichbehandlung von Männern und Frauen in Arbeits- und Beschäftigungsfragen, einschließlich des Grundsatzes des gleichen Entgelts bei gleicher oder gleichwertiger Arbeit.
(4) Im Hinblick auf die effektive Gewährleistung der vollen Gleichstellung von Männern und Frauen im Arbeitsleben hindert der Grundsatz der Gleichbehandlung die Mitgliedstaaten nicht daran, zur Erleichterung der Berufstätigkeit des unterrepräsentierten Geschlechts oder zur Verhinderung beziehungsweise zum Ausgleich von Benachteiligungen in der beruflichen Laufbahn spezifische Vergünstigungen beizubehalten oder zu beschließen" (Art. 157 AEUV).

einen der Werte der Union[395] und wird in Artikel 3 EUV als eines der Ziele der EU genannt:

> „(1) Ziel der Union ist es, den Frieden, ihre Werte und das Wohlergehen ihrer Völker zu fördern. [...] Sie bekämpft soziale Ausgrenzung und Diskriminierungen und fördert soziale Gerechtigkeit und sozialen Schutz, die Gleichstellung von Frauen und Männern, die Solidarität zwischen den Generationen und den Schutz der Rechte des Kindes."[396]

In Artikel 8 AEUV (Gleichbehandlung von Männern und Frauen) und Artikel 10 AEUV (Nichtdiskriminierung) findet sich neben der Gleichstellung von Männern und Frauen die Verpflichtung zum Gender-Mainstreaming. Zu dem originären Diskriminierungsverbot aufgrund des Geschlechtes sind in den letzten Jahren weitere Gründe hinzugekommen, die Artikel 10 AUEV bezeichnet.[397] Artikel 19 AEUV ermächtigt den Rat dazu, diese Diskriminierungen zu bekämpfen. Schließlich erhielt die GRCh mit dem Vertrag von Lissabon Rechtsverbindlichkeit. Sie genießt den gleichen Rang wie die Verträge und erweitert in Artikel 21 das Diskriminierungsverbot im AEUV.[398] In jüngeren Fällen wird sie von Klägern vermehrt in die Prozessstrategien eingebunden. Betrachtet man mit Ingolf Pernice die eigentliche Intention der Charta, so wird deutlich, dass sie als Instrument für die Bürger gegen Übergriffe der Union gemeint war: Für die Rechtsbereiche,

---

395 Artikel 2 EUV lautet: „Die Werte, auf die sich die Union gründet, sind die Achtung der Menschenwürde, Freiheit, Demokratie, Gleichheit, Rechtsstaatlichkeit und die Wahrung der Menschenrechte einschließlich der Rechte der Personen, die Minderheiten angehören. Diese Werte sind allen Mitgliedstaaten in einer Gesellschaft gemeinsam, die sich durch Pluralismus, Nichtdiskriminierung, Toleranz, Gerechtigkeit, Solidarität und die Gleichheit von Frauen und Männern auszeichnet."

396 Art. 3 EUV.

397 Artikel 10 AEUV legt die Diskriminierung „aus Gründen des Geschlechtes, der Rasse, der ethnischen Herkunft, der Religion oder der Weltanschauung, einer Behinderung, des Alters oder der sexuellen Ausrichtung" fest.

398 „(1) Diskriminierungen insbesondere wegen des Geschlechts, der Rasse, der Hautfarbe, der ethnischen oder sozialen Herkunft, der genetischen Merkmale, der Sprache, der Religion oder der Weltanschauung, der politischen oder sonstigen Anschauung, der Zugehörigkeit zu einer nationalen Minderheit, des Vermögens, der Geburt, einer Behinderung, des Alters oder der sexuellen Ausrichtung sind verboten. (2) Unbeschadet besonderer Bestimmungen der Verträge ist in ihrem Anwendungsbereich jede Diskriminierung aus Gründen der Staatsangehörigkeit verboten" (Art. 21 GRCh).

für die die EU zuständig ist, soll die Charta einen verbindlichen Rahmen für den Bürger schaffen. Vor dem Hintergrund der Abgabe nationaler Entscheidungskompetenz in diesen Rechtsbereichen müsste diese Intention mit einem höheren Vertrauen der Bürger in die EU einhergehen, denn die von den entsprechenden Rechtsbereichen betroffen Rechte der Bürger werden durch die Charta geschützt. In dieser Lesart kann sie als Erweiterung der zunächst ökonomisch motivierten Politiken interpretiert werden. Wie im Folgenden ersichtlich wird, kann das wettbewerbspolitische Räsonnement nicht isoliert betrachtet werden. Es wirkt sich auf zahlreiche andere Lebensbereiche aus. Daher bedeutet die Charta eine Erweiterung des Rechtsschutzes für die Bürger der Union.

Angeregt in den 1990er Jahren sollte die Charta in den Traditionen der Magna Charta (1215), der Virginia Bill of Rights (1776) sowie der Déclaration des Droits de l'Homme et du Citoyen (1789) ein Gegengewicht zu den Politikbereichen der Justiz und des Inneren bilden, welche im Vertrag von Maastricht auf Unionsebene verankert wurden.[399] Mit dem Vertrag von Lissabon wurden Justiz und Inneres in die Gemeinschaftsmethode überführt, was die Notwenigkeit der Charta dringlicher erschienen ließ. So ging es nicht darum, die durch die Mitgliedstaaten gesicherten Grundrechte zu hinterfragen, sondern die Grundrechte der Charta bei der Anwendung von Unionsrecht und unter Wahrung des Subsidiaritätsprinzips zu gewährleisten (Artikel 51 EUV).[400] Für die Bürger der Union soll dies Transparenz und Vertrauen in die Politiken der Union schaffen. Die Konsultation der Charta durch Kläger bestätigt diese Intuition. Pernice nimmt an, die Charta werde strikt in den Zuständigkeiten der Union verlaufen. Ergänzend

399 Vgl. Pernice, Ingolf: a. a. O., S. 237.

400 Artikel 51 EUV lautet: „(1) Diese Charta gilt für die Organe, Einrichtungen und sonstigen Stellen der Union unter Wahrung des Subsidiaritätsprinzips und für die Mitgliedstaaten ausschließlich bei der Durchführung des Rechts der Union. Dementsprechend achten sie die Rechte, halten sie sich an die Grundsätze und fördern sie deren Anwendung entsprechend ihren jeweiligen Zuständigkeiten und unter Achtung der Grenzen der Zuständigkeiten, die der Union in den Verträgen übertragen werden. (2) Diese Charta dehnt den Geltungsbereich des Unionsrechts nicht über die Zuständigkeiten der Union hinaus aus und begründet weder neue Zuständigkeiten noch neue Aufgaben für die Union, noch ändert sie die in den Verträgen festgelegten Zuständigkeiten und Aufgaben."

zu diesem Gedanken kann jedoch davon ausgegangen werden, dass die zuständigkeitskonforme Anwendung der Charta Auswirkungen auf angrenzende Rechtsbereiche hat oder Denkanstöße für Neuerungen in mitgliedstaatlichen Zuständigkeitsbereichen evoziert. So liegen beispielsweise die Freiheiten des Gemeinsamen Marktes und das Familienrecht nahe beieinander, wie der Fall *Coman* jüngst darlegte (Kapitel 10.3). Selbst wenn das Unionsrecht keine Wirkung in nationalstaatlichem Familienrecht entfaltet, sind Synergien denkbar.

Die weiteren Dimensionen des Diskriminierungsverbotes wurden primärrechtlich erstmals in Artikel 13 des Vertrages von Amsterdam aufgenommen. Der Rat setze dies in der Folge mit zahlreichen Richtlinien um: *Richtlinie 2000/78/EG des Rates zur Festlegung eines allgemeinen Rahmens für die Verwirklichung der Gleichbehandlung in Beschäftigung und Beruf* (Beschäftigungsrahmenrichtlinie),[401] *Richtlinie 2000/43 zur Anwendung des Gleichbehandlungsgrundsatzes ohne Unterschied der Rasse oder der ethnischen Herkunft*,[402] *Richtlinie 2004/113/EG zur Verwirklichung des Grundsatzes der Gleichbehandlung von Männern und Frauen beim Zugang zu und bei der Versorgung mit Gütern und Dienstleistungen*[403] sowie die *Richtlinie 2006/54/EG zur Verwirklichung des Grundsatzes der Chancengleichheit und Gleichbehandlung von Männern und Frauen in Arbeits- und Beschäftigungsfragen (Neufassung)*[404] (Beschäftigungsrahmenrichtlinie). Die Rechtssetzung durch die Mitglied-

401 Richtlinie 2000/78/EG des Rates vom 27. November 2000 zur Festlegung eines allgemeinen Rahmens für die Verwirklichung der Gleichbehandlung in Beschäftigung und Beruf, ABl. Nr. L 303, 2. Dezember 2000, online verfügbar: https://eur-lex.europa.eu/legal-content/DE/TXT/HTML/?uri=CELEX:32000L0078&from=DE [Zugriff: 1. August 2019]. Ihre Umsetzungsfrist endete am 2. Dezember 2003.

402 Richtlinie 2000/43 des Rates vom 29. Juni 2000 zur Anwendung des Gleichbehandlungsgrundsatzes ohne Unterschied der Rasse oder der ethnischen Herkunft, ABl. Nr. L 180, 19. Juli 2000, online verfügbar: https://eur-lex.europa.eu/LexUriServ/LexUriServ.do?uri=OJ:L:2000:180:0022:0026:DE:PDF [Zugriff: 10. August 2019].

403 Richtlinie 2004/113/EG des Rates vom 13. Dezember 2004 zur Verwirklichung des Grundsatzes der Gleichbehandlung von Männern und Frauen beim Zugang zu und bei der Versorgung mit Gütern und Dienstleistungen, ABl. Nr. L 373, 21. Dezember 2004, online verfügbar: https://eur-lex.europa.eu/LexUriServ/LexUriServ.do?uri=OJ:L:2004:373:0037:0043:DE:PDF [Zugriff: 10. August 2019].

404 Richtlinie 2006/54/EG des Europäischen Parlamentes und des Rates vom 5. Juli 2006 zur Verwirklichung des Grundsatzes der Chancengleichheit und Gleichbehandlung von Männern und Frauen in Arbeits- und Beschäftigungsfragen (Neu-

staaten und den Rat bietet den Bürgern Rechtsgrundlagen, die sie vor den nationalen Gerichten heranziehen können. Gleichzeitig war die Rechtsprechung des Europäischen Gerichtshofes, die ihn auf Grundlage der Richtlinie 76/207/EWG erreichte, ursächlich für die notwendige Änderung des Sekundärrechts.[405] Diese Richtlinie bildete in 29 von 70 untersuchten Rechtssachen, wenn auch nicht immer die einzige, aber dennoch zentrale argumentative Grundlage der Klagen. So ist die Rechtsprechung im Bereich der Entgeltgleichheit und sämtliche darauf aufbauende Jurisdiktion des EuGH beispielhaft dafür, wie Bürger im Zusammenspiel mit nationalen Gerichten, auch gegen jeweils „eigene" nationale Regelungen, Europarecht nutzen, zur Entwicklung desselben beitragen und wie letztlich der Einzelne bereits vor der Einführung der Unionsbürgerschaft im Vertrag von Maastricht[406] als Bürger der Europäischen Union handelte. Die geschah Hand in Hand mit der Entwicklung des europäischen Primär- und Sekundärrechts: durch die In-

fassung), ABl. Nr. L 204, 26. Juli 2006, online verfügbar: https://eur-lex.europa.eu/LexUriServ/LexUriServ.do?uri=OJ:L:2006:204:0023:0036:DE:PDF [Zugriff: 10. August 2019]. „Durch diese Richtlinie wurden die Änderungen der Richtlinie 76/207/EWG des Rates vom 9. Februar 1976 zur Verwirklichung des Grundsatzes der Gleichbehandlung von Männern und Frauen hinsichtlich des Zugangs zur Beschäftigung, zur Berufsbildung und zum beruflichen Aufstieg sowie in bezug [sic!] auf die Arbeitsbedingungen und der Richtlinie 86/378/EWG des Rates vom 24. Juli 1986 zur Verwirklichung des Grundsatzes der Gleichbehandlung von Männern und Frauen bei den betrieblichen Systemen der sozialen Sicherheit aufgenommen und diese beiden Richtlinien aufgehoben. Die Richtlinie 75/117/EWG des Rates vom 10. Februar 1975 zur Angleichung der Rechtsvorschriften der Mitgliedstaaten über die Anwendung des Grundsatzes des gleichen Entgelts für Männer und Frauen und die Richtlinie 97/80/EG des Rates vom 15. Dezember 1997 über die Beweislast bei Diskriminierung aufgrund des Geschlechts wurden ebenfalls durch die Richtlinie 2006/54/EG aufgehoben und ihre Änderungen entsprechend in die neue Richtlinie aufgenommen."

405 Vgl. Högl, Eva: Zukunftsweisend für die europäische Frauenpolitik. Die europäischen Antidiskriminierungsrichtlinien, Femina Politica 2/2004, S. 107.

406 Im Vertrag über die Europäische Union wurde die Unionsbürgerschaft eingeführt (Artikel 8ff.), die den Unionsbürgern Freizügigkeit im Hoheitsgebiet der Mitgliedstaaten sowie das aktive und passive Wahlrecht bei Europa- und Kommunalwahlen zusicherte. In Deutschland wurde die Einführung des Kommunalwahlrechts für EU-Ausländer in Art. 28 GG mit der Änderung des Grundgesetzes vom 21. Dezember 1992 umgesetzt (vgl. Scholle, Rainer: Von der Europäischen Wirtschaftsgemeinschaft zur Politischen Union, in: Die Europäische Union, Zeitfragen, Bayerische Landeszentrale für Politische Bildung, 4. Auflage, München 1994, S. 9).

stitutionen der Union und der Regierungen der Mitgliedstaaten. Und schließlich hätten all die Urteile keine weitere Wirkung, wären sie nicht entsprechend von den Gerichten der Mitgliedstaaten, bis hin zu den Verfassungsgerichten, umgesetzt worden.[407]

Der Gegenstand der vorliegenden Untersuchung ist vor dem Hintergrund der besseren Vergleichbarkeit sowie der besseren Sichtbarkeit der Bereiche, die über die Jahre vom Europarecht abgedeckt wurden, in Themenblöcke unterteilt, die sich aus dem Gebot der Lohngleichheit ergeben. Es wurden insgesamt 70 Rechtssachen untersucht, die sich folgendermaßen einteilen lassen:

- Entgeltgleichheit (20)
- Teilzeitbeschäftigung (8)
- Gleichwertigkeit von Arbeit (5)
- Zugang zu Beschäftigung (7)
- Schwangerschaft und Elternzeit (15)
- Positive Maßnahmen (6)
- Gender Identity und Lebenspartnerschaften (9)

Es wird Augenmerk auf die Prozessstrategien der Prozessteilnehmer und die jeweilige Rolle des Europarechts gelegt werden: Wie agierten die nationalen Gerichte, die den Schritt an den Europäischen Gerichtshof für die Rechtsauslegung im Sinn hatten? Es geht um die transnationale Inanspruchnahme des Europarechts durch die Prozessteilnehmer und in der Konsequenz um den genuinen Gedanken der Nutzbarkeit der Supranationalität durch den Einzelnen im Konzept Monnets. Und schließlich wird die politische Begleitung durch Primär- und Sekundärrecht ergänzend eingebracht. Die Rolle der Bürger der Union ist aufgrund des Rahmens der möglichen Verfahren vor dem EuGH zunächst eingeschränkt und hängt von der Verfahrensart[408] ab. Im Rahmen der Gleichstellung ist der bei Weitem größte Teil der unter-

407 Vg. Alter, Karen: a. a. O., S. 14.

408 Das Vertragsverletzungsverfahren betrifft die Durchsetzung von Unionsrecht in einem säumigen Mitgliedstaat und wird auf Antrag der Europäischen Kommission (Art. 258 AEUV) oder eines Mitgliedstaates (Art. 259 AEUV) angestoßen. Zweitens rufen nationale Gerichte im Vorabentscheidungsverfahren den EuGH an, um Klärung über die Auslegung und Gültigkeit von Unionsrecht zu erhalten. Die Übereinstimmung nationaler Gesetze und Verwaltungspraxen kann ebenfalls auf diese Weise geprüft werden (Art. 267 AEUV). Drittens ist die Annullierung

suchten Rechtsprechung durch Vorabentscheidungsverfahren entschieden worden. Einige wenige Entscheidungen (vier von insgesamt 70) fielen durch die von der Kommission initiierten Vertragsverletzungsverfahren.[409] Ihrer Natur nach können sie nicht von Klägern angestoßen werden. Sie wurden jedoch in die Analyse eingebettet, da sie die prozessuale Dynamik zwischen europäischen Institutionen, in dem Fall der Kommission, und dem Einzelnen, in dem Fall die Kläger bei gleichartigen Anliegen, veranschaulichen. Die Vertragsverletzungsverfahren wurden auch deshalb hinzugezogen, weil die Kommission bisweilen progressivere Wege favorisierte als in den Mitgliedstaaten zu beobachten war.

Die folgenden beiden Abbildungen (1 und 2) geben einen Überblick über den gesamten Untersuchungsgegenstand. Sie unterteilen sich zunächst nach Rechtsgebiet. Aus der ersten Übersicht werden die beiden Verfahrensarten ersichtlich. Es wird davon ausgegangen, dass die

---

von Sekundärrecht durch den EuGH mit der Nichtigkeitsklage möglich (Art. 263 AEUV). Überprüft wird die Rechtmäßigkeit von Gesetzgebungsakten und Handlungen der Organe der EU. Die fragliche Regelung wird bei erfolgreicher Klage für nichtig erklärt (Art. 264 AEUV). Die Mitgliedstaaten, das Europäische Parlament, der Rat und die Kommission (Art. 263, Abs. 2 AEUV), der Rechnungshof, die Europäische Zentralbank und der Ausschuss der Regionen (Art. 263, Abs. 3 AEUV) und alle natürlichen und juristischen Personen (Art. 263, Abs. 4 AEUV) sind antragsberechtigt. Verklagt werden können das Europäische Parlament, der Rat, die Kommission, die Europäische Zentralbank und der Europäische Rat sowie andere Einrichtungen der Union, sofern diese Wirkung gegenüber Dritten entfalten (Art. 263, Abs. 1 AEUV). Im Gegensatz zur Nichtigkeitsklage beabsichtigt, viertens, die Untätigkeitsklage dem Unionsrecht Geltung zu verschaffen (Art. 265 AEUV). Antragsberechtigt sind die Mitgliedstaaten und die anderen Organe der Europäischen Union (Art. 265, Abs. 1 AEUV) sowie natürliche und juristische Personen (Art. 265, Abs. 3 AEUV). Fünftens haben Privatpersonen oder Unternehmen die Möglichkeit, im Rahmen der Amtshaftung gegen die Institutionen der EU oder ihre Mitarbeiter vorzugehen, wenn sie durch deren Handlungen geschädigt wurden (Art. 340 AEUV, Haftung der Union und ihrer Bediensteten).

409 Die Vertragsverletzungsverfahren sind: *Rechtssache 184/82 Kommission der Europäischen Gemeinschaften gegen das Königreich Belgien, Rechtssache 163/82 Kommission der Europäischen Gemeinschaften gegen Italienische Republik, Rechtssache 165/82 Kommission der Europäischen Gemeinschaften gegen Vereinigtes Königreich Großbritannien und Nordirland, Rechtssache 248/83 Kommission der Europäischen Gemeinschaften gegen Bundesrepublik Deutschland* sowie *Rechtssache 173/91 Kommission der Europäischen Gemeinschaften gegen Königreich Belgien.*

Wahrscheinlichkeit, dass ein nationales Gericht sich an den EuGH wendet, steigt, wenn Kläger das Europarecht bereits in ihre nationale Prozessstrategie einbeziehen. Um dies herauszufinden, wurden die Rechtsprechung des Europäischen Gerichtshofes und die entsprechenden Schlussanträge der Generalanwälte konsultiert. Generalanwälte bereiten den Hergang der Verfahren für die Richter am Europäischen Gerichtshof auf und geben eine Empfehlung für die Urteilsfindung.

Fokussiert auf die Ansätze der Kläger in den jeweils untersuchten Rechtsbereichen, legt Abbildung 2 dar, ob Kläger sich auf Europarecht oder nationales Recht bezogen haben. Schließlich zeigt sie, in welchen der untersuchten Rechtssachen weder in den Urteilen noch in den Schlussanträgen der Generalanwälte ein Hinweis auf den Gebrauch von Europarecht zu finden, der Bezug der Kläger folglich unklar war.

Eine komplette und detaillierte Übersicht aller untersuchten Rechtssachen, die für jedes individuelle Verfahren veranschaulicht, inwieweit Kläger das Europarecht in ihre Prozessstrategie eingebunden und auf welche Regelungen sie sich bezogen haben, findet sich in Anhang 1.

*Abbildung 1: Gebrauch des Europarechts durch Kläger und Kommission*

| A | B | C | D | E | F | G | H |
|---|---|---|---|---|---|---|---|
| **Rechtsgebiet** | **Gesamtzahl der untersuchten Rechtssachen** | **Davon Vertragsverletzungsverfahren (Art. 258 AEUV)** | **Davon Vorabentscheidungsverfahren (Art. 267 AEUV)** | Anteil der durch **Kläger und Kommission** auf Basis des **Europarechts** argumentierten Fälle an der **Gesamtzahl der Rechtssachen** | Relativer Anteil der durch **Kläger und Kommission** auf Basis des **Europarechts** argumentierten Fälle an der **Gesamtzahl der Rechtssachen** (E/B) | Anteil der durch **Kläger** auf Basis des **Europarechts** argumentierten Fälle an den 66 **Vorabentscheidungsverfahren** | Relativer Anteil der durch **Kläger** auf Basis des **Europarechts** argumentierten Fälle an den 66 **Vorabentscheidungsverfahren** (G/D) |
| Entgeltgleichheit | 20 | 1 | 19 | 16 | 80,00 % | 15 | 78,95 % |
| Teilzeitbeschäftigung | 8 | 0 | 8 | 5 | 62,50 % | 5 | 62,50 % |
| Gleichwertigkeit von Arbeit | 5 | 0 | 5 | 1 | 20,00 % | 1 | 20,00 % |
| Zugang zu Beschäftigung | 7 | 2 | 5 | 6 | 85,71 % | 4 | 80,00 % |
| Schwangerschaft und Elternzeit | 15 | 1 | 14 | 6 | 40,00 % | 5 | 35,71 % |
| Positive Maßnahmen | 6 | 0 | 6 | 4 | 66,67 % | 4 | 66,67 % |
| Gender Identity und Lebenspartnerschaften | 9 | 0 | 9 | 8 | 88,89 % | 8 | 88,89 % |
| **Gesamt** | **70** | **4** | **66** | **46** | **65,71 %** | **42** | **63,64 %** |

Quelle: Eigene Tabelle auf Basis eigener Untersuchungen

*Abbildung 2: Gebrauch des Europarechts durch Kläger in Vorabentscheidungsverfahren*

| A | B | C | D | E | F | G | H |
|---|---|---|---|---|---|---|---|
| **Rechtsgebiet** | **Vorabentschei-dungsverfahren (Art. 267 AEUV)** | Anteil der auf Basis des **Europarechts** argumentierten Fälle | Relativer Anteil der auf Basis des **Europarechts** ar-gumentierten Fälle (C/B) | Anteil der auf Basis des **natio-nalen Rechts** argumentierten Fälle | Relativer Anteil der auf Basis des **na-tionalen Rechts** argumentierten Fälle (E/B) | Anteil der Rechtssachen, deren Argumentations-grundlage **unklar** ist | Relativer Anteil der Rechtssachen, deren Ar-gumentationsgrundlage **unklar** ist (G/B) |
| Entgelt-gleichheit | 19 | 15 | 78,95 % | 1 | 5,26 % | 3 | 15,79 % |
| Teilzeit-beschäftigung | 8 | 5 | 62,50 % | 2 | 25,00 % | 1 | 12,50 % |
| Gleichwertigkeit von Arbeit | 5 | 1 | 20,00 % | 4 | 80,00 % | 0 | 0,00 % |
| Zugang zu Beschäftigung | 5 | 4 | 80,00 % | 0 | 0,00 % | 1 | 20,00 % |
| Schwangerschaft und Elternzeit | 14 | 5 | 35,71 % | 8 | 57,14 % | 1 | 7,14 % |
| Positive Maßnahmen | 6 | 4 | 66,67 % | 2 | 33,33 % | 0 | 0,00 % |
| Gender Identity und Lebens-partnerschaften | 9 | 8 | 88,89 % | 1 | 11,11 % | 0 | 0,00 % |
| **Gesamt** | **66** | **42** | **63,64 %** | **18** | **27,27 %** | **6** | **9,09 %** |

Quelle: Eigene Tabelle auf Basis eigener Untersuchungen

## 3.2 Ein Duo des internationalen Rechts: Soziale Gerechtigkeit und Frieden

Die Untersuchung von 20 Urteilen im Bereich der Entgeltgleichheit veranschaulicht die Interdependenzen zwischen Klägern, nationalen Gerichten, Europäischem Gerichtshof und mitgliedstaatlichen Regierungen. Diese drückten sich in der Rechtsprechung sowie in der Schaffung von Primär- und Sekundärrecht aus. Führt man sich vor Augen, dass die Gemeinschaften seit den 1950er Jahren bestanden haben, der Europäische Gerichtshof aber erst in den 1970er Jahren im Bereich der Entgeltgleichheit aktiv wurde, wird deutlich, dass die obige Aufzählung der sich gegenseitig bedingenden Akteure nicht ohne die Zivilgesellschaft auskommt, die in den Mitgliedstaaten der Gemeinschaften vor allem im Rahmen der zweiten Welle des Feminismus aktiviert wurde.[410] Ohne den Aktivismus der Einzelnen, der schließlich im Europarecht ein Echo fand, wäre das Erwachen der Vorgaben zur Entgeltgleichheit kaum vorstellbar gewesen. Das dann entstandene Recht erweiterte die von der Union abgedeckten Politiken auf Bereiche, die mit der Entgeltgleichheit im Zusammenhang standen. Beispielhaft, und gegensätzlich zum Tenor in den Rechtssachen *Defrenne*, sind zunächst Regelungen der Sozialversicherung. Später kamen dann auch Quoten, Mutterschutz und Elternzeit sowie gegenwärtig die Infragestellung binärer Geschlechterordnungen[411] in Verbindung mit einem stärker menschenrechtlich konnotierten Tenor hinzu. Damit ist die Entgeltgleichheit typisch für eine Bestätigung des von Haas vertretenen Spillover. Ausgangspunkt für eine umfangreiche Rechtsprechung im Bereich der Entgeltgleichheit war Artikel 119 EWG.[412]

Diejenigen, die aktiv wurden, nutzten zunächst einen Rechtsstand, der nach dem Zweiten Weltkrieg institutionell verankert wurde und sozial-

---

410 Hoskyns, Catherine: Integrating Gender. Women, Law and Politics in the European Union, London 1996, S. 25.

411 Zum Vorkommen binärer Geschlechterordnungen und dem Rückgriff auf das Feminine in der Philosophie: Braidotti, Rosi: Patterns of Dissonance. A Study of Women in Contemporary Philosophy. Cambridge 1991.

412 Vgl. Ebert, Berit: Gleichstellung und Gender in der Jurisdiktion des Gerichtshofes der Europäischen Union. Eine Analyse unter Berücksichtigung kontemporärer Gerechtigkeitstheorien, Berlin 2012, S. 124ff.

politische Erwägungen mit außenpolitischem Kalkül verband. Sozial gerechte Strukturen wurden als Grundlage eines friedlichen Miteinanders betrachtet. Das Duo von Sozialpolitik und Frieden fand seinen institutionellen Ausdruck noch vor der Europäischen Wirtschaftsgemeinschaft in der Internationalen Arbeitsorganisation (International Labor Organization, ILO). So war auch das Lohngleichheitsgebot zum Zeitpunkt der Gründung der Europäischen Wirtschaftsgemeinschaft auf internationaler Ebene bereits in der *Konvention 100 über die Gleichheit des Entgelts männlicher und weiblicher Arbeitskräfte für gleichwertige Arbeit* der ILO enthalten, die seit 23. Mai 1953 in Kraft und maßgeblich sozialpolitisch motiviert war.[413] Die ILO war als Gremium des Völkerbundes seit 1919 aktiv, seit 1946 bildet die ILO eine Sonderorganisation der Vereinten Nationen. Sie verfolgt das Ziel der Friedenssicherung auf Basis sozialer Gerechtigkeit und sichert Menschen- und Arbeitsrechte – ein Ansatz, der sich in den gegenwärtigen Urteilen zur Lohngleichheit wieder vermehrt niederschlägt. „Die Gleichstellung von Männern und Frauen in der Welt der Arbeit stellt einen Grundwert der Internationalen Arbeitsorganisation dar"[414] steht in ihrer Verfassung geschrieben.

Der erste Satz der Präambel der Verfassung der ILO besagt: „Der Weltfriede kann auf die Dauer nur auf sozialer Gerechtigkeit aufgebaut werden."[415] Die *Konvention 100* war für die Entwicklung von Artikel 119 EWG von Bedeutung, da sie die Betonung von einer Bewertung der Person auf die Bewertung der Arbeit lenkte, während es in den 1950er Jahren in Europa durchaus gängig war, unterschiedliche Löhne für Männer und Frauen zu veranschlagen. Hintergrund dieser personenbezogenen Betrachtung war die Überlegung, dass Frauen zu höheren Abwesenheiten sowie fragmentierten Arbeitsbiografien neigten

413 Schlussanträge des Generalanwaltes Alain Duteillhet de Lamothe in der Rechtssache 80/70, Gabrielle Defrenne gegen Belgischen Staat, 29. April 1971, online verfügbar: https://eur-lex.europa.eu/legal-content/DE/TXT/HTML/?uri=CELEX:61970CC0080&from=EN [Zugriff: 14. April 2019].

414 Internationale Arbeitsorganisation: Verfassung der Internationalen Arbeitsorganisation, online verfügbar: https://www.ilo.org/wcmsp5/groups/public/---europe/---ro-geneva/---ilo-berlin/documents/genericdocument/wcms_571881.pdf [Zugriff: 25. Juli 2020].

415 Ibid.

und weniger Bedürfnisse als Männer hätten.[416] Die *Konvention 100* brach mit dieser Auffassung. Diese neuen Gedanken flossen in den Ohlin-Bericht[417] (1956) ein, der gemeinsam mit dem Spaak-Bericht[418] (1956) die Grundlage für den zu entwickelnden Gemeinsamen Markt in den Römischen Verträgen bildete. Der Ohlin-Bericht ging davon aus, dass die Integration nationaler Märkte zu einem Gemeinsamen Markt die Produktivität erhöhte. Gleichzeitig gestand der Bericht zu, dass der Gemeinsame Markt grundsätzlich keine harmonisierten Standards der Arbeitsbedingungen verlangte, vereinzelte Angleichungen von Sozialstandards aber durchaus sinnvoll wären. Die unterschiedliche Bezahlung von Männern und Frauen wurde als Beispiel für eine mögliche negative Beeinträchtigung des fairen Wettbewerbes genannt.[419]

---

416 Hoskyns, Catherine: a. a. O., S. 53.

417 Vor der Konferenz von Messina beschäftigte sich auch die UNO-Sonderorganisation für Internationale Arbeitsorganisation (IAO) mit der Rolle der Sozialpolitik in der zukünftigen EWG. Ihr Verwaltungsrat setzte im März 1955 einen Sachverständigenausschuss aus sechs Wirtschaftswissenschaftlern (Maurice Bye [Frankreich], T. U. Matthew [Vereinigtes Königreich], Helmut Meinhold [Deutschland], Pascale Saraceno [Italien] und Petrus J. Verdoorn [Niederlande]) unter der Leitung des schwedischen Wirtschaftswissenschaftlers und späteren Nobelpreisträgers Bertil Ohlins ein. Die Gruppe hatte die Aufgabe, soziale Aspekte einer wirtschaftlichen Zusammenarbeit innerhalb Europas zu untersuchen. Die Gruppe kam zu dem Schluss, dass zwar keine unmittelbare Notwendigkeit einer Harmonisierung der Sozialpolitiken der europäischen Staaten besteht, aber mangelhafte Arbeitsbedingungen wie Löhne, Arbeitsstunden etc. thematisiert werden müssten (vgl. Rodgers, Gerry/Lee, Eddy/Swepston, Lee/Daele, Jasmien van: The International Labour Organization and the quest for social justice 1919–2009, Internationale Arbeitsorganisation, Genf 2009, online verfügbar: https://www.ilo.org/wcmsp5/groups/public/---dgreports/---dcomm/---publ/documents/publication/wcms_104643.pdf [Zugriff: 25. Juli 2020], S. 99.

418 1954 scheiterten die Pläne für eine Europäische Verteidigungsgemeinschaft am Veto der französischen Nationalversammlung. Auf der Konferenz von Messina wurde beschlossen, der Integration durch weitere wirtschaftliche Zusammenarbeit neue Impulse zu verleihen. Der belgische Außenminister Paul-Henri Spaak leitete die Ausarbeitung des Plans, der einen Gemeinsamen Markt, eine Zollunion und eine gemeinsame Atomaufsicht vorsah. Dieser sogenannte Spaak-Bericht wurde am 19. Mai 1956 von den Außenministern beschlossen. Im Anschluss daran wurden 1957 die Römischen Verträge unterzeichnet.

419 Hoskyns, Catherine: a. a. O., S. 54. Aus unterschiedlich hohen Löhnen für Männer und Frauen ergeben sich unterschiedlich hohe Lohnstückkosten. Lohndum-

Frankreich hätte bei zwischen Männern und Frauen divergierenden Löhnen Nachteile erlitten, denn es existierte ein elaborierteres System der sozialen Sicherung als in den anderen Mitgliedstaaten. Frankreich setzte sich daher für die Lohngleichheit bei gleicher Arbeit als Bedingung für die Errichtung des Gemeinsamen Marktes ein.[420] Die sozialpolitische Komponente wirkte im Rahmen der Verhandlungen zu Artikel 119 EWG folglich synergetisch mit den wettbewerbspolitischen Überlegungen. Diese doppelte Zielsetzung bestätigte Generalanwalt Alain Duteillhet de Lamothe in seiner Stellungnahme zum Urteil *Gabrielle Defrenne gegen belgischen Staat*.[421] Dies wiederum war zentral war für die Unterstützung der Gemeinschaften durch sozialdemokratische Parteien sowie durch Gewerkschaften. Dort aber, wo arbeitende Frauen eine Minderheit konstituierten, beschäftigten sich die Gewerkschaften nicht mit deren Anliegen, so in den Niederlanden. Auch die dortige Regierung sah die Lohngleichheit kritisch, denn die niederländische Textilindustrie profitierte massiv von den niedrigeren Löhnen ihrer weiblichen Angestellten.[422] Auch wenn die Gewerkschaften sich bezüglich der Lohngleichheit nicht einig waren und aus unterschiedlichen nationalen Kontexten kamen, so trafen sich ihre Auffassungen dennoch in dem gemeinsamen europäischen Interesse eines stabilen sozialen Fundamentes,[423] das für Monnet einer der Grundpfeiler für den Friedensgedanken darstellte.[424]

Aus diesen Darlegungen ergibt sich, dass die gleiche Bezahlung von Männern und Frauen Voraussetzung für einen fairen Wettbewerb und soziale Stabilität war, die aus heutiger Perspektive gleichermaßen sinn-

---

ping führt zu geringen Lohnstückkosten. Frankreich wäre bei gleichem Lohn für Männer und Frauen daher benachteiligt.

420 Vgl. Klein, Uta: Geschlechterverhältnisse und Gleichstellungspolitik in der Europäischen Union, Wiesbaden 2006, S. 62f.

421 Vgl. Schlussanträge des Generalanwaltes Alain Duteillhet de Lamothe in der Rechtssache 80/70, a. a. O.

422 Hoskyns, Catherine: a. a. O., S. 55.

423 Vgl. Haas, Ernst. B.: a. a. O., S. 292.

424 Vgl. Monnet, Jean: a. a. O., S. 387 und 401. Monnet schreibt: „Ich wußte [sic!], daß [sic!] sie von einem Industriekombinat, von einem Kohle-Stahl-Pool sprechen würden, und das war es ja auch. Aber es ging auch um Europa und um den Frieden“ (S. 387).

haft und absolut notwendig sind. Ihre realpolitische Notwendigkeit nach dem Krieg hat nichts an Aktualität verloren.

Das damalige wettbewerbspolitische Argument Frankreichs wurde auch im 21. Jahrhundert immer wieder bemüht, beispielsweise in den Diskussionen um den Exportüberschuss der Bundesrepublik und ihrer hohen Wettbewerbsfähigkeit im Vergleich zu anderen Mitgliedstaaten im Jahre 2009.[425] Seitdem haben sich die Lohnkosten in der Union aufgrund des Wachstums in Ländern mit niedrigen Arbeitskosten angenähert.[426] In mehreren Stellungnahmen im Rahmen der Rechtssachen zur Entgeltgleichheit vor dem Europäischen Gerichtshof zeigt sich jedoch gleichermaßen die gegenteilige Auffassung über einen fairen Wettbewerb, nämlich dass das Lohngleichheitsgebot erst zu wirtschaftlichen Ungleichheiten in den Mitgliedstaaten führe.[427]

## 3.3 Aktivismus und Artikel 119 EWG

In den 1970ern erfuhr die soziale Komponente vor dem Hintergrund der zweiten Welle des Feminismus neuen Anschub. Frauenrechte standen auf der Agenda, allerdings nicht in einem solchen egalitären und dekonstruktiven Umfang, in dem sich der gegenwärtige Genderdiskurs befindet. Während sich das Recht gegenwärtig mit einem möglichen Ende der binären Geschlechterstrukturen befasst, waren die 1970er von einer frauenspezifischen Sichtweise geprägt. Die entsprechenden Gruppen von der lokalen über die nationale Ebene organisierten sich bis hin zur supranationalen Ebene und über Ländergrenzen hinweg. Soziale Bewegungen waren in den 1960ern und am Anfang der 1970er

425 Die Welt (Hrsg.): Lohnkosten steigen in Deutschland deutlich an, in: Die Welt, 30. März 2010, online verfügbar: https://www.welt.de/wirtschaft/article6984656/Lohnkosten-steigen-in-Deutschland-deutlich-an.html [Zugriff: 22. September 2019].

426 Die Zeit (Hrsg.): Arbeitskosten in Deutschland deutlich über EU-Schnitt, in: Die Zeit, 29. April 2019, online verfügbar: https://www.zeit.de/wirtschaft/2019-04/arbeitskosten-industrie-dienstleistungen-deutschland-eu-statistisches-bundesamt [Zugriff: 22. September 2019].

427 Vgl. Schriftliche Erklärung des Vereinigten Königreiches sowie schriftliche Erklärung der Regierung von Irland, in: Gerichtshof der Europäischen Union: Rechtssache 43/75, a. a. O.

Jahre zentral in allen Mitgliedstaaten der Gemeinschaften und in Irland, Großbritannien und Dänemark, die 1973 beitraten. Die Organisationen der zweiten Welle des Feminismus waren kleine Gruppen, die das Bewusstsein der Frauen für ihre Probleme schärften. Frauen tauschten sich aus und entwickelten eine neue gemeinsame Weltsicht. In den Niederlanden betraf dies zunächst die Erwachsenenbildung, kulturelle und soziale Initiativen, Therapien und schließlich den Versuch, Gewerkschaften und linke Parteien zu beeinflussen. In Deutschland war die feministische Bewegung besonders skeptisch gegenüber formalen Institutionen und zielte auf die Schaffung einer neuen Kultur. Weniger das Instrument des politischen Lobbyismus als jenes der Demonstrationen wurde dafür genutzt. In Italien setzte sich die Italienische Kommunistische Partei, die größte kommunistische Partei Westeuropas, für die Erhöhung des Anteils von Frauen in bezahlter Arbeit ein. Die männliche Dominanz in familiären Strukturen hinterfragte die Kommunistische Partei jedoch nicht. Ein solcher holistischer Ansatz blieb aus, wodurch etablierte Machtkonstellationen weiterwirken konnten.[428] So entstanden Gruppen wie die DeMau-Gruppe (Demistificazione Autoritarismo Patriarcale), die gegen das von Männern dominierte Sozialsystem aufbegehrten. Das Movimento de Liberazione della Donna war maßgeblich bei der Legalisierung von Abtreibung.[429] Aus dem Kollektiv Rivolta Femminile ging die Schrift *Sputiamo su Hegel*[430] von Carla Lonzi hervor. Lonzi kritisiert die dem Gleichheitspostulat inhärente notwendige Anpassung von Frauen an ein männlich dominiertes existierendes System.[431] Die italienischen Frauenbewegungen verschafften sich mit ihren Ideen erfolgreich bei Gewerkschaften Gehör und hoben den Diskurs auf eine breitere Ebene. Alle nationalen Bewegungen wurden von neuen Studien begleitet, die die Situationen von Frauen international vergleichend analysierten und über

---

428 Vgl. Hoskyns, Catherine: a. a. O., S. 37f.

429 Vgl. Hoskyns, Catherine: a. a. O., S. 38.

430 „Wir spucken auf Hegel": Das Buch lehnt die Existenz eines die Familie beherrschenden göttlichen weiblichen Prinzips ab und wendet sich gegen eine als von Hegel natürlich angenommene weibliche Passivität. Auch der Marxismus habe die Situation der Frau nicht verbessert, sondern patriarchalische Strukturen gestärkt.

431 Dingler, Catrin: Der Schnitt. Zur Geschichte der Bildung weiblicher Subjektivität, Frankfurt am Main 2019, S. 171.

die parteipolitischen Spektren hinauswirkten. Konservative und linke Gesinnungen überschnitten sich. In den 1950er Jahren trugen somit auch zahlreiche Frauen, die wir heute wohl als konservativ und im System fest verwurzelt verorten würden, dazu bei, Frauenrechte ins öffentliche Bewusstsein zu rücken. Eine solche Vorreiterin war die französische Soziologin und Gründerin von Maternité heureuse[432] Évelyne Sullerot (1924–2017), die trotz ihres unermüdlichen Einsatzes für Frauenrechte immer wieder die eigene Distanz zur Frauenbewegung betonte.[433] Sie fokussierte mit ihrer Forschung auf Demographie und Partizipation von Frauen am Arbeitsmarkt[434] und wurde regelmäßig von Beamten der Europäischen Kommission zur Beratung herangezogen.

Neben der OECD beschäftigte sich der Europarat mit Frauenrechten. Beide Organisationen waren beeinflusst von den Frauenbewegungen in den USA, die wiederum von der dortigen Bürgerrechtsbewegung geprägt wurde.[435] Der Kok-Bericht des Europarates lieferte einen der ersten internationalen Vergleiche der Situation von Frauen im Arbeitsmarkt.[436] Die Berichterstatterin Kok arbeitete im Vorfeld mit internationalen Frauenorganisationen, die ein breites politisches Spektrum repräsentierten, zusammen. Darunter befinden sich das European Centre of the International Council of Women (ECICW), welches einer der Regionalräte des 1888 gegründeten Internationalen Frauenrates (International Council of Women, ICW) ist, sowie die 1953 in Salzburg gegründete Europäische Frauenunion (European Union of Women,

432 Die Organisation Maternité heureuse wurde 1956 gegründet und hatte zum Ziel, mittels sozialer, medizinischer und psychologischer Konzepte den Aufbau von harmonischen und glücklichen Familien zu fördern. 1960 wurde sie in Planning familial umbenannt.

433 Vgl. Faure, Sonya/Mallaval, Catherine: La cofondatrice du Planning familial Évelyne Sullerot est morte, Libération, 3. April 2017, online verfügbar: https://www.liberation.fr/debats/2017/04/03/la-cofondatrice-du-planning-familial-evelyne-sullerot-est-morte_1560269 [Zugriff: 19. Dezember 2020].

434 Vgl. Sullerot, Évelyne: La femme dans le monde moderne, Paris 1970.

435 Vgl. Hoskyns, Catherine: a. a. O., S. 26.

436 Vgl. Europarat: Revised draft report on the political, social and civic position of women in Europe, Straßburg, 15. August 1967, online verfügbar: https://rm.coe.int/090000168079a176 [Zugriff: 13. Juli 2020]. Der Bericht ist nach Kok benannt, die ihn im beratenden Ausschuss des Europarates vorstellte. Der Beratende Ausschuss ist das Gremium, welches Berichte für das Ministerkomitee vorbereitet.

EUW)[437] und die European Commission of the World Union of Catholic Women's Organisations (WUCWO)[438]. All diese Organisationen verbinden die Frauenrechte mit den Menschenrechten. Die WUCWO bettet die menschliche Entwicklung in einen Missionierungsgedanken ein.[439] Die EUW wiederum, ursprünglich wie Monnet von der Verbindung von wirtschaftlichem Fortschritt und Frieden geleitet, verbindet ihre Arbeit gegenwärtig vermehrt mit dem Argument der Menschenwürde und der Freiheit.[440] Ihre Gründerin, die Österreicherin Lola Solar (1904–1989) war aktiv in der Katholischen Jugend, der Katholischen Aktion, Abgeordnete zum Nationalrat in der Österreichischen Volkspartei, spätere Leiterin der Österreichischen Frauenbewegung, geschäftsführende Vorsitzende des österreichischen Wohlfahrtsdienstes, Vorsitzende der Europäischen Frauen-Union (1955–1959) und 1969 Mitbegründerin des Österreichischen Frauenrings, der Dachorganisation der österreichischen Frauenvereine.

Im Kok-Bericht wurde das ablehnende Umfeld, auf das Frauen im Berufsleben stoßen, bemängelt. Das Dokument bestätigte die von Sullerot beobachtete Unzufriedenheit von Frauen, die sich aus der Divergenz der Wünsche für das eigene Leben und den Haltungen ihres Umfeldes ergab. Der Kok-Bericht sprach von strukturellen Umbrüchen im menschlichen Zusammenleben. Über die Zeichen der Zeit konstatiert

437 Die Europäische Frauenunion hat konsultativen Status beim Europarat, beim Wirtschafts- und Sozialrat der Vereinten Nationen (United Nations Economic and Social Council, Ecosoc). Darüber hinaus arbeitet die Europäische Frauenunion mit dem Europäischen Parlament und Abgeordneten an nationalen Parlamenten zusammen.

438 Die WUCWO wurde 1910 als International Union of Catholic Women's Leagues geründet, 1952 umbenannt, repräsentiert sie nun fast 60 katholische Frauenorganisationen weltweit. Weitere Informationen unter: https://wucwo.org/index.php/en/ [Zugriff: 13. Juli 2020].

439 „WUCWO's aim is to promote the presence, participation and co-responsibility of Catholic women in society and the Church, in order to enable them to fulfil their mission of evangelisation and to work for human development." (ibid.).

440 European Union of Women: „The EUW works for the strengthening of peace on the basis of justice and the free cooperation of peoples. The European Union of Women stands for the safeguarding of human dignity and freedom, the maintenance of Europe's outstanding cultural heritage, and for social and economic progress while protecting the rights of the individual.
EUW maintains that these aims will only be realised by increasing the influence of women." (https://www.europeanunionofwomen.com/).

er, dass „all human conceptions are being challenged, and [...] no-one can claim to be able to describe the structures we shall have with us in a few decades [...]“. Dennoch blieb ein revolutionäres Moment in der Konsequenz aus. In Europa verblieb man in den etablierten Strukturen. Das Hauptanliegen – im Gegensatz zu den nationalen Gruppierungen – waren Frauen im Arbeitsmarkt.[441] Allen Initiativen gemeinsam ist aber eine zunehmende internationale Sphäre: OECD, ILO und EWG und die Reichweite von internationalen und nationalen Frauenbewegungen in diese Organisationen hinein. So kam von der internationalen Ebene ein Anstoß, der Frauen, die ihre Probleme bisher eher im nationalen Kontext zu lösen suchten, die Weichen stellte. Einzelne engagierte Frauen wirkten dabei als Brücke zwischen nationaler, europäischer und internationaler Ebene.

## 3.4 Das zögerliche gemeinschaftsrechtliche Moment der Frauen: *Defrenne 1*

Das Engagement einer Frau und dessen Wechselwirkung mit den günstigen internationalen Entwicklungen waren zentral, als die erste Vorabentscheidungsfrage in der Rechtssache *Defrenne 1* zu Artikel 119 EWG vom belgischen Conseil d'Etat am 11. Dezember 1970 beim Europäischen Gerichtshof eintraf. Catherine Hoskyns bezeichnet die Rechtssache *Defrenne* sowie den berühmten Streik belgischer Fabrikarbeiterinnen in Herstal als den „founding moment“[442] der gemeinschaftlichen Frauenpolitik. Zunächst waren die 1960er Jahre eine Zeit der Krise in Belgien, dessen Kolonie Belgisch-Kongo unabhängig wurde. Die traditionellen Industrien des Landes waren im Rückgang und der Wohlstand verschob sich von den frankophilen Regionen des Südens nach Flandern in den Norden. Gewerkschaftliche Aktivitäten nahmen stark zu. Zwischen dem 15. Februar und dem 9. Mai 1966 sollte schließlich ein Streik stattfinden, der weit über seinen Ursprung in Herstal hinausreichte: Während in Belgien das Prinzip der Lohngleichheit nach und nach etabliert wurde, hatte das Management der

441 Vgl. Hoskyns, Catherine: a. a. O., S. 30.
442 Ibid., S. 202.

Waffenfabrik Fabrique nationale d'armes de guerre (FN) nicht gehandelt. Die Arbeiterinnen der Fabrik waren sich aber der Entwicklungen auf europäischer und internationaler Ebene bewusst. Belgien hatte sowohl die *Konvention 100* der ILO also auch Artikel 119 EWG ratifiziert. 3.000 Frauen streikten, 4.500 Arbeiter und Arbeiterinnen wurden im Lauf der Streiks entlassen. Demonstrationen folgten in Herstal, Lüttich und Brüssel nach dem Ende des Streiks. Sie forderten die Anwendung von Artikel 119 EWG, der 1965 auch im Zentrum eines Seminars der Fédération générale du travail de Belgique, einer der beiden bedeutendsten Gewerkschaften Belgiens, stand. An dem Seminar nahmen Arbeiterinnen der FN teil, danach gründeten sie das Frauenkomitee der Fabrik, das den Streik schließlich initiierte. Er erreichte große öffentliche Aufmerksamkeit durch die frankophone Presse und wurde im Europäischen Parlament diskutiert. Auf gewerkschaftlicher Seite beriet Émilienne Brunfaut als Teil des Europäischen Wirtschafts- und Sozialausschusses[443] diverse Mitglieder und Beamte der europäischen Institutionen.

Eine weitere Akteurin war die belgische Anwältin Eliane Vogel-Polsky, die von den Entwicklungen in Herstal beeinflusst war.[444] Die Sozial- und Arbeitsrechtlerin interessierte sich für die Wechselwirkung von internationalem Arbeitsrecht, dem belgischen Recht und dem Aktivismus der Gewerkschaften. In ihrem Artikel *L'Article 119 du traité du Rome – peut-il être considéré comme self-executing?*[445] argumentierte Vogel-Polsky für die direkte Anwendbarkeit in Verbindung mit der Begründung individueller Rechte durch Artikel 119 EWG – eine Herangehensweise, die von den Gewerkschaften nicht mitgetragen wurde. Letztere zögerten, sich auf Artikel 119 EWG für die gleiche Bezahlung von Frauen zu berufen, da sie befürchteten existierende Tarifverträge

443 Der Europäische Wirtschafts- und Sozialausschuss besteht aus Vertretern von Arbeitnehmer- und Arbeitgeberorganisationen und anderen Interessenvertretern. Er berät den Rat der Europäischen Union, die Europäische Kommission und das Europäische Parlament.

444 Vgl. Schmidt, Verena: Zum Wechselverhältnis zwischen europäischer Frauenpolitik und europäischen Frauenorganisationen, in: Lenz, Ilse/Mae, Michiko/Klose, Karin (Hrsg.): Frauenbewegungen weltweit. Aufbrüche, Kontinuitäten, Veränderungen, Opladen 2000, S. 222.

445 Vogel-Polsky, Eliane: L'Article 119 du traité du Rome – peut-il être considéré comme self-executing, Journal des Tribunaux, Brüssel, 15. April 1967.

würden dadurch auf die Probe gestellt werden.[446] Diese Haltung teilten die Gewerkschaften auch außerhalb der Gemeinschaften, beispielsweise in Großbritannien, wo es Mitte der 1950er Jahre die konservative Regierung war, die sich der gleichen Bezahlung für Männer und Frauen annahm[447], nachdem die Labour-Regierung unter Clement Attlee[448] und Gewerkschaften das Thema nicht behandelten. Später sorgte die National Union of Women Teachers für die öffentliche Sichtbarkeit der gleichen Bezahlung von Männern und Frauen. Auch präsentierte die Gewerkschaft am 9. März 1954 zwei entsprechende Petitionen. Gewerkschaften aus dem Ingenieurswesen folgten in den 1960er Jahren, nicht zuletzt beeinflusst durch die positive Entwicklung des europäischen Gemeinsamen Marktes und des dort verankerten Lohngleichheitsgebotes als Teil der Überzeugung, dass wirtschaftliche Entwicklung planbar war.[449]

In der EWG war es schließlich wieder eine Gruppe berufstätiger Frauen, deren Ärger ein Handeln bewirkte. Gemeinsam mit der Anwältin Marie-Thérèse Cuvelliez überzeugte Vogel-Polsky, mit dem Fall der Stewardess Gabrielle Defrenne rechtlich gegen die Fluggesellschaft Sabena vorzugehen. Hintergrund waren die Arbeitsbedingungen von Stewardessen bei Sabena. Defrennes Situation war beispielhaft: Wäh-

---

446 Vgl. Hoskyns, Catherine: a. a. O., S. 69.

447 Für die konservative Partei mag dieser Schritt mit dem Bestreben, eine höhere Anzahl an weiblichen Wählern zu gewinnen, verbunden gewesen sein. Zudem erkannten die Konservativen Unterschiede zwischen Männern und Frauen an. Folglich konnten Frauenrechte thematisiert werden. Dies erklärt auch, weshalb die British Housewives' League in den 1940er Jahren eine der erfolgreichsten Frauenorganisationen war. In der Labour-Partei war man hingegen bezüglich des Lohngleichheitsgebotes uneins. Die Anliegen einiger Frauen aus der Mittelklasse wogen nicht schwer genug, um sie in das politische Programm aufzunehmen. In der Kommunistischen Partei Großbritanniens, analog zu anderen europäischen kommunistischen Parteien, wurde die Rolle der Frau als Hausfrau und Mutter stärker betont als der Aspekt von (sexueller) Diskriminierung. Auch für viele Frauen der Labour-Partei waren Frauenrechte eine Frage der Kombination von Familien- und Berufsleben. Besondere Probleme von Frauen wurde als Probleme des Kapitalismus kategorisiert. Ein Hinterfragen der damaligen Wertewelt und ihrer Rollenbilder stand nicht zur Debatte (vgl. Wilson, Elizabeth: a. a. O., S. 167, 173, 175f.).

448 Clement Attlee war 1945 bis 1951 im Amt. 1951 wurde er von Winston Churchill abgelöst.

449 Wilson, Elizabeth: a. a. O., S. 172ff.

rend Männer mit 55 Jahren in Rente gingen, wurde Stewardessen bereits mit Erreichen des 40. Lebensjahres das Arbeiten untersagt. Dies ging einher mit entsprechenden reduzierten Abfindungen, geringeren Pensionen und Unsicherheiten bezüglich einer Folgeanstellung. 1969 verschlechterte sich die Situation für Stewardessen abermals als eine Sonderregelung (Artikel 1, Arrêté royal Nr. 50) eingeführt wurde, die jedem Mitglied des Bordpersonals außer Stewardessen spätere Rentenzahlungen in voller Höhe des Lohnes zusicherte. Die Stewardessen waren extrem aufgebracht und als die Gewerkschaften sich weigerten, die Anliegen aufzunehmen, wandten sie sich die Frauen an Cuvelliez.[450]

In den Jahren 1971 (*Defrenne 1*[451]), 1975 (*Defrenne 2*[452]) und 1977 (*Defrenne 3*[453]) gelangten schließlich drei Rechtssachen bezüglich der Stewardess Gabrielle Defrenne an den EuGH. Defrenne war bei der Luftfahrtgesellschaft Sabena angestellt und wurde gemäß ihrem Arbeitsvertrag mit Erreichung der Altersgrenze von 40 Jahren entlassen. Die erste Rechtssache *Defrenne 1* betraf daher Gabrielle Defrennes Versuch, eine Nichtigerklärung der Bestimmung des Arrêté royal Nr. 50, die Bordstewardessen von der Rentenberechnung ausschloss, zu erwirken.[454] Sie berief sich direkt auf Artikel 119 EWG. Das belgische Verwaltungsgericht wandte sich wenig zögerlich an den EuGH, was erstaunlich ist, denn es handelte sich nicht um eine direkte Gehaltskomponente, sondern um eine Pensionsregelung.

Laut Defrenne umfasste der Entgeltbegriff sämtliche Gehaltskomponenten, also auch Sozialleistungen. Die Altersgrenze sei als Teil des Lohnes im Sinne von Artikel 119 EWG zu verstehen.[455] Der mit der

450 Hoskyns, Catheringe: a. a. O., S. 68ff.

451 Gerichtshof der Europäischen Union: Rechtssache 80/70, Gabrielle Defrenne gegen Belgischen Staat, a. a. O.

452 Gerichtshof der Europäischen Union: Rechtssache 43/75, Gabrielle Defrenne gegen Societé Anonyme Belge de Navigation Aérienne Sabena, a. a. O.

453 Gerichtshof der Europäischen Union: Rechtssache 149/77 Gabrielle Defrenne gegen Société Anonyme Belge de Navigation Aérienne Sabena, 15. Juni 1978, online verfügbar: https://eur-lex.europa.eu/legal-content/DE/TXT/HTML/?uri=CELEX:61977CJ0149&qid=1569061340869&from=EN [Zugriff: 21. September 2019].

454 Vgl. Schlussanträge des Generalanwaltes Alain Duteillhet de Lamothe in der Rechtssache 80/70, Gabrielle Defrenne gegen Belgischen Staat: a. a. O.

455 Gerichtshof der Europäischen Union: Rechtssache 80/70, Gabrielle Defrenne gegen Belgischen Staat, a. a. O., S. 449.

Rechtssache befasste Generalanwalt Olivier Dutheillet de Lamothe war Franzose, die in Frage stehende belgische Regelung war in Frankreich, wo das Lohngleichheitsgebot schon vor der Gründung der Gemeinschaften bestand, unvorstellbar. In seinen Schlussanträgen ist sein Unwohlsein herauszulesen.[456] Und während die direkte Anwendbarkeit von Artikel 119 EWG für ihn zweifelsfrei gegeben war,[457] so kam er doch reluktant zu dem Ergebnis, dass Renten außerhalb der Reichweite von Artikel 119 EWG liegen. Bezüglich der gesetzlichen Sozialversicherungssysteme empfahl er, zu urteilen, dass Renten aus den Sozialversicherungssystemen, also durch Gesetz geregelte Vereinbarungen,

---

456 De Lamothe schreibt: „Man versteht daher ihre Verbitterung, die sie um so schmerzlicher empfinden, wenn sie ihre Rentenregelung mit der ihrer Kolleginnen in einem Nachbarland, Frankreich, vergleichen, wo den Bordstewardessen in völliger Gleichheit mit den übrigen Mitgliedern des Bordpersonals einerseits die Altersrente des allgemeinen Sozialversicherungssystems, andererseits, wenn sie mindestens 15 Dienstjahre zurückgelegt haben, spätestens mit 50 Jahren eine Zusatzrente zusteht" (Schlussanträge des Generalanwaltes Alain Dutheillet de Lamothe in der Rechtssache 80/70, a. a. O.).

457 „Man hätte sich die Frage stellen können, ob er, der den Staaten eine Pflicht auferlegt, daneben oder dadurch auch individuelle Rechte für die Angehörigen der Mitgliedstaaten begründet, ob er ‚unmittelbar gilt'. Dies ist aber aus zwei Gründen jedenfalls jetzt keine Frage mehr: 1. Mögen auch die Anwendungsschwierigkeiten in einigen Ländern groß gewesen sein, und mag auch eine Konferenz der Mitgliedstaaten die ursprünglich vorgesehene Frist bis zum 31. Dezember 1964 ausgedehnt haben, so ist meines Erachtens doch sicher, daß [sic!] mindestens seit diesem Zeitpunkt Artikel 119 subjektive Rechte begründet, welche die Erwerbstätigen der Mitgliedstaaten geltend machen können und deren Wahrung die innerstaatlichen Gerichte zu sichern haben.
2. Dies gilt ganz besonders in Belgien, da die belgische Regierung, um alle gerichtlichen Auslegungsschwierigkeiten auszuschließen und dieser Vertragsbestimmung eine Zusätzliche Publizität zu geben, in *rechtlich überflüssiger* Weise, aber *aus sehr lobenswerten Absichten*, Wert darauf gelegt hat, in einen Arrêté royal Nr. 40 vom 27. Oktober 1967 über die Frauenarbeit folgenden Artikel 14 aufzunehmen: ‚Gemäß Artikel 119 des Vertrages zur Gründung der Europäischen Wirtschaftsgemeinschaft, zu dem das Zustimmungsgesetz am 2. Dezember 1957 ergangen ist, kann jede Erwerbs tätige vor dem zuständigen Gericht auf Anwendung des Grundsatzes der Gleichheit des Entgelts zwischen männlichen und weiblichen Erwerbstätigen klagen.' Man versteht unter diesen Umständen, weshalb der belgische Conseil d'Etat offenbar sich selbst und jedenfalls uns die Frage gar nicht gestellt hat, ob Artikel 119 unmittelbar gilt. Das erschien ihm, wie mir, selbstverständlich" (Schlussanträge des Generalanwaltes Alain Duteillhet de Lamothe in der Rechtssache 80/70, Gabrielle Defrenne gegen Belgischen Staat: a. a. O.).

nicht unter Artikel 119 EWG fallen. Die Vorgabe sei nur auf solche Leistungen anzuwenden, die mittelbar oder unmittelbar aufgrund des Dienstverhältnisses gezahlt wurden. Während der Generalanwalt nur zögerlich zu dieser Position gelangt, waren die belgische Regierung und die Kommission stark überzeugt von ihr.[458] Nicht die Kommission, nicht der EuGH, sondern die Klägerin und der Generalanwalt sowie die Aktivistinnen vertraten den gemeinschaftsrechtlichen Ansatz.

Der EuGH folgte der Empfehlung des Generalanwaltes und urteilte, dass Beiträge, die gesetzliche Systeme sichern und an deren Finanzierung Arbeitnehmer, Arbeitgeber sowie die öffentliche Hand beteiligt waren, nicht von Artikel 119 EWG erfasst wurden.[459] Er bestätigte die Ausnahme gesetzlicher Sozialversicherungssysteme in den beiden Folgerechtssachen *Defrenne 2* und *Defrenne 3*.[460] Trotz dieses Rückschlags sollte die Rechtssache *Defrenne 2* in einer anderen Hinsicht entscheidend für alle Frauen in den europäischen Gemeinschaften werden.

## 3.5 Zögern Adieu: Der Gemeinsame Markt und *Defrenne 2*

In einem weiteren Anlauf beantragte Gabrielle Defrenne basierend auf Artikel 119 EWG die Zahlung einer Entschädigung, da sie sich bezüglich a) des Arbeitsentgelts, b) der Abfindung sowie c) der Rente gegenüber ihren männlichen Kollegen, die als Purser[461] angestellt waren und

458 Schlussanträge des Generalanwaltes Alain Duteillhet de Lamothe in der Rechtssache 80/70, Gabrielle Defrenne gegen Belgischen Staat: a. a. O.

459 Vgl. Gerichtshof der Europäischen Union: Rechtssache 80/70, Gabrielle Defrenne gegen Belgischen Staat, a. a. O., S. 445.

460 „Artikel 119 EWG-Vertrag kann nicht dahin ausgelegt werden, daß [sic!] er über die Gleichheit des Arbeitsentgelts hinaus auch die Gleicheit [sic!] der sonstigen Arbeitsbedingungen für männliche und weibliche Arbeitnehmer gebietet. Zur Zeit der dem Ausgangsrechtsstreit zugrunde liegenden Vorgänge gab es in bezug [sic!] auf die dem nationalen Recht unterliegenden Arbeitsverhältnisse keine Gemeinschaftsnorm, die Diskriminierungen zwischen männlichen und weiblichen Arbeitnehmern hinsichtlich der anderen Arbeitsbedingungen als der durch Artikel 119 EWG-Vertrag erfaßten [sic!] Regelung des Entgelts verboten hätte" (Gerichtshof der Europäischen Union: Rechtssache 149/77 Gabrielle Defrenne gegen Société Anonyme Belge de Navigation Aérienne Sabena, a. a. O., Tenor).

461 Purser bezeichnen in der zivilen Luftfahrt die ranghöchsten Flugbegleiter.

die gleiche Arbeit verrichteten, diskriminiert sah.[462] Sie war wieder der Auffassung, Artikel 119 EWG gelte unmittelbar. Es war Defrenne, die in diesem Zusammenhang die vorherige Rechtsprechung in *van Gend en Loos* sowie *Costa/ENEL* andeutete, ohne jedoch die Urteile direkt zu nennen.[463]

Die Kommission sah Rentenzahlungen, also die dritte Forderung Defrennes, nicht als Teil des Gehaltes im Sinne von Artikel 119 EWG. Im Laufe des Verfahrens beanstandete sie die mangelhafte Umsetzung des Lohngleichheitsgebotes durch die Mitgliedstaaten[464] und wies zusätzlich auf unterschiedliche Umsetzungsfortschritte bezüglich des Lohngleichheitsgebotes in den Mitgliedstaaten hin. Am 30. Dezember 1961, einen Tag bevor Artikel 119 EWG anwendbar werden sollte, hatten die Mitgliedstaaten einen Stufenplan zur Einführung der Entgeltgleichheit beschlossen. Dieser Plan verzögerte die Abschaffung von Lohndiskriminierung auf den 31. Dezember 1964.[465] Er erlaubte die unterschiedliche Bezahlung für einen längeren Zeitraum als jener der ursprünglich für die Umsetzung der ersten Stufe des Gemeinsamen Marktes vorgesehen war, nämlich der 1. Januar 1962. Die Haltung der Kommission war, dass Artikel 119 EWG dennoch nicht direkt anwendbar

462 Vgl. Gerichtshof der Europäischen Union: Rechtssache 43/75, Gabrielle Defrenne gegen Societé Anonyme Belge de Navigation Aérienne Sabena, a. a. O., S. 458ff.

463 Sie bezog sich auf die „jüngste Rechtsprechung" (Vgl. ibid.)

464 So bestimme in Deutschland Artikel 3 des Grundgesetzes die Gleichberechtigung zwischen Männern und Frauen und verbot die Diskriminierung aufgrund des Geschlechts. Darüber wurde das Diskriminierungsverbot am 19. Januar 1972 in ein neues Betriebsverfassungsgesetz und in das Personalvertretungsgesetz aufgenommen. In Italien sichere Artikel 37 der Verfassung die Lohngleichheit. Belgien setzte Artikel 119 EWG mit einem Gesetz vom 16. März 1971 um. Dieses trat an die Stelle des Arrêté royal Nr. 40 vom 24. Oktober 1967. In Frankreich wurden die gleichen Rechte für Frauen und Männer in der Präambel zu Verfassung garantiert und mit entsprechenden Gesetzen begleitet. In den Niederlanden hingegen wurde erst am 20. März 1975 ein Gesetz entlassen, vorher war die Lohngleichheit nicht gesetzlich geregelt. In Dänemark hingegen bestand sie seit 1921. Im privaten Sektor hatten sich laut Kommission die Löhne angenähert. In Irland bestünden Nachteile des weiblichen Personals im öffentlichen Dienst, im Privatsektor existierten weiterhin viele Diskriminierungen (vgl. Gerichtshof der Europäischen Union: Rechtssache 43/75, Gabrielle Defrenne gegen Societé Anonyme Belge de Navigation Aérienne Sabena: a. a. O., S. 468f.).

465 Vgl. Gerichtshof der Europäischen Union: Rechtssache 43/75, Gabrielle Defrenne gegen Societé Anonyme Belge de Navigation Aérienne Sabena, a. a. O., S. 462f.

sei, da die Vorgabe Beziehungen zwischen Privatpersonen regele, nicht aber Rechte, die der Staat dem Einzelnen garantiere. Nur dort, wo der Staat unmittelbar verantwortlich sei, greife die unmittelbare Anwendung.[466] Diese vorsichtige Haltung passt nicht zu dem Bild derjenigen Kommission, die stets unionsrechtliche Positionen voranbringt. Ein Bild wie es heute häufig gerne gezeichnet wird.

Zwei der 1973 beigetretenen Staaten widersprachen in ihren Stellungnahmen im Fall *Defrenne 2* der unmittelbaren Geltung von Artikel 119 EWG. Dies waren die Regierungen des Vereinigten Königreiches und Irlands. Auch der doppelten sozialen und wirtschaftlichen Zielsetzung der Verträge[467] standen Großbritannien und Irland trotz Übernahme des Acquis communautaire ambivalent gegenüber. Hatte das Vereinigte Königreich nach zwei erfolglosen Beitrittsgesuchen am 9. August 1961 und am 11. Mai 1967 weiterhin auf Aufnahme gedrängt, da es fürchtete, wirtschaftliche Nachteile im internationalen Wettbewerb zu erleiden, waren nun wettbewerbspolitische Überlegungen der Grund für die Skepsis gegenüber der Entgeltgleichheit.

Die *Richtlinie 75/117/EWG des Rates vom 10. Februar 1975 zur Angleichung der Rechtsvorschriften der Mitgliedstaaten über die Anwendung des Grundsatzes des gleichen Entgelts für Männer und Frauen*,[468] so das Vereinigte Königreich, habe hingegen unmittelbare Geltung. Solange die Richtlinie nicht umgesetzt sei, so die Regierung von Irland, könne auch Artikel 119 EWG keine unmittelbare Geltung für den Einzelnen bedeuten.[469] Beide Regierungen äußerten sich besorgt über das wirtschaftliche Ungleichgewicht, welches durch die unmittelbare Wirkung von Artikel 119 EWG und die entsprechenden Lohnkostensteigerun-

466 Vgl. ibid., S. 463.

467 Vgl. Schlussanträge des Generalanwaltes Alain Duteillhet de Lamothe in der Rechtssache 80/70, Gabrielle Defrenne gegen Belgischen Staat: a. a. O.

468 Vgl. Richtlinie 75/117/EWG des Rates vom 10. Februar 1975 zur Angleichung der Rechtsvorschriften der Mitgliedstaaten über die Anwendung des Grundsatzes des gleichen Entgelts für Männer und Frauen, ABl. L 45 vom 19. Februar 1975, online verfügbar: https://eur-lex.europa.eu/legal-content/DE/TXT/HTML/?uri=CELEX:31975L0117&from=DE [Zugriff: 24. Juli 2019].

469 Vgl. Gerichtshof der Europäischen Union: Rechtssache 43/75, Gabrielle Defrenne gegen Societé Anonyme Belge de Navigation Aérienne Sabena: a. a. O.

gen zu erwarten seien. Von einer „nicht tragbare[n] Last“ sprach die irische Regierung.[470]

Die verzögerte an die Umsetzung der Richtlinie gebundene Anwendung lehnte der EuGH ab. Die Umsetzung von Artikel 119 EWG hätte, wie vertraglich festgelegt, zum 1. Januar 1962 erfolgen müssen. Somit stand laut EuGH außer Frage, dass Artikel 119 EWG zum Zeitpunkt der Rechtssachen *Defrenne* voll anwendbar war.[471] Artikel 119 EWG gelte unmittelbar, so dass der Einzelne sich auf seine vom Europarecht verliehenen Rechte berufen könne. Mangelhafte Umsetzungen der Mitgliedstaaten seien kein Grund, an der Unmittelbarkeit einer vertraglichen Vorschrift zu rütteln. Eine solche Annahme würde die Ausnahme der Rechtsverletzung zur Regel machen.[472] Die Begründung für die gleiche Bezahlung ist somit der Gemeinsame Markt und die dort garantierten Rechte des Einzelnen. Gleichstellung wurde somit zunächst eine wettbewerbspolitische Notwendigkeit.

Für die Mitgliedstaaten, die 1973 der Gemeinschaft beitraten[473], so der Gerichtshof, ergebe sich die Pflicht zur Umsetzung von Artikel 119 EWG aus dem Beitrittsvertrag.[474]Die Verpflichtung zur Übernahme des jeweiligen Rechtstandes vergrößert somit den Geltungsbereich des Rechts[475] und verschafft wiederum den Bürgern der neuen Mitgliedstaaten die Möglichkeit, die Rechtswege der Europäischen Union wahrzunehmen. Dies entspricht dem von Ernst B. Haas entwickelten geografischen Spill-over.[476]

Neben der unmittelbaren Geltung von Artikel 119 EWG sowohl für öffentliche als auch private Dienstverhältnisse[477] (entsprechend der ursprünglichen Argumentation Vogel-Polskys) hob der EuGH weiterhin hervor, dass die Beseitigung der Lohnungleichheit nur durch die An-

470 Vgl. ibid.

471 Vgl. ibid., Rdnr. 56/58, 65.

472 Vgl. ibid., Rdnr. 30/34.

473 Im Jahre 1973 traten Dänemark, Irland und das Vereinigte Königreich bei.

474 Vgl. Gerichtshof der Europäischen Union: Rechtssache 43/75, Gabrielle Defrenne gegen Societé Anonyme Belge de Navigation Aérienne Sabena: a. a. O.

475 Vgl. Gerhard, Ute: Für eine andere Gerechtigkeit. Dimensionen feministischer Rechtskritik, Frankfurt am Main 2018, S. 241.

476 Vgl. Haas, Ernst B., a. a. O., S. 314.

477 Rechtssache 43/75, Gabrielle Defrenne gegen Societé Anonyme Belge de Navigation Aérienne Sabena: a. a. O., Rdnr. 21/24.

hebung der niedrigeren Löhne an die höheren erfolgen könne.[478] Analog zu den Gedanken Monnets zieht der Gerichtshof die Verbesserung der Lebens- und Arbeitsbedingungen als Grund dafür heran.[479] Artikel 119 EWG diene einem doppelten Zweck, einem wirtschaftlichen und einem sozialen: Ersterer solle fairen Wettbewerb garantieren, Zweiterer den sozialen Fortschritt sichern. Daher gehöre Artikel 119 EWG zu den Grundlagen der Gemeinschaften.[480] Im Nachgang zur Entscheidung des EuGH in der Rechtssache *Defrenne 2* legte das Tribunal du Travail eine Schadensersatzzahlung in Höhe von 12.716 belgischen Francs fest. Diese beinhaltete die geforderten Gehaltsrückstände zuzüglich Zinsen und Kosten.[481] Die beiden anderen Klageansprüche, Abfindung und Rentenausgleich, wurden vom nationalen Gericht im Einklang mit den Entscheidungen des EuGH abgewiesen.[482] Dennoch bekannte sich der Gerichtshof in der Rechtssache *Defrenne 2* (April 1978) deutlich klarer zur sozialpolitischen Zielsetzung von Artikel 119 EWG als in seinem Urteil in *Defrenne 1*. Im dritten Fall, *De-*

---

478 Vgl. Gerichtshof der Europäischen Union: ibid., Rdnr. 14/15.

479 Vgl. ibid.

480 „Artikel 119 dient einem doppelten Zweck. Einerseits soll er mit Rücksicht auf den unterschiedlichen Entwicklungsstand der Sozialgesetzgebung in den einzelnen Mitgliedstaaten verhindern, daß [sic!] die in denjenigen Mitgliedstaaten, die den Grundsatz der Entgeltgleichheit tatsächlich verwirklicht haben, ansässigen Unternehmen im innergemeinschaftlichen Wettbewerb gegenüber den Unternehmen benachteiligt werden, die in Staaten ansässig sind, welche die Lohndiskriminierung zum Nachteil der weiblichen Arbeitskräfte noch nicht beseitigt haben. Andererseits dient diese Bestimmung den sozialen Zielen der Gemeinschaft, die sich ja nicht auf eine Wirtschaftsunion beschränkt, sondern, wie die Präambel des Vertrages hervorhebt, zugleich durch gemeinsames Vorgehen den sozialen Fortschritt sichern und die ständige Besserung der Lebens- und Beschäftigungsbedingungen der europäischen Völker anstreben soll. Diese Zweckbestimmung wird dadurch betont, daß [sic!] Artikel 119 in das der Sozialpolitik gewidmete Kapitel aufgenommen wurde, dessen einleitende Bestimmung, Artikel 117, hinweist auf die Notwendigkeit […], auf eine Verbesserung der Lebens- und Arbeitsbedingungen der Arbeitskräfte hinzuwirken und dadurch auf dem Wege des Fortschritts ihre Angleichung zu ermöglichen.
Aus dieser doppelten, wirtschaftlichen und sozialen Zweckbestimmung folgt, daß der Grundsatz des gleichen Entgelts zu den Grundlagen der Gemeinschaft gehört" (ibid., Rdnr. 8–12).

481 Vgl. Rechtssache 149/77, Gabrielle Defrenne gegen Societé Anonyme Belge de Navigation Aerienne Sabena, a. a. O., Rdnr. 3.

482 Vgl. ibid., Rdnr. 1–3.

*frenne 3* (Juni 1978), kam eine weitere Dimension hinzu, jene der Menschenrechte. Der EuGH konstatierte, dass „die Wahrung der Grundrechte des Menschen Bestandteil der Allgemeinen Grundsätze des Gemeinschaftsrechtes ist"[483] Die Beseitigung von Diskriminierungen zwischen Männern und Frauen gehöre dazu.[484]

Daraus ergibt sich die Frage, weshalb der EuGH nicht von Beginn an kühner vorging. Catherine Hoskyns weist bezüglich des ersten Falls *Defrenne 1* auf den Willen der Richter hin, progressives Recht zu setzen und den Menschenrechten Gültigkeit zu verschaffen.[485] Allerdings, so wird die Stimmung im EuGH beschrieben, waren die Richter nicht bereit, das gesamte europäische Recht auf Basis von Frauenrechten zu erweitern.[486] Die europäischen Richter waren sich im Klaren, dass sie eine wenig progressive Entscheidung trafen. Eine innovativere Entwicklung aber musste mit einem weitreichenderen, alle Bürger der Gemeinschaften betreffenden Ansatz begründet werden. Generalanwalt van Gerven tat dies in den 1990er Jahren im Rahmen der *Barber*-Rechtsprechung, indem er einen Ansatz wählte, der Rentenzahlungen an Männer *und* Frauen betraf. Gegenwärtig geht der Tenor noch ein Stück weiter, indem Ansätze, die der Menschenrechtslogik folgen, gewählt werden.

Das Umfeld der Rechtssetzung – um mit Haas zu sprechen – war Mitte der 1970er Jahre zudem ein anderes als noch zur Zeit des ersten Urteils *Defrenne*: Menschenrechte drangen in alle Lebensbereiche, die Notwendigkeit einer abgestimmten Sozialpolitik war – im Sinne Monnets – offensichtlicher als noch in den Jahren des Aufbaus nach dem Krieg, die wirtschaftliches Wachstum als Selbstverständlichkeit erscheinen ließen.

483 Ibid., Rdnr. 26/29.
484 Vgl. ibid.
485 Vgl. Hoskyns, Catherine: a. a. O., S. 72.
486 Ibid., S. 74.

## 3.6 Internationale Frauenrechte und die Politik der europäischen Gemeinschaften in den 1970er Jahren

Mitte der 1970er Jahre, nach der Entscheidung in der Rechtssache *Defrenne 1* und vor *Defrenne 2* und *Defrenne 3*, erfuhr nicht nur zweite Welle des Feminismus eine neue Dynamik, auch die Weltwirtschaftskrise der 1970er Jahre zeichnete sich ab. In Deutschland regierte seit 1969 die Sozialdemokratische Partei Deutschlands (SPD) mit Willy Brandt. In Frankreich folgte auf den europakritischen Charles de Gaulle der verhandlungssichere George Pompidou. Nationale Entwicklungen, die einen Einflussfaktor auf die europäische Integration bilden,[487] standen deutlicher im Zeichen der Sozialpolitik als noch einige Jahre zuvor.

Die Gewichtung der Sozialpolitik wurde durch einen frauenrechtlichen Moment auf internationaler Ebene komplementiert, der einer Stärkung der Menschenrechte entsprang. Waren die Richter in der Rechtssache *Defrenne 1* in ihrem Werdegang zwar von den Menschenrechten beeinflusst, zögerten sie doch dieses Paradigma in ihre Entscheidung einfließen zu lassen. Mitte der 1970er Jahre jedoch änderte sich das, was Ernst B. Haas als das Umfeld europäischer Politik bezeichnete: In Island streikten 90 Prozent der Frauen des Landes und verlangten faire Arbeitsbedingungen. In Mailand wiesen Arbeiterinnen am 8. März 1976 mit einem dreistündigen Streik auf die hohe Frauenarbeitslosigkeit hin.[488] In Deutschland war Bundestagspräsidentin Annemarie Renger[489] Schirmherrin des Kuratoriums Internationales Jahr der Frau, welches 1974 zum ersten Mal zusammentrat. Zahlreiche öffentliche Veranstaltungen fanden unter Beteiligung von 33 Institutionen statt, darunter Frauen- und Sozialverbände, Parteien, Kirchen, Gewerkschaften sowie öffentlich-rechtliche Fernsehanstalten.

---

487 Haas, Ernst B.: International Integration: The European and the Universal Perspective, a. a. O., S. 376.

488 Vgl. Scholze, Siegfried: Der Internationale Frauentag einst und heute. Geschichtlicher Abriss und weltweite Tradition vom Entstehen bis zur Gegenwart, Berlin 2001, S. 133.

489 Annemarie Renger war die erste Frau, die dem Deutschen Bundestag vorstand. Von 1972 bis 1976 war sie Präsidentin des Bundestages und danach bis 1990 Vizepräsidentin.

Die deutsche Aktivistin Alice Schwarzer, die seit 1970 mit Simone de Beauvoir und Jean Paul Sartre befreundet war, gründete in Paris das Mouvement pour la libération des femmes (MLF)[490], eine feministische Gruppe der französischen Frauenbewegung, die dem US-amerikanischen Women's Liberation Movement intellektuell nahestand. 1977 erschien die erste Ausgabe der von Schwarzer herausgegebenen Zeitschrift *Emma*. Beide Bewegungen sind Beispiele für die Herleitung von Frauenrechten auf Basis von Menschenrechten. Dies entsprach dem Zeitgeist, der sich auch auf der internationalen politischen Ebene fand.

So enthielt die Schlussakte von Helsinki 1975 Vereinbarungen über die Menschenrechte, Kooperation in Wirtschaft, Wissenschaft, Technik und Umwelt, Sicherheit und die Abstimmung in humanitären Angelegenheiten. Sie stand am Ende der Konferenz für Sicherheit und Zusammenarbeit in Europa (KSZE)[491], die 1973 auf Initiative des Warschauer Paktes ins Leben gerufen wurde. 35 Staaten, darunter die Mitglieder der europäischen Gemeinschaften, nahmen teil. Die europäischen Gemeinschaften drangen wiederum auf die Teilnahme der USA.

Im Jahr 1979 verabschiedeten die Vereinten Nationen das Übereinkommen zur Beseitigung jeder Form von Diskriminierung der Frau (Convention on the Elimination of All Forms of Discrimination Against Women, CEDAW), welches 1981 in Kraft trat und die Gleichstellung von Frauen in allen Lebensbereichen vorsieht. Kurze Zeit vorher erklärte die Generalversammlung der Vereinten Nationen das Jahr 1975 zum Internationalen Jahr der Frau. Die UNO feierte im selben Jahr den 8. März zum ersten Mal als Internationalen Frauentag, der seit 1911 auf die Notwendigkeit von Gleichberechtigung aufmerksam

490 „Bewegung für die Befreiung der Frau“: Die MLF hat keine Vorsitzende. Führungsstrukturen sind nicht vorgesehen. Die Bewegung organisierte sich in Kollektiven und Gruppen. Ihr Formierung geht auf ein Ereignis am 26. August 1970 zurück. Zwölf Aktivisten legten einen Kranz unter den Arc de Triomphe in Paris, um die Frau des „unbekannten Soldaten“ zu preisen. Die Aktion wurde von neun Frauen geleitet, darunter Cathy Bernheim, Christine Delphis, Monique Wittig, Christiane Rochefort und Namascar Shaktini. Ihre Banner zeigten: „Es gibt mehr Unbekannte als den unbekannten Soldaten: seine Frau.“

491 1995 wurde die KSZE in Organisation für Sicherheit und Zusammenarbeit in Europa (OSZE) umbenannt und als diese institutionalisiert. Heute nehmen 57 Staaten teil.

machte.[492] Es folgte die Deklaration der UN-Dekade der Frau (1976–1985). Am 2. Juli 1975 wurde in Mexiko-Stadt die erste Weltfrauenkonferenz ausgerichtet. Dort beabsichtigten auch die europäischen Gemeinschaften, einen substantiellen Beitrag zu leisten.[493]

Vor diesem Hintergrund ist die Verabschiedung dreier Richtlinien im Bereich der Gleichstellung zu verstehen, die, wie oben gezeigt, von den neuen Mitgliedstaaten positiver aufgenommen wurden als primärrechtliche Vorgaben: Die *Richtlinie 75/117/EWG des Rates vom 10. Februar 1975 zur Angleichung der Rechtsvorschriften der Mitgliedstaaten über die Anwendung des Grundsatzes des gleichen Entgelts für Männer und Frauen,*[494] die *Richtlinie 76/207/EWG des Rates vom 9. Februar 1976 zur Verwirklichung des Grundsatzes der Gleichbehandlung von Männern und Frauen hinsichtlich des Zugangs zur Beschäftigung, zur Berufsbildung und zum beruflichen Aufstieg sowie in bezug* [sic!] *auf die Arbeitsbedingungen*[495] (Gleichbehandlungsrichtlinie) sowie die *Richtlinie 79/7/EWG des Rates vom 19. Dezember 1978 zur schrittweisen Verwirklichung des Grundsatzes der Gleichbehandlung von Männern und*

492 Der Frauentag wurde das erste Mal am 19. März 1911 in Dänemark, Deutschland, Österreich, Bulgarien, der Schweiz und den USA gefeiert (Vgl. Scholze, Siegfried: a. a. O., S. 21). Ein Jahr zuvor fand die II. Internationale Sozialistische Frauenkonferenz am 26. und 27. August in Kopenhagen statt, wo der Internationale Frauentag proklamiert wurde. Der 19. März sollte die Verbindung zur Märzrevolution 1848 evozieren, deren Gedenktag der 18. März ist. Seit 1921 wurde der Internationale Frauentag am 8. März gefeiert (in Anlehnung an die Oktoberrevolution 1917), vorerst nahmen nur die Kommunistinnen dieses Datum wahr.

493 Hoskyns, Catherine: a. a. O., S. 86.

494 Richtlinie 75/117/EWG des Rates vom 10. Februar 1975 zur Angleichung der Rechtsvorschriften der Mitgliedstaaten über die Anwendung des Grundsatzes des gleichen Entgelts für Männer und Frauen: a. a. O.

495 Richtlinie 76/207/EWG des Rates vom 9. Februar 1976 zur Verwirklichung des Grundsatzes der Gleichbehandlung von Männern und Frauen hinsichtlich des Zugangs zur Beschäftigung, zur Berufsbildung und zum beruflichen Aufstieg sowie in bezug auf die Arbeitsbedingungen, ABl. Nr. L 39 vom 14. Februar 1976, online verfügbar: https://eur-lex.europa.eu/legal-content/DE/TXT/?uri=celex%3A31976L0207 [Zugriff: 27. Juli 2019]. Diese Richtlinie ist nicht mehr in Kraft. Sie wurde durch die *Richtlinie 2006/54/EG des Europäischen Parlaments und des Rates vom 5. Juli 2006 zur Verwirklichung des Grundsatzes der Chancengleichheit und Gleichbehandlung von Männern und Frauen in Arbeits- und Beschäftigungsfragen (Neufassung)* aufgehoben.

*Frauen im Bereich der sozialen Sicherheit*[496]. Obwohl letztere Richtlinie den Mitgliedstaaten noch erlaubte, das Rentenalter vom Anwendungsbereich des Europarechts auszuschließen[497], standen die Regierungen und die Kommission nun stärker hinter dem sozialen Ziel der Gemeinschaften als noch bei deren Gründung. Im Rahmen der Verhandlungen zur Gleichbehandlungsrichtlinie beriet Sullerot die Kommission, wo sie eng mit der dortigen Angestellten Jacqueline Nonon zusammenarbeitete. Beiden ging es vor allem um die Vereinbarkeit von Beruf und Privatleben von Frauen. Im Gegensatz zu den zahlreichen Frauenbewegungen ihrer Zeit gehörten die Frauen, die in den Institutionen der Gemeinschaften aktiv waren, zu der Gruppe, die Elizabeth Wilson mit Rückgriff auf die britische Psychologin und Soziologin Judith Hubback[498] als „reasonable feminists" bezeichnete[499] und den Catherine Hoskyns in ihrer Analyse des Feminismus in der Europäischen Union[500] durchgehend aufgreift. Die Feministinnen in den europäischen Institutionen hinterfragten weder patriarchalische Strukturen noch die binäre Auffassung von Geschlecht oder existierendes Abtreibungsrecht – all jene Aspekte, die beispielsweise in Frankreich, Italien oder den USA prominent behandelt wurden.[501] Nonon fand ihren eigenen Weg innerhalb der bestehenden Strukturen und setzte sich für eine Ad-hoc-Gruppe ein, die sich in der Europäischen Kommission mit Artikel 119

496 Vgl. Richtlinie 79/7/EWG des Rates vom 19. Dezember 1978 zur schrittweisen Verwirklichung des Grundsatzes der Gleichbehandlung von Männern und Frauen im Bereich der sozialen Sicherheit, ABl. Nr. L 006, 10. Januar 1979, online verfügbar: https://eur-lex.europa.eu/legal-content/DE/TXT/?qid=1570959308192&uri=CELEX:31979L0007 [Zugriff: 13. Oktober 2019].

497 Artikel 7 lautet: „Diese Richtlinie steht nicht der Befugnis der Mitgliedstaaten entgegen, folgendes von ihrem Anwendungsbereich auszuschließen: a) die Festsetzung des Rentenalters für die Gewährung der Altersrente oder Ruhestandsrente und etwaige Auswirkungen daraus auf andere Leistungen."

498 Judith Hubback (1917–2006) veröffentlichte *Wives Who Went To College* (1957). Dort setzt sie sich mit hochqualifizierten Frauen, denen aufgrund der an sie gestellten Erwartungen als Mütter und Hausfrauen eine Karriere versagt blieb, auseinander. „Reasonable Feminism", der sich in eine männlich geprägte Welt einfügt, war für sie daher keine Option (vgl. Hubback, Judith: Wives Who Went to College, London 1957, S. 159).

499 Vgl. Wilson, Elizabeth: Only Half Way to Paradise – Women on Postwar Britain: 1945–1968, London 1980, S. 162–180.

500 Vgl. Hoskyns, Catherine: a. a. O., S. 26ff.

501 Vgl. ibid.

und Frauen im Arbeitsleben auseinandersetzte.[502] Nonon sorgte dafür, dass so viele Mitglieder der Gruppe wie möglich Frauen waren. Dort wurden schließlich auch soziale Vorkehrungen, positive Maßnahmen wie Elternzeit oder das Bereitstellen von Kinderbetreuung in den Entwurf der Gleichstellungsrichtlinie aufgenommen. Etablierte Mitarbeiter der Kommission befürchteten jedoch damit einhergehende Kosten. Der Entwurf für die Gleichbehandlungsrichtlinie ging direkt an die Arbeitsgruppe Soziales im Rat, das zentrale Gremium der Verhandlung des Entwurfes, bevor dieser im Rat entschieden wurde. Deutschland, wo zu dieser Zeit kaum sozialrechtliche Absicherungen für Frauen existierten, war den positiven Maßnahmen gegenüber äußerst skeptisch. Eine Inklusion sozialrechtlicher Komponenten, so auch die allgemeine Tendenz, erhöhte zudem die Wahrscheinlichkeit einer Harmonisierung von Rentenalter und Rentenzahlungen. Von einem Vorschlag, Regelungen zur Berufsausbildung in die Richtlinie aufzunehmen, wurde schließlich abgesehen, da – so die Auffassung – den Gemeinschaften die Kompetenz im Bereich Bildung fehlte.[503]

Die Arbeitsgruppe Soziales im Rat bestand hauptsächlich aus Männern. Nonon war zwar anwesend, durfte aber nicht mitverhandeln. Und vor dem Hintergrund der sozialen Kosten war es am Ende eine Frau, nämlich Barbara Castle, die britische Secretary of State for Social Services, die die sozialen Vorkehrungen der Richtlinie drastisch reduzierte. Nicht Frauenrechte, sondern Kosten für den britischen Staat sollten ihr Hauptargument sein.[504] Im Dezember 1975 wurde die Gleichbehandlungsrichtlinie angenommen. Bis 1978 hatten die Mitgliedstaaten Zeit zur Umsetzung.

Letztlich fügt sich die Richtlinie in den Tenor der „reasonable feminists“ ein: Der speziellen Situation der Frau wurde nicht Rechnung getragen. Vielmehr wurden Frauen als eine Version des Mannes behandelt, was unter den damaligen Umständen problematisch war: Bestimmte Tätigkeiten kamen eher Frauen zu, beispielsweise Kindererziehung oder der Haushalt. Dies wurde nicht weiter berücksichtigt. Zudem schien für eine genderneutrale Herangehensweise, beispiels-

502 Vgl. ibid., S. 100.
503 Vgl. ibid., S. 104f.
504 Vgl. ibid., S. 105.

weise eine *Eltern*zeit, der strukturelle Kontext noch nicht gegeben gewesen. Es dauerte bis 2019, um eine Richtlinie zu verabschieden, die eine Kinderbetreuungszeit in Verbindung mit Sozialleistungen vorsah (Kapitel 7). Diese Nichtberücksichtigung der besonderen Situation der Frau und damit einhergehender sozialer Strukturen ermöglichte es schließlich, die Gleichbehandlungsrichtlinie als Klagegrundlage gegen Quoten zu bemühen (Kapitel 8).

Dies war der Hintergrund der Rechtssachen *Defrenne*, insbesondere *Defrenne 2*. Die Gleichbehandlungsrichtlinie wurde im Februar 1976 publiziert. *Defrenne 2* erreichte den EuGH im April 1976. Mit Ernst B. Haas kann konstatiert werden, dass sich Integration mit dem Stand des internen und externen Umfeldes entwickelt.[505] Selbst einer anderen Generation angehörend, aber stark geprägt von den Kriegen des 20. Jahrhunderts und daher in der Tradition der Menschenrechte stehend sahen die Richter am EuGH die Notwendigkeit einer progressiven Rechtsprechung. Aber sie wussten auch, dass eine erfolgreiche Integration ohne die Regierungen der Mitgliedstaaten nicht umzusetzen war. Dort herrschten noch andere Auffassungen. Ein Spill-over braucht Zeit, er wirkt in beide Richtungen: von Europa auf die Bürger und von den Bürgern auf Europa. So waren es auch die Aktivitäten von Frauenbewegungen und einzelnen engagierten Frauen, die aus den Mitgliedstaaten sowohl die nationale wie auch die europäische Ebene beeinflussten. Individuen konnten freier agieren als dies Richtern am EuGH möglich war. So entwickelte sich in der Folge ein aktiver Gebrauch des Europarechts der Kläger, die zusätzlich zu Artikel 119 EWG sekundärrechtliche Vorgaben beanspruchten. Recht und soziale Entwicklungen, national und international, bedingen sich gegenseitig. Dieser Prozess findet kontinuierlich statt und ist nie abgeschlossen. Unsere Sicht auf die Gesellschaft, darauf, wen wir als Teilhabende an der Gesellschaft betrachten, sowie unsere grundsätzlichen Auffassungen von Menschlichkeit werden im Recht reflektiert. Die anfängliche Position der Niederlande, arbeitende Frauen als Minderheit zu betrachten und daher von einer europarechtlichen Regelung abzusehen, verdeutlicht diese Interdependenzen. Gleichzeitig kann das Recht den Anstoß für Min-

505 Haas, Ernst B.: International Integration: The European and the Universal Perspective, a. a. O., S. 376.

derheiten geben, ihre Rechte einzuklagen, sich zu organisieren und – wie im Fall der berufstätigen Frauen – schließlich keine Minderheit mehr zu sein. Dies ist auch auf europäischer Ebene über die Jahre hinweg geschehen. Die 1970er Jahre waren entscheidend. Eine globale Wende und einzelne Aktivistinnen führten im Einklang mit dem EuGH zum Erwachen des Frauenrechts der europäischen Gemeinschaften.

Für die vorliegende Untersuchung ergeben sich mehrere Erkenntnisse: Kläger können zwar das Recht in Anspruch nehmen und die europäische und nationale Ebene für ihre Anliegen sensibilisieren, aber eng gefasstes Recht wurde auch vom EuGH zunächst eng ausgelegt. Es darf dabei nicht vergessen werden, dass es sich um die ersten drei Urteile im Bereich der Entgeltgleichheit handelte. Auch in den anderen Rechtsbereichen, denen sich die vorliegende Analyse annimmt, ist dieses Vorgehen zu beobachten. Zu Beginn zeichneten sich die Entscheidungen des Gerichtshofes kaum durch Progressivität aus. Vermehrte Klagen können jedoch als Hinweis auf ein europaweites gesellschaftliches Umdenken gewertet werden, das mit den vermehrten Initiativen von Frauenbewegungen korrespondierte und dem das Gericht in der Folge Rechnung trug.

Ohne eine korrespondierende sekundärrechtliche Grundlage, die eine Änderung der Haltung der Regierungen der Mitgliedstaaten vielleicht stärker ausdrückte als die damals etwa zwanzig Jahre zurückliegenden Römischen Verträge, war die Rechtsprechung des Europäischen Gerichtshofes dennoch von Zurückhaltung geprägt. Gleichzeitig deuteten Initiativen von Frauenbewegungen in der Zeit der Rechtssache *Defrenne 1* in eine andere Richtung. Dies kann als ein erster Hinweis auf die prominente Stellung der Mitgliedstaaten als maßgebliche Instanz der Europarechtsetzung verstanden werden.

Vor diesem Hintergrund ist auch das erste Zögern, auf Basis von Frauenrechten weitreichendes europäisches Recht zu schaffen, zu betrachten. Dies sollte sich jedoch im weiteren Verlauf insofern ändern, als gleichstellungspolitische Fragestellungen zu einer Expansion des Europarechts beitrugen.

Ein Blick auf die Nutzung des Europarechts zeigt, dass sich Bürger, ganz ähnlich der Aktivistinnen in Belgien, durchaus der europäischen

Sphäre bewusst waren. Sie war kein weit entferntes unerreichtes Abstraktes. So wurde lediglich eine der 20 untersuchten Rechtssachen im Bereich der Entgeltgleichheit vor dem nationalen Gericht mit jeweils nationalen Vorgaben argumentiert. Es war also in dem Fall das vorlegende Gericht, welches die Fälle an den EuGH herantrug.[506] In drei weiteren Fällen war die Prozessstrategie nicht ersichtlich.[507] In 16 der 20 Fälle (davon ein Vertragsverletzungsverfahren) machten Kläger vor den nationalen Gerichten Europarecht geltend.[508]

---

506 Vgl. Entscheidung und Schlussanträge in den Rechtssachen Caisse d'assurances sociales pour travailleurs indépendants „Integrity“ gegen Nadine Rouvro (373/89).

507 Vgl. *Joan Gillespie und andere gegen Northern Health and Social Services Boards, Department of Health and Social Services, Eastern Health and Social Services Board und Southern Health and Social Services Board* (342/93), *Susanne Lewen gegen Lothar Denda* (333/97) und verbundene Rechtssachen 4/02 und 5/02, *Hilde Schönheit gegen Stadt Frankfurt am Main und Silvia Becker gegen Land Hessen*, 23. Oktober 2003, online verfügbar: https://eur-lex.europa.eu/legal-content/DE/TXT/?qid=1570977496298&uri=CELEX:62002CJ0004 [Zugriff: 19. November 2019].

508 Diese 20 Rechtssachen sind: Gabrielle Defrenne gegen belgischen Staat (80/70), Gabrielle Defrenne gegen Societé Anonyme Belge de Navigation Aérienne Sabena (43/75), Gabrielle Defrenne gegen Societé Anonyme Belge de Navigation Aérienne Sabena (149/77), Eileen Garland gegen British Rail Engineering Limited (12/81), Douglas Harvey Barber gegen Guardian Royal Exchange Assurance Group (262/88), Caisse d'assurances sociales pour travailleurs indépendants „Integrity“ gegen Nadine Rouvroy (373/89), Elsie Rita Johnson gegen Chief Adjudication Officer (31/90), Kommission der Europäischen Gemeinschaften gegen Königreich Belgien (173/91), Gerardus Cornelis Ten Oever gegen Stichting Bedrijfspensioenfonds voor het Glazenwassers- en Schoonmaakbedrijf (109/91), Michael Moroni gegen Collo GmbH (110/91), David Neath gegen Hugh Steeper Ltd (152/91), Bestuur van het Algemeen burgerlijk pensioenfonds gegen G. A. Beune (7/93), Coloroll Pension Trustees Ltd gegen James Richard Russell, Daniel Mangham, Gerald Robert Parker, Robert Sharp, Joan Fuller, Judith Ann Broughton und Coloroll Group plc. (200/91), Constance Christina Ellen Smith und andere gegen Avdel Systems Ltd. (408/92), Anna Adriaantje Vroege gegen NCIV Instituut voor Volkshuisvesting BV und Stichting Pensioenfonds NCIV (57/93), Geertruida Catharina Fisscher gegen Voorhuis Hengelo BV und Stichting Bedrijfspensioenfonds voor de Detailhande (128/93), Joan Gillespie und andere gegen Northern Health and Social Services Boards, Department of Health and Social Services, Eastern Health and Social Services Board und Southern Health and Social Services Board (342/93), Susanne Lewen gegen Lothar Denda (333/97), Hilde Schönheit gegen Stadt Frankfurt am Main und Silvia Becker gegen Land Hessen (4/02 und 5/02), Safeway Ltd gegen Andrew Richard Newton, Safeway Pension Trustees Ltd. (171/18). Auf die detaillierten Angaben zur Fundstelle der Urteile

Nur in fünf dieser 20 Verfahren wurde Artikel 119 EWG allein herangezogen. In den anderen Rechtssachen wurden die Klagen durch Sekundärrecht in Form von Richtlinien oder früherer Rechtsprechung des EuGH komplettiert. Die subsequente Schaffung von Sekundärrecht durch den Rat, das Organ der Mitgliedstaaten, und die zahlreichen Fälle, die an den Europäischen Gerichtshof herangetragen wurden, sind Ausdruck der Auffassung, dass Lohngleichheit nicht bei der Zahlung des Arbeitgebers aufhört. So hat sich die Meinung der Aktivistinnen, der Anwältinnen, und der Klägerin langfristig auch beim Rat und den Regierungen anderer Mitgliedstaaten durchgesetzt.

Aus den Darlegungen folgt auch, dass nicht allein der Europäische Gerichtshof die Durchsetzung und Anwendung des Europarechts garantieren kann. Er ist auf politische Umsetzung des Europarechts durch die Mitgliedstaaten angewiesen. Ein recht minimal formulierter primärrechtlicher Artikel reichte nicht aus, um wegweisende Urteile zu fällen. Sekundärrecht sowie weitere Initiativen von Klägern waren für die umfangreiche Jurisdiktion nötig, die über die enge Auslegung des Lohngleichheitsgebotes in den Rechtssachen *Defrenne* hinausging.[509]

Die Rechtsentwicklung der Entgeltgleichheit in der Europäischen Union ist eines der Paradebeispiele für den von Haas vertretenen Neofunktionalismus. Der Beginn dieser Entwicklung setzte nicht unmittelbar mit Gründung der Gemeinschaften ein. Zwar war das Recht existent, aber es wurde nicht von Klägern genutzt. Die erste von Gabrielle Defrenne angestoßenen Rechtssachen schien eher das Gegenteil eines Spill-over im Sinne von Ernst B. Haas anzukündigen. Erst die *Entgeltgleichheitsrichtlinie 75/117/EWG*, die *Gleichbehandlungsrichtlinie 76/207/EWG* und die Richtlinie 79/7/EWG für den Bereich der sozialen Sicherheit stellten einen rechtlichen Rahmen zur Verfügung, innerhalb dessen der Europäische Gerichtshof sicher agieren konnte. Er ist demzufolge von drei wesentlichen Faktoren abhängig: Erstens bedarf es einer rechtlichen Basis, die er anwenden kann und die über primärrechtliche Regelungen hinausgeht. Zweitens braucht es Kläger, die diese rechtliche Basis nutzen, was von den gesellschaftlichen Dynamiken

wird aufgrund von Platzgründen an dieser Stelle verzichtet und auf das Literaturverzeichnis verwiesen.

509 Vgl. Ebert, Berit: a. a. O., S. 124ff.

abhängig ist. Drittens und allem voran müssen die Mitgliedstaaten in der Form des Rates als primäres Rechtssetzungsgremium dieses Recht ins Leben rufen.

Ein Gebrauch des Rechts durch den Einzelnen kann wiederum in sich als Teil-Spill-over gesehen werden: Verläuft eine Rechtssache erfolgreich für den Kläger, so ist es wahrscheinlich, dass Kläger in anderen Mitgliedstaaten ebenfalls agieren. Dies wiederum spricht weniger für den Erfolg eines Europas im Sinne Buchanans *Theory of Clubs* oder Giandomenico Majones Zweckgemeinschaften. Zwar sichert diese Konstruktion schnelle Zustimmung derjenigen Akteure, die von Beginn an von bestimmten Zielsetzungen überzeugt sind, sie lassen aber wenig Flexibilität mit Blick auf eine Öffnung und Entwicklung. Warum? Flexibilität war ursprünglich eine der Motivationen für Majone. Die Sichtweise ist aber insofern unflexibel, als ihre Flexibilität nur dann funktioniert, wenn man den Nationalstaat ins Zentrum der Willensbildung stellt. Thematisch unflexibel bleibt Majones Ansatz, da jede seiner Zweckgemeinschaften sich durch konkrete Ziele definiert. Ein wie für die Entgeltgleichheit beschriebener Prozess der Rechtsentwicklung wäre kaum möglich. So kann sich eine nicht vorhandene Zieldefinition durchaus positiv für die europäische Rechtsentwicklung auswirken. Sicherlich war den Gründern zu Beginn der Gemeinschaften nicht klar, wohin sich der gemeinschaftliche Entgeltbegriff entwickeln würde. Diese Entwicklung kam den Bürgern Europas jedoch zugute. Agierten sie als Kläger, waren sie es selbst, die aktiv daran mitwirkten.

Der originäre Gedanke der Gründer der Gemeinschaften, die Entwicklung Europas dynamisch zu halten, käme in der Umsetzung der Theorie Majones zu kurz. Es werden vorrangig Regierungen sein, die sich entscheiden, bei dem einen oder anderen politischen Projekt mitzuwirken. Möchte man aber ein dynamisches Europarecht erhalten, an dem Einzelne „mitwirken" und durch das der Einzelne geschützt wird, so müssen diese Einzelnen von Beginn an als Akteure inkludiert sein. Die Theorie Majones schließt sie aber aus. Dieser Punkt wird in der Rechtsprechung im Bereich Gender Identity und gleichgeschlechtlicher Partnerschaften (Kapitel 10) noch einmal deutlich. Den Teil der Staaten, deren Regierungen den europarechtlichen Ansatz nicht teilen, vom Wirkungsbereich unionsrechtlicher Vorgaben auszuschließen, wäre gleichbedeutend mit dem Ausschluss der dortigen Bevölkerung.

Es ist aber oft gerade diese Bevölkerung, die des europarechtlichen Schutzes bedarf. Deutlich wird dies an einem ungarischen Gesetz vom Mai 2020, welches es verbietet, das biologische Geschlecht, das bei der Geburt im Personenstandsregister eingetragen wurde, zu ändern.[510] In Polen werden homosexuelle Paare angefeindet, haben weder eine Möglichkeit zu heiraten oder eine Lebenspartnerschaft einzugehen.[511] LGBTQIA+[512]-Rechte werden drastisch eingeschränkt. Diese Gesetze sind widersprüchlich zur Rechtsprechung des EuGH, und gerade in solchen Fällen sind die Bürger vom Gebrauch des Europarechts abhängig. Ein Club von Regierungen der Willigen würde den Rückgriff auf das Europarecht unmöglich werden lassen.

Es waren Einzelne, die vor nationalen Gerichten ihren Standpunkt mit Hilfe des Europarechts vertraten, Vorgaben ihrer Länder hinterfragten und in anderen Mitgliedstaaten auf Kläger mit verwandten Anliegen trafen. So erstaunt es nicht, dass das Europarecht im Bereich der Entgeltgleichheit schon bald auf zahlreiche weitere Komponenten erweitert wurde. Einen entscheidenden Wendepunkt stellt die *Barber*-Rechtsprechung dar.

---

510 Vgl. Deutsche Welle (Hrsg.): Ungarn. Orbáns Kampf gegen LGBTQI, 21. Mai 2020, online verfügbar: https://www.dw.com/de/ungarn-orb%C3%A1ns-kampf-gegen-lgbtqi/a-53522975 [Zugriff: 27. Juni 2020].

511 Kuner, Lisa: Sie wollen nur weg, Der Tagesspiegel, 25. Oktober 2020, S. 24.

512 Lesbian, Gay, Bisexual, Transgender, Queer, Intersexual, Agender, Asexual, and Ally.

# 4. Die Dynamik des Lohngleichheitsgebotes und das Renteneintrittsalter

Die Entwicklung in den Jahren, die auf die Rechtssachen *Defrenne* folgten, verdeutlichte, dass das Lohngleichheitsgebot nicht als isolierter Rechtsbereich existierte. Sozialrechtliche Vorgaben waren betroffen: Kläger nutzten Artikel 119 EWG, um Vorgaben über Renteneintrittsalter, Teilzeitarbeit, Beschäftigungszugang, Schwangerschaft und Elternzeit zu avancieren. Das Lohngleichheitsgebot trat aus seiner bisherigen isolierten Interpretation heraus. Seine Substanz wurde dynamisch betrachtet und mit den neuen gesellschaftlichen Realitäten angepasst. Zunehmend wurden sozialpolitische Erwägungen von Klägern geltend gemacht.

## 4.1 Die Barber-Entscheidung

Im Kontext der Entgeltgleichheit ist die *Barber*-Rechtsprechung insofern wegweisend, als sie von dem strengen Fokus in den Urteilen *Defrenne* Abschied nahm und die Wirkung des Europarechts auch im sozialen Bereich erweiterte. Komponenten des Gehaltes, die auf sozialgesetzliche Vorgaben zurückzuführen waren, wurden spätestens seit der *Barber*-Entscheidung nicht länger als außerhalb des Geltungsbereiches des Europarechts betrachtet. Generalanwalt van Gerven legte mit seinen Schlussanträgen die argumentative Grundlage für den erweiterten Anwendungsbereich der Entgeltgleichheit auf weitere Gehaltskomponenten, auch solche, die sich aus dem mitgliedstaatlichen Sozialrecht ergaben. Diese Wende konnte vollzogen werden, da das fundamentale Argument nicht frauenrechtlich, sondern grundsätzlich arbeitnehmer- und sozialversicherungsrechtlich konzipiert wurde. Die Sorgen, welche das Richterkollegium in den Rechtssachen *Defrenne* hegte, konnten auf einer Argumentationsbasis jenseits spezifischer Rechte für Frauen umgangen werden. Dadurch wurde eine weitreichendere Rechtsprechung, die zwar in den 1970ern bereits favorisiert, aber nicht umgesetzt worden war, möglich. Rechtstraditionen der Mitgliedstaaten, die die Stellung der Frau betrafen, waren argumentativ für die Entscheidungsfindung weniger maßgeblich, wurden aber durch Entscheidungen des EuGH durchaus bemüht.

Im konkreten Fall *Douglas Harvey Barber gegen Guardian Royal Exchange Assurance Group* vom 17. Mai 1990 ging es um das Rentenalter.[513] Douglas Harvey Barber war bei der Guardian Royal Exchange Assurance Group angestellt. Die Pensionskasse des Unternehmens war ein „Contracted-out"[514]-System, welches vom Arbeitgeber finanziert wurde und weitestgehend die staatliche Versicherung ersetze. Das „Contracted-out"-System war gemäß dem *Social Securities Penions Act*, dem britischen Gesetz über die Renten der Sozialversicherung, zugelassen. Das Versorgungssystem der Guardian Royal Exchange Assurance Group legte den Renteneintritt für Männer mit 62 Jahren, jenen für Frauen mit 57 Jahren fest. Im Falle einer betrieblichen Kündigung setzte man das Renteneintrittsalter auf 55 beziehungsweise 50 Jahre. Douglas Barber arbeitete als stellvertretender Leiter des Schadensbüros für South Yorkshire in Sheffield. Die Guardian Royal Exchange Assurance Group schloss das Büro. Am 31. Dezember 1980 wurden Douglas Barber und eine Reihe anderer Arbeitnehmer daraufhin aus betrieblichen Gründen entlassen. Barber war 52 Jahre alt und hatte folglich keinen Anspruch auf eine vorgezogene Rente. Als Frau

---

513 Vgl. Gerichtshof der Europäischen Union: Rechtssache 262/88, Douglas Harvey Barber gegen Guardian Royal Exchange Assurance Group, 17. Mai 1990, online verfügbar: https://eur-lex.europa.eu/legal-content/DE/TXT/?qid=1556454558264&uri=CELEX:61988CJ0262 [Zugriff: 25. Juli 2019].

514 Personen, deren staatlicher Renteneintritt vor dem 6. April 2016 lag, waren Teil eines sogenannten „Contracted-out"-Systems. Die Pension bestand aus zwei Komponenten: Erstens eine Basisrente, die nach 30-jähriger Beitragszeit in das nationale Versicherungssystem (National Insurance) gezahlt wurde, und zweitens eine zusätzliche staatliche Rente (Additional State Pension), die gehalts- und punkteabhängig war. Unter dem „Contracted-out"-System war es möglich, nicht oder nur teilweise in die zusätzliche staatliche Rente einzuzahlen und die nicht dem staatlichen System zugeführten Beiträge stattdessen in ein anderes System fließen zu lassen.

hätte er diesen Anspruch gehabt.[515] Douglas Barber klagte auf Basis *des Sex Discrimination Act* und auf Basis des Gemeinschaftsrechts, namentlich Artikel 119 EWG, vor einem Industrial Tribunal, welches die Klage abwies.[516] Die nächste Instanz, das Employment Appeal Tribunal, wies die Klage ebenfalls ab. Douglas Barber, so beide nationale Gerichte, könne sich weder auf den *Sex Discrimination Act* noch auf das Gemeinschaftsrecht berufen.[517] Barber ging beim Court of Appeal in Berufung, der sich an den EuGH wandte. Der Court of Appeal war diejenige Instanz, die zusätzlich zu dem von Douglas Barber aufgeführten Artikel 119 EWG die *Entgeltgleichheitsrichtlinie 75/117/EWG* sowie die *Gleichbehandlungsrichtlinie 76/207/EWG* in seinen Fragen heranzog.

Der EuGH stellte fest, dass die in Rede stehende Zahlung, die bei einer betrieblichen Entlassung gezahlt wird, ein Entgelt im Sinne von Artikel 119 EWG darstellt[518]:

> „Artikel 119 verbietet jede das Entgelt betreffende Ungleichbehandlung von Männern und Frauen ohne Rücksicht darauf, woraus sich diese Ungleichbehandlung ergibt. Daher verstösst [sic!] die Festsetzung eines je nach dem Geschlecht unterschiedlichen Rentenalters als Voraussetzung für die Eröffnung eines Rentenanspruchs im Rahmen eines an die Stelle des gesetzlichen Systems getretenen betrieblichen Systems gegen Artikel 119, selbst wenn dieser Unterschied im Rentenalter von Männern und Frauen der insoweit für das nationale gesetzliche System geltenden Regelung entspricht. [...] Artikel 119 EWG-Vertrag ist unmittelbar auf alle Arten von Diskriminierungen anwendbar, die sich schon anhand der dort verwendeten Merkmale der gleichen Arbeit und des gleichen Entgelts allein feststellen lassen, [...] Das innerstaatliche Gericht, vor dem sich ein Betroffener auf Artikel 119 beruft, hat den Schutz der Rechte zu gewährleisten, die diese Bestimmung dem einzelnen einräumt;“[519]

---

515 Vgl. Schlussanträge des Generalanwaltes Walter Van Gerven in der Rechtssache 262/88, Douglas Harvey Barber gegen Guardian Royal Exchange Assurance Group, 30. Januar 1990, online verfügbar: https://eur-lex.europa.eu/legal-content/DE/TXT/HTML/?uri=CELEX:61988CC0262&from=DE [Zugriff: 25. Juli 2019], Rdnr. 2ff.

516 Vgl. ibid., Rdnr. 9.

517 Vgl. ibid.

518 Vgl. Gerichtshof der Europäischen Union: Rechtssache 262/88, Douglas Harvey Barber gegen Guardian Royal Exchange Assurance Group: a. a. O., Leitsatz 1.

519 Ibid., Leitsätze 3 und 5.

Diese Entscheidung ist im Vergleich zu den Rechtssachen *Defrenne* eine Kehrtwende, die auf mehrerlei Faktoren zurückzuführen ist: einerseits der klaren Meinung des Generalanwaltes Walter van Gerven, andererseits der Klage von Douglas Barber und schließlich der zuvor erfolgten Entwicklung des Sekundärrechts, welches das Gericht heranzog. Letzteres ermöglichte ihm einen breiteren Interpretationsspielraum.

In seinen Schlussanträgen konstatiert Generalanwalt van Gerven: „Der Grundsatz des gleichen Entgelts gemäß Artikel 119 Absatz 1 EWG-Vertrag impliziert Gleichheit auf der Ebene *eines jeden Entgeltbestandteils* [Hervorhebung durch die Autorin].“[520] So sei eine unterschiedliche Altersvoraussetzung für eine Rente als Entgelt einzustufen.[521] Van Gerven ändert die Richtung des Tenors der Rechtssache *Defrenne*: Jeder *Bestandteil* des Gehaltes wird vom Europarecht erfasst, ganz gleich, ob er Gehälter für Männer oder Frauen betrifft. Er fokussiert deutlich mehr auf die Entgeltkomponenten und weniger auf die Gruppe, die diese Beträge bezieht. Nicht besondere Rechte von Frauen stellen die argumentative Grundlage dar, sondern Rentenleistungen an sich. Nicht weil Frauen und Männer gleichgestellt werden müssen, ist die Rente als Gehaltskomponente anzusehen, sondern, weil die Rente eine Ebene des Entgeltes ist, müssen Frauen und Männer hier gleichbehandelt werden. Van Gerven begibt das Recht damit klar in den Bereich der Sozialpolitik. Er evoziert den Gründungsgedanken der Symbiose von Wirtschaft und sozialem Fortschritt, ohne auf Rechte für Minderheiten (Frauen) einzugehen. Van Gerven appellierte somit an einen Gedanken, den die Mitgliedstaaten der Union teilten. Er bildet bis heute einen integrativen Teil der Verträge und der Begründung für die Union schlechthin.

520 Vgl. Schlussanträge des Generalanwaltes Walter Van Gerven in der Rechtssache 262/88, Douglas Harvey Barber gegen Guardian Royal Exchange Assurance Group, a. a. O., Rdnr. 55.

521 Vgl. ibid.

## 4.2 Regierungen vs. EuGH: Die zeitliche Beschränkung des *Barber*-Urteils

Der Generalanwalt erläuterte einen weiteren Aspekt: die zeitliche Wirkung des *Barber*-Urteils. Im Nachgang zur Entscheidung des Gerichtshofes sollte der zeitliche Horizont beispielhaft dafür werden, wie die Regierungen der Mitgliedstaaten politische Mittel nutzen, um Auslegungen von Urteilen zu beschränken. Die politische Nachwirkung des *Barber*-Urteils verdeutlicht, dass der EuGH kaum allein Prinzipien durchsetzen kann, die nicht von den Regierungen der Mitgliedstaaten mitgetragen werden.

Dafür widmen wir uns wieder der Verhandlung in der Rechtssache *Barber*: Van Gerven konstatierte, dass eine unmittelbare Geltung des Artikels 119 EWG, wie er sie vertritt,[522] einen Vorbehalt der zeitlichen Wirkung aus Gründen der Rechtssicherheit nach sich ziehen könnte. Kurz: Das gleiche Renteneintrittsalter kann nicht sofort und für alle Arbeitnehmer gelten, da eine solche Interpretation andere Unsicherheiten hervorrufen könnte. Van Gerven sah die vorliegende Regelung nicht als eine der Ausnahmen, die in Artikel 9 der *Richtlinie 86/378/EWG des Rates vom 24. Juli 1986 zur Verwirklichung des Grundsatzes der Gleichbehandlung von Männern und Frauen bei den betrieblichen Systemen der sozialen Sicherheit*[523] gemeint ist. Dieser Artikel erlaubte den Mitgliedstaaten, in Ausnahmefällen ein unterschiedliches Rentenalter für Betriebsrenten beizubehalten.[524] Laut van Gerven war

522 Vgl. ibid., Rdnr. 37.

523 Richtlinie 86/378/EWG des Rates vom 24. Juli 1986 zur Verwirklichung des Grundsatzes der Gleichbehandlung von Männern und Frauen bei den betrieblichen Systemen der sozialen Sicherheit, ABl. Nr. L 225, 12. August 1986, online verfügbar: https://eur-lex.europa.eu/legal-content/DE/TXT/HTML/?uri=CELEX:31986L0378&from=DE [Zugriff: 25. Juli 2019].

524 Artikel 9 der Richtlinie 86/378/EWG lautet:
„Die Mitgliedstaaten können die obligatorische Anwendung des Grundsatzes der Gleichbehandlung aufschieben
a) für die Festsetzung des Rentenalters für die Gewährung von Altersrente oder Ruhestandsrente und die Folgen, die sich daraus für andere Leistungen ergeben können, und zwar nach Wahl

- entweder bis zu dem Zeitpunkt, zu dem diese Gleichbehandlung in den gesetzlichen Systemen verwirklicht ist,

dies im vorliegenden Fall nicht maßgeblich, da Barber nicht unter normalen Umständen in den Ruhestand ging, sondern entlassen wurde. Abgesehen davon war das Diskriminierungsverbot gemäß van Gerven auch innerhalb des Geltungsbereichs der Richtlinie 86/378/EWG streng anzuwenden. Abweichungen mussten die Ausnahme bilden.[525] Mit seiner engen Interpretation der Richtlinie 86/378/EWG greift er möglichen mitgliedstaatlichen Versuchen, umfangreiche Ausnahmen vom Diskriminierungsverbot zu schaffen, vorweg. Gleichzeitig nutzte er das vom Rat geschaffene Recht, um das Diskriminierungsverbot zu erweitern. Der Gerichtshof folgte der Empfehlung van Gervens: Niemand darf diskriminiert werden, aber ab wann ein solches umfassender Ansatz gilt, war noch festzulegen. Die Rückwirkung wurde eingeschränkt. Mit seiner Interpretation der zeitlichen Wirkung kam der EuGH den Mitgliedstaaten entgegen. Er konstatierte, dass Gründe der Rechtssicherheit ausschließen,

> „[...], daß [sic!] sich ein Betroffener auf die unmittelbare Wirkung von Artikel 119 EWG-Vertrag beruft, um im Rahmen eines an die Stelle des gesetzlichen Systems getretenen betrieblichen Versorgungssystems mit Wirkung von einem Zeitpunkt einen *Rentenanspruch* [Hervorhebung durch die Autorin] geltend zu machen, der vor dem Erlaß [sic!] des Urteils liegt, mit dem im Wege der Vorabentscheidung die Anwendbarkeit dieses Artikels auf diese Art von Renten festgestellt wird; dies gilt nicht für Arbeitnehmer oder deren anspruchsberechtigte Angehörige, die vor diesem Zeitpunkt nach dem anwendbaren innerstaatlichen Recht Klage erhoben oder einen entsprechenden Rechtsbehelf eingelegt haben."[526]

---

– oder längstens bis zu dem Zeitpunkt, zu dem eine Richtlinie diese Gleichbehandlung vorschreibt;

b) für Hinterbliebenenrenten bis zu dem Zeitpunkt, zu dem für diese der Grundsatz der Gleichbehandlung in den gesetzlichen Systemen der sozialen Sicherheit durch eine Richtlinie vorgeschrieben ist;

c) für die Anwendung des Artikels 6 Absatz 1 Buchstabe i) Satz 1, um versicherungstechnischen Berechnungsfaktoren Rechnung zu tragen, spätestens bis zum Ablauf einer Frist von dreizehn Jahren ab Bekanntgabe dieser Richtlinie."

525 Vgl. Schlussanträge des Generalanwaltes Walter Van Gerven in der Rechtssache 262/88, Douglas Harvey Barber gegen Guardian Royal Exchange Assurance Group, Rdnr. 39.

526 Vgl. Gerichtshof der Europäischen Union: Rechtssache 262/88, Douglas Harvey Barber gegen Guardian Royal Exchange Assurance Group: a. a. O., Leitsatz 6.

An dieser Stelle wird die Notwendigkeit der politischen Zustimmung der Regierungen deutlich. Das Urteil musste in den Mitgliedstaaten umgesetzt werden. Zwar betraf die Entscheidung das staatliche Rentenalter nicht direkt. Die Vereinheitlichung der Renteneintrittsalter betrieblicher Systeme, die sich an staatlichen Vorgaben orientierten, ließ aber Auswirkungen auf die gesetzliche Sozialversicherungssysteme der Mitgliedstaaten erwarten.

Niemand konnte sich auf die unmittelbare Wirkung von Artikel 119 EWG berufen, um einen Rentenanspruch, der vor dem 17. Mai 1990 lag, geltend zu machen.[527] Allerdings ließ die eingeschränkte Rückwirkung mehrere Interpretationen zu, die unterschiedliche Konsequenzen für die Rentensysteme nach sich zogen. Am 28. April 1993, zeitlich zwischen der Unterzeichnung des Vertrages über die Europäische Union und Vertrag zur Gründung der Europäischen Gemeinschaft (Vertrag von Maastricht) am 7. Februar 1992 und seinem Inkrafttreten am 1. November 1993 gelegen, befasste sich Walter van Gerven in vier Rechtssachen daher erneut mit der zeitlichen Wirkung des Urteils *Barber*. In Frage standen die Rechtssachen *109/91 Gerardus Cornelis Ten Oever gegen Stichting Bedrijfspensioenfonds voor het Glazenwassers- en Schoonmaakbedrijf* (im Folgenden: *Ten Oever*)[528], *110/91 Michael Moroni gegen Collo GmbH* (im Folgenden: *Moroni*)[529], *152/91 David Neath gegen Hugh Steeper Ltd* (im Folgenden: *Neath*)[530] und *200/91 Coloroll Pension Trustees Ltd gegen James Richard Russell, Daniel Mangham, Gerald Robert Parker, Robert Sharp, Joan Fuller, Judith Ann Broughton und*

527 Ibid., Rdnr. 45.

528 Gerichtshof der Europäischen Union: Rechtssache 109/91, Gerardus Cornelis Ten Oever gegen Stichting Bedrijfspensioenfonds voor het Glazenwassers- en Schoonmaakbedrijf, 6. Oktober 1993, online verfügbar: https://eur-lex.europa.eu/legal-content/DE/TXT/HTML/?uri=CELEX:61991CJ0109&qid=1556441381676&from=DE [Zugriff: 26. Juli 2019].

529 Gerichtshof der Europäischen Union: Rechtssache 110/91, Michael Moroni gegen Collo GmbH, 14. Dezember 1993, online verfügbar: https://eur-lex.europa.eu/legal-content/DE/TXT/HTML/?uri=CELEX:61991CJ0110&from=DE [Zugriff: 26. Juli 2019].

530 Gerichtshof der Europäischen Union: Rechtssache 152/91, David Neath gegen Hugh Steeper Ltd, 22. Dezember 1993, online verfügbar: https://eur-lex.europa.eu/legal-content/DE/TXT/HTML/?uri=CELEX:61991CJ0152&from=DE [Zugriff: 26. Juli 2019].

*Coloroll Group plc* (im Folgenden: *Coloroll*).[531] Alle Kläger banden das Europarecht in ihre Prozessstrategien ein. Die Kläger in den Fällen *Neath* und *Coloroll* argumentierten auf Basis der Rechtssache *Barber*.

Van Gerven stellte in seiner Interpretation der erfassten Personengruppen und Leistungen vier Möglichkeiten vor:

1) Anwendung auf Arbeitnehmer, die seit dem 17. Mai 1990 Mitglied in einem Betriebsrentensystem sind: Die zeitliche Wirkung des Urteils würde erst in etwa 40 Jahren nach dem *Barber*-Urteil einsetzen;
2) Anwendung auf für nach dem 17. Mai 1990 liegende Beschäftigungszeiten zu zahlende Leistungen;
3) Anwendung auf alle nach dem 17. Mai 1990 fällige Renten, gleichgültig, wann der Rentenanspruch erworben wurde, entscheidend ist das Fälligkeitsdatum der Rente, nicht die Beschäftigungszeiten;
4) Anwendung auf alle Renten, einschließlich derer, die vor dem 17. Mai 1990 fällig waren.[532]

Die Kommission, die sich, wie die Rechtssachen *Defrenne* zeigten, in den Gründungsjahren der Gemeinschaften noch zurückhaltend verhielt, befürwortete die dritte Interpretation,[533] Dänemark, Deutschland, Irland, Niederlande und das Vereinigte Königreich favorisierten hingegen die zweite Auslegung.[534] Van Gerven schloss sich dem an.[535] Die vier Rechtssachen, mit denen sich der Generalanwalt befasste, wurden, mit Ausnahme der Rechtssache *Ten Oever*, zwar nach dem Inkrafttreten des Vertrages von Maastricht entschieden. Verhandelt wurden sie jedoch bereits nach Unterzeichnung des Vertrages. Der neue Unionsvertrag befasste sich direkt mit dem Geltungsbereich des Bar-

531 Gerichtshof der Europäischen Union: Rechtssache 200/91, Coloroll Pension Trustees Ltd gegen James Richard Russell, Daniel Mangham, Gerald Robert Parker, Robert Sharp, Joan Fuller, Judith Ann Broughton und Coloroll Group plc., 28. September 1994, online verfügbar: https://eur-lex.europa.eu/legal-content/DE/TXT/HTML/?uri=CELEX:61991CJ0200&from=DE [Zugriff: 26. Juli 2019].

532 Vgl. Verbundene Schlussanträge des Generalanwaltes Walter Van Gerven in den Rechtssachen C-109/91, C-110/91, C-152/91 und C-200/91, 28. April 1993, online verfügbar: https://eur-lex.europa.eu/legal-content/DE/TXT/HTML/?uri=CE LEX:61991CC0109&from=DE [Zugriff: 26. Juli 2019].

533 Vgl. ibid., Rdnr. 11.

534 Vgl. ibid.

535 Vgl. ibid., Rdnr. 21.

ber-Urteils, gab also dem Generalanwalt und dem EuGH eine Richtung vor.

In dem am 7. Februar 1992 unterzeichneten Vertrag von Maastricht nahmen die Mitgliedstaaten ihre Hoheit als Urheber der Verträge wahr, die es ihnen ermöglicht, die Rechtsprechung des EuGH zu ändern. Sie fügten das Protokoll zu Artikel 119 des Vertrags zur Gründung der Europäischen Gemeinschaft[536] ein, welches bis heute als Protokoll 33 zu Artikel 157 AEUV existiert:

> „Die hohen Vertragsparteien – sind über folgende Bestimmung übereingekommen, die dem Vertrag über die Europäische Union und dem Vertrag über die Arbeitsweise der Europäischen Union beigefügt wird: Im Sinne des Artikel 157 des Vertrags über die Arbeitsweise der Europäischen Union gelten Leistungen aufgrund eines betrieblichen Systems der sozialen Sicherheit nicht als Entgelt, sofern und soweit sie auf Beschäftigungszeiten vor dem 17. Mai 1990 zurückgeführt werden können, außer im Fall von Arbeitnehmern oder deren anspruchsberechtigten Angehörigen, die vor diesem Zeitpunkt eine Klage bei Gericht oder ein gleichwertiges Verfahren nach geltendem einzelstaatlichen Recht anhängig gemacht haben."[537]

Mit der primärrechtlichen Verankerung der zweiten Auslegungsmöglichkeit verhinderten die Mitgliedstaaten jede andere Interpretation durch den Gerichtshof, der in seiner Rechtsprechung im Bereich der Gleichstellung grundsätzlich strikt innerhalb der Grenzen des Primärrechts operierte. Es ist zu vermuten, dass dieser Schritt der Regierungen unternommen wurde, weil mehr und mehr Fälle die Entgeltgleichheit betreffend an den EuGH herangetragen wurden. Mit dem Barber-Protokoll konnten die Mitgliedstaaten interpretativ und richtungsweisend eingreifen.

Gleichzeitig darf nicht vergessen werden, dass die Zunahme der Rechtsprechung auf europäischer Ebene nicht allein durch den EuGH initiiert wurde, sondern ihr vielmehr ein durch den Rat geschaffenes Sekundärrecht überhaupt erst vorausging. Beides verdeutlicht den Ein-

536 Vgl. Protokoll zu Artikel 119 des Vertrags zur Gründung der Europäischen Gemeinschaft, in: Vertrag über die Europäische Union, ABl. Nr. C 191, 29. Juli 1992, online verfügbar: https://eur-lex.europa.eu/legal-content/DE/TXT/HTML/?uri=CELEX:11992M/TXT&from=DE [Zugriff: 26. Juli 2019], S. 0001–0110.

537 Protokoll Nr. 33 zu Artikel 157 des Vertrags über die Arbeitsweise der Europäischen Union.

fluss der Mitgliedstaaten. Es ist weiterhin ein Beispiel dafür, dass die Mitgliedstaaten Rechtsprechung vom Europäischen Gerichtshof durchaus revidieren. Dies mag zwar schwer sein, wie Gerhard Casper konstatiert,[538] aber es ist nicht unmöglich. Durch diesen Schritt war der Gerichtshof bezüglich sämtlicher zukünftiger Interpretationen an die Position der Mitgliedstaaten gebunden.

Dennoch sind die Urteile *Barber*, *Ten Oever*, *Moroni*, *Neath* und *Coloroll* Ausdruck einer Rechtsentwicklung, die ohne einzelne Kläger vielleicht nicht so schnell in einem erweiterten Verständnis des Entgeltbegriffes resultiert hätte. Eine zweite zentrale Rolle spielte die breite argumentative Konstruktion des Generalanwaltes van Gerven, der Artikel 119 EWG in einen weiten europarechtlichen Kontext bettete und seine Geltung nicht vorranging frauenrechtlich, sondern sozialrechtlich in Anlehnung an die Gründungsgedanken der Europäischen Wirtschaftsgemeinschaft herleitete. Diese umfassendere Logik ermöglichte die kontinuierliche Rechtsprechung in dem Bereich.

Generalanwalt van Gerven folgend, revidierte der Gerichtshof damit einhergehend die enge wörtliche, in den Rechtssachen *Defrenne* vertretene Auffassung. Dies war zudem durch das avancierte Sekundärrecht, welches bereits von dem betreffenden nationalen Gericht vorgebracht wurde, möglich. Die Entscheidung des EuGH ist daher kein Beleg für eine aktivistische Vorgehensweise, sondern für ein Agieren im Rahmen des bestehenden Rechts und der originären Ziele der Verträge. Es handelte sich nicht nur um den Einzelfall Barber im Vereinigten Königreich. Die Rechtssachen *Ten Oever* (1993), *Moroni* (1993), *Neath* (1993), *Coloroll* (1994), *Smith* (1994), *Fisscher* (1994), *Vroege* (1994) und *Beune* (1994) waren gleichermaßen themenverwandt und kamen aus unterschiedlichen Mitgliedstaaten. Was Monnet vorschwebte und was Ernst B. Haas schließlich für die Gründungsjahre analysierte, ist somit aus den Darlegungen die Existenz gemeinsamer europäischer Überzeugungen erkennbar. Dieses ist kein idealisiertes Konstrukt im Sinne einer weiteren Integration mit dem Ziel eines undefinierbaren Europabegriffes, sondern Beleg für staatenübergreifende Belange von Bürgern, die vielleicht nicht direkt als ein Vorhandensein eines doppelten Staatsbürgersinnes, wie sie Habermas vorschwebt, aber als ein Be-

538 Vgl. Casper, Gerhard: a. a. O., München 2006, S. 13.

ginn dessen gewertet werden kann. Die individuellen Belange der Kläger lassen sich zwar durchaus aus spezifischen Fällen in den jeweiligen nationalen Kontexten herleiten, sie sind jedoch grundsätzlich kongruent, was in der Themenverwandtschaft der Rechtssache *Barber* und in der Folgerechtsprechung zum Ausdruck kommt.

## 4.3 *Barber* wirkt bis heute: die Werte der Union und die Justizreform in Polen

Die *Barber*-Rechtsprechung ebnete den Weg für weitere die Renten betreffende Fälle. Zudem verdeutlicht gerade die jüngere Rechtsprechung (bspw. *Kommission gegen Republik Polen* im Jahre 2019, die den EuGH im Rahmen der polnischen Justizreform erreichte) die Verbindung des Lohngleichheitsgebotes mit den in Artikel 2 EUV festgelegten Werten der Union. Der gleichstellungspolitische Diskurs erschließt damit eine neue Dimension, die die grundlegenden Prinzipien der EU betrifft und die über den Kontext der gleichen Bezahlung hinausgeht.

Zunächst aber wurde der Geltungsbereich von Artikel 119 EWG in den 1990er Jahren stetig erweitert. Aus der Rechtssache *Bestuur van het Algemeen burgerlijk pensioenfonds gegen G. A. Beune* resultierte die Anwendbarkeit auf Versorgungssysteme des öffentlichen Dienstes.[539] Auch den Anspruch auf Anschluss auf ein Betriebsrentensystem, den die Klägerinnen vor den nationalen Gerichten auf Basis von Artikel 119 EWG dem Urteil in der Rechtssache *Defrenne 2* für sich zu gewinnen suchten, versprach ihnen Erfolg: In den Rechtssachen *Vroege*[540]

539 Vgl. Gerichtshof der Europäischen Union: Rechtssache 7/93 Bestuur van het Algemeen burgerlijk pensioenfonds gegen G. A. Beune, 28. September 1994, online verfügbar: https://eur-lex.europa.eu/legal-content/DE/TXT/?qid=1556727488365&uri=CELEX:61992CC0408 [Zugriff: 26. Juli 2019].

540 Vgl. Gerichtshof der Europäischen Union: Rechtssache 57/93, Anna Adriaantje Vroege gegen NCIV Instituut voor Volkshuisvesting BV und Stichting Pensioenfonds NCIV, 28. September 1994, online verfügbar: https://eur-lex.europa.eu/legal-content/DE/TXT/?qid=1556731178774&uri=CELEX:61993CJ0057 [Zugriff: 26. Juli 2019], Leitsatz 1.

und *Fisscher*[541] wurde dieser Anschluss als Entgelt im Sinne von Artikel 119 EWG klassifiziert. In allen untersuchten Rechtssachen, die Betriebsrenten beziehungsweise ein Versorgungssystem des öffentlichen Dienstes betrafen, waren es die Bürger, die das Europarecht für sich in Anspruch nahmen und dieses vor einem nationalen Gericht geltend machten, allen voran Douglas Harvey Barber, der zum Präzedenzfall führte. Die anschließende Möglichkeit der weiteren Rechtsprechung ist aber auch durch den Generalanwalt Walter van Gerven möglich geworden, der es in seinen Schlussanträgen zur Rechtssache *Barber* vermied, bereits beim Präzedenzfall zeitliche Einschränkungen eng zu fassen und ein klares Bekenntnis zum Diskriminierungsverbot in den europäischen Gemeinschaften ablegte. Gleichzeitig zeugt das *Barber*-Protokoll von dem den Mitgliedstaaten zur Verfügung stehenden Instrument, durch die Schaffung von Primärrecht die Rechtsprechung des EuGH auf intergouvernementalem Wege einzuschränken. Das Protokoll hat seine Gültigkeit bis heute als Bestandteil des Vertrages von Lissabon behalten.

Das Urteil Barber wirkte auch sekundärrechtlich. Die *Richtlinie 86/378/EWG des Rates vom 24. Juli 1986 zur Verwirklichung des Grundsatzes der Gleichbehandlung von Männern und Frauen bei den betrieblichen Systemen der sozialen Sicherheit* wurde im Laufe der Zeit mehrfach geändert. Die wichtigste Änderung war die Aufnahme der zeitlichen Wirkung des *Barber*-Urteils in die neue *Richtlinie 96/97/EG*.[542]

Schließlich greift der EuGH bis heute auf die *Barber*-Rechtsprechung zurück. Die jüngere Rechtssache *Safeway Ltd gegen Andrew Richard*

541 Vgl. Gerichtshof der Europäischen Union: Rechtssache 128/93, Geertruida Catharina Fisscher gegen Voorhuis Hengelo BV und Stichting Bedrijfspensioenfonds voor de Detailhande, 28. September 1994, online verfügbar: https://eur-lex.europa.eu/legal-content/DE/TXT/?qid=1556733996104&uri=CELEX:61993CJ0128 [Zugriff: 26. Juli 2019].

542 Richtlinie 96/97/EG des Rates vom 20. Dezember 1996 zur Änderung der Richtlinie 86/378/EWG zur Verwirklichung des Grundsatzes der Gleichbehandlung von Männern und Frauen bei den betrieblichen Systemen der sozialen Sicherheit, ABl. Nr. L 046, 17.2.1997, online verfügbar: https://eur-lex.europa.eu/legal-content/DE/TXT/HTML/?uri=CELEX:31996L0097&qid=1563740184998&from=DE [Zugriff: 22. September 2019].

*Newton, Safeway Pension Trustees Ltd*[543] aus dem Jahre 2019 verbindet die *Barber*-Logik mit einer auf der Grundrechtecharta beruhenden Argumentation. Das Urteil betraf eine rückwirkende Minderung von Werten erworbener Rentenanwartschaften für den Zeitraum zwischen dem Tag der entsprechenden brieflichen Ankündigung und demjenigen Tag, an dem der Vertrag tatsächlich geändert wurde. Auf diesem Wege sollte eine Angleichung der Ansprüche von Männern und Frauen gewährleistet werden. Nach dem nationalen britischen Recht war dies möglich.[544] Es stand im Raum, ob ein Mann bezüglich der Anwendbarkeit des gleichen Rentenalters in dieser Übergangszeitraum genauso vorteilhaft wie Frauen behandelt werden muss („*Barber*-Zeitfenster“) oder ob bereits mit der Ankündigung der Änderung eine Angleichung des Renteneintrittsalters an die schlechter gestellte Gruppe der Männer möglich war.

Die beklagte Safeway Ltd. argumentierte, die Änderung sei mit dem Schreiben vom 1. Dezember 1991 erfolgt, in dem das normale Rentenalter von 65 Jahren für Männer und Frauen angekündigt wurde. Der Kläger Andrew Richard Newton sprach sich hingegen für den 2. Mai 1996 aus, das Datum, an dem die Änderung vertraglich griff. Bis dahin müsste Newton laut europäischer Rechtsprechung bezüglich des Renteneintrittsalters genauso behandelt werden wie die besser gestellte Gruppe, also Frauen. Newton argumentierte dafür vor dem nationalen Gericht mit dem Europarecht, namentlich mit der horizontalen Direktwirkung von Artikel 157 AEUV.[545]

---

543 Vgl. Schlussanträge des Generalanwaltes Evgeni Tanchev in der Rechtssache 171/18, Safeway Ltd gegen Andrew Richard Newton, Safeway Pension Trustees Ltd., 28. März 2019, online verfügbar: http://curia.europa.eu/juris/document/document.jsf?text=&docid=212341&pageIndex=0&doclang=DE&mode=req&dir=&occ=first&part=1 [Zugriff: 24. Juli 2019].

544 Vgl. Gerichtshof der Europäischen Union: Rechtssache 171/18, Safeway Ltd gegen Andrew Richard Newton, Safeway Pension Trustees Ltd., 7. Oktober 2019, online verfügbar: https://eur-lex.europa.eu/legal-content/DE/TXT/HTML/?uri=CELEX:62018CJ0171&qid=1586532608313&from=EN [Zugriff: 11. April 2020], Rdnr. 10.

545 Vgl. Schlussanträge des Generalanwaltes Evgeni Tanchev in der Rechtssache 171/18, Safeway Ltd gegen Andrew Richard Newton, Safeway Pension Trustees Ltd., Rdnr. 7.

Das vorlegende Gericht zweifelte zudem an der korrekten Umsetzung des *Barber*-Rechtsprechung durch das nationale Recht. Das *Barber*-Zeitfenster besagt, dass Rentenkassen bis zur Einführung des Gleichheitsgebotes verpflichtet sind, Männer genauso vorteilhaft zu behandeln wie Frauen.[546] Dies wurde in der Rechtssache 408/92 *Constance Christina Ellen Smith und andere gegen Avdel Systems Ltd.*, entschieden.[547] Im nationalen Recht des Vereinigten Königreiches ist das nicht der Fall. Damit wurde die Möglichkeit des Rechtsbehelfes des Einzelnen im innerstaatlichen Recht eingeschränkt.[548]

Generalanwalt Tanchev betonte neben dem unionsrechtlichen Verbot der rückwirkenden Angleichung an die benachteiligte Gruppe die Notwendigkeit der Durchsetzbarkeit des Rechts auf gleiches Entgelt und zog dafür Artikel 19 Absatz 1 Unterabsatz 2 EUV sowie Artikel 47 der Grundrechtecharta heran.[549] Artikel 47 gewährt jeder Person das Recht auf einen wirksamen Rechtsbehelf. Der EuGH folgte dem Generalanwalt und urteilte, dass bis zur tatsächlichen Beendigung der Diskriminierung in Form unterschiedlicher Rentenalter nicht mit einer Anpassung des nationalen Rentenalters an die schlechter gestellte Gruppe reagiert werden könne.[550]

Die Grundrechtecharta gewinnt wiederum im Kontext der gegenwärtigen polnischen Justizreform unter der nationalkonservativen Regierung der PiS (Prawo i Sprawiedliwość, Recht und Gerechtigkeit) weiterhin an Prominenz. Andrzej Duda, der der Partei angehört, amtiert

546 Gerichtshof der Europäischen Union: Rechtssache 408/92, Constance Christina Ellen Smith und andere gegen Avdel Systems Ltd, 28. September 1994, online verfügbar: https://eur-lex.europa.eu/legal-content/DE/TXT/?qid=1556727488365&uri=CELEX:61992CJ0408 [Zugriff: 26. Juli 2019].

547 Vgl. Verbundene Schlussanträge des Generalanwaltes Walter Van Gerven in den Rechtssachen 408/92 Constance Christina Ellen Smith und andere gegen Avdel Systems Ltd. und 28/93 Maria Nelleke Gerda Van Der Akker und andere gegen Stichting Shell Pensioenfonds, 4. Mai 1994, online verfügbar: https://eur-lex.europa.eu/legal-content/DE/TXT/?qid=1556727488365&uri=CELEX:61992CC0408 [Zugriff: 26. Juli 2019], Rdnr. 3.

548 Vgl. Schlussanträge des Generalanwaltes Evgeni Tanchev in der Rechtssache 171/81, Safeway Ltd gegen Andrew Richard Newton, Safeway Pension Trustees Ltd, a. a. O., Rdnr. 20.

549 Vgl. ibid., Rdnr. 67.

550 Vgl. Gerichtshof der Europäischen Union: Rechtssache 171/18, Safeway Ltd gegen Andrew Richard Newton, Safeway Pension Trustees Ltd., Rdnr. 45.

seit 2015 als Präsident Polens. Seine Regierung erhielt in den vergangenen Jahren im Rahmen zahlreicher Gesetzesnovellen massiven Einfluss auf Justiz und Medien. 2015 und 2016 traten Gesetze über die Benennung der Verwaltungs- und Aufsichtsräte öffentlich-rechtlicher Rundfunkanstalten in Kraft. Sie oblag fortan der Regierung. Verfassungsrichter konnten zudem durch ein von Präsident und Justizminister gesteuertes Disziplinarverfahren belangt werden. Die Arbeit des Verfassungsgerichts wurde außerdem daduruch behindert, dass Veröffentlichung seiner Urteile nicht mehr verpflichtend war, sondern im Ermessen des Präsidenten Polens lag. Eine enorme Verzögerung bei der Behandlung verfassungsrechtlich dringender Angelegenheiten ergab sich aus einer neuen Bestimmung, die die Reihenfolge der Bearbeitung der Rechtssachen nicht länger nach Dringlichkeit, sondern chronologisch festlegte.

Darüber hinaus rief ein am 3. April 2018 in Kraft getretenes Gesetz zwei neue Instanzen ins Leben, die nun von der PiS-Regierung dominiert werden. Eine außerordentliche Kontrollkammer (Izba Kontroli Nadzwyczajnej i Spraw Publicznych) ist für die Berufung von Richtern am Obersten Gericht (Sąd Najwyższy), der höchsten Instanz für Zivil- und Strafsachen, zuständig und setzt sich nur aus neu eingesetzten, regierungsnahen Richtern zusammen. Eine ebenfalls neu geschaffene Disziplinarkammer (Izba Dyscyplinarna) kann Geldstrafen, Entlassung und den vorzeitigen Ruhestand für Richter festlegen. Kritische Richter sind dadurch bei der Ausübung ihres Amtes gehemmt. Die Mitglieder der Disziplinarkammer werden wiederum vom neuen Landesjustizrat (Krajowa Rada Sądownictwa) ausgewählt und vom Präsidenten ernannt. Die 15 Mitglieder des Landesjustizrates, welcher auch für die Besetzung sämtlicher Richter am Obersten Gericht zuständig ist, werden seit der Reform vom Sejm (Unterhaus des Parlaments) bestimmt.[551] Zahlreichen regierungsloyalen Richtern verhalf der Landesjustizrat seitdem ins Amt. Zuvor waren es Richter, nicht Politiker, die

551 Vgl. Gerichtshof der Europäischen Union: Beschluss des Gerichtshofes in der Rechtssache C-791/19 R, 8. April 2020, online verfügbar: https://eur-lex.europa.eu/legal-content/DE/TXT/?uri=CELEX%3A62019CO0791%2801%29&qid=1609182266433 [Zugriff: 3. Dezember 2020]. Zu den Reformen des Verfassungsgerichtsbarkeit und zu den Mediengesetzen: Möllers, Christoph/Schneider, Linda: Demokratiesicherung in der Europäischen Union, Tübingen 2018, S. 68ff. Wäh-

über die Zusammensetzung des Landesjustizrates entschieden. Der Einfluss bereits amtierender Richter wird gegenwärtig mehr und mehr zurückgedrängt, eine Spaltung in alte (regierungskritische) und neue (der Regierung gewogene) Richter zeichnet sich ab.[552] Die Erosion der Gewaltenteilung hat begonnen.

Landesweite Proteste, zu denen sich Richterorganisationen, Menschenrechtsaktivisten, Bürgerinitiativen und die größte Oppositionspartei Platforma Obywatelska (PO, Bürgerplattform) zusammentaten, folgten auf die Gesetzesnovellen.[553] Małgorzata Kidawa-Błońska (*1957), Filmproduzentin und Politikerin der PO bezeichnete die Reformen als einem „Staatstreich"[554].

Viele Mitglieder der Justiz, von denen nach dem Zusammenbruch der Sowjetunion zahlreiche an der Demokratisierung Polens mitwirkten und die nun ihre Stellungen verlieren und andere Repressalien erfahren, setzen sich unermüdlich, mutig und hörbar für die Rettung der Rechtsstaatlichkeit in Polen ein. Einige Gegner der Justizreform sollen hier hervorgehoben werden, beispielsweise die Strafrichter von Rzeszów, einer Stadt mit etwa 200.000 Einwohnern im Südosten Polens. Neben der Rechtsreform beklagte der dortige Strafrichter Marcin Swierk Mobbing sowie üble Nachrede unter Kollegen, die von dem neuen, der Regierung gewogenen Gerichtspräsidenten ausging.

---

rend das Oberste Gericht letztinstanzlich über Zivil- und Strafsachen entscheidet, ist das Verfassungsgericht in Polen die letzte Instanz im Bereich des Verfassungsrechts.

552 Vgl. Klein, Angelika/Behrens, Thomas: EuGH gegen Warschau, Länderbericht Polen, Konrad Adenauer Stiftung, April 2020, online verfügbar: https://www.kas.de/documents/252038/7938566/EuGH+gegen+Warschau.pdf/114f2e3a-15a4-75a5-e8f5-711e3f30f1cb?version=1.0&t=1587738484483 [Zugriff: 3. Dezember 2020]. Zur Verbindung von Rentenzahlungen und anderen Rechtsbereichen: Ebert, Berit: Ja, Nein, Vielleicht, oder doch vielleicht nicht? … Trans* im Recht der Europäischen Union, 2020, History | Sexuality | Law, online verfügbar: https://hsl.hypotheses.org/.

553 Vgl. Frankfurter Allgemeine Zeitung: Tausende Polen protestieren gegen Justizreform, in: Frankfurter Allgemeine Zeitung, 18. Dezember 2019, online verfügbar: https://www.faz.net/aktuell/politik/ausland/tausende-polen-protestieren-gegen-pis-justizreform-16543130.html [Zugriff: 3. Dezember 2020].

554 Vgl. Kellermann, Florian: Parlament verabschiedet sogenanntes Maulkorbgesetz, in: Deutschlandfunk, 24. Januar 2020, online verfügbar: https://www.deutschlandfunk.de/justizreform-in-polen-parlament-verabschiedet-sogenanntes.1773.de.html?dram:article_id=468676 [Zugriff: 3. Dezember 2020].

Swierks Fall endete mit seiner Suspendierung als Vorsitzender der Strafkammer.[555]

Auch gegen das Solidarność-Gründungsmitglied, den ehemaligen Präsidenten des Verfassungsgerichts Jerzy Adam Stępień (*1946), ging die Justiz disziplinarisch vor, da er sich 2017 – schon im Ruhestand – an einer Demonstration gegen die PiS-Regierung beteiligte. Julia Przyłębska, Präsidentin des Verfassungsgerichts, kündigte an, Stępień die Beamtenpension zu streichen.[556] Ein weiterer und sehr sichtbarer Kritiker der Justizreform, der sich stark für eine konsequentere Vorgehensweise der Europäischen Kommission gegen Polen ausspricht,[557] ist der Warschauer Bezirksrichter Igor Tuleya (*1970). Erst kürzlich hat er die Wirkungen der neuen Disziplinarkammer zu spüren bekommen. Im November 2020 kürzte sie Tuleyas Gehalt um 25 Prozent. Zudem verlor Tuleya seine Immunität (Staatsanwälte und Richter stehen in Polen unter Immunität), so dass er nun strafrechtlich verfolgt werden kann.[558] Tuleyas Beispiel verdeutlicht die Macht der politisch nicht unabhängigen Disziplinarkammer, die Richter aburteilen kann, wenn diese gegen ihre Dienstpflichten verstoßen. Der Druck auf die Richter wächst. Die resultierende Unsicherheit in der Ausübung des Richteramtes öffnet der politischen Einflussnahme Tür und Tor. Nicht jeder hat das Rückgrat Kidawa-Błońskas, Swierks, Stępieńs, Tuleyas, oder Małgorzata Gersdorfs (*1952), der ehemaligen Präsidentin des Obersten Gerichtshofes, der letzten Instanz für Zivil- und Strafsachen (siehe unten).

---

555 Vgl. Kellermann, Florian: Polnische Richter verklagen ihr eigenes Gericht, in: Deutschlandfunk, 27. April 2020, online verfügbar: https://www.deutschlandfunk.de/mobbing-aus-politischen-gruenden-polnische-richter.795.de.html?dram:article_id=475376 [Zugriff: 3. Dezember 2020].

556 Vgl. Kellermann, Florian: Standhafter Kritiker der PiS-Regierung, in: Deutschlandfunk, 1. Mai 2020, online verfügbar: https://www.deutschlandfunk.de/ex-verfassungsrichter-in-polen-standhafter-kritiker-der-pis.795.de.html?dram:article_id=475431 [Zugriff: 3. Dezember 2020].

557 Vgl. Hassel, Florian: Symbolfigur des Widerstands, in: Süddeutsche Zeitung (Hrsg.), 9. Juni 2020, online verfügbar: https://www.sueddeutsche.de/politik/polen-symbolfigur-des-widerstands-1.4931788 [Zugriff: 3. Dezember 2020].

558 Vgl. Süddeutsche Zeitung (Hrsg.): Regierungskritischer Richter verliert seine Immunität, in: Süddeutsche Zeitung, 19. November 2020, online verfügbar: https://www.sueddeutsche.de/politik/polen-richter-igor-tuleya-1.5120054 [Zugriff: 3. Dezember 2020].

Die Europäische Kommission reagierte mit zahlreichen Vertragsverletzungsverfahren und aktivierte 2016 als Reaktion auf ein neues Gesetz zur Verfassungsgerichtsbarkeit erstmalig den am 11. März 2014 unter José Manuel Barroso eingeführten EU-Rahmen zur Stärkung des Rechtsstaatsprinzips. Dieser Mechanismus ist dem zweistufigen Verfahren (Prävention und Sanktion) zur Sicherung der Rechtsstaatlichkeit in Artikel 7 EUV vorgelagert. Sanktionsbeschlüsse nach Artikel 7 EUV - wenn eine „schwerwiegende und anhaltende Verletzung der in Artikel 2 genannten Werte durch einen Mitgliedstaat vorliegt" - verlangen die Einstimmigkeit im Rat. Mit dem EU-Rahmen zur Stärkung des Rechtsstaatsprinzips kann die Kommission hingegen schon vor einem solchen Artikel-7-Verfahren mit den Mitgliedstaaten in den Dialog treten ohne dafür die Zustimmung des Europäischen Rates einholen zu müssen. Allerdings hat dieser Mechanismus keine Bindungswirkung. Ohne Rechtsetzungsgewalt ist die Kommission somit lediglich vermittelnd und beratend tätig. Mittel der Durchsetzun fehlen, so dass die Kommission am 20. Dezember 2017 nach Aufforderung durch das Europäische Parlament die Einleitung eines Verfahrens nach Art. 7, Abs. 1 EUV anstieß und dem Rat einen begründeten Vorschlag für einen Beschluss unterbreitete, der eine eindeutige Gefahr einer schwerwiegenden Verletzung der Rechtsstaatlichkeit durch Polen feststellte (Präventivphase). Während sich dieses Verfahren verzögert, änderte sich die Lage am 5. November 2020 insofern als sich das Europäische Parlament und der Rat auf eine neue Verordnung über die Rechtsstaatlichkeit einigten. Die Vergabe von EU-Mitteln wird fortan konditional an die Einhaltung rechtsstaatlicher Pinzipien, beispielsweise die Unabhängigkeit von Gerichten oder Willkür von Berhörden, gebunden. Somit konnte die relative politische Machtlosigkeit der Kommission umgangen werden. Nicht letztere, sondern die Mitgliedstaaten sind im Budgetprozess die entscheidenden Akteure. Durch die Verordnung ermächtigten Parlament und Rat die Kommission als federführende Institution die Einhaltung rechtsstaatlicher Prinzipien in den Mitgliedstaaten zu prüfen (Artikel 6). Das Parlament kann die Kommission ebenfalls zu einer solchen Prüfung auffordern.[559] Bis dahin war es ein weiter Weg.

Der EuGH befasste sich in diesem Zusammenhang immer wieder mit der Herabsetzung des Ruhestandsalters der Richter des Obersten Ge-

559 Möllers, Christoph/Schneider, Linda: a. a. O., S. 66f., S. 69, S. 73. Das polnische Gesetz betraf die Wahl von fünf Verfassungsrichtern, die bereits vor Amtsantritt der neuen PiS-Regierung gewählt wurden. Drei der neu gewählten Richter traten ihr Amt noch während der alten Legislaturperiode an. Zwei der neu gewählten Richter nahmen ihre Tätigkeit Anfang Dezember, also schon unter der neuen rechtskonservativen Regierung auf. Präsident Duda aber verweigerte die Vereidigung aller fünf Richter, und der Sejm wählte am 2. Dezember 2015 fünf andere Verfassungsrichter. Diese wurden von Duda bestätigt, woraufhin das Verfassungsgericht Polens – aufgestellt mit den Richtern, die vor der vom Sejm und Duda vorgenommenen Neubesetzung amtierten – die neue Besetzung des Gerichts für verfassungswidrig erklärte. Weitere verfassungswidrige Gesetze betrafen den Beginn der Amtszeit der Verfassungsrichter ab dem Zeitpunkt der Vereidigung, neue Entscheidungsmechanismen (Zweidrittelmehrheit statt einfacher Mehrheit), die Reihenfolge der Bearbeitung der Verfahren (Chronologie statt Priorität), die Möglichkeit des Justizministers und des Präsidenten disziplinarisch gegen einzelne Richter vorzugehen sowie die Abschaffung der Notwendigkeit, Verfassungsgerichtsurteile zu veröffentlichen.
Zur Verordnung über die Rechtsstaatlichkeit: Verordnung (EU, Euratom) 2020/2092 des Europäischen Parlaments und des Rates vom 16. Dezember 2020 über eine allgemeine Konditionalitätsregelung zum Schutz des Haushalts der Union, ABl. L 433/1, 22. Dezember 2020, online verfügbar: https://eur-lex.europa.eu/legal-content/DE/TXT/PDF/?uri=CELEX:32020R2092&from=EN [Zugriff: 1. Mai 2021]. Deutsche Welle (Hrsg.): EU-Einigung: Rechtsstaatsverstöße könnten teuer werden, 5. November 2020, online verfügbar: https://www.dw.com/de/eu-einigung-rechtsstaatsverst%C3%B6%C3%9Fe-k%C3%B6nnten-teuer-werden/a-55508188 [Zugriff: 1. Mai 2021] Zur Einleitung des Verfahrens nach Artikel 7 EUV: Europäische Kommission: Vorschlag für einen Beschluss des Rates zur Feststellung der eindeutigen Gefahr einer schwerwiegenden Verletzung der Rechtsstaatlichkeit durch die Republik Polen, 2017/0360(NLE), 20. Dezember 2017, online verfügbar: https://eur-lex.europa.eu/legal-content/DE/TXT/?uri=CELEX%3A52017PC0835 [Zugriff: 20. Juni 2021]. Europäisches Parlament: Entschließung des Europäischen Parlaments vom 1. März 2018 zu dem Beschluss der Kommission, im Hinblick auf die Lage in Polen das Verfahren gemäß Artikel 7 Absatz 1 EUV einzuleiten, 2018/2541(RSP), ABl Nr. C 129/02, online verfügbar: https://eur-lex.europa.eu/legal-content/DE/TXT/PDF/?uri=OJ:C:2019:129:FULL&from=ES [Zugriff: 20: Juni 2021].

richts[560], der Frage nach der Unabhängigkeit des Landesjustizrates[561] und der Errichtung der neuen Disziplinarkammer beim Obersten Gericht.[562]

Im November 2019 hatte der EuGH schließlich in den verbundenen Rechtssachen *A. K. u. a. gegen Sąd Najwyższy* in einem Vorabentscheidungsverfahren über die Frage, zu entscheiden, ob Unabhängigkeit und Unparteilichkeit der Disziplinarkammer gegeben waren. Der Oberste Gerichtshof Polens hatten am 30. August 2018 (C-585–18) und am 19. September 2018 (C-624/18 und C-625–18) unter Führung von Małgorzata Gersdorf entschieden, den EuGH zu konsultieren.[563] Drei Richter klagten gegen ihre vorzeitige Versetzung in den Ruhestand. Sie beriefen sich auf Artikel 2 EUV und damit auf die Grundwerte der Union, auf die *Gleichbehandlungsrichtlinie 2000/78/EG* sowie auf Artikel 47 GRCh, der das Recht auf einen wirksamen Rechtsbehelf

560 Vgl. Gerichtshof der Europäischen Union: Rechtssache C-619/18, Europäische Kommission gegen Republik Polen, 24. Juni 2019, online verfügbar: https://eur-lex.europa.eu/legal-content/DE/TXT/?uri=CELEX%3A62018CA0619&qid=1609193484587 [Zugriff: 3. Dezember 2020].

561 Die Reform von 2017, die 2018 in Kraft trat, schaffte den bis dahin existierenden Landesjustizrat ab. Seine bisherigen Mitglieder wurden entlassen. Die Aufgabe des Landesjustizrates bestand in der Besetzung der Richter des Obersten Gerichts. Wurden seine 15 Mitglieder zuvor von Richtern gewählt, oblag die Zusammensetzung nun dem Sejm (Unterhaus des Parlaments). Der Landesjustizrat wiederum schlug die Richter für das Oberste Gericht und die dort neu geschaffene Disziplinarkammer vor, die danach vom Präsidenten ernannt werden sollten. Unmittelbar nachdem der neue Landesjustizrat die Arbeit aufnahm, schlug er dem Präsidenten 39 Richter vor, die dieser mit wenigen Ausnahmen, bestätigte. Darüber hinaus warnte der polnische Präsident Richter davor, T-Shirts mit dem Aufdruck *Verfassung* zu tragen. Dieses T-Shirt ist seit 2015 ein Symbol für den Widerstand gegen den Missbrauch der Verfassung. Gemeinsam mit dem Justizminister kritisierte der Landesjustizrat das Oberste Gericht dafür, dass es eine Vorabentscheidungsfrage an den EuGH richtete.

562 Vgl. Ziółkowski, Michał: Two Faces of the Polish Supreme Court After "Reforms" of the Judiciary System in Poland: The Question of Judicial Independence and Appointments, European Papers, Vol. 5, Nr. 1, 2020, online verfügbar: https://www.europeanpapers.eu/en/europeanforum/two-faces-of-polish-supreme-court-after-reforms-of-judiciary-system-in-poland [Zugriff: 3. Dezember 2020].

563 Vgl. Gerichtshof der Europäischen Union: verbundene Rechtssachen C-585/18, C-624/18, C-625/18, A. K. u. a. gegen Sąd Najwyższy, 19. November 2019, online verfügbar: https://eur-lex.europa.eu/legal-content/DE/TXT/?uri=CELEX%3A62018CJ0585&qid=1609181597998 [Zugriff: 3. Dezember 2020].

und auf ein unparteiisches Gericht vorsieht. Laut EuGH geben die unionsrechtlichen Vorgaben den entscheidenden Prüfungsmaßstab für Unabhängigkeit und Unparteilichkeit vor, jedoch müsse das nationale Gericht final prüfen, inwieweit die Disziplinarkammer dagegen verstieße.[564] Zunächst folgte Polen dem EuGH: In seiner alten Zusammensetzung aus den Richtern, die vor der Reform das Kollegium bildeten, entschied das Oberste Gericht am 23. Januar 2020 klar gegen die neuen Regelungen. Erstens hielt das Gericht fest, dass Richterkollegien dann unrechtmäßig eingesetzt waren, wenn sie zuvor vom Landesjustizrat ernannt wurden. Zweitens sei die Unabhängigkeit des Landesjustizrats nicht gegeben. Drittens sei die Disziplinarkammer kein Gericht im Sinne der Verfassung Polens und des Europarechts. Viertens könnten die durch den Landesjustizrat neugewählten Richter nicht als rechtmäßige Mitglieder des Obersten Gerichts betrachtet werden. Die Rechtmäßigkeit jeder Kammer des Obersten Gerichts, so die Resolution, müsse vor dem Hintergrund der polnischen Verfassung, der Europäischen Menschenrechtskonvention und der Charta der Grundrechte der Europäischen Union geprüft werden.[565] Diese Umsetzung der Entscheidung des EuGH scheiterte jedoch, denn der verfassungswidrige Landesjustizrat und die Disziplinarkammer ignorierten die Resolution. Zusätzlich wurde sie vom polnischen Verfassungsgericht als verfassungswidrig erklärt. Besorgniserregend kam hinzu, dass das Verfassungsgericht zum ersten Mal in der Geschichte Polens die Gremien des Obersten Gerichts suspendierte. So konnte es die Umsetzung des EuGH-Urteils *A. K. u. a. gegen Sąd Najwyższy* verhindern.[566]

Parallel dazu hatte die Europäische Kommission am 3. April 2019 in einem Schreiben an die Republik Polen ihre Bedenken über den Landesjustizrat und die Disziplinarkammer geäußert und ihre Sorgen in einer weiteren Stellungnahme am 17. Juli 2019 bekräftigt. Ebenfalls am 23. Januar 2020 und als Reaktion auf den Umgang mit dem Urteil *A. K. u. a. gegen Sąd Najwyższy* beantragte die Europäische Kommission eine einstweilige Anordnung, die vorsah, die Arbeit der Disziplinar-

564 Vgl. ibid., Rdnr. 171ff.
565 Vgl. Ziółkowski, Michał: a. a. O., S. 361.
566 Vgl. ibid.

kammer umgehend auszusetzen. Belgien, die Niederlande, Dänemark, Finnland und Schweden unterstützten die Kommission in ihrem Anliegen. Am 8. April 2020 gab der EuGH dem Antrag statt.[567] Małgorzata Gersdorf, damals noch Präsidentin des Obersten Gerichts, wies die neuen Richter daraufhin am 20. April 2020 an, sämtliche Akten zu übergeben und auf weitere Zusammenkünfte zu verzichten. Doch die Disziplinarkammer wählte den gleichen Weg wie schon im Umgang mit dem Urteil des EuGH. Das polnische Gremium ignorierte sowohl die Weisung der europäischen Richter und die Anordnung Gersdorfs. Eine solcher Widerstand gegenüber einer Verfügung des EuGH ist in der Geschichte der Europäischen Union einzigartig.[568] Im Vergleich zur Rechtsrevision (*Barber*) stellt eine solche Nichteinhaltung der Urteile des EuGH für die Mitgliedstaaten unter Umständen einen praktikablen Weg dar. Politische Mehrheiten sind nicht notwendig, und die Konsequenzen für die Union können sehr gravierend ausfallen.[569]

Gersdorf, die sich in herausragender Weise medienwirksam gegen die polnische Strukturreform der Justiz stark machte und dabei stets auf die Unterstützung der Europäischen Union setzte, war selbst immer wieder Opfer der nationalkonservativen Regierung. Im Jahre 2019 hätte sie in Folge einer 2017 im Sejm beschlossenen Senkung des Rentenalters in den Ruhestand gehen müssen. Die Gesetzesnovelle betraf das Lohngleichheitsgebot und wurde am 5. November 2019 mit der Rechtssache *Europäische Kommission gegen Republik Polen*[570] vor dem EuGH verhandelt. Ein polnisches Gesetz vom 12. Juli 2017 (in Kraft: 1. Oktober 2017) setzte das Ruhestandsalter für Richter an ordentli-

567 Vgl. Gerichtshof der Europäischen Union: Beschluss des Gerichtshofes in der Rechtssache C-791/19 R, a. a. O.

568 Hassel, Florian: Wie ein Schritt raus aus der EU, in: Süddeutsche Zeitung (Hrsg.), 29. April 2020, online verfügbar: https://www.sueddeutsche.de/politik/polen-wie-ein-schritt-raus-aus-der-eu-1.4892281 [Zugriff: 3. Dezember 2020].

569 Vgl. Kilroy, Bernadette: Integration Through Law: ECJ and Governments in the EU, Los Angeles 1999, Dissertation an der University of California Los Angeles, S. 400.

570 Vgl. Gerichtshof der Europäischen Union: Rechtssache 192/18, Kommission gegen Polen, 5. November 2019, online verfügbar: http://curia.europa.eu/juris/celex.jsf?celex=62018CJ0192&lang1=de&type=TXT&ancre= [Zugriff: 1. Oktober 2020].

chen Gerichten, für Staatsanwälte und Richter am Obersten Gericht herab. Wurden zuvor sowohl Frauen und Männer mit 67 Jahren pensioniert, traten Frauen seit dem neuen Gesetz mit 60 in den Ruhestand, Männer hingegen erst mit 65 Jahren. Jeder dritte Richter hätte durch das Gesetz in den Ruhestand gehen müssen. In der folgenden Neubesetzung der Posten hätte die Regierung enormen Einfluss gewonnen. Gersdorf blieb hartnäckig. Sie räumte ihren Stuhl nicht. Stattdessen ignorierte sie das neue polnische Gesetz, erschien weiter zur Arbeit und wurde dabei von der Europäischen Kommission unterstützt. Gersdorf arbeitete bis zum 30. April 2020, dem regulären Ende ihrer Amtszeit.

Wie wurde die Gesetzesnovelle vom EuGH gesehen? Die Kommission rügte Polen im Rahmen der Klage, erstens, wegen Verstößen gegen Artikel 157 AEUV sowie gegen die *Gleichbehandlungsrichtlinie 2006/54/EG*. Zweitens, so die Kommission, wurde der Ermessensspielraum des Justizministers bei der Verlängerung der Amtszeit von Richtern an ordentlichen Gerichten erweitert (Frauen auf 65 Jahre, Männer auf 70 Jahre). Die Ermessensbefugnis war derartig weit gefasst, dass die Entscheidungen des Justizministers kaum nachprüfbar waren. Die nationalkonservative Regierung hätte somit enormen Einfluss auf die Judikative gewonnen. Laut Europäischer Kommission stellte dies eine Verletzung des Rechts auf einen wirksamen Rechtsbehelf dar (Art. 19, Abs. 1 EUV und Art. 47 GRCh).[571]

Der EuGH stellte darin einen Bruch mit dem Unionsrecht fest, einerseits aufgrund des eingeführten unterschiedlichen Ruhestandsalters für Frauen und Männer, die in Polen als Richter oder Staatsanwälte tätig sind, andererseits rügte der EuGH, dass Polen das Ruhestandsalter für Richter an ordentlichen Gerichten herabsetzte und dem Justizminister die Befugnis einräumte, die aktive Dienstzeit dieser Richter auszuweiten (Art. 19 Abs. 1 Unterabsatz 2 EUV). Die Kriterien, anhand derer der Justizminister seine Entscheidung zu treffen hat, so der EuGH, seien zu unbestimmt und nicht überprüfbar. Darüber hinaus müsse der Justizminister seine Entscheidung, die gerichtlich nicht anfechtbar ist, nicht begründen. Schließlich stünde die Länge des Zeit-

571 Vgl. Gerichtshof der Europäischen Union: Rechtssache 192/18, Kommission gegen Polen, Rdnr. 15ff.

raums, in dem die Richter auf den Beschluss des Ministers warten müssen, allein in dessen Ermessen und sei damit völlig willkürlich. Die resultierende Unsicherheit könnte die betroffenen wartenden Richter dazu veranlassen, „in Bezug auf bei ihm anhängige Rechtssachen eventuellen Wünschen der vollziehenden Gewalt nachzukommen"[572]. Die Unabhängigkeit der Richter sah der Gerichtshof als essentiellen Grundstein für die Garantie der in Artikel 2 EUV verankerten Werte der Union, darunter Rechtsstaatlichkeit und die Gleichheit von Frauen und Männern.[573] Neben dem gleichstellungspolitischen Gehalt verdeutlicht das Urteil mit der Berufung auf Artikel 2 EUV jedoch auch die Entwicklung der politischen Narrative der Union: Wurden die Römischen Verträge und die Rechtssachen *Defrenne* mit der Verbindung von wirtschaftlichen und sozialen Zielsetzungen argumentiert, so bilden „die Achtung der Menschenwürde, Freiheit, Demokratie, Gleichheit, Rechtsstaatlichkeit und die Wahrung der Menschenrechte einschließlich der Rechte der Personen, die Minderheiten angehören" (Artikel 2 EUV) nun neue Grundlagen der EU. Dieses Fundament geht weit über die vertraglichen Regelungen der 1950er Jahre hinaus. Der Vorwurf einer mangelnden europapolitischen Vision ist hier nicht zu erkennen.

Das Vertragsverletzungsverfahren gegen Polen zeigt die Reichweite des Lohngleichheitsgebotes, seine Verbindung mit dem Rechtsstaatsprinzip, die Unmöglichkeit seiner Isolation von anderen Bereichen und seine Bedeutung für eine Union, die ihre Werte glaubhaft zu schützen weiß – Werte, über die die Regierungen der Mitgliedstaaten zuvor übereingekommen sind und die die Bürger der Union zu schätzen wissen. So wird aus diesen jüngeren Beispielen ersichtlich, wie zusätzlich zum Sekundärrecht die Entwicklung des Primärrechts, gesetzt durch die Regierungen der Mitgliedstaaten, in dem Fall die nunmehr seit 2009 rechtlich verbindliche Grundrechtecharta, in die Rechtsprechung des Europäischen Gerichtshofes hineinwirkt, und zwar für die Bürger der Union. Mit Gerhard Casper kann somit gesagt werden,[574] dass der EuGH keine von den Mitgliedstaaten losgelöste Entität darstellt. So hat

572 Vgl. ibid., Rdnr. 90.
573 Vgl. ibid., Rdnr. 106.
574 Vgl. Casper, Gerhard: a. a. O., Chicago 1978.

beispielsweise Gersdorf immer wieder auf ein Zusammenwirken der nationalen und europäischen Gerichte gedrängt.

Bürger wiederum haben ein Mittel an der Hand, ihre von den Mitgliedstaaten geschaffenen Rechte einzufordern. Im Falle der Altersversorgung haben sie dies in unterschiedlichen nationalen Gegebenheiten genutzt, eine lebhafte Wechselwirkung der europäischen Institutionen generiert und ein gemeinsames europäisches Interesse jenseits nationalstaatlicher Grenzen und Rechtsordnungen erkennbar werden lassen.

Es ist nicht eindeutig einzuschätzen, ob das Nutzen des Europarechts bereits einer Identifikation als europäisches Volk gleichkommt, ihm vorausgeht oder kaum mit einer solchen Identifikation zusammenhängt. Europa als Teil des alltäglichen Lebens zu betrachten, wird ein Prozess sein, der verschiedene Ebenen einschließt, die je nach Kontext unterschiedlich präsent sind. Die Abwesenheit einer gemeinsamen Sprache als Argument, die Existenz einer europäischen Öffentlichkeit auszuschließen,[575] reicht nicht aus, denn es wird der Vielschichtigkeit Europas nicht gerecht. Vielmehr, so kann mit Habermas gesagt werden, hat eine solche Identifikation auch eine freiwillige Komponente der praktischen Akzeptanz.[576] Diese freiwillige Komponente trägt den Charakter einer aktiven, bewussten Willensbekundung für oder gegen etwas und findet auf verschiedenen politischen Ebenen statt. Habermas schreibt: „Auf der europäischen Ebene soll der Bürger gleichzeitig und gleichgewichtig sowohl als Unionsbürger wie auch als Angehöriger eines Staatsvolkes sein Urteil bilden und politisch entscheiden können. Jeder Bürger nimmt an den europäischen Meinungs- und Willensbildungsprozessen sowohl als die *einzelne* autonom »ja« und »nein« sagende Europäerin wie als die Angehörige einer bestimmten Nation teil.“[577] Und zu diesen beiden Identitäten werden weitere politische wie auch soziale und private Ebenen hinzukommen, die sich bisweilen überschneiden. Die Untersuchung der Positionen der Kläger

575 Vgl. Grimm, Dieter: Treaty or constitution? The legal basis of the European Union after Maastricht, in: Eriksen, Erik Oddvar/Fossum, John Erik/Menéndez, Agustin José (Hrsg.): Developing a Constitution for Europe, London 2004, S. 80.

576 Vgl. Habermas, Jürgen: Why Europe needs a constitution, in: Eriksen, Erik Oddvar/Fossum, John Erik, Menéndez/Agustin José: Developing a Constitution for Europe, London 2004, S. 27.

577 Habermas, Jürgen: a. a. O., Berlin 2011, S. 69.

im Bereich der Entgeltgleichheit legte dar, dass es ein solches europäisches Interesse – rechtsordnungs- und staatenübergreifend – gibt. Das Beispiel Polen zeigt zudem, wie die EU öffentlichkeitswirksam in Anspruch genommen wird. Hier geht es um ein Thema, das europaweit diskutiert wird, denn der Umgang der Union mit Polen wird den Bürgern der Union zeigen, inwieweit sie sich auf Rechtsstaatlichkeit, Gewaltenteilung und Rechtsschutz verlassen können. Von der Durchsetzungskraft der europäischen Werte hängt nun viel ab.

In dem Polen betreffenden Urteil ist Gleichstellung nun Teil eines grundsätzlichen und zunehmend öffentlichen Wertediskurses in Anlehnung an Artikel 2 EUV. Auch zeigt dieses Beispiel, dass die gleiche Bezahlung von Männern und Frauen bei Gründung der Gemeinschaften, noch Jahrzehnte danach auch heute keinesfalls eine Selbstverständlichkeit ist. Hinzukommen Diskriminierungen queerer Menschen und ein neues Urteil des polnischen regierungstreuen Verfassungsgerichts, dass die Abtreibung schwer behinderter Föten verbietet. Ärtze, die solche Abtreibungen durchführen, haben bis zu drei Jahre Gefängnis zu befürchten.[578] Hervorzuheben ist dabei jedoch, dass Kläger, Bürger und Aktivisten engagiert gegen diese Entwicklungen vorgehen – bis hin zur Forderung des Rücktritts der polnischen Regierung, der unter anderem durch die Initiative *Allpolnischer Frauenstreik* angeregt wird.[579] Das Engagement der EU, das Verhalten der Mitgliedstaaten und kontinuierlicher Aktivismus werden für den weiteren Verlauf und für die Glaubwürdigkeit der europäischen Werte entscheidend sein.

578 Vgl. Deutsche Welle: Polen: Die Abtreibungs-Debatte ist noch nicht zu Ende, 29. Januar 2021, online verfügbar: https://www.dw.com/de/polen-die-abtreibungs-debatte-ist-noch-nicht-zu-ende/a-56376051 [Zugriff: 30. Januar 2021].

579 Vgl. ibid.

# 5. Teilzeitbeschäftigung und internationaler Wettbewerb

Einen nicht geringen Teil der Rechtsprechung im Bereich der Entgeltgleichheit betraf die Rechte von Teilzeitarbeitnehmern. Der Gegenstand bringt einen neuen Aspekte in die Dimensionen der Kontextbindung des Rechts, nämlich den internationalen Markt, Veränderungen in der wirtschaftlichen Entwicklung und die Rolle nationaler komparativer Vorteile.

## 5.1 Teilzeitbeschäftigung von Frauen als komparativer Vorteil

Von den hier untersuchten acht Fällen wurden vier vor den nationalen Gerichten mit dem Europarecht argumentiert. Bei drei Verhandlungen wurde das nationale Recht herangezogen. Diese drei untersuchten Rechtssachen wurden somit von den nationalen Gerichten für den Europäischen Gerichtshof zur Disposition gestellt. Die Klägerinnen beriefen sich auf nationales Recht, die nationalen Gerichte, das Arbeitsgericht Hamburg[580] und das Landesarbeitsgericht Berlin[581] zogen Artikel 119 EWG sowie die Richtlinie 75/117/EWG (Entgeltgleichheit) heran. In einem Fall war die Prozessstrategie unklar.[582] Bei einer der drei zunächst auf Basis des nationalen Rechts entwickelten Argumen-

580 Vgl. Gerichtshof der Europäischen Union: Rechtssache 184/89, Helga Nimz gegen Freie und Hansestadt Hamburg, 7. Februar 1991, online verfügbar: https://eur-lex.europa.eu/legal-content/EN/TXT/?qid=1555255955720&uri=CELEX:61989CJ0184 [Zugriff: 26. Juli 2019].

581 Vgl. Gerichtshof der Europäischen Union: Rechtssache 369/90, Arbeiterwohlfahrt der Stadt Berlin e .V. gegen Monika Bötel, 4. Juni 1992, online verfügbar: https://eur-lex.europa.eu/legal-content/DE/TXT/?qid=1554066750036&uri=CELEX:61990CJ0360 [Zugriff: 26. Juli 2019].

582 Der Verfahrenshergang wird in jüngerer Rechtsprechung nicht mehr komplett vom Europäischen Gerichtshof veröffentlicht.

tationen war im Verlauf des Prozesses eine Hinwendung zum Europarecht seitens des Klägers zu beobachten. Alle Entscheidungen im Bereich der Teilzeitarbeit fielen für die Kläger erfolgreich aus.

Wie in den zuvor betrachteten Rechtssachen zur Lohngleichheit spielte auch bei Teilzeitkräften das Sekundärrecht eine Rolle. Meist wurde Artikel 119 EWG in Verbindung mit Richtlinien als argumentative Grundlage gewählt. Während die Prozessstrategien demzufolge vergleichbar sind, ist in den Entscheidungen des Europäischen Gerichtshofes zu Beginn eine andere Logik erkennbar. Handelte es sich um Entscheidungen die Entgeltgleichheit grundsätzlich betreffend, so wurde das Diskriminierungsverbot insofern streng angewendet, als Frauen und Männer gleichbehandelt werden mussten. Dies führte über die Inklusion verschiedener Gehaltskomponenten zu einem erweiterten Verständnis des Entgeltbegriffes, der schließlich auch die Sozialgesetzgebung tangierte.

Im Rahmen von Teilzeitarbeit wurde zwar die Tendenz eines umfassend definierten Entgeltbegriffes bestätigt, aber der Unterschied zwischen Männern und Frauen war im Gegensatz zum Urteil *Barber* definitorisch und schloss dadurch einen gewissen Teil der Arbeitnehmerschaft von der Inanspruchnahme des Lohngleichheitsgebotes aus. Teilzeitarbeitnehmer konnten nur dann gleiche Rechte mit Vollzeitarbeitnehmern geltend machen, wenn ihre Kohorte mehrheitlich aus Frauen als Männern bestanden. Mehrheitlich männlichen Teilzeitarbeitnehmern war eine Gleichstellung mit Vollzeitarbeitnehmern verwehrt.

So wurde in der Rechtssache *J.P. Jenkins v Kingsgate (Clothing Productions) Ltd.* (im Folgenden: *Jenkins*) vom 31. März 1981 entschieden, dass eine niedrigere Entlohnung von Teilzeitkräften nur dann Artikel 119 EWG widerspricht, wenn sie eine versteckte Diskriminierung weiblicher Arbeitnehmer darstellte.[583] Das Gebot der gleichen Entlohnung für eine gleiche nach Akkord verrichtete Arbeit von Teil- und Vollzeitmitarbeitern war im Jahre 1981 im nationalen Rechtsstand der Mitgliedstaaten nicht mehrheitlich verankert. Generalanwalt Jean-

583 Vgl. Gerichtshof der Europäischen Union, Rechtssache 96/80, J.P. Jenkins v Kingsgate (Clothing Productions) Ltd., 31. März 1981, online verfügbar: https://eur-lex.europa.eu/legal-content/DE/TXT/?qid=1555248383883&uri=CELEX:61980CJ0096 [Zugriff: 26. Juli 2019], Leitsatz 1.

Pierre Warner führte aus, dass lediglich Frankreich im Jahre 1980 einen entsprechenden Gesetzesentwurf verabschiedet hatte. Allerdings führten Tarifverhandlungen in anderen Mitgliedstaaten für einige Branchen zu Proportionalität von Teilzeit- und Vollzeitlöhnen, in Italien sogar zu höheren Stundenlöhnen von Teilzeitarbeitskräften. Im Vereinigten Königreich wurden Teilzeitarbeitnehmer geringer entlohnt.[584] Dort sowie in der Bundesrepublik war mit jeweils 93 Prozent der höchste Frauenanteil unter den Teilzeitkräften in den Gemeinschaften zu verzeichnen.[585] Es folgten Dänemark (91 Prozent) Belgien (88 Prozent), Frankreich und die Niederlande (jeweils 81 Prozent), Irland (68 Prozent) und Italien (67 Prozent).[586] In Verbindung mit den wettbewerbspolitischen Überlegungen bei Einführung von Artikel 119 EWG ergibt sich, dass eine geringere beziehungsweise unterschiedliche Entlohnung von Teilzeitkräften flexiblere Produktionskosten über die Variation der Gehälter erlaubte. Eine geringere Entlohnung von Teilzeitarbeit resultiert in geringen Herstellungskosten, was wiederum einen komparativen Vorteil in der Preisgestaltung im Wettbewerb auf dem internationalen Markt darstellen kann. Eine internationale „Koordination" der Wettbewerbsbedingungen in dem Bereich war aber für die meisten Regierungen noch unbekannt. Selbst innerstaatlich war der Vergleich von Teilzeit- und Vollzeitbeschäftigung ein Novum. Dass dem Thema europarechtliche Relevanz zukam ist dem Fokus auf frauenrechtliche Aspekte geschuldet, da Frauen als Teilzeitarbeitnehmerinnen bei geringerer Entlohnung unter indirekter Diskriminierung litten.

584 Vgl. Schlussanträge des Generalanwaltes Jean-Pierre Warner, Rechtssache 96/80, J.P. Jenkins v Kingsgate (Clothing Productions) Ltd., 28. Januar 1981, online verfügbar: https://eur-lex.europa.eu/legal-content/DE/TXT/HTML/?uri=CELEX:61980CC0096&qid=1555248383883&from=EN [Zugriff: 26. Juli 2019].

585 Vgl. ibid.

586 Vgl. ibid.

*Abbildung 3: EuGH-Entscheidungen: Teilzeitbeschäftigung*

| Kläger Europarecht | Rechtsgrundlage Klage | Resultat für Kläger | Titel | Gegenstand | Verfahren | Mitgliedstaat |
|---|---|---|---|---|---|---|
| 1 (vor EuGH) | Equal Pay Act, Equality Clause des Arbeitsvertrages Art. 119 EWG, RL 75/117/EWG | erfolgreich | **J.P. Jenkins v Kingsgate (Clothing Productions) Ltd. 96/80** **31. August 1981** | Unterschiedliche Entlohnung von Überstunden von Teil- und Vollzeitbeschäftigten, Teilzeitkräfte bekommen 10 % weniger, Equal Pay Act | Ersuchen um Vorabentscheidung: Employment Appeal Tribunal – Vereinigtes Königreich | Vereinigtes Königreich |
| 1 | Art. 119 EWG | erfolgreich | **Bilka-Kaufhaus GmbH gegen Karin Weber von Hartz 170/84** **13. Mai 1986** | Betriebliche Altersversorgung als Teil des Entgelts bei Teilzeitbeschäftigung und unmittelbare Geltung von Art. 119 bei Diskriminierung aufgrund des Geschlechts | Ersuchen um Vorabentscheidung: Bundesarbeitsgericht mit Beschluss vom 5. Juni 1984, beim Gerichtshof eingegangen am 2. Juli 1984 | Deutschland |
| 1 | Art. 119 EWG, RL 75/117/EWG | erfolgreich | **Maria Kowalska gegen Freie und Hansestadt Hamburg 33/89** **26. Juni 1990** | Übergangsgeld wegen Ausscheidens aus dem Arbeitsverhältnis, Ausschluss Teilzeitbeschäftigter, Art. 119 EWG | Ersuchen um Vorabentscheidung: Arbeitsgericht Hamburg mit Beschluss vom 12. Dezember 1988, beim Gerichtshof eingegangen am 9. Februar 1989 | Deutschland |
| 0 | Klägerin: § 23a Bundesangestelltentarif Gericht: Art. 117 EWG, Art. 119 EWG, RL 75/117/EWG | erfolgreich | **Helga Nimz gegen Freie und Hansestadt Hamburg 184/89** **7. Februar 1991** | Verdopplung der Bewährungszeit für teilzeitbeschäftigte Arbeitnehmer | Ersuchen um Vorabentscheidung: Arbeitsgericht Hamburg | Deutschland |
| 0 | Klägerin: § 37, Abs. 2 Betriebsverfassungsgesetz Gericht: Art. 119 EWG, RL 75/117/EWG | erfolgreich | **Arbeiterwohlfahrt der Stadt Berlin e .V. gegen Monika Bötel 369/90** **4. Juni 1992** | Vergütung von Überstunden bei Teilnahme an Schulungsveranstaltungen für Personalratsmitglieder | Ersuchen um Vorabentscheidung: Landesarbeitsgericht Berlin – Deutschland, mit Beschluss vom 24. Oktober 1990, beim Gerichtshof eingegangen am 10. Dezember 1990 | Deutschland |

| Kläger Europarecht | Rechtsgrundlage Klage | Resultat für Kläger | Titel | Gegenstand | Verfahren | Mitgliedstaat |
|---|---|---|---|---|---|---|
| 1 | Art. 119,<br>RL 75/117/EWG,<br>Rechtssache 369/90 Arbeiterwohlfahrt der Stadt Berlin e .V. gegen Monika Bötel | erfolgreich | **Edith Freers und Hannelore Speckmann gegen Deutsche Bundespost**<br>**278/93**<br><br>**7. März 1996** | Für die Tätigkeit in einer gesetzlich geschaffenen Arbeitnehmervertretung wirtschaftlich dem Arbeitnehmer oder der Arbeitnehmerin zufließender Ausgleich, Schulungen für teilzeitbeschäftigte Betriebsratsmitglieder | Ersuchen um Vorabentscheidung: Arbeitsgericht Bremen – Deutschland | Deutschland |
| 1 | Art. 141 EG,<br>RL 75/117/EWG | erfolgreich | **Ursula Voß gegen Land Berlin**<br>**300/06**<br><br>**3. Dezember 2007** | Überstundenzulagen für Beamte<br>im Rahmen der nationalen Beamtenbesoldung, schlechtere Vergütung von teilzeitbeschäftigten Beamten | Vorabentscheidungsersuchen nach Art. 234 EG, vom Bundesverwaltungsgericht mit Entscheidung vom 11. Mai 2006, beim Gerichtshof eingegangen am 6. Juli 2006 | Deutschland |
| UNKLAR | RL 97/81/EG | erfolgreich | **Istituto nazionale della previdenza sociale (INPS)/Tiziana Bruno, Massimo Pettini**<br>**C-395/08**<br>**Daniela Lotti, Clara Matteucci**<br>**C-396/08**<br><br>**10. Juni 2010** | Teilzeitbeschäftigte, die jedes Jahr einige Monate arbeiten und in den anderen Monaten freihaben, Nichtberücksichtigung der arbeitsfreien Zeit für die Berechnung der Altersrente | Vorabentscheidungsersuchen des Corte d'appello di Roma (Italien), eingereicht am 12. September 2008 | Italien |

Quelle: Eigene Tabelle auf Basis der vorliegenden Untersuchung

## 5.2 Diskriminierung männlicher Teilzeitbeschäftigter

Das Europarecht stützte existierende mitgliedstaatliche Vorgaben, die Diskriminierungen zuließen, insofern, als nur der weibliche Teil der Teilzeitbeschäftigten ein Recht auf die gleiche Behandlung wie Vollzeitbeschäftigte beanspruchen konnte. Damit wurde zwar die indirekte Diskriminierung von Frauen abgeschafft, jene von männlichen Teilzeitarbeitnehmern blieb jedoch bestehen.

Diese Sensibilität des Europäischen Gerichtshofes, mitgliedstaatliches Recht maßgeblich bei der Urteilsfindung zu beachten, lässt die von Gerhard Casper beobachtete Schwierigkeit der Mitgliedstaaten, vom EuGH geschaffenes Recht zu revidieren, als nicht prioritär in der Diskussion um das europäische Demokratiedefizit erscheinen. Zwar besteht diese Hürde, aber sie ist nur bedingt von Belang, da die Mitgliedstaaten wenig Anlass haben, vom EuGH gesetztes Recht zu korrigieren. Erst wenn die Union eindeutig Zuständigkeit erlangt, meist über Sekundärrecht, geht der EuGH kühner in seinen Entscheidungen vor, wenn auch nicht immer (siehe dazu vor allem die Ausführungen zu positiven Maßnahmen). An der Schaffung von Sekundärrecht wiederum ist der Rat beteiligt. Demzufolge muss davon ausgegangen werden, dass die Mitgliedstaaten das Recht mittragen. Dies lässt eine Revision der Urteile des Europäischen Gerichtshofes noch weniger notwendiger erscheinen. Beispielhaft dafür ist der Verlauf der Rechtsentwicklung im Bereich der Teilzeitarbeit, der maßgeblich von den Mitgliedstaaten mitbestimmt war.

Karin Weber von Hartz argumentiert im Jahre 1986 vor dem zuständigen deutschen Arbeitsgericht auf Basis von Artikel 119 EWG.[587] Gegenstand war die Regelung eines Kaufhausunternehmens, welches überwiegend Frauen beschäftigte und Teilzeitarbeitnehmer von seinen betrieblichen Versorgungsleistungen ausnahm. Mehr Frauen als Männer waren von dieser Ausnahme betroffen. Entgegen der Meinung des Vereinigten Königreiches, welches im Verfahren Stellung nahm und

587 Vgl. Gerichtshof der Europäischen Union: Rechtssache 170/84, Bilka-Kaufhaus GmbH gegen Karin Weber von Hartz, 13. Mai 1986, online verfügbar: https://eur-lex.europa.eu/legal-content/DE/TXT/HTML/?uri=CELEX:61984CJ0170&qid=1555241013097&from=EN [Zugriff: 26. Juli 2019], Rdnr. 5f.

sich dabei auf die Rechtssache *Defrenne 3*, in der Renten vom Geltungsbereich von Artikel 119 EWG ausgenommen wurden, berief, entschied der Gerichtshof im Einklang mit seiner vorherigen Rechtsprechung, dass eine Anwartschaft auf ein betriebliches Altersruhegeld zunächst Entgelt im Sinne von Artikel 119 EWG darstellte. Es ging um eine Regelung, die aus einem vertraglichen Arbeitsverhältnis resultierte[588] und somit unmittelbar in den Geltungsbereich von Artikel 119 EWG fiel, unabhängig davon, ob entsprechendes Sekundärrecht bestand oder nicht. Analog zur *Barber*-Rechtsprechung konzedierte der Gerichtshof folglich die Zuständigkeit. Ebenfalls dürfte mit der Bestätigung der europarechtlichen Zuständigkeit die Hürde einer Abweichung vom Europarecht innerhalb der Mitgliedstaaten erhöht worden sein.

Die Notwendigkeit der mehrheitlichen Betroffenheit teilzeitbeschäftigter Frauen wurde in der Rechtssache *Bilka* mit der wirtschaftlichen und sozialpolitischen Zielsetzung der Verträge begründet. Das Gericht schloss sich damit der Auffassung der Europäischen Kommission an. Das sozialpolitische Ziel der Verbesserung der Lebens- und Beschäftigungsbedingungen könne nur dann verwirklicht werden, wenn die tatsächlichen Auswirkungen der Lohnpolitik der Arbeitgeber auf die Lebens- und Arbeitsbedingungen der teilzeitbeschäftigten Frauen berücksichtigt würden."[589] Um als diskriminierend kategorisiert zu werden, musste eine in Frage stehende Regelung also mehr Frauen als Männer betreffen. Bestand der Pool an Teilzeitarbeitskräften mehrheitlich aus Männern, so blieb diesen der Anspruch auf Entgeltgleichheit verwehrt. Es ging nicht um die grundsätzliche Gleichbehandlung der Arbeitskräfte in den Kategorien „Vollzeit" und „Teilzeit"; dies wurde noch im Jahre 2007 in der Rechtssache *Ursula Voß gegen Land Berlin*, die eine Beamtenvergütung betraf, bestätigt.[590]

588 Vgl. Schlussanträge des Generalanwaltes Marco Darmon, Rechtssache 170/84, a. a. O., Rdnr. 6.

589 Vgl. ibid., 170/84 Rdnr. 11.

590 Vgl. Gerichtshof der Europäischen Union: Rechtssache 300/06, Ursula Voß gegen Land Berlin, 6. Dezember 2007, online verfügbar: https://eur-lex.europa.eu/legal-content/DE/TXT/?qid=1555410969098&uri=CELEX:62006CJ0300 [Zugriff: 26. Juli 2019], Rdnr. 44 und Tenor.

Eine solche Denkweise und ihre Begründung mit den originären Zielen des Vertrages sind inkongruent. Gerade weil anzunehmen ist, dass die Gründer der Gemeinschaften einen fairen internationalen Wettbewerb etablieren wollten, ist der Ausschluss von männlichen Teilzeitkräften unverständlich. Sozialpolitische Überlegungen liefern ebenfalls keinen Grund für eine Bevorzugung von Frauen, da Teilzeitbeschäftigung – beispielsweise im Gegensatz zu Schwangerschaft – keine spezifisch weibliche Situation darstellt. Was jedoch anklingt und in der weiteren Analyse bestätigt werden wird, ist die wesentliche Bedeutung der Mitgliedstaaten und der Stand ihres Rechts. Ausschließlich Frankreich konnte Gesetzesinitiativen zur Gleichbehandlung Teilzeit- und Vollzeitbeschäftigter vorweisen. In den anderen Mitgliedstaaten existierte divergierendes Recht. Die Rechtstraditionen in den Mitgliedstaaten favorisierten damals folglich noch eine Benachteiligung von Teilzeitbeschäftigten. Gleichzeitig existierte jedoch eine umfangreiche europäische Rechtsprechung zu Artikel 119 EWG sowie europäisches Sekundärrecht, die andere Entscheidungen hätten erwarten lassen – gerade vor dem Hintergrund der wirtschaftlichen und sozialen Zielsetzung der Verträge. Dennoch hielt sich der EuGH zurück. Warum?

## 5.3 Die europäischen Gemeinschaften im internationalen Handel

Teilzeitbeschäftigung, so kann vermutet werden, war einer der wenigen Bereiche, in denen die Mitgliedstaaten europapolitische Regelungen umgehen und Löhne drücken konnten. Damit konnten sie wiederum ihren komparativen Vorteil auf dem internationalen Markt erhöhen. Die 1980er Jahre waren ein Zeitraum, der mit „Eurosklerose“[591] bezeichnet wird. Sie hatte ihren Ursprung in der Ölkrise und der durch den Zusammenbruch des Bretton-Wood-Systems ausgelösten

591 Ganßmann, Heiner/Haas, Michael: Eurosklerose? *PROKLA. Zeitschrift für Kritische Sozialwissenschaft*, 29(114), S. 55–71, online verfügbar: https://core.ac.uk/download/pdf/229351253.pdf [Zugriff: 30. Januar 2021]. Winkler, Heinrich August: Geschichte des Westens. Vom Kalten Krieg bis zum Mauerfall, München 2014, insbesondere das Kapitel: Eurosklerose, Süderweiterung, neue Dynamik: Die Europäische Gemeinschaft in der ersten Hälfte der achtziger Jahre, S. 877–887.

Währungskrise der 1970er Jahre, in deren Folge sich die wirtschaftliche Lage in den europäischen Gemeinschaften nach einer langen Erfolgsgeschichte erstmals verschlechterte und sich eine Rückbesinnung auf nationale Lösungen abzeichnete (So trat Grönland 1985 schließlich infolge eines Referendums im Jahre 1982 aus der EWG aus, heute ist es mit der EU assoziiert) – trotz gleichzeitiger weiterer Integrationsschritte wie dem Urteil in der Rechtssache *Cassis de Dijon*[592], das das Prinzip der gegenseitigen Anerkennung begründete oder der ersten Direktwahl des Europäischen Parlaments im Jahre 1979.

Die Erschütterungen der Weltwirtschaft lagen bei Eingang der ersten Vorabentscheidungsfragen bezüglich Teilzeit erst ein paar Jahre zurück. Sie erklären das Zögern der Regierungen, die Gleichstellung von Teilzeit- und Vollzeitkräften rechtlich zu verankern. Die Regierungen besannen sich zunehmend auf nationale Lösungen. Ein gemeinsames Vorgehen der Gemeinschaft in der Krise war nicht zu erkennen. In diesem weltwirtschaftlichen und politischen Kontext hatte der EuGH Entscheidungen zu treffen, deren Konsequenzen sich auf die Positionen der Mitgliedstaaten im Welthandel ausgewirkt hätten. Gleichzeitig war es durch die Betonung der Lohngleichheit in den Gemeinschaften kaum mehr möglich, eine Diskriminierung von Frauen aufrechtzuerhalten. Das Erfordernis der mehrheitlichen Betroffenheit von Frauen bei der Prüfung von Diskriminierungen von Teilzeitbeschäftigten könnte daher als politisches Kalkül im Zeichen der Zeit eingestuft werden. Der Europäische Gerichtshof navigiert zwischen der Durchsetzung des geltenden Rechts, Erhalt des Projektes Europa und weltwirtschaftlichen sowie -politischen Entwicklungen, die Einfluss auf die politische Stimmungslage in den Mitgliedstaaten haben. Dies lässt den EuGH von Regierungen politisch abhängiger werden als dies bei nationalen Gerichten der Fall ist. In solchen europaskeptischen Situationen kann der Erfolg des einzelnen Klägers geringer sein als in europabefürwortenden Zeiten.

592 Gerichtshof der Europäischen Union: Rechtssache 120/78, Rewe-Zentral AG gegen Bundesmonopolverwaltung für Branntwein, 20. Februar 1979, online verfügbar: https://eur-lex.europa.eu/legal-content/DE/TXT/?uri=CELEX%3A61978CJ0120 [Zugriff: 12. März 2021].

Es erstaunt daher nicht, dass Regelungen, die Teilzeitbeschäftigte benachteiligen, beibehalten werden konnten, wenn es möglich war, nachzuweisen, dass die Ungleichbehandlung „auf Faktoren beruht, die objektiv gerechtfertigt sind und nichts mit einer Diskriminierung aufgrund des Geschlechts zu tun haben".[593] Diese Objektivitätsprüfung zur Beibehaltung möglicher Ungleichbehandlung von Teilzeit- und Vollzeitbeschäftigten wurde geschlechtsunabhängig angewandt.

Die geschlechtsabhängige Komponente des Erfordernisses der mehrheitlich weiblichen Betroffenheit wurde noch bis um das Jahr 2010 beibehalten, obwohl seit 1997 mit der *Richtlinie 97/81/EG des Rates vom 15. Dezember 1997 zu der von UNICE, CEEP und EGB geschlossenen Rahmenvereinigung über Teilzeitarbeit – Anhang: Rahmenvereinbarung über Teilzeitarbeit* anderslautendes Sekundärrecht vorhanden war. Der dieser Richtlinie vorausgehende Vertrag von Amsterdam wurde durch ein die Integration begünstigendes politisches Klima begleitet. In der Richtlinie wird von männlichen und weiblichen Teilzeitkräften gesprochen. Es heißt ohne Verweis auf das Erfordernis der mehrheitlichen Betroffenheit von weiblichen Teilzeitbeschäftigten:

> „Teilzeitbeschäftigte dürfen in ihren Beschäftigungsbedingungen nur deswegen, weil sie teilzeitbeschäftigt sind, gegenüber vergleichbaren Vollzeitbeschäftigten nicht schlechter behandelt werden, es sei denn, die unterschiedliche Behandlung ist aus objektiven Gründen gerechtfertigt."[594]

Bezüglich der Rechtsprechung des Europäischen Gerichtshofes hat sich erst in jüngeren Rechtssachen eine Abkehr vom Mehrheitserfordernis weiblicher Arbeitnehmer ergeben. In den verbundenen Rechtssachen *Istituto nazionale della previdenza sociale (INPS)/Tiziana Bruno, Massimo Pettini* (C-395/08) *und Daniela Lotti, Clara Matteucci* (C-396/08)[595] ist im Jahre 2010 nur noch von der Objektivitätsprüfung die Rede, was auf ein spätes Umdenken hindeutet.

---

593 Vgl. ibid., 170/84 Leitsatz 2.

594 Richtlinie 97/81/EG des Rates vom 15. Dezember 1997 zu der von UNICE, CEEP und EGB geschlossenen Rahmenvereinigung über Teilzeitarbeit – Anhang: Rahmenvereinbarung über Teilzeitarbeit, ABl Nr. L 014, 20. Januar 1998, online verfügbar: https://eur-lex.europa.eu/legal-content/DE/TXT/HTML/?uri=CELEX:31997L0081&from=DE [Zugriff: 6. Oktober 2019], Paragraph 4, Absatz 1.

595 Gerichtshof der Europäischen Union: Verbundene Rechtssachen 395/08, Istituto nazionale della previdenza sociale (INPS)/Tiziana Bruno, Massimo Pettini

Dennoch gab es Kläger, für die das Europarecht positive Signale sendete und die ihre Hoffnungen auf dieses Recht bauten. So konnten weibliche Teilzeitbeschäftigte erfolgreich gegen indirekte Diskriminierung vorgehen. Auch wurde im Rahmen der die Teilzeitbeschäftigung bestreffenden Rechtsprechung der Geltungsbereich von Artikel 119 EWG weiter präzisiert. Der Entgeltbegriff Anwendung fand Anwendung auf Übergangsgelder beim Ausscheiden aus dem Arbeitsverhältnis,[596] unterschiedliche Anrechnungen von Dienstzeiten für die Beförderung,[597] Vergütungen für die Teilnahme an Schulungsveranstaltungen für Personalratsmitglieder,[598] Leistungen, die der Arbeitgeber der Arbeitnehmerin aufgrund der gesetzlichen Vorschriften oder der Tarifverträge während ihres Mutterschaftsurlaubs zahlt,[599] alle gegenwärtigen oder künftigen in bar oder in Sachleistungen gewährten Vergütungen, die aufgrund des Dienstverhältnisses gezahlt werden[600] sowie Überstundenzulagen von Beamten.[601] Weiterhin sind Invaliditätsrenten, die

und 396/08 Daniela Lotti, Clara Matteucci, 10. Juni 2010, online verfügbar: https://eur-lex.europa.eu/legal-content/DE/TXT/HTML/?uri=CELEX:62008CA0395&qid=1570349245847&from=DE [Zugriff: 6. Oktober 2019], Tenor.

596 Vgl. Gerichtshof der Europäischen Union: Rechtssache 33/89, Maria Kowalska gegen Freie und Hansestadt Hamburg, 27. Juni 1990, online verfügbar: https://eur-lex.europa.eu/legal-content/DE/TXT/?qid=1556435546647&uri=CELEX:61989CJ0033 [Zugriff: 26. Juli 2019].

597 Vgl. Gerichtshof der Europäischen Union: Rechtssache 184/89, Helga Nimz gegen Freie und Hansestadt Hamburg, a. a. O.

598 Vgl. Gerichtshof der Europäischen Union: Rechtssache 369/90, Arbeiterwohlfahrt der Stadt Berlin e .V. gegen Monika Bötel, a. a. O.

599 Vgl. Gerichtshof der Europäischen Union, Rechtssache 342/93, Joan Gillespie und andere gegen Northern Health and Social Services Boards, Department of Health and Social Services, Eastern Health and Social Services Board und Southern Health and Social Services Board, 13. Februar 1996, online verfügbar: https://eur-lex.europa.eu/legal-content/DE/TXT/?qid=1563718153596&uri=CELEX:61993CJ0342 [Zugriff: 26. Juli 2019].

600 Vgl. Gerichtshof der Europäischen Union: Rechtssache 278/93, Edith Freers und Hannelore Speckmann gegen Deutsche Bundespost, 7. März 1996, online verfügbar: https://eur-lex.europa.eu/legal-content/DE/TXT/HTML/?uri=CELEX:61993CJ0278&qid=1555258604326&from=EN [Zugriff: 26. Juli 2019].

601 Vgl. Gerichtshof der Europäischen Union: Rechtssache 300/06, Ursula Voß gegen Land Berlin, a. a. O.

durch die Sozialgesetzgebung geregelt sind[602], und die Beitragsbefreiung von Sozialversicherungsbeträgen[603] als Entgelt im Sinne von Artikel 119 EWG einzustufen. Diese Schritte wären ohne die Initiierung durch individuelle Kläger und deren Zusammenwirken mit nationalen Gerichten nur schwer vorstellbar gewesen.

Neben den Interdependenzen von Klägern, nationalen Gerichten und EuGH ergibt sich aus dem Dargestellten, dass der Umfang der entstandenen Rechtsprechung im Bereich der Entgeltgleichheit nicht als selbständiges Produkt des Gerichtshofes zu verstehen ist. Er ist das Resultat eines dynamischen rechtlichen Prozesses, der sich als Zusammenspiel von Klägern, nationalen Gerichten, mitgliedstaatlichen Regierungen und dem Europäischen Gerichtshof selbst darstellt. Die Rechtsprechung im Bereich der Teilzeit veranschaulichte, dass der Rechtsstand der Mehrzahl der Mitgliedstaaten Einfluss auf die Urteilsfindung des EuGH ausübt. Darüber hinaus steht der Europäische Gerichtshof vor der Herausforderung, die Anwendung des Europarechts zu sichern bei gleichzeitiger hoher Abhängigkeit von den Regierungen der Mitgliedstaaten. Dies ließ im Bereich der Teilzeitbeschäftigung keine gänzlich den Zielen der Verträge entsprechende Rechtsprechung zu.

Entwicklungen der Weltwirtschaft, die Mitgliedstaaten betreffen, sind dabei genauso bedeutsam wie die internationale Politik. Dies wurde durch die Öl- und Währungskrise in den 1970er Jahren deutlich. Die Umkehr und die verstärkte Befürwortung Europas, die sich in den Verträgen von Maastricht und sozialpolitisch im Vertrag von Amster-

602 Vgl. Gerichtshof der Europäischen Union: Rechtssache 31/90, Elsie Rita Johnson gegen Chief Adjudication Officer, 11. Juli 1991, online verfügbar: https://eur-lex.europa.eu/legal-content/DE/TXT/?qid=1563734451199&uri=CELEX:61990CJ0031 [Zugriff: 26. Juli 2019].

603 Gerichtshof der Europäischen Union: Rechtssache: 373/89, Caisse d'assurances sociales pour travailleurs indépendants „Integrity“ gegen Nadine Rouvroy, 20. November 1990, online verfügbar: https://eur-lex.europa.eu/legal-content/DE/TXT/?qid=1563732628927&uri=CELEX:61989CJ0373 [Zugriff: 26. Juli 2019]. Die Rechtssache betraf die Befreiung von der Entrichtung von Sozialversicherungsbeiträgen, in deren Genuss nur verheiratete Frauen, Witwen und Studenten kamen, um mit Personen gleichgestellt zu werden, die diese Beitragsbefreiung bereits in Anspruch nahmen. Der Gerichtshof entschied, dass auch verheirateten Männern oder Witwern die Möglichkeit der Beitragsbefreiung zugestanden werden müsse (vgl. Leitsatz).

dam ausdrückten, ließen später wieder eine Rechtsprechung im Sinne der Gründer der Gemeinschaften zu. Es kann konstatiert werden, dass der untersuchte Rechtsbereich ein Beispiel dafür ist, dass nur ein gemeinsamer integrationspolitischer Ansatz, der sämtliche Mitgliedstaaten einschließt, langfristig erfolgreich ist. An der Teilzeitbeschäftigung wird ersichtlich, in welchem Umfang andere Bereiche, bis hin zum internationalen Handel, von Entscheidungen betroffen sind. Der faire Wettbewerb unter den Mitgliedstaaten der Union ist Teil davon. Dieser wird nur funktionieren, wenn europarechtliche Vorgaben und gleiche Wettbewerbsbedingungen für alle gelten. Die Rechtsprechung zur Teilzeitbeschäftigung ist daher ein Hinweis darauf, dass der Ansatz Giandomenico Majones, welcher zweckorientierte Zusammenschlüsse mit konkreten Zielen favorisiert, nicht praktikabel ist. Sowohl die Interdependenzen der Akteure als auch die Interdependenzen der Politikbereiche sprechen dagegen. Eine zukunftsfähige Union wird nur dann erfolgreich sein, wenn sie von sämtlichen Mitgliedstaaten getragen wird.

# 6. Die Bedeutung nationaler Gerichte im Vorabentscheidungsverfahren

Die bisher behandelten Rechtssachen betrafen vor allem die Anwendbarkeit von Artikel 119 EWG, heute Artikel 157 AEUV, sowie jene Gehaltskomponenten, auf die er sich erstreckt. Es handelte sich um eine klare primärrechtliche Vorgabe mit sekundärrechtlichen Ergänzungen, die von den Mitgliedstaaten geschaffen wurden. Es sollte nicht erstaunen, dass das Recht – ist es einmal geschaffen – in der Folge von Klägern genutzt wurde.

Das vorliegende Kapitel befasst sich mit zwei Themenbereichen, die ebenfalls an eine Weiterentwicklung von Artikel 119 EWG und darauf basierendem Sekundärrecht anschließen: erstens die Gleichwertigkeit von Arbeit und zweitens der Zugang zu Beschäftigung. Im ersten Themenbereich geht es um die Frage, welche Arbeiten als vergleichbar angesehen werden. Im zweiten Bereich steht die Frage im Vordergrund, inwieweit das Geschlecht eine Voraussetzung für eine Anstellung darstellen kann. Dabei handelt es sich vor allem um die Organisation der nationalen Sicherheit, um die Armee als Beruf und die Wehrpflicht – allesamt traditionell männlich geprägte Domänen, die erst gegenwärtig mehr und mehr im ganzheitlichen Genderdiskurs erforscht werden. So beleuchtet das kürzlich erschienene Oxford Handbook of Gender, War, and the Western World Since 1600[604] das Thema interdisziplinär und aus transnationaler Perspektive.

Insgesamt umfassen beide Rechtsbereiche zwölf Rechtssachen. Allein die Tatsache, dass sich der EuGH mit diesen klassischen Hoheitsrechten des Nationalstaates befasste, belegt den von Haas antizipierten

604 Vgl. Hagemann, Karen/Dudink, Stefan/Rose, Sonya O.: The Oxford Handbook of Gender, War, and the Western World Since 1600, Oxford 2020.

Spill-over. Von den untersuchten Entscheidungen entfallen fünf[605] auf die Gleichwertigkeit von Arbeit und sieben auf den Zugang zu Beschäftigung. Vier der fünf die Gleichwertigkeit betreffenden Rechtssachen wurden im Sinne der Kläger entschieden, obwohl das Europarecht vor den nationalen Gerichten seitens der Kläger kaum herangezogen wurde. Das Europarecht wurde lediglich in einem[606] der fünf untersuchten Fälle bereits vor einem nationalen Gericht von der Klägerin beansprucht.

Im Gegensatz dazu verliefen die Urteile im Bereich des Zugangs zur Beschäftigung mehrheitlich erfolglos für die Kläger. In sechs von sieben Fällen war es Klagegrundlage, davon handelt es sich in zwei Fällen um Vertragsverletzungsverfahren initiiert durch die Kommission[607]. Obwohl entsprechendes Primär- und Sekundärrecht existierte, entschied der EuGH zurückhaltend, was auf die Achtung der Grenze europarechtlicher Zuständigkeiten im Bereich der nationalen Sicherheit hindeutet. Sie unterliegt der Hoheit der Mitgliedstaaten. Gleichermaßen, und dies gilt für beide Rechtsbereiche, wird die Bedeutung nationaler Gerichte sichtbar, und zwar in deutlich höherem Umfang als in den anderen Thematiken der vorliegenden Analyse.

605 Rechtssache 129/79 Macarthys Ltd gegen Wendy Smith, Rechtssache 237/85 Gisela Rummler gegen Dato-Druck GmbH, Rechtssache 157/86 Mary Murphy und andere gegen An Bord Telecom Eireann, Rechtssache 127/92 Dr. Pamela Mary Enderby gegen Frenchay Health Authority und Secretary of State for Health, Rechtssache 309/97 Angestelltenbetriebsrat der Wiener Gebietskrankenkasse gegen Wiener Gebietskrankenkasse.

606 Vgl. Gerichtshof der Europäischen Union: Rechtssache 129/79, Macarthys Ltd gegen Wendy Smith, 27. März 1980, online verfügbar: https://eur-lex.europa.eu/legal-content/DE/TXT/?qid=1556737245160&uri=CELEX:61979CJ0129 [Zugriff: 27. Juli 2019].

607 Vgl. Rechtssache 165/82 Kommission der Europäischen Gemeinschaften gegen Vereinigtes Königreich Großbritannien und Nordirland, Rechtssache 248/83 Kommission der Europäischen Gemeinschaften gegen Bundesrepublik Deutschland und Rechtssache 164/82 Kommission der Europäischen Gemeinschaften gegen das Königreich Belgien.

*Abbildung 4: EuGH- Entscheidungen: Gleichwertigkeit von Arbeit und Zugang zu Beschäftigung*

| **Thema** | **Kläger Europarecht** | **Rechtsgrundlage Klage** | **Resultat für Kläger** | **Titel** | **Gegenstand** | **Verfahren** | **Mitglied-staat** |
|---|---|---|---|---|---|---|---|
| Gleichwertigkeit der Arbeit | 1 (dritte Instanz) | Erste Instanz: Equal Pay Act<br>Dritte Instanz: Art. 119 EWG, RL 75/117/EWG | erfolgreich | **Macarthys Ltd gegen Wendy Smith**<br>**129/79**<br><br>**27. März 1980** | Gleiches Entgelt für Männer und Frauen, Notwendigkeit der Gleichzeitigkeit der gleichen Arbeit | Ersuchen um Vorabentscheidung: mit Beschluss vom 25. Juli 1979, beim Gerichtshof eingegangen am 10. August 1979 | Vereinigtes Königreich |
| Gleichwertigkeit der Arbeit | 0 | Gericht: RL 75/117/EWG | erfolgreich | **Gisela Rummler gegen Dato-Druck GmbH**<br>**237/85**<br><br>**1. Juli 1986** | Gleiches Entgelt für Männer und Frauen – Einstufungssystem | Ersuchen um Vorabentscheidung: Arbeitsgericht Oldenburg mit Beschluss vom 25. Juni 1985, beim Gerichtshof eingegangen am 31. Juli 1985 | Deutschland |
| Gleichwertigkeit der Arbeit | 0 | Klägerinnen: *Anti-Discrimination Pay Act* (1974) zur Durchführung der Richtlinie 75/117/EWG<br>Gericht: Art. 119 EWG RL 75/117/EWG | erfolgreich | **Mary Murphy und andere gegen An Bord Telecom Eireann**<br>**157/86**<br><br>**4. Februar 1988** | Gleiches Entgelt für Männer und Frauen, höherwertige von Frauen geleistete Arbeit | Ersuchen um Vorabentscheidung: Irischer High Court mit Beschluss vom 4. März 1986, beim Gerichtshof eingegangen am 30. Juni 1986 | Irland |
| Gleichwertigkeit der Arbeit | 0 | Gericht: Art. 119 EWG | erfolgreich | **Dr. Pamela Mary Enderby gegen Frenchay Health Authority und Secretary of State for Health**<br>**127/92**<br><br>**27. Oktober 1993** | Unterschied im Entgelt zwischen zwei gleichwertigen Tätigkeiten, von denen die eine fast ausschließlich von Frauen und die andere hauptsächlich von Männern ausgeübt wird, getrennte Tarifverhandlungen | Ersuchen um Vorabentscheidung: Court of Appeal of England and Wales mit Beschluss vom 30. Oktober 1991, beim Gerichtshof eingegangen am 17. April 1992 | Vereinigtes Königreich |

| Thema | Kläger Europarecht | Rechtsgrundlage Klage | Resultat für Kläger | Titel | Gegenstand | Verfahren | Mitgliedstaat |
|---|---|---|---|---|---|---|---|
| Gleichwertigkeit der Arbeit | 0 | Kläger: Gleichbehandlungsgesetz (1979) Gericht: Art. 119 EG, RL 75/117/EWG | erfolglos | **Angestelltenbetriebsrat der Wiener Gebietskrankenkasse gegen Wiener Gebietskrankenkasse 309/97 11. Mai 1999** | Gleiches Entgelt für Männer und Frauen | Ersuchen um Vorabentscheidung: Oberlandesgericht Wien mit Beschluß vom 5. Mai 1997, beim Gerichtshof eingegangen am 4. September 1997 | Österreich |
| Zugang zur Beschäftigung | 1 (Vertragsverletzungsverfahren) | RL 76/207/EWG | erfolglos | **Kommission der Europäischen Gemeinschaften gegen Vereinigtes Königreich Großbritannien und Nordirland 165/82 8. November 1983** | Vertragsverletzung eines Mitgliedstaates, Gleichbehandlung von Männern und Frauen | Vertragsverletzungsverfahren: Die Kommission der Europäischen Gemeinschaften mit Klageschrift, bei der Kanzlei des Gerichtshofes eingegangen am 3. Juni 1982 | Vereinigtes Königreich |
| Zugang zur Beschäftigung | 1 (Vertragsverletzungsverfahren) | RL 76/207/EWG, RL 75/117/EWG | erfolglos | **Kommission der Europäischen Gemeinschaften gegen Bundesrepublik Deutschland 248/83 21. Mai 1985** | Vertragsverletzung eines Mitgliedstaates – Gleichbehandlung von Männern und Frauen | Vertragsverletzungsverfahren: Die Kommission der Europäischen Gemeinschaften mit Klageschrift, bei der Kanzlei des Gerichtshofes eingegangen am 9. November 1983 | Deutschland |
| Zugang zur Beschäftigung | 1 | RL 76/207/EWG | erfolglos | **Marguerite Johnston gegen Chief Constable of the Royal Ulster Constabulary 222/84 15. Mai 1986** | Gleichbehandlung von Männern und Frauen – bewaffneter Angehöriger einer Hilfspolizei | Ersuchen um Vorabentscheidung: Industrial Tribunal of Northern Ireland in Belfast mit Entscheidung vom 8. August 1984, beim Gerichtshof eingegangen am 4. September 1984 | Vereinigtes Königreich |

| Thema | Kläger Europarecht | Rechtsgrundlage Klage | Resultat für Kläger | Titel | Gegenstand | Verfahren | Mitgliedstaat |
|---|---|---|---|---|---|---|---|
| Zugang zur Beschäftigung | 1 | RL 76/207/EWG | erfolglos | **Angela Maria Sirdar gegen The Army Board und Secretary of State for Defence 273/97**<br><br>**26. Oktober 1999** | Gleichbehandlung von Männern und Frauen – Weigerung, eine Frau als Köchin bei der Königlichen Marineinfanterie (Royal Marines) einzustellen. | Ersuchen um Vorabentscheidung: Industrial Tribunal Bury St Edmunds mit Entscheidung vom 28. April 1997, beim Gerichtshof eingegangen am 29. Juli 1997 | Vereinigtes Königreich |
| Zugang zur Beschäftigung | 1 | RL 76/207/EWG | erfolgreich | **Tanja Kreil gegen Bundesrepublik Deutschland 285/98**<br><br>**11. Januar 2000** | Gleichbehandlung von Männern und Frauen – Beschränkung des Zugangs von Frauen zum Dienst mit der Waffe in der Bundeswehr | Ersuchen um Vorabentscheidung: Verwaltungsgericht Hannover mit Beschluss vom 13. Juli 1998, beim Gerichtshof eingegangen am 24. Juli 1998 | Deutschland |
| Zugang zur Beschäftigung | *unklar* | RL 76/207/EWG | erfolglos | **Julia Schnorbus gegen Land Hessen 79/99**<br><br>**7. Dezember 2000** | Gleichbehandlung von Männern und Frauen – Regelung des Zugangs zum juristischen Vorbereitungsdienst im Land Hessen – Vorrang von Bewerbern, die eine Wehr- oder Ersatzdienstpflicht erfüllt haben. | Ersuchen um Vorabentscheidung: mit Beschluss vom 18. Januar 1999, beim Gerichtshof eingegangen am 4. März 1999 | Deutschland |
| Zugang zur Beschäftigung | 1 | RL 76/207/EWG, Rechtssache 258/98 Tanja Kreil gegen Bundesrepublik Deutschland | erfolglos | **Alexander Dory gegen Bundesrepublik Deutschland 186/01**<br><br>**11. März 2003** | Nichtanwendung des Gemeinschaftsrechts auf die Wehrpflicht, Beschränkung der Wehrpflicht in Deutschland auf Männer | Ersuchen um Vorabentscheidung: Verwaltungsgericht Stuttgart mit Beschluss vom 4. April 2001, beim Gerichtshof eingegangen am 30. April 2001 | Deutschland |

## 6.1 Gleichwertigkeit von Arbeit und Zugang zu Beschäftigung

Beide Sujets (Beschäftigungszugang und Gleichwertigkeit von Arbeit) werden gemeinsam behandelt, da sie die Rolle nationaler Gerichte in zweifacher Weise verdeutlichen. Einerseits waren sie, im Fall der Gleichwertigkeit von Arbeit, von Bedeutung für die Involvierung des Europäischen Gerichtshofes, wenn die Kläger keinen europarechtlichen Bezug in ihren Klagen vornahmen. Die Befassung des Europäischen Gerichtshofes resultierte in diesen Fällen aus der Entscheidung des nationalen Gerichtes, Fragen zur Vorabentscheidung an den EuGH zu richten. Für die Kläger verlief die Mehrheit dieser Verfahren erfolgreich.

Anders verhielt es sich im Bereich des Beschäftigungszuganges. Den nationalen Gerichten kommt eine prominentere Rolle in der Umsetzung der Entscheidungen des Europäischen Gerichtshofes zu. Argumentiert bereits ein Kläger auf Basis des Europarechts, muss das nationale Gericht zwar dieselbe Entscheidung treffen, ein Hinwenden zum EuGH ist jedoch wahrscheinlicher. Damit ist aber noch keine Aussage über den Erfolg aus der Perspektive des Klägers getroffen. Die meisten Entscheidungen konnten auch in einer für den Kläger erfolglosen Weise ausgelegt werden.

Im Sekundärrecht schafften die Mitgliedstaaten mit der *Richtlinie 75/117/EWG des Rates vom 10. Februar 1975 zur Angleichung der Rechtsvorschriften der Mitgliedstaaten über die Anwendung des Grundsatzes des gleichen Entgelts für Männer und Frauen*[608] die europarechtliche Grundlage, die die korrespondierende Rechtsprechung des Europäischen Gerichtshofes ermöglichte. Der ursprüngliche Artikel 119 EWG beinhaltete den Aspekt der Gleichwertigkeit von Arbeit in seine ersten Fassung nicht. Im ersten Absatz der Richtlinie wurde schließlich festgelegt:

---

608 Vgl. Richtlinie 75/117/EWG des Rates vom 10. Februar 1975 zur Angleichung der Rechtsvorschriften der Mitgliedstaaten über die Anwendung des Grundsatzes des gleichen Entgelts für Männer und Frauen: a. a. O. Diese Richtlinie ist nicht mehr in Kraft, sie wurde durch die *Richtlinie 2006/54/EG des Europäischen Parlaments und des Rates vom 5. Juli 2006 zur Verwirklichung des Grundsatzes der Chancengleichheit und Gleichbehandlung von Männern und Frauen in Arbeits- und Beschäftigungsfragen (Neufassung)* aufgehoben.

„Der in Artikel 119 des Vertrages genännte [sic!] Grundsatz des gleichen Entgelts für Männer und Frauen im folgenden [sic!] als ‚Grundsatz des gleichen Entgelts' bezeichnet, bedeutet bei gleicher Arbeit oder bei einer Arbeit, die *als gleichwertig anerkannt* [Hervorhebungen durch die Autorin] wird, die Beseitigung jeder Diskriminierung auf Grund des Geschlechts in bezug [sic!] auf samtliche [sic!] Entgeltsbestandteile und bedingungen [sic!].“[609]

Dieser Wortlaut lässt einen großen Interpretationsspielraum zu: Sowohl striktes Durchgreifen als auch Zurückhaltung sind denkbar. Die Formulierung „als gleichwertig anerkannt“ wirft darüber hinaus die Frage auf, wer die Gleichwertigkeit anzuerkennen hat.

Die *Richtlinie 76/207/EWG des Rates vom 9. Februar 1976 zur Verwirklichung des Grundsatzes der Gleichbehandlung von Männern und Frauen hinsichtlich des Zugangs zur Beschäftigung, zur Berufsbildung und zum beruflichen Aufstieg sowie in bezug* [sic!] *auf die Arbeitsbedingungen*[610] ist die zweite sekundärrechtliche Regelung, die Artikel 119 EWG weiter umsetzte und die Grundlage für Fragen zum Zugang zu Beschäftigung bildet. Diese Richtlinie wurde in den den Zugang zu Beschäftigung betreffenden Klagen von allen Klägern vor nationalen Gerichten geltend gemacht. Somit kann bei Betrachtung der Bereiche Gleichwertigkeit und Zugang konstatiert werden, dass die Haltungen der Kläger nicht in sich geschlossen waren; Sekundärrecht lag in beiden Fällen vor. Auf der einen Seite wurde Europarecht genutzt, auf der anderen Seite nicht. Die nationalen Vorgaben bezüglich des Zugangs zur Beschäftigung standen den von den Klägern angestrebten Resultaten entgegen und wurden folglich mit dem Europarecht hinterfragt. Für die Feststellung, ob Tätigkeiten als gleichwertig angesehen werden können war die Ausgangslage eine andere, denn die Mitgliedstaaten hatten nationale Bezugsrahmen, in denen die gleiche Bezahlung und

609 Vgl. ibid., Art. 1.

610 Richtlinie 76/207/EWG des Rates vom 9. Februar 1976 zur Verwirklichung des Grundsatzes der Gleichbehandlung von Männern und Frauen hinsichtlich des Zugangs zur Beschäftigung, zur Berufsbildung und zum beruflichen Aufstieg sowie in bezug [sic!] auf die Arbeitsbedingungen, a. a. O. Diese Richtlinie ist nicht mehr in Kraft, sie wurde durch die *Richtlinie 2006/54/EG des Europäischen Parlaments und des Rates vom 5. Juli 2006 zur Verwirklichung des Grundsatzes der Chancengleichheit und Gleichbehandlung von Männern und Frauen in Arbeits- und Beschäftigungsfragen (Neufassung)* aufgehoben.

damit augenscheinlich die Vergleichbarkeit von Arbeit geregelt wurden, geschaffen.

## 6.2 Europarechtliches Zögern im Bereich der Gleichwertigkeit

Der geringe Rückgriff der Kläger auf das Europarecht im Bereich der Gleichwertigkeit könnte mit dem Vorhandensein von nationalem Recht, das die europäische Vorgabe des Lohngleichheitsgebotes regeln sollte, erklärt werden. Es gab aus Sicht er Kläger einfach keine Notwendigkeit, das Unionsrecht einzubeziehen.

Haben Mitgliedstaaten europäische Vorgaben umsetzt, existieren nicht zwei entkoppelte Rechtsstände, sondern es soll eine Verflechtung der juristischen Ebenen entstehen. Dies bildet den Rahmen für die folgenden Urteile. Im Bereich der Gleichwertigkeit waren folgende nationale Regelungen betroffen:

- der britische *Equal Pay Act* von 1970 (*Macarthys Ltd gegen Wendy Smith*)[611];
- der deutsche Lohnrahmentarifvertrag für die gewerblichen Arbeitnehmer der Druckindustrie im Gebiet der Bundesrepublik Deutschland vom 6. Juli 1984 (*Gisela Rummler gegen Dato-Druck GmbH*)[612];
- der irische *Anti-Discrimination Pay Act* von 1974 (*Mary Murphy und andere gegen An Bord Telecom Eireann*)[613];

611 Vgl. Gerichtshof der Europäischen Union: Rechtssache 129/79, Macarthys Ltd gegen Wendy Smith, a. a. O., Rdnr. 3.

612 Vgl. Gerichtshof der Europäischen Union: Rechtssache 237/85, Gisela Rummler gegen Dato-Druck GmbH, 1. Juli 1986, online verfügbar: https://eur-lex.europa.eu/legal-content/DE/TXT/?qid=1557033691596&uri=CELEX:61985CJ0237 [Zugriff: 27. Juli 2019], Rdnr. 3.

613 Vgl. Gerichtshof der Europäischen Union: Rechtssache 157/86, Mary Murphy und andere gegen An Bord Telecom Eireann, 4. Februar 1988, online verfügbar: https://eur-lex.europa.eu/legal-content/DE/TXT/?qid=1557067326279&uri=CELEX:61986CJ0157 [Zugriff: 27. Juli 2019], Rdnr. 3f.

– die Gehaltsstrukturen des britischen National Health Service (*Dr. Pamela Mary Enderby gegen Frenchay Health Authority and Secretary of State for Health*)[614];
– die österreichischen Dienstordnungen, nach denen sich die Entgelte, die Arbeitnehmern der österreichischen Sozialversicherungen gezahlt werden, richten (*Angestelltenbetriebsrat der Wiener Gebietskrankenkasse gegen Wiener Gebietskrankenkasse*)[615].

Jede dieser Rechtssachen bringt Aspekte der Handhabe des Europarechts in die Diskussion ein, die kurz erläutert werden sollen. Alle Kläger argumentierten zunächst unter Verwendung des jeweils nationalen Gleichbehandlungsgesetzes, wobei Mary Murphy auf die Bedeutung der nationalen Vorgabe als Durchführungsakt des Europarechts hinwies.[616]

In der Rechtssache *Macarthys Ltd gegen Wendy Smith* stützte sich die Klägerin Wendy Smith erst im Rechtsmittel vor dem Employment Appeal Tribunal auf Artikel 119 EWG sowie auf die Richtlinie 75/117/EWG, nicht aber in erster Instanz beim Industrial Tribunal, wo sie zunächst den nationalen *Equal Pay Act* heranzog.[617] Wendy Smith war als Lagerverwalterin bei der Firma Macarthys, einem Pharmagroßhandel, beschäftigt und erhielt einen geringeren Wochenlohn als ihr Vorgänger. Laut der nationalen Gerichte waren die Tätigkeiten als vergleichbar im Sinne des *Equal Pay Act* anzusehen, obwohl das Gesetz die Entgeltgleichheit nur bei Gleichzeitigkeit der Tätigkeit geboten

614 Vgl. Gerichtshof der Europäischen Union: Rechtssache 127/92, Dr. Pamela Mary Enderby gegen Frenchay Health Authority and Secretary of State for Health, 27. Oktober 1993, online verfügbar: https://eur-lex.europa.eu/legal-content/DE/TXT/?qid=1563730241761&uri=CELEX:61992CJ0127 [Zugriff: 27. Juli 2019], Rdnr. 2ff.

615 Vgl. Gerichtshof der Europäischen Union: Rechtssache 309/97, Angestelltenbetriebsrat der Wiener Gebietskrankenkasse gegen Wiener Gebietskrankenkasse, 11. Mai 1999, online verfügbar: https://eur-lex.europa.eu/legal-content/DE/TXT/?qid=1557032350707&uri=CELEX:61997CJ0309 [Zugriff: 27. Juli 2019].

616 Vgl. Schlussanträge des Generalanwalts Carl Otto Lenz vom 10. November 1987, Rechtssache 157/86, Mary Murphy und andere gegen An Bord Telecom Eireann, online verfügbar: https://eur-lex.europa.eu/legal-content/DE/TXT/?qid=1557067326279&uri=CELEX:61986CC0157 [Zugriff: 22. Dezember 2019], Rdnr. 8.

617 Vgl. Gerichtshof der Europäischen Union: Rechtssache 129/79, Macarthys Ltd gegen Wendy Smith, a. a. O., Rdnr. 3f.

sah.[618] Aber nicht nur die Klägerin, sondern auch die Beklagte, die Firma Macarthys, bezog sich auf Artikel 119 EWG, welcher, so wurde von Letzterer beansprucht, durchaus mit der ursprünglichen Bedeutung des *Equal Pay Act* konform sei. Dieser sei dahingehend zu interpretieren, dass eine Frau „ihre Lage“[619] nicht mit jener eines Mannes, der vor ihr bei demselben Arbeitgeber beschäftigt war, vergleichen dürfe.[620] Dieser Auffassung schloss sich die Regierung des Vereinigten Königreiches an. Artikel 119 EWG können nur dann auf unterschiedliche Zeiten angewandt werden, Bezugsrahmen existiere, der Merkmale einer zeitlichen Begrenzung festlege.[621] Der EuGH hingegen gab Frau Smith insoweit recht, als das Lohngleichheit nicht auf Gleichzeitigkeit beschränkt werden könne, und bekräftigte die unmittelbare Geltung von Artikel 119 EWG.[622]

Dies wurde auch in der Rechtssache *Mary Murphy und andere gegen An Bord Telecom Eireann* (im Folgenden: *Murphy*) bestätigt.[623] Die Klägerin Mary Murphy und ihre Kolleginnen verrichteten höherwertige Arbeit als ihre männlichen Kollegen bei der An Bord Telecom Eireann, welche das Lohngleichheitsgebot aus genau diesem Grunde für nicht anwendbar hielt.[624] Der Generalanwalt wies auf die Zuständigkeit, die sich direkt aus Artikel 119 EWG und nicht erst durch die Richtlinie 75/117/EWG herleiten ließe, hin.[625] Die irische Regierung

618 Vgl. Schlussanträge des Generalanwaltes Francesco Capotorti, Rechtssache 129/79, Macarthys Ltd gegen Wendy Smith, 28. Februar 1980, online verfügbar: https://eur-lex.europa.eu/legal-content/DE/TXT/?qid=1556737245160&uri=CELEX:61979CC0129 [Zugriff: 27. Juli 2019], Rdnr. 1.

619 Gerichtshof der Europäischen Union: Rechtssache 129/79, Macarthys Ltd gegen Wendy Smith, a. a. O., Rdnr. 5.

620 Vgl. ibid.

621 Vgl. Schlussanträge des Generalanwaltes Francesco Capotorti, Rechtssache 129/79, Macarthys Ltd gegen Wendy Smith, a. a. O., Rdnr. 2.

622 Vgl. Gerichtshof der Europäischen Union: Rechtssache 129/79, Macarthys Ltd gegen Wendy Smith: a. a. O., Leitsatz 1f.

623 Vgl. Gerichtshof der Europäischen Union: Rechtssache 157/86, Mary Murphy und andere gegen An Bord Telecom Eireann, a. a. O., Leitsatz 1.

624 Vgl. ibid., Rdnr. 8.

625 Vgl. Schlussanträge des Generalanwaltes Carl Otto Lenz, Rechtssache 157/86, Mary Murphy und andere gegen An Bord Telecom Eireann, 10. November 1987, online verfügbar: https://eur-lex.europa.eu/legal-content/DE/TXT/?qid=1557067326279&uri=CELEX:61986CC0157 [Zugriff: 27. Juli 2019], Rdnr. 4.

unterstützte die Anwendbarkeit von Artikel 119 EWG,[626] und die Kommission betonte erneut die doppelte Zielsetzung des Artikels 119 EWG: Das Lohngleichheitsgebot sei einerseits Voraussetzung für einen fairen Wettbewerb der Marktteilnehmer, andererseits wäre eine solche auf dem Geschlecht basierende Diskriminierung nicht mit dem Ziel des sozialen Fortschrittes vereinbar.[627] Ende der 1980er Jahre hatten die ursprünglichen Ziele nicht an Gültigkeit verloren. Dies mag schöngeistig, unrealistisch und idealisierend anmuten, aber gerade wieder aufkommenden Argumentationen der neuen Rechten zeigen, dass wirtschaftliches und soziales Wohlergehen grundlegend für ein ausgeglichenes Miteinander, auch international, sind. Dieser Gedanke findet sich in der Position der Europäischen Kommission wieder.

Die Fälle *Macarthys Ltd. gegen Wendy Smith* und *Murphy* legen darüber hinaus dar, dass der Bürger in einem interdependenten Verhältnis auf das Mitwirken nationaler Gerichte angewiesen ist: Das Erfordernis der Gleichzeitigkeit von Arbeit betreffend, urteilte der Europäische Gerichtshof, dass es dem nationalen Gericht obliege, zu prüfen, ob die unterschiedliche Entlohnung mit Faktoren erklärt werden könne, die nichts mit einer Diskriminierung aufgrund des Geschlechts zu tun haben.[628]

Die abschließend prüfende Rolle nationaler Gerichte wurde in der Rechtssache *Dr. Pamela Mary Enderby gegen Frenchay Health Authority und Secretary of State for Health* bestätigt.[629] Das zuständige natio-

---

626 Vgl. Gerichtshof der Europäischen Union: Rechtssache 157/86, Mary Murphy und andere gegen An Bord Telecom Eireann, a. a. O., Rdnr. 10.

627 Vgl. Schlussanträge des Generalanwaltes Carl Otto Lenz, Rechtssache 157/86, Mary Murphy und andere gegen An Bord Telecom Eireann: a. a. O., Rdnr. 13ff.

628 Vgl. Gerichtshof der Europäischen Union: Rechtssache 129/79, Macarthys Ltd gegen Wendy Smith, a. a. O., Leitsatz 1.

629 „Es ist Sache des für die Beurteilung des Sachverhalts allein zuständigen nationalen Gerichts, nötigenfalls unter Anwendung des Grundsatzes der Verhältnismässigkeit [sic!] festzustellen, ob und inwieweit der Mangel an Bewerbern für eine Tätigkeit und die Notwendigkeit, ihnen durch ein höheres Gehalt einen Anreiz zu bieten, einen sachlich gerechtfertigten wirtschaftlichen Grund für den Unterschied im Entgelt zwischen zwei gleichwertigen Tätigkeiten darstellt, von denen die eine fast ausschließlich von Frauen und die andere hauptsächlich von Männern ausgeuebt [sic!] wird" (Gerichtshof der Europäischen Union: Rechtssache 127/92, Dr. Pamela Mary Enderby gegen Frenchay Health Authority and Secretary of State for Health: a. a. O., Leitsatz 4).

nale Gericht habe im Fall der höherwertigen Arbeit ebenfalls den Einzelfall zu prüfen und zu entscheiden. Grundsätzlich könne höherwertige Arbeit jedoch nicht geringer entlohnt werden.[630]

In der Rechtssache *Gisela Rummler gegen Dato-Druck GmbH* hingegen äußerte sich der Europäische Gerichtshof auch zum Gegenstand selbst und ließ das infrage stehende Kriterium der muskelmäßigen Beanspruchung als Teil der Voraussetzungen für unterschiedliche Lohnstufen im Sinne der Richtlinie 75/117/EWG zu. Gisela Rummler klagte auf Eingruppierung in eine höhere Lohngruppe, in der eine stärkere muskelmäßige Beanspruchung ein Kriterium für die ausgeübte Tätigkeit darstellte. Die Klägerin sah die höhere Beanspruchung in ihrem Fall als gegeben an.

Der Europäische Gerichtshof führte in seiner Entscheidung aus, es müssten auch solche Kriterien für die Klassifizierung gewählt werden, die Männer *und* Frauen in die Auswahl zulassen. Die britische Regierung äußerte sich zu dem Fall gegenteilig. Sie vertrat die Auffassung, lediglich Männern zugutekommende Kriterien seien vor dem Hintergrund der tatsächlichen Schwere der zu verrichtenden Arbeit zu rechtfertigen.[631]

Während die Kriterien zur Bestimmung von Lohngruppen laut EuGH so gewählt sein müssen, dass Männer und Frauen eine Chance auf Eingruppierung in alle Gehaltsstufen erlangen, stellt die Ausbildung, die für die Ausübung verschiedener Tätigkeiten qualifiziert, einen Rechtfertigungsgrund für unterschiedliche Bezahlung dar. „Eine gleiche Arbeit im Sinne der [...] Bestimmungen liegt daher nicht vor, wenn eine gleiche Tätigkeit über einen erheblichen Zeitraum von Arbeitnehmern mit unterschiedlicher Berufsberechtigung ausgeuebt [sic!] wird."[632] Dieses Urteil aus dem Jahre 1999 betraf eine österreichische Regelung, nach der diplomierte Psychologen und Ärzte, die als

630 Vgl. Gerichtshof der Europäischen Union: Rechtssache 157/86, Mary Murphy und andere gegen An Bord Telecom Eireann, a. a. O., Leitsatz 2.

631 Vgl. Schlussanträge des Generalanwaltes Carl Otto Lenz, Rechtssache 237/85, Gisela Rummler gegen Dato-Druck GmbH, 27. Mai 1986, online verfügbar: https://eur-lex.europa.eu/legal-content/DE/TXT/?qid=1557033691596&uri=CELEX:61985CC0237 [Zugriff: 27. Juli 2019], Rdnr. 2.

632 Rechtssache 309/97, Angestelltenbetriebsrat der Wiener Gebietskrankenkasse gegen Wiener Gebietskrankenkasse, a. a. O., Leitsätze.

Psychotherapeuten arbeiten, unterschiedlich entlohnt wurden. Da die Tätigkeiten der beiden Berufsgruppen variieren, war eine weiterhin unterschiedliche Entlohnung möglich.

In der Rechtssache *Dr. Pamela Mary Enderby gegen Frenchay Health Authority and Secretary of State for Health* wurde der Mangel an Bewerbern für eine bestimmte Tätigkeit ebenfalls als Grund für einen Unterschied in der Bezahlung erachtet. Analog zu den Urteilen in den Rechtssachen *Smith* und *Murphy* ist die Einzelfallprüfung Sache des mit der Rechtssache befassten nationalen Gerichts.[633]

So sind sowohl Kläger als auch der Gerichtshof stets auf die Mitarbeit der nationalen Gerichte angewiesen: einerseits bei der Initiierung des Vorabentscheidungsverfahrens, andererseits im Rahmen der Umsetzung des Urteils im jeweiligen Mitgliedstaat. In der konkreten Anwendung werden die Urteile des EuGH immer Divergenzen zulassen.

## 6.3 Zugang zu Beschäftigung: Wettbewerb, Tradition und Zuständigkeiten

Solche Unterschiede in der Anwendung des Europarechts werden dort deutlich, wo der Zugang zu Tätigkeiten geregelt wird, die einerseits traditionell von Männern, andererseits traditionell von Frauen ausgeübt werden. Im Gegensatz zur Gleichwertigkeit von Arbeit argumentierten die Kläger in sechs der sieben untersuchten Rechtssachen bereits vor den jeweiligen nationalen Gerichten mit dem Europarecht, meist mit der *Gleichbehandlungsrichtlinie 76/207/EWG des Rates vom 9. Februar 1976.*

Im Verfahren *Kommission der Europäischen Gemeinschaften gegen Vereinigtes Königreich Großbritannien und Nordirland*[634] rügte die Kom-

633 Gerichtshof der Europäischen Union: Rechtssache 127/92, Dr. Pamela Mary Enderby gegen Frenchay Health Authority and Secretary of State for Health, a. a. O., Leitsätze.

634 Gerichtshof der Europäischen Union: Rechtssache 165/82, Kommission der Europäischen Gemeinschaften gegen Vereinigtes Königreich Großbritannien und Nordirland, 8. November 1983, online verfügbar: https://eur-lex.europa.eu/legal-content/DE/TXT/?qid=1557569901782&uri=CELEX:61982CJ0165 [Zugriff: 28. Juli 2019].

mission die mangelhafte Umsetzung der Richtlinie 76/207/EWG durch den *Sex Discrimination Act* von 1975. Dies spricht für weitere Prüfungen der Kommission über die Umsetzung des Lohngleichheitsgebotes in den Mitgliedstaaten bei gleichzeitiger Weiterentwicklung des Europarechts durch den Rat: Noch im Urteil *Defrenne 2*, also sieben Jahre zuvor, beurteilte sie den bis dahin im Vereinigten Königreich geltenden *Equal Pay Act* von 1970 positiv. Neben gleicher Bezahlung, so die Kommission im Jahre 1976, werde im Vereinigten Königreich auch gleichwertige Arbeit geregelt.[635] In der Zwischenzeit stellte die Gleichbehandlungsrichtlinie 76/207/EWG im Vergleich mit der britischen Regelung insofern eine weitere Entwicklung dar, als sie nun auch positive Maßnahmen zuließ, um Ungleichheiten hinsichtlich des Zugangs zur Beschäftigung zu beseitigen.[636] Die Mitgliedstaaten nahmen sich des Weiteren zusätzlich in die Pflicht, Diskriminierungen bei den Bedingungen des Zugangs zur Beschäftigung aufzuheben, indem entsprechende Rechts- und Verwaltungsvorschriften überarbeitet und Tarifverträge, Einzelarbeitsverträge, Berufsordnungen sowie Statute der freien Berufe überarbeitet werden sollten.[637] Das Vereinigte Königreich, so die Kommission in ihrer Rüge, habe im neuen *Sex Discrimination Act* von 1975 in mehreren Aspekten gegen das Diskriminierungsverbot verstoßen. Erstens habe es versäumt, diskriminierende Bestimmungen in entsprechenden Verträgen aufzuheben oder zu ändern.[638] Zweitens erlaube der *Sex Discrimination Act* weiterhin Diskriminierungen bei Beschäftigungsverhältnissen, die eine Anzahl von weniger als sechs Angestellten in einem Haushalt betraf.[639] Drittens war der Beruf der Hebamme, welcher bis dahin lediglich Frauen zugäng-

635 Gerichtshof der Europäischen Union: Rechtssache 43/75, Gabrielle Defrenne gegen Societé Anonyme Belge de Navigation Aérienne Sabena, a. a. O., III – Antworten auf die Fragen des Gerichtshofes.

636 Richtlinie 76/207/EWG des Rates vom 9. Februar 1976 zur Verwirklichung des Grundsatzes der Gleichbehandlung von Männern und Frauen hinsichtlich des Zugangs zur Beschäftigung, zur Berufsbildung und zum beruflichen Aufstieg sowie in bezug [sic!] auf die Arbeitsbedingungen, a. a. O., Artikel 2, Absatz 4.

637 Vgl. ibid., Artikel 3.

638 Vgl. Gerichtshof der Europäischen Union: Rechtssache 165/82, Kommission der Europäischen Gemeinschaften gegen Vereinigtes Königreich Großbritannien und Nordirland, a. a. O., Rdnr. 3a.

639 Vgl. ibid., Rdnr. 3b.

lich war, vom Diskriminierungsverbot ausgeschlossen;[640] männliche Hebammen waren somit benachteiligt. Der Generalanwalt stützte die Kommission in allen drei Punkten,[641] der Gerichtshof folgte lediglich in den ersten beiden Punkten, hielt den allein Frauen vorbehaltlichen Zugang zum Beruf der Hebamme jedoch für eine begründete Ausnahme, die sich mit „persönlichen Empfindsamkeiten in den Beziehungen zwischen der Hebamme und ihrer Patientin" rechtfertigen ließe.[642] Die spezifisch weibliche Attribute, die mit Empfindsamkeiten in Verbindung gebracht werden, die Männern implizit abgesprochen wurden, zeugen von einer Auffassung gesellschaftlicher Rollen von Männern und Frauen, die auch in der Rechtsprechung über Tätigkeiten im Militär reflektiert wurden (siehe Urteile *Sirdar*, *Johnson* und *Kreil*) und dort in einem vermeidlichen Schutz der Frau resultierten.

Im Jahre 1985 wurde die BRD wegen mangelhafter Umsetzung der Richtlinie 76/207/EWG und 75/117/EWG von der Kommission gerügt. Im Bereich des Zugangs zu öffentlich-rechtlicher Dienstverhältnissen, für selbständige Erwerbstätige und bei dem Gebot geschlechtsneutraler Ausschreibungen von Arbeitsplätzen sei die BRD säumig gewesen.[643] Die Bundesrepublik argumentierte mit den Artikeln 3 (Gleichheit vor dem Gesetz), 12 (Berufsfreiheit) und 33 (Gleichstellung als Staatsbürger – öffentlicher Dienst) des Grundgesetzes, die für einen gleichberechtigten Zugang zum Beruf sorgten und für die Gesetzgebung, Rechtsprechung und öffentliche Verwaltung unmittelbar gelten.[644] Der Generalanwalt bemerkte, dass dies für Privatpersonen nicht

640 Vgl. ibid., Rdnr. 3c.

641 Vgl. Schlussanträge des Generalanwalts Simone Rozès, Rechtssache 165/82, Kommission der Europäischen Gemeinschaften gegen Vereinigtes Königreich Großbritannien und Nordirland, 7. Juni 1983, online verfügbar: https://eur-lex.europa.eu/legal-content/DE/TXT/?qid=1557569901782&uri=CELEX:61982CC0165 [Zugriff: 28. Juli 2019].

642 Vgl. Gerichtshof der Europäischen Union: Rechtssache 165/82, Kommission der Europäischen Gemeinschaften gegen Vereinigtes Königreich Großbritannien und Nordirland, a. a. O., Leitsätze.

643 Vgl. Gerichtshof der Europäischen Union: Rechtssache 248/83, Kommission der Europäischen Gemeinschaften gegen Bundesrepublik Deutschland, 21. Mai 1985, online verfügbar: https://eur-lex.europa.eu/legal-content/DE/TXT/?qid=1560070164490&uri=CELEX:61983CJ0248 [Zugriff: 28. Juli 2019], Rdnr. 4.

644 Vgl. Schlussanträge des Generalanwalts G. Frederico Mancini, Rechtssache 248/83, Kommission der Europäischen Gemeinschaften gegen Bundesrepublik

zuträfe, die Grundgesetzartikel also unterschiedliche Rechtswirkung entfalteten.[645] Der EuGH sah die Möglichkeit der Anrufung eines Verfassungsgerichtes als angemessene Umsetzung der Richtlinie an und zeigt sich abermals als im Rahmen des geltenden Rechts agierend. Im Falle der Bundesrepublik ist die mittelbare Drittwirkung der Grundrechte, welche seit dem Urteil *Lüth* aus dem Jahre 1958 in der Verfassung verankert ist, betroffen. Sie tritt ein, wenn die Anwendung der Grundrechte indirekt zwischen Bürgern stattfindet. Jede Entscheidung ist dann im Lichte der Grundrechte zu treffen. Gerichte müssen also bei sämtlichen Entscheidungsfindungen prüfen, ob eine Person die Grundrechte verletzt hat. Grundrechte gelten folglich nicht unmittelbar in privatrechtlichen Beziehungen, wirken jedoch als objektive Werteordnung in diese hinein.[646]

Diese zwei durch die Kommission initiierten Verfahren betrafen Maßnahmen des Rechtsschutzes für den Einzelnen.[647] In beiden Fällen berücksichtige der EuGH die jeweilige nationale Rechtsentwicklung in seinem Urteil. Juristischer Aktivismus oder übermäßig europafreundliche Auslegungen waren nicht zu erkennen. Die Rechtssache *Kommission der Europäischen Gemeinschaften gegen Vereinigtes Königreich Großbritannien und Nordirland* verdeutlichet, wie traditionelle Auffassungen einer binären Geschlechterordnung das bisher zentrale Thema das fairen Wettbewerbs und sozialen Fortschritts zugunsten sozialer Konstruktionen, nämlich „persönliche(n) Empfindsamkeiten in den Beziehungen zwischen der Hebamme und ihrer Patientin“[648], zurück-

---

Deutschland, 26. Februar 1985, online verfügbar: https://eur-lex.europa.eu/legal-content/DE/TXT/?qid=1560070102203&uri=CELEX:61983CC0248 [Zugriff: 28. Juli 2019], Rdnr. 2.

645 Vgl. ibid., Rdnr. 3.

646 Vgl. Bundesverfassungsgericht: Beschluss des Ersten Senats vom 15. Januar 1958, 1 BvR 400/51, online verfügbar: http://www.bverfg.de/e/rs19580115_1bvr040051.html [Zugriff: 3. Oktober 2019], Rdnr. 1–75.

647 Vgl. Gerichtshof der Europäischen Union: Rechtssache 248/83, Kommission der Europäischen Gemeinschaften gegen Bundesrepublik Deutschland, a. a. O., Leitsatz 1ff.

648 Gerichtshof der Europäischen Union: Rechtssache 165/82, Kommission der Europäischen Gemeinschaften gegen Vereinigtes Königreich Großbritannien und Nordirland, a. a. O., Leitsatz 3.

treten ließen. Aus wettbewerbspolitischer Perspektive wäre eine Öffnung des Berufes für Männer konsequent gewesen.

Weitere Urteile erstreckten sich auf den Dienst bei der Polizei[649] und Eliteeinheiten des Militärs[650]. Der Gerichtshof affirmierte das Recht des Einzelnen, sich gegenüber einem Mitgliedstaat auf das Europarecht zu beziehen und schloss die Geltung des Europarechts im Bereich der öffentlichen Sicherheit, welche traditionell ein Hoheitsgebiet der Mitgliedstaaten darstellt, nicht grundsätzlich aus. Handelt der Hoheitsträger als Arbeitgeber, ist das Europarecht auch im Bereich der öffentlichen Sicherheit anwendbar, sei es bei der Polizei[651] oder einer Eliteeinheit des Militärs[652]. Die Betonung der grundsätzlichen Anwendbarkeit des Europarechts evoziert die Logik der Rechtsprechung zur Entgeltgleichheit. Es werden weitere Bestände eingebracht und für die grundsätzliche Zuständigkeit als relevant erachtet. Die Bürger der Europäischen Union können ihre Belange vor nationalen Gerichten vorbringen. Nationale Gerichte wenden sich an den EuGH. Gesellschaftliche Veränderungen können auf diese Weise im Europarecht reflektiert und angepasst werden. So war es mit dem Vorabentscheidungsverfahren vorgesehen.[653] Dieser Prozess ist mehrschichtig und dynamisch offen.

Gleichzeitig wird in dem betroffenen Einzelfall zugunsten des vorhandenen nationalen Rechts geurteilt, die ein Aufrechterhalten der infrage stehenden Regelung zulässt. Dieser Weg wird dann vom EuGH gewählt, wenn die Zuständigkeit der Europäischen Union an ihre Grenzen stößt beziehungsweise unklar ist. Der intergouvernemental geregelte Bereich der öffentlichen Sicherheit ist bespielhaft: Zwar stellt er

649 Vgl. Gerichtshof der Europäischen Union: Rechtssache 222/84, Marguerite Johnston gegen Chief Constable of the Royal Ulster Constabulary, 15. Mai 1986, online verfügbar: https://eur-lex.europa.eu/legal-content/DE/TXT/?qid=1557572273358&uri=CELEX:61984CJ0222 [Zugriff: 28. Juli 2019], im Folgenden: Johnston.

650 Vgl. Gerichtshof der Europäischen Union: Rechtssache 273/97, Angela Maria Sirdar gegen The Army Board und Secretary of State for Defence, 26. Oktober 1999, online verfügbar: https://eur-lex.europa.eu/legal-content/DE/TXT/?qid=1557575113217&uri=CELEX:61997CJ0273 [Zugriff: 28. Juli 2019], im Folgenden: Sirdar.

651 Vgl. Gerichtshof der Europäischen Union: Rechtssache 222/84, Marguerite Johnston gegen Chief Constable of the Royal Ulster Constabulary, a. a. O., Leitsatz 7.

652 Vgl. Gerichtshof der Europäischen Union: Rechtssache 273/97, Angela Maria Sirdar gegen The Army Board und Secretary of State for Defence, a. a. O., Leitsätze.

653 Vgl. Möllers, Christoph: a. a. O., S. 345.

keine *grundsätzliche* Ausnahme vom Geltungsbereich des Europarechts dar, kann aber in einigen Fällen von der Anwendung des Europarechts ausgenommen sein. Dementsprechend wurde in den Einzelfällen zurückhaltender entschieden. Die abschließenden Urteile oblagen den nationalen Gerichten, die feststellen mussten, inwieweit das Europarecht im jeweils vorliegenden Einzelfall hinzuziehen war.[654] Somit waren bezüglich des Zugangs zur Beschäftigung Zuständigkeitsverteilungen der Grund für die Vorsicht des Europäischen Gerichtshofes. Vorkehrungen der nationalen Sicherheit ließen Ausnahmen vom Diskriminierungsverbot zu.

Die Rechtssache *Sirdar* betraf eine Köchin, die seit 1983 bei der britischen Armee beschäftigt war und seit 1990 dem 29. Kommandoregiment der Königlichen Artillerie zugewiesen war. Sie gehörte nicht zur kämpfenden Truppe. Im Februar 1994 wurde sie wegen Stelleneinsparung binnen Jahresfrist entlassen. Bei den Royal Marines bestand demgegenüber ein Mangel an Köchen. So wurden jene, die von den Kürzungen betroffen waren, aufgefordert, Anträge auf Versetzung zur Marineinfanterie einzureichen. Die Klägerin erhielt diese Aufforderung ebenfalls. Kurz nach Absendung dieses Briefes erfuhr der Oberst des zuständigen Kommandoregiments, dass der Adressat, dem das Versetzungsangebot übersandt worden war, eine Frau war. Da die Marineinfanterie jedoch im Rahmen der Sicherstellung ihrer Kampfkraft allseitige Verwendbarkeit der Soldaten zur Voraussetzung machte, wurden Frauen vom Dienst bei den Royal Marines ausgeschlossen. Dementsprechend wurde Sirdars Bewerbung nicht berücksichtigt. Sie wurde am 28. Februar 1995 entlassen. Daraufhin erhob sie Klage beim Industrial Tribunal und machte geltend, sie sei Opfer einer rechtswidrigen Diskriminierung aufgrund des Geschlechts geworden, wobei sie sich auf das Gemeinschaftsrecht berief.[655]

---

654 Vgl. Gerichtshof der Europäischen Union: Rechtssache 273/97, Angela Maria Sirdar gegen The Army Board und Secretary of State for Defence, a. a. O., Leitsätze.

655 Vgl. Schlussanträge des Generalanwaltes Antonio La Pergola, Rechtssache 273/97, Angela Maria Sirdar gegen The Army Board und Secretary of State for Defence, 18. Mai 1999, online verfügbar: https://eur-lex.europa.eu/legal-content/DE/TXT/?qid=1557575113217&uri=CELEX:61997CC0273 [Zugriff: 28. Juli 2019], Rdnr. 3.

Das Vereinigte Königreich zog ebenfalls das Gemeinschaftsrecht heran. Artikel 297 EG (ex. 224 EG)[656] erlaubte Sonderregelungen im Falle der innerstaatlichen Störung der öffentlichen Ordnung und im Kriegsfall. Das Urteil des Gerichtshofes lautete:

> „Machen die zuständigen nationalen Stellen beim Erlaß [sic!] solcher Maßnahmen von ihrer durch Artikel 2 Absatz 2 der Richtlinie 76/207 verliehenen Befugnis Gebrauch, verfügen sie über ein Ermessen, das ihnen im Fall von Kampfeinheiten wie den britischen Royal Marines ohne Verstoß gegen den Grundsatz der Verhältnismässigkeit [sic!] die Erwägung gestattet, daß die dort herrschenden speziellen Bedingungen, insbesondere die Regel der allseitigen Verwendbarkeit, der sie unterworfen sind, es rechtfertigen, daß [sic!] diese Einheiten weiterhin ausschließlich aus Männern bestehen."[657]

Das Erfordernis der allseitigen Verwendbarkeit rechtfertigte den Ausschluss von Frauen in Eliteeinheiten. Das Prinzip legt fest, dass ein Marinesoldat sowohl in Kampfeinheiten als auch für spezielle Aufgaben – wie beispielsweise als Koch – einsetzbar sein muss.[658] Dies beachtend, hätte ein gendergerechtes Urteil dahingehend lauten können, dass der Bewerbungsprozess für Frauen geöffnet wird, während die Kriterien, die die allseitige Verwendbarkeit definieren, beibehalten werden, so dass Frauen die Chance erhalten, eine Tätigkeit bei den Royal Marines auszuüben. So weit ging der der Europäische Gerichtshof nicht.[659] Einer grundsätzlichen Ausnahme für Regelungen der öf-

---

656 Im Vertrag von Lissabon ist der ehemalige Artikel 224 EG/297EG in Artikel 347 AEUV (Gemeinsames Vorgehen bei Beeinträchtigungen des Marktes durch innerstaatliche Störungen) geregelt: „Die Mitgliedstaaten setzen sich miteinander ins Benehmen, um durch gemeinsames Vorgehen zu verhindern, dass das Funktionieren des Binnenmarkts durch Maßnahmen beeinträchtigt wird, die ein Mitgliedstaat bei einer schwerwiegenden innerstaatlichen Störung der öffentlichen Ordnung, im Kriegsfall, bei einer ernsten, eine Kriegsgefahr darstellenden internationalen Spannung oder in Erfüllung der Verpflichtungen trifft, die er im Hinblick auf die Aufrechterhaltung des Friedens und der internationalen Sicherheit übernommen hat."

657 Gerichtshof der Europäischen Union: Rechtssache 273/97, Angela Maria Sirdar gegen The Army Board und Secretary of State for Defence, a. a. O., Leitsätze.

658 Vgl. Trybus, Martin: Sisters in Arms: Female Soldiers and Sex Equality in the Armed Forces, European Law Journal, 2003/9, S. 631–658.

659 Vgl. Gerichtshof der Europäischen Union: Rechtssache 273/97, Angela Maria Sirdar gegen The Army Board und Secretary of State for Defence, a. a. O., Rdnr. 29–32.

fentlichen Sicherheit von der Geltung des Gemeinschaftsrechts widersprach er aber in seinem Urteil. Lediglich bei Gefahr der öffentlichen Sicherheit, Ordnung und Gesundheit (Art. 39 EG, Art. 46 EG), Sittlichkeit, zum Schutz von Leben und Gesundheit von Menschen, Tieren und Pflanzen (Art. 30 EG), bei Betroffenheit der wesentlichen Sicherheitsinteressen des Staates (Art. 296 EG) sowie bei schwerwiegenden innerstaatlichen Störungen und bei Kriegsgefahr (Art. 297 EG) durfte Gemeinschaftsrecht ausgesetzt werden.

In der die Polizei in Nordirland betreffenden Entscheidung *Johnston* wurde definiert, dass polizeiliche Aufgaben mit Schusswaffen in Situationen, die durch häufige Anschläge gekennzeichnet waren, Männern vorbehalten werden konnten.[660] In Anlehnung an die Rechtfertigung der nationalen Vorgabe durch das Vereinigte Königreich[661] führte der EuGH in seiner Begründung aus, dass Polizistinnen – sollten sie bewaffnet sein – bei terroristischen Anschlägen einem höheren Risiko ausgesetzt seien als Männer.[662] Es bleibt schleierhaft, weshalb sich für Frauen, nicht aber für Männer, die Gefahr erhöht, wenn sie Schusswaffen tragen. Der Notwendigkeit des Schutzes von Frauen scheint somit aus einer Unfähigkeit mit Waffen umzugehen, die Frauen unterstellt wird, hergeleitet zu sein. Dies offenbart wie willkürlich mit der Anwendung des vermeintlich Frauen zugutekommenden Schutzes umgegangen werden kann.

---

660 Vgl. Gerichtshof der Europäischen Union: Rechtssache 222/84, Marguerite Johnston gegen Chief Constable of the Royal Ulster Constabulary, a. a. O., Leitsatz 3.

661 Das Vereinigte Königreich rechtfertigte den „Schutz der Frau" mit der „unterschiedliche[n] Körperkraft, [der] mögliche[n] Reaktion der Öffentlichkeit auf das Auftreten bewaffneter Polizistinnen und [der] Gefahr von gegen diese gerichteten Anschlägen." (Ibid., Rdnr. 31)

662 „Zur Frage, ob Artikel 2 Absatz 2 der Richtlinie eine solche Begründung zu tragen vermag, ist zunächst darauf hinzuweisen, daß [sic!] diese Bestimmung als Ausnahme von einem in der Richtlinie verankerten individuellen Recht eng auszulegen ist. Indessen werden die Bedingungen, unter denen die Angehörigen der bewaffneten Polizei ihre berufliche Tätigkeit ausüben, durch das Umfeld bestimmt, in dem diese Tätigkeit ausgeübt wird. Insoweit läßt [sic!] sich nicht ausschließen, daß [sic] *bei schweren inneren Unruhen die Gefahr von Anschlägen auf Polizistinnen erhöht wird, wenn diese Schußwaffen tragen* (Hervorhebung durch die Autorin), und daß [sic] dies daher den Erfordernissen der öffentlichen Sicherheit zuwiderläuft." (Ibid., Rdnr. 37.)

In dem Urteil hieß es allerdings auch: „Frauen wegen eines allgemeinen, nicht frauenspezifischen Risikos aus Gründen des Schutzes der öffentlichen Sicherheit von einer solchen beruflichen Tätigkeit völlig auszuschließen, geht über die nach Artikel 2 Absatz 3 der Richtlinie zum Schutz der Frau zulässige Ungleichbehandlung hinaus.“[663] Ausnahmen vom Diskriminierungsverbot werden eng definiert. Dennoch wurde das endgültige Urteil offengelassen, was die Bedeutung des Interpretationsspielraumes des nationalen Gerichtes erhöht. Ein Hinweis des Generalanwaltes Marco Darmon, der die Prüfung empfahl, ob der Schutzgedanke der Frau noch zeitgemäß sei,[664] lag dem betreffenden nationalen Gericht das Werkzeug an die Hand, in beide Richtungen Recht zu setzen ohne beiden Rechtsebenen, weder der nationalen noch der europäischen, die Möglichkeit der dynamischen Entwicklung zu nehmen. Gleiches gilt für den Rechtsschutz des Einzelnen, der durch die grundsätzliche Zuständigkeit des Gerichtshofes erhalten bleibt, ohne Hoheitsrechte der Mitgliedstaaten zu verletzen. Mit Christoph Möllers kann demzufolge gesagt werden, dass der Europäische Gerichtshof nicht aktivistisch vorgeht. Das spätere Urteil in der Rechtssache *Tanja Kreil gegen Bundesrepublik Deutschland*[665] wird demgegenüber herangezogen, um das Gegenteil zu belegen, nämlich, dass der EuGH an die Grenzen seiner Kompetenzen in der Rechtsauslegung ging.[666]

663 Ibid., Rdnr. 45.

664 Vgl. Schlussanträge des Generalanwalts Marco Darmon, Rechtssache 222/84, Marguerite Johnston gegen Chief Constable of the Royal Ulster Constabulary, 28. Januar 1986, online verfügbar: https://eur-lex.europa.eu/legal-content/DE/TXT/?qid=1557572273358&uri=CELEX:61984CC0222 [Zugriff: 28. Juli 2019], Rdnr. 10.

665 Gerichtshof der Europäischen Union: Rechtssache 285/98, Tanja Kreil gegen Bundesrepublik Deutschland, 11. Januar 2000, online verfügbar: https://eur-lex.europa.eu/legal-content/DE/TXT/?qid=1557661000633&uri=CELEX:61998CJ0285 [Zugriff: 28. Juli 2019].

666 Tomuschat, Christian: Das Europa der Richter, in: Bröhmer, Jürgen/Bieber, Roland/Calliess, Christian/Langenfeld, Christine/Weber, Stefan/Wolf, Joachim (Hrsg.): Internationale Gemeinschaft und Menschenrechte. Festschrift für Georg Ress, Köln/Berlin 2005, S. 857.

## 6.4 *Tanja Kreil gegen Bundesrepublik Deutschland*: Grundsatz der Verhältnismäßigkeit und staatliche Hoheitsrechte

Die Rechtssache *Tanja Kreil gegen Bundesrepublik Deutschland* aus dem Jahre 2000 wurde prominent, weil auf das Urteil eine Änderung des Grundgesetzes folgte. Tanja Kreil, die eine Ausbildung zur Elektronikerin bei Siemens absolvierte, wurde durch ihren Freund, der Zeitsoldat war, auf eine Tätigkeit bei der Bundeswehr aufmerksam. Kreil wollte ihr Chancen ausloten und suchte Rat: Ihre Gespräche mit dem Wehrdienstbeauftragten, der Frauenbeauftragten der Stadt Hannover und ein Brief an den damaligen Verteidigungsminister Volker Rühe kamen zum gleichen Ergebnis: Frauen, nein danke. Die damals 23-jährige Kreil wandte sich an den Deutschen Bundeswehrverband, der sie unterstütze und ihr zur Bewerbung riet. Der Bundeswehrverband hatte sich seit Jahren für den Einsatz von Frauen in der Bundeswehr stark gemacht.[667] Wie in den ersten *Defrenne*-Fällen agierte die Klägerin mit Unterstützung und nutzte die Zeichen der Zeit.

Kreils Bewerbung als Elektronikerin für die Instandsetzung des *Leopard II*-Panzers beim freiwilligen Dienst der Bundeswehr wurde abgelehnt[668] und mit dem Ausschluss von Frauen vom Dienst mit der Waffe in Artikel 12, Absatz 4 GG begründet.[669] Lediglich im Sanitätsdienst und der Militärkapelle durften Frauen seit 1975 arbeiten.[670] Gestützt auf das Europarecht klagte Kreil beim Verwaltungsgericht Hannover gegen die Versagung und machte geltend, die Ablehnung sei allein aus geschlechtsspezifischen Gründen erfolgt. Die Kommission schloss sich ihrer Position an. Sie betrachtete die Ausnahmeregelungen für Notstände in Artikel 224 EG (297 EG) als nicht anwendbar und revidierte damit die eigene Auffassung in der Rechtssache *Sirdar*, die nur ein Jahr

667 Vgl. Törne, Lars von: Allein unter Männern. Tanja Kreil kämpft für ihr Recht als Frau an der Waffe, Tagesspiegel, 10. Januar 2000, online verfügbar: https://www.tagesspiegel.de/politik/allein-unter-maennern-tanja-kreil-kaempft-fuer-ihr-recht-als-frau-an-der-waffe/115492.html [Zugriff: 16. Oktober 2020].

668 Vgl. ibid., Rdnr. 7.

669 Vgl. Törne, Lars von: a. a. O.

670 Vgl. Bundeswehr: Personalzahlen der Bundeswehr, 2020, online verfügbar: https://www.bundeswehr.de/de/ueber-die-bundeswehr/zahlen-daten-fakten/personalzahlen-bundeswehr [Zugriff 17. Oktober 2020].

zuvor entschieden wurde.[671] Die britische, die italienische und die deutsche Regierung bezogen sich bei ihren Erklärungen hingegen auf Artikel 224 EG und hielten die *Gleichbehandlungsrichtlinie 76/207/EWG* für nicht anwendbar.[672] Zudem berief sich die Bundesregierung auf Art. 12, Abs. 4 GG,[673] welcher Frauen vor dem Hintergrund des Schutzgedankens vom Dienst in den Streitkräften ausschloss: „Frauen dürfen auf keinen Fall Dienst an der Waffe leisten."[674]

Die Gleichbehandlungsrichtlinie lässt Abweichungen vom Gleichbehandlungsgrundsatz, insbesondere bei Vorkehrungen zu Schwangerschaft und Mutterschutz, zu.[675] Ein pauschaler, unbegründeter Ausschluss ist laut Richtlinie allerdings nicht möglich. Das Schutzargument kann nur dann gerechtfertigt werden, wenn objektiv dargelegt werden kann, dass Frauen aufgrund ihrer biologischen Eigenschaften bei einer Tätigkeit höheren Gefahren als Männer ausgesetzt sind. Eine solche Gefahr war bei der Bundeswehr nicht zu erkennen. Der EuGH urteilte:

671 Vgl. Schlussanträge des Generalanwaltes Antonio La Pergola, Rechtssache 273/97, Angela Maria Sirdar gegen The Army Board und Secretary of State for Defence, a. a. O., Rdnr. 20.

672 Vgl. Schlussanträge des Generalanwaltes Antonio La Pergola, Rechtssache 285/98, Tanja Kreil gegen Bundesrepublik Deutschland, 26. Oktober 1999, online verfügbar: https://eur-lex.europa.eu/legal-content/DE/TXT/?qid=1557661000633&uri=CELEX:61998CC0285 Zugriff: 28. Juli 2019], Rdnr. 9.

673 „Die deutsche Regierung vertritt dagegen die Auffassung, daß [sic!] das Gemeinschaftsrecht den fraglichen Bestimmungen des SG und der SLV nicht entgegensteht, die mit dem verfassungsrechtlichen Gebot des Ausschlusses von Frauen vom Dienst mit der Waffe im Einklang stuenden [sic!]. Zum einen gelte das Gemeinschaftsrecht grundsätzlich nicht für Fragen der Verteidigung, die zur gemeinsamen Außen- und Sicherheitspolitik gehörten und in der Souveränität der Mitgliedstaaten verblieben seien. Zum anderen könnten, auch wenn man davon ausgehe, daß [sic!] die Richtlinie im Bereich der Streitkräfte Anwendung finde, die fraglichen nationalen Bestimmungen über die Beschränkung des Zugangs von Frauen auf bestimmte Verwendungen in der Bundeswehr nach Artikel 2 Absätze 2 und 3 der Richtlinie gerechtfertigt sein" (ibid., Rdnr. 12).

674 Vgl. Gerichtshof der Europäischen Union: Frauen haben in Deutschland Zugang zum Dienst mit der Waffe, Pressemitteilung Nr. 1/2000, 11. Januar 2000, online verfügbar: https://curia.europa.eu/de/actu/communiques/cp00/aff/cp0001de.htm [Zugriff: 17. Oktober 2020].

675 Vgl. Art. 2, Abs. 3 RL 76/207/EWG.

> „Zwar ist es Sache der Mitgliedstaaten, die die geeigneten Maßnahmen zur Gewährleistung ihrer inneren und äußeren Sicherheit zu ergreifen haben, die Entscheidungen über die Organisation ihrer Streitkräfte zu treffen, jedoch ergibt sich daraus nicht, daß [sic!] derartige Entscheidungen vollständig der Anwendung des Gemeinschaftsrechts entzogen wären."

Der Europäische Gerichtshof konstatierte, dass es zwar im Hoheitsgebiet der Mitgliedstaaten lag, Maßnahmen zur Organisation der äußeren und inneren Sicherheit zutreffen. Dies hieße aber nicht, dass Ausnahmen vom Europarecht zu verallgemeinern sind. Der Bereich der Verteidigung ist nicht grundsätzlich von der Geltung des Gemeinschaftsrechtsrechts ausgenommen. Diese Interpretation entspricht den Feststellungen in den Rechtssachen *Johnson* und *Sirdar*. Allein die in Artikel 297 EG genannten Notstandssituation stellten denkbare Ausnahmen dar,[676] von einer Verallgemeinerung auf den Sicherheitsbereich in Gänze sollte aber abgesehen werden. Stimmt man mit dieser Argumentation überein, so sind die vertraglichen Grundlagen für die Zuständigkeit der Union gegeben. Das Momentum der These, der EuGH habe sich an der Grenze seiner Kompetenzen bewegt,[677] wird deutlich gemildert. Eine weitere rechtliche Grundlage stellen die einheitliche Anwendung des Gemeinschaftsrechts und die Anwendbarkeit der Gleichbehandlungsrichtlinie für öffentlich-rechtliche Dienstverhältnisse dar:

> „Ohne die Verbindlichkeit und die einheitliche Anwendung des Gemeinschaftsrechts zu beeinträchtigen, *kann man nämlich nicht davon ausgehen, daß* [sic!] *der Vertrag, abgesehen von speziellen, in einigen seiner Bestimmungen geregelten Fällen, einen allgemeinen Vorbehalt für jede Maßnahme enthält, die ein Mitgliedstaat im Interesse des Schutzes der öffentlichen Sicherheit trifft* [Hervorhebungen durch die Autorin] [...] Was im übrigen [sic!] eine Anwendung von Artikel 2 Absatz 3 der Richtlinie betrifft, wonach Ungleichbehandlungen zum Schutz der Frau zulässig sind, gehört der vollständige Ausschluß [sic!] von Frauen vom Dienst mit der Waffe nicht zu diesen Ungleichbehandlungen. Folglich steht die Richtlinie 76/207 der Anwendung nationaler Bestimmungen entgegen, die wie die des deutschen Rechts Frauen allgemein vom Dienst mit der Waffe aus-

676 Vgl. Fn. 532.

677 Vgl. Tomuschat: a. a. O.

> schließen und ihnen nur den Zugang zum Sanitäts- und Militärmusikdienst erlauben."[678]

Der grundsätzliche Ausschluss von Frauen vom Dienst an der Waffe war folglich europarechtswidrig. Es sei „nicht ohne Verstoß gegen den Grundsatz der Verhältnismäßigkeit allgemein davon aus[zu]gehen, daß [sic!] sämtliche bewaffneten Einheiten der Bundeswehr weiterhin ausschließlich aus Männern bestehen müssen."[679]

Damit war der *Kreil*-Fall zwar eine Kehrtwende, passte jedoch insofern in die vorhergehende Rechtsprechung, als im vorliegenden Fall das Militär (wie vorher bei *Johnston* die bewaffnete Polizei) als Arbeitsplatz, nicht aber die staatlich organisierte Wehrpflicht betroffen war. In Generalanwalt Darmons Worten: „Ein staatlicher Hoheitsträger kann mit anderen Worten Frauen nicht im Einklang mit dem Gemeinschaftsrecht den Zugang zur Beschäftigung im bewaffneten Polizeidienst unter Berufung auf den Ausspruch von Hamlet verwehren: ‚Frailty, thy name is woman' [Schwachheit, dein Name ist Weib]."[680] Das spezifisch Weibliche – die persönliche Empfindsamkeit weiblicher Hebammen, die unterstellte körperliche Schwäche als Ausschlusskriterium für den Dienst bei den Royal Marines oder bei der Royal Ulster Constabulary Reserve – das Darmon mit dem Hamlet-Zitat schon 1986 hinterfragte, war im Urteil *Kreil* nun kein Grund mehr, Frauen den Dienst an der Waffe vorzuenthalten.

Mit der Entscheidung des Europäischen Gerichtshofes war aber noch nichts darüber ausgesagt, wie die Umsetzung des Urteils in Deutschland aussehen würde. Weitreichende Konsequenzen bis hin zur nationalen Verfassungsänderung eines Mitgliedstaates können, müssen aber nicht die Folge sein. Damit kommt den Mitgliedstaaten ein gewisser Ermessensspielraum zu. Im Fall *Kreil* zeigt sich, wie der EuGH, nationale Gerichte und der politische Diskurs in Deutschland verflochten sind. So wurde der Tenor des europäischen Urteils begrüßt, doch bezüglich der Umsetzung schieden sich die Geister. Während der EuGH

---

678 Gerichtshof der Europäischen Union: Rechtssache 285/98, Tanja Kreil gegen Bundesrepublik Deutschland, a. a. O., Leitsätze.

679 Ibid.

680 Vgl. Schlussanträge des Generalanwalts Marco Darmon, Rechtssache 222/84, a. a. O., Rdnr. 8.

eine Verfassungsänderung an keiner Stelle seiner Entscheidung vorgab, ficht seine Entscheidung einen Diskurs an, der in der Bundesrepublik seit den 1970er Jahren darum kreiste, ob die Streitkräfte für Frauen geöffnet werden sollten.[681] Trotz fehlender direkter Referenz zum Grundgesetz durch den EuGH mündeten die Debatten nun in einer Verfassungsänderung.

Im Nachgang zum *Kreil*-Urteil wurde Artikel 12a, Absatz 4 des Grundgesetzes überarbeitet. Dessen letzter Satz lautete nach dem Urteil des Europäischen Gerichtshofes: Frauen „dürfen auf keinen Fall zum Dienst an der Waffe verpflichtet werden".[682] Dienst beim Militär war nicht obligatorisch, aber fortan eine Möglichkeit für Frauen.

Kreil wiederum nahm nie eine Tätigkeit bei der Bundeswehr auf, sie wurde von Siemens als Monteurin übernommen. Aber ihr Aktivismus hatte Konsequenzen für andere Frauen: Im Jahre 2020 arbeiten 22.951 von ihnen bei der Bundeswehr, was einem Anteil von etwa 12 Prozent entspricht.[683] Die Rechtssache *Kreil* ist und bleibt beispielhaft für die juristischen und politischen Interdependenzen, die in einem Urteil zusammenlaufen: Europarechtssetzung durch die Mitgliedstaaten, der Gebrauch derselben durch den Einzelnen, der Aktivismus weiterer Interessengruppen, die Verhandlungspositionen der Prozessparteien, die finale Interpretation der Entscheidung des Europäischen Gerichtshofes durch die nationalen Gerichte und mögliche politische Dimensionen.

## 6.5 *Alexander Dory gegen Bundesrepublik Deutschland*: Die Wehrpflicht und staatliche Hoheitsrechte

Die Wirkung der Entscheidungen des Europäischen Gerichtshofes reicht über den Einzelfall hinaus und wird unionsweit von neuen Klägern genutzt – analog der Praxis im nationalen Kontext. Die Thematisierung von Sachverhalten auf europäischer Ebene kann dazu führen,

681 Vgl. Hühn, Uta: Der Fall Kreil – erneuter Anlass zum Konflikt zwischen europäischer und deutscher Gerichtsbarkeit, Baseler Schriften zur europäischen Integration, Nr. 51, 2000, S. 17.

682 Art. 12a, Abs. 4 GG.

683 Vgl. Bundeswehr: a. a. O.

dass das Recht langfristig weiterentwickelt wird – auch dann, wenn Einzelfälle zunächst erfolglos ausfallen. Allein eine europarechtliche Interpretation, ob diese im Sinne des Klägers ausfällt oder nicht, kann den Grundstein dafür bilden, ein Thema auf europäischer Ebene diskursiv zu platzieren und nachzuhalten. Es ging der Frauenbewegung in ihren Anfängen im 19. Jahrhundert nicht anders: Die erste Frauendemonstration in Österreich (als Praterschlacht bekannt), bei der Erdarbeiterinnen am 21. August 1848 gegen Lohnkürzungen vorgingen und die am 23. August fortgesetzt wurde, wurde gewaltsam niedergeschlagen. Zahlreiche Frauen, die 1848/49 an der Revolution in den Staaten des Deutschen Bundes beteiligt waren und sich für Frauenrechte und -bildung einsetzten, wurden nach dem Scheitern der Märzrevolution verhaftet oder mussten flüchten.[684] Dennoch zahlte sich ihr Engagement langfristig aus. Auf diese Weise können auch die spätere Entwicklung gleichstellungspolitischer Anliegen und die Rolle einzelner Beteiligter betrachtet werden.

Analog dazu ist der Kläger Alexander Dory ein Beispiel dafür, wie Einzelfälle, egal ob diese erfolgreich waren oder nicht – *Johnston*, *Sirdar* und *Kreil* – zu einer Ausweitung der genderpolitisch diskutierten Themen auf europäischer Ebene beitragen und wie dieser geänderte gesellschaftliche Kontext neue Dynamiken hervorruft. Basierend auf dem Urteil *Kreil*, versuchte Dory bei seinem zuständigen Kreiswehrersatzamt von der Wehrpflicht befreit zu werden.[685] Der Europäische Gerichtshof folgte dem nicht und bestätigte den Unterschied von Wehr*pflicht* und einem Dienstverhältnis (also keiner Pflicht), das heißt dem Militär als Arbeitgeber, wie in den Rechtssachen *Johnston*, *Sirdar* und *Kreil*.[686] Die Wehrpflicht hingegen betrifft die militärische Organisation eines Staates, „auf die das Gemeinschaftsrecht […] nicht anwendbar ist"[687]. Dies sahen sämtliche Regierungen so, die deutsche[688],

684 Vgl. Fn. 93–105.

685 Vgl. Gerichtshof der Europäischen Union: Rechtssache 168/01, Alexander Dory gegen Bundesrepublik Deutschland, 11. März 2003, online verfügbar: https://eur-lex.europa.eu/legal-content/DE/TXT/?qid=1557661000633&uri=CELEX:62001CJ0186 [Zugriff: 28. Juli 2019].

686 Vgl. ibid., Rdnr. 35ff.

687 Vgl. Gerichtshof der Europäischen Union: Rechtssache 168/01, Alexander Dory gegen Bundesrepublik Deutschland, Rdnr. 39.

688 Vgl. ibid., Rdnr. 23f.

die finnische[689] sowie die französische[690], die in dem Verfahren Erklärungen abgaben. Generalanwältin Christine Stix-Hackl wies zudem auf den Stand des Gemeinschaftsrechts hin, welches ihrer Auffassung nach zum damaligen Zeitpunkt der deutschen Regelung nicht entgegenstünde.[691] Dies bestätigte der Gerichtshof in seinem Urteil.

Ähnlich wurde im Jahre 2000 in der Rechtssache *Julia Schnorbus gegen Land Hessen* entschieden. Sie betraf eine hessische Vorschrift über die Zulassung zum juristischen Vorbereitungsdienst. Überschreitete die Zahl qualifizierter Bewerber die Anzahl der vorhandenen Plätze, so wurde jenen Bewerbern, die allgemein definierte Härtefallkriterien erfüllten, der Vorrang gewährt. Ein möglicher Härtefall war die Ableistung des Wehrdienstes. Er konnte nur von Männern erfüllt werden. Der EuGH stellte analog zu den vorherigen Rechtssachen fest, dass die Regelung grundsätzlich dem Europarecht unterliegt. Jedoch konnte die hessische Vorgabe mit objektiven Kriterien, nämlich der Berücksichtigung der Verzögerung des Einstieges der Bewerber, die der Wehrpflicht unterliegen, gerechtfertigt werden.[692] Die genaue sachliche Ausgestaltung des Urteils wurde abermals dem nationalen Gericht überlassen.

Aus dem Dargelegten ergibt sich vor allem die besondere Bedeutung nationaler Gerichte. Sowohl für die Befassung des EuGH mit den von den Klägern nicht auf europäischem Recht argumentierten Rechtssachen als auch für die Umsetzung der Entscheidungen des Europäischen Gerichtshofes sind sie zusätzlich zu den im Prozess vertretenen Auffassungen zentral. Im Bereich der Gleichwertigkeit von Arbeiten sorgten nationale Gerichte für den Erfolg der Mehrheit der Fälle aus Sicht der Kläger, in dem sie den Europäischen Gerichtshof im Rahmen des Vorabentscheidungsverfahrens anfragten. Das Außenvorlassen des

689 Vgl. ibid., Rdnr. 27.

690 Vgl. ibid., Rdnr. 26.

691 Vgl. Schlussanträge der Generalanwältin Christine Stix-Hackl, Rechtssache 186/01, Alexander Dory gegen Bundesrepublik Deutschland, 28. November 2002, online verfügbar: https://eur-lex.europa.eu/legal-content/DE/TXT/?qid=1557661000633&uri=CELEX:62001CC0186 [Zugriff: 28. Juli 2019], Rdnr. 111.

692 Vgl. Gerichtshof der Europäischen Union: Rechtssache 79/99, Julia Schnorbus gegen Land Hessen, 7. Dezember 2000, online verfügbar: https://eur-lex.europa.eu/legal-content/DE/TXT/?qid=1559710519092&uri=CELEX:61999CJ0079 [Zugriff: 28. Juli 2019], Leitsatz 2.

Europarechts durch die Kläger kann mit gleichzeitig existierenden nationalen Regelungen, die die eigene Position stützten, erklärt werden.

Damit sind aber noch keine Erkenntnisse über die Intensität der Umsetzung der Entscheidungen des EuGH durch nationale Gerichte und über den folgenden politischen Diskurs gewonnen. Die Rechtsprechung im Bereich des Zugangs zur Beschäftigung wies auf die Zentralität nationaler Gerichte für diese hin. Die Zurückhaltung des Europäischen Gerichtshofes in dem Bereich des Zugangs zu Beschäftigung hängt maßgeblich mit Kompetenzverteilung zusammen. Betrafen Entscheidungen Hoheitsbereiche der Mitgliedstaaten, so verhielt sich der EuGH seinen Zuständigkeiten entsprechend und überlies den nationalen Gerichten einen großen Interpretationsspielraum bei der Auslegung seiner Entscheidungen. Gleichzeitig waren es vor allem Regelungen dieser Hoheitsbereiche und vielfach damit in Verbindung stehende traditionelle Geschlechterordnungen, die in verschiedenen Mitgliedstaaten von Klägern hinterfragt wurden, was nicht darauf hindeutet, dass eine mögliche Kompetenzausweitung auf europäischer Ebene grundsätzlich kritisch betrachtet wird. Ein weiterer Schluss kann aus dem transnationalen Versuch der Kläger, Europarecht in den intergouvernemental geregelten Domänen geltend zu machen, gezogen werden: Alle Kläger zogen das Europarecht vor den nationalen Gerichten heran. Alle Kläger, außer Tanja Kreil, waren erfolglos. Dort wo es keine supranationale Struktur gibt, also in intergouvernemental geregelten Bereichen wie der Verteidigung, erreichen die staatenübergreifenden Initiativen des Einzelnen nur wenig. Zudem ist der weitere Fortgang in den Mitgliedstaaten zentral für die Umsetzung des Urteils. Der Rechtssache *Kreil* folgte eine politische Debatte mit verfassungsrechtlichen Konsequenzen.

Der Europäische Gerichtshof, so kann festgehalten werden, urteilt dort, wo seine Zuständigkeiten endeten, nicht zu europafreundlich, auch nicht in den Fällen, in denen die Kläger das Europarecht aktiv bemühten. Die progressivere Vorgehensweise bei Arbeitsverhältnissen im Militär im Gegensatz zur Landesverteidigung und Wehrpflicht ist Ausdruck dessen. Ein von den Mitgliedstaaten losgelöster Spill-over ist demzufolge nicht zu verzeichnen. Nur dort, wo Mitgliedstaaten Kompetenzen an die supranationale Unionsebene abgeben, sind Spill-over denkbar. Ein durch die Entscheidungen des Gerichtshofes angeregter

Spill-over auf intergouvernemental geregelte Bereiche ist im vorliegenden Rechtsbereich ebenfalls nicht zu beobachten. Somit war zwar im Bereich des Zugangs zur Beschäftigung ein transnationales gemeinsames Interesse durch Kläger vorhanden. Beispielsweise fanden die beiden Initiativen, die zunächst mit Marguerite Johnston und Angela Maria Sirdar aus dem Vereinigten Königreich kamen, synergetischen Widerhall im Fall *Kreil* in der Bundesrepublik, obwohl die ersten Rechtssachen nicht erfolgreich für die Kläger verliefen: Angestoßen von individuellen Klägern wird das Europarecht transnational weiter genutzt. Der Erfolg dieses durch den Einzelnen angeregten Spill-overs muss aber als eine Symphonie des EuGH mit nationalen Gerichten sowie stets als kontextgebunden in politischen Diskursen betrachtet werden. Nicht nur haben die Kläger mit ihrem Vorgehen Kompetenzverteilungen zwischen nationaler und supranationaler Ebene hinterfragt, sie haben auch traditionelle Geschlechterrollen auf die Probe gestellt. Das zunehmende Hinterfragen binärer Geschlechterordnungen hat sich und wird sich weiterhin auf die Organisation des Militärs auswirken. Davon ausgehend, dass diese Debatte andauert (Kapitel 9 und 11), ist zu erwarten, dass weitere Lebensbereiche – all jene, in denen die binäre Geschlechterordnung definitorisch ist, vom Arbeitsleben über das Versicherungs- und Meldewesen bis hin zum Familien- und Erbrecht, dem Strafvollzug oder Sport, um nur einige zu nennen – von signifikanten Änderungen betroffen sein werden. Auch dies erklärt die bisherige Vorsicht des Europäischen Gerichtshofes. Das Ende der binären Geschlechterordnung ist das Ende zahlreicher grundlegenden Strukturen unserer Gesellschaft. Intensität und Ausgestaltung der Urteile des Europäischen Gerichtshofes werden sich dementsprechend weiterhin an den mitgliedstaatlichen Kontexten orientieren.

## 7. Schwangerschaft, Mutterschutz und Elternzeit: Die Grenzen der Europäischen Kommission und des Parlaments

Schwangerschaft betrifft im Gegensatz zu den bisher untersuchten Themen spezifisch Frauen. Das Europarecht zielt in diesem Zusammenhang darauf ab, schwangere Arbeitnehmerinnen vor willkürlichen Entlassungen zu schützen und sie somit weiterhin am Arbeitsmarkt partizipieren zu lassen. War der (vermeidliche) Schutzgedanke in den vorherigen Rechtssachen Grund für den möglichen willkürlichen Ausschluss von Frauen von bestimmten Berufen, ist er für Regelungen, die die Schwangerschaft betreffen insofern tatsächlich von Bedeutung, als er im Idealfall langfristig aufgrund der gesicherten Teilhabe von Schwangeren am Arbeitsmarkt der Beseitigung von Vorurteilen über die Leistungs- und Einsatzfähigkeit von Frauen dient. Betrachtet man jedoch die Zeiten nach der Schwangerschaft, also Mutterschaft und Elternzeit, sind Rechte von Müttern und Vätern betroffen, die unmittelbar unser Verständnis von Geschlechterrollen im Berufs- und Privatleben berühren. Terminologien wie Mutterschafts- oder Vaterschafts*urlaub* unterstellen im Gegensatz zu den im vorherigen Kapitel behandelten *Dienst* an der Waffe oder der Wehr*pflicht*, eine freiwillige Erholung und würdigen die Herausforderungen für den Verbleib am Arbeitsmarkt sowie die Notwendigkeit für eine Sensibilisierung für ein progressiveres Verständnis von Rollenverteilungen im Privatleben nicht ausreichend. In dieser sozio-kulturellen Dimension des Europarechts ist der der rechtskulturelle Kontext der Richter daher bei der Rechtssetzung besonders relevant.[693] Die Richter am EuGH waren, anders als die progressivere Kommission und das Europäische Parlament, in ihren jeweiligen traditionellen Auffassungen verhaftet. Europarecht-

693 Vgl. Grimm, Dieter: a. a. O., München 2016, S. 211.

licher Aktivismus oder der „Ausbau der eigenen Befugnisse [...] zu Lasten anderer Organe, für die Rechtsdurchsetzung"[694] durch den Europäischen Gerichtshof bewahrheitete sich folglich in der Praxis im vorliegenden Rechtsbereich nicht.[695] Interpretativ evozierte der Europäische Gerichtshof entsprechend dort, wo er durch Artikel 119 EWG mit eindeutiger Zuständigkeit ausgestattet war, eine strengere Anwendung des Rechts als dort, wo rechtliche Grundlagen fehlten oder sensitive rechtskulturelle Traditionen der Mitgliedstaaten betroffen waren.

## 7.1 Das sozialpolitische Jahrzehnt der 1990er Jahre?

Die Rechtsprechung zur Entgeltgleichheit verdeutlichte im Laufe der Zeit, dass Lohngleichheit und Sozialpolitik nicht losgelöst voneinander betrachtet werden können. In kaum einem Rechtsbereich kommt die Verbindung von Wirtschafts- und Sozialpolitik derartig unmittelbar zum Ausdruck wie bei den Regelungen zu Schwangerschaft, Mutter- und Vaterschaftsschutz sowie Elternzeit.

Der Zusammenbruch des Ostblocks, die sich auf dem Vormarsch befindende Globalisierung und die Erweiterung der Gemeinschaften um die skandinavischen Staaten Finnland und Schweden gaben dem europäischen Projekt zu Beginn der 1990er Jahre neuen Impetus und stärkten die sozialpolitische Komponente, die nun auch Schwangerschafts- und Mutterschutz umfassen sollte.[696] Die mit Vertrag von Maastricht (1993 in Kraft) gegründete Europäische Union bestand fortan aus drei Säulen: den europäischen Gemeinschaften, der gemeinsamen Außen- und Sicherheitspolitik sowie einer verstärkten Zusammenarbeit in den Bereichen Justiz und Inneres. Der Versuch, die euro-

694 Ibid., S. 16.

695 Grimm sieht in der Agenda des Europäischen Gerichtshofes den Grund für eine zu europafreundliche Auslegung des Rechts. Eine solche proeuropäische Interpretation sei in dem Kontext nicht als Deckmantel für den eigenen Machtausbau, wie ihn die Politikwissenschaft bisweilen unterstelle, zu verstehen. Vielmehr folge das Recht aus der Agenda, an die die Union und damit der Gerichtshof gebunden sei. Sie daher nicht „Vorwand", sondern „Beweggrund" (ibid.).

696 Lohkamp-Himmighofen, Marlene/Dienel, Christiane: Reconciliation Policies from a Comparative Perspective, in: Hantrais, Linda (Hrsg.): Gendered Policies in Europe. Reconciling Employment and Family Life. Basingstoke 2000, S. 49–67.

päische Sozialpolitik in der ersten supranationalen Säule der europäischen Gemeinschaften zu regeln, scheiterte jedoch am Widerstand Großbritanniens, so dass sich die Regierungskonferenz auf ein Protokoll zum Vertrag einigte, welches von den anderen elf Mitgliedstaaten unterzeichnet wurde.[697] Das *Protokoll über die Sozialpolitik*, dem ein *Abkommen zwischen den Mitgliedstaaten der Europäischen Gemeinschaft mit Ausnahme des Vereinigten Königreichs Großbritannien und Nordirland*[698] *über die Sozialpolitik* beigefügt ist, ermöglichte Entscheidungen mit qualifizierter Mehrheit im Rat sowie Gesetzesinitiativen, die von den europäischen Sozialpartnern – Union of Industrial and Employers' Confederations of Europe[699] (BUSINESSEUROPE), European Centre of Employers and Enterprises providing Public Services[700] (CEEP), Europäischer Gewerkschaftsbund (EGB)[701] – angestoßen werden konnten.

Klare europarechtliche Regelungen für Schwangerschaft und Elternzeit existierten vor den 1990er Jahren nicht. Im Jahre 1992 wurde die *Richtlinie 92/85/EWG des Rates vom 19. Oktober 1992 über die Durchführung von Maßnahmen zur Verbesserung der Sicherheit und des Gesundheitsschutzes von schwangeren Arbeitnehmerinnen, Wöchnerinnen und stillenden Arbeitnehmerinnen am Arbeitsplatz* verabschiedet.[702] Ziel der Richtlinie war, schwangere Arbeitnehmerinnen vor Gefahren

697 Königreich Belgien, Königreich Dänemark, Bundesrepublik Deutschland, Griechische Republik, Königreich Spanien, Französische Republik, Irland, Italienische Republik, Großherzogtum Luxemburg, Königreich der Niederlande, Portugiesische Republik.

698 Im Verlauf des Amsterdamer Gipfels verpflichtete sich das Vereinigte Königreich, die Richtlinien zu akzeptieren, die aufgrund des Sozialabkommens im Hinblick auf seine Einbeziehung in den Vertrag selbst angenommen wurden oder vor Inkrafttreten des neuen Amsterdamer Vertrags angenommen werden könnten.

699 Diese Bezeichnung trug der Verband bis zum 23. Januar 2007. Heute firmiert er unter BUSINESSEUROPE.

700 Europäischer Verband der öffentlichen Arbeitgeber und Unternehmen.

701 Der Europäische Gewerkschaftsbund vertritt 45 Millionen Mitglieder in 90 Gewerkschaften. Vgl. Europäischer Gewerkschaftsbund: Ein gerechteres Europa für Arbeitnehmer_innen, EGB-Programm für die Europawahlen, 2019, online verfügbar: https://www.etuc.org/sites/default/files/publication/file/2019-02/Draft-program-DE.pdf [Zugriff: 12. September 2020].

702 Richtlinie 92/85/EWG des Rates vom 19. Oktober 1992 über die Durchführung von Maßnahmen zur Verbesserung der Sicherheit und des Gesundheitsschutzes von schwangeren Arbeitnehmerinnen, Wöchnerinnen und stillenden Arbeitneh-

am Arbeitsplatz zu schützen.[703] Darüber hinaus wurde ein Recht auf einen Mutterschaftsurlaub von 14 Wochen festgelegt.[704] Ob die Zeit nach der Geburt mit einem Urlaub verglichen werden kann, ist fraglich. Dennoch ist dies bis heute die offizielle Terminologie im Europarecht. Das deutsche Bundesministerium für Familie, Senioren, Frauen und Jugend spricht demgegenüber vom Mutterschutz.[705]

Der Mutterschutz soll Frauen vor und nach der Geburt eine gewisse Zeit gewähren, um mit der Geburt in gesundheitliche Risiken zu minimieren bei gleichzeitiger Sicherung des Arbeitsplatzes. In Deutschland beläuft sich der Mutterschutz auf 14 Wochen, davon sechs vor und acht Wochen nach der Geburt bei voller Lohnfortzahlung. Die Kosten übernehmen Krankenkasse und Arbeitgeber.[706] Im europäischen Vergleich ist Deutschland damit gemeinsam mit Schweden und Kroatien, wo ebenfalls 14 Wochen Mutterschutz in Anspruch genommen werden können, Schlusslicht. Frankreich, Luxemburg und Spanien gewähren 16 Wochen, darauf folgen unter anderem Estland (20 Wochen), Italien (22 Wochen), Tschechien (28 Wochen), Slowakei (34 Wochen) und Bulgarien (58,5 Wochen).[707] In allen Ländern der EU, außer in Deutschland, Italien, Kroatien und der Slowakei haben Väter unmittelbar nach der Geburt ihres Kindes ein Recht auf Vaterschaftsurlaub. So erhalten Väter in Dänemark und Polen nach der Geburt zehn Tage bei vollem Gehalt, in Finnland sind es 54 Tage bei 70 Prozent des Lohns. In Litauen und Spanien steht Vätern ein Monat Vaterschaftszeit bei vollem Gehalt zu, während Malta lediglich einen Tag für angestellte Väter in der Privatwirtschaft und fünf Tage im öffentlichen Dienst vorsieht. Bei voller Lohnfortzahlung gewährt Italien sieben Tage, gefolgt

merinnen am Arbeitsplatz, 19. Oktober 1991, online verfügbar: https://eur-lex.europa.eu/legal-content/DE/TXT/?uri=CELEX:01992L0085-20140325 [Zugriff: 29. Juli 2019].

703 Vgl. ibid., Artikel 4.

704 Vgl. ibid. Artikel 8.

705 Vgl. Bundesministerium für Familie, Senioren, Frauen und Jugend: Elternzeit, online verfügbar: https://familienportal.de/familienportal/familienleistungen/elternzeit [Zugriff: 12. März 2021].

706 Vgl. ibid.

707 Vgl. Statista: Dauer des Mutterschutzes in ausgewählten Ländern der Europäischen Union, 2019, online verfügbar: https://de.statista.com/statistik/daten/studie/1950/umfrage/mutterschutz-in-europa/ [Zugriff: 12. März 2021].

von Ungarn (fünf Tage) und Griechenland sowie Luxemburg mit jeweils zwei Tagen.[708]

Die Europäische Kommission schlug 2008 vor, den Mutterschutz auf 18 Wochen anzuheben und Regelungen über Lohnausgleich und Kündigungsschutz aufzunehmen. Ebenfalls nannte der Reformvorschlag das Ziel der Gleichstellung von Männern und Frauen, ohne jedoch ein Recht auf Vaterschaftsurlaub festzulegen.[709] In Reaktion auf diesen Vorschlag forderte das Europäische Parlament 2010 die Anhebung des Mutterschutzes auf 20 Wochen und setzte sich für einen zweiwöchigen Vaterschaftsurlaub nach der Geburt des Kindes ein.[710] Während die Kommission einen Mutterschutz von 20 Wochen zwar als zu lang einschätzte, scheiterte die Initiative schließlich am Rat, der zu Beginn der Reformbestreben noch positiv eingestellt war.[711] 2009 begann dessen

708 Vgl. Tagesschau: Wie Mutterschutz und Elterngeld geregelt sind, 18. Juli 2019, online verfügbar: https://www.tagesschau.de/ausland/mutterschutz-elternzeit-eu-101.html [Zugriff: 12. März 2021].

709 Vgl. Europäische Kommission: Vorschlag für eine Richtlinie des Europäischen Parlaments und des Rates zur Änderung der Richtlinie 92/85/EWG des Rates vom 19. Oktober 1992 über die Durchführung von Maßnahmen zur Verbesserung der Sicherheit und des Gesundheitsschutzes von schwangeren Arbeitnehmerinnen, Wöchnerinnen und stillenden Arbeitnehmerinnen am Arbeitsplatz, KOM(2008) 637, 3. Oktober 2008, online verfügbar: https://eur-lex.europa.eu/legal-content/DE/TXT/?uri=CELEX%3A52008PC0637 [Zugriff: 12. März 2021].

710 Vgl. Europäisches Parlament: Zweiter Bericht über den Vorschlag für eine Richtlinie des Europäischen Parlaments und des Rates zur Änderung der Richtlinie 92/85/EWG des Rates über die Durchführung von Maßnahmen zur Verbesserung der Sicherheit und des Gesundheitsschutzes von schwangeren Arbeitnehmerinnen, Wöchnerinnen und stillenden Arbeitnehmerinnen am Arbeitsplatz (KOM(2008)0637 – C6-0340-2008/0193(COD)), 5. März 2010, online verfügbar: https://www.europarl.europa.eu/doceo/document/A-7-2010-0032_DE.pdf [Zugriff: 12. März 2021]. Sowie: Europäisches Parlament: Legislative Entschließung des Europäischen Parlaments vom 20. Oktober 2010 zu dem Vorschlag für eine Richtlinie des Europäischen Parlaments und des Rates zur Änderung der Richtlinie 92/85/EWG des Rates über die Durchführung von Maßnahmen zur Verbesserung der Sicherheit und des Gesundheitsschutzes von schwangeren Arbeitnehmerinnen, Wöchnerinnen und stillenden Arbeitnehmerinnen am Arbeitsplatz, P7_TA(2010)0373, 20. Oktober 2010, online verfügbar: https://www.europarl.europa.eu/doceo/document/TA-7-2010-0373_DE.pdf [Zugriff: 12. März].

711 Ahrens, Petra/Abels, Gabriele: Die Macht zu gestalten – die Mutterschutzrichtlinie im legislativen Bermuda-Dreieck der Europäischen Union. Femina Politica – Zeitschrift für feministische Politikwissenschaft, 26(1), S. 39–54, online verfügbar: https://doi.org/10.3224/feminapolitica.v26i1.03 [Zugriff: 12. März 2021].

zunächst befürwortende Haltung zu kippen. Belgien, Deutschland, Dänemark, Luxemburg, Malta, Niederlande, Österreich, Portugal vermissten ein Recht auf Vaterschaftszeit. Deutschland, Spanien, Italien, Portugal und die Niederlande sahen die Ausweitung des unionsrechtlichen Regelungsrahmens kritisch.[712] Der Änderungsvorschlag des Parlamentes im Jahre 2010 ging dem Rat schließlich entschieden zu weit. Er war nicht mehr bereit, Fragen zur Vereinbarkeit von Familie und Beruf sowie ein festgeschriebenes Recht auf Vaterschaftsurlaub unionsrechtlich zu regeln.[713] Im Laufe der Zeit verschwand die Mutterschutzrichtlinie von der Tagesordnung des Rates.[714] Die Kommission drohte, den Reformvorschlag zurückzunehmen, sollte der Rat die Verhandlungen nicht wieder aufnehmen. Da die Reaktion des Rates ausblieb, ließ die Kommission den Reformvorschlag fallen, was auf große Kritik des Parlamentes und Aktivisten stieß.[715]

Anders entwickelten sich die Novellen der Elternzeitrichtlinie. Die Elternzeit – eine längerfristige berufliche Auszeit für Mütter und Väter für die Kinderbetreuung – war über viele Jahre hinweg nur Frauen vorbehalten. In Deutschland beträgt die Elternzeit insgesamt maximal drei Jahre pro Kind und ist beiden Elternteilen zugänglich. Da der Arbeitnehmer während dieser Zeit keinen Lohn erhält, können Mütter und Väter Elterngeld beantragen, das maximal 14 Monate bezogen werden kann.

Auf europäischer Ebene folgte 1996 die *Richtlinie 96/34/EG des Rates vom 3. Juni 1996 zu der von UNICE, CEEP und EGB geschlossenen Rahmenvereinbarung über Elternurlaub*,[716] die von der Kommission gestützt auf das dem Vertrag von Maastricht angehangene Abkommen über die Sozialpolitik ausging und ihrer Initiative folgte.[717] In Artikel 4, Absatz 2 des Abkommens erhält die Kommission die Möglichkeit, im

712 Vgl. ibid., S. 48.

713 Vgl. ibid.

714 Vgl. ibid.

715 Vgl. ibid., S. 49.

716 Richtlinie 96/34/EG des Rates vom 3. Juni 1996 zu der von UNICE, CEEP und EGB geschlossenen Rahmenvereinbarung über Elternurlaub, ABl. Nr. L 145/4, 19. Juni 1996, online verfügbar: https://eur-lex.europa.eu/legal-content/DE/TXT/?uri=CELEX:01996L0034-19980205 [Zugriff: 29. Juli 2019].

717 Vgl. Europäische Kommission: Vorschlag für eine Richtlinie des Rates über Elternurlaub und Urlaub aus familiären Gründen, ABl. Nr. C 333, 9. Dezember

Absprache mit den Sozialpartnern Vereinbarungen vorzuschlagen, die der Rat mit qualifizierter Mehrheit, nicht einstimmig, annehmen konnte.[718] So schlossen die europäischen Sozialpartner am 14. Dezember 1995 eine Rahmenvereinbarung über Elternzeit und übermittelten diesen der Kommission, die entsprechend dem Sozialprotokoll tätig wurde und die Umsetzung im Rat vorantrieb. Vorherige Ansätze, eine Richtlinie zur Elternzeit umzusetzen, gingen auf Vorschläge der Kommission aus dem Jahr 1983 zurück. Sie scheiterten bis dahin an der Notwendigkeit der Einstimmigkeit im Rat, die seit dem Vertrag von Maastricht nicht mehr notwendig war.[719] 1984 folgte ein Änderungsvorschlag, Einigungsversuche scheiterten 1985/86 am britischen Veto.[720] Grund war laut Catherine Hoskyns das in der Richtlinie erforderte Umdenken bezüglich traditioneller Geschlechterrollen. Diese Transformation wären zudem europarechtlich verordnet gewesen, was, so Hoskyns erheblichen Widerstand evoziert hätte.[721] Abermals wird deutlich: Ohne vorherigen Konsens auf den nationalen Ebenen ist progressives Europarecht unwahrscheinlich.

Die Elternzeitrichtlinie aus dem Jahr 1996 schrieb eine dreimonatige Elternzeit fest, verband diese aber (noch) nicht mit Sozialleistungen. Später wurde die Elternzeit in der *Richtlinie 2010/18/EU des Rates vom 8. März 2010 zur Durchführung der von BUSINESSEUROPE, UEAPME*[722]*, CEEP und EGB geschlossenen überarbeiteten Rahmenvereinbarung über den Elternurlaub und zur Aufhebung der Richtlinie 96/34/EG*[723] auf vier Monate erhöht, Zahlungen von Sozialleistungen blieben

1983, online verfügbar: https://eur-lex.europa.eu/legal-content/DE/TXT/PDF/?uri=OJ:C:1983:333:FULL&from=DE [Zugriff 31. Juli 2019], S. 6.

718 Vertrag über die Europäische Union, Abkommen zwischen den Mitgliedstaaten der Europäischen Gemeinschaft mit Ausnahme des Vereinigten Königreichs Großbritannien und Nordirland, in: Die Europäische Union, Zeitfragen, Bayerische Landeszentrale für Politische Bildung, a. a. O., S. 81f.

719 Vgl. Europäisches Parlament: Die Rechte der Frau und der Vertrag von Amsterdam über die Europäische Union, 1998, a. a. O., S. 20.

720 Vgl. Kowalsky, Wolfgang: Europäische Sozialpolitik, Ausgangsbedingungen, Antriebskräfte und Entwicklungspotentiale, Opladen 1999, S. 283f.

721 Vgl. Hoskyns, Catherine: a. a. O., S. 147.

722 Union Européenne de l'Artisanat et des Petites et Moyennes Entreprises (Europäische Union des Handwerks und der Klein- und Mittelbetriebe).

723 Richtlinie 2010/18/EU des Rates vom 8. März 2010 zur Durchführung der von BUSINESSEUROPE, UEAPME, CEEP und EGB geschlossenen überarbeiteten

aber weiterhin fakultativ. Erst die jüngste und aktuell geltende *Richtlinie (EU) 2019/1158 des Europäischen Parlaments und des Rates vom 20. Juni 2019 zur Vereinbarkeit von Beruf und Privatleben für Eltern und pflegende Angehörige und zur Aufhebung der Richtlinie 2010/18/EU des Rates*[724] sieht eine bezahlte Elternzeit, welche auch dem Vater zusteht, vor. In ihren Erwägungsgründen wird unter anderem Artikel 3, Absatz 3 EUV, die Verpflichtung zur Förderung von Frauen und Männern durch die Union sowie die nunmehr rechtlich verbindliche Grundrechtecharta, die in Artikel 23 die „Gleichheit von Männern und Frauen in allen Bereichen, einschließlich der Beschäftigung, der Arbeit und des Arbeitsentgelts" sicherstellt, genannt. Vor dem Hintergrund dieser vergleichsweise umfangreichen primärrechtlichen Regelungen ist künftig zu erwarten, dass sämtliche mit Kindererziehung in Verbindung stehenden Vergünstigungen Müttern und Vätern gleichermaßen gewährt werden.

## 7.2 Männer und das Recht auf Vaterschaftszeit

Vor dem Hintergrund des späten Ausbaus des europäischen Rechtsrahmens wurde das Europarecht von den Klägern in lediglich in fünf[725] der 15 untersuchten Rechtssachen vor den nationalen Gerichten herangezogen. In Ermangelung europarechtlicher Vorgaben argu-

---

Rahmenvereinbarung über den Elternurlaub und zur Aufhebung der Richtlinie 96/34/EG, ABl. Nr. L 68, 18. März 2010, online verfügbar: https://eur-lex.europa.eu/LexUriServ/LexUriServ.do?uri=OJ:L:2010:068:0013:0020:de:PDF [Zugriff: 5. Oktober 2019].

724 Richtlinie (EU) 2019/1158 des Europäischen Parlaments und des Rates vom 20. Juni 2019 zur Vereinbarkeit von Beruf und Privatleben für Eltern und pflegende Angehörige und zur Aufhebung der Richtlinie 2010/18/EU des Rates, ABl. Nr. L 188/79, 12. Juli 2019, online verfügbar: https://eur-lex.europa.eu/legal-content/DE/TXT/PDF/?uri=CELEX:32019L1158&from=EN [Zugriff: 5. Oktober 2019].

725 Vgl. Handels- og Kontorfunktionærernes Forbund i Danmark als Beauftragter von Helle Elisabeth Larsson gegen Dansk Handel & Service als Beauftragter der Føtex Supermarked A/S (Larsson) (400/95), Gabriele Gruber gegen Silhouette International Schmied GmbH & Co. KG (249/97), Silke-Karin Mahlburg gegen Land Mecklenburg-Vorpommern (207/98), Österreichischer Gewerkschaftsbund, Gewerkschaft der Privatangestellten gegen Wirtschaftskammer Österreich (220/02), Jessica Porras Guisado gegen Bankia SA u. a. (103/16).

mentierten Kläger vor allem in den frühen Rechtssachen mit nationalem Recht. Es waren dabei die nationalen Gerichte, die den Europäischen Gerichtshof durch Vorabentscheidungsverfahren einbezogen und damit mit den Initiativen der Kommission zusammenwirkten.

1983 hatte die Kommission mit einem Vertragsverletzungsverfahren gegen Italien den Versuch unternommen, die Rechte von Adoptivvätern an jene von Adoptivmüttern anzugleichen und ihnen ebenfalls ein Recht auf Elternzeit nach dem Zeitpunkt der Adoption einzuräumen. Dieser Versuch scheiterte jedoch am Urteil des Europäischen Gerichtshofes, der die Aufnahme eines Adoptivkindes in eine Familie mit der Aufnahme eines Neugeborenen verglich. Aus einer solchen Aufnahme, so der EuGH, ginge eine Schutzzeit hervor, die der Mutter vorbehalten sei.[726] Der Gerichtshof hielt daher die infrage stehende italienische Regelung für gerechtfertigt, denn es ginge darum, „die Umstände, unter denen das Kind in die Familie aufgenommen wird, für diesen sehr schwierigen Zeitraum soweit wie möglich denjenigen anzugleichen, unter denen das Neugeborene Aufnahme in die Familie findet“[727]. Der Gerichtshof legt seiner Argumentation Geschlechterrollen zugrunde, die die Mutter-Kind-Beziehung als entscheidend für ersten Jahre eines Kindes in einer Familie erachten. Eine solche Beziehung wird dem Vater in der italienischen Regelung und in der Entscheidung des EuGH abgesprochen.

In einem weiteren Fall aus den 1980er Jahren, stellte ein Vater, Ulrich Hofmann, Antrag auf Mutterschaftsgeld für die Dauer der gesetzlichen Mutterschaftszeit. Der Zeitraum, welchen der Kläger im Sinn hatte, betraf den Zeitpunkt nach Ablauf der gesetzlichen Schutzfrist der Mutter (anders als im Vertragsverletzungsverfahren gegen Italien), also acht Wochen nach Geburt des Kindes und dem Zeitpunkt, an dem das Kind sechs Monate alt wurde.[728] Was im Vertragsverletzungsverfahren gegen Italien noch als eine Maßnahme zur Eingliederung des Kindes

---

726 Vgl. Gerichtshof der Europäischen Union: Rechtssache 163/82, Kommission der Europäischen Gemeinschaften gegen Italienische Republik, 26. Oktober 1983, online verfügbar: https://eur-lex.europa.eu/legal-content/DE/TXT/?qid=1560070102203&uri=CELEX:61982CJ0163 [Zugriff: 29. Juli 2019], Leitsatz 2.

727 Ibid.

728 Vgl. Gerichtshof der Europäischen Union: Rechtssache 184/83, Ulrich Hofmann gegen Barmer Ersatzkasse, 12. Juli 1984, online verfügbar: https://eur-lex.europa.

in die Familie kategorisiert worden war (obwohl es sich noch um die Schutzfrist der Mutter handelte, die im Falle der Adoption nicht notwendig war), wurde im vorliegenden Fall als Schutzmaßnahme für die Mutter gewertet, obwohl die Schutzfrist im Falle Ulrich Hofmanns bereits abgelaufen war.[729] Konsequenter wäre die Argumentation gewesen, wenn die Schutzmaßnahme unmittelbar nach der Geburt in beiden Fällen Frauen gewährt worden wäre. Sowohl der Schutz nach Ablauf der Frist (*Hofmann*) und im Falle der Betreuung im Rahmen einer Adoption (*Kommission/Italienische Republik*) wären dann Männern zugänglich geworden, da die unmittelbare Bindung an die Geburt bei beiden Sachverhalten nicht gegeben war. Hofmann argumentierte mit dem deutschen Mutterschutzgesetz, schließlich war es das vorlegende Landessozialgericht Hamburg, welches mit der Rechtssache *Kommission der Europäischen Gemeinschaften gegen Bundesrepublik Deutschland* (248/83) Gemeinschaftsrecht hinzuzog.

Ebenfalls auf Basis nationalen Rechts klagten Evelyne Thibault im Jahre 1998 und Marc Betriu Montull 2013.[730] Montull wandte sich an das spanische Juzgado de lo Social no 1 de Lleida, um das Recht durchzusetzen, als Vater ebenfalls Betreuungszeit in Anspruch nehmen zu dürfen.[731] In Spanien kam der Anspruch dann der Mutter zu, wenn diese einem öffentlichen System der sozialen Sicherheit angeschlossen war und der Vater im Fall einer leiblichen Mutterschaft keinen eigenen, autonomen und von der Mutter unabhängigen Anspruch hatte. Die Partnerin von Montull und Mutter des gemeinsamen Kindes war entgegen der nationalen Regelung keinem System der sozialen Sicherheit angeschlossen.[732] Entsprechende Sozialleistungen konnte das Paar daher nicht beantragen, so dass der Vater vor dem Sozialgericht in Lleida sein in der Verfassung garantiertes Recht auf Gleichbehandlung gel-

eu/legal-content/DE/TXT/?qid=1560077951213&uri=CELEX:61983CJ0184 [Zugriff: 29. Juli 2019], Rdnr. 2–5.

729 Vgl. ibid., Leitsatz 3.

730 Vgl. Gerichtshof der Europäischen Union, Rechtssache 5/12, Marc Betriu Montull gegen Instituto Nacional de la Seguridad Social (INSS), 19. September 2013, online verfügbar: https://eur-lex.europa.eu/legal-content/DE/TXT/?qid=1560276854275&uri=CELEX:62012CJ0005 [Zugriff: 29. Juli 2019], im Folgenden: Montull.

731 Vgl. ibid.

732 Vgl. ibid., Rdnr. 21f.

tend machte.[733] Der Fall erreichte schließlich das spanische Verfassungsgericht, welches Rechtswidrigkeit feststellte. Es gab den Fall an das Sozialgericht zurück. Dieses hatte jedoch Zweifel an der Konformität mit dem Europarecht und wandte sich an den EuGH,[734] der den Vorbehalt des Mutterschaftsurlaubes für weibliche Arbeitnehmerinnen bestätigte. Er hielt fest, dass weder Adoptivväter noch biologische Väter einen unionsrechtlichen Anspruch auf ein Pendant zum Mutterschaftsurlaub haben. Er sei daher nicht zuständig.[735] Lediglich im Fall von Frauen war die europarechtliche Zuständigkeit gegeben, so dass die Zahlung einer Geldleistung durch die Sozialversicherung im Fall einer Entbindung als originärer Anspruch der Mutter wie sie das spanische Recht vorsah, zunächst nicht gegen geltendes Gemeinschaftsrecht verstieß, welches weder in Form von Primärrecht noch Sekundärrecht eine Ungleichbehandlung von Vätern oder Adoptivvätern in Bezug auf den Mutterschaftsurlaub verbot.[736] Der Europäische Gerichtshof zeigte keine Spur einer zu europafreundlichen Auslegung. Er handelte im Rahmen der ihm gesetzten Bestimmungen durch die Mitgliedstaaten. Auch die Initiativen der Kommission, die seit den 1980er Jahren bestanden, änderten daran nichts. Trotz ihres Initiativmonopols im Rechtssetzungsprozess konnte sie die Regierungen der Mitgliedstaaten nicht umgehen. Der Rat hat das letzte Wort. Eine Gleichstellung von Männern und Frauen bezüglich einer für beide Geschlechter geltenden Elternzeit konnte bis in das Jahr 2019 nicht durchgesetzt werden, obwohl die Klagen vor den nationalen Gerichten belegten, dass die Auffassungen der Kläger durchaus mit jenen der Kommission – der avisierten Verbindung von Wettbewerbs- und Sozialpolitik – korrelierten. Diese Korrelation geschah grenzübergreifend wie im Denken von Ernst B. Haas. Sie ist Beispiel für die ursprüngliche Intention Monnets, den Bürger mit Handlungsmechanismen gegen den Nationalstaat auszustatten. Die Inanspruchnahme dieser Mechanismen durch die Bürger führten aus zwar nicht stets zu einem unmittelbaren Erfolg – das vorliegende Beispiel der Elternzeit war langwierig. Dennoch trug das Engagement von Klägern wie Montull dazu bei, dass die

733 Vgl. Rdnr. 23.
734 Vgl. ibid., Rdnr. 24–26.
735 Vgl. ibid., Rdnr. 71–73.
736 Vgl. ibid., Rdnr. 73.

Elternzeit schließlich von weiteren Akteuren in das europäische Bewusstsein gehoben wurde. Der Einzelne ist damit nicht mehr nur Beobachter der europäischen Rechtsentwicklung, sondern aktiver (wenn auch nicht immer erfolgreicher) Gestaltender. Die schleppende weitere sekundärrechtliche Entwicklung belegt in diesem Zusammenhang allerdings auch, dass die europäische Rechtsentwicklung nicht ohne die signifikante Position der Regierungen gedacht werden kann.

## 7.3 Frauen und das Recht auf Mutterschaftszeit

Vor dem Hintergrund des damaligen Rechtsstandes und der sozialen Überzeugungen in den Mitgliedstaaten überrascht es daher nicht, dass Frauen in ihren Klagen zur Mutterschaftszeit erfolgreicher waren. In der Rechtssache *Caisse nationale d'assurance vieillesse des travailleurs salariés (CNAVTS) gegen Evelyne Thibault*[737] im Jahre 1998 ging es um die Durchsetzung eines Anspruches auf Beurteilung durch den Vorgesetzten, welche Voraussetzung für einen zweiprozentigen Zuschlag des Arbeitsentgeltes war. Um sich der Beurteilung zu unterziehen, musste der Arbeitnehmer eine mindestens sechsmonatige Anwesenheit bei seinem Arbeitgeber, in dem Fall der CNAVTS, vorweisen. Evelyne Thibault konnte dies aufgrund ihres Erziehungszeiten nicht und klagte daher auf Anrechenbarkeit der Zeit der Mutterschaft. Das nationale Gericht fragte den EuGH nach der Vereinbarkeit mit der Richtlinie 76/207/EWG (Zugang zu Beschäftigung) und bezog sich nicht auf die Richtlinie zur Elternzeit.[738] Der EuGH bestätigte seine Zuständigkeit und sah in der Regelung des französischen Arbeitsgesetzbuches einen Verstoß gegen die Richtlinie 76/207/EWG.[739] Er folgte der Kommission, die den diskriminierenden Charakter der Regelung in der Benachteiligung, die Frauen aufgrund von Schwangerschaft erfuhren (und die

737 Vgl. Gerichtshof der Europäischen Union: Rechtssache 136/95, Caisse nationale d'assurance vieillesse des travailleurs salariés (CNAVTS) gegen Evelyne Thibault, 30. April 1998, online verfügbar: https://eur-lex.europa.eu/legal-content/DE/TXT/?qid=1560015110355&uri=CELEX:61995CJ0136 [Zugriff: 29. Juli 2019].

738 Vgl. ibid., Rdnr. 19.

739 Vgl. ibid., Leitsätze.

damit nur Frauen treffen konnte), verortete.[740] Evelyne Thibaults Mutterschaftszeit müsse folglich mit angerechnet werden. Frau Thibault klagte nicht aufgrund von europarechtlichen Regelungen, verdankte dem Europarecht aber dennoch ihren Erfolg.

In den sechs Rechtssachen bezüglich des Mutterschutzes wurde Europarecht in zwei Fällen durch Kläger genutzt. In diesen beiden Fällen entschieden sich die Kläger für Artikel 119 EWG beziehungsweise Artikel 141 EG. Es handelt sich um die Rechtssachen *Gabriele Gruber gegen Silhouette International Schmied GmbH & Co. KG*[741] (im Folgenden: *Gruber*) und *Österreichischer Gewerkschaftsbund, Gewerkschaft der Privatangestellten gegen Wirtschaftskammer Österreich*[742] (im Folgenden: *Österreichischer Gewerkschaftsbund*).

Frau Gruber gründete ihre Klage auf Anspruch einer Abfindung auf Artikel 119 EWG. Diese Abfindung stehe ihr im Rahmen einer Kündigung, die sie aussprechen musste, da sie anderweitig ihr Kind nicht hätte betreuen können, zu.[743] Sie war vom 23. Juni 1986 bis zum 13. Dezember 1995 als Arbeiterin bei der Silhouette International Schmied GmbH & Co.KG beschäftigt. Ihre beiden Kinder kamen am 1. Oktober 1993 und am 19. Mai 1995 zur Welt. Sie nahm jeweils eine zweijährige Karenzzeit in Anspruch. Damit war sie im Herbst 1993 im Mutterschutz und schließlich in Karenzzeit. Am 16. November 1995

740 Vgl. Schlussanträge des Generalanwalts Ruiz-Jarabo Colomer vom 9. Januar 1997. – Caisse nationale d'assurance vieillesse des travailleurs salariés (CNAVTS) gegen Evelyne Thibault, Rechtssache 136/95, Caisse nationale d'assurance vieillesse des travailleurs salariés (CNAVTS) gegen Evelyne Thibault, 9 Januar 1997, online verfügbar: https://eur-lex.europa.eu/legal-content/DE/TXT/HTML/?uri=CELEX:61995CC0136&qid=1605962522351&from=EN [Zugriff: 19. November 2020], Rdnr. 18, 29.

741 Gerichtshof der Europäischen Union: Rechtssache 249/97, Gabriele Gruber gegen Silhouette International Schmied GmbH & Co. KG, 14. September 1999, online verfügbar: https://eur-lex.europa.eu/legal-content/DE/TXT/?qid=1560084926111&uri=CELEX:61997CJ0249 [Zugriff: 29. Juli 2019].

742 Gerichtshof der Europäischen Union: Rechtssache 220/02, Österreichischer Gewerkschaftsbund, Gewerkschaft der Privatangestellten gegen Wirtschaftskammer Österreich, 8. Juni 2004, online verfügbar: https://eur-lex.europa.eu/legal-content/DE/TXT/?qid=1560090067907&uri=CELEX:62002CJ0220 [Zugriff: 29. Juli 2019].

743 Vgl. Gerichtshof der Europäischen Union: Rechtssache 249/97, Gabriele Gruber gegen Silhouette International Schmied GmbH & Co. KG, a. a. O., Rdnr. 13–15.

beendete sie ihr Arbeitsverhältnis, um ihre Kinder zu betreuen. Ihr wurde eine Abfindung gezahlt, die um die Hälfte der normalen Abfindung gekürzt wurde. Dies entsprach Paragraph 23, Absatz 3 des Angestelltengesetzes, der vorsah, dass eine Abfindung an eine Arbeitnehmerin gezahlt wird, die ihren vorzeitigen Austritt dem Arbeitsverhältnis nach der Geburt und innerhalb des Mutterschutzes bekannt gibt. Frau Gruber klagte auf volle Abfindung, die im Falle wichtiger Gründe gezahlt wurden. Sie stufte ihre Situation – das Fehlen von Betreuungseinrichtungen – als einen solchen wichtigen Grund ein. Dies stelle eine mittelbare Diskriminierung im Sinne von Artikel 119 EWG dar.[744] Der Europäische Gerichtshof teilte diese Auffassungen nicht und entschied, dass Grubers Situation nicht als diskriminierend einzustufen sei, da sie sich in der gleichen Lage wie andere Mütter befände. Die Kündigung sei daher nicht als wichtiger Grund einzustufen.[745]

In der Rechtssache *Österreichischer Gewerkschaftsbund* stellte Selbiger erfolglos Antrag auf Feststellung, die Karenzzeit müsste bei der Berechnung von Abfindungen analog zum Wehr- oder Zivildienst als Dienstzeiten berechnet werden. Er gründete die Klage ebenfalls auf Artikel 119 EWG.[746] Der EuGH argumentierte demgegenüber, dass der Karenzurlaub, also Kindererziehungszeiten, eine freiwillige Entscheidung der Familie darstellten, während Militär- und Zivildienst Pflichten darstellte.[747] Im Gegensatz dazu scheint es aber auf der Ebene der Bürger gegenteilige Auffassungen zu geben. Sie versuchten daher einen Schritt mit dem Europarecht zu gehen, das sich auch sprachlich den neuen Realitäten stellen muss. Erst kürzlich zeigte eine Studie im Auftrag der Bertelsmann Stiftung, dass Herausforderungen bei der Kinderbetreuung während der Pandemie die Diskussion um traditionelle Rollenverteilungen wieder vermehrt auf die gesellschaftspoliti-

---

744 Vgl. ibid., Rdnr. 3–15.

745 Vgl. ibid., Rdnr. 39, 65, Tenor 1–2 sowie Gerichtshof der Europäischen Union: Rechtssache 249/97, Gabriele Gruber gegen Silhouette International Schmied GmbH & Co. KG, a. a. O., Leitsätze.

746 Vgl. Gerichtshof der Europäischen Union: Rechtssache 220/02, Österreichischer Gewerkschaftsbund, Gewerkschaft der Privatangestellten gegen Wirtschaftskammer Österreich, Rdnr. 22–26.

747 Vgl. Gerichtshof der Europäischen Union: Rechtssache 220/02, Österreichischer Gewerkschaftsbund, Gewerkschaft der Privatangestellten gegen Wirtschaftskammer Österreich, Rdnr. 64.

sche Agenda bringen.[748] Kindererziehung, Mutter- und Vaterschaft sowie Elternzeiten sprachlich als Erholungsurlaub zu konnotieren, wird einer solchen Debatte nicht guttun.

Wie das grundlegende Thema von Frauenrechten in seiner Gänze zeigte, waren diese ersten Klagen zwar nicht erfolgreich, aber sie sorgten dafür, dass neue Dimensionen auf europäischer Ebene thematisiert wurden. Ein Ausgangspunkt, Elternzeit unionspolitisch zu diskutieren, war durch die Klagen gegeben. Dass die Verrechtlichung ein langwieriger Prozess sein kann, drückt sich in der Richtlinie 2019/1158 aus, die schließlich seit 2019 das Recht auf Bezahlung der Elternzeit[749] und einen zehntägigen bezahlten Vaterschaftsurlaub vorsieht. Letzterer wurde vom Frauenausschuss des Europäischen Parlamentes gefordert, was als Indiz grenzüberschreitender kongruenter Vorstellungen von Gleichstellung interpretiert werden kann. Betrachtet man, dass erste Initiativen zu einer solchen Elternzeit bereits in den 1980er Jahren erfolgten, die Richtlinie, die Elternzeit gleichermaßen für Frauen und Männer regelt, aber erst 2019 ins Leben gerufen wurde, so legt dieser lange Zeithorizont drei Schlussfolgerungen dar. Erstens ist die Kommission trotz ihres Initiativmonopols keine von den Mitgliedstaaten losgelöste Institution, sondern verhält sich interdependent zum Rat. Zweitens agiert der Europäische Gerichtshof nicht pauschal überintegrativ. Einem „Gericht mit einer eigenen Agenda"[750] entspricht die Verhaltensweise des EuGH nicht. Seine Einhaltung von bestehendem Recht sowie die entsprechenden Urteile sprechen eine andere Sprache. Drittens wird in diesem Zusammenhang deutlich, dass das Recht – sowohl auf nationaler als auch auf europäische Ebene – Zeit braucht, um gesellschaftlichen Entwicklungen zu folgen. Während die europäische Ebene dort, wo klare Befugnisse vorhanden waren, namentlich Artikel 119 EWG, das Recht im Sinne der Bürger avancieren konnte, blieb dies

748 Vgl. Bertelsmann Stiftung (Hrsg.): Traditionelle Rollenverteilung in Corona-Krise belastet die Frauen, Dezember 2020, online verfügbar: https://www.bertelsmann-stiftung.de/fileadmin/files/user_upload/Spotlight_Rollen_und_Aufgabenverteilung_bei_Frauen_und_Maennern_in_Zeiten_von_Corona.pdf [Zugriff: 12. März 2021].

749 Während eine viermonatige Elternzeit für jeden Elternteil nun europarechtlich verankert ist, müssen davon nur zwei Monate bezahlt werden.

750 Vgl. Grimm, Dieter: a. a. O., München 2016, S. 12.

in anderen Bereichen aus. Die vorliegende Analyse der Elternzeit sowie jene der Gleichwertigkeit der Arbeit verdeutlichen, dass dort, wo vermeidlich etablierte Geschlechterrollen involviert sind, längere Integrationsprozesse zu erwarten sind. Dies liegt nicht an den Bürgern, denn diese haben durch ihre Klagen und im Einklang mit der Kommission durchaus gezeigt, dass sie bestehendes Recht und die zugrunde liegenden gesellschaftlichen Denkmuster hinterfragten. Vielmehr waren es die Regierungen, die sich zögerlich verhielten. Aufgrund ihrer Position im Rechtssetzungsprozess der Union brauchte es Zeit, bis sich progressive Überzeugungen im Europarecht niederschlugen.

## 7.4 Schwangerschaftsschutz

Im Bereich der Schwangerschaft verhält sich die Ausgangslage insofern ähnlich wie beim Mutterschutz, als Klägerinnen und Kläger vor den nationalen Gerichten ebenfalls nationale Rechtsgrundlagen, die jeweiligen nationalen Gleichbehandlungsgesetze, heranzogen. Lediglich in drei von neun Fällen gebrauchten die Kläger das Europarecht, in zwei davon in der ersten Instanz.[751] Die Gerichte waren diejenigen, die das Europarecht als betroffen erachteten und dabei mehrheitlich die Gleichbehandlungsrichtlinie 76/207/EWG hinzuzogen. Ein Fall betraf Mutterschutzrichtlinie 92/85/EWG.[752] Auf den ersten Fall die Schwangerschaftsrichtlinie betreffend soll im Folgenden eingegangen werden, da er für die Klägerin erfolglos verlief, während sieben der insgesamt neun untersuchten Rechtssachen vom EuGH im Sinne der Klägerin-

751 Vgl. Gerichtshof der Europäischen Gemeinschaften, Rechtssache 207/98, Silke-Karin Mahlburg gegen Land Mecklenburg-Vorpommern, 3. Februar 2000, online verfügbar: https://eur-lex.europa.eu/legal-content/DE/TXT/?qid=155999684044 9&uri=CELEX:61998CJ0207 [Zugriff: 29. Juli 2019], Rdnr. 14 sowie Gerichtshof der Europäischen Union: Rechtssache 400/95, Handels- og Kontorfunktionærernes Forbund i Danmark als Beauftragter von Helle Elisabeth Larsson gegen Dansk Handel & Service als Beauftragter der Føtex Supermarked A/S (Larsson), 29. Mai 1997, online verfügbar: https://eur-lex.europa.eu/legal-content/DE/TXT/?qid=1560015518223&uri=CELEX:61995CJ0400 [Zugriff: 30. Juli 2019].

752 Vgl. Gerichtshof der Europäischen Union: Rechtssache 103/16, Jessica Porras Guisado gegen Bankia SA u. a., 22. Februar 2018, online verfügbar: https://eur-lex.europa.eu/legal-content/DE/TXT/?qid=1562702065947&uri=CELEX:62016CJ01 03 [Zugriff: 29. Juli 2019], Rdnr. 26.

nen entschieden wurden. Dies entspricht 77,8 Prozent. Die zwei für die Klägerinnen erfolglosen Entscheidungen[753] gehören zur Gruppe der mit dem Europarecht argumentierten Fällen.

Richtlinie 92/85/EWG wurde im Jahr 2018 in der Rechtssache *Jessica Porras Guisado gegen Bankia SA u. a.* im Rechtsmittel durch die Klägerin involviert.[754] Porras Guisado wurde im Zuge eine Massenentlassung gekündigt und war zu diesem Zeitpunkt schwanger. Davon ausgehend, dass Schwangere einen besonderen Kündigungsschutz genießen, klagte sie gegen ihre Entlassung. Das befasst Gericht, das Tribunal Superior de Justicia de Cataluña (Oberstes Gericht von Katalonien in Spanien), entschied, seine Fragen dem Europäischen Gerichtshof vorzulegen. Der Europäische Gerichtshof entschied sich zwar für die grundsätzliche Anwendbarkeit von Richtlinie 92/85/EWG, die infrage stehende Kündigung wurde aber als richtlinienkonform betrachtet, „solange die sachlichen Kriterien für die Auswahl der zu entlassenden Arbeitnehmer angegeben werden“[755]. Dieser jüngere Fall erinnert an die Rechtsprechung bezüglich Teilzeitarbeit, in deren Rahmen sich Diskriminierungen mit objektiven Kriterien, die nicht auf einer Benachteiligung aufgrund des Geschlechts beruhen, rechtfertigen ließen. Hingegen war die Mehrheit der Rechtssachen im Bereich vom Schwangerschaftsschutz in Verbindung mit dem Einbezug der Richtlinie 76/207EWG (Zugang zur Beschäftigung) erfolgreich. Insgesamt lässt sich die Situation folgendermaßen visualisieren:

753 Rechtssache 103/16, Jessica Porras Guisado gegen Bankia SA sowie Rechtssache 400/95, Handels- og Kontorfunktionærernes Forbund i Danmark als Beauftragter von Helle Elisabeth Larsson gegen Dansk Handel & Service als Beauftragter der Føtex Supermarked A/S (Larsson).

754 Vgl. ibid., Rdnr. 29.

755 Ibid., Rdnr. 75.

*Abbildung 5: EuGH-Entscheidungen: Schwangerschaft*

| Europarecht | Rechtsgrundlage der Klage | Resultat für Kläger | Rechtssache | Gegenstand | Vorlegendes Gericht | Mitgliedstaat |
|---|---|---|---|---|---|---|
| o | Gericht: RL 76/207/EWG | erfolgreich | **Elisabeth Johanna Pacifica Dekker gegen Stichting Vormingscentrum voor Jong Volwassenen (VJV-Centrum) Plus 177/88 8. November 1990** | Weigerung, mit einer für geeignet befundenen schwangeren Bewerberin einen Arbeitsvertrag zu schließen | Ersuchen um Vorabentscheidung: Hoge Raad der Nederlandenmit Urteil vom 24. Juni 1988, beim Gerichtshof eingegangen am 30. Juni 1988 | Niederlande |
| o | Beklagte: RL 76/207/EWG Klägerin: Gesetz über die Gleichbehandlung | erfolgreich | **Handels- og Kontorfunktionaerernes Forbund i Danmark, gegen Dansk Arbejdsgiverforening (Hertz) 179/88 8. November 1990** | Entlassung aufgrund von Fehlzeiten infolge einer durch Schwangerschaft oder Entbindung verursachten Krankheit | Ersuchen um Vorabentscheidung: Höjesteret mit Beschluss vom 30. Juni 1988, beim Gerichtshof eingegangen am 4. Juli 1988 | Dänemark |
| o | Gericht: RL 76/207/EWG, Rechtssache 177/88 Elisabeth Johanna Pacifica Dekker gegen Stichting Vormingscentrum voor Jong Volwassenen (VJV Centrum) Plus | erfolgreich | **Gabriele Habermann-Beltermann gegen Arbeiterwohlfahrt, Bezirksverband Ndb./ Opf. e .V. 421/92 5. Mai 1994** | Vertrag auf unbestimmte Zeit, der sich auf Nachtarbeit bezieht und zwischen einem Arbeitgeber und einer schwangeren Arbeitnehmerin in beiderseitiger Unkenntnis der Schwangerschaft geschlossen wurde – Unzulässigkeit der Nichtigkeit wegen eines gesetzlichen Nachtarbeitsverbots für Schwangere oder Anfechtbarkeit durch den Arbeitgeber wegen Irrtums | Ersuchen um Vorabentscheidung: Arbeitsgericht Regensburg mit Beschluss vom 24. November 1992, bei der Kanzlei des Gerichtshofes eingegangen am 18. Dezember 1992 | Bundesrepublik Deutschland |

| Europarecht | Rechtsgrundlage der Klage | Resultat für Kläger | Rechtssache | Gegenstand | Vorlegendes Gericht | Mitgliedstaat |
|---|---|---|---|---|---|---|
| 0 | Klägerin: Sex Discrimination Act<br>House of Lords:<br>RL 76/207/EWG | erfolgreich | **Carole Louise Webb gegen EMO Air Cargo (UK) Ltd.<br>32/93<br><br>14. Juli 1994** | Vertretung einer im Mutterschaftsurlaub befindlichen Beschäftigten durch eine schwangere Vertreterin und deren Entlassung wegen Schwangerschaft | Ersuchen um Vorabentscheidung: House of Lords mit Beschluss vom 26. November 1992, beim Gerichtshof eingegangen am 4. Februar 1993 | Vereinigtes Königreich |
| 1 | Nationales Gleichbehandlungsgesetz,<br>RL 76/207/EWG | **erfolglos** | **Handels- og Kontorfunktionærernes Forbund i Danmark als Beauftragter von Helle Elisabeth Larsson gegen Dansk Handel & Service als Beauftragter der Føtex Supermarked A/S (Larsson)<br>400/95<br><br>29. Mai 1997** | Entlassung aufgrund von Fehlzeiten wegen einer durch Schwangerschaft oder Entbindung verursachten Krankheit, die bereits während der Schwangerschaft auftrat und nach der Entbindung andauerte (während Mutterschaftsurlaub) | Ersuchen um Vorabentscheidung: Sö- og Handelsret mit Beschluss vom 19. Dezember 1995, beim Gerichtshof eingegangen am 21. Dezember 1995 | Dänemark |
| 1 | RL 76/207/EWG,<br>§ 611a Bürgerliches Gesetzbuch | erfolgreich | **Silke-Karin Mahlburg gegen Land Mecklenburg-Vorpommern<br>207/98<br><br>3. Februar 2000** | Gleichbehandlung von Männern und Frauen – Zugang zur Beschäftigung – Weigerung, eine schwangere Frau einzustellen | Ersuchen um Vorabentscheidung: Landesarbeitsgericht Mecklenburg-Vorpommern mit Beschluss vom 16. April 1998, beim Gerichtshof eingegangen am 2. Juni 1998 | Bundesrepublik Deutschland |
| 0 | Kläger: § 9 Gesetz über die Gleichbehandlung<br>Beklagte: RL 76/207/EWG | erfolgreich | **Tele Danmark A/S gegen Handels- og Kontorfunktionærernes Forbund i Danmark (HK)<br>109/00<br><br>4. Oktober 2001** | Gleichbehandlung von Männern und Frauen – Artikel 5 Absatz 1 der Richtlinie 76/207/EWG – Artikel 10 der Richtlinie 92/85/EWG – Entlassung einer schwangeren Arbeitnehmerin – Befristeter Arbeitsvertrag | Ersuchen um Vorabentscheidung: Højesteret mit Beschluss vom 21. März 2000, beim Gerichtshof eingegangen am 23. März 2000 | Dänemark |

| Europarecht | Rechtsgrundlage der Klage | Resultat für Kläger | Rechtssache | Gegenstand | Vorlegendes Gericht | Mitgliedstaat |
|---|---|---|---|---|---|---|
| 0 | Gericht: RL 76/207/EWG | erfolgreich | **Wiebke Busch gegen Klinikum Neustadt GmbH & Co. Betriebs-KG**<br>**320/01**<br><br>**27. Februar 2003** | Berücksichtigung der Schwangerschaft einer Arbeitnehmerin durch den Arbeitgeber als Grund für die Ablehnung ihrer Rückkehr an ihren Arbeitsplatz vor dem Ende des Erziehungsurlaubes | Ersuchen um Vorabentscheidung: Arbeitsgericht Lübeck mit Beschluss vom 6. August 2001, beim Gerichtshof eingegangen am 20. August 2001 | Bundesrepublik Deutschland |
| 1 | 92/85/EG (im Rechtsmittel) | **erfolglos** | **Jessica Porras Guisado gegen Bankia SA u. a.**<br>**103/16**<br><br>**22. Februar 2018** | Richtlinie 92/85/EWG Maßnahmen zur Verbesserung der Sicherheit und des Gesundheitsschutzes von schwangeren Arbeitnehmerinnen, Wöchnerinnen und stillenden Arbeitnehmerinnen am Arbeitsplatz -Verbot der Kündigung einer Arbeitnehmerin während der Zeit vom Beginn ihrer Schwangerschaft bis zum Ende ihres Mutterschaftsurlaubs -Massenentlassungen | Ersuchen um Vorabentscheidung: Tribunal Superior de Justicia de Cataluña (Oberstes Gericht von Katalonien, Spanien) mit Entscheidung vom 20. Januar 2016, beim Gerichtshof eingegangen am 19. Februar 2016 | Spanische Republik |

Quelle: Eigene Tabelle auf Basis der vorliegenden Untersuchung

Die für die Klägerinnen erfolgreichen Entscheidungen betrafen meist Einstellungen oder Entlassungen von Schwangeren. Diese wie auch die erfolglosen Entscheidungen sind vor dem Hintergrund der Verhältnismäßigkeit zu verstehen: So wurde die Weigerung, eine schwangere Bewerberin auf unbefristete Zeit einzustellen, als unionsrechtswidrig erachtet.[756] Da ein langfristiges Arbeitsverhältnis angestrebt wurde, nimmt die Schwangerschaft in der Gesamtbetrachtung nur einen verhältnismäßig geringen Zeitraum ein. So war der Schutzgedanke notwendig, um inhaltliche Gleichheit herzustellen.[757] Im Umkehrschluss heißt dies: Wenn die Schwangerschaft einer Bewerberin der Grund für die Weigerung der Anstellung ist, dann stellt dies eine Diskriminierung aufgrund des Geschlechts dar. Im Gegensatz zur wirtschaftlichen Lage, in der sich der Arbeitgeber von Porras Guisados befand, rechtfertigten finanzielle Schwierigkeiten die schlechtere Behandlung der schwangeren Kandidatin nicht. Diese Argumentationslinie wurde in der Rechtssache *Elisabeth Johanna Pacifica Dekker gegen Stichting Vormingscentrum voor Jong Volwassenen (VJV-Centrum) Plus* aus dem Jahre 1990, die ebenfalls eine Weigerung betraf, eine schwangere Bewerberin einzustellen, bestätigt.[758] Ist der Schutzgedanke wirtschaftlich verhältnismäßig, so wird er im Europarecht streng ausgelegt. Darüber hinaus war die *Dekker*-Entscheidung insofern wegweisend, als der EuGH jede Diskriminierung wegen Schwangerschaft per se als unionrechtswidrig einstufte, da sie nur Frauen[759] betreffen konnte. Dies hatte Auswirkungen auf die Sozialrechtsordnungen der Mitgliedstaa-

756 Vgl. Gerichtshof der Europäischen Gemeinschaften, Rechtssache 207/98, Silke-Karin Mahlburg gegen Land Mecklenburg-Vorpommern, a. a. O., Leitsätze.

757 Vgl. Schlussanträge des Generalanwaltes Antonio Saggio, Rechtssache 207/98, Silke-Karin Mahlburg gegen Land Mecklenburg-Vorpommern, 7. Oktober 1999, online verfügbar: https://eur-lex.europa.eu/legal-content/DE/TXT/?qid=1560013637090&uri=CELEX:61998CC0207 [Zugriff: 29. Juli 2019], Rdnr. 28.

758 Vgl. Gerichtshof der Europäischen Union: Rechtssache 177/88, Elisabeth Johanna Pacifica Dekker gegen Stichting Vormingscentrum voor Jong Volwassenen (VJV-Centrum) Plus, 8. November 1990, online verfügbar: https://eur-lex.europa.eu/legal-content/DE/TXT/?qid=1557685795948&uri=CELEX:61988CJ0177 [Zugriff: 29. Juli 2019].

759 „Hierzu ist zu bemerken, daß [sic!] die Verweigerung einer Einstellung wegen Schwangerschaft nur Frauen gegenüber in Betracht kommt und daher eine unmittelbare Diskriminierung aufgrund des Geschlechts darstellt. Eine Verweigerung der Einstellung aufgrund der finanziellen Auswirkungen der Fehlzeiten we-

ten. So mussten beispielsweise benachteiligte Schwangere im Vereinigten Königreich, um eine Diskriminierung gelten zu machen, bin in die 1990er Jahre noch nachweisen, dass männliche Arbeitnehmer, die unter einem mit einer Schwangerschaft vergleichbaren „krankhaften Zustand“[760] litten, präferiert behandelt wurden.[761] Dem Vergleich von Krankheit und Schwangerschaft erteilte der EuGH eine Absage.[762]

Weiterhin ist die Nichtigkeitserklärung eines Arbeitsvertrages, die mit Unkenntnis der Schwangerschaft begründet wird, unionsrechtswidrig.[763] Im Einklang damit ist eine Arbeitnehmerin, die vor Ende ihres Erziehungsurlaubes an den Arbeitsplatz zurückkehrt, nicht verpflichtet, den Arbeitgeber über eine bestehende Schwangerschaft zu informieren.[764] Gleiches gilt für die Entlassung einer auf unbestimmte Zeit angestellte Arbeitnehmerin, die zunächst eine Kollegin vertreten sollte und aufgrund ihrer Schwangerschaft diese Funktion nicht wahrnehmen konnte[765] sowie für die Entlassung einer schwangeren Arbeitnehmerin, die auf befristete Zeit angestellt wurde und den Arbeitgeber

gen Schwangerschaft ist als eine Weigerung anzusehen, die im wesentlichen [sic!] ihren Grund in der Schwangerschaft als solcher hat. Eine solche Diskriminierung kann nicht mit dem finanziellen Nachteil gerechtfertigt werden, den der Arbeitgeber im Fall der Einstellung einer schwangeren Frau während deren Mutterschaftsurlaubs erleiden würde.“ (Ibid., Rdnr. 12)

760 Vgl. Gerichtshof der Europäischen Union: Rechtssache 32/93, Carole Louise Webb gegen EMO Air Cargo (UK) Ltd., 14. Juli 1994, online verfügbar: https://eur-lex.europa.eu/legal-content/DE/TXT/?qid=1558189551671&uri=CELEX:61993CJ0032 [Zugriff: 29. Juli 2019], Rdnr. 24f.

761 Vgl. Ellis, Evelyn: a. a. O., S. 117.

762 Vgl. Vgl. Gerichtshof der Europäischen Union: Rechtssache 32/93, Carole Louise Webb gegen EMO Air Cargo (UK) Ltd., a. a. O., Rdnr. 24.

763 Vgl. Gerichtshof der Europäischen Union: Rechtssache 421/92, Gabriele Habermann-Beltermann gegen Arbeiterwohlfahrt, Bezirksverband Ndb./Opf. e .V., 5. Mai 1994, online verfügbar: https://eur-lex.europa.eu/legal-content/DE/TXT/?qid=1559710263710&uri=CELEX:61992CJ0421 [Zugriff: 29. Juli 2019].

764 Vgl. Gerichtshof der Europäischen Union: Rechtssache 320/01, Wiebke Busch gegen Klinikum Neustadt GmbH & Co. Betriebs-KG, 27. Februar 2003, online verfügbar: https://eur-lex.europa.eu/legal-content/DE/TXT/?qid=1559476911458&uri=CELEX:62001CJ0320 [Zugriff: 30. Juli 2019].

765 Vgl. Gerichtshof der Europäischen Union: Rechtssache 32/93, Carole Louise Webb gegen EMO Air Cargo (UK) Ltd., a. a. O.

nicht über ihre Schwangerschaft in Kenntnis setzte.[766] Auf diese Weise soll strukturell verankerten Vorurteilen gegenüber Schwangeren entgegengewirkt werden. Hingegen ist eine Entlassung aufgrund von Fehlzeiten, die einer Krankheit infolge von Schwangerschaft oder Entbindung geschuldet sind, mit dem Europarecht vereinbar,[767] ebenso eine Entlassung wegen Fehlzeiten, die auf eine durch Schwangerschaft oder Entbindung verursachte Krankheit zurückzuführen sind und die bereits während und nach des Mutterschutzes andauerte.[768] Der in der Gleichbehandlungsrichtlinie 76/207/EWG verankerte Schutzgedanke, in dem Fall das Verbot der Entlassung, greift während der Schwangerschaft und bis zum Ende des Mutterschaftsurlaubes.[769] In einem weiteren Sachverhalt wurden zudem die Fehlzeiten, die während der Schwangerschaft und des Mutterschutzes anfielen, bei der Berechnung der Fehlzeiten, die nach dem nationalen Recht die Entlassung rechtfertigen, angerechnet.[770] Die 1992 entlassene Arbeitnehmerin Elisabeth Larsson vertrat die Auffassung, ihre Entlassung verstoße gegen die Gleichbehandlungsrichtlinie, da sie sie während der Krankschreibung erreichte, und da die Krankheit während ihrer Schwangerschaft auftrat sowie bis nach Ablauf des Mutterschutzes andauerte.[771] Der damalige Stand des Europarechts stand der Berücksichtigung der Zeiten von Schwangerschaft und Mutterschaft bei der Fehlzeitenberechnung nicht

766 Vgl. Gerichtshof der Europäischen Gemeinschaften: Rechtssache 109/00, Tele Danmark A/S gegen Handels- og Kontorfunktionærernes Forbund i Danmark (HK), 4. Oktober 2001, online verfügbar: https://eur-lex.europa.eu/legal-content/DE/TXT/?qid=1558191700489&uri=CELEX:62000CJ0109 [Zugriff: 29. Juli 2019], im Folgenden: *Larsson*.

767 Vgl. Gerichtshof der Europäischen Union, Rechtssache 179/88, Handels- og Kontorfunktionaerernes Forbund i Danmark, gegen Dansk Arbejdsgiverforening (Hertz), 8. November 1990, online verfügbar: https://eur-lex.europa.eu/legal-content/DE/TXT/?qid=1559467973435&uri=CELEX:61988CJ0179 [Zugriff: 29. Juli 2019].

768 Vgl. Gerichtshof der Europäischen Union: Rechtssache 400/95, Handels- og Kontorfunktionærernes Forbund i Danmark als Beauftragter von Helle Elisabeth Larsson gegen Dansk Handel & Service als Beauftragter der Føtex Supermarked A/S (Larsson), 29. Mai 1997, online verfügbar: https://eur-lex.europa.eu/legal-content/DE/TXT/?qid=1560015518223&uri=CELEX:61995CJ0400 [Zugriff: 30. Juli 2019], Leitsätze.

769 Vgl. ibid.

770 Vgl. ibid.

771 Vgl. ibid., Rdnr. 5.

entgegen. Die Mutterschutzrichtlinie 92/85/EWG änderte dies am 19. Oktober 1992. Die Umsetzungsfrist der Richtlinie war am Tag der Kündigung Frau Larssons[772] noch nicht abgelaufen,[773] so dass sie keine Rechtsgrundlage der Klage oder der Frage des nationalen Gerichtes bilden konnte. Der EuGH vermittelt hier abermals nicht das Bild des aktivistischen Gerichtshofes, sondern agiert im Rahmen der ihm von den Mitgliedstaaten übertragenen Zuständigkeit und tut das, was er tun soll: Er hält sich an geltendes Recht.

Auf mögliche sich ändernde gesellschaftliche Überzeugungen kann der EuGH nur dann reagieren, wenn das entsprechende Primär- und Sekundarrecht existiert. Wo dies gegeben war, agierte der EuGH entsprechend, in den vorliegenden Rechtssachen vorrangig auf Basis der Gleichbehandlungsrichtlinie 76/207/EWG, die im nationalen Kontext entweder durch die Gerichte oder die Klägerinnen geltend gemacht wurde. Sieben von neun Prozessen verliefen für die Klägerinnen erfolgreich, diese wurden aber nicht originär europarechtlich durch die Kläger argumentiert. Dass die Klägerinnen im vorliegenden Rechtsbereich vermehrt auf nationales Recht – nicht Europarecht – zurückgegriffen haben, kann damit erklärt werden, dass die nationalen Gleichstellungsgesetze bereits die entsprechenden, wenn auch spärlichen, europarechtlichen Vorgaben umsetzen sollten. Damit war das Europarecht indirekt betroffen und wurde entsprechend von den Gerichten inkludiert. Im Gegensatz zu Fragestellungen der Elternzeit handelte es sich bei den Vorgaben zur Schwangerschaft um – dem Anspruch gemäß – bereits umgesetztes Europarecht. Die Elternzeit betreffend war die Ausgangssituation eine andere. Zwar dauerte es mehr als 30 Jahre, bis sich erste Initiativen zur Gleichbehandlung von Männern und Frauen in entsprechendem Europarecht niederschlugen. Dieser Sachverhalt legt aber auch dar, dass Kläger als „Agendasetter" fungieren. Im Bereich der Elternzeit waren ihre Klagen, trotz grundsätzlichem Gleichklang mit der Position der Europäischen Kommission, zunächst nicht erfolgreich. Die neue Elternzeitrichtlinie aus dem Jahre 2019, die

---

772 Mit Schreiben vom 10. November 1992 erhielt Frau Larsson ihre Kündigung zu Ende Dezember 1992 (vgl. ibid., Rdnr. 4).

773 Vgl. ibid., Rdnr. 25.

die Elternzeit mit dem Bezug von Sozialleistungen verknüpft,[774] kann nun als aus diesen Initiativen entstandenes Recht und als Wende im Denken der anderen europäischen Institutionen, allen voran des Rates, gewertet werden. Sie lässt erwarten, dass der EuGH seine Entscheidungen im Licht der Richtlinie treffen wird und ältere rechtskulturelle Auffassungen revidieren wird. Umgekehrt veranschaulicht der Bereich der Schwangerschaft, dass das Europarecht auch indirekt genutzt wird, um die nationale Agenda zu beeinflussen. Europarecht ermöglicht somit auf zwei Wegen eine Einflussnahme des Einzelnen: in Richtung Europa und in Richtung der Mitgliedstaaten. Das Aufkommen der vorliegenden Themen geschah über nationale Grenzen hinweg, so dass europäische wie auch nationale Institutionen für das gemeinsame europäische Interesse, wenn auch in einem langen zeitlichen Horizont, sensibilisiert wurden. Der Europäische Gerichtshof nahm in dem Zusammenhang die ihm von den Verträgen zugeschriebene Rolle ein. Er gebrauchte sie nicht, um eine eigene, machtvergrößernde Agenda zu verfolgen.

Dies wiederum geht mit der Erkenntnis einher, dass ohne das Mitwirken des Rates keine grundlegenden Veränderungen auf europäischer Ebene möglich sind. Anliegen individueller Kläger können daran scheitern, wie vor allem die frühe Rechtsprechung zur Elternzeit belegt. Auch der Einfluss der Kommission und des Europäischen Parlamentes ist begrenzt.

---

774 Die der Regelung aus dem Jahre 2019 vorausgehende *Richtlinie 2010/18/EU des Rates vom 8. März 2010 zur Durchführung der von BUSINESSEUROPE, UEAPME, CEEP und EGB geschlossenen überarbeiteten Rahmenvereinbarung über den Elternurlaub und zur Aufhebung der Richtlinie 96/34/EG* erwähnt zwar Sozialleistungen, legt in diesem Zusammenhang allerdings nur fest, dass die „Mitgliedstaaten […] außerdem bei der Umsetzung der Vereinbarung die Aufrechterhaltung der Ansprüche auf unveränderte Sozialleistungen für die Mindestdauer des Elternurlaubs ins Auge fassen [sollten], wenn sich dies nach den Gegebenheiten und der Haushaltslage in dem betreffenden Mitgliedstaat als angemessen erweist; außerdem sollten sie der Vergütung als einem maßgeblichen Faktor bei der Inanspruchnahme von Elternurlaub Rechnung tragen" (vgl. Richtlinie 2010/18/EU des Rates vom 8. März 2010 zur Durchführung der von BUSINESSEUROPE, UEAPME, CEEP und EGB geschlossenen überarbeiteten Rahmenvereinbarung über den Elternurlaub und zur Aufhebung der Richtlinie 96/34/EG: a. a. O., 19. Erwägungsgrund).

Weiterhin wird deutlich, dass der Wille der Bürger nicht nur als Ganzes schwer definierbar ist, denn es ist klar, dass die Kläger, deren Fälle dem EuGH vorgelegt wurden, nicht für alle Bürger repräsentativ sind. In diesem Zusammenhang geht gleichermaßen hervor, dass die Mitgliedstaaten in Form des Rates nicht ganzheitlich für den Bürger sprechen. Gerade das Thema der Elternzeit deutet auf von den Regierungen divergierende gesellschaftliche Vorstellungen der Bürger hin. Was, im Sinne Steven Kleins, sowohl mit den Klagen als auch durch die Initiativen der Kommission erreicht wurde, ist eine Sensibilisierung der europäischen und nationalen politischen Institutionen für gewisse Gegenstände im Sinne eines grenzübergreifenden „Agenda Setting". Mit Möllers wiederum kann erneut konstatiert werden, dass der EuGH im Rahmen seiner Zuständigkeit und nicht darüber hinaus agiert. All dies führt zu der Feststellung, dass Giandomenico Majone die Rolle der Kommission als bewusst von den Mitgliedstaaten unabhängig geschaffenes Gremium zur Umsetzung unliebsamer Politiken überbewertet. Im vorliegenden Rechtsbereich konnte die Kommission nicht losgelöst vom Rat agieren. Sie kann bestimmte Politiken wie die Elternzeitregelungen zwar anstoßen, aber nicht im Alleingang final beschließen. Auch der Einfluss des Parlamentes ist gering. Langfristig ist ein verbessertes Zusammenwirken der europäischen Institutionen anzustreben, um eine Alienation des Projektes Europa vom Bürger zu verhindern. Die Einflussnahme des Einzelnen ist insofern limitiert, als er zwar gewisse Bereiche thematisieren kann, der endgültige politische Ausgang aber noch stark von den Mitgliedstaaten in Form des Rates abhängig ist. Obwohl es, wie von Monnet und Haas analysiert, europaweite Interessen geben mag, ist ihre Durchsetzung zudem bisweilen unbestimmt. Einzelne Urteile bleiben am Ende einzelne Urteile. Sie betreffen den konkreten Fall, der zurück in den mitgliedstaatlichen Kontext in die Umsetzung geht. Zwar können sich Kläger in anderen Staaten auf existierende EuGH-Entscheidungen berufen, aber einem demokratischen politischen Prozess entspricht dies nicht. Da aber Interesse am europäischen „Agenda Setting" besteht, müssen politische Strukturen geschaffen werden, die den Willen der Bürger stärker berücksichtigen.

# 8. Positive Maßnahmen zur Förderung der Chancengleichheit

Positive Maßnahmen oder „Affirmative Action“ bezeichnen sämtliche Vorkehrungen, die getroffen werden, um die Chancengleichheit von Männern und Frauen im Berufsleben zu fördern. Zu den bekanntesten und umstrittensten gehören Quotenregelegungen, die europarechtlich durch Kläger hinterfragt wurden. Letztere sahen in Quoten einen Widerspruch zur Chancengleichheit, was eine Umkehrung des ursprünglichen Ziels darstellt, denn positive Diskriminierung wurde etabliert, um gleiche Chancen überhaupt erst zu schaffen.

Die Analyse der Rechtsprechung des Europäischen Gerichtshofes im Bereich positiver Maßnahmen wird in diesem Zusammenhang darlegen, wie sich gesellschaftliche, veränderte Auffassungen im Recht widerspiegeln können und wie der Europäische Gerichtshof damit umgeht. Es wird erneut offenkundig, dass der EuGH die europäische Integration nicht pauschal vorantreibt. Ein weiterer Faktor, der bei der Untersuchung von positiven Maßnahmen zutage tritt, ist die Notwendigkeit der Akzeptanz des Projektes Europa durch neue Beitrittsländer. Während neue Mitgliedstaaten den Rechtsstand der Union übernehmen müssen, kann es auch vorkommen, dass Beitrittskandidaten den Acquis communautaire als nicht avanciert genug betrachten. In diesem Zusammenhang wirkte sich der Beitritt der skandinavischen Länder auf die Rechtsprechung des Europäischen Gerichtshofes aus, denn dort gehörten Quoten zur gängigen Praxis. Ein Beitritt zur EU, so die Befürchtung, könnte die eigenen Regelungen verwässern.

Der vorliegende Rechtsbereich zeichnet sich im Gegensatz zur Rechtsprechung zu Mutterschaft- und Elternzeit dadurch aus, dass in Form der Gleichbehandlungsrichtlinie 76/207/EWG entsprechendes Europarecht, welches Quoten ermöglichte, existierte. Der Gerichtshof hatte also durchaus die Möglichkeit, positive Maßnahmen auf europarechtlicher Grundlage aktiv durchzusetzen, dennoch verhielt er sich zunächst zögerlich auf dem neuen Terrain. Bisweilen ist unklar, weshalb.

## 8.1 Eine Härtefallregelung für Männer: *Marschall* und *Kalanke*

Positive Maßnahmen wurden sekundärrechtlich erstmals in Artikel 2, Absatz 4 der Gleichbehandlungsrichtlinie 76/207/EWG im Jahre 1976 ermöglicht: Er besagte, dass die Richtlinie „Maßnahmen zur Förderung der Chancengleichheit für Männer und Frauen, insbesondere durch Beseitigung der tatsächlich bestehenden Ungleichheiten, die die Chancen der Frauen in den in Artikel 1 Absatz 1[775] genannten Bereichen beeinträchtigen", nicht entgegenstand. Heute findet sich die Grundlage für Affirmative Action in Artikel 157, Absatz 4 AEUV.[776] Primärrechtlich wurden positive Maßnahmen erstmals im Vertrag zur Gründung der Europäischen Gemeinschaft (1993) verankert, welcher den neuen Absatz 4 zu Artikel 141 EG aufnahm:

> „Im Hinblick auf die effektive Gewährleistung der vollen Gleichstellung von Männern und Frauen im Arbeitsleben hindert der Grundsatz der Gleichbehandlung die Mitgliedstaaten nicht daran, zur Erleichterung der Berufstätigkeit des unterrepräsentierten Geschlechts oder zur Verhinderung bzw. zum Ausgleich von Benachteiligungen in der beruflichen Laufbahn *spezifische Vergünstigungen beizubehalten oder zu beschließen* [Hervorhebung durch die Autorin]."[777]

---

775 Artikel 1, Absatz 1, RL 76/207/EWG lautet: „Diese Richtlinie hat zum Ziel, daß [sic!] in den Mitgliedstaaten der Grundsatz der Gleichbehandlung von Männern und Frauen hinsichtlich des *Zugangs zur Beschäftigung, einschließlich des Aufstiegs, und des Zugangs zur Berufsbildung sowie in bezug* [sic!] *auf die Arbeitsbedingungen und in bezug* [sic!] *auf die soziale Sicherheit* [Hervorhebungen durch die Autorin] unter den in Absatz 2 vorgesehenen Bedingungen verwirklicht wird. Dieser Grundsatz wird im folgenden [sic!] als ‚Grundsatz der Gleichbehandlung' bezeichnet."

776 Artikel 157, Absatz 4 AEUV lautet: „Im Hinblick auf die effektive Gewährleistung der vollen Gleichstellung von Männern und Frauen im Arbeitsleben hindert der Grundsatz der Gleichbehandlung die Mitgliedstaaten nicht daran, zur Erleichterung der Berufstätigkeit des unterrepräsentierten Geschlechts oder zur Verhinderung beziehungsweise zum Ausgleich von Benachteiligungen in der beruflichen Laufbahn spezifische Vergünstigungen beizubehalten oder zu beschließen."

777 Art. 4, Abs. 4 EG.

Die sekundärrechtliche Grundlage bildet Artikel 3 der Gleichbehandlungsrahmenrichtlinie (2006/54/EG). Letztere legt fest, dass die „Mitgliedstaaten […] im Hinblick auf die Gewährleistung der vollen Gleichstellung von Männern und Frauen im Arbeitsleben Maßnahmen im Sinne von Artikel 141 Absatz 4 des Vertrags beibehalten oder beschließen" können.

Der folgenden Analyse lagen sechs Rechtssachen zugrunde, von denen vier durch die Kläger auf Basis europarechtlicher Regelungen an die nationalen Gerichte herangetragen wurden. Entsprechend waren es in zwei Fällen die nationalen Gerichte selbst, die eine europarechtliche Relevanz sahen. Dies waren die beiden ersten Rechtssachen in dem Themenbereich. So hatte der EuGH im Jahre 1995 in der Rechtssache *Eckhard Kalanke gegen Freie Hansestadt Bremen* (im Folgenden: *Kalanke*)[778] über eine Quotenregelung des Gartenbauamtes Bremen zu entscheiden, die festlegte, dass eine weibliche Kandidatin bei gleicher Eignung dem männlichen Bewerber vorzuziehen sei. Eckhard Kalanke und eine weibliche Kollegin waren die beiden letzten Kandidaten im Bewerbungsfahren für eine Stelle als Sachgebietsleiter beim Gartenbauamt Bremen. Beide Bewerber brachten laut Arbeitgeber, laut Erstem Senat des Bundesarbeitsgerichts sowie laut Landesarbeitsgericht Bremen die gleichen Qualifikationen mit.[779] Herr Kalanke bestritt dies, sah sich aufgrund der Quotenregelung diskriminiert und klagte vor dem Arbeitsgericht auf Basis der Verfassung des Landes Bremen, des Grundgesetzes und des Bürgerlichen Gesetzbuches.[780] Generalanwalt Tesauro stützte den Kläger und betrachtete einen Vorzug von Frauen bei gleicher Qualifikation als gemeinschaftsrechtswidrig.[781] Damit stellte er Quoten grundsätzlich in Frage. Das beim EuGH vorlegende

778 Vgl. Schlussanträge des Generalanwaltes Guiseppe Tesauro, Rechtssache 450/93, Eckhard Kalanke gegen Freie Hansestadt Bremen, 6. April 1995, online verfügbar: https://eur-lex.europa.eu/legal-content/DE/TXT/?qid=1560091949036&uri=CELEX:61993CC0450 [Zugriff: 30. Juli 2019], Rdnr. 7.

779 Vgl. Gerichtshof der Europäischen Union: Rechtssache 450/93, Eckhard Kalanke gegen Freie Hansestadt Bremen, 17. Oktober 1995, online verfügbar: https://eur-lex.europa.eu/legal-content/DE/TXT/?qid=1570352559459&uri=CELEX:61993CJ0450 [Zugriff 30. Juli 2019], Rdnr. 7.

780 Vgl. ibid., Rdnr. 6.

781 Vgl. Schlussanträge des Generalanwaltes Guiseppe Tesauro, Rechtssache 450/93, Kalanke, a. a. O., Rdnr 29.

Bundesarbeitsgericht vertrat die (korrekte) Auffassung, dass es sich bei dem infrage stehenden Quotensystem um leistungsabhängige (Vorrang bei gleicher Eignung), nicht um starre Quoten (automatischer Vorrang für Frauen) handelte.[782] Der EuGH aber folgte dem Generalanwalt:

> „Eine nationale Regelung, wonach Frauen, die die gleiche Qualifikation wie ihre männlichen Mitbewerber besitzen, in Bereichen, in denen die Frauen unterrepräsentiert sind, bei einer Beförderung automatisch der Vorrang eingeräumt wird, bewirkt aber eine Diskriminierung der Männer aufgrund des Geschlechts."[783]

Der Europäische Gerichtshof hat mit diesem Urteil die Wirkung von Quoten sowie der Möglichkeiten der damals gültigen Gleichbehandlungsrichtlinie 76/207/EWG reduziert und gegen eine entsprechend europarechtskonforme Regelung eines öffentlich-rechtlichen Arbeitgebers entschieden. Vor dem Hintergrund, dass das Europarecht die deutsche Bestimmung durchaus hätte dulden können, ist die Entscheidung des EuGH erstaunlich und nicht nachvollziehbar. Hatte der EuGH in den bisher untersuchten Rechtssachen das Gleichstellungsgebot grundsätzlich eher strikt interpretiert, ist die Entscheidung in der Rechtssache *Kalanke* als inkonsequent einzuschätzen.

Die Kommission reagierte daraufhin auf das Urteil mit einer Mitteilung an das Europäische Parlament und den Rat, in dem sie sich für positive Maßnahmen aussprach.[784] Sie legte dar, dass sie das Urteil *Kalanke* dahingehend interpretierte, dass nur starre, automatische Quoten abgelehnt werden.[785] Bereits 1984 hatte die Kommission eine Empfehlung zu Förderung positiver Maßnahmen angeregt, die der Rat

---

782 Vgl. ibid.

783 Vgl. Gerichtshof der Europäischen Union: Rechtssache 450/93, Kalanke, a. a. O., Rdnr. 16.

784 Vgl. Europäische Kommission: Mitteilung der Kommission an das Europäische Parlament und den Rat über die Auslegung des Urteils des Gerichtshofes vom 17. Oktober 1995 in der Rechtssache C-450/09, Eckhard Kalanke gegen Freie Hansestadt Bremen, 27. März 1996, online verfügbar: https://eur-lex.europa.eu/legal-content/DE/TXT/PDF/?uri=CELEX:51996DC0088&from=EL [Zugriff: 30. Juli 2019], S. 3f.

785 Vgl. ibid., S. 10.

annahm,[786] und wies in den Folgejahren immer wieder auf die Notwendigkeit positiver Maßnahmen zur Herstellung von Chancengleichheit hin, beispielsweise im Dritten und Vierten mittelfristigen Aktionsprogramm der Gemeinschaft für die Chancengleichheit.[787] Am Urteil *Kalanke* änderte dies zunächst nichts.

Dass leistungsabhängige Quoten jedoch nicht nur der Kommission und dem vorlegenden Gericht in der Rechtssache *Kalanke* wichtig waren, sondern auch einigen Mitgliedstaaten, belegt das Folgeurteil in der Rechtssache *Hellmut Marschall gegen Land Nordrhein-Westfalen* (im Folgenden: *Marschall*)[788] aus dem Jahre 1997. Die streitige Regelung bevorzugte Frauen bei gleicher „Eignung, Befähigung und fachliche(r) Leistung"[789] in den behördlichen Geschäftsbereichen, in denen weniger Frauen als Männer beschäftigt waren, „sofern nicht in der Person eines männlichen Mitbewerbers liegende Gründe überwiegen [...]"[790]. Die finnische, norwegische, österreichische, spanische und schwedische Regierung befürworteten die nordrheinwestfälische Regelung.[791] Der Generalanwalt betrachtete diese Bestimmung der Herstellung zahlenmäßiger Gleichheit, trotz des Bestehens der Härtefallklau-

786 Vgl. Rat der Europäischen Gemeinschaften: Empfehlung 84/635/EWG des Rates vom 13. Dezember 1984 zur Förderung positiver Maßnahmen für Frauen, ABl. Nr. L 331, 19. Dezember 1984, online verfügbar: https://eur-lex.europa.eu/legal-content/DE/TXT/PDF/?uri=CELEX:31984H0635&from=DE [Zugriff: 26. November 2020].

787 Europäische Kommission: Vorschlag für ein drittes mittelfristiges Aktionsprogramm zur Chancengleichheit, ABl. Nr. C 142, 31. Mai 1991, online verfügbar: https://eur-lex.europa.eu/legal-content/DE/TXT/?uri=celex%3A51990DC0449 [Zugriff: 27. November 2020] sowie Rat der Europäischen Gemeinschaften: Beschluss des Rates vom 22. Dezember 1995 über ein mittelfristiges Aktionsprogramm der Gemeinschaft für die Chancengleichheit von Männern und Frauen (1996–2000), 30. Dezember 1995, ABl. Nr. L 335/37, online verfügbar: https://eur-lex.europa.eu/legal-content/DE/TXT/PDF/?uri=CELEX:31995D0593&from=DE [Zugriff: 27. Januar 2020].

788 Vgl. Gerichtshof der Europäischen Union: Rechtssache 409/95, Hellmut Marschall gegen Land Nordrhein-Westfalen, 11. November 1997, online verfügbar: https://eur-lex.europa.eu/legal-content/DE/TXT/?qid=1560097387882&uri=CELEX:61995CJ0409 [Zugriff: 30. Juli 2019], Rdnr. 18.

789 Gerichtshof der Europäischen Union: Rechtssache 409/95, Hellmut Marschall gegen Land Nordrhein-Westfalen, a. a. O., Leitsätze.

790 Ibid.

791 Vgl. ibid., Rdnr. 14.

sel für Männer, als über das Ziel der Chancengleichheit hinausgehend.[792] Er vertrat damit die Meinung der Regierungen Frankreichs und des Vereinigten Königreiches,[793] die die Regelung des Landes Nordrhein-Westfalen als diskriminierend einstuften, da sie auf die „Herbeiführung einer zahlenmässigen [sic!] Gleichstellung von Männern und Frauen gerichtet“[794] sei.

Das Urteil des Europäischen Gerichtshofes erklärte die Quotenregelung des Landes Nordrhein-Westfalen, die Frauen bei gleicher Qualifikation dann bevorzugt einstellte, wenn „in der Person eines männlichen Bewerbers liegende Gründe“[795] berücksichtigt wurden, als gemeinschaftsrechtskonform. Die Einzelfallprüfung der männlichen Bewerber auch bei leistungsabhängigen Quoten[796] bedeutet aber, dass es in der Praxis keine Quoten gibt. Wenn ein männlicher Bewerber bei gleicher Qualifizierung wie eine weibliche Kandidatin besonders berücksichtigt wird, indem vage definierte Gründe seiner Person in die Auswahlentscheidung fließen, was ist dann von der Frauenquote übriggeblieben?

## 8.2 Finnland und Schweden: Leistungsabhängige Quoten, nun doch!

Im Jahre 2000 geschah schließlich ein Richtungswechsel in der Rechtssache *Georg Badeck u. a., Beteiligte: Hessische Ministerpräsident und Landesanwalt beim Staatsgerichtshof des Landes Hessen* (im Folgenden: *Badeck*): Georg Badeck und 46 Abgeordnete des Hessischen Landtages machten unter Bezugnahme auf das Urteil *Kalanke* geltend, dass das *Hessische Gesetz über die Gleichberechtigung von Frauen und Männern und zum Abbau von Diskriminierungen von Frauen in der öffentlichen*

792 Schlussanträge des Generalanwaltes Sir Francis Geoffrey Jacobs, Rechtssache 409/95, Hellmut Marschall gegen Land Nordrhein-Westfalen, 15. Mai 1997, online verfügbar: https://eur-lex.europa.eu/legal-content/DE/TXT/?qid=1560097387882&uri=CELEX:61995CC0409 [Zugriff: 30. Juli 2019], Rdnr. 32.

793 Vgl. Gerichtshof der Europäischen Union: Rechtssache 409/95, Hellmut Marschall gegen Land Nordrhein-Westfalen, a. a. O., Rdnr. 18–20.

794 Ibid., Rdnr. 19.

795 Ibid., Leitsätze.

796 Vgl. Gerichtshof der Europäischen Union: Rechtssache 409/95, Marschall, a. a. O., Leitsätze.

*Verwaltung* gegen den in der Verfassung des Landes Hessen niedergelegten Grundsatz der Gleichbehandlung und jenen der Bestenauslese verstoße.[797] Sie gingen gegen die im Gesetz enthaltenen leistungsabhängigen Quoten, die für die Neubesetzung von Stellen im wissenschaftlichen Dienst und bei Ausbildungsplätzen angewendet wurden, vor: Der Frauenanteil der Neubesetzungen sollte dem relativen Anteil der Absolventinnen eines Faches entsprechen.[798] Dem Generalanwalt folgend[799] bestätigte der EuGH die Quotenregelung des Landes Hessen als gemeinschaftsrechtskonform.[800] Zwar wird die Objektivitätsprüfung der männlichen Bewerber aufrechterhalten, aber sie wird durch das Erfordernis einer „objektiven Beurteilung […], bei der die besondere persönliche Lage *aller* [Hervorhebung durch die Autorin] Bewerberinnen und Bewerber berücksichtigt wird,“[801] ergänzt. Die Abkehr von der besonderen Berücksichtigung männlicher Bewerber wurde schließich in der Rechtssache *Gustav Schneider gegen Bundesminister für Justiz*[802] (im Folgenden: *Schneider*) bestätigt. Ein Richter klagte erfolglos auf Schadensersatz infolge der Besetzung einer Stelle am Oberlandesgericht mit einer Bewerberin im Rahmen von Frauenförderungsmaßnahmen ohne Öffnungsklausel für Männer.

Weshalb dieser Richtungswechsel einsetzte, kann nur vermutet werden. Uta Gerhard weist auf den Beitritt von Schweden und Finnland im

797 Vgl. Gerichtshof der Europäischen Union: Rechtssache 158/97, Georg Badeck u. a., Beteiligte: Hessische Ministerpräsident und Landesanwalt beim Staatsgerichtshof des Landes Hessen, 28. März 2000, online verfügbar: https://eur-lex.europa.eu/legal-content/DE/TXT/?qid=1560191717574&uri=CELEX:61997CJ0158 [Zugriff: 30. Juli 2019], im Folgenden: *Badeck*.

798 Vgl. ibid., Rdnr. 7–9.

799 Vgl. Schlussanträge des Generalanwaltes Antonio Saggio, Rechtssache 158/97, Georg Badeck u. a., Beteiligte: Hessische Ministerpräsident und Landesanwalt beim Staatsgerichtshof des Landes Hessen, 10. Juni 1999, online verfügbar: https://eur-lex.europa.eu/legal-content/DE/TXT/?qid=1560274052659&uri=CELEX:61997CC0158 [Zugriff: 30. Juli 2019], Rdnr. 43.

800 Vgl. Gerichtshof der Europäischen Union: Rechtssache 158/97, Badeck, a. a. O., Leitsätze.

801 Ibid., Rdnr. 23 und Leitsätze.

802 Gerichtshof der Europäischen Union: Rechtssache 380/01, Gustav Schneider gegen Bundesminister für Justiz, 5. Februar 2004, online verfügbar: https://eur-lex.europa.eu/legal-content/DE/TXT/?qid=1560097387882&uri=CELEX:62001CJ0380 [Zugriff: 30. Juli 2019], Rdnr. 10f.

Jahre 1995 hin.[803] Sonia Mazey identifiziert zwei sozialstaatliche Modelle, die in der Europäischen Union aufeinandertrafen. Zum einen wurde das Sozialrecht in Staaten wie Irland, dem Vereinigten Königreich und Deutschland auf einem Verständnis des Mannes als Ernährer der Familie konzipiert. Die nordischen Länder kannten dieses Modell nicht.[804] Die beiden neuen skandinavischen Staaten brachten somit eine avancierte Auffassung von Sozialpolitik in die Union ein.

In Finnland stimmten am 16. Oktober 1994 56,9 Prozent der Wähler dafür und 43,1 Prozent dagegen (Die Wahlbeteiligung lag bei 74,0 Prozent). In Schweden äußerten sich am 13. November 1994 52,3 Prozent der Wähler für den Beitritt und 46,8 Prozent dagegen (Wahlbeteiligung: 83,3 Prozent).[805] Hauptmotiv beider Staaten für den Beitritt zur Union war der perspektivische Marktzugang. In Finnland brachen zuvor aufgrund des Wegfalls des Osthandels mehr als 20 Prozent des Außenhandels zusammen. 1889/90 begann auch in Schweden eine schwere Wirtschaftskrise. Darüber hinaus konnte das Land nach dem Umbruch in Osteuropa ohne Konsequenzen für die eigene Neutralität, die vorher einen Beitritt ausschloss, EU-Mitglied werden.[806]

Besorgt um die wohlfahrtstaatlichen Systeme der sozialen Sicherung,[807] gab es in Schweden und Finnland Befürchtungen, das Niveau der Gleichstellungsstandards könnten durch den Beitritt zur Union sinken[808]. In Finnland verbreitete sich die Meinung, sozialpolitische Kompetenzen könnten an die EU übergehen.[809] Zusätzlich zur Wirkung der Union auf neue Beitrittsländer durch Übernahme des Acquis communautaire wird ein umgekehrter Einfluss deutlich: Der Rechts-

803 Vgl. Gerhard, Ute: a. a. O., S. 229.

804 Vgl. Mazey, Sonia: The EU and Women's Rights, in: Hine, David/Kassim, Hussein (Hrsg.): a. a. O., S. 139.

805 Vgl. Kaiser, Wolfram/Visuri, Pekka/Malmström, Cecilia/Hjelseth, Arve/Listhaug, Ola/ Jenssen, Anders Todal: Die EU-Volksabstimmungen in Österreich, Finnland, Schweden und Norwegen: Verlauf, Ergebnisse, Motive und Folgen, Institut für Höhere Studien Reihe Politikwissenschaft, Nr. 23, März 1995, online verfügbar: http://aei.pitt.edu/44483/2/1264672538_pw_23.pdf [Zugriff: 12. März 2021], S. 6.

806 Vgl. Ibid., S. 7.

807 Vgl. ibid., S. 13.

808 Vgl. Gerhard, Ute: a. a. O., S. 229.

809 Vgl. Kaiser, Wolfram/Visuri, Pekka/Malmström, Cecilia/Hjelseth, Arve/Listhaug, Ola/ Jenssen, Anders Todal: a. a. O., S. 14.

stand neuer Mitgliedstaaten kann ebenfalls Implikationen für die bereits bestehenden Mitglieder der Union haben. Weiterhin wird die gemeinsame Politikerfahrung alter und neuer Mitgliedstaaten, frühere Meinungen über Quoten (oder auch andere Politiken) revidieren, sie verständlicher werden lassen und so in einem sicheren Umgang mit ihnen münden.

Die Analyse der Rechtsprechung zu Quoten nimmt eine Sonderposition in der bisherigen Gesamtsicht ein, denn der grundsätzliche Tenor aller vorher untersuchten Urteile war in einem Punkt unmissverständlich: Das Diskriminierungsverbot wird streng ausgelegt. Mit Quoten scheint ein Rechtsbereich an den Europäischen Gerichtshof vorgedrungen zu sein, in dessen Rahmen das Gericht seine Richtung erst noch finden musste und in zunächst älteren Rechtstraditionen verhaftet war als im europäischen Recht festgelegt. Klar ist jedoch: Auch wenn die Entscheidungen nicht immer im Sinne der Kläger ausfielen, so gab es doch stets Potential eines europäischen „Agenda Setting". Die umfangreiche Rechtsprechung zum Lohngleichheitsgebot, aber auch die für die Kläger weniger erfolgreichen Fälle zur Elternzeit sind beispielhaft dafür; ebenso steht es um Quotierungen.

Mit Quotenregelungen floss eine neue Maßnahme zur Herstellung von Chancengleichheit in das Europarecht ein, die aktuell von einem starken Bekenntnis zum Gender-Mainstreaming, also der Berücksichtigung der Geschlechterperspektive in allen Politikbereichen und Prozessen, begleitet wird.[810] Gleichwohl haben auch die ablehnenden Parteien europarechtliches Gehör gefunden, was ebenfalls als Ausdruck eines dynamischen Rechtsentwicklungsprozesses gewertet werden kann, in denen befürwortende wie skeptische Parteien zum Ausdruck kommen. Die positive Haltung gegenüber positiven Maßnahmen, die sich in Artikel 3 der Gleichbehandlungsrahmenrichtlinie sowie in Artikel 157, Absatz 4 des Vertrages von Lissabon ausdrückt, spricht für einen Konsens auf Regierungsebene der Mitgliedstaaten, welcher auf die Initiativen der Kommission und die Klagen einzelner Bürger reagierte und entsprechend verrechtlichte. Ebenso ist der Wandel, der im Urteil *Badeck* zu verzeichnen ist, ein Beleg für Dynamik des Europarechts, aber auch – im Gegensatz zur Entgeltgleichheit – für dessen In-

810 Vgl. Europäische Kommission, 5. März 2020, a. a. O., S. 18.

kongruenz. Der Europäische Gerichtshof hat mit seiner Rechtsprechung die jeweils in Frage stehenden nationalen Quotenregelegungen nicht bewertet, sondern Kriterien für deren Bewertung durch das vorlegende nationale Gericht aufgestellt. Dazu gehören die Öffnungsklausel für Männer und, in der Rechtssache *Badeck*, schließlich die objektive Prüfung *aller* Bewerber, was wiederum die Öffnungsklausel für Männer etwas einschränkte. Aufgrund von Artikel 2, Absatz 4 der Richtlinie 76/207/EWG war eine Zuständigkeit des Gerichtshofes gegeben, der zunächst gänzlich am gleichstellungspolitischen Ziel und am Europarecht vorbei urteilte, aber schließlich einen Richtungswechsel vollzog. Diese Wende wurde letztlich durch die Klagen der einzelnen Bürger und die Einflüsse neuer gesellschaftlicher Kontexte der skandinavischen Mitgliedstaaten möglich. Auch die neue Gleichstellungsrahmenrichtlinie des Jahres 2006 resultierte unter anderem aus der Rechtsprechung des EuGH.[811]

## 8.3 Die Vereinbarkeit von Familie und Beruf

Positive Maßnahmen enden nicht mit Quotenregelungen. Sie beinhalten auch Vorkehrungen zur Vereinbarkeit von Familie und Beruf, die ganz ähnlich wie der Bereich von Mutterschaft und Elternzeitregelungen, traditionelle Denkmuster herausforderten. Zieht man die wirtschaftliche und soziale Zielsetzung der Verträge hinzu, so ist Gleichstellung ein beide Aspekte stärkender Faktor, bei dem die Überwindung traditioneller Geschlechterordnungen nicht im Vordergrund steht, aber dennoch bedeutsam ist, wenn es darum geht, einen fairen und sozialverträglichen Wettbewerb zu garantieren.

So ist auch das Urteil in der Rechtssache *Joseph Griesmar gegen Ministre de l'Economie, des Finances et de l'Industrie und Ministre de la Fonction publique, de la Réforme de l'Etat et de la Décentralisation*[812] (im

811 Vgl. Högl, Eva: a. a. O., S. 107.

812 Gerichtshof der Europäischen Union: Rechtssache 366/99, Joseph Griesmar gegen Ministre de l'Economie, des Finances et de l'Industrie und Ministre de la Fonction publique, de la Réforme de l'Etat et de la Décentralisation, 29. November 2001, online verfügbar: https://eur-lex.europa.eu/legal-content/DE/TXT/?qid=1560097387882&uri=CELEX:61999CJ0366 [Zugriff: 30. Juli 2019].

Folgenden: *Griesmar*) einzuordnen, in dem festgelegt wurde, dass auch Männer aufgrund von Kindererziehungszeiten in den Genuss der Möglichkeit der Verbesserung der französischen Beamtenrente kommen müssen (im Gegensatz zu Vorteilen des Mutterschutzes, die nur Frauen zugutekommen).[813] Es handelte sich um eine Maßnahme, die vormals, im Jahre 1924 für Frauen eingeführt wurde, um „die Rückkehr der Beamtin in ihren Haushalt zu erleichtern und sie so in die Lage zu versetzen, besser für die Erziehung ihrer Kinder zu sorgen“[814]. Die Regelung wurde 1964 und 1982 überarbeitet, blieb aber bis zu dem Urteil *Griesmar* weiterhin Frauen vorbehalten.[815]

Ein ähnliches Urteil wäre zuvor auch in der Rechtssache *H. Lommers gegen Minister van Landbouw, Natuurbeheer en Visserij* (im Folgenden: *Lommers*) zu erwarten gewesen. H. Lommers beanstandete eine Regelung seines Arbeitgebers, dem Landwirtschaftsministerium der Niederlande, nach der Kindertagesstättenplätze nur im Notfall den Kindern von Männern gewährt wurden.[816] Er legte seinem Argument Artikel 2 der Richtlinie 76/207/EWG (Zugang zu Beschäftigung) zugrunde.[817] Die niederländische Regierung argumentierte für die Regelung als positive Maßnahme mit dem Ziel der Frauenförderung. In der Konsequenz führt diese Haltung dazu, dass lediglich Frauen Kindererziehung in Anspruch nehmen konnten. Die an die Mutter gebundene Genehmigung von Kindertagesstättenplätzen trägt weder zur Überwindung traditioneller Geschlechterordnungen noch zur Beseitigung von Wettbewerbsverzerrungen bei. In vorhergehenden Urteilen, beispielsweise im Urteil *Hofmann*, in dem die Elternzeit vom zuständigen

813 Vgl. ibid., Leitsatz 2.

814 Ibid., Rdnr. 55.

815 Vgl. Schlussanträge des Generalanwaltes Siegbert Alber, Rechtssache 366/99, Joseph Griesmar gegen Ministre de l'Economie, des Finances et de l'Industrie und Ministre de la Fonction publique, de la Réforme de l'Etat et de la Décentralisation, 22. Februar 2001, online verfügbar: https://eur-lex.europa.eu/legal-content/DE/TXT/?qid=1573996908181&uri=CELEX:61999CC0366 [Zugriff: 30. Juli 2019], Rdnr. 86f.

816 Vgl. Gerichtshof der Europäischen Gemeinschaften: Rechtssache 476/99, H. Lommers gegen Minister van Landbouw, Natuurbeheer en Visserij, 19. März 2000, online verfügbar: https://eur-lex.europa.eu/legal-content/DE/TXT/?qid=1560276593399&uri=CELEX:61999CJ0476 [Zugriff: 30. Juli 2019], Rdnr. 11–14.

817 Vgl. ibid., Rdnr. 20.

Generalanwalt als nicht durch die Gemeinschaft zu regeln angesehen wurde, begründete dieser seine Auffassung mit der Aufgabenverteilung innerhalb der Familie, deren Regelung den Mitgliedstaaten oblag und nicht unter Richtlinie 76/207/EWG fiel, welche „nur berufliche Rechte [...], nicht dagegen die Rechte, die z. B. mit der Stellung des Haushaltsvorstands zusammenhängen, wenn ihre Ausübung vom Beruf unabhängig ist"[818], betraf. In der vorliegenden Situation und in jener Hofmanns zeigte sich jedoch gerade, dass die Organisation der Kinderbetreuung eng im Zusammenhang mit dem Beruf steht und unsere Auffassungen von Geschlechterrollen nicht in bestimmten Lebensbereichen aufhören zu existieren. Dies erklärt die Initiativen der Kommission, die wie bereits dargelegt, im Jahre 1983 dem Rat einen Vorschlag für eine Richtlinie des Rates über Elternzeit und Urlaub aus familiären Gründen unterbreitete. Eine gemeinschaftsrechtliche Grundlage gab es daher in den 1980er Jahren nicht. Das Urteil *Lommers* ist dabei Ausdruck, dass einige traditionelle Überzeugungen bezüglich der Kindererziehung und der familiären Aufgabenverteilung im Recht weiter existierten, gesellschaftliche Auffassungen gleichzeitig im Begriff waren, sich zu verändern und Veränderungen über die Kläger im nationalen Kontext sowie über die Kommission im europäischen angestoßen wurden. Das Recht folgte schrittweise und erst die Gleichstellungsrahmenrichtlinie 2006/56/EG, gegründet auf dem Vertrag von Amsterdam, und schließlich die Vereinbarkeitsrichtlinie EU-2019/1158 waren Ausdruck einer kontinuierlichen Entwicklung des Europarechts.

## 8.4 Von der Leyens „Union der Gleichheit" und Frauen in Führungspositionen

Neuen Anstoß erhalten die Gleichstellungspolitik der Union und das Instrument positiver Maßnahmen gegenwärtig durch das Leitmotiv

818 Vgl. Schlussanträge des Generalanwaltes Marco Darmon, Rechtssache 184/83, Ulrich Hofmann gegen Barmer Ersatzkasse, 27. Juni 1984, online verfügbar: https://eur-lex.europa.eu/legal-content/DE/TXT/?qid=1560077951213&uri=CELEX:61983CC0184 [Zugriff: 31. Juli 2019], Rdnr. 8.

einer „Union der Gleichheit"[819] der Kommission unter Ursula von der Leyen sowie durch das Engagement zivilgesellschaftlicher Organisationen und Interessengruppen. Die Kommission verpflichtet sich folgende Aspekte voranzubringen: die Freiheit von Gewalt und Stereotypen, eine geschlechtergerechte Wirtschaft[820] unter Einbezug des Digitalbereichs, die gleichberechtigte Führungsverantwortung in der Gesellschaft, Gender-Mainstreaming, die Stärkung der entsprechenden finanziellen Maßnahmen sowie die Berücksichtigung von Gleichstellung in der Welt und der EU-Außenpolitik in Zusammenarbeit mit den Vereinten Nationen.[821] Jüngst forderte die Kommission den Rat auf, die auf das Jahr 2012 zurückgehende *Richtlinie zur Gewährleistung einer ausgewogeneren Vertretung von Frauen und Männern unter den nicht geschäftsführenden Direktoren/Aufsichtsratsmitgliedern börsennotierter Gesellschaften und*

819 Vgl. Leyen, Ursula von der: Eine Union, die mehr erreichen will. Meine Agenda für Europa. Politische Leitlinien für die künftige Europäische Kommission, 2020, online verfügbar: https://ec.europa.eu/info/sites/info/files/political-guidelines-next-commission_de.pdf [Zugriff: 20. Juni 2020].

820 Die Kommission stellt die Anwendung der 2019 verabschiedeten Elternzeitrichtlinie sicher und legt Wert auf die mitgliedstaatliche Koordination sozialer Rechte im Rahmen des Europäischen Semesters. Das Europäische Semester ist ein Zyklus, in dessen Verlauf die EU-Mitgliedstaaten ihre Wirtschafts- und Fiskalpolitik aufeinander abstimmen. Es gehört zur wirtschaftspolitischen Steuerung der Europäischen Union. Darüber hinaus besteht ein Programm zur Strukturreform, das die Mitgliedstaaten im Bereich der öffentlichen Verwaltung unterstützt. Der Europäische Innovationsrat soll Maßnahmen zur Förderung der Frauenbeteiligung an Innovationen entwickeln. Dort werden von Frauen geführte Start-ups berücksichtigt. Wagniskapitalfonds werden angehalten, mehr Frauen in Führungspositionen zu fördern. Ein Analysetool, das Women in Digital Scoreboard, soll vermehrt genutzt werden. Die Kommission legte weiterhin einen Vorschlag für eine Empfehlung des Rates zur beruflichen Aus- und Weiterbildung vor, um Frauen in traditionell von Männern dominierten Berufen zu fördern und macht sich für die Beseitigung des Lohn- und Rentengefälles stark. Dabei setzt sie vor allem auf Offenlegung und stellt bis Ende 2020 verbindliche Maßnahmen zur Entgelttransparenz vor. Zu diesem Thema leitet die Kommission einen inklusiven Konsultationsprozess mit der Öffentlichkeit, den Mitgliedstaaten und den Sozialpartnern ein. Schließlich prüft die Kommission die Anrechnung von pflegebedingten Unterbrechungen der Berufslaufbahn in betrieblichen Altersversorgungssystemen und unterstützt die Mitgliedstaaten bei der Verbesserung des Angebotes an Kinderbetreuung durch Investitionen aus verschieden EU-Fonds.

821 Vgl. Europäische Kommission, 5. März 2020, a. a. O., S. 3ff.

*über damit zusammenhängende Maßnahmen*[822] anzunehmen.[823] Die Richtlinie folgt Anregungen des Europäischen Parlamentes in den Jahren 2011[824] und 2012[825] sowie öffentlichen Debatten auf nationaler und europäischer Ebene. Im Frühjahr 2012 konsultierte die Kommission einzelne Bürger, Unternehmen, Regionalregierungen, Städte, Kommunen, Unternehmensverbände, Nichtregierungsorganisationen, Gewerkschaften, Berufsverbände, politische Parteien, Anleger- und Aktionärsverbände sowie Akteure der Corporate Governance. Daraus gewann die Kommission Erkenntnisse über 485 Positionen aus der Öffentlichkeit.

In Deutschland ist vor allem die Initiative Frauen in die Aufsichtsräte (FidAR) mit dem Ziel der Richtlinie verbunden. Letztere strebt eine Quote von 40 Prozent des unterrepräsentierten Geschlechts an, analog zum Europäischen Parlament und der Europäischen Kommission. Der jüngst für 2020 von FidAR veröffentlichte Women-on-Board (WoB)-Index 185 zeichnet jedoch ein wenig optimistisches Bild für Deutschland.[826] Von 188 untersuchten Unternehmen haben 115 keine Frau im Vorstand, 75 der börsennotierten Konzerne gehen weiterhin mit einer Führungsetage ohne Frauen in die Planung. Dazu gehören das

822 Vgl. Europäische Kommission: Vorschlag für eine Richtlinie des Europäischen Parlaments und des Rates zur Gewährleistung einer ausgewogeneren Vertretung von Frauen und Männern unter den nicht geschäftsführenden Direktoren/Aufsichtsratsmitgliedern börsennotierter Gesellschaften und über damit zusammenhängende Maßnahmen, 2012/299 (COD), 14. November 2012, online verfügbar: https://eur-lex.europa.eu/legal-content/DE/TXT/PDF/?uri=CELEX:52012PC0614&from=DE [Zugriff: 20. Juni 2020].

823 Vgl. Europäische Kommission, 5. März 2020, a. a. O., S. 17.

824 Vgl. Europäisches Parlament: Entschließung des Europäischen Parlaments vom 6. Juli 2011 zu Frauen in wirtschaftlichen Führungspositionen (2010/2115(INI)), ABl. Nr. C 33 E/134, 5. Februar 2013, online verfügbar: https://www.europarl.europa.eu/sides/getDoc.do?pubRef=-//EP//NONSGML+TA+P7-TA-2011-0330+0+DOC+PDF+V0//DE [Zugriff: 13. Juli 2020].

825 Vgl. Europäisches Parlament: Entschließung des Europäischen Parlaments vom 13. März 2012 zu der Gleichstellung von Frauen und Männern in der Europäischen Union (2011/2244(INI)), ABl. Nr. C 251 E/1, 31. August 2013, online verfügbar: https://eur-lex.europa.eu/legal-content/DE/TXT/PDF/?uri=CELEX:52012IP0069&from=DE [Zugriff: 13. Juli 2020].

826 In Deutschland ist das am 1. Mai 2015 verabschiedete *Gesetz zur gleichberechtigten Teilhabe von Frauen und Männern an Führungspositionen* (FüPoG) ist seit 2016 in Kraft. Firmen ab einer bestimmten Größe, in der Regel ab 2.000 Beschäftigten, sind verpflichtet, freiwerdende Aufsichtsratsposten mit Frauen neu zu besetzen, bis mindestens ein Anteil von 30 Prozent erreicht ist.

DAX-30-Unternehmen HeidelbergCement, die Deutsche Wohnen und die MDAX-Shootingstars Delivery Hero, HelloFresh und Rocket Internet. Der durchschnittliche Frauenanteil in den Vorständen der 188 börsennotierten Konzernen liegt bei 10,7 Prozent. Dabei liegt der Frauenanteil in den Konzernen, die unter die Quote fallen, mit 11,5 Prozent höher als bei jenen ohne Quotenregelung (9,5 Prozent). Noch deutlicher fällt der Unterschied im Aufsichtsrat aus: 105 Quotenunternehmen weisen einen Frauenanteil von 35,2 Prozent vor, während 22,8 Prozent weibliche Aufsichtsratsmitglieder in den 83 nicht der Quote unterliegenden Konzernen zu finden sind.[827] Die deutsche Bundesfrauenministerin Franziska Giffey setzte sich für feste politische Vorgaben ein und sieht einen 25-prozentigen Frauenanteil in Vorständen als Ziel.[828] Am 20. November 2020 einigte sich eine Arbeitsgruppe der schwarz-roten Koalition auf das Zweite Führungspositionen-Gesetz, das verbindliche Quoten in Vorständen vorsieht. So muss mindestens ein Vorstandsmitglied börsennotierter und paritätisch-mitbestimmter Unternehmen mit mehr als drei Mitgliedern eine Frau sein. Für Unternehmen, an denen der Bund die Mehrheitsbeteiligung hält, ist zukünftig eine Aufsichtsratsquote von 30 Prozent und eine Mindestbeteiligung in Vorständen vorgesehen. Körperschaften des öffentlichen Rechts wird ebenfalls eine Mindestbeteiligung eingeführt.[829] Das zweite FüPoG wird das bisherige Gesetz für die gleichberechtigte Teilhabe von Frauen und Männern an Führungspositionen in der Privatwirtschaft ersetzen.[830]

---

827 Frauen in die Aufsichtsräte (Hrsg.): Women-on-Board Index 185, Berlin Mai 2020, online verfügbar: https://www.fidar.de/webmedia/documents/wob-index-185/2020-06/200114_Studie_WoB-Index_185_IV.pdf [Zugriff: 13. Juli 2020].

828 Vgl. Zeit Online: Franzsika Giffey droht Firmen mit Sanktionen, *Zeit Online*, 30. Juni 2020, online verfügbar: https://www.zeit.de/arbeit/2020-06/frauenanteil-vorstaende-franziska-giffey-frauenfoerderung-sanktionen [Zugriff: 13. Juli 2020].

829 Vgl. Bundesministerium für Familie, Senioren, Frauen und Jugend: Einigung auf verbindliche Vorgaben für mehr Frauen in Vorständen, 20. November 2020, online verfügbar: https://www.bmfsfj.de/bmfsfj/aktuelles/alle-meldungen/einigung-auf-verbindliche-vorgaben-fuer-mehr-frauen-in-vorstaenden/162534 [Zugriff. 27. November 2020].

830 Deutscher Bundestag: Gesetz für die gleichberechtigte Teilhabe von Frauen und Männern an Führungspositionen in der Privatwirtschaft und im öffentlichen Dienst vom 24. April 2015, Bundesgesetzblatt Jahrgang 2015, Teil I, Nr. 17, 30. April 2015, online verfügbar: https://www.bgbl.de/xaver/bgbl/start.xav?star

Anders als im nun auf den Weg gebrachten deutschen Vorhaben bevorzugen Vertreter der europäischen Wirtschaftsverbände einen selbstregulierenden Ansatz, während Frauenorganisationen, andere Nichtregierungsorganisationen sowie Regional- und Kommunalbehörden eine unionsweite Regelung favorisieren.[831] Die Kommission betrachtet die Quotenrichtlinie als Notwendigkeit für einen funktionierenden Binnenmarkt ohne Wettbewerbsverzerrungen, ganz ähnlich der anfänglichen Begründung des Lohngleichheitsgebotes: Unterschiedliche Anteile von Frauen führen zu unterschiedlichen Anforderungen an die Corporate Governance europäischer börsennotierter Unternehmen. Zusätzlich, so die Kommission, tragen transparente Regeln bei der Besetzung von Führungspositionen zu einem erhöhten Vertrauen von Investoren bei. Qualifizierte Frauen in Unternehmen bieten weiterhin Wachstumspotential.[832]

Aber auch die Antidiskriminierungsvorgabe (Artikel 21) und die Gleichheit von Männern und Frauen (Artikel 23) der Grundrechtecharta werden zusätzlich zur vertraglichen Grundlage in Artikel 157, Absatz 4 AEUV als Erwägung für die neue Richtlinie herangezogen. Letzteres spricht für ein erweitertes Rechtverständnis im Vergleich zum Beginn der Gemeinschaften, das aber auch auf Widerstände stößt. Die von Parlament und Kommission angestoßene Quotenrichtlinie scheiterte bisher an den Mitgliedstaaten. Ein Bericht des Ausschusses der Ständigen Vertreter[833] legt dar, dass zahlreiche Mitgliedstaaten die neue Vorgabe unterstützen: Belgien, Irland, Griechenland, Frankreich, Italien, Zypern, Lettland, Litauen, Luxemburg, Malta, Polen, Portugal, Rumänien, Slowenien und Finnland sprachen sich für die

---

tbk=Bundesanzeiger_BGBl&jumpTo=bgbl115s0642.pdf#__bgbl__%2F%2F*%5B%40attr_id%3D%27bgbl115s0642.pdf%27%5D__1606502667884 [Zugriff: 27. November 2020]. Siehe auch Fn. 682.

831 Vgl. Europäische Kommission: 14. November 2012, a. a. O., S. 8.

832 Vgl. ibid., S. 3.

833 Der Ausschuss der Ständigen Vertreter der Mitgliedstaaten (Comité des représentants permanents) bereitet die Arbeiten des Rates der Europäischen Union vor und setzt sich aus den Botschaftern der Mitgliedstaaten der Europäischen Union zusammen. Derjenige Staat, der die Ratspräsidentschaft innehat, führt den Vorsitz.

Richtlinie aus.[834] Finnland und Malta warnten zudem davor, den Text „noch weiter zu verwässern"[835]. Bulgarien unterstützt die Ziele der Richtlinie zwar, regt aber an, das Datum der Zielerreichung nach hinten zu verschieben.[836] Dies bestätigend, präferiert Spanien von quantitativen Zielen abzusehen und national flexiblen Instrumente den Vorzug zu geben. Dänemark, Estland, Kroatien, Ungarn, die Slowakei, die Niederlande sowie das Vereinigte Königreich äußerten Skepsis gegenüber einer unionsweiten Regelung. Sie hielten nationale Regelungen für geeigneter.[837] Die Parlamente Dänemarks, der Niederlande, Polens, Schwedens und des Vereinigten Königreiches bezweifelten zudem die Vereinbarkeit der Richtlinie mit dem Subsidiaritätsprinzip[838].

Diese Ausführungen unterstreichen abermals, dass das letzte Wort beim Rat liegt. Auch wenn Kommission, Parlament, EuGH sowie die Vertreter von Zivilgesellschaft, Nichtregierungsorganisationen und Gewerkschaften eine gemeinsame Position vertreten, so sind verbindliche Rechtsakte auf Unionsebene ohne den Rat nicht umsetzbar. Majones Idee des „Citizen against the Member States" als ein Leitgedanke des Europarechts scheint nur insofern haltbar, als diese Konstellation zwar oft genug existiert, aber nur selten allein zum Erfolg führt. Im Bereich Gender Identity wird dies ebenfalls deutlich: Während Kommission, Parlament, Kläger und Interessengruppen einen vermehrt von den allgemeinen Menschenrechten geprägten Ansatz vertreten, ver-

834 Rat der Europäischen Union (Ausschuss der Ständigen Vertreter): Vorschlag für eine Richtlinie des Europäischen Parlaments und des Rates zur Gewährleistung einer ausgewogeneren Vertretung von Frauen und Männern unter den Mitgliedern der Unternehmensleitung börsennotierter Gesellschaften und über damit zusammenhängende Maßnahmen, Interinstitutionelles Dossier: 2012/0299 (COD), 4. Dezember 2014, online verfügbar: http://data.consilium.europa.eu/doc/document/ST-16300-2014-INIT/de/pdf [Zugriff: 20. Juni 2020].

835 Vgl. ibid. S. 4.

836 Vgl. ibid.

837 Vgl. ibid., S. 5.

838 Vgl. ibid., S. 2. Gemäß Artikel 5, Absatz 3 EUV bezeichnet das Subsidiaritätsprinzip eine Orientierung zur Regelung der Ausübung der nicht ausschließlichen Zuständigkeiten der Union. Ein Tätigwerden der Union ist dann ausgeschlossen, wenn eine Angelegenheit auf nationaler, regionaler oder lokaler Ebene wirksam durch die Mitgliedstaaten bewältigt werden kann. Das Subsidiaritätsprinzip ermächtigt die Union, ihre Befugnisse auszuüben, wenn die Ziele einer avisierten Vorgabe von den Mitgliedstaaten nicht zufriedenstellend erreicht werden können und die Maßnahme auf der Ebene der Union mit einem Mehrwert einhergeht.

hindert die Haltung des Rates gegenwärtig noch die volle Entfaltung dieser gemeinsamen Überzeugungen.

Bedeutsam ist weiterhin, dass die Reichweite der angestrebten Quotenregelungen, insofern eingegrenzt ist als sie die Privatwirtschaft betrifft. Die Vorgaben erstrecken sich weder auf das Wahlrecht der Union noch auf jenes der nationalen Parlamente. Die paritätische Aufstellung von Männern und Frauen in der politischen Sphäre liegt jenseits der europäischen Vorgaben. Eine entsprechende Regelung im Rahmen der Reform des Wahlrechts des Europäischen Parlaments scheiterte am Rat. Auch fällt die Organisation der nationalen Wahlen nicht in die Zuständigkeit der Union. Paritätengesetze über die Repräsentation von Frauen bei Wahlen existieren in neun EU-Ländern (Belgien, Frankreich, Griechenland, Irland, Kroatien, Polen, Portugal, Slowenien, Spanien – Stand 2018),[839] während Finnland und Schweden auch ohne rechtliche Vorgabe im Jahre 2019 einen Frauenanteil von 40 bis 47 Prozent in ihren nationalen Parlamenten verzeichneten.[840] In Deutschland setzt sich der Deutsche Frauenrat gegenwärtig prominent für eine Reform des Bundeswahlgesetzes ein.[841] Hintergrund: der Frauenanteil sank nach der Wahl zum 19. Deutschen Bundestag von 37,3 auf 30,7 Prozent.[842] Darüber hinaus gibt es neuen Aufwind auf Länderebene. Nachdem die Paritätsgesetze von Thüringen und Brandenburg durch die jeweiligen Verfassungsgerichte gekippt wurden (in Thüringen klagte die Alternative für Deutschland [AfD], in Brandenburg waren es

839 Vgl. Deutscher Bundestag: Geschlechterparität in nationalen Parlamenten der EU-Staaten, Ausarbeitung WD 1–3000–016/18, 2018, online verfügbar: https://www.bundestag.de/resource/blob/575544/d40660e40b8b07c8c0f710d97b7d73e3/wd-1-016-18-pdf-data.pdf [Zugriff: 26. November 2020].

840 Vgl. Henry-Huthmacher, Christine: Geschlechterparität in den nationalen Parlamenten ausgewählter EU-Staaten, Konrad Adenauer Stiftung, Hauptabteilung Politik und Beratung, September 2019, online verfügbar: https://www.kas.de/documents/252038/4521287/Geschlechterparit%C3%A4t+in+den+nationalen+Parlamenten+ausgew%C3%A4hlter+EU-Staaten.pdf/f42672a0-9a5d-e560-9767-19f65d23f3ce?version=1.2&t=1570186323468 [Zugriff: 26. November 2020].

841 Vgl. Deutscher Frauenrat: Stellungnahme des Deutschen Frauenrats zum Gesetzentwurf von CDU/CSU und SPD für ein 26. Gesetz zur Änderung des Bundeswahlgesetzes, Drucksache 19/22504, 2. Oktober 2020, online verfügbar: https://www.bundestag.de/resource/blob/796300/e66b7f74a0d114f314d598adbfade909/A-Drs-19-4-586-data.pdf [Zugriff: 26. November 2020].

842 Vgl. ibid.

AfD und die Nationaldemokratische Partei Deutschlands [NPD]) ist das thüringische Gesetz nun beim Bundesverfassungsgericht anhängig. Während die brandenburgischen Verfassungsrichter konstatierten, das Paritätsgesetz schränke die Wahlfreiheit sowie die Organisationsfreiheit der Parteien ein, gab dieser frauenpolitische Rückschlag jedoch Anstoß für weiteres Engagement: 23 Frauenverbände[843] arbeiten im Frauenpolitischen Rat Brandenburg zusammen, um das Bundesverfassungsgericht auch mit der brandenburgischen Gesetzesnovelle zu befassen.

Darüber hinaus sorgt die ehemalige Bundestagspräsidentin Rita Süssmuth für eine öffentlichkeitswirksame Platzierung des Themas.[844] Süssmuth koordiniert eine Arbeitsgruppe, die aus ehemaligen Richterinnen des Bundesverfassungsgerichts, des Europäischen Gerichtshofes für Menschenrechte sowie Akademikerinnen besteht und sich mit den verfassungsrechtlichen Grundlagen einer paritätischen Vergabe von Abgeordnetenmandaten auseinandersetzt. Neben Süssmuth gehören Jelena von Achenbach (Universität Giesen), Frauke Brosius-Gersdorf (Leibniz-Universität Hannover), Christine Hohmann-Dennhardt

843 Der Frauenpolitische Rat besteht aus den folgenden Mitgliedsorganisationen: Arbeitsgemeinschaft sozialdemokratischer Frauen, Arbeitslosenverband Brandenburg, Brandenburger Landfrauenverband, Bündnis 90/Die Grünen Landesarbeitsgemeinschaft Frauen- und Geschlechterpolitik, Cometa e.V., demokratischer Frauenbund, Deutscher Gewerkschaftsbund (Bezirk Berlin-Brandenburg, Bezirksfrauenversammlung), Deutscher Juristinnenbund e.V. (Landesverband Brandenburg), Evangelische Kirche Berlin-Brandenburg (Schlesische Oberlausitz Frauenarbeit), Frauen Union Brandenburg, IN VIA Katholischer Verband für Mädchen- und Frauensozialarbeit für das Erzbistum Berlin e.V., Katholischer Deutscher Frauenbund (Diozösanverband Berlin), Landesarbeitsgemeinschaft der Frauenzentren, Landesarbeitsgemeinschaft der kommunalen Gleichstellung, Landeskonferenz der Gleichstellungsbeauftragten an brandenburgischen Hochschulen (LaKoG), Landesverband Liberaler Frauen, Linke Frauen Brandenburg, Netzwerk der brandenburgischen Frauenhäuser, die Selbsthilfegruppen Alleinerziehender (Landesverband Brandenburg e.V.), Unabhängige Frauenliste Königs Wusterhausen, ver.di (Bezirk Potsdam-Nordwestbrandenburg), Verband alleinerziehender Mütter und Väter (VAMV), Zonta Club Potsdam (https://www.frauenpolitischer-rat.de/project/mitgliedsverbaende/).

844 Vgl. Redaktionsnetzwerk Deutschland: Rita Süssmuth zum Paritätsgesetz: „Das Bundesverfassungsgericht ist gefragt, 24. Oktober 2020, online verfügbar: https://www.rnd.de/politik/rita-sussmuth-zum-paritatsgesetz-das-bundesverfassungsgericht-ist-gefragt-QVTF5BPR2BD7JOXUVMB3VEC7R4.html [Zugriff: 25. Dezember 2020].

(ehemalige Richterin am Bundesverfassungsgericht und ehemaliges Vorstandsmitglied bei Daimler und Volkswagen), Renate Jaeger (ehemalige Richterin am Bundesverfassungsgericht sowie am Europäischen Gerichtshof für Menschenrechte), Silke Laskowski (Universität Kassel) und Friederike Wapler (Johannes Gutenberg-Universiät Mainz) der Gruppe an. Sie beklagen den Rückgang des Frauenanteils im Bundestag sowie in den Parlamenten der Bundesländer, Vorurteile gegen Frauen im Politikbetrieb sowie erschwerte Bedingungen von Frauen im Alltag (Hauptverantwortung für die Familie etc.).[845]

Für die europäische Ebene münden die vorangegangenen Ausführungen in zwei unterschiedliche Herangehensweisen. Einerseits geht es u die Repräsentation von Frauen am Arbeitsplatz, andererseits um jene in der Politik (Wahl). Außerhalb europäischer Zuständigkeiten liegend, wird es in den jeweiligen Wahlrechten keine einheitlichen europäischen Regelungen geben. Damit bestehen unterschiedliche Startbedingungen in den Politikbetrieben der Mitgliedstaaten während unionsweite Vorgaben für die Wirtschaft zunehmend denkbar werden. Die Wirksamkeit der Chancengerechtigkeit wird dementsprechend divergieren. Möglicherweise könnte eine Wirkung von der Wirtschaft auf die Politik folgen, so dass diese zu gegebener Zeit nachzieht. Eine abwesende Öffentlichkeit kann dabei weder bezüglich Quoten und gleicher Bezahlung noch bezüglich eines erweiterten Antidiskriminierungsbegriffes festgestellt werden.

845 Vgl. Verfassungsblog: Es gibt keinen Besitzstandsschutz im Wahlrecht, 21. Oktober 2020, online verfügbar: https://verfassungsblog.de/es-gibt-keinen-besitzstandsschutz-im-wahlrecht/ [Zugriff: 25. Dezember 2020].

# 9. Gender Identity: Gemeinsame Rechtstraditionen als Chance

Wer sich heute auf Facebook registriert, hat die Wahl zwischen 71 Geschlechtsoptionen. Auf Instagram kann jeder User sein Geschlecht selbst definieren. Vorgegebene Kategorien gibt es nicht. Ein solches Vorgehen wäre noch vor einigen Dekaden unvorstellbar gewesen. Der Weg dorthin begann Ende der 1970er Jahre und erhielt in den 1990er Jahren neuen Vorschub, als ein internationaler Optimismus die Welt zu erfassen schien: der Zusammenbruch des Ostblocks, das Näherbringen anderer Regionen, die Globalisierung. Der Beginn des 21. Jahrhunderts sah zahlreiche Genderaktivisten, transnationale Frauenbewegungen und soziale Bewegungen, die sich für die Abschaffung der letzten pathologisierenden Kategorien des DSM (Diagnostic and Statistical Manual of Mental Disorders/Diagnostischer und statistischer Leitfaden psychischer Störungen, 5) und des ICD (Version der International Statistical Classification of Diseases and Related Health Problems/Internationale statistische Klassifikation der Krankheiten und verwandter Gesundheitsprobleme, 11) der WHO einsetzten. Gender Identity Disorder wurde 2013 vom DSM und 2019 vom ICD entfernt.[846]

Das bedeutete ein internationales Moment, vergleichbar mit der Stimmung des beginnenden 20. Jahrhunderts, als zahlreiche Europakonzepte entstanden und Magnus Hirschfeld in Berlin bereits von 64 Geschlechtsoptionen sprach.[847] Zum Vergleich Deutschland im Jahre 2020: Intergeschlechtliche Personen erhielten 2013 die Möglichkeit, von einem Geschlechtseintrag als männlich oder weiblich abzuse-

846 Vgl. Ebert, Berit/Fradinger, Moira: a. a. O.
847 Vgl. Ebert, Berit/Fradinger, Moira: a. a. O.

hen.[848] Vier Jahre später stellte das Bundesverfassungsgericht fest, dass das Offenlassen des Geschlechtseintrages gegen das Grundgesetz verstieß und forderte die Anerkennung eines Geschlechts jenseits des binären Modells.[849] Seit 2018 besteht die Option „divers".

Auch der Europäische Gerichtshof beschäftigte sich in den 1990er Jahren mit den ersten Fällen in den Bereichen Gender Identity. Europarechtliche Vorgaben existierten kaum. Daher entfalteten gemeinsame Rechtstraditionen der Mitgliedstaaten als Quelle des Europarechts eine große Wirkung.

## 9.1 Gender Identity im Recht der Bundesrepublik Deutschland

In den 1990er Jahren war das Recht der Mitgliedstaaten im Bereich Gender Identity keineswegs progressiv. Vor allem zahlreiche pathologisierende Vorgaben aus den vorherigen Jahrzehnten wurden mehr und mehr von transnationalen Interessengruppen kritisiert. Dieses vorhandene Recht überließ dem EuGH im Bereich Gender Identity einen breiteren Interpretationsraum als für andere Rechtsbereiche, die auf europäischer Ebene eingehend thematisiert werden.

Einige Beispiele geben Aufschluss über die rechtliche Varietät in den Mitgliedstaaten. Seit 1981 existierte beispielsweise das deutsche Gesetz über die Änderung der Vornamen und Feststellung der Geschlechtszugehörigkeit in besonderen Fällen.[850] Es legt zwei Verfahren fest, die Trans*-Personen das Leben im empfundenen Geschlecht ermöglichen sollen. Die sogenannte *kleinen Lösung* bezeichnet die Anpassung des Vornamens an die empfundene Geschlechtszugehörigkeit, ohne die Notwendigkeit des vorherigen operativen Eingriffes. Mit der *großen*

848 Scherpe, Jens: Die Rechtsstellung von Trans*personen im internationalen Vergleich, 8. August 2018, online verfügbar: https://www.bpb.de/gesellschaft/gender/geschlechtliche-vielfalt-trans/269633/die-rechtsstellung-von-transpersonen-im-internationalen-vergleich [Zugriff: 16. April 2020].

849 Vgl. ibid.

850 Vgl. Gesetz über die Änderung der Vornamen und Feststellung der Geschlechtszugehörigkeit, 10. September 1980, online verfügbar: https://www.bgbl.de/xaver/bgbl/start.xav?start=//*%5B@attr_id=%27bgbl180s1654.pdf%27%5D#__bgbl__%2F%2F*%5B%40attr_id%3D%27bgbl180s1654.pdf%27%5D__1581155028326 [Zugriff: 8. Februar 2020].

*Lösung* sieht das Gesetz die personenstandsrechtliche Änderung des Geschlechtseintrages im Geburteneintrag vor. Die damit einhergehende Voraussetzung geschlechtsanpassender Operationen sowie psychologischer Gutachten waren Grund für Kritik und Klagen, die das Bundesverfassungsgericht erreichten.

Das Gesetz selbst war ebenfalls eine Reaktion auf ein Urteil des Bundesverfassungsgerichtes aus dem Jahre 1978. Menschenwürde sowie das Recht auf freie Entfaltung der Persönlichkeit, so das Gericht damals, zögen das Recht, den Geschlechtseintrag in der Geburtsurkunde zu ändern, nach sich.[851] Artikel 1, Absatz 1 GG sichere die „Würde des Menschen, wie er sich in seiner Individualität selbst begreift und seiner selbst bewußt [sic!] wird. Hierzu gehört, daß [sic!] der Mensch über sich selbst verfügen und sein Schicksal eigenverantwortlich gestalten kann“[852].

Im Januar 2011 kippte das Bundesverfassungsgericht die Notwendigkeit des operativen Eingriffes für die Änderung des Personenstandes. Seitdem sind die Voraussetzungen für die *kleine Lösung* (Namensänderung) und die *große Lösung* identisch, nämlich das Vorhandensein eines psychologischen Gutachtens. Im Geiste der Zeit begründete das Bundesverfassungsgericht den Schritt mit der „Menschenwürde in Verbindung mit dem Grundrecht auf Schutz der Persönlichkeit“[853].

Dennoch sind bis heute psychologische Gutachten vorzulegen, die das zuständige Amtsgericht von zwei Sachverständigen einzuholen hat.[854] Die Sachverständigen müssen „aufgrund ihrer Ausbildung und ihrer beruflichen Erfahrung mit den besonderen Problemen des Transsexualismus ausreichend vertraut [sein] und unabhängig voneinander tätig werden“[855]. Kosten und Dauer dieses Verfahrens stehen unter Kritik. Eine Unterschriftenaktion zahlreicher Interessenvertretungen,

851 Vgl. Bundesverfassungsgericht: Beschluss des 1. Senats vom 11. Oktober 1978, 1BvR 16/72, online verfügbar: https://www.servat.unibe.ch/dfr/bv049286.html [Zugriff: 17. Mai 2020].

852 Ibid., Rdnr. 50.

853 Ibid., Rdnr. 56.

854 Vgl. § 4, Abs. 3 TSG.

855 Vgl. Bundesverfassungsgericht: Beschluss des Ersten Senats vom 11. Januar 2011, 1 BvR 3295/07, online verfügbar: https://www.bundesverfassungsgericht.de/entscheidungen/rs20110111_1bvr329507.html [Zugriff: 6. Februar 2020].

Einzelpersonen und Firmen,[856] die sich bereits seit Jahren für die Trennung von rechtlicher Geschlechtszugehörigkeit und medizinischen Beurteilungen[857] einsetzten, fand im April 2017 statt. Am 2. Juni 2017 beschloss der Bundesrat daraufhin, das Recht auf Selbstbestimmung zu stärken.[858] Im Mai 2019 legten das Bundesjustiz- und das Bundesinnenministerium einen Entwurf für ein neues Gesetz vor,[859]der ebenfalls auf Kritik stieß. So sollen die bisherigen Gutachten durch eine qualifizierte Beratung ersetzt werden. Diese wiederum muss mit einer Bescheinigung durch Ärzte dokumentiert werden. Die Kosten dafür

---

856 Vgl. Deutsche Gesellschaft für Transsexualität und Intersexualität e. V.: Liste der Unterzeichner Aufforderung zur Bundesratsinitiative, 30. April 2017, online verfügbar: http://www.dgti.org/images/pdf/ListeUnterschriften.pdf [Zugriff: 14. Juli 2020].
Die Interessenvertretungen waren unter anderem die Bundesstiftung Magnus Hirschfeld, Deutsche Gesellschaft für Transidentität und Intersexualität dgti e. V., Trans-Kinder-Netz e. V., Trans-Ident e. V., Prout at Work Foundation, Bundesverband Trans* e. V. i. Gr., Anyway e .V. (Köln), AStA Schwulenreferat Universität Mainz, AStA Arbeitskreis Queer Universität des Saarlandes (Saarbrücken), Homoklüngel e. V. (Köln), Schlau e. V. (Mainz), Sonntags-Club e. V. (Berlin), Station 2B GmbH (Köln), queer-mittelrhein e. V. (Koblenz), Vielbunt e. V. (Darmstadt), Lambda-Bayern e .V., LSVD e .V. Landesverband Hessen, dasdieder (Mainz), main-ts (Mainz), Schwul-Lesbische Pädagogen Arbeitsgruppe der GEW (Mainz), TX Köln e. V., Trans*Solid e. V. (Hamburg), TransMann e. V. (München), Trans* Treff (Kaiserslautern), TI* & Biscuits (Köln), Elternstammtisch homosexueller und transidenter Kinder (Mainz), VelsPol Hessen e. V., VelsPol Nordwest e. V., VelsPol Rheinland-Pfalz e. V., LBSK e. V. (Mainz), Schwuguntia e. V. (Mainz), AIDS Hilfe Frankfurt a. M. e. V., AIDS Hilfe Landau e. V. und TIAM e. V. Zwickau.

857 Vgl. Deutsche Gesellschaft für Transsexualität und Intersexualität e.V.: Schreiben an die Fraktionen im Landtag, 19. Oktober 2015, online verfügbar: http://www.dgti.org/images/pdf/BR_Initiative_dgti_Vorstand_oK_19_10_2015.pdf [Zugriff: 14. Juli 2020].

858 Vgl. Bundesrat: Entschließung des Bundesrates zur Aufhebung des Transsexuellengesetzes sowie zur Erarbeitung eines Gesetzes zur Anerkennung der Geschlechtsidentität und zum Schutz der Selbstbestimmung bei der Geschlechterzuordnung, 362/17, 2. Juni 2017, online verfügbar: https://www.bundesrat.de/SharedDocs/drucksachen/2017/0301-0400/362-17(B).pdf?__blob=publicationFile&v=1 [Zugriff: 14. Juli 2020].

859 Vgl. Bundesministerium der Justiz und für Verbraucherschutz, Bundesministerium des Innern, für Bau und Heimat: Entwurf eines Gesetzes zur Neuregelung der Änderung des Geschlechtseintrags, 8. Mai 2019, online verfügbar: https://www.bmjv.de/SharedDocs/Gesetzgebungsverfahren/Dokumente/RefE_TSG_Reform.pdf?__blob=publicationFile&v=2 [Zugriff: 14. Juli 2020].

liegen bei etwa 450 Euro. Im Anschluss wird im Gerichtsverfahren entschieden, ob die Begründung valide ist. Weiterhin sollen Ehepartner vor Gericht gehört werden. Während auf internationaler Ebene mehr und mehr entpathologisiert wird, bleiben psychologische Begutachtung und administrative Hürden in Deutschland bestehen.

Der Kritik durch die Verbände[860] schlossen sich die Oppositionsparteien an. Jeder müsse selbst über seine geschlechtliche Identität entscheiden können. Noch im selben Jahr forderten Die Linke, die FDP sowie B90/Grüne im Bundestag die Aufnahme des Merkmals „Sexuelle Identität" in Artikel 3 des Grundgesetzes.[861] Neben dem allgemeinen Gleichheitssatz (Art. 3, Abs. 1 GG) beinhaltet Artikel 3 besondere Diskriminierungsverbote (Art. 3, Abs. 3 GG).

## 9.2 Entpathologisierung im nationalen Recht der Mitgliedstaaten

In die 1980er Jahre fielen auch die entsprechenden ersten Gesetze in Italien (1982), Österreich (1983) und den Niederlanden (1985).[862] Optisch angleichende Operationen oder die Fortpflanzungsunfähigkeit waren für die rechtliche Änderung des Geschlechts in Italien obligatorisch. In den Niederlanden wurden die Erfordernisse einer Hormontherapie oder eines operativen Eingriffes erst 2013 abgeschafft. Bis heute ist in den Niederlanden, wie auch in Österreich, ein psychologisches Gutachten Voraussetzung für die personenstandsrechtliche Änderung.[863]

860 Vgl. Deutsche Gesellschaft für Transsexualität und Intersexualität e. V.: Stellungnahme zu dem Entwurf eines Gesetzes zur Neuregelung der Änderung des Geschlechtseintrags, 10. Mai 2019, online verfügbar: https://www.dgti.org/images/pdf/BMI_PStG_190509_final.pdf [Zugriff: 14. Juli 2020].

861 Vgl. Deutscher Bundestag: Entwurf eines Gesetzes zur Änderung des Grundgesetzes (Änderung des Artikels 3 Absatz 3 – Einfügung des Merkmals sexuelle Identität), 12. September 2019, online verfügbar: https://dip21.bundestag.de/dip21/btd/19/131/1913123.pdf [Zugriff: 14. Juli 2020].

862 Vgl. Scherpe, Jens: a. a. O.

863 Vgl. Human Rights Watch: The Netherlands: Victory for Trans* Rights, 19. Dezember 2013, online verfügbar: https://www.hrw.org/news/2013/12/19/netherlands-victory-Trans*-rights [Zugriff: 6. Februar 2020].

Dänemark war am 1. September 2014 das erste Land der Europäischen Union, das sämtliche Voraussetzungen, beispielsweise psychiatrische Gutachten, medizinische Eingriffe oder Hormontherapie, abschaffte.[864] Es folgte dem Vorbild Argentiniens, dem ersten Land weltweit war, welches 2012 die volle Entpathologisierung einführte.[865]

In der Europäischen Union ermöglichen neben Dänemark (2014)[866] auch Belgien (2017),[867] Griechenland (2017)[868], Luxemburg (2018)[869], Malta (2015)[870], Irland (2015)[871] und Portugal (2018)[872] eine Personenstands- und Namensänderung ohne psychologische Gutachten durch Sachverständige. Die Änderungen sind dort allein von der auto-

864 Vgl. Trans* Europe: Historic Danish Gender Recognition Law Comes Into Force, Trans* Europe: 1. September 2014, online verfügbar: https://tgeu.org/tgeu-statement-historic-danish-gender-recognition-law-comes-into-force/ [Zugriff: 6. Februar 2020].

865 Scherpe, Jens: a. a. O.

866 Lov om ændring af lov om Det Centrale Personregister, 30. April 2014, online verfügbar: https://www.ft.dk/RIpdf/samling/20131/lovforslag/L182/20131_L182_som_fremsat.pdf [Zugriff: 6. Februar 2020].

867 Loi réformant des régimes relatifs aux personnes transgenres en ce qui concerne la mention d'une modification de l'enregistrement du sexe dans les actes de l'état civil et ses effets, 25. Juni 2017, 1. Januar 2018 in Kraft, online verfügbar: http://www.ejustice.just.fgov.be/mopdf/2017/07/10_1.pdf#Page11 [Zugriff: 6. Februar 2020], S. 71465–71469.

868 Fleischmann, Anne: Transidentität. Psychologische Gutachten für Betroffene entwürdigend?, *Euronews*, 9. August 2019, online verfügbar: https://de.euronews.com/2019/08/09/transidentitat-psychologische-gutachten-fur-betroffene-entwurdigend [Zugriff: 12. April 2020]. Während in Griechenland zwar keine psychologischen Gutachten verlangt werden, dürfen transidente Menschen nicht verheiratet sein, um ihren Geschlechtseintrag zu ändern.

869 Queer.de (Hrsg.): Luxemburg beschließt fortschrittliches Trans-Gesetz, 26. Juli 2018, online verfügbar: https://www.queer.de/detail.php?article_id=31616 [Zugriff: 12. April 2020].

870 Gender Identity, Gender Expression and Sex Characteristics Act, 14. April 2015, online verfügbar: http://justiceservices.gov.mt/DownloadDocument.aspx?app=lom&itemid=12312&l=1 [Zugriff: 6. Februar 2020].

871 Gender Recognition Act, 2015, online verfügbar: http://www.irishstatutebook.ie/eli/2015/act/25/enacted/en/pdf [Zugriff: 6. Februar 2020].

872 Lei nº 38/2018, Diário da República n.º 151/2018, 7. August 2018, online verfügbar: https://dre.pt/web/guest/home/-/dre/115933863/d tails/maximized?serie=I&day=2018-08-07&date=2018-08-01 [Zugriff: 14. Juli 2020].

nomen Entscheidung des Einzelnen abhängig.[873] In Griechenland kommentiert Nikos Xydakis, Mitglied der Syriza-Partei, die das Gesetz gegen die Opposition der orthodoxen Kirche, der Kommunistischen Partei, der rechtsextremen Chrysi Avgi (Goldene Morgendämmerung) und der konservativen Nea Dimokratia (Neue Demokratie) durchsetzte, die Änderungen wie folgt: „This is about human and civil rights. It is about humanity, solidarity and dignity."[874] Er beschreibt eine Neuorientierung, die von binären Geschlechterordnungen absieht und Geschlecht nicht mehr als biologisch vorgegeben, sondern als sozial und kulturell konstruiert betrachtet. Damit hat jeder Mensch das Recht, autonom über das eigene Geschlecht zu entscheiden.

So schreibt es auch das entsprechende Gesetz in Malta vor. Es resultierte aus dem Fall *Joanne Cassar*, der vor dem Europäischen Gerichtshof für Menschenrechte (EGMR) anhängig war[875] und das Recht auf Eheschließung von Trans*-Personen betraf. Joanne Cassar, als Mann geboren und nach einem operativen Eingriff und entsprechender Änderung in den Ausweisdokumenten als Frau lebend, beabsichtigte, ihren Freund zu heiraten.[876] Die Heirat wurde mit dem Verweis auf das Verbot der Eheschließung zwischen zwei gleichgeschlechtlichen Personen verwehrt.[877] 2013 wurde der Fall gestrichen, da sich die Regierung Maltas und Joanne Cassar geeinigt hatten: Die Regierung stellte ein neues Gesetz in Aussicht. Außerdem erhielt Joanne Cassar Schadensersatz. Nach dem Urteil nahm die Malta die Genderidentität als Diskriminierungsgrund in die Verfassung auf. Das neue *Gender Identi-*

873 Vgl. Transgender Europe (Hrsg.): Trans Rights Europe and Central Asia Map 2019, online verfügbar: https://tgeu.org/wp-content/uploads/2019/05/MapA_TGEU2019.pdf [Zugriff: 12. April 2020].

874 Vgl. Smith, Helena: Greece passes gender-change law opposed by Orthodox church, *The Guardian*, 10. Oktober 2017, online verfügbar: https://www.theguardian.com/world/2017/oct/10/greece-passes-gender-change-law [Zugriff: 14. Juli 2020].

875 Vgl. Europäischer Gerichtshof für Menschrechte: Joanne Cassar against Malta, Application no. 36982/11, 9. Juli 2013, online verfügbar: file:///Users/beritebert/Downloads/001-123392.pdf [Zugriff: 1. Juni 2020].

876 European Union Agency for Fundamental Human Rights: Jahresbericht 2012, 18. Juni 2013, online verfügbar: https://fra.europa.eu/sites/default/files/annual-report-2012-chapter-5_de.pdf [Zugriff: 30. Mai 2020].

877 Vgl. Europäischer Gerichtshof für Menschrechte: Joanne Cassar against Malta, a. a. O.

*ty, Gender Expression, and Sex Characteristics Act* sieht von operativen Eingriffen und medizinischen Gutachten ab, enthält Vorgaben für Personen unter 18 Jahren und rief eine Arbeitsgruppe ins Leben, die sich kontinuierlich mit Best Practices im Bereich Gender Identity beschäftigt. Dieses Gremium muss zu einem Drittel aus Menschenrechtsexperten bestehen. Der Fall Maltas verdeutlicht die Verzweigung der europäischen Rechtsebenen.[878] Das nationale Recht wurde durch eine Entscheidung des Europäischen Gerichtshofes für Menschenrechte beeinflusst, die wiederum auf den Einsatz Joanne Cassars zurückzuführen ist. Das geänderte nationale Recht Maltas wird im Rahmen seines neuen Rechtsverständnisses die Rechtsprechung des EuGH beeinflussen.

## 9.3 Das europäische Recht: EuGH und EGMR

Die Sphären von Pathologisierung und von Voraussetzungen der Geschlechtsanpassung berührte der Europäische Gerichtshof nicht. Dennoch verliefen alle Fälle für die Kläger innerhalb der Bereiche, für die die Union zuständig ist, erfolgreich. Die Kläger konnten somit bedingt Einfluss auf die Rechtsentwicklung ihres Heimatlandes nehmen. Dies geschah jenseits des nationalen Rechtssetzungs- beziehungsweise politischen Prozesses und bringt die Kritik Dieter Grimms (Kapitel 2.10. Demokratiedefizit und europäische Identität bei Jürgen Habermas und Dieter Grimm) ins Bewusstsein. Sämtliche hier untersuchte Vorabentscheidungsfragen kamen aus dem Vereinigten Königreich. Das Land wurde, vor allem vor dem Hintergrund des existierenden Rechts der *anderen* Mitgliedstaaten, veranlasst, eigene Vorgaben anzupassen. Der Argumentation Grimms folgend, kann dies als nicht willkommene Einflussnahme in nationale Angelegenheiten gedeutet werden. Gegen dieses Argument sprechen jedoch die Initiativen der Kläger selbst, die sich in ihrer Position eher auf europäischer als auf nationaler Ebene vertreten sahen – ganz ähnlich wie die ersten Frauen, die das Recht auf gleiche Bezahlung in den 1970er Jahren einforderten. Sähe man allein

878 Vgl. Calliess, Christian: a. a. O., S. 26.

die nationale Ebene als Quelle des Rechts an, wäre dies – konsequent weitergedacht – das Ende jeglicher internationalen Gerichtsbarkeit.

Von den vier für die Kläger erfolgreich verlaufenen Fällen, die in der vorliegenden Untersuchung den Bereich Gender Identity abdecken, wurde in drei Rechtssachen vom Kläger das Europarecht vor dem jeweiligen nationalen Gericht herangezogen. Zusätzlich zum Recht der Union wurde im Jahre 2006 in der Rechtssache *Sarah Margaret Richards gegen Secretary of State for Work and Pensions* die Europäische Konvention zum Schutze der Menschenrechte (EMRK) bemüht. Artikel 6 EUV legt fest, dass die durch die EMRK gewährleisteten Grundrechte (neben der Grundrechtecharta der Union sowie den Verfassungsüberlieferungen der Mitgliedstaaten) als allgemeine Grundsätze des Unionsrechts gelten. Trotz vorliegender Ermächtigungsgrundlage im Vertrag von Lissabon ist die EU bisher nicht der EMRK beigetreten. Zwei Bedenken stehen damit im Zusammenhang: Zum einen müsste sich der EuGH den Urteilen des Europäischen Gerichtshofes für Menschenrechte unterwerfen, zum anderen wäre die bisherige intergouvernemental geregelte Außen- und Sicherheitspolitik dem EGMR unterstellt, worin ein strukturelles Problem, die mögliche Einflussnahme in nationalstaatliche Souveränität, gesehen wird.[879]

Dennoch greift der EuGH auf die Urteile des EGMR zur Orientierung bei der eigenen Entscheidungsfindung zurück. Während der EGMR 1986 im Urteil *Rees gegen Vereinigtes Königreich*[880] und 1990 in *Cossey*

879 Vgl. Kokott, Juliane: Stellungnahme, Gutachtenverfahren 2/13, 13. Juni 2014, online verfügbar: http://curia.europa.eu/juris/document/document.jsf?docid=160929&doclang=DE [Zugriff: 16. April 2020].

880 Europäischer Gerichtshof für Menschenrechte: Rees gegen Vereinigtes Königreich, 17. Oktober 1986, online verfügbar: https://hudoc.echr.coe.int/eng#{%22itemid%22:[%22001-57564%22]} [Zugriff: 14. Juli 2020].
Der Fall betraf die Weigerung Großbritanniens, den Eintrag im Geburtenregister nach einer geschlechtsangleichenden Operation zu ändern sowie den Vorbehalt der Ehe als Verbindung zweier Personen unterschiedlichen Geschlechts. Ein Bruch mit den Artikeln 8 und 12 der EKMR wurde nicht festgestellt. Vielmehr, so der EGMR, verbliebe die Kompetenz, das Familienrecht zu regeln, bei den Staaten.

*gegen Vereinigtes Königreich*[881] zurückhaltend urteilte und biologische Kategorien als argumentative Grundlage nutzte[882], änderte sich der Tenor des EGMR mit Beginn des 21. Jahrhunderts.

Im Urteil *Goodwin gegen Vereinigtes Königreich* aus dem Jahre 2002 stellte der EGMR fest, dass eine rechtliche Änderung des Geschlechts nicht zur Unmöglichkeit einer darauffolgenden Eheschließung führen darf.[883] Die Beschwerdeführerin klagte, dass ihre Geschlechtsumwandlung nicht legalisiert werde. Nachteile entstünden vor allem bezüglich ihrer Beschäftigungsbedingungen, ihrer Sozialversicherungs- und Rentenrechte als Konsequenz der Verweigerung der Eheschließung. Die Voraussetzungen einer Änderung des Geschlechts waren jedoch nicht Gegenstand des Urteils.[884] Dieser Grundsatz sollte sich in den Urteilen des EuGH widerspiegeln. In der Union sind vor allem Kompetenzverteilungen zwischen EU und Mitgliedstaaten dafür verantwortlich, dass Entpathologisierungsfragen nicht thematisiert wurden und so die Reichweite der Entscheidungen des EuGH begrenzt wird. In der Entscheidung *van Kück gegen Deutschland* definierte der EGMR schließlich die Geschlechtsidentität einer Person als „one of the most basic essentials of self-determination“[885] – eine Richtung, die gegen-

881 Europäischer Gerichtshof für Menschenrechte: Cossey gegen Vereinigtes Königreich, 27. September 1990, online verfügbar: https://hudoc.echr.coe.int/eng#{%22itemid%22:[%22001-57641%22]} [Zugriff: 14. Juli 2020].
Wie im Urteil Rees, so der EGMR, bietet die Bindung an das traditionelle Verständnis von Ehe ausreichende Gründe für die Zugrundelegung biologischer Kriterien zur Geschlechtsbestimmung einer Person im Hinblick auf die Eheschließung. Die alleinige Zuständigkeit der Staaten wurde bestätigt.

882 Der Gerichtshof konstatierte, dass „no significant scientific developments that have occurred in the meantime [nach dem Urteil Rees, Anmerkung der Autorin]; in particular, it remains the case – as was not contested by the applicant – that gender reassignment surgery does not result in the acquisition of all the biological characteristics of the other sex“ (vgl. ibid., Rdnr. 40).

883 Vgl. Europäischer Gerichtshof für Menschenrechte: Christine Goodwin vs. The United Kingdom, Application No. 28957/95, 11. Juli 2020, online verfügbar: https://hudoc.echr.coe.int/eng#{%22languageisocode%22:[%22ENG%22],%22appno%22:[%2228957/95%22],%22documentcollectionid2%22:[%22GRANDCHAMBER%22],%22itemid%22:[%22001-60596%22]} [Zugriff: 16. April 2020].

884 Vgl. Scherpe, Jens: a. a. O.

885 Vgl. Europäischer Gerichtshof für Menschenrechte: van Kück gegen Deutschland, 12. Juni 2003, online verfügbar: http://www.worldlii.org/eu/cases/ECHR/2003/285.html [Zugriff: 14. Juli 2020].

wärtig auch die Europäische Kommission, das Europäische Parlament und seit Jahren zahlreiche Interessengruppen verfolgen. Dieser Ansatz hat Implikationen für die weitere Gestaltung des Europarechts, die – konsequent weitergedacht – dann nicht ohne die weitere Verlagerung von Zuständigkeiten auf die europäische Ebene auskommt. Der Europäische Gerichtshof beschäftigte sich 1995 mit dem ersten Fall weltweit, der die Entlassung einer Trans*-Person betraf.

*Abbildung 6: EuGH-Entscheidungen: Gender Identity*

| Kläger Europarecht | Rechtsgrundlage der Klage | | Titel | Gegenstand | Verfahren | Mitgliedstaat |
|---|---|---|---|---|---|---|
| 0 | Kläger: Sex Discrimination Act<br>Gericht: RL 76/207/EWG | erfolgreich | **P gegen S und Cornwall County Council**<br>**13/94**<br><br>**30. April 1996** | Entlassung einer transsexuellen Person | Ersuchen um Vorabentscheidung: Industrial Tribunal Truro mit Beschluss vom 11. Januar 1994, beim Gerichtshof eingegangen am 13. Januar 1994 | Vereinigtes Königreich |
| 1 | Art. 141 EG,<br>RL 75/117/EWG | erfolgreich | **K.B. gegen National Health Service Pensions Agency und Secretary of State for Health**<br>**117/01**<br><br>**7. Januar 2004** | Ausschluss eines transsexuellen Partners vom Anspruch auf Hinterbliebenenrente, deren Gewährung auf den überlebenden Ehegatten beschränkt ist | Ersuchen um Vorabentscheidung: Court of Appeal (England & Wales) (Civil Division) mit Beschluss vom 14. Dezember 2000, beim Gerichtshof eingegangen am 15. März 2001 | Vereinigtes Königreich |
| 1 | Art. 8 EMRK,<br>RL 79/7/EWG,<br>Rechtssache 117/01 K.B. gegen National Health Service Pensions Agency und Secretary of State for Health | erfolgreich | **Sarah Margaret Richards gegen Secretary of State for Work and Pensions**<br>**423/04**<br><br>**27. Juni 2006** | Weigerung, einer Transsexuellen, die sich einer operativen Geschlechtsumwandlung vom Mann zur Frau unterzogen hat, mit dem 60. Lebensjahr eine Ruhestandsrente zu gewähren | Ersuchen um Vorabentscheidung: eingereicht vom Social Security Commissioner mit Entscheidung vom 14. September 2004, beim Gerichtshof eingegangen am 4. Oktober 2004 | Vereinigtes Königreich |
| 1 | Art. 4, Abs. 1<br>RL 79/7/EWG | erfolgreich | **MB gegen Secretary of State for Work and Pensions**<br>**451/16**<br><br>**26. Juni 2018** | Ungültigkeitserklärung einer geschlossenen Ehe als Voraussetzung für die Anerkennung einer Geschlechtsumwandlung; Weigerung einer Person, die sich einer Geschlechtsumwandlung unterzogen hat, eine staatliche Ruhestandsrente ab dem Rentenalter für Personen des erworbenen Geschlechts zu gewähren | Ersuchen um Vorabentscheidung: eingereicht vom Supreme Court of the United Kingdom (Oberster Gerichtshof des Vereinigten Königreichs) mit Entscheidung vom 10. August 2016, beim Gerichtshof eingegangen am 12. August 2016 | Vereinigtes Königreich |

Quelle: Eigene Tabelle auf Basis der vorliegenden Untersuchung

## 9.4 Entlassung aufgrund der Geschlechtsidentität: *P. gegen S.*

In der Rechtssache *P. gegen S. und Cornwall County Council* (im Folgenden: *P. gegen S.*) wurde die Entlassung einer Trans*-Person für unionsrechtswidrig erklärt. P., die beim Cornwall City Council als Geschäftsführer tätig war, erhielt am 15. September 1992 ihre Entlassung zum 31. Dezember desselben Jahres. In dieser Zeit begann P., sich kleineren operativen Eingriffen zur Geschlechtsumwandlung zu unterziehen. Die Absicht dazu hatte sie ihrem Arbeitgeber bereits vorher mitgeteilt. Während dieser versicherte, die Entlassung erfolgte betriebsbedingt, äußerte das nationale Industrial Tribunal, der wahre Grund der Kündigung sei die im Sommer 1992 begonnene Geschlechtsumwandlung gewesen. P. stellte fest, sie sei aufgrund des Geschlechts diskriminiert worden.[886] Ihr Arbeitgeber vertrat die Meinung, dass keine Diskriminierung vorliege, da sowohl männliche als auch weibliche Trans*-Personen in gleicher Weise, also beide schlechter behandelt wurden.[887] Im damals geltenden britischen *Sex Discrimination Act* war keine Regelung zur Diskriminierung von Trans*-Personen vorgesehen.[888] Zudem erlaubte es die Rechtslage im Vereinigten Königreich Trans*-Personen nicht, im Personenstandsregister eine Änderung des Geschlechts zu erwirken. Erst der 2004 beschlossene und am 4. April 2005 in Kraft getretene *Gender Recognition Act* regelt nun die Änderung des Geschlechts, auch ohne operativen Eingriff.[889] Anfang der 1990er Jahre stimmten die Ausgangslagen im Vereinigten Königreich

886 Vgl. Schlussanträge des Generalanwaltes Guiseppe Tesauro, Rechtssache 13/94, P gegen S und Cornwall County Council, 14. Dezember 1995, online verfügbar: https://eur-lex.europa.eu/legal-content/DE/TXT/?qid=1560451995317&uri=CELEX:61994CC0013 [Zugriff: 30. Juli 2019], Rdnr. 5–7.

887 Vgl. ibid., Rdnr. 8.

888 Vgl. ibid., Rdnr. 3.

889 Vgl. Parliament of the United Kingdom: Gender Recognition Act, 4. April 2005, online verfügbar: http://www.legislation.gov.uk/ukpga/2004/7/contents [Zugriff: 20. April 2020]. Herausforderungen bestehen immer noch bezüglich des Personenstandsrechts. Das Vereinigte Königreich sieht Lebenspartnerschaften nur für gleichgeschlechtliche Verpartnerungen vor, so dass für verheiratete Paare mit einem Trans*-Partner die Scheidung obligatorisch ist. Danach kann eine Lebenspartnerschaft eingegangen werden, was mit einem erhöhten finanziellen und administrativen Aufwand einhergeht.

und in der EU überein, da rechtlicher Vorgaben auf keine der beiden Ebenen existierten.

In der Rechtssache *P. gegen S.* war es das nationale Gericht, welches der Auffassung war, dass das Unionsrecht, maßgeblich die Gleichbehandlungsrichtlinie 76/207/EWG, den Begriff der Diskriminierung weiter fasste und Trans*-Personen einschlösse. Das Tribunal wandte sich an den EuGH. Dieser interpretierte das Diskriminierungsverbot streng. Trotz Absenz konkreter primär- oder sekundärrechtliche Vorschriften, die Trans*-Belange regeln, urteilte er, dass der Anwendungsbereich der Richtlinie „auch für Diskriminierungen zu gelten (habe), die ihre Ursache, wie im vorliegenden Fall, in der Geschlechtsumwandlung des Betroffenen haben“[890]. Die Begründung lautete, dass

> „[…] eine Person, die entlassen wird, weil sie beabsichtigt, sich einer Geschlechtsumwandlung zu unterziehen, oder sich ihr bereits unterzogen hat, […] *im Vergleich zu den Angehörigen des Geschlechts, dem sie vor dieser Operation zugerechnet wurde* [Hervorhebung durch die Autorin], schlechter behandelt [wird]“[891].

Zur Rechtfertigung des etwas ungeschickten Urteils wurde die Diskriminierung von Männern und Frauen herangezogen. Die alte Identität (Mann) wurde mit der neuen Identität (Frau) verglichen was aber nicht den Kern des Diskriminierungsgrundes trifft. Vermutlich ist dieses Räsonnement in der mangelnden Erfahrung im Umgang mit entsprechenden thematischen Fällen begründet.

In der Gleichbehandlungsrichtlinie 76/207/EG existierte zum damaligen Zeitpunkt keine Bezugnahme auf Trans*, was die Frage aufwirft, ob der Gerichtshof an dieser Stelle zu weitläufig urteilte beziehungsweise dem Vorwurf eines zu weitläufigen Urteils vorgreifen wollte. Laut dem Vereinigten Königreich und der Europäischen Kommission, die die Richtlinie entsprechend für unanwendbar hielten, traf diese Auffassung zu.[892] Die Kommission zeigte sich also nicht pauschal integrationsfreundlich. Sie war vorsichtig und verhielt sich damit entgegen

890 Vgl. Gerichtshof der Europäischen Union: Rechtssache 13/94, P gegen S und Cornwall County Council, 30. April 1996, online verfügbar: https://eur-lex.europa.eu/legal-content/DE/TXT/?qid=1560367279779&uri=CELEX:61994CJ0013 [Zugriff: 31. Juli 2019], Rdnr. 20.

891 Ibid., Leitsätze.

892 Vgl. ibid., Rdnr. 14.

jenem Bild, welches ihrer heutigen Wahrnehmung in der Öffentlichkeit entspricht.

Die Analyse des Generalanwaltes hebt den zentralen Punkt des vorliegenden Kapitels hervor: Die Überzeugung, Europarecht sei anwendbar, ist auf gemeinsame Rechtstraditionen der Mitgliedstaaten zurückzuführen. Mit Ausnahme von Irland, das Vereinigte Königreich und Finnland waren im Jahre 1995 zwölf von insgesamt 15 Mitgliedstaaten dem Europarecht insofern voraus, als innerstaatliche Regelungen im Bereich Gender Identity existierten. Die rechtliche Situation von Trans*-Personen variierte dabei insofern, als dass Personenstandsänderungen in einigen Mitgliedstaaten von operativen Eingriffen, Zwangssterilisation oder dem Vorlegen psychologischer Gutachten abhängig war.[893]

In Dänemark, Schweden, Deutschland, Italien und den Niederlanden waren Trans*-Personen damals berechtigt, ihre Geburtsurkunde entsprechend ihrer neuen Identität zu ändern. Auch erhielten sie die Rechte, zu heiraten, Kinder zu adoptieren und genossen gemäß der neuen Identität weitere Rentenansprüche.[894]

In Frankreich, Belgien, Spanien, Portugal, Luxemburg und Griechenland existierte eine vergleichbare Rechtsprechung.In Österreich bestanden Vorgaben auf Verwaltungsebene.So war es dort möglich, nach einem operativen Eingriff Änderungen des Personenstandes im Standesamt zu beantragen.[895] Der operative Eingriff war allerdings Voraussetzung und musste durch einen Sachverständigen des Instituts für Rechtsmedizin an der Universität Wien bestätigt werden.[896] Erst im Jahre 2009 wurde der Operationszwang durch ein Urteil des Verwaltungsgerichtshofes als Voraussetzung der personenstandsrechtlichen Änderung unwirksam.[897] Das österreichische Bundesinnenministeri-

893 Vgl. Schlussanträge des Generalanwaltes Guiseppe Tesauro, Rechtssache 13/94, P gegen S und Cornwall County Counci, a. a. O., Rdnr. 10.

894 Vgl. ibid.

895 Vgl. Schlussanträge des Generalanwaltes Guiseppe Tesauro, Rechtssache 13/94, a. a. O., Rdnr. 10.

896 Vgl. ibid., Fußnote 15.

897 Verwaltungsgerichtshof der Republik Österreich: Urteil im Verfahren Michaela P., Zl. 2008/17/0054-8, 27. Februar 2009, online verfügbar: https://www.transx.at/Dokumente/VwGH_Feb09_Zi_2008_17_0054.pdf [Zugriff: 8. Mai 2020].

um reagierte am 11. Mai 2010 mit der Aufhebung der vorherigen Erlasse auf Bundesebene, die geschlechtsanpassende Operationen vorschrieben[898] und übertrug die Kompetenz zur Personenstandsänderung auf die Länderebene. Zahlreiche unterschiedliche Regelungen innerhalb eines Landes sind die Folge.

Diese Varianz der Vorgaben in den Mitgliedstaaten der Union führt zu unterschiedlichen Eintrittsvoraussetzungen der Inanspruchnahme des Europarechts. Darauf ging der Europäische Gerichtshof allerdings nicht ein. Durch das Umgehen der Voraussetzung für die Legalisierung der neuen Identität konnte das europarechtliche Diskriminierungsverbot innerhalb des Bereiches der Arbeitsbedingungen und der Lohngleichheit avanciert werden. Ein anderes Urteil hätte einem fast europaweiten Konsens widersprochen und eine bereits stattgefundene Rechtsentwicklung im nationalen Kontext rückgängig gemacht.

## 9.5 Die Erweiterung des Diskriminierungsverbotes und Entpathologisierung

Die grundsätzliche Einigkeit der Mitgliedstaaten resultierte im Jahre 1997 im Vertrag von Amsterdam, in dessen Artikel 13 EG das Diskriminierungsverbot erweitert wurde. Dabei wurden Diskriminierungen aufgrund der sexuellen Ausrichtung aufgenommen. Das Anliegen der Änderungen des rechtlichen Geschlechts, das bei Geburt in die staatlichen Register eingetragen wurde,[899] wurde aber erst in der auf den Vertrag folgenden neuen Gleichstellungsrahmenrichtlinie 2006/54/EG unionsrechtlich verankert:

> „Der Gerichtshof hat festgestellt, dass die Tragweite des Grundsatzes der Gleichbehandlung von Männern und Frauen nicht auf das Verbot der Diskriminierung aufgrund des natürlichen Geschlechts einer Person beschränkt werden kann. Angesichts seiner Zielsetzung und der Art der Rechte, die damit geschützt werden sollen, gilt er auch für *Diskriminie-*

898 Bundesministerium für Inneres der Republik Österreich: Schreiben zur Änderung des Vornamens und der Eintragung des Geschlechts im Geburtenbuch, BMI-VA 1300/0139-III/2/2010, 11. Mai 2010, online verfügbar: https://www.transx.at/Dokumente/BMI_11052010.pdf [Zugriff: 8. Mai 2020].

899 Vgl. Scherpe, Jens: a. a. O.

*rungen aufgrund einer Geschlechtsumwandlung* [Hervorhebung durch die Autorin].“[900]

Die Richtlinie nimmt Bezug auf die Rechtsprechung des EuGH und den von ihm definierten erweiterten Diskriminierungsbegriff.[901] Angeregt durch die Urteile im Bereich Gender Identity, die kontextgebunden möglich waren, wurde das Sekundärrecht geändert.

Im Vertrag von Lissabon ist die individuelle Identität in Artikel 21 (Nichtdiskriminierung) in der nunmehr rechtsverbindlichen Grundrechtecharta geregelt.[902] Artikel 10 AEUV, der Anti-Diskriminierung ebenfalls spezifiziert, nennt Gender Identity demgegenüber nicht.[903]

Die sekundärrechtliche Vorgabe in der Gleichstellungsrahmenrichtlinie ist das konsensuale Resultat der dynamischen Rechtsentwicklung innerhalb und jenseits nationaler Grenzen auf verschiedenen Ebenen. Sie begann mit Klägern und politischen Prozessen im nationalen Kontext, kam bis zur Schaffung von neuem grundlegendem Primär- und Sekundärrecht und zeigt die Verbindung von Frauenrechten, Menschenrechten und der gegenwärtigen Hinterfragung binärer Ge-

900 Richtlinie 2006/54/EG des Europäischen Parlamentes und des Rates vom 5. Juli 2006 zur Verwirklichung des Grundsatzes der Chancengleichheit und Gleichbehandlung von Männern und Frauen in Arbeits- und Beschäftigungsfragen (Neufassung), a. a. O., 3. Erwägungsgrund.

901 Vgl. ibid., Erwägungsgrund 3: „Der Gerichtshof hat festgestellt, dass die Tragweite des Grundsatzes der Gleichbehandlung von Männern und Frauen nicht auf das Verbot der Diskriminierung aufgrund des natürlichen Geschlechts einer Person beschränkt werden kann. Angesichts seiner Zielsetzung und der Art der Rechte, die damit geschützt werden sollen, gilt er auch für Diskriminierungen aufgrund einer Geschlechtsumwandlung.“

902 „(1) Diskriminierungen insbesondere wegen des Geschlechts, der Rasse, der Hautfarbe, der ethnischen oder sozialen Herkunft, der genetischen Merkmale, der Sprache, der Religion oder der Weltanschauung, der politischen oder sonstigen Anschauung, der Zugehörigkeit zu einer nationalen Minderheit, des Vermögens, der Geburt, einer Behinderung, des Alters oder der sexuellen Ausrichtung sind verboten. (2) Unbeschadet besonderer Bestimmungen der Verträge ist in ihrem Anwendungsbereich jede Diskriminierung aus Gründen der Staatsangehörigkeit verboten.“ (Artikel 21 GRCh)

903 Art. 10 AEUV lautet: „Bei der Festlegung und Durchführung ihrer Politik und ihrer Maßnahmen zielt die Union darauf ab, Diskriminierungen aus Gründen des Geschlechts, der Rasse, der ethnischen Herkunft, der Religion oder der Weltanschauung, einer Behinderung, des Alters oder der sexuellen Ausrichtung zu bekämpfen.“

schlechtskonstruktionen. Die ursprüngliche Entgeltgleichheit und die darauf aufbauenden Rechtsakte hatten Konsequenzen für das Antidiskriminierungsrecht der gesamten Union.

Im Einklang damit und im Lichte des Vertrages von Amsterdam erklärte der EuGH im Jahre 2004 eine nationale Regelung, die es einem Paar infolge einer Geschlechtsumwandlung verweigerte, miteinander die Ehe einzugehen und so die Voraussetzungen für den Bezug einer Hinterbliebenenrente zu erreichen, für unionsrechtswidrig.[904] K. B., eine Angestellte beim National Health Service, lebte in einer nichtehelichen Lebenspartnerschaft mit einer als Frau geborenen Person, die nach einem medizinischen Eingriff zum Mann geworden war. Da es keine Möglichkeit gab, die Geburtsurkunde zu ändern, konnten K. B. und ihr Partner R. keine Ehe eingehen.[905] Als Folge war es für R. unmöglich, eine Witwerrente zu beziehen, sollte K. B. früher versterben. Dies teilte ihr ihr Arbeitgeber, der National Health Service, mit. Nur überlebende Ehegatten hatten einen Anspruch darauf.[906] K. B. machte vor dem nationalen Gericht Artikel 141 EG zum Lohngleichheitsgebot geltend.[907]

In der Herleitung seines Urteils inkludierte der EuGH darüber hinaus die Europäische Konvention zum Schutze der Menschenrechte, namentlich die vorliegende Verletzung des Rechts auf Eheschließung im Sinne des Artikels 12.[908] Der Generalanwalt legte dar, dass nunmehr 13 von 15 Mitgliedstaaten einer transsexuellen Person das Recht einräumten, mit einer Person des eigenen Geschlechts eine Ehe einzugehen.[909] Gemeinsame Rechtstraditionen der Mitgliedstaaten spielen er-

904 Vgl. Gerichtshof der Europäischen Union: Rechtssache 117/01, K. B. gegen National Health Service Pensions Agency und Secretary of State for Health, 7. Januar 2004, online verfügbar: https://eur-lex.europa.eu/legal-content/DE/TXT/?qid=1560590382317&uri=CELEX:62001CJ0117 [Zugriff: 30. Juli 2019].

905 Vgl. ibid., Rdnr. 12.

906 Vgl. ibid., Rdnr. 13.

907 Vgl. ibid., Rdnr. 14.

908 Vgl. ibid., Rdnr. 33.

909 Vgl. Schlussanträge des Generalanwaltes Ruiz-Jarabo Colomer: Rechtssache 117/01, K. B. gegen National Health Service Pensions Agency und Secretary of State for Health, 10. Juni 2003, online verfügbar: https://eur-lex.europa.eu/legal-content/DE/TXT/?qid=1560590382317&uri=CELEX:62001CC0117 [Zugriff: 31. Juli 2019], Rdnr. 67.

neut eine Rolle. Die Darlegungen des Generalanwaltes weisen zudem auf das Problem der möglichen Mehrfachdiskriminierung hin, die sich im vorliegenden Fall kumulativ darstellt.[910] K. B. war mehrfach diskriminiert, da weder der Personenstand geändert noch die Ehe eingegangen und schließlich durch den Partner keine Hinterbliebenenrente bezogen werden konnte. Elisabeth Holzleithner fordert daher eine europarechtliche Regelung, die es Klägern ermöglicht, sich beim Einklagen ihrer Rechte nicht auf eine Form der Diskriminierung einschränken zu müssen, sondern Mehrfachdiskriminierungen geltend machen zu können.[911]

In der Rechtssache *K.B.* urteilte der Europäische Gerichtshof:

> „Artikel 141 EG steht grundsätzlich einer Regelung entgegen, die es unter Verstoß gegen die Europäische Konvention zum Schutze der Menschenrechte und Grundfreiheiten einem Paar, bei dem die sexuelle Identität eines der Partner das Ergebnis einer medizinischen Geschlechtsumwandlung ist, unmöglich macht, miteinander die Ehe einzugehen und so die Voraussetzung dafür zu erfüllen, dass dem einen von ihnen ein Bestandteil des Entgelts des anderen gewährt werden kann. Da es *Sache der Mitgliedstaaten ist, die Voraussetzungen der rechtlichen Anerkennung der Geschlechtsumwandlung einer Person festzulegen* [Hervorhebung durch die Autorin], die infolge einer medizinischen Operation ihr Geschlecht gewechselt hat, ist es Sache des nationalen Richters, zu prüfen, ob sich der Partner eines solchen Transsexuellen auf Artikel 141 EG stützen kann, um das Recht geltend zu machen, seinen transsexuellen Partner als Begünstigten der Hinterbliebenenrente zu bestimmen.“[912]

Der Tenor des Urteils ist betrachtenswert, denn er verbindet Erweiterung und Negierung in einem Atemzug und kann folglich zusammengefasst werden mit „ja, aber“: Einerseits ist die Unmöglichkeit der Eheschließung und der damit einhergehende verhinderte Bezug sämtli-

---

910 Vgl. Holzleithner, Elisabeth: Mehrfachdiskriminierung im europäischen Rechtsdiskurs, in: Hormel, Ulrike/Scherr, Albert (Hrsg.): Diskriminierung. Grundlagen und Forschungsergebnisse, Wiesbaden 2010, S. 100. Im Gegensatz zur kumulativen Mehrfahrdiskriminierung bezeichnet die intersektionelle Diskriminierung das „Zusammenwirken von zwei Diskriminierungsgründen“ (ibid.), ohne dass die Gründe für sich allein zu einer Diskriminierung führen würden.

911 Vgl. ibid., S. 99.

912 Gerichtshof der Europäischen Union: Rechtssache 117/01, K.B. gegen National Health Service Pensions Agency und Secretary of State for Health, a. a. O., Leitsatz.

cher weiterer Gehaltskomponenten europarechtswidrig. Artikel 141 EG ist bei Trans*-Personen, die die Voraussetzungen für die Eheschließung erfüllen, anwendbar. Den Vergleichsrahmen bilden heterosexuelle Paare, deren Personenstände nicht das Ergebnis einer Geschlechtsumwandlung sind.[913] Andererseits liegt die abschließende Prüfung beim nationalen Gericht. Und diese Prüfung betrifft die Frage danach, ob die Voraussetzungen für eine Geschlechtsumwandlung überhaupt vorhanden sind. Kurz: Artikel 141 EG ist bei allen Verheirateten auf deren Gehaltskomponenten anwendbar und Trans*-Personen darf die Ehe nicht verweigert werden. Aber ob Artikel 141 EG für K. B. und R. Wirkung entfaltete, hing von der Anerkennung der neuen Identität ab. Diese Entscheidung über die Definition dessen, was für eine Anerkennung gewünschter Identitäten notwendig ist, wird bis heute noch im nationalen Rechtsrahmen getroffen und geht daher mit einer großen Varietät der Hürden einher, die überwunden werden müssen, um in der (europäischen) Gesellschaft als gleichberechtigtes Mitglied partizipieren zu können.

## 9.6 Ehe, Ruhestand und rechtlicher Vergleichsrahmen

Die Fälle *P. gegen S.* und *K. B.* hatten ihren Ursprung im Vereinigten Königreich. Es wäre zu erwarten gewesen, dass sich aus der ersten Rechtssache *P. gegen S.* eine Rechtsänderung oder eine Nichtanwendung des in Frage stehenden Gesetzes, des *Sex Discrimination Act*, ergeben hätte. Dies geschah jedoch nur teilweise: Der Anwendungsbereich des *Sex Discrimination Act* wurde insofern geändert, als er nun auch die unmittelbare Diskriminierung eines Arbeitnehmers aufgrund einer Geschlechtsumwandlung umfasste. Gleichbehandlung bei Lohn (Equal Pay Act 1970) und Renten (Pensions Act 1995) wurden nicht

913 Vgl. ibid., Rdnr. 31. „Im Gegensatz zu heterosexuellen Paaren, bei denen die Identität eines der Partner nicht das Ergebnis einer Geschlechtsumwandlung ist und die daher heiraten und gegebenenfalls in den Genuss einer Hinterbliebenenrente kommen können, die Bestandteil des Entgelts eines der Partner ist, kann ein Paar wie K. B. und R im Vereinigten Königreich unter keinen Umständen die Voraussetzung der Ehe erfüllen, wie sie vom Rentensystem des NHS für die Gewährung einer Hinterbliebenenrente vorgesehen ist."

angepasst, alte Vorschriften über Lohn und Pensionen blieben weiterhin gültig.[914]

Dementsprechend betraf einer der folgenden Fälle, *Sarah Margaret Richards gegen Secretary of State for Work and Pensions* (im Folgenden: *Richards*), die Weigerung der Zahlung einer Ruhestandsrente an eine Person nach einer Geschlechtsumwandlung. Der Vorgang erreichte den Gerichtshof im Jahre 2006. Sarah Margaret Richards, als Mann geboren, beantragte nach einer operativen Geschlechtsumwandlung zur Frau die Gewährung einer Ruhestandsrente mit Wirkung an dem Tag, an dem sie 60 Jahre alt wurde. Dies entsprach dem Alter, in dem sie nach nationalem Recht als Frau eine Ruhestandsrente beziehen konnte.[915] Die Klägerin berief sich beim Social Security Commissioner auf Artikel 8 der Europäischen Konvention zum Schutze der Menschenrechte (Recht auf Achtung des Privat- und Familienlebens) sowie auf die Gleichbehandlungsrichtlinie 79/7/EWG (soziale Sicherheit).[916]

Während die Regierung des Vereinigten Königreiches konstatierte, die Hoheit über die Ruhestandsrente läge bei den Mitgliedstaaten, betonte Generalanwalt Jacobs die damals aktuelle schrittweise Anpassung des Rentenalters in Großbritannien.[917] Er verwies außerdem auf die Tatsache, dass damals alle Mitgliedstaaten außer das Vereinigte Königreich und Irland eine Berichtigung der Geburtsurkunden nach einer operativen Geschlechtsumwandlung erlaubten.[918] Der Bezug auf die Praxis in anderen Mitgliedstaaten entspricht den Darlegungen seines Kollegen Colomer in der Rechtssache *K. B.*, welcher die mehrheitliche

---

914 Vgl. Schlussanträge des Generalanwaltes Ruiz-Jarabo Colomer: Rechtssache 117/01, K.B. gegen National Health Service Pensions Agency und Secretary of State for Health, a. a. O., Rdnr. 16.

915 Vgl. Gerichtshof der Europäischen Union: Rechtssache 423/04, Sarah Margaret Richards gegen Secretary of State for Work and Pensions, 27. Juni 2006, online verfügbar: https://eur-lex.europa.eu/legal-content/DE/TXT/?qid=1563015248794&uri=CELEX:62004CJ0423 [Zugriff: 31. Juli 2019], Rdnr. 15–16, im Folgenden: *Richards*.

916 Vgl. ibid., Rdnr. 17.

917 Vgl. Schlussanträge des Generalanwaltes Sir Francis Geoffrey Jacobs, Rechtssache 423/04, Sarah Margaret Richards gegen Secretary of State for Work and Pensions, 15. Dezember 2005, online verfügbar: https://eur-lex.europa.eu/legal-content/DE/TXT/?qid=1563015248794&uri=CELEX:62004CC0423 [Zugriff: 31. Juli 2019], Rdnr. 63.

918 Vgl. ibid., Fußnote 33.

Rechtspraxis der Mitgliedstaaten, Trans* Personen die Eheschließung gemäß dem neuen Geschlecht zu erlauben, als grundlegend betrachtete. Daraus schloss Jacobs für das Europarecht:

> „Nur die irische und die britische Rechtsordnung scheinen sich dieser allgemeinen Tendenz entgegenzustellen, was nicht daran hindert, eine hinreichend *einheitliche Rechtstradition* [Hervorhebungen durch die Autorin] festzustellen, die die Quelle eines allgemeinen Grundsatzes des Gemeinschaftsrechts darstellen kann."[919]

Neben den mehrheitlichen Rechtsgrundsätzen, die aus den Mitgliedstaaten kamen, waren weitere bestehende Grundsätze des Europarechts maßgeblich: Der EuGH konfirmierte, dass die Mitgliedstaaten bei der Ausgestaltung der Systeme der sozialen Sicherheit zwar vom Gemeinschaftsrecht unberührt blieben, die Mitgliedstaaten allerdings nicht von der Pflicht entbunden seien, bei der Konzeption der Sozialversicherungssysteme das Gemeinschaftsrecht zu beachten.[920] Dies ergebe sich aus der Anforderung der Rechtssicherheit, welche der Einzelne benötige, um sich auf entsprechende Rechtsakte zu berufen.[921] Die nationale Regelung handelte daher gemeinschaftsrechtswidrig:[922] Zuvor galt im Rahmen der Entgeltgleichheit: Weil bestimmte Komponenten des Gehaltes also solche anzusehen sind, müssen sie für Männer und Frauen gelten. In den vorliegenden Themenbereich übersetzt heißt dies: Weil Rechtssicherheit und entsprechend das Europarecht berührende Sozialrecht von jedem beansprucht werden kann, müssen sich Trans*-Personen darauf berufen können. Es ist der gedankliche Ansatz einer mehrfachen bürgerschaftlichen Zugehörigkeit: eine europäische Staatsbürgerschaft, die Rechte für den Einzelnen begründet – zusätzlich zu den nationalen Rechten. Dieser Ansatz verläuft analog zu Habermas' Konzept der Staatsbürgerschaften auf zwei Ebenen.

Aber: Der Teufel lag im Detail. Wieder wurde im Allgemeinen argumentiert, dass die EU für ihre Bürger Rechtssicherheit garantiere. Wie-

---

919 Schlussanträge des Generalanwaltes Ruiz-Jarabo Colomer: Rechtssache 117/01, K.B. gegen National Health Service Pensions Agency und Secretary of State for Health, a. a. O., Rdnr. 28.

920 Vgl. Gerichtshof der Europäischen Union: Rechtssache 423/04, Richards, a. a. O., Rdnr. 33.

921 Vgl. ibid., Leitsatz 2.

922 Vgl. ibid., Leitsatz 1.

der wurden konkrete Fragen ausgeblendet – jene nach Identität, nach individueller Autonomie und den Voraussetzungen für die Geschlechtsänderung. So umgeht der Bezug auf Rechtsgrundsätze und geltendes Gemeinschaftsrecht auch die Frage der Pathologisierung von Gender und der damit einhergehenden Anpassung des Geschlechts. Das Außenvorlassen der Prüfung der Voraussetzungen zur rechtlichen Eintragung der neuen Identität sowie durch das Festsetzen des gewählten Vergleichsrahmens werden wichtige Fragen der Selbstbestimmung jedes Einzelnen und dessen Hoheit über die eigene Identität vermieden. Inwieweit tatsächlich eine autonome Entscheidung über die Geschlechtszugehörigkeit vom Einzelnen getroffen werden kann, variiert daher von Mitgliedstaat zu Mitgliedstaat.

Der rechtliche Vergleichsrahmen der Entscheidung *Richards* ist analog zum Urteil *K. B.* gelagert. Eine Trans*-Person wird mit einer Person, die bereits bei der Geburt dem Geschlecht angehört, das die neue Identität der Trans*-Person konstituiert, verglichen. So argumentierte der EuGH:

> „Aus dem Vorstehenden ergibt sich, dass Artikel 4 Absatz 1 der Richtlinie 79/7 dahin auszulegen ist, dass er Rechtsvorschriften entgegensteht, die einer Person, die sich gemäß den Voraussetzungen des nationalen Rechts einer Geschlechtsumwandlung vom Mann zur Frau unterzogen hat, die Gewährung einer Ruhestandsrente versagen, weil sie noch nicht das 65. Lebensjahr erreicht hat, während diese Person mit 60 Jahren Anspruch auf eine solche Rente gehabt hätte, wenn sie nach dem nationalen Recht als Frau anzusehen gewesen wäre.“[923]

Im Jahre 2018 wurde dies im Urteil *MB gegen Secretary of State for Work and Pensions* bestätigt.[924] MB, ein verheirateter Mann, unterzog sich einer Geschlechtsumwandlung, welche aufgrund einer nationalen Regelung nur nach Ungültigkeitserklärung der bestehenden Ehe anerkannt werden konnte. MB lies die Ehe nicht annullieren, konnte also keine vollständige Bescheinigung ihrer Geschlechtsumwandlung vor-

923 Gerichtshof der Europäischen Union: Rechtssache 423/04, Sarah Margaret Richards gegen Secretary of State for Work and Pensions, a. a. O., Rdnr. 38.

924 Vgl. Gerichtshof der Europäischen Union: Rechtssache 451/16, MB gegen Secretary of State for Work and Pensions, 26. Juni 2018, online verfügbar: https://eur-lex.europa.eu/legal-content/DE/TXT/?qid=1562999911279&uri=CELEX:62016CJ0451 [Zugriff: 31. Juli 2019].

weisen, beantragte aber, nun als Frau lebend, eine staatliche Ruhestandsrente, die sie als Frau ab dem 60. Lebensjahr beziehen konnte. Da die Ehe nicht annulliert und in Konsequenz der Personenstand nicht geändert wurde, wurde ihr die Rente verwehrt. Unter Berufung auf Richtlinie 79/7/EWG (soziale Sicherheit) focht MB diese Entscheidung an. Der EuGH entkoppelte die Gewährung der Rente vom Ehestand und entschied, dass eine Rente auf Grundlage des Erreichens des Rentenalters zu gewähren war – auch hier begegnet man der Vermeidung der Pathologisierung. Der Ehestand dürfe für den Renteneintritt nicht maßgeblich sein. Daher müsse das nationale Gericht für sein Urteil die Situation von Personen, die den bei Geburt eingetragenen Personenstand behalten haben und verheiratet sind, mit jenen Personen vergleichen, die den Personenstand gewechselt haben und verheiratet sind.[925] MB musste also mit einer Person verglichen werden, die schon immer eine verheiratete Frau gewesen war. Der EuGH stellte eine unmittelbare Diskriminierung aufgrund des Geschlechts fest[926] und stufte die Regelung des Vereinigten Königreiches als unionsrechtswidrig ein:

> „Nach alledem ist auf die Vorlagefrage zu antworten, dass die Richtlinie 79/7 […] einer nationalen Regelung entgegensteht, nach der eine Person, die sich einer Geschlechtsumwandlung unterzogen hat, nicht nur physische, soziale und psychische Kriterien erfüllen muss, sondern auch nicht mit einer Person des Geschlechts, das sie infolge der Geschlechtsumwandlung erworben hat, verheiratet sein darf, wenn sie eine staatliche Ruhestandsrente ab dem für Angehörige des erworbenen Geschlechts geltenden gesetzlichen Rentenalter in Anspruch nehmen möchte.“[927]

Im Vergleich zum Urteil *P. gegen S.* erweiterte der EuGH den Referenzrahmen zur Feststellung der Diskriminierung, indem er anerkannte, dass der Fall keine Frage von Rechten von Männern im Vergleich zu jenen von Frauen betraf, sondern um eine neue Form der Diskriminierung konstituierte. Die Begründung lag in einem neuen rechtlichen Vergleich: Trans*-Personen müssen in ihrer neuen Identität so behandelt werden, als haben sie diese neue Identität schon immer gehabt. Das heißt: Das Paar, dem K. B. angehörte, muss wie ein heterosexuelles

925 Vgl. ibid., Rdnr. 43f.
926 Vgl. ibid. Rdnr. 52.
927 Ibid., Rdnr. 53.

Paar, dem kein Trans*-Partner angehörte, betrachtet werden.[928] Sarah Margaret Richards musste so behandelt werden wie eine Person, die als Frau geboren wurde und Rente beanspruchte.[929] Und schließlich könne man MB eine Rentenzahlung nicht mit Verweis auf seine noch bestehende Ehe mit einer Person des erworbenen Geschlechts verweigern. Eine verheiratete Person, die ihr Geschlecht nicht geändert habe, könne problemlos eine entsprechende Rente beantragen. Für die Kläger war ein derartiges Räsonnement zielführend, was auf die kognitive Kongruenz von Trans*-Klägern und europarechtlichem Tenor hinweist.

## 9.7 Das Vermeiden der Entpathologisierungsfrage

In den Rechtssachen *K. B.*, *Richards* sowie *MB* und *P. gegen S.* wurden in der Argumentation für die Zuständigkeit der Union von den Klägern jene drei Richtlinien herangezogen, die Artikel 119 EWG umsetzen sollten.[930] Keiner der Kläger berief sich auf das Diskriminierungsverbot in Artikel 13 EG.[931] Dies lässt mehrere Interpretationen zu. Zum einen könnte es sich um strategische Überlegungen für das Prozessvorgehen gehandelt haben. Es bestand bereits eine Reihe für die Kläger erfolgreich verlaufene Fälle im Bereich der Entgeltgleichheit. Der bewährte Weg über die Entgeltgleichheit und die zu ihrer Umsetzung verabschiedeten Richtlinien waren für die Kläger erfolgreich mit Auswirkungen bis hin zum jeweiligen Ehe- und Personenstandsrecht. Dieser Spill-over war von den Klägern initiiert. Der Europäische Gerichtshof interpretierte das Lohngleichheitsgebot überwiegend streng.

Zum anderen betrifft die zweite diese Interpretation ergänzende Erklärung die Tatsache, dass die Kläger sich möglicherweise nicht von Artikel 13 EG betroffen sahen. Keine der in der Vorgabe aufgeführten Gründe – „Rasse", ethnische Herkunft, Religion oder Weltanschauung,

928 Vgl. Rechtssache 117/01, K.B. gegen National Health Service Pensions Agency und Secretary of State for Health, a. a. O., Rdnr. 34.

929 Vgl. Rechtssache 423/04, Sarah Margaret Richards gegen Secretary of State for Work and Pensions, a. a. O., Rdnr. 29ff.

930 Richtlinie 75/117/EWG, Richtlinie 76/207/EWG, Richtlinie 79/7/EWG.

931 Siehe auch Abb. 5.

Behinderung, Alter oder sexuelle Orientierung –, so kann vermutet werden, wurden als zutreffend erachtet. Der juristische Wunsch der Kläger war letztlich nichts weiter als die personenstandsrechtliche Anerkennung desjenigen Geschlechts, zu dem man sich zugehörig fühlte. Für diesen Diskurs gab es jedoch im Europarecht keine Basis, und so versprach Artikel 119 EWG beziehungsweise Artikel 141 EG in Verbindung mit mehrheitlichen Rechtstraditionen der Mitgliedstaaten als Quelle des Europarechts bewährten Erfolg. Somit kann konstatiert werden, dass Kläger ihre Hoffnung zwar auf das Unionsrecht gründeten, gleichzeitig eine vollumfängliche Debatte aber ausblieb. Das Europarecht war zwar mit Blick auf das Ziel der Einzelnen hilfreich, eine substantielle Auseinandersetzung mit angrenzenden Themen konnte aufgrund mangelnder Zuständigkeit der Union in den Entscheidungen des EuGH nicht stattfinden. Er nahm in allen Urteilen Abstand davon, das Europarecht mit Voraussetzungen für die rechtliche Anerkennung der Geschlechtsumwandlung einer Person zu befassen. Diese Festlegung verblieb bei den Mitgliedstaaten und geht daher in jedem Mitgliedstaat mit unterschiedlichen Voraussetzungen für die Teilhabe an der EU und dem von ihr gewährten Rechtsschutz einher.

Nur dann, wenn eine nationale Regelung verhindert, dass eine Trans*-Person wegen einer ausbleibenden Anerkennung der neuen Identität „eine notwendige Voraussetzung erfüllen kann, um einen gemeinschaftsrechtlich geschützten Anspruch zu erwerben",[932]dann sind die nationalen Vorgaben als mit dem Unionsrecht unvereinbar anzusehen. Und hier liegt der Grund für die Grenzen des Europarechts. Die europarechtliche Auseinandersetzung bleibt aufgrund von Kompetenzverteilungen vorranging auf arbeitsrechtliche Fragen beschränkt, auch wenn innerhalb dieses Bereiches ein breiter Ansatz vertreten wird. Das schöpferische Wirken, die über das Arbeitsrecht hinausgehende Anerkennung vieler Bürger der Union und die Befassung mit den Eintrittsbedingungen, mit den Voraussetzungen für die Partizipation am europäischen Markt und den damit einhergehenden Rechten bleiben national bestimmt. So werden zahlreiche essentielle Aspekte in allen heutigen 27 Mitgliedstaaten unterschiedlich geregelt. Da die nationa-

932 Rechtssache 423/04, Sarah Margaret Richards gegen Secretary of State for Work and Pensions, a. a. O., Rdnr. 31.

len Regierungen im politischen Prozess der Union die entscheidende Rolle spielen, resultiert in Verbindung mit der Bedeutung der nationalen Rechtstraditionen wieder ein Beleg für das hohe Gewicht der nationalstaatlichen Kontexte, die ihren Ausdruck letztlich ebenfalls in Zuständigkeitsverteilung finden.

Es ist nur begrenzt möglich, den nationalen Kontext zu hinterfragen: erstens wenn das Europarecht weiter geht als der nationale Rahmen und zweitens wenn Mitgliedstaaten mehrheitlich ähnliche Rechtstände und somit europarechtlich integratives Potential aufweisen. Ein Ersatz für eine tiefergehende gesellschaftspolitische Auseinandersetzung kann darin jedoch nicht gesehen werden. Der europarechtliche Diskurs kann den Status Quo auch dann, wenn er über den nationalstaatlichen Rahmen hinausgeht, nur schwer durchbrechen. Weil die Wirkung der europarechtlichen Regelungen von nationalen Vorgaben über die Anerkennung von individuell gewählten Geschlechtsidentitäten, variieren die Partizipationsmöglichkeiten am europarechtlichen Schutz. Auch führen vielfältige innerstaatliche Voraussetzungen der Geschlechtsanpassung im Kontext des europäischen Binnenmarktes zu unterschiedlichen Kosten der Marktteilnahme. Ein obligatorischer medizinischer Eingriff oder die Notwendigkeit psychologischer Gutachten resultieren in anderen Kosten als Regelungen, die allein die autonome Entscheidung als Voraussetzung der Anpassung der geschlechtlichen Identität fordern und administrative, prozedurale Lasten deutlich reduzieren.

An dieser Stelle könnte der Ansatz des Gerichtshofes, die Rechtssicherheit der Bürger der Union zu betonen,[933] langfristig dazu beitragen, diese Mauern zu durchbrechen und den Fokus jenseits von individuellen arbeitsrechtlichen Kontexten auf die Frage nach der Gültigkeit der Grundlagen der Union für alle Bürger zu lenken. Als Konsequenz müssten nationale Rechtsbereiche, die auf der binären Geschlechterordnung basieren, mehr und mehr revidiert werden.

Bisher fehlen im vorliegenden Rechtsbereich Fragen von Identität, von Pathologisierung, von Aspekten jenseits von Arbeitsbedingungen und Gehaltskomponenten auf europäischer Ebene die Tiefe. Dies heißt

933 Vgl. Rechtssache 423/04, Sarah Margaret Richards gegen Secretary of State for Work and Pensions, a. a. O., Rdnr. 40/41.

nicht, dass diese Auseinandersetzung nicht gewünscht ist. Die Handhabe des Europarechts durch einzelne Kläger in säumigen Mitgliedstaaten ist Indiz für das Vorhandensein eines solchen Willens. Daraus ergibt sich, dass ein glaubwürdiges „Europa der Gleichheit", ein Europa der gleichen Chancen, der gleichen Rechtsanwendung und -wirkung nur mit einer Erweiterung der Zuständigkeiten der Union erreicht werden kann. Im Nachgang zur Rechtsprechung *Defrenne* hat es rund 50 Jahre gedauert, bis eine Elternzeitrichtlinie mit verbindlichen Sozialleistungen verabschiedet wurde. In diese Zeit fiel auch die stetige Erweiterung dessen, was europarechtlich als Komponente des Gehalts erfasst wurde. Defrenne erkannte bereits in den 1970ern, dass die Rente einen Faktor der Bezahlung darstellte. Weitere 20 Jahre mussten vergehen und einen Generalanwalt wie van Gerven die Bühne betreten, um die europarechtliche Relevanz zu erkennen. Dass auch gegenwärtig eine Perspektiverweiterung dringend geboten ist und nicht wieder Jahrzehnte vergehen sollten, legt unter anderem eine Umfrage der 2007 gegründeten Agentur der Europäischen Union für Grundrechte mit Sitz in Wien dar. Aus ihr geht hervor, dass Trans*-Personen vor allem an öffentlichen Plätzen, in Restaurants und Cafés sowie zu Hause, aber auch am Arbeitsplatz, in Schulen, Universitäten und beim Sport diskriminiert und belästigt werden, diese überwiegend hassmotivierte Kriminalität aber oft nicht melden, da sie dadurch keine Verbesserung erwarteten.[934] Eine Trans*-Person aus Litauen wird zitiert: „Das Leben als Transgender-Person in Litauen ist das Härteste, was man sich vorstellen kann. Ich lebe in ständiger Angst, und letztendlich würde man am liebsten gar nicht leben. [...]. Ich begegne so viel Diskriminierung, Belästigung und Gewalt, dass dies zu meinem täglichen Leben geworden ist."[935] Ein weiblicher Crossdresser aus Dänemark konstatiert: „Also betrachte ich mich als Mann mit femininen Neigungen in einem weiblichen Körper. Wenn ich mit anderen darüber spreche, halten sie mich für verrückt. Man ist entweder männlich oder weiblich, basta!

---

934 Agentur der Europäischen Union für Grundrechte (Hrsg.): Leben als Trans* in der EU, Wien 2015, online verfügbar: https://fra.europa.eu/sites/default/files/fra_uploads/fra-2015-being-trans-eu-comparative-summary_de.pdf [Zugriff: 3. Dezember 2020].

935 Ibid.

Also bin ich nichts."[936] Nimmt man diese Sorgen und den europarechtlichen Anspruch von fairem Wettbewerb und sozialer Zielsetzung ernst, so scheint die konsequente geschlechtsneutrale Besinnung auf die Rechte *aller* Unionsbürger in Verbindung mit einer Überarbeitung der Zuständigkeiten die einzige Möglichkeit für eine glaubwürdige, solidarische Zukunft.

936 Ibid.

## 10. Gleichgeschlechtliche Lebenspartnerschaften: Gemeinsame Rechtstraditionen als Hindernis

Im Bereich der eingetragenen Lebenspartnerschaften waren gemeinsame Rechtstraditionen ebenfalls ein maßgeblicher Faktor der Urteilsfindung. Die Entscheidungen fielen aber gerade aufgrund der Berücksichtigung der Rechtsgrundsätze der Mitgliedstaaten zunächst anders als im Bereich Gender Identity aus. Die Tragweite des Diskriminierungsverbotes wurde im Bereich gleichgeschlechtlicher Lebenspartnerschaften minimiert, erst im 21. Jahrhundert zeichnet sich ein Wandel ab, der auf eine erweiterte Rechtfertigung des Diskriminierungsverbotes auf der Basis des stärkeren Grundrechteverständnis auf europäischer Ebene zurückzuführen ist. Der Fokus auf für alle EU-Bürger gleichermaßen geltende Rechte war aber erst durch geänderte nationale Rechtsordnungen als Ausdruck desselben Perspektivwandels möglich. Die Kläger wiederum setzten ihre Hoffnungen von Beginn an und beständig auf internationales Recht. Sie beriefen sich in allen betrachteten Fällen auf das Europarecht. Mit der EMRK zog einer der Kläger internationales Recht hinzu. An den Erfolgen der Kläger im zeitlichen Verlauf wird das mit Jahrtausendwende einsetzende Umdenken des Gerichtshofes erkennbar.

*Abbildung 7: EuGH-Entscheidungen: gleichgeschlechtliche Lebenspartnerschaften*

| Kläger Europarecht | Rechtsgrundlage Klage | | Titel | Gegenstand | Verfahren | Mitgliedstaat |
|---|---|---|---|---|---|---|
| 1 | Klägerin: Equal Pay Act<br>Art. 119 EWG<br>RL 76/207/EWG<br><br>Gericht: RS 13/94 (P./S.) | erfolglos (EuGH nicht zuständig) | **Lisa Jacqueline Grant gegen South-West Trains Ltd.<br>249/96<br><br>17. Februar 1998** | Verweigerung einer Fahrtvergünstigung für Lebensgefährten des gleichen Geschlechts | Ersuchen um Vorabentscheidung: Industrial Tribunal Southampton mit Entscheidung vom 19. Juli 1996, beim Gerichtshof eingegangen am 22. Juli 1996 | Vereinigtes Königreich |
| 1 | Art. 49 EG-Satzung<br><br>Statut der Beamten der Europäischen Gemeinschaften | erfolglos | **D und Königreich Schweden gegen Rat der Europäischen Union.<br>122/99P, 125/99P<br><br>21. Mai 2001** | Haushaltszulage für verheiratete Beamte und Anwendung derselben auf eine eingetragene Lebenspartnerschaft schwedischen Rechts | Zwei Rechtsmittelschriften, bei der Kanzlei des Gerichtshofes eingegangen am 13.<br>und 14. April 1999 | Schweden |
| 1 | Kläger: § 46 Sozialgesetzbuch VI<br>RL 2000/78/EG<br><br>Gericht: RL 2000/78/EG | erfolgreich | **Tadao Maruko gegen Versorgungsanstalt der deutschen Bühnen<br>267/06<br><br>1. April 2008** | Hinterbliebenenversorgung aus einem berufsständischen Pflichtversorgungssystem, Versagung mangels Eheschließung, Diskriminierung wegen der sexuellen Ausrichtung | Ersuchen um Vorabentscheidung: eingereicht vom Bayerischen Verwaltungsgericht München mit Entscheidung vom 1. Juni 2006, beim Gerichtshof eingegangen am 20. Juni 2006 | Deutschland |
| 1 | Art. 14 EMRK,<br>Art. 2, Abs. 2<br>RL 2000/78/EG | erfolgreich | **Frédéric Hay gegen Crédit agricole mutuel de Charente-Maritime et des Deux-Sèvres<br>267/12<br><br>12. Dezember 2013** | Tarifvertrag, der eine Vergünstigung bei Arbeitsentgelt und Arbeitsbedingungen Arbeitnehmern vorbehält, die eine Ehe schließen | Ersuchen um Vorabentscheidung: eingereicht von der Cour de cassation (Frankreich) mit Entscheidung vom 23. Mai 2012, beim Gerichtshof eingegangen am 30. Mai 2012 | Frankreich |
| 1 | Richtlinie 2004/38/EG | erfolgreich | **Relu Adrian Coman, Robert Clabourn Hamilton, Asociaţia Accept/Inspectoratul General pentru Imigrări, Ministerul Afacerilor Interne<br>673/16<br><br>5. Juni 2018** | Anerkennung einer gleichgeschlechtlichen Ehe in einem Mitgliedstaat, in dem gleichgeschlechtliche Ehen nicht existieren | Vorabentscheidungsersuchen der Curtea Constituţională a României | Rumänien |

Quelle: Eigene Tabelle auf Basis der vorliegenden Untersuchung

## 10.1 *Lisa Jacqueline Grant gegen South-West Trains Ltd*: Europarechtliche Gemeinsamkeiten versus hoheitsrechtliche Trennungen

Der erste Fall betraf im Jahre 1996 Lisa Jaqueline Grant, die in einer gleichgeschlechtlichen Partnerschaft lebte. Unter Berufung auf Artikel 119 EWG, die Richtlinie 76/207/EWG und den nationalen britischen *Equal Pay Act* trug sie vor dem Industrial Tribunal in Southampton vor, sie sei aufgrund des Geschlechts diskriminiert worden, da ihr Arbeitgeber ihr Fahrtvergünstigungen für ihre Lebenspartnerin verweigere, die Ehepartnern laut Arbeitsvertrag zustanden.[937]

Anlehnend an andere Fälle im Vereinigten Königreich sah das Gericht in Southampton einerseits keine Diskriminierung, andererseits berief sich das Gericht in seiner Vorlagefrage zusätzlich auf das Urteil *P. gegen S.* als „überzeugenden Beleg für die These, daß [sic!] Diskriminierungen aufgrund der sexuellen Orientierung rechtswidrig sind"[938], was von einer gewissen Unsicherheit zeugt. Die Kommission, die eine Diskriminierung aufgrund des Geschlechtes nicht ausschloss, war sich mit der französischen und der britischen Regierung in der Feststellung einig, das Ehestandsrecht läge im Hoheitsgebiet der Mitgliedstaaten.[939] Demgegenüber legte Generalanwalt Elmer den Schwerpunkt auf die Rechte und Pflichten, die sich aus den Verträgen ergeben:

> „Weder im EU-Vertrag noch im EG-Vertrag ist irgendein Hinweis darauf zu finden, daß [sic!] die Rechte und Pflichten aufgrund des EG-Vertrages einschließlich des Rechts, nicht aufgrund seines Geschlechts diskriminiert zu werden, für Homosexuelle, für Behinderte, für Personen einer bestimmten ethnischen Herkunft oder Personen mit besonderen religiösen Ansichten nicht gelten sollten. Die Gleichheit vor dem Gesetz ist ein grundlegendes Prinzip jeder rechtsstaatlich verfassten Gesellschaft und

---

937 Vgl. Gerichtshof der Europäischen Union: Rechtssache 249/96, Lisa Jacqueline Grant gegen South-West Trains Ltd., 17. Februar 1998, online verfügbar: https://eur-lex.europa.eu/legal-content/DE/TXT/?qid=1560617905558&uri=CELEX:61996CJ0249 [Zugriff: 1. August 2019], Rdnr. 9f.

938 Vgl. ibid., Rdnr. 10. Dies zeigt den noch ungewohnten europarechtlichen Umgang mit dem erweiterten Diskriminierungsverbot. Trans* betrifft das Recht auf Selbstbestimmung der Identität, nicht die sexuelle Orientierung. (Vgl. Scherpe, Jens: a.a. O.)

939 Vgl. ibid., Rdnr. 20–23.

> damit auch der Europäischen Gemeinschaft. Die Rechte und Pflichten nach dem Gemeinschaftsrecht gelten für alle ohne Diskriminierung und also auch für die homosexuellen Bürger in der Gemeinschaft – ungefähr 35 Millionen, je nachdem, welche Berechnungsmethode man zugrunde legt.“[940]

An den in Konflikt stehenden Positionen der Regierungen und der Kommission auf der einen Seite und jener des Generalanwaltes auf der anderen Seite wird deutlich, wie sich verschiedene Rechtsbereiche in unterschiedlichen Hoheitsgebieten bedingen. Um das unionsrechtliche Diskriminierungsverbot glaubwürdig anwenden zu können, bleibt die Berührung von Recht, das der Hoheit der Mitgliedstaaten obliegt, nicht aus. Werden diese Rechtsbereiche nicht der Zuständigkeit der Union zugerechnet, können europarechtliche Prinzipien, denen sich die Mitgliedstaaten verpflichtet haben, nicht überzeugend umgesetzt werden.

Der Gerichtshof urteilte analog zur Rechtsprechung im Bereich der positiven Maßnahmen, welche lediglich Frauen vorbehalten waren, beispielsweise subventionierte Kindertagesstättenplätze. Erstens war laut Gerichtshof im Fall Grants keine Diskriminierung gegeben, da Männer und Frauen gleichermaßen diskriminiert wurden – ein grundlegend von der Entscheidung *P. gegen S.* divergierender Tenor, der im Rahmen der Verhandlungen vom beklagten Arbeitgeber vertreten wurde[941]. Zweitens, so der EuGH, ergäbe sich aus der unterschiedlichen rechtlichen Stellung der eingetragenen Lebenspartnerschaft und der Ehe in der Gemeinschaft eine Begrenzung des Anwendungsbereiches des Diskriminierungsverbotes.[942] Der Entwicklungsstand der innerstaatlichen Rechtsordnungen bedingt damit die Reichweite des Unionsrechts. Es handelte sich um eine restriktive Anwendung des Diskriminierungsverbotes vor dem Hintergrund des Schutzes der Ehe

940 Schlussanträge des Generalanwaltes Michael Bendik Elmer, Rechtssache 249/96, Lisa Jacqueline Grant gegen South-West Trains Ltd., 30. September 1997, online verfügbar: https://eur-lex.europa.eu/legal-content/DE/TXT/?qid=1560617905558&uri=CELEX:61996CC0249 [Zugriff: 1. August 2019], Rdnr. 42.

941 Vgl. Schlussanträge des Generalanwaltes Guiseppe Tesauro, Rechtssache 13/94, P gegen S und Cornwall County Council, a. a. O., Rdnr. 8.

942 Vgl. Gerichtshof der Europäischen Union: Rechtssache 249/96, Lisa Jacqueline Grant gegen South-West Trains Ltd., a. a. O., Leitsätze 3f.

als Verbindung von Partnern unterschiedlichen Geschlechts, was die mehrheitliche Auffassung der Mitgliedstaaten widerspiegelte.

Der Generalanwalt war mit seiner Interpretation im Jahre 1997 noch in der Minderheit. Er sah den Referenzrahmen der Rechte für Homosexuelle nicht nur im Antidiskriminierungsrecht. Er leitet den normativen Anspruch vielmehr aus dem Grundsatz der Gleichheit aller Unionsbürger vor dem Gesetz her und schließt damit an eine Grundrechtelogik an. Somit zog er die notwendige Anwendung eines ohnehin für sämtliche EU-Bürger bestehenden Prinzips (Gleichheit vor dem Gesetz) heran – er betonte die Gemeinsamkeiten, nicht das Trennende.

Kategorisiert man Frauen, Trans*-Personen und Homosexuelle als Ausnahmen von einer Norm, so bleibt fraglich, inwieweit eine solche Denkweise wirklich als Gleichheit vor dem Gesetz betrachtet werden kann. Die Auffassung des Generalanwaltes Elmer legt einen anderen Weg dar. Sie erkennt die dem Gleichstellungsrecht inhärente Fokussierung auf Männer und Frauen ab und rückt den Bürger ins Zentrum der Betrachtung. Ähnlich wie van Gerven bezüglich des Renteneintrittsalters in der Rechtssache *Barber* wird versucht, eine europaweite Argumentation jenseits von trennenden Merkmalen aufzubauen.

Wäre der Gerichtshof dieser Darlegung gefolgt, hätte er tiefgreifende Änderungen des Familienrechts angestoßen. Die Ehe hätte in den Mitgliedstaaten nicht länger der Verbindung von Männern und Frauen vorbehalten werden können. Gelten jedoch die Rechtsgrundsätze der Mitgliedstaaten als Quelle des Europarechts, muss der EuGH diese vor allem dann ernstnehmen, wenn er keine weiterreichenden Zuständigkeiten hat. Einerseits wird somit deutlich, dass gesellschaftliche Überzeugungen, ausgedrückt in Rechtsgrundsätzen, in den Mitgliedstaaten für die Urteilsfindung des EuGH eine Rolle spielen, andererseits kann das Europarecht dazu beitragen, Themen durch Bürger auf die europäische Agenda zu setzen ohne aber mit sicherem Erfolg einhergehen zu müssen. Und schließlich ergibt sich aus den Darlegungen, dass auch eine Urteilsfindung des EuGH nicht isoliert, sondern multizentrisch den Kläger, Mitgliedstaaten sowie die verschiedenen europäischen Akteure inkludiert, und dass innerhalb dieser Gruppen wiederum variierende Perspektiven zum Tragen kommen. Eine Beobachtung, die an die Analyse der Akteure in den Anfangsjahren der europäischen Gemeinschaften durch Ernst B. Haas anschließt.

## 10.2 Familienrecht als Grenze der unionspolitischen Zuständigkeit

Der Tenor eines Unterschiedes zwischen eingetragener Lebenspartnerschaft und Ehe wurde auch in der Rechtssache *D und Königreich Schweden gegen Rat der Europäischen Union* bestätigt.[943] Es ging um eine Haushaltszulage für verheiratete Beamte und deren Anwendung auf Lebenspartner. Die Rechtfertigung für die Beibehaltung der bestehenden Regelung lieferten wieder die Rechtsgrundsätze der Mitgliedstaaten. Zwar hatten sie seit 1989 gleichgeschlechtliche Partnerschaften vermehrt verrechtlicht, jedoch blieb die Ehe der Verbindung von Männern und Frauen vorbehalten.[944]

Die Rechtsprechung zu gleichgeschlechtlichen Lebenspartnerschaften zeichnet sich somit durch eine vom Bereich Gender Identity divergierende Begründung aus. Zwar hatten die Mitgliedstaaten mehrheitlich Diskriminierungen aufgrund der sexuellen Orientierung verboten, sie teilten aber die Auffassung der besonderen Stellung der Ehe zwischen Mann und Frau. Erst jüngere Rechtsprechung, wie im Fall *Richards*

---

943 Vgl. Gerichtshof der Europäischen Union: D und Königreich Schweden gegen Rat der Europäischen Union, Rechtssachen 122/99P und 125/99P, 21. Mai 2001, online verfügbar: https://eur-lex.europa.eu/legal-content/DE/TXT/?qid=1560621258404&uri=CELEX:61999CJ0122 [Zugriff: 1. August 2019], Leitsätze 1–4.

944 Im Urteil heißt es: „Der Begriff ‚Ehe' bezeichnet nämlich nach in allen Mitgliedstaaten geltender Definition eine Lebensgemeinschaft zweier Personen verschiedenen Geschlechts. Richtig ist zwar, dass seit 1989 immer mehr Mitgliedstaaten neben der Ehe gesetzliche Regelungen eingerichtet haben, durch die verschiedene Formen der Lebensgemeinschaft von Partnern des gleichen oder verschiedenen Geschlechts rechtlich anerkannt und diesen Verbindungen bestimmte Wirkungen verliehen wurden, die den Wirkungen der Ehe sowohl zwischen den Partnern als auch gegenüber Dritten gleichstehen oder vergleichbar sind; es zeigt sich jedoch, dass sich diese Regelungen der Eintragung von bis dahin gesetzlich nicht anerkannten Paarbeziehungen neben ihrer großen Verschiedenartigkeit in den betreffenden Mitgliedstaaten von der Ehe unterscheiden. Unter solchen Umständen kann der Gemeinschaftsrichter das Beamtenstatut nicht so auslegen, dass rechtliche Fallgestaltungen, die sich von der Ehe unterscheiden, ihr gleichgestellt werden" (ibid., Leitsatz 1).

(423/04) oder *Maruko* (267/06), kann als Umdenken in Verbindung mit der entsprechenden Entwicklung des Primär- und Sekundärrechts nach dem Vertrag von Amsterdam im Jahre 1997 gewertet werden. Unter anderem trat am 2. Dezember 2000 die *Richtlinie 2000/78/EG des Rates zur Festlegung eines allgemeinen Rahmens für die Verwirklichung der Gleichbehandlung in Beschäftigung und Beruf* (Beschäftigungsrahmenrichtlinie) in Kraft.[945] Ihr elfter Erwägungsgrund bestimmt, dass die im „EG-Vertrag festgelegten Ziele […], insbesondere die Erreichung eines hohen Beschäftigungsniveaus und eines hohen Maßes an sozialem Schutz, die Hebung des Lebensstandards und der Lebensqualität, den wirtschaftlichen und sozialen Zusammenhalt, die Solidarität sowie die Freizügigkeit"[946] durch Diskriminierungen, darunter auch die Diskriminierung aufgrund der sexuellen Ausrichtung, unterminiert werden können. Analog zu den Gründungsverträgen wird das Diskriminierungsverbot als Voraussetzung für eine wirtschaftliche und sozial verträgliche Entwicklung angesehen. Weiterhin legt Artikel 1 den Zweck der Richtlinie fest, nämlich die Bekämpfung von Diskriminierung wegen der Religion oder der Weltanschauung, einer Behinderung, des Alters oder der sexuellen Ausrichtung in Beschäftigung und Beruf. Die Gleichstellung von Männern und Frauen wird in der Richtlinie nicht thematisiert. Die Richtlinie reflektiert daher in gewisser Weise das Verständnis neuer Arten von Diskriminierungen jenseits des Vergleiches der Rechte von Männern und Frauen, das der Europäische Gerichtshof im Urteil *P. gegen S.* zu forme begann. Sie schließt sich jedoch aber noch nicht dem Ansatz des Generalanwaltes Elmer in der Rechtssache *Lisa Grant* an, der die Ausweitung des Grundsatzes der Gleichheit vor dem Gesetz betonte, die erst jüngst zu beobachten ist (Kapitel 4.3: Barber wirkt bis heute: die Werte der Union und die Justizreform in Polen).

Im Jahre 2008 nutzte Tadao Maruko dieses neue Recht in Verbindung mit dem deutschen Sozialgesetzbuch VI erfolgreich, als er seine Klage auf die Gewährung einer Hinterbliebenenversorgung vortrug.[947] Er lebte seit 2001 mit einem Kostümbildner, der 2005 verstarb, in einer

945 Richtlinie 2000/78/EG, a. a. O.

946 Ibid.

947 Vgl. Gerichtshof der Europäischen Union: Rechtssache 267/06, Tadao Maruko gegen Versorgungsanstalt der deutschen Bühnen, 1. April 2008, online verfügbar:

Lebenspartnerschaft.[948] In Deutschland war die Lebenspartnerschaft bezüglich der Ansprüche auf Witwenrente der Ehe bereits gleichgestellt.[949] Die Regelung der Versorgungsanstalt der deutschen Bühnen sah den Anspruch auf Witwenrente für Lebenspartner nicht vor. Entscheidend für das Urteil des EuGH war nicht allein die Tatsache, dass eine Hinterbliebenenrente Bestandteil des Entgeltes laut Art. 141 EG war. Vielmehr war die deutsche Rechtswirkung bedeutsam. Ehe und Lebenspartnerschaft waren schon im nationalen Recht diesbezüglich kongruent. Daher waren unterschiedliche Wirkungen auch nicht mit dem Europarecht vereinbar.[950] Nationale und europäische Rechtsentwicklung verliefen in etwa parallel während die Frage der Zuständigkeit weniger prominent behandelt wurde, so dass der Kläger erfolgreich war.

Einen Schritt weiter ging der EuGH im Jahre 2013. Ihn erreichte der Fall *Frédéric Hay gegen Crédit agricole mutuel de Charente-Maritime et des Deux-Sèvres*, in dem es um einen Sonderurlaub und eine Eheschließungsprämie für einen Angestellten der Crédit Agricole[951], der mit seinem Partner einen zivilen Solidaritätspakt (Pacte civil de solidarité) eingegangen war. Der zivile Solidaritätspakt, den in Frankreich homo- und heterosexuelle Paare eingehen können, ist mit Blick auf seine Rechtsfolgen der Ehe nicht gleichgestellt, sondern wird als eine Art abgeschwächte Verpartnerung im Vergleich zur Ehe genutzt. In seinen Rechtswirkungen unterscheidet er sich daher von der Ehe, die lediglich Partnern unterschiedlichen Geschlechts zugänglich war. Dies, so urteilte der EuGH analog zur Rechtssache *Richards*, sei für den in Rede stehenden Sonderurlaub und die Eheschließungsprämie nicht

https://eur-lex.europa.eu/legal-content/DE/TXT/?qid=1560878973126&uri=CELEX:62006CJ0267 [Zugriff: 1. August 2019], Rdnr. 22–23.

948 Vgl. ibid., Rdnr. 19–21.

949 Vgl. ibid., Rdnr. 68.

950 Vgl. ibid., Leitsätze 1–2.

951 Die Crédit agricole mutuel de Charente-Maritime et des Deux-Sèvres ist eine französische genossenschaftliche Regionalbank, die zur genossenschaftlichen Bankengruppe Groupe Crédit Agricole gehört (https://www.credit-agricole.com/finance/finance/chiffres-cles-credit-agricole-s.a).

mit Richtlinie 2000/78/EG vereinbar.[952] Der Grund für das Urteil war die unterschiedliche Behandlung bezüglich der Anzahl der Urlaubstage oder einer Eheschließungsprämie, zu denen Partner gleichen Geschlechts im französischen Recht per se keinen Zugang hatten.[953] Seit dem Urteil *Frédéric Hay gegen Crédit agricole mutuel de Charente-Maritime et des Deux-Sèvres* hat sich die Rechtslage in Frankreich geändert. So haben gleichgeschlechtlichen Paare nunmehr seit 2013 die Möglichkeit, die Ehe einzugehen. In Deutschland ist dies seit dem 1. Oktober 2017 möglich.[954] 2001 waren die Niederlande das erste Land der Europäischen Union sowie das erste Land der Welt, das gleichgeschlechtlichen Paaren die Ehe ermöglichte,[955] während Dänemark im Jahre 1989 das erste Land der Welt war, das registrierte Lebenspartnerschaften einführte.[956] Das Europarecht muss im Kontext dieser innerstaatlichen Entwicklungen verstanden werden. War die Rechtsprechung des Europäischen Gerichtshofs weder mit Blick auf den Schutzgedanken der Frau, noch in der Herleitung der Begründung der Urteile im Bereich Gender Identity oder bezüglich gleichge-

952 Vgl. Gerichtshof der Europäischen Union: Rechtssache 267/12, Frédéric Hay gegen Crédit agricole mutuel de Charente-Maritime et des Deux-Sèvres, 12. Dezember 2013, online verfügbar: https://eur-lex.europa.eu/legal-content/DE/TXT/?qid=1560878973126&uri=CELEX:62012CJ0267 [Zugriff: 1. August 2019], Rdnr. 47.

953 „Gemäß Art. 144 des Code civil könnten nur Personen unterschiedlichen Geschlechts heiraten, während Personen gleichen Geschlechts lediglich nach Art. 515–1 einen PACS schließen könnten. Aus dieser Bestimmung in Verbindung mit der Convention collective nationale du Crédit agricole folge, dass durch einen PACS verbundene Personen gleichen Geschlechts nicht in den Genuss der Urlaubstage und der Eheschließungsprämie kommen könnten, die den verheirateten Mitarbeitern dieses Unternehmens gewährt würden" (vgl. ibid., Rdnr. 20).

954 Gesetz zur Einführung des Rechts auf Eheschließung für Personen gleichen Geschlechts, Bundesgesetzblatt, Jahrgang 2017, Teil I, Nr. 52, 28. Juli 2017, 1. Oktober 2017 in Kraft, online verfügbar: https://www.bgbl.de/xaver/bgbl/start.xav#__bgbl__%2F%2F*%5B%40attr_id%3D%27bgbl117s2787.pdf%27%5D__1581761475435 [Zugriff: 15. Februar 2020].

955 Vgl. Euronews: Reflecting on 12 years of gay marriage in the Netherlands, Euronews, 1. April 2013, online verfügbar: https://www.euronews.com/2013/04/01/reflecting-on-12-years-of-gay-marriage-in-the-netherlands [Zugriff: 15. Februar 2020].

956 The Danish Registered Partnership Act, Act No. 372, 1. Juni 1989, online verfügbar: http://www.qrd.org/qrd/world/europe/denmark/registered.partnership.act.with.amendments [Zugriff: 15. Februar 2020].

schlechtlicher Lebenspartnerschaften wirklich konsequent, dann kann diese Volatilität auf geänderte Zuständigkeiten und auf gesellschaftliche Umbrüche in den Mitgliedstaaten zurückgeführt werden. Ein Blick auf letztere ist daher hilfreich.

## 10.3 Der Kalte Krieg des Familienrechts

Die Betrachtung der gesamten Europäischen Union gibt Aufschluss über den Stand der gemeinsamen Rechtsgrundsätze im Familienrecht, der als ursächlich für den Sinneswandel des Europäischen Gerichtshofes betrachtet werden kann.

*Abbildung 8: Möglichkeit der Eheschließung für gleichgeschlechtliche Paare in der EU nach Datum*

| EU-Mitgliedstaat (seit) | Recht auf Eheschließung seit (in Kraft) | Eingetragene Partnerschaft |
|---|---|---|
| Niederlande (1952) | 1.4.2001 | |
| Belgien (1952) | 1.6.2003 | |
| Spanien (1986) | 3.7.2005 | |
| Schweden (1995) | 1.5.2009 | |
| Portugal (1986) | 5.6.2010 | |
| Dänemark (1973) | 15.5.2012 | |
| Frankreich (1952) | 18.5.2013 | |
| Luxemburg (1952) | 1.1.2015 | |
| Irland (1973) | 16.11.2015 | |
| Finnland (1995) | 1.3.2017 | |
| Malta (2004) | 1.9.2017 | |
| Deutschland (1952) | 1.10.2017 | |
| Österreich (1995) | 1.1.2019 | |
| Vereinigtes Königreich (1973–2020) | 13.1.2020 (England und Wales seit 2014, Schottland seit 2014, Nordirland seit 2020) | |
| Estland (2004) | kein Recht auf Eheschließung | Möglich |
| Griechenland (1981) | kein Recht auf Eheschließung | Möglich |
| Italien (1952) | kein Recht auf Eheschließung | Möglich |
| Kroatien (2013) | kein Recht auf Eheschließung | Möglich |

| EU-Mitgliedstaat (seit) | Recht auf Eheschließung seit (in Kraft) | Eingetragene Partnerschaft |
|---|---|---|
| Tschechische Republik (2004) | kein Recht auf Eheschließung | Möglich |
| Ungarn (2004) | kein Recht auf Eheschließung | Möglich |
| Zypern (2004) | kein Recht auf Eheschließung | Möglich |
| Bulgarien (2007) | kein Recht auf Eheschließung | nicht möglich |
| Lettland (2004) | kein Recht auf Eheschließung | nicht möglich |
| Litauen (2004) | kein Recht auf Eheschließung | nicht möglich |
| Polen (2004) | kein Recht auf Eheschließung | nicht möglich |
| Rumänien (2007) | kein Recht auf Eheschließung | nicht möglich |
| Slowakei (2004) | kein Recht auf Eheschließung | nicht möglich |
| Slowenien (2004) | kein Recht auf Eheschließung | nicht möglich |

Quelle: Eigene Tabelle nach Lipka, Michael: Where Europe stands on gay marriage and civil unions, Pew Research Center, 28. Oktober 2019, online verfügbar: https://www.pewresearch.org/fact-tank/2019/10/28/where-europe-stands-on-gay-marriage-and-civil-unions/ [Zugriff: 15. Februar 2020]; sowie o. V.: Same Sex Marriage Around the World, 28. Oktober 2019, online verfügbar: https://www.pewforum.org/fact-sheet/gay-marriage-around-the-world/ [Zugriff: 15. Februar 2020].

Zieht man diesen Überblick hinzu, leuchten die Urteile des Europäischen Gerichtshofes ein. Weder eine europarechtliche Grundlage für den Bereich des Familienrechts noch entsprechendes nationales Recht lagen vor, die bereits in den 1990ern eine avancierte Rechtsprechung gerechtfertigt hätten. Bis heute erlaubt keiner der osteuropäischen Mitgliedstaaten die Ehe für gleichgeschlechtliche Paare. Jedoch sorgten individuelle Kläger dafür, dass das Thema gleichgeschlechtlicher Partnerschaften über arbeitsrechtliche Fälle in den 1990er Jahren Einzug in die europäische Agenda erhielt, ohne dass das Familienrecht Teil des Unionsrechts war. Eine grundsätzliche Änderung nationaler familienrechtlicher Regelungen ist aufgrund von Zuständigkeiten nur im innerstaatlichen Rechtssetzungsprozess möglich. Gegenwärtig zeichnet sich noch ein Unterschied zwischen ost- und westeuropäischen Staaten ab.

Mit der Rechtssache *Relu Adrian Coman, Robert Clabourn Hamilton, Asociaţia Accept/Inspectoratul General pentru Imigrări, Ministerul Afacerilor Interne* (im Folgenden: *Coman*) nahm schließlich ein Kläger aus

Rumänien das Europarecht in Form der Richtlinie 2004/38/EG[957] und der Charta der Grundrechte der Europäischen Union in Anspruch, ein Trend der sich in der Zukunft fortsetzen dürfte.[958] Der Rumäne Adrian Relu war mit einem Amerikaner verheiratet. Das Paar lebte in den USA, hatte sich aber vier Jahre vorher in Brüssel trauen lassen. Relu fragte bei den rumänischen Behörden an, unter welchen Voraussetzungen sein Ehemann Hamilton als Teil seiner Familie das Aufenthaltsrecht in Rumänien erhalten könne. Die rumänischen Behörden informierten Relu, dass sich Hamilton nach rumänischem Recht nicht länger als drei Monate in Rumänien aufhalten dürfe. Er gelte nicht als Ehepartner, da die Ehe von gleichgeschlechtlichen Paaren nicht anerkannt sei. Relu und Hamilton klagten, der Fall gelangte über den rumänischen Verfassungsgerichtshof zum EuGH. Letzterer urteilte im Juni 2018, dass Mitgliedstaaten Ehen, welche in anderen Mitgliedstaaten geschlossen wurden, anzuerkennen haben. Ansonsten wäre das Familienrecht anderer Mitgliedstaaten unrechtmäßig berührt. Daraus folgte jedoch nicht, dass ein Mitgliedstaat die gleichgeschlechtliche Ehe im eigenen nationalen Recht institutionalisieren muss. Diese Entscheidung bleibt im Hoheitsgebiet der Mitgliedstaaten.[959] Die Rechts-

---

957 Richtlinie 2004/38/EG des Europäischen Parlaments und des Rates vom 29. April 2004 über das Recht der Unionsbürger und ihrer Familienangehörigen, sich im Hoheitsgebiet der Mitgliedstaaten frei zu bewegen und aufzuhalten, zur Änderung der Verordnung (EWG) Nr. 1612/68 und zur Aufhebung der Richtlinien 64/221/EWG, 68/360/EWG, 72/194/EWG, 73/148/EWG, 75/34/EWG, 75/35/EWG, 90/364/EWG, 90/365/EWG und 93/96/EWG, ABl. Nr. L 158/77, 30. April 2004, online verfügbar: https://eur-lex.europa.eu/legal-content/DE/TXT/?qid=1581858312930&uri=CELEX:32004L0038 [Zugriff: 16. Februar 2020].

958 Vgl. Gerichtshof der Europäischen Union: Rechtssache 673/16, Vorabentscheidungsersuchen der Curtea Constituţională a României (Rumänien), eingereicht am 30. Dezember 2016, Relu Adrian Coman, Robert Clabourn Hamilton, Asociaţia Accept/Inspectoratul General pentru Imigrări, Ministerul Afacerilor Interne, Consiliu Naţional pentru Combaterea Discriminării, ABl. Nr. C 104/29, 3. April 2017, online verfügbar: https://eur-lex.europa.eu/legal-content/DE/TXT/?qid=1581857579047&uri=CELEX:62016CN0673 [Zugriff: 16. Februar 2020].

959 Vgl. Gerichtshof der Europäischen Union: Rechtssache 673/16, Relu Adrian Coman, Robert Clabourn Hamilton, Asociaţia Accept/Inspectoratul General pentru Imigrări, Ministerul Afacerilor Interne, Consiliu Naţional pentru Combaterea Discriminării, Press Release No. 80/18, 5. Juni 2018, online verfügbar: https://curia.europa.eu/jcms/upload/docs/application/pdf/2018-06/cp180080en.pdf [Zugriff: 16. Februar 2020].

sache *Coman* gibt der Rechtsprechung des EuGH im Bereich LGBTQIA+ einen Anstoß, der in den vergangenen Jahren vom Europäischen Parlament und der Kommission angeregt wurde und auf den im folgenden Kapitel (Das Moment der Grund- und Menschenrechte) eingegangen werden soll. Die entsprechende Entwicklung legt dar, dass das sich wandelnde Verständnis von Diskriminierung in der gesamten Union befürwortet wird und ein neues Verständnis der Begründung der Rechte des Einzelnen entsteht. Die Teilnahme am Markt Europäische Union wird durch die Teilhabe als Bürger der Union über den Markt hinaus komplementiert. Normative und geografische Spill-over sind möglich.

# 11. Das Moment der Grund- und Menschenrechte

Diese Entwicklung geht Hand in Hand mit der nach 1990 einsetzenden Internationalisierung von Netzwerken und Organisationen, die sich für die Rechte von LGBTQIA+-Personen einsetzen. Die neuen Gruppen, die in Deutschland zunächst bestehende Selbsthilfegruppen ergänzten, setzten sich für gesellschaftliche Teilhabe und Antidiskriminierung ein. Um die Jahrtausendwende setzte sich der Trend auf supranationaler Ebene fort[960] und fügte sich einerseits in die entsprechende internationale Entwicklung ein, andererseits wurde die supranationale und die internationale Ebene wiederum durch die Kampagnen der Interessengruppen beeinflusst.

## 11.1 Europäischer Aktivismus

Die Ereignisse der 1990er Jahre entsprechen dem Ansatz der neofunktionalistischen Theorie Philippe C. Schmitters, welcher regionalen Institutionen eine Bedeutung für die europäische Integration zuschreibt. Schmitter vertritt somit ebenfalls einen staatentranszendierenden Ansatz mit Fokus auf nichtstaatliche Akteure.[961] Schmitters Neo-Neofunktionalismus beweist im Diskurs der europäischen Integration wieder Aktualität. Prominente Kampagnen wurden von nichtstaatlichen Akteuren initiiert, beispielsweise durch Stop Trans Pathologization (STP) im Jahre 2007. Weitere Organisationen umfassen die Global Action for Trans* Equality (GATE, gegründet 2009, registriert in den

960 Vgl. de Silva, Adrian: Entwicklungen der Trans*bewegung in Deutschland, Bundeszentrale für politische Bildung, 8. August 2018, online verfügbar: https://www.bpb.de/gesellschaft/gender/geschlechtliche-vielfalt-trans/245379/transbewegung-in-deutschland [Zugriff: 2. Juni 2020].

961 Vgl. Schmitter, Philippe C.: Neo-Neo-Functionalism, 2002, a. a. O.

USA)[962], Transgender Europe (TGEU, gegründet 2005 in Wien)[963], die International Lesbian Gay Bisexual Transgender and Queer Youth and Student Organisation (IGLYO, gegründet 1984 in Brüssel)[964] und die International Lesbian, Gay, Bisexual, Trans und Intersex Association Europe (ILGA Europe).[965] ILGA Europe wurde 1996 als Unterorganisation von ILGA, die bereits 1978 die Arbeit aufnahm, ins Leben gerufen. ILGA Europe ist der Dachverband für 600 Organisationen in 54 Ländern in Europa und Zentralasien.[966] Viele von ihnen verstehen das Recht zur Definition der Geschlechtsidentität als Menschenrecht. Diesem Ansatz folgen nach anfänglichem Zögern nun auch die europäischen Gerichte – ein Indiz dafür, dass sich EuGH und EGMR an den gesellschaftlichen Entwicklungen orientieren, sie aber nicht notwendigerweise maßgeblich bestimmen. Der EGMR nahm 1998 Bezug auf sich ändernde soziale Haltungen gegenüber Trans*-Personen.[967]

Das gegenwärtige Moment der Menschrechte kann der Entwicklung des Europarechts neuen Schub geben, ist dabei aber von mehreren Faktoren abhängig.[968] Erstens, so hat die Analyse gezeigt, liefen gemeinsame Rechtsstände in dem Bereich Gender Identity integrativ in gänzlich unterschiedliche Richtungen als bei eingetragenen Lebenspartnerschaften. Dies führte zu ambivalenten Wirkungen des Diskriminierungsverbotes. Einerseits – im Bereich gleichgeschlechtlicher Lebenspartnerschaften – waren die besondere Stellung der Ehe, in Anlehnung an die traditionell binäre Geschlechterordnung, und die Gleichstellung von Mann und Frau als Grundlage des Diskriminierungsverbotes elementar für dessen restriktive Anwendung. Anderer-

962 https://gate.ngo/about-us.

963 https://tgeu.org/.

964 https://www.iglyo.com/. IGLYO vertritt 95 Mitgliedsorganisationen aus 45 Ländern.

965 Vgl. Ebert, Berit/Fradinger, Moira: a. a. O.

966 https://www.ilga-europe.org/who-we-are/what-ilga-europe.

967 Vgl. Europäischer Gerichtshof für Menschenrechte: Sheffield und Horsham gegen Vereinigtes Königreich, 30. Juli 1998, online verfügbar: https://hudoc.echr.coe.int/eng#{%22itemid%22:[%22001-58212%22]} [Zugriff: 15. Juli 2020]. Das Gericht bezog sich auf die „zunehmende […] soziale[n] Akzeptanz des Phänomens und […] [die] zunehmende[n] Anerkennung der Probleme, denen postoperative Transsexuelle ausgesetzt sind".

968 Vgl. Ebert, Berit/Fradinger, Moira: a. a. O.

seits wurde das Diskriminierungsverbot im Bereich Gender Identity jenseits des Vergleichsrahmens von Männern und Frauen angewandt, so dass innerhalb der europarechtlichen Zuständigkeiten ein erweitertes Verständnis von Gleichstellung resultierte. Es handelte sich um eine Auffassung, die über den traditionellen komparativen Kontext von Männern und Frauen hinausging. Gleichzeitig war dieses Verständnis thematisch begrenzt, denn weitere entscheidende, an die Arbeitsbedingungen und den Lohn angrenzende Sachverhalte wurden europarechtlich nicht behandelt. Die Rechtsprechung spielte sich in einem Terrain ab, welches vorrangig arbeitsrechtlich und vor dem Hintergrund der Lohngleichheit definiert war. Eine umfangreichere diskursive Basis konnte aufgrund von Zuständigkeiten in der Union nicht ausgemacht werden. Die Historie verdeutlicht daher zwar durchaus, wie einzelne Kläger das Recht nutzen können, um ihre Anliegen zu platzieren. Das Recht kann jedoch nicht als Ersatz für eine notwendige breitere Debatte dienen. Der diskursive Kontext ist insofern eingeschränkt ein, als dass lediglich mit vorhandenen rechtlichen Zuständigkeiten umgegangen wird. Für die Rechtsentwicklung ist ein politischer gesellschaftlicher Raum notwendig. Die neue Menschenrechtslogik würde diesen bisherigen europarechtlichen Ansatz herausfordern und deutlicher als bisher weitere Rechtsbereiche europarechtlich berühren.

Bisher, so lässt sich festhalten, waren Kläger und Aktivisten immer dann erfolgreich, wenn sowohl die internationalen als auch die nationalen Zeichen der Zeit ihre Anliegen begünstigte. Die Entwicklung der nationalen Rechtsordnungen und Politiken in Verbindung mit weiteren Klagen durch Einzelne sorgten dann für Wendungen im Tenor des Europäischen Gerichtshofes. Die Rechtssache *Coman* belegt dies, verdeutlicht aber gleichzeitig die Grenzen des Europarechts. Eine Änderung des nationalen Familienrechts in den Mitgliedstaaten kann es mit der gegenwärtigen Verteilung der Zuständigkeiten nicht geben.

## 11.2 LGBTQIA+-Rechte, Istanbul-Konvention und Eurobarometer in Osteuropa

In diesem Zusammenhang sind die neuesten Gesetzesänderungen in Ungarn durch die nationalkonservative Fidesz-Regierung unter Victor

Orbán besorgniserregend. So wurde nicht nur die Änderung des bei der Geburt eingetragenen Geschlechtes verboten, sondern auch der Unterricht von Homo- und Transsexualität an Schulen untersagt. Darstellung von Homo- und Transsexualität in Filmen und Werbung, die unter 18-Jährige adressieren ist ebenfalls verboten. Dies reiht sich in die zahlreichen freiheitseinschränkenden Gesetze Ungarns seit 2010 ein, die auch die Freiheit der Medien betreffen. Das Gesetz wurde von der Fidesz-Partei eingebracht und von einer Mehrheit (157 von 199 Abgeordneten) angenommen.[969] Das Europäische Parlament forderte den ungarischen Staat auf, die Mediengesetze zurückzunehmen[970] und regte am 12. September 2018 den Rat an, das Rechtsstaatlichkeitsverfahren nach Artikel 7 gegen Ungarn einzuleiten, um schließlich die Rechte, die sich aus dem Unionsvertrag ergeben, für Ungarn auszusetzen, nachdem die Kommission den gleichen Mechanismus 2017 gegen Polen angestoßen hatte (Kaptiel 4.3 Barber wirkt bis heute: die Werte der Union und die Justizreform in Polen). Das Parlament sah in den ungarischen Gesetzen eine Gefahr für Demokratie, Rechtsstaatlichkeit und Grundrechte (Artikel 2 EUV).[971] Amnesty International appellier-

---

969 Vgl. Ladwig-Tils, Birgit: Neues Mediengesetz und Verfassungsänderung – Ungarn, wohin steuerst Du?, Friedrich-Ebert-Stiftung, November 2011, online verfügbar: https://library.fes.de/pdf-files/akademie/online/08826.pdf [Zugriff: 11. Dezember 2020].

970 Vgl. Europäisches Parlament: Entschließung des Europäischen Parlaments vom 10. März 2011 zum Mediengesetz in Ungarn, P7_TA(2011)0094, Abl. Nr. C 199 E/154, 7. Juli 2012, online verfügbar: https://eur-lex.europa.eu/legal-content/DE/TXT/PDF/?uri=CELEX:52011IP0094&from=EN [Zugriff: 11. Dezember 2020].

971 Vgl. Europäisches Parlament: Entschließung des Europäischen Parlaments vom 16. Januar 2020 zu den laufenden Anhörungen gemäß Artikel 7 Absatz 1 EUV zu Polen und Ungarn, P9_TA(2020)0014, 16. Januar 2020, online verfügbar: https://www.europarl.europa.eu/doceo/document/TA-9-2020-0014_DE.pdf [Zugriff: 11. Dezember 2020]. Europäisches Parlament: Entschließung des Europäischen Parlaments vom 12. September 2018 zu einem Vorschlag, mit dem der Rat aufgefordert wird, im Einklang mit Artikel 7 Absatz 1 des Vertrags über die Europäische Union festzustellen, dass die eindeutige Gefahr einer schwerwiegenden Verletzung der Werte, auf die sich die Union gründet, durch Ungarn besteht, P8_TA(2018)0340, 12. September 2018, online verfügbar: https://www.europarl.europa.eu/doceo/document/TA-8-2018-0340_DE.pdf [Zugriff: 20. Juni 2021]. Europäisches Parlament: Entschließung des Europäischen Parlaments vom 17. Mai 2017 zur Lage in Ungarn, P8_TA(2017)0216, 17. Mai 2017, online verfügbar: https://www.europarl.europa.eu/doceo/document/TA-8-2017-0216_DE.pdf [Zugriff: 20. Juni 2021].

te jüngst wieder an die EU und zitierte Markus N. Beeko, den Generalsekretär der Organisation in Deutschland, der die menschenrechtsmissachtende Politik der Orbáns deutlich beklagt:

> „Ungarn ist heute ein EU-Staat, der die Rechte von LGBTI, von Flüchtlingen oder von wohnungslosen Menschen bewusst, gezielt und menschenrechtswidrig einschränkt und verletzt. Wer sich zivilgesellschaftlich engagiert, wer sich kritisch äußert oder wer Hilfsbedürftigen hilft, der riskiert, diffamiert, bedroht oder kriminalisiert zu werden."[972]

Die Europäische Kommission rief die ungarische Regierung kontinuierlich zur Änderung der Gesetze auf.[973] Die nun im ungarischen Gesetz reflektierte binäre Geschlechterordnung bildet auch den Hintergrund des geplanten Ausstiegs Polens[974] aus der Istanbul-Konvention zur Bekämpfung häuslicher Gewalt und Gewalt gegen Frauen (Übereinkommen des Europarats zur Verhütung und Bekämpfung von Gewalt gegen Frauen und häuslicher Gewalt)[975], das 34 europäische Staaten[976] ratifiziert haben. Deutschland trat 2017 bei (in Kraft seit 2018).

---

972 Amnesty International (Hrsg.): Diskriminierungen von Trans*-Personen und Intersexuellen: „Das wirft Ungarn ins Mittelalter zurück", 19. Mai 2020, online verfügbar: https://www.amnesty.de/allgemein/pressemitteilung/ungarn-diskriminierung-von-trans-personen-und-intersexuellen-das-wirft [Zugriff: 11. Dezember 2020].

973 Vgl. Deutscher Bundestag: Gesetzes- und Verfassungsänderungen in Ungarn seit 2010 aus Sicht des Rechts der Europäischen Union, Ausarbeitung PE 6-3000-46/13/2016, online verfügbar: https://www.bundestag.de/resource/blob/408304/c4c6c0068c9c5299545eaa7ee4ecb0ea/PE-6-046-13-pdf-data.pdf [Zugriff: 19. November 2020].

974 Vgl. Deutsche Welle (Hrsg.): Istanbul-Konvention: Polen droht mit Rückzug aus Frauenrechts-Abkommen, 27. Juli 2020, online verfügbar: https://www.dw.com/de/istanbul-konvention-polen-droht-mit-r%C3%BCckzug-aus-frauenrechts-abkommen/a-54326108 [Zugriff: 12. Dezember 2020].

975 Vgl. Europarat: Übereinkommen des Europarats zur Verhütung und Bekämpfung von Gewalt gegen Frauen und häuslicher Gewalt, 11. Mai 2011, online verfügbar: https://rm.coe.int/CoERMPublicCommonSearchServices/DisplayDCTMContent?documentId=090000168046253 5 [Zugriff: 7. August 2020]. Heute haben 46 Staaten den völkerrechtlichen Vertrag in Istanbul unterzeichnet. In 33 Staaten ist die Konvention ratifiziert.

976 Albanien, Andorra, Belgien, Bosnien und Herzegovina, Dänemark, Deutschland, Finnland, Estland, Frankreich, Georgien, Griechenland, Island, Irland, Italien, Kroatien, Luxemburg, Malta, Monaco, Montenegro, die Niederlande, Norwegen, Nordmazedonien, Österreich, Polen, Rumänien, Portugal, San Marino, Schweden, die Schweiz, Serbien, Slowenien, Spanien, die Türkei und Zypern.

Das Abkommen stuft jegliche Gewalt gegen Frauen und Mädchen sowie alle Formen häuslicher Gewalt als Verbrechen ein und verpflichtet die teilnehmenden Staaten gegen Diskriminierungen von Frauen vorzugehen. Ende März 2021 stimmt das polnische Parlament über den Austritt des Landes aus der Konvention ab und plant nun ein neues Gesetz, das Abtreibungsrechte sowie die rechtliche Verpartnerung gleichgeschlechtlicher Paare abschaffen wird.[977] Frauenstreiks folgten im Land[978], die Fraktionschefin der Sozialdemokraten im Europaparlament bezeichnete den Schritt als „schändliche“[979] Entscheidung. Der Rückzug aus der Istanbul-Konvention wurde 2020 vom polnischen Justizminister Zbigniew Ziobro, der 2012 die rechtskonservative Partei Solidarische Polen gründete, angeregt.

Ebenfalls im Jahre 2012 war die Türkei das erste Land, das die Konvention unterzeichnete, heute reiht sich die türkische Haltung in jene der polnischen und der ungarischen Regierungen ein. Der von Erdoğan angekündigte Rückzug aus der Vereinbarung führte im März 2021 zu massiven Protesten von Frauen in der Türkei.[980] Marija Pejčinović Burić, Generalsekretärin des Europarates bezeichnete die Entwicklung als „devastating news“[981]. Der EU Außenbeauftragte Josep Borrell[982] sowie UN Women appellierten an die Türkei, den Austritt zu überdenken: Vor dem Hintergrund der Zunahme von Gewalt gegen Frauen

977 Ciobanu, Claudia: Poland's Replacement for Istanbul Convention Would Ban Abortion and Gay Marriage, 15. März 2021, online verfügbar: https://balkaninsight.com/2021/03/15/polands-replacement-for-istanbul-convention-would-ban-abortion-and-gay-marriage/ [Zugriff: 19. März 2021].

978 Vgl. Deutsche Welle (Hrsg.): Istanbul-Konvention: Polen droht mit Rückzug aus Frauenrechts-Abkommen, a. a. O.

979 Ibid.

980 Vgl. France 24 (Hrsg.): Turkey quits landmark Istanbul Convention protecting women from violence, 20. März 2021, online verfügbar: https://www.france24.com/en/middle-east/20210320-turkey-quits-landmark-istanbul-convention-protecting-women-from-violence [Zugriff: 21. März 2021].

981 Vgl. Europarat: Secretary General responds to Turkey's announced withdrawal from the Istanbul Convention, 20. März 2021, online verfügbar: https://www.coe.int/en/web/portal/-/secretary-general-responds-to-turkey-s-announced-withdrawal-from-the-istanbul-convention [Zugriff: 21. März 2021].

982 Vgl. Süddeutsche Zeitung (Hrsg.): Erdogan kündigt Istanbul-Konvention auf – Empörung, 21. März 2021, online verfügbar: https://www.sueddeutsche.de/politik/menschenrechte-erdogan-kuendigt-istanbul-konvention-auf-empoerung-dpa.urn-newsml-dpa-com-20090101-210321-99-908468 [Zugriff: 21. März 2021].

währen der COVID-19 Pandemie[983] ist die Umsetzung der Istanbul-Konvention besonders dringlich[984] ist sie doch eine der wenigen internationalen Regelungen, die deutlich zeigen, dass Diskriminierungen nicht im Arbeitsleben aufhören, sondern im Privaten weitergehen können und ohne ein neues Verständnis von Geschlechterordnungen nicht verhindert werden können. In diesem Kontext ist auch der türkische Austritt aus dem Abkommen zu verstehen. Erdoğan und seine Anhänger behaupten, die Istanbul-Konvention sei unvereinbar mit den konservativen Werten der Türkei, da sie Scheidungen begünstige und durch den Gebrauch von Terminologien wie Gender Identity und sexuelle Orientierung dem traditionellen Familienverständnis im Land schädige.[985] Die in der Konvention festgehaltene soziologische Definition von Geschlecht als „gesellschaftlich geprägte Rollen, Verhaltensweisen, Tätigkeiten und Merkmale, die eine bestimmte Gesellschaft als für Frauen und Männer angemessen sieht“[986], lehnen die polnische und türkische Regierung ab. Auch Orbán, dessen Land der Frauenschutzkonvention bisher nicht beigetreten ist, sieht die Hauptaufgabe von Frauen im Gebären, um so den Fortbestand Ungarns zu sichern. Zuspruch dafür kam unter anderem auch von der AfD.[987] Orbán spricht vom „Gender-Wahn“[988]. Ein Hinterfragen traditioneller Ge-

983 Vgl. UN Women (Hrsg.): Statement by UN Women on Turkey's withdrawal from the Istanbul Convention, 20. März 2021, online verfügbar: https://www.unwomen.org/en/news/stories/2021/3/statement-un-women-turkey-withdrawal-from-the-istanbul-convention [Zugriff: 21. März 2021].

984 Vgl. UN Women (Hrsg.): Inter-Agency statement on violence against women and girls in the context of COVID-19, 24. Juni 2020, online verfügbar: https://www.unwomen.org/en/news/stories/2020/6/statement-inter-agency-statement-on-violence-against-women-and-girls--in-the-context-of-covid-19 [Zugriff: 12. Dezember 2020].

985 Vgl. Ciobanu, Claudia: a. a. O.

986 Vgl. Europarat: Übereinkommen des Europarats zur Verhütung und Bekämpfung von Gewalt gegen Frauen und häuslicher Gewalt, a. a. O.

987 Vgl. Die Zeit (Hrsg.): Gebär-Mütter, 13. Februar 2019, online verfügbar: https://www.zeit.de/2019/08/ungarn-mutterschaft-subvention-viktor-orban-emanzipation-westen?utm_referrer=https%3A%2F%2Fwww.google.com%2F [Zugriff: 11. Dezember 2020].

988 Deutsche Welle (Hrsg.): Ungarns Parlament stemmt sich gegen Frauenschutzkonvention, 5. Mai 2020, online verfügbar: https://www.dw.com/de/ungarns-parlament-stemmt-sich-gegen-frauenschutzkonvention/a-53343128 [Zugriff: 20. März 2021].

schlechterrollen rüttelt an bestehen Machtstrukturen und kommt einer Gefahr für den autoritären Staat gleich. Abgeordnete der Fidesz-Partei setzen sich daher dafür ein, der Istanbul-Konvention, die Ungarn zwar 2014 unterzeichnet aber bisher nicht ratifiziert hat, auch weiterhin fernzubleiben.[989]

Es bleibt zu hoffen, dass Aktivisten ihre gemeinsame Arbeit mit der Europäischen Kommission (siehe unten) weiter fortsetzen. Tamas Dombos, Mitglied der LGBTQIA+-Bewegung in Ungarn kündigte bereits an, das neue ungarische Gesetz, das Geschlechtsänderungen verbietet, vor den ungarischen und internationalen Gerichten anzufechten.[990] Dunja Mijatovic, die Menschenrechtskommissarin des Europarates, bezeichnete das neue Gesetz als „Schlag gegen die Menschenwürde von Trans-Personen".[991]

Der nationale Kontext wirkt aber auf vielfältige Weise in das Europarecht hinein. Wahlen entscheiden über die mitgliedstaatlichen Regierungen, die im unionsrechtlichen Kontext immer noch die stärkste Position innehaben. Über die Wahlen zum europäischen Parlament wird die europäische Politik zwar nicht in dem Maße beeinflusst wie die nationale, dennoch indizieren sie die politischen Stimmungen in den Mitgliedstaaten. Gegenwärtig ist ein beträchtlicher Teil rechtspopulistischer Parteien im Europäischen Parlament vertreten.[992] Entwicklungen wie in Ungarn oder die Justizreform und der jüngste Wahlausgang in Polen führen dazu, Osteuropa mit einer größeren Europaskepsis zu assoziieren als die westeuropäischen Staaten.

Jedoch wäre es fehlgeleitet, den Beitrittsstaaten des Jahres 2004 grundsätzlich eine antieuropäische oder intolerante Haltung zu attestieren. Dies zeigt nicht nur der knappe Wahlsieg des rechtskonservativen An-

989 Vgl. ibid.

990 Vgl. Deutsche Welle (Hrsg.): Ungarn nimmt Transsexuelle ins Visier: Rückfall ins „Mittelalter", 20. Mai 2020, online verfügbar: https://www.dw.com/de/ungarn-nimmt-transsexuelle-ins-visier-r%C3%BCckfall-ins-mittelalter/a-53505019 [Zugriff: 14. Juli 2020].

991 Ibid.

992 Vgl. Europäisches Parlament: Ergebnisse der Europawahl 2019. Sitze nach Fraktion und Land: 2019–2024, 2. Juli 2019, online verfügbar: https://europarl.europa.eu/election-results-2019/de/sitze-fraktion-land/2019-2024/ [Zugriff: 17. Oktober 2020].

drzej Dudas in Polen. Bei der Wahl 2020, erhielt Duda 51,2 Prozent, sein Herausforderer Rafal Trzaskowski 48,8 Prozent der Stimmen.[993] Ein Blick auf die Wahlbeteiligung in den 2004 zur EU beigetretenen Staaten zeigt, dass Einstellungen zu Europa nicht pauschalisiert werden können. Einerseits gab es 2004 in Zypern und Malta mit 72,5 und 82,39 Prozent zwei der höchsten Werte.[994] Andererseits wiesen Polen mit 20,87 Prozent und die Slowakei mit 16,97 Prozent 2004 die niedrigsten Wahlbeteiligungen auf. 2019 lagen die osteuropäischen Mitgliedsländer mehrheitlich unter den anderen EU-Staaten, Polen erreichte demgegenüber einen höheren Anteil, nämlich 45,68 Prozent, was dem unteren Mittelfeld entspricht. Rumänien (51,20 Prozent) und Litauen (53,48 Prozent) rangierten 2019 über dem EU-Durchschnitt von 50,66 Prozent. Die höchste Wahlbeteiligung war in Belgien (88,47 Prozent) und Luxemburg (84,24 Prozent) zu verzeichnen. Für Luxemburg war dies der niedrigste Wert seit jeher. Das Vereinigte Königreich rangierte mit 37,18 Prozent kurz vor dem Brexit[995] auf seinem höchsten Wert überhaupt. Umgekehrt stellt eine niedrige Wahlbeteiligung nicht notwendigerweise einen Indikator für Europa- oder Politikverdrossenheit dar.

In diesem Zusammenhang sei außerdem daran erinnert, dass es in den Staaten der Erweiterung 2004 nationale Volksabstimmungen über den Beitritt gab – und damit ein Bekenntnis zur Europäischen Union. Darüber hinaus belegen sowohl Wahlbeteiligungen als auch die Arbeit zivilgesellschaftlicher Organisationen und aktuelle Proteste gegen die Politiken in Polen und Ungarn, dass eine Kluft zwischen den Auffassungen von Teilen der Bevölkerung und von der Regierung besteht, also weder die eine nationale noch die eine europäische Meinung existiert. Die Mitgliedsorganisationen von TGEU beispielsweise lassen keinen geografischen Schwerpunkt dieser Organisationen erkennen. Sowohl in den west- als auch in den osteuropäischen Mitgliedstaaten ver-

993 Vgl. Deutsche Welle (Hrsg.): Andrzej Duda gewinnt Präsidentenwahl in Polen, 13. Juli 2020, online verfügbar: https://www.dw.com/de/andrzej-duda-gewinnt-pr%C3%A4sidentenwahl-in-polen/a-54148356 [Zugriff: 29. Juli 2020].

994 Vgl. Europäisches Parlament: Ergebnisse der Europawahl 2019. Wahlbeteiligung nach Land (%), 22. Oktober 2019, online verfügbar: https://europawahlergebnis.eu/wahlbeteiligung/ [Zugriff: 24. Oktober 2019].

995 Das Austrittsabkommen wurde am 24. Januar 2020 unterzeichnet.

treten setzen sie sich gleichermaßen aktiv für LGBTQIA+-Rechte ein und arbeiten mit den Institutionen der Union zusammen.[996] Am 16. Juli 2020 wurden sie durch das EGMR-Urteil *Rana gegen Ungarn* in ihren Anliegen gestärkt. Ähnlich wie die *Coman*-Entscheidung des EuGH schlägt der EGMR ebenfalls die Richtung eines staatentranszendierenden Verständnisses von Rechten ein, die die Identität des Einzelnen betreffen. Ungarn darf nichtungarischen Staatsangehörigen die Änderung der Geschlechtszugehörigkeit nicht länger verwehren.[997]

Allerdings zeichnet sich im Eurobarometer, in dessen Rahmen 2019 die Akzeptanz von LGBTQIA+-Personen untersucht wurde, ein Ost-West-Gefälle ab. Besondere Zurückhaltung (unter dem EU-Durchschnitt) besteht gegenüber gleichgeschlechtlichen Partnerschaften und der Einführung eines dritten Geschlechts im Personenstandsrecht in sämtlichen osteuropäischen Mitgliedstaaten sowie Portugal und Italien.[998] Portugal zeichnet sich jedoch durch größere Offenheit gegenüber der Möglichkeit der Änderung des Geschlechtsidentität aus.[999] Trotz der niedrigen Umfragewerte, die die Verrechtlichung von nicht heterosexuellen Partnerschaften betrafen, wiesen alle Staaten außer Ungarn eine Steigerung in der Akzeptanz öffentlicher Bezeugung

---

996 Vgl. Transgender Europe: Members, n. D., online verfügbar: https://tgeu.org/membership/#members [Zugriff: 2. Juni 2020].

997 Vgl. Europäischer Gerichtshof für Menschenrechte: Rana gegen Ungarn, Application No. 40888/17, 16. Juli 2020, online verfügbar: https://hudoc.echr.coe.int/eng#{%22itemid%22:[%22001-203563%22]} [Zugriff: 8. August 2020]. Der Fall betraf einen Mann, der 1987 im Iran als Frau geboren wurde und 2015 in Ungarn Asyl erhalten hatte, da ihm aufgrund der Trans*-Identität Verfolgung drohte. Die 2016 bei der ungarischen Einwanderungsbehörde beantragte Änderung des Geschlechts wurde nicht gestattet. Das schließlich zuständige Standesamt lehnte die Änderung ab, da eine gesetzliche Regelung nur für ungarische Staatsangehörige, nicht aber für Ausländer existierte.

998 Vgl. Europäische Kommission: Eurobarometer on Discrimination 2019. The social acceptance of LGBTI people in the EU, 23. September 2019, online verfügbar: https://ec.europa.eu/info/sites/info/files/ebs_493_data_fact_lgbti_eu_en-1.pdf [Zugriff: 15. Juli 2020].

999 Diese Aussage bezieht sich auf die Frage „Do you think that transgender or transsexual persons should be able to change their civil documents to match their inner gender identity?“. In Portugal befürworteten dies 72 Prozent der Befragten, 19 Prozent sprachen sich dagegen aus„ und neun Prozent waren indifferent. Der EU-Durchschnitt lag bei respektiven 59 Prozent (positive Einstellung), 29 Prozent (negative Einstellung) und 12 Prozent (indifferente Einstellung; vgl. ibid., S. 4).

gleichgeschlechtlicher Zuneigung auf.[1000] Der stets weiter gefasste Antidiskriminierungsbegriff scheint sich durchzusetzen, wenn auch teilweise nur langsam. Man kommt nicht umhin, eine Analogie zu den Rechtssachen *Defrenne* und dem Moment der Frauen in den 1970er Jahren zu beobachten, eine Zeit, in der nicht alle Mitgliedstaaten der Gemeinschaften gleiche Rechte für Frauen begrüßten.

Zusätzlich wird die vorausgegangene europäische Rechtsentwicklung in die osteuropäischen Staaten hineinwirken und genutzt werden. Der Gleichklang von Klägern, Zivilgesellschaft und EU wird dabei förderlich sein. Dafür ist jedoch wichtig, dass Rechtsstaatlichkeit und demokratische Prozesse in allen Mitgliedstaaten Bestand haben und dass das Europarecht seine Schutzfunktion für den Einzelnen in der gesamten Union ausüben kann.

Zwar können die Urteile des Europäischen Gerichtshofes im gemeinsamen Wirken mit der Kommission, dem Parlament sowie der Zivilgesellschaft katalysierender Anstoß für neues Recht sein, über dessen erfolgreichen Abschluss entscheiden jedoch die Regierungen der Mitgliedstaaten. Die Umsetzung der Urteile des Europäischen Gerichtshofes hängt von der Mitwirkung nationaler Gerichte und, unter Umständen, weiterer politischer Prozesse ab.

1000 Der Bezug erfolgt hier auf die Frage „Using a scale from 1 to 10, please tell me how comfortable you would feel with the following people showing affection in public (e.g. kissing or holding hands)". Diese Frage wurde Paaren bestehend aus zwei Frauen oder aus zwei Männern gestellt. Männliche Paare betreffend gab es die höchsten Zustimmungswerte in Schweden (78 Prozent), den Niederlanden (76 Prozent), Dänemark (69 Prozent), dem Vereinigten Königreich (67 Prozent), Luxemburg (67 Prozent), Finnland (67 Prozent), Spanien (63 Prozent), Frankreich (63 Prozent), Belgien (62 Prozent), Irland (60 Prozent) und Deutschland (53 Prozent). Der EU-Durchschnitt lag bei 49 Prozent (positive Einstellung). Bei weiblichen Paaren lagen die relativen befürwortenden Anteile in Schweden bei 82 Prozent, Niederlande 79 Prozent, in Luxemburg und Finnland bei 73 Prozent, Dänemark 72 Prozent, Vereinigtes Königreich 70 Prozent, Belgien 67 Prozent, in Frankreich und Spanien bei 66 Prozent, Irland 63 Prozent und Deutschland 60 Prozent. Der EU-Durchschnitt lag bei 53 Prozent (positiv).

## 11.3 Initiativen der Kommission und des Parlaments

Initiativen des Europäischen Parlamentes und der Europäischen Kommission streben mehr und mehr an, die Grundwerte der Union durchzusetzen, was damit einhergeht, die Rechte von LGBTQIA+ Personen auch außerhalb des Arbeitsmarktes zu stärken. Zusätzlich zu der am 1. Januar 2021 in Kraft getretenen Verordnung, die eine Kürzung von EU-Mitteln bei Verstößen gegen die Rechtsstaatlichkeit vorsieht und die explizit auf die in der Charta gewährten Grundrechte Bezug nimmt, unterbreitete die Kommission 2008 einen Vorschlag für eine neue Antidiskriminierungsrichtlinie. Sie hat die Durchsetzung des Grundsatzes der „Gleichbehandlung ungeachtet der Religion oder der Weltanschauung, einer Behinderung, des Alters oder der sexuellen Ausrichtung außerhalb des Arbeitsmarktes“[1001] zum Ziel. Das Europäische Parlament betonte in zahlreichen Entscheidungen seit Beginn der Jahrtausendwende die Rechte von Trans*-Personen und Homosexuellen, auch unter Hinweis auf die vom EuGH erlassene Rechtsprechung[1002] und das dort entwickelte erweiterte Verständnis von Antidiskriminierung unter Einbezug von Gender Identity.[1003] Ebenfalls wird die Grundrechtecharta in jüngerer Zeit vermehrt in den Erwägungen, ins-

1001 Europäische Kommission: Vorschlag für eine Richtlinie des Rates zur Anwendung des Grundsatzes der Gleichbehandlung ungeachtet der Religion oder der Weltanschauung, einer Behinderung, des Alters oder der sexuellen Ausrichtung, 2008/0140 (CNS), 2. Juli 2008, online verfügbar: https://eur-lex.europa.eu/LexUriServ/LexUriServ.do?uri=COM:2008:0426:FIN:DE:PDF [Zugriff: 29. Mai 2020]. Verordnung (EU, Euratom) 2020/2092 des Europäischen Parlaments und des Rates vom 16. Dezember 2020 über eine allgemeine Konditionalitätsregelung zum Schutz des Haushalts der Union: a.a.O.

1002 Europäisches Parlament: Entschließung des Europäischen Parlaments zu der Lage der Grundrechte in der Europäischen Union (2002) (2002/2013(INI)), 4. September 2003, online verfügbar: https://www.lsvd.de/fileadmin/pics/Dokumente/ep030904.pdf [Zugriff: 29. Mai 2020].

1003 Europäisches Parlament: Entschließung des Europäischen Parlaments vom 8. Oktober 2015 zur Anwendung der Richtlinie 2006/54/EG des Europäischen Parlaments und des Rates vom 5. Juli 2006 zur Verwirklichung des Grundsatzes der Chancengleichheit und Gleichbehandlung von Männern und Frauen in Arbeits- und Beschäftigungsfragen, P8_TA(2015)0351, ABl. Nr. C 349/56, 17. Oktober 2017, online verfügbar: https://eur-lex.europa.eu/legal-content/DE/TXT/PDF/?uri=CELEX:52015IP0351&from=EN [Zugriff: 29. Mai 2020].

besondere ihr Artikel 21, herangezogen.[1004] Dieses neue Verständnis von Antidiskriminierungsvorgaben jenseits des Arbeitsmarktes basiert auf allgemeinen Grundrechten und stellt Entpathologisierung mehr und mehr ins Zentrum. Es wird von der Kommission geteilt. 2015 verabschiedete sie eine *List of Actions to Advance LGBTI Equality*[1005] und berichtete in den Jahren 2016[1006], 2017[1007], 2018[1008] über die Fortschritte. Neben der Zusammenarbeit mit den Mitgliedstaaten wurden zivilgesellschaftliche Organisationen wie ILGA Europe, Transgender Europe und IGLYO einbezogen und finanziell gefördert.[1009] Der Abschlussbericht der Maßnahmen wurde am 15. Mai 2020 veröffentlicht. Er bestätigt das Antidiskriminierungsverständnis des Europäischen Gerichtshofes in der Rechtssache *P. gegen S.* und hebt das Urteil *Coman* sowie die Notwendigkeit der Umsetzung in den Mitgliedstaaten hervor.[1010] Weiterhin wird eine positivere Haltung der EU-Bürger gegenüber LGBTQIA+-Gleichstellung im Vergleich zum Jahre 2015 konstatiert (76 Prozent im Vergleich zu 71 Prozent im Jahre 2015). In neun Mitgliedstaaten ist diese Vergleichszahl jedoch gesunken.[1011]

1004 Vgl. ibid., sowie Europäisches Parlament: Entschließung des Europäischen Parlaments zur Zukunft der Liste von Maßnahmen zur Förderung der Gleichstellung von LGBTI-Personen (2019- 2024), P8_TA (2019)0129, 14. Februar 2019, online verfügbar: https://www.europarl.europa.eu/doceo/document/TA-8-2019-0129_DE.pdf [Zugriff: 29. Mai 2020].

1005 Europäische Kommission: List of Actions by the Commission to Advance LGBTI Equality, 2015, online verfügbar: https://ec.europa.eu/info/sites/info/files/lgbti-actionlist-dg-just_en.pdf [Zugriff: 29. Mai 2020].

1006 Vgl. Europäische Kommission: 2016 Annual Report on the List of actions to advance LGBTI equality, 23. Februar 2017, online verfügbar: https://ec.europa.eu/newsroom/just/item-detail.cfm?item_id=54346 [Zugriff: 29. Mai 2020].

1007 Vgl. Europäische Kommission: 2017 Annual Report on the List of actions to advance LGBTI equality, 1. März 2018, online verfügbar: https://ec.europa.eu/info/sites/info/files/2017annualreportonlgbtilistofactions.pdf [Zugriff: 29. Mai 2020].

1008 Vgl. Europäische Kommission: 2018 Annual Report on the List of actions to advance LGBTI equality, 18. März 2019, online verfügbar: https://ec.europa.eu/info/sites/info/files/aid_development_cooperation_fundamental_rights/2018_lgbti_annual_report_final_web_3.pdf [Zugriff: 29. Mai 2020].

1009 Europäische Kommission: Final Report 2015–19 on the List of Actions to Advance LGBTI Equality, 15. Mai 2020, online verfügbar: https://ec.europa.eu/info/sites/info/files/report_list_of_actions_2015-19.pdf [Zugriff: 29. Mai 2020].

1010 Vgl. ibid., S. 5.

1011 Vgl. ibid., S. 13.

Den Aspekt der Genderidentität haben nunmehr 13 Mitgliedstaaten angemessen im nationalen Gleichstellungsrecht verankert,[1012] wobei seit 2020 deutliche Rückschritte in Ungarn zu verzeichnen sind (siehe oben). Ein signifikanter Unterschied in der Verteilung zwischen Ost und West ist dabei nicht mehr zu verzeichnen. Allerdings ist der Anteil von 13 Staaten bei 27 Mitgliedern nicht hoch. Und obgleich diese Entwicklung die kognitive Kongruenz von Klägern, Bürgern, Entscheidungen des EuGH und den Initiativen von Kommission und Parlament belegt, werden auch die Grenzen dieses Einflusses im Antidiskriminierungsrecht deutlich.

Die 2008 vorgeschlagene neue Antidiskriminierungsrichtlinie wurde bis heute nicht verabschiedet. Einstimmigkeit der Mitgliedstaaten im Rat wurde nicht erreicht.[1013] So zahlreich die (nicht bindenden) Anstöße von Kommission und Parlament auch sein mochten, ohne die

---

1012 Belgien, Tschechien, Griechenland, Frankreich, Kroatien, Ungarn, Malta, Niederlande, Portugal, Slowenien, Slowakei, Finnland, Schweden.

1013 Vgl. Europäisches Parlament: Entschließung des Europäischen Parlaments zur Zunahme rassistischer Gewalt und von Gewalt gegen Homosexuelle in Europa, P6_TA(2006)0273, 15. Juni 2006, online verfügbar: https://www.europarl.europa.eu/sides/getDoc.do?pubRef=-//EP//NONSGML+TA+P6-TA-2006-0273+0+DOC+PDF+V0//DE [Zugriff: 29. Mai 2020], sowie
Europäisches Parlament: Entschließung des Europäischen Parlaments vom 13. Dezember 2007 zur Bekämpfung der Zunahme des Extremismus in Europa, P6_TA(2007)0623, 13. Dezember 2007, online verfügbar: https://www.europarl.europa.eu/sides/getDoc.do?pubRef=-//EP//TEXT+TA+P6-TA-2007-0623+0+DOC+XML+V0//DE&language=DE [Zugriff: 29. Mai 2020], sowie Europäisches Parlament: Entschließung des Europäischen Parlaments vom 14. Januar 2009 zu der Lage der Grundrechte in der Europäischen Union 2004–2008, P6_TA(2009)0019, 14. Januar 2009, online verfügbar: https://www.europarl.europa.eu/sides/getDoc.do?pubRef=-//EP//NONSGML+TA+P6-TA-2009-0019+0+DOC+PDF+V0//DE [Zugriff: 29. Mai 2020], sowie Europäisches Parlament: Entschließung des Europäischen Parlaments vom 28. September 2011 zu Menschenrechten, sexueller Orientierung und Geschlechtsidentität im Rahmen der Vereinten Nationen, P7_TA(2011)0427, 28. September 2011, online verfügbar: https://www.europarl.europa.eu/sides/getDoc.do?pubRef=-//EP//NONSGML+TA+P7-TA-2011-0427+0+DOC+PDF+V0//DE [Zugriff: 29. Mai 2020], sowie
Europäisches Parlament: Entschließung des Europäischen Parlaments vom 4. Februar 2014 zu dem EU-Fahrplan zur Bekämpfung von Homophobie und Diskriminierung aus Gründen der sexuellen Orientierung und der Geschlechtsidentität, P7_TA(2014)0062, 4. Februar 2014, online verfügbar: https://www.europarl.europa.eu/sides/getDoc.do?pubRef=-//EP//NONSGML+TA+P7-TA-2014-0062+0+DOC+PDF+V0//DE [Zugriff: 29. Mai 2020], sowie Europäisches Par-

Zustimmung der Mitgliedstaaten kann kein Recht gesetzt werden. Die zentrale Stellung der Mitgliedstaaten könnte nicht deutlicher veranschaulicht werden. In seinen Schlussfolgerungen zur Gleichstellung von LGBTQIA+ konstatiert der Rat zwar, dass „Menschenrechte universellen Charakter haben und für alle Menschen gelten“[1014]; er fordert die Kommission auf, die Maßnahmen ihrer Liste weiter zu verfolgen. Jedoch ersucht er die Kommission gleichermaßen, die nationalen Identitäten und Verfassungstraditionen der Mitgliedstaaten zu respektieren. Zudem ziehen Schlussfolgerungen des Rates keine rechtsverbindlichen Wirkungen nach sich. Gegenüber zahlreichen Ansätzen von Parlament, Kommission und EuGH steht somit lediglich ein unverbindlicher Standpunkt der Regierungen.

Neben den Interdependenzen der Institutionen und Akteure legen die jüngeren Ansätze die Interdependenzen verschiedener Rechtsbereiche, also zwischen Antidiskriminierungs-, Arbeits-, Sozial- und Familienrecht und darüber hinaus, dar. Sie sprechen für einen notwendigen gesamteuropäischen Ansatz, wie er von der Kommission, dem Europäischen Parlament und der Zivilgesellschaft verfolgt wird. Dies ist wiederum ein Argument gegen die partielle, zweckorientierte regulative Integration der Theorie Giandomenico Majones.

Der Aspekt der Akzeptanz des Europarechts durch die Bürger ist darüber hinaus ein Argument gegen ein Europa der zwei Geschwindigkeiten. Ein Europa à la carte birgt das Risiko vermehrter Antipathie gegenüber der Union in jenen Staaten, die nicht Teil europarechtlicher Entwicklungen sind. Dem könnte zwar entgegengehalten werden, dass unterschiedliche Integrationsgeschwindigkeiten Entwicklungen über-

lament: Entschließung des Europäischen Parlaments vom 13. Dezember 2016 zur Lage der Grundrechte in der Europäischen Union 2015, P8_TA(2016)0485, 13. Dezember 2016, online verfügbar: https://www.europarl.europa.eu/doceo/document/TA-8-2016-0485_DE.pdf [Zugriff: 29. Mai 2020], sowie Europäisches Parlament: Bericht über die Lage der Grundrechte in der Europäischen Union 2016, A8-0025/2018, 13. Februar 2018, online verfügbar: https://www.europarl.europa.eu/doceo/document/A-8-2018-0025_DE.pdf [Zugriff: 29. Mai 2020].

1014 Rat der Europäischen Union: Schlussfolgerungen des Rates zur Gleichstellung von LGBTI, Pressemitteilung, 16. Juni 2016, online verfügbar: https://www.consilium.europa.eu/de/press/press-releases/2016/06/16/epsco-conclusions-lgbti-equality/ [Zugriff: 30. Mai 2020].

haupt erst ermöglichen. Sie würden aber die im vorliegenden Kapitel deutlich werdende gemeinsame Identifikation mit Europa schmälern.

Die Skepsis gegenüber einem Europa der zwei Geschwindigkeiten ist nicht zu verwechseln mit dem Befürworten von Einstimmigkeitsentscheidungen im Rat. Mehrheitsentscheidungen sind notwendig, um Handlungsfähigkeit zu sichern. Vielleicht wäre die 2008 initiierte Antidiskriminierungsrichtlinie mit einer entsprechenden Regelung bereits umgesetzt. Das Europarecht würde auf diese Weise dem Anspruch der EU-Bürger gerecht werden.

In diesem Zusammenhang kann auch konstatiert werden, dass die europäische Integration, entgegen der Auffassung Giandomenico Majones, kein entpolitisiertes Projekt ist. Nationale Rechtstraditionen sind Ausdruck politischer Überzeugungen, die sich ändern. Somit geschieht die europäische Rechtsentwicklung weder in klarer Abgrenzung von Politik, Recht und Wirtschaft noch können die europäische, nationale oder die individuelle Ebene für sich alleine betrachtet werden. Alle Ebenen wirken gemeinsam und interdependent. Die Initiativen einzelner Kläger in Verbindung mit dem Engagement der Zivilgesellschaft wiederum belegen dabei das Vorhandensein eines grenzübergreifenden Gebrauchs europarechtlicher Vorgaben. Mit der Erweiterung des Antidiskriminierungsverständnisses durch den EuGH, das Europäische Parlament und die Europäische Kommission befinden wir uns gegenwärtig in einer Phase eines beginnenden Spill-over, der jenseits der Arbeitsmarktlogik eine Grund- und Menschenrechtskonnotation erkennen lässt.

Die jüngste Entscheidung *Coman* sowie jene die polnische Justizreform betreffend sind in diesem Zusammenhang grundlegend. Die Anerkennung gleichgeschlechtlicher Partnerschaften sowie ein auf Artikel 2 EUV basierender verlässlicher europäischer Rechtsschutz in den Mitgliedstaaten wird entsprechenden Anliegen weiteren Raum geben. Für das Urteil des EuGH ist von Bedeutung, dass die Rechtsgrundsätze der Mitgliedstaaten dem Europäischen Gerichtshof als Rechts- und Interpretationsquelle für das Urteil dienen. Avanciert das nationale Recht, so avanciert das Europarecht mit höherer Wahrscheinlichkeit. Im Gegensatz zu den ersten Entscheidungen des Gerichts in den 1970er Jahren kam allerdings eine Neuerung hinzu: eine stärkere und professioneller organisierte europäische Öffentlichkeit, ausgedrückt in zahlreichen zivilgesellschaftlichen Organisationen und derzeit zunehmenden Demonstrationen, sowie ein Europäisches Parlament, welches aktiv Stellung nimmt und die Kommission stützt.

Erst kürzlich beklagte das Parlament die besorgniserregende Errichtung LGBTQIA+-freier Zonen in mehr als 80 Städten in Polen[1015] und die Verzögerungen bezüglich der Verabschiedung der Antidiskriminierungsrichtlinie seit 2008.[1016] Das Bemühen des Europarechts in sieben der neun betrachteten Rechtssachen ist auch Indiz für die positive Aufnahme der Initiativen von Parlament und Kommission. Ebenso die Initiativen in Polen selbst: Im Jahre 2018 verbot der Bürgermeister von Lublin, Krzysztof Żuk, eine Gleichstellungsparade. Der Aktivist Bartosz Staszewski, einer der Organisatoren der Parade, ging gerichtlich erfolgreich gegen das Verbot vor.[1017] Am 26. Oktober 2018 organisierte die Kampania Przeciw Homofobii (KPH, Kampagne gegen Homophobie)[1018] den *Rainbow Friday*, der sich für die Sicherheit von LGBTQIA+-Studenten einsetzt. Medien berichteten abwertend über die Initiative, die polnische Bischofskonferenz verurteilte sie ebenfalls und kritisierte die Diskussion von LGBTQIA+-Rechten in Schulen. Die Bildungsministerin Anna Zalewska äußerte, dass Schulen, die an den *Rainbow Friday* teilnehmen, polnisches Bildungsrecht brechen würden. Schulen wurden inspiziert und Schülern, die am *Rainbow Friday* teil-

1015 Vgl. ILGA Europe (Hrsg.): Annual Review of the Human Rights Situation of Lesbian, Gay, Bisexual, Trans and Intersex People in Europe and Central Asia 2020, Februar 2020, online verfügbar: https://www.ilga-europe.org/annualreview/2020 [Zugriff: 28. Juli 2020]. Der Bericht deckt den Zeitraum Januar bis Dezember 2019 ab.

1016 Europäisches Parlament: Parlament verurteilt „LGBTI-freie Zonen" in Polen, Pressemitteilung, 18. Dezember 2019, online verfügbar: https://www.europarl.europa.eu/news/de/press-room/20191212IPR68923/parlament-verurteilt-lgbti-freie-zonen-in-polen [Zugriff: 30. Mai 2020].

1017 Vgl. ILGA Europe (Hrsg.): Annual Review of the Human Rights Situation of Lesbian, Gay, Bisexual, Trans and Intersex People in Europe and Central Asia 2019, Februar 2019, online verfügbar: https://www.ilga-europe.org/annualreview/2019 [Zugriff: 28. Juli 2020]. Der Bericht deckt den Zeitraum Januar bis Dezember 2018 ab.

1018 Die KPH wurde 2001 in Warschau gegründet. Ihr Ziel ist die Gleichstellung von Menschen außerhalb der Heteronorm.

nahmen, mit schlechten Noten gedroht.[1019] Dennoch gab die KPH nicht auf. 2019 erarbeitete sie gemeinsam mit der liberalen Partei Nowoczesna einen Gesetzesentwurf zur Abschaffung von Konversationstherapie. Im selben Jahr unterschrieb Warschaus Bürgermeister Trzaskowski (und Herausforderer Präsident Dudas bei der Wahl 2020) eine Deklaration mit einem Bekenntnis zu LGBTQIA+. Das Dokument wurde gemeinsam mit zahlreichen Aktivisten entworfen, der polnische Beauftragte für Bürgerrechte befürwortete es.[1020]

Darüber hinaus gab der Oberste Verwaltungsgerichtshof im Oktober 2018 einem lesbischen Paar recht, welches ihr Kind in Polen registrieren wollte. Obwohl dies zuvor im Vereinigten Königreich genehmigt wurde, wurde die Anerkennung 2015 in Polen zunächst verwehrt. Mehr und mehr Bürger demonstrieren und zeigen wie LGBTQIA+-Rechte nicht ohne weitere politische und rechtliche Dimensionen gedacht werden können. Die Trennung von Staat und Kirche, die Unabhängigkeit der Justiz und soziale Rechte werden berührt.[1021] Das heißt, dort wo die Regierungen gegenwärtig einen beunruhigenden Kurs einschlagen, sind Aktivisten, Bürger und Richter (wie in Kapitel 4.3 vorgestellt) nach wie vor dagegen engagiert – und damit kongruent mit dem europarechtlichen Tenor.[1022]

Gleichzeitig war das Thema Gender Identity dem nationalen Recht der Mitgliedstaaten insofern nicht fremd, als dass das Thema rechtlich verankert war, wenn auch nicht mit dem gegenwärtigen Ansatz der Entpathologisierung und der aktuellen Betonung der jeweils individuellen Entscheidung eines jeden Einzelnen. Dies dürfte dem EuGH die Erweiterung des Antidiskriminierungsbegriffes erleichtert haben. Die anfängliche Zurückhaltung im Bereich gleichgeschlechtlicher Partnerschaften, welche den Rechtsstand der Mitgliedstaaten berücksichtigte, wandelt sich gerade, wird aber von besorgniserregenden Entwicklun-

1019 Vgl. ILGA Europe (Hrsg.): a. a. O., 2019.

1020 Vgl. ILGA Europe (Hrsg.): a. a. O., 2020.

1021 Vgl. Henley, Jon / Strek, Kasia: ‚A backlash against a patriarchal culture': How Polish protests go beyond abortion rights, in: The Guardian, 6. November 2020, online verfügbar: https://www.theguardian.com/world/2020/nov/06/a-backlash-against-a-patriarchal-culture-how-polish-protests-go-beyond-abortion-rights [Zugriff: 11. Dezember 2020].

1022 Vgl. ILGA Europe (Hrsg.): a. a. O., 2019.

gen in einigen Mitgliedstaaten überschattet, die das Erreichte gefährden und das Tempo progressiverer Ansätze drosseln könnten. Der gegenwärtig vermehrte Rückgriff auf Artikel 2 EUV durch den EuGH, die beiden Rechtsstaatlichkeitsverfahren gegen Polen und Ungarn sowie die neue Konditionalitätsregel bei der Vergabe von EU-Mitteln evozieren einen Schutz der Bürger, der sich aus einer geschlechtsunabhängigen, grund- und menschenrechtsbasierten Logik speist. Auf diese Weise tritt die Möglichkeit, traditionelle Geschlechterrollen rechtlich zu durchbrechen, in greifbare Nähe.

# 12. Fazit

Die Entwicklung des Gleichstellungsrechts der Europäischen Union zeichnet sich durch eine Dynamik aus, die von Klägern, sozialen Bewegungen und Aktivisten beeinflusst wurde. Dieser Integrationsprozess war teilweise langwierig sowohl von enthusiastischen als auch von skeptischen Phasen geprägt. Unterschiedliche Faktoren wirkten sich auf die Rechtsentwicklung aus: die Haltungen von Regierungen, Parlamenten, Bürgern, Klägern, Aktivisten sowie der jeweilige Stand des Europarechts, des nationalen Rechts der Mitgliedstaaten sowie internationale politische und wirtschaftliche Umstände. Innerhalb und zwischen den Mitgliedstaaten, innerhalb jeder Institution und auf den verschiedenen politischen Ebenen trafen dabei streitbare Perspektiven aufeinander, die wiederum kontextgebunden und durch nationale und internationale Einflüsse geprägt waren.

Um Flexibilität, Anpassung und die politische Gestaltung Europas zu gewährleisten, war diese verflechtende Dynamik bereits im Konzept Jean Monnets angelegt. Seine Gedanken, in Verbindung mit der Theorie des Neofunktionalismus, überzeugen bis heute, wenn es darum geht, die maßgeblichen Charakteristika des europäischen Gleichstellungsrechts seit Aufnahme von Artikel 119 in den EWG-Vertrag zu skizzieren. Kläger und Aktivisten nutzten das europäische Gleichstellungsrecht, um für ihre Interessen einzutreten. Dieses Engagement definiert insofern ein transnationales Moment, als sich die entsprechenden Ansichten der Einzelnen im Europarecht trafen und das europäische Gleichstellungsrecht über die Zeit weitere Teile der Gesellschaft erreichte, die ihrerseits ebenfalls das Recht in Anspruch nahmen. Die Rezeption des römischen Rechts, sein Durchdringen des europäischen Gewohnheitsrechts in verschiedenen Regionen Europas mag hier assoziiert werden: weniger Staatsbezug, dafür mehr vom rechtsordnungsübergreifenden „ius commune". Ein ähnlich gelagerter Prozess ließ das Unionsrecht für die Bürger greifbar werden. So waren Bürger einerseits an der Entwicklung des Europarechts beteiligt. Andererseits entstand, mit Häberle gesprochen, durch veränderte rechtskulturelle Bedingungen eine bereichsgebundene Öffentlichkeit, die sich gegenwärtig jenseits des Gleichstellungsrechts weitere Sphären erschließt.

Damit entsteht die Geschichte des Europarechts nicht nur aus einer Reihe von Regierungsentscheidungen, sie ist vielmehr auch das Resultat des Engagements Einzelner, die zu teilhabenden Gestaltern der Union werden. Nicht immer sofort erfolgreich und thematisch oft nur punktuell, aber doch präsent, sind Bürger der EU somit die Architekten ihres Rechts.

Dieser aktive Gebrauch des Europarechts im Rahmen von Vorabentscheidungen zeugt davon, dass der Wille der Bürger zur Teilhabe am Projekt Europa vorhanden war und ist. Es gelang Klägern und Aktivisten, ihren Anliegen auf europäischer Ebene Gehör zu verschaffen und das Gleichstellungsrecht über Jahrzehnte innerhalb eines formbaren und formenden Entwicklungsprozesses mitzugestalten.[1023] In 42 von 70 untersuchten Fällen wurde das Europarecht von Klägern vor nationalen Gerichten geltend gemacht. Eine Aussage über deren Erfolg ist damit allerdings noch nicht getroffen. Ein erfolgreicher Spill-over im Sinne Ernst B. Haas' ist vom Gleichklang der Akteure und des Rechts auf den verschiedenen Ebenen abhängig. Im Rahmen der Analyse können in diesem Zusammenhang folgende wesentliche Erkenntnisse festgehalten werden:

Erstens ist der Europäische Gerichtshof kein aktivistischer Gerichtshof, sondern agiert vor dem Hintergrund seiner europarechtlichen Zuständigkeiten. Trotz der europarechtlichen Prinzipien des Anwendungsvorrangs (*Costa gegen ENEL*) und der direkten Wirkung (*van Gend en Loos*) verhielt sich der EuGH in den ersten Rechtssachen *Defrenne*, die das Lohgleichheitsgebot betrafen, zögerlich. Zwar sollte sich diese vorsichtige Haltung des Europäischen Gerichtshofes, der sozialpolitische Regelungen in den 1970er Jahren noch weitestgehend vom Geltungsbereich des Europarechts ausnahm, im weiteren Verlauf ändern, dies geschah aber im Kontext eines avancierten Sekundärrechts,

1023 Diese Erkenntnis ist nicht mit der Behauptung zu verwechseln, die politische Struktur der Europäischen Union sei grundsätzlich demokratisch. Sehr wohl aber waren Bürger an der Entwicklung dessen, was die Union heute ist, beteiligt.

auf dessen Basis dem Europäischen Gerichtshof ein breiterer Ermessensspielraum eingeräumt wurde. Die Entgeltgleichheitsrichtlinie 75/117/EWG und die Gleichbehandlungsrichtlinie 76/207/EWG wurden in den 1970er Jahren verabschiedet und lieferten weitere rechtliche Grundlagen für die Interpretationen durch den Europäischen Gerichtshof. Die Gleichbehandlungsrichtlinie wurde argumentativ in 29 der 70 analysierten Rechtssachen involviert. Darüber hinaus hielten sozialpolitische Themen in den 1970er Jahren vermehrt Einzug ins Europarecht. So waren bald nicht mehr nur Frauenrechte und die wettbewerbspolitische Logik des Gemeinsamen Marktes für den erweiterten Wirkungskreis des Europarechts konstitutiv, sondern allgemeine soziale und wirtschaftliche Erwägungen jenseits des Geschlechts. In der Folge wurden unter anderem Vorgaben, die die Renten betreffen, gemeinschaftsrechtlich erfasst. Gleichwohl führte diese Entwicklung auch zu einem Sekundärrecht, welches in sich widersprüchlich war und frauenspezifische Diskriminierungen nicht immer ausreichend berücksichtigte. Das vorhandene Recht konnte daher später gegen positive Maßnahmen herangezogen werden. Darüber hinaus waren die Urteile des EuGH nicht immer konsequent. Besondere Rechte der Frau begründeten bisweilen eine arbiträre Anwendung des Diskriminierungsverbotes: Der Schutz von Frauen rechtfertigte ihren Ausschluss von polizeilichen Tätigkeiten in Anschlagssituationen (*Johnston*). Angebliche frauenspezifische Eigenschaften führten dazu, dass Männern der Zugang zu „weiblichen" Berufen (*Kommission/Vereinigtes Königreich*) und die Inanspruchnahme von Vaterschaftszeiten (*Lommers*, *Hofmann*) verwehrt wurde, obwohl gleiche Rechte für Männer nicht nur zur Entlastung von Frauen, sondern auch zum Abbau von Vorurteilen hätten beitragen können. Diese Willkür ist allerdings nicht gänzlich dem Europäischen Gerichtshof anzulasten, denn seine Entscheidungen orientierten sich am Stand des mitgliedstaatlichen Rechts. Auch konnte der EuGH aufgrund von Zuständigkeiten nur bedingt durchgreifen.

All dies geschah nicht unabhängig, sondern in Verbindung mit begleitenden politischen Prozessen. Das Engagement von Personen wie der Rechtsanwältin Éliane Vogel-Polsky, der streikenden Arbeiterinnen in Herstal, der feministischen Bewegungen in ganz Europa und von Wissenschaftlerinnen wie Sullerot standen im Zeichen einer Zeit, in der weder internationale Politik noch Wirtschaft ohne Sozialpolitik gedacht wurde. Diese Frauen dachten nicht in strengen parteipolitischen Grenzen. Ihre Themen durchbrachen solche Dogmen. Menschenrechte wurden zudem vermehrt Thema auf der internationalen Bühne, innerhalb derer die europäischen Staaten agierten und wo sie sich beweisen mussten. Die beiden Ölkrisen der 1970er Jahre ermutigten die Mitgliedstaaten der europäischen Gemeinschaften zu einem aktiveren Vorgehen im Bereich des Sozialen und zu einem höheren Level an politischer Integration. Der grenzübergreifende Aktivismus, der schließlich in den 1990er Jahren einsetzte, machte sich für eine Abkehr vom Fokus auf die binäre Geschlechterordnung stark. Der Beitritt Finnlands und Schwedens und der dortige progressive gleichstellungspolitische Rechtsstand stärkte diese Entwicklung. Heute wird das Diskriminierungsverbot mehr und mehr auf die Grund- und Menschenrechte zurückgeführt, und die gleichstellungsrechtliche Narrative transzendiert zunehmend das Verhältnis Mann/Frau. Das Engagement gegen die Justizreform in Polen legt dar, dass gleichstellungspolitische Fragestellungen im Kontext der grundlegenden Werte der Union betrachtet werden. Menschenwürde, Demokratie, Gleichheit, Rechtsstaatlichkeit und die Menschenrechte werden aktiv von Bürgern eingefordert. Damit ist die Union nicht bürgerfern. Im Gegenteil: das Europarecht hat das Potential, genau den Zweck zu erfüllen, den bereits Monnet bei Gründung der EGKS im Sinn hatte, nämlich den Schutz des Einzelnen vor neuen Nationalismen. Das Beispiel Polen wird zeigen, ob die Durchsetzungskraft der europäischen Institutionen, immer abhängig vom Willen ihrer Repräsentanten, den Ansprüchen der Bürger gerecht werden kann.

Des Weiteren spricht die große Bedeutung des Standes des Europa- und des nationalen Rechts – beide maßgeblich für die Entscheidungsfindung des Europäischen Gerichtshofes – gegen einen zu forsch agierenden Europäischen Gerichtshof. Gerichtshof und Kläger bleiben auf ein synergetisches Verhältnis zwischen Unionsebene, den Mitgliedstaaten und nationalen Gerichten angewiesen. Zwar ist es schwer, wenngleich nicht unmöglich, vom Europäischen Gerichtshof erlassene Urteile zu revidieren. Dieses Argument wird aber geschwächt, da die Praxis veranschaulicht, dass eine Korrektur durch die Mitgliedstaaten kaum notwendig erscheint. Bei der Urteilsfindung werden durch den

EuGH nationale Positionen und Rechtstraditionen berücksichtigt. Darüber hinaus legten die *Barber*-Rechtsprechung und das *Barber-Protokoll* dar, dass Mitgliedstaaten durchaus bereit sind, Recht in ihrem Sinne anzupassen und zukünftige Entwicklungen zu formen. In letzter Konsequenz, so veranschaulicht die polnische Regierung, kann mit Ignoranz auf Entscheidung des Europäischen Gerichtshofs reagiert werden.

Zweitens ist an die starke Stellung des Rates zu erinnern. Der Rat sorgte vielfach dafür, dass Richtlinien nicht zustande kamen oder sie in ihrer Wirkung nicht verhältnismäßig waren. Die Reziprozität von Recht und Gesellschaft ist auf Unionsebene von erheblicher Dauer gekennzeichnet. So vergingen fast 50 Jahre bis zu einer Elternzeitrichtlinie. Die für beide Geschlechter geltende Elternzeit in Verbindung mit Sozialleistungen konnte erst 2019 sekundärrechtlich durchgesetzt werden, obwohl sie bereits in den 1970er Jahren bei den Verhandlungen zur Gleichbehandlungsrichtlinie gezielt von Mitarbeiterinnen der Kommission vorgeschlagen und später, in den 1980er Jahren, erneut von der Kommission aufgenommen wurde. Die Versuche scheiterten an der damals noch notwendigen Einstimmigkeit im Rat. Die neue Antidiskriminierungsrichtlinie (seit 2008) und eine Richtlinie zur europaweiten Einführung einer Frauenquote (seit 2012) sind aktuellere Beispiele, die noch nicht umgesetzt wurden. Die Rechtsstaatlichkeitverfahren nach Art. 7 EUV gegen Polen und Ungarn kommen nur schleppend voran, Sanktionen verlangen nach einem einstimmigen Beschluss der Mitgliedstaaten. Die neue Richtlinie, die Auszahlung von EU-Mitteln an die Rechtsstaatlichkeit bindet, verleiht der Durchsetzung der Grundwerte der Union einerseits mehr Gewicht. Andererseits haben Polen ((C 157/21) und Ungarn (C 156/21) im März 2021 Klage gegen die neue Vorgabe eingereicht und setzen somit erneut auf Verzögerungen.

Diese Langwierigkeit zeigt, dass die Regierungen der Mitgliedstaaten die Interessen ihrer Bürger auf europäischer Ebene nicht immer am besten vertreten. Sowohl die untersuchten Klageanliegen als auch das Engagement von Aktivisten legten nahe, dass gerade nationalstaatliche Politik hinterfragt wurde, während sich die Begehren der Bürger in den europäischen Regelungen wiederfanden. Fraglich bleibt, welche Institution ganzheitlich für sich beanspruchen kann, Bürgerinteressen angemessen zu repräsentieren. In der Geschichte des Gleichstellungsrechts waren dies nicht die Regierungen. Die 2010 von Angela Merkel am Europakolleg in Brügge vorgeschlagene Unionsmethode, die – im Gegensatz zur Gemeinschaftsmethode Monnets – die Mitgliedstaaten in das Zentrum der Entscheidungsfindungen stellt[1024], wäre daher langfristig nicht förderlich.

Vor diesem Hintergrund sind, drittens, auch Mehrheitsentscheidungen im Rat, dem Gremium der Regierungen, nicht grundsätzlich abzulehnen, sondern durchaus als im Sinne aller Beteiligten einzustufen. Mit Grimm und Weiler kann gesagt werden, dass einzelne Mitgliedstaaten im Rat beim Rechtssetzungsprozess der Union überstimmt werden können. Diese Staaten können die Europäische Union dann den eigenen Bürgern gegenüber für unliebsame Politiken zur Verantwortung ziehen, für die sie selber nicht verantwortlich zeichnen wollen. Möchte man deswegen aber wirklich in eine Zeit wie die 1970er und 1980er Jahre zurückkehren, in der die Gemeinschaften angesichts von Entscheidungsunfähigkeit als Resultat der Luxemburger Erklärung nahezu stillstanden und nicht handeln konnten? Genau dies war die Zeit, in der Kläger das europäische Gleichstellungsrecht vermehrt herangezogen haben, um staatliche Vorgaben zu hinterfragen. Ist es dann nicht voreilig, aus dem europäischen Stillstand der Regierungen einen Stillstand der Europabegeisterung der Bevölkerung herzuleiten? Es wäre falsch, anzunehmen, die europapolitischen Haltungen der Regierungen entsprächen stets dem Willen ihrer Bürger.

Die Annahme, Mehrheitsentscheidungen schmälerten die Beliebtheit der Union, trifft nur dann zu, wenn Auffassungen von europakritischen Regierungen mit den europapolitischen Meinungen ihrer Bürger kongruent sind. Die Tatsache, dass Kläger mitgliedstaatliches Recht immer wieder in Frage stellten, zeugt aber gerade vom Gegenteil. Aktuelle Fälle, die mit der rechtlichen Stellung gleichgeschlechtlicher Partnerschaften und dem Schutz von LGBTQIA+-Rechten befasst sind,

1024 Vgl. Merkel, Angela: Rede von Bundeskanzlerin Merkel anlässlich der Eröffnung des 61. Akademischen Jahres des Europakollegs Brügge, 2. November 2010, online verfügbar: https://archiv.bundesregierung.de/archiv-de/rede-von-bundeskanzlerin-merkel-anlaesslich-der-eroeffnung-des-61-akademischen-jahres-des-europakollegs-bruegge-399506 [Zugriff: 15. Juli 2020].

belegen eine Skepsis gegenüber den jeweiligen Vorgaben des eigenen Landes. Eine wenig präsente europäische Öffentlichkeit kann nicht mit einer Abwesenheit von politischem Engagement oder einem geringen Willen zu politischer Tätigkeit gleichgesetzt werden. Es geht nicht um die mangelnde Identifikation mit Europa, sondern darum, dass auch die vorhandene Identifikation noch sichtbarer wird, was in den letzten Jahren durch transnationale Medien mehr und mehr erreicht wird. Bereichsspezifisch ist dies bereits der Fall: Quotenregelungen und LGBT-QIA+-Rechte werden durch einen erkennbaren öffentlichen Diskurs begleitet – gerade in jenen Ländern, deren Regierungen versuchen, entsprechende Rechte ihrer Bürger einzuschränken. Wie sichtbar die Öffentlichkeit ist, hängt in Anlehnung an Peter Häberle daher auch immer von dem Politikfeld ab, welches den Gegenstand des Diskurses darstellt sowie vom Kontext in dem sich die Auseinandersetzungen entfalten. Gleichzeitig werden viele unionspolitischen Themen nicht öffentlichkeitswirksam diskutiert, obwohl transnationale Medien eine Infrastruktur bereitstellen, die eine europaweite Auseinandersetzung ermöglichen würden. Somit stellt sich die mediale Themensetzung auf europäischer Ebene nicht anders als auf nationaler dar.

Viertens ist die Untersuchung des Gleichstellungsrechts Beleg für die Notwendigkeit eines pragmatischen Zusammenwirkens von Institutionen und Ebenen, in deren Kontext der Wille der Bürger stärker berücksichtigt wird. Darunter zählt auf der Seite der Judikativen das Verhältnis von EuGH und nationalen Verfassungsgerichten. Ein Verständnis der gegenseitigen Ergänzung scheint hier unabdingbar. Konkurrenzdenken um „das letzte Wort" in der Jurisprudenz ist weder für die EU noch für die Mitgliedstaaten förderlich. Ein solches Denken steht dem Gründungsgedanken der Gemeinschaften diametral entgegen. Im Bereich der Legislative wäre eine weitere Reform der Wahlen zum Europäischen Parlament denkbar, die die Ziele der 2015 angestoßenen Reform besser umsetzt als die des im Juli 2018 angenommenen Beschlusses. Dies ginge einher mit einer höheren Sichtbarkeit der europäischen Ebene und Klarheit darüber, über welche Politiken bei Europawahlen entschieden wird, so dass Wählern bewusst ist, für was und für wen sie stimmen. Von den Regierungen der Mitgliedstaaten ist darüber hinaus mehr Bereitschaft gefragt, auf europäischer Ebene sinnvoll zu koordinieren – und nicht zu feilschen. National und europäisch widersprechen sich nicht.

Die Übersetzung der Gedanken Monnets betrifft schließlich die Frage nach dem notwendigen Maß an Zuständigkeiten der Europäischen Union. Zwar sind jüngere Initiativen der Kommission zu begrüßen. Sie legen auf die Einbindung der Zivilgesellschaft und auf die Befassung mit den von Bürgern gewünschten Politikbereichen Wert. Auf diese Weise können gemeinsame Interessen jenseits nationalstaatlicher Grenzen zumindest berücksichtigt werden. Gleichzeit stärkt die direkte Zusammenarbeit von Kommission und Bevölkerung die Legitimation der Europäischen Kommission. Sie kann nun beanspruchen, in höherem Maße für die Bürger einzutreten als ihr dies in den Anfangsjahren der Europäischen Gemeinschaften zustand. Jedoch ist das Gleichstellungsrecht der Europäischen Union beispielhaft für eine notwendige Erweiterung der Bereiche, die der Zuständigkeit der Union obliegen sollten. Es dauerte Jahrzehnte, bis das Sozialrecht in angemessene Verbindung mit dem Wettbewerbsrecht gebracht und eingesehen wurde, dass die Europäische Union mehr ist als nur ein gemeinsamer Markt. Die 1970er Jahren waren vom Feminismus und von der Positionierung von Frauen auf dem Arbeitsmarkt innerhalb der existierenden Marktlogik geprägt. Gleichzeitig bestand schon damals der Wunsch nach einer umfassenderen europarechtlichen Grundlage.

Heute sprechen die Einbindung der nunmehr rechtlich bindenden Grundrechtecharta in individuelle Klagen sowie die Initiativen des Parlamentes und der Kommission im gegenwärtigen Genderdiskurs dafür, dass eine weitere Integration befürwortet wird. Auf europäischer Ebene begann dieser Trend in den 1990er Jahren und wurde durch international tätige Bürgerbewegungen flankiert. Die gegenwärtige Besinnung des EuGH auf die Bedeutung der europäischen Freizügigkeit (Rechtssache *Coman*) verspricht eine Entwicklung im Einklang mit der Zivilgesellschaft, deren Auffassungen sich oft progressiver als jene der jeweiligen Mitgliedstaaten darstellen. Ob die Übereinstimmung der Ansichten von Bürgern, Parlament und Kommission in europäische Politik übersetzt werden kann, bleibt aber von den Regierungen der Mitgliedstaaten abhängig. Der Diskurs endet auch heute zuständigkeitsbedingt grundsätzlich dort, wo er über Arbeitsbedingungen und Lohngleichheit hinausgeht. Das Recht kann nur soweit reichen, wie es den Zuständigkeiten der Union entspricht. Wirkmacht und Effektivität des unionsrechtlichen Gleichheitsgebotes variieren somit in Abhängigkeit vom betroffenen Geltungsbereich. Identitätspolitische Fragen, die Prüfung der Sinnhaftigkeit der Pathologisierung von Geschlechtsidentität und -anpassung sowie die Kategorisierung von (psychischen) Krankheiten blieben weitestgehend unberührt, was bis heute unterschiedliche nationale Vorgaben zulässt. In der Sprache der Marktlogik: Für den Eintritt in den europäischen Markt ergeben sich unterschiedliche Voraussetzungen – je nach Herkunft.

Nun, im beginnenden 21. Jahrhundert, setzen sich Kläger vor dem EuGH und Bürgerbewegungen für ein Gleichstellungsparadigma ein, welches der Logik der Grund- und Menschenrechte folgt und mit der Frage nach einer Europäisierung des Privatrechts einhergeht. Nicht Marktteilnehmer, sondern der Mensch selbst und die Frage danach, nach welchen Prinzipien die Europäer ihr Zusammenleben organisieren wollen, stehen im Zentrum der Auseinandersetzungen. Der Bruch mit traditionellen Geschlechterordnungen ist Teil der neuen Entwicklungen, die weit über die hier behandelten Themen des Arbeits- und Familienrechts hinausgehen und die Sichtweise auf fast alle unsere Lebensbereiche ändern können. Die Europäische Union kann diese Wende begleiten. Sie beansprucht in Artikel 2 EUV eine Reihe von Werten: „[...] die Achtung der Menschenwürde, Freiheit, Demokratie, Gleichheit, Rechtsstaatlichkeit und die Wahrung der Menschenrechte einschließlich der Rechte der Personen, die Minderheiten angehören. Diese Werte sind allen Mitgliedstaaten in einer Gesellschaft gemeinsam, die sich durch Pluralismus, Nichtdiskriminierung, Toleranz, Gerechtigkeit, Solidarität und die Gleichheit von Frauen und Männern auszeichnet." In vielen Ländern, derzeit vor allem in Polen und Ungarn, wird uns der Wunsch nach diesen Prinzipien stetig vor Augen geführt. Soll die Union diesem Anspruch ihrer Bürger gerecht werden, so kommt sie nicht ohne weitere Zuständigkeiten aus. In Ermangelung der Zuständigkeit für das Familienrecht konnte der Europäische Gerichtshof gleichgeschlechtlichen Paaren erst seit der Zeit ab 2000 gleiche Rechte wie heterosexuellen Paaren gewähren, die jedoch bis heute unterschiedliche steuerrechtliche und finanzielle Implikationen haben. Eine Union aber, die Werte wie Gleichheit und Menschenwürde vertritt, verliert an Glaubwürdigkeit, wenn sie diese Werte der Abhängigkeit volatiler politischer Prozesse in den Mitgliedstaaten überlässt. Sie gewänne hingegen, wenn das Europarecht auch im Bereich des Privatrechts erweitert würde. Werden Beziehungen der Bürger untereinander geregelt, so rücken – wie im Bereich des innereuropäischen Handels und Wettbewerbs – Gemeinsamkeiten in den Vordergrund. Auf diese Weise würde das Europarecht dafür sorgen, dass die Gesellschaft die europäischen Grundwerte lebt und die Vorteile einer offenen und toleranten Gesellschaft mehr und mehr erkennt. Mit den Worten Walter van Gervens: „The law should not be an end in itself but must serve an open, tolerant and better society."[1025] Das transnationale Moment in Europa bietet eine solche Chance, die durch die Erweiterung der Diskussion auf die Grundwerte der Union noch größer wird: Der Wertekanon der Union kann glaubhaft gefestigt werden. Das gegenwärtige Hinterfragen der binären Geschlechterordnung, das Einfordern von Rechtsstaatlichkeit und Demokratie und selbst das stets aktuelle Lohngleichheitsgebot haben dabei Auswirkungen auf angrenzende Rechtsbereiche, die über die bestehenden Zuständigkeiten der Union hinausgehen. Die gegenwärtige europäische Transnationalität – ausgedrückt in den Fällen vor dem EuGH, dem Engagement Einzelner und dem Aktivismus europaweiter Bewegungen – bricht mit der Norm, verlangt mehr Toleranz, mehr Offenheit, rückt Antidiskriminierung in ein neues Licht und verlangt nach den Grundrechtrechten der Europäischen Union. Diese transnationale Debatte könnte eine derartige Vehemenz wie die Frauenbewegung in den 1970ern haben. Dieses Potential ist auch das Potential der Europäischen Union.

1025 Vgl. Walter van Gerven Institute: Ten Values which guided Walter van Gerven as a lawyer, online verfügbar: https://waltervangerveninstitute.eu/10_values_of_walter_van_Gerven [Zugriff: 19. Oktober 2020].

# Anhang

## *Anhang 1: Untersuchte Rechtssachen aus den Jahren 1951 bis 2019 nach Rechtsgebiet und Datum*

| | Datum | Titel | Rechtsgebiet | Europarecht | National. Recht | Gericht: Europarecht | Rechtsgrundlage | Gegenstand | Staat |
|---|---|---|---|---|---|---|---|---|---|
| 1 | 25.5.1971 | **Gabrielle Defrenne gegen belgischen Staat 80/70** | Gleiches Entgelt | 1 | | | Art. 119 EWG | Altersrenten als Teil des Entgeltes, begrenzte Reichweite Art. 119 EWG im Bereich der Sozialpolitik | BE |
| 2 | 8.4.1976 | **Gabrielle Defrenne gegen Societé Anonyme Belge de Navigation Aérienne Sabena 43/75** | Gleiches Entgelt | 1 | | | Art. 119 EWG | Ungleiche Bezahlung von Männern und Frauen für die gleiche Arbeit, unmittelbare Anwendbarkeit von 119 EWG | BE |
| 3 | 15.6.1978 | **Gabrielle Defrenne gegen Societé Anonyme Belge de Navigation Aérienne Sabena 149/77** | Gleiches Entgelt | 1 | | | Art. 119 EWG | Gleichheit in Bezug auf die Arbeitsbedingungen | BE |
| 4 | 9.2.1982 | **Eileen Garland gegen British Rail Engineering Limited 12/81** | Gleiches Entgelt | 1 | | | Art. 119 EWG, RL 75/117/EWG, RL 76/207/EWG | Vergünstigungen im Reiseverkehr für Arbeitnehmer im Ruhestand, Vorbehalt für Männer | UK |
| 5 | 17.5.1990 | **Douglas Harvey Barber gegen Guardian Royal Exchange Assurance Group 262/88** | Gleiches Entgelt | 1 | | | Art. 119 EWG (zusätzlich) Sex Discrimination Act (1975) Gericht zusätzlich: RL 75/117/EWG, RL 76/207/EWG | Gleiches Entgelt für Männer und Frauen – Betriebsbedingte Entlassung – Zahlung einer vorgezogenen Altersrente | UK |

| | Datum | Titel | Rechtsgebiet | Europarecht | National. Recht | Gericht: Europarecht | Rechtsgrundlage | Gegenstand | Staat |
|---|---|---|---|---|---|---|---|---|---|
| 6 | 20.11.1990 | **Caisse d'assurances sociales pour travailleurs indépendants „Integrity" gegen Nadine Rouvroy 373/89** | Gleiches Entgelt | | 1 | 1 (Tribunal du travail Nivelles) | Kläger: Art. 37 der königlichen Verordnung vom 19. Dezember 1967 zur Durchführung der königlichen Verordnung Nr. 38 Gericht: RL 79/7/EWG | Nationale Regelung, die unter bestimmten Umständen verheiratete Frauen, Witwen und Studenten von den Sozialversicherungsbeiträgen befreit. | BE |
| 7 | 11.7.1991 | **Elsie Rita Johnson gegen Chief Adjudication Officer 31/90** | Gleiches Entgelt | 1 | | | Regulation 20 (1) der Social Security (Severe Disablement Allowance) Regulations 1984, RL 79/7/EWG, Rechtssache 384/85 (Borrie Clarke) Gericht: ausführlicher zu RL 79/7EWG | Soziale Sicherheit, Geltungsbereich Richtlinie 79/7, Erwerbsbevölkerung im Sinne des Artikels 2 der Richtlinie; Unterbrechung der Erwerbstätigkeit, um sich um die Erziehung der Kinder zu kümmern und Hinderung durch Krankheit an der Wiederaufnahme einer Beschäftigung. | UK |
| 8 | 17.2.1993 | **Kommission der Europäischen Gemeinschaften gegen Königreich Belgien 173/91** | Gleiches Entgelt | 1 (Vertragsverletzungsverfahren) | | | Art. 119 EWG, RL 76/207/EWG | Durch Tarifvertrag eingeführte Entschädigung für die vom letzten Arbeitgeber entlassenen Arbeitnehmer, die ein bestimmtes Alter erreicht haben; Gewährung nur an männliche Arbeitnehmer. | BE |
| 9 | 6.10.1993 | **Gerardus Cornelis Ten Oever gegen Stichting Bedrijfspensioenfonds voor het Glazenwassers- en Schoonmaakbedrijf 109/91** | Gleiches Entgelt | 1 | | | Art. 119 EWG | Hinterbliebenenrente, die von einem betrieblichen Rentensystem gezahlt wird, dessen Bestimmungen das Ergebnis einer Abstimmung zwischen den Sozialpartnern ist, zeitliche Beschränkung der Wirkungen des Urteils in der Rechtssache C-262/88 (Barber). | NL |

| | Datum | Titel | Rechtsgebiet | Europarecht | National. Recht | Gericht: Europarecht | Rechtsgrundlage | Gegenstand | Staat |
|---|---|---|---|---|---|---|---|---|---|
| 10 | 14.12.1993 | **Michael Moroni gegen Collo GmbH 110/91** | Gleiches Entgelt | 1 | | | Art. 119 EWG, RL 86/378/EWG | Betriebliches System der Altersversorgung, das auf einer Vereinbarung zwischen dem Arbeitgeber und den Vertretern der Arbeitnehmer beruht, das das gesetzliche System der sozialen Sicherheit ergänzt, keine Finanzierung durch die öffentliche Hand genießt, zeitliche Wirkungen des Urteils in der Rechtssache C-262/88, Barber. | IT |
| 11 | 22.12.1993 | **David Neath gegen Hugh Steeper Ltd 152/91** | Gleiches Entgelt | 1 | | | Art. 119 EWG, Rechtssache 262/88 Douglas Harvey Barber | Betriebliche Altersversorgung – Verwendung je nach Geschlecht unterschiedlicher versicherungsmathematischer Faktoren, zeitliche Wirkungen des Urteils in der Rechtssache C-262/88 (Barber) | UK |
| 12 | 28.9.1994 | **Bestuur van het Algemeen burgerlijk pensioenfonds gegen G. A. Beune 7/93** | Gleiches Entgelt | 1 | | | RL 79/7/EWG, Verbundene Rechtssachen C-87/90, C-88/90 und C-89/90 A. Verholen und andere gegen Sociale Verzekeringsbank Amsterdam | Versorgungssystem für den öffentlichen Dienst im Rahmen der gesetzlichen Versorgungsregelung für Beamte | NL |
| 13 | 28.9.1994 | **Coloroll Pension Trustees Ltd gegen James Richard Russell, Daniel Mangham, Gerald Robert Parker, Robert Sharp, Joan Fuller, Judith Ann Broughton und Coloroll Group plc. 200/91** | Gleiches Entgelt | 1 | | | Art. 119 EWG, Rechtssache 262/88 Douglas Harvey Barber | Verwendung je nach Geschlecht unterschiedlicher versicherungsmathematischer Faktoren bei der betrieblichen Altersversorgung und zeitliche Beschränkung der Wirkungen des Urteils in der Rechtssache C-262/88 (Barber) | UK |

| | Datum | Titel | Rechtsgebiet | Europarecht | National. Recht | Gericht: Europarecht | Rechtsgrundlage | Gegenstand | Staat |
|---|---|---|---|---|---|---|---|---|---|
| 14 | 28.9.1994 | **Constance Christina Ellen Smith und andere gegen Avdel Systems Ltd. 408/92** | Gleiches Entgelt | 1 | | | Art. 119 EWG, Rechtssache 43/75 Gabrielle Defrenne gegen Societé Anonyme Belge de Navigation Aérienne Sabena | Betriebliche Altersversorgung, Angleichung des je nach Geschlecht unterschiedlichen Rentenalters zwischen dem 17. Mai 1990 (262/88 Barber) und dem Zeitpunkt des Inkrafttretens der angleichenden Maßnahme | UK |
| 15 | 28.9.1994 | **Anna Adriaantje Vroege gegen NCIV Instituut voor Volkshuisvesting BV und Stichting Pensioenfonds NCIV 57/93** | Gleiches Entgelt | 1 | | | Art. 119 EWG, Rechtssache 43/75 Gabrielle Defrenne gegen Societé Anonyme Belge de Navigation Aérienne Sabena (1976) | Anschluss an ein Betriebsrentensystem, dessen Bestimmungen nicht unmittelbar durch das Gesetz festgelegt sind, sondern das Ergebnis einer Abstimmung zwischen den Sozialpartnern darstellen. | NL |
| 16 | 28.9.1994 | **Geertruida Catharina Fisscher gegen Voorhuis Hengelo BV und Stichting Bedrijfspensioenfonds voor de Detailhande 128/93** | Gleiches Entgelt | 1 | | | Art. 119 EWG, Rechtssache 43/75 Gabrielle Defrenne gegen Societé Anonyme Belge de Navigation Aérienne Sabena (1976) | Anschluss an ein Betriebsrentensystem, dessen Bestimmungen nicht unmittelbar durch das Gesetz festgelegt sind, sondern das Ergebnis einer Abstimmung zwischen den Sozialpartnern darstellen, zeitliche Wirkungen des Urteils 262/88 (Barber). | NL |
| 17 | 13.2.1996 | **Joan Gillespie und andere gegen Northern Health and Social Services Boards, Department of Health and Social Services, Eastern Health and Social Services Board und Southern Health and Social Services Board 342/93** | Gleiches Entgelt | unklar | | 1 (Court of Appeal in Northern Ireland ) | Art. 119 EWG, RL 75/117/EWG, RL 76/207/EWG | Mittelbare und unmittelbare Leistungen, die der Arbeitgeber der Arbeitnehmerin aufgrund der gesetzlichen Vorschriften oder der Tarifverträge während ihres Mutterschaftsurlaubs zahlt. | UK |

| | Datum | Titel | Rechtsgebiet | Europarecht | National. Recht | Gericht: Europarecht | Rechtsgrundlage | Gegenstand | Staat |
|---|---|---|---|---|---|---|---|---|---|
| 18 | 21.10.1999 | **Susanne Lewen gegen Lothar Denda 333/97** | Gleiches Entgelt | unklar | | 1 (Arbeitsgericht Gelsenkirchen) | Gericht: Art. 119 EWG, RL 92/85/EWG, RL 96/34/EG | Weihnachtsgratifikation, die der Arbeitgeber dem Arbeitnehmer freiwillig gewährt. | BRD |
| 19 | 23.10.2003 | **Hilde Schönheit gegen Stadt Frankfurt am Main und Silvia Becker gegen Land Hessen 4/02 und 5/02** | Gleiches Entgelt | unklar | | 1 (Verwaltungsgericht Frankfurt am Main) | Art. 141 EG, Protokoll zu Art. 141 EG, RL 79/7/EWG, RL 86/378/EWG, RL 96/97/EG, RL 97/80/EG | Ruhestandsregelung für Beamte – Berechnung des Ruhegehalts teilzeitbeschäftigter Beamter | BRD |
| 20 | 7.10.2019 | **Safeway Ltd gegen Andrew Richard Newton, Safeway Pension Trustees Ltd 171/18** | Gleiches Entgelt, | 1 | | | Art. 157 AEUV, Rechtssache 262/88 Douglas Harvey Barber | Privates betriebliches Rentensystem, unterschiedliches Rentenalter, Tag des Erlasses von Maßnahmen zur Wiederherstellung der Gleichbehandlung, rückwirkende Angleichung dieses Alters an das der zuvor Benachteiligten | UK |
| 21 | 31.3.1981 | **J.P. Jenkins v Kingsgate (Clothing Productions) Ltd. 96/80** | Teilzeitbeschäftigung | 1 | | | Art. 119 EWG, RL 75/117/EWG, zusätzlich: Equal Pay Act, Equality Clause des Arbeitsvertrages | Unterschiedliche Entlohnung von Überstunden von Teil- und Vollzeitbeschäftigten, Teilzeitkräfte bekommen 10 % weniger, Equal Pay Act | UK |
| 22 | 13.5.1986 | **Bilka-Kaufhaus GmbH gegen Karin Weber von Hartz 170/84** | Teilzeitbeschäftigung | 1 | | | Art. 119 EWG | Betriebliche Altersversorgung als Teil des Entgelts bei Teilzeitbeschäftigung und unmittelbare Geltung von Art. 119 | BRD |
| 23 | 27.6.1990 | **Maria Kowalska gegen Freie und Hansestadt Hamburg 33/89** | Teilzeitbeschäftigung | 1 | | | Art. 119 EWG, RL 75/117/EWG | Übergangsgeld, Ausscheiden aus dem Arbeitsverhältnis – Ausschluss von Teilzeitbeschäftigten | BRD |

| | Datum | Titel | Rechtsgebiet | Europarecht | National. Recht | Gericht: Europarecht | Rechtsgrundlage | Gegenstand | Staat |
|---|---|---|---|---|---|---|---|---|---|
| 24 | 7.2.1991 | **Helga Nimz gegen Freie und Hansestadt Hamburg 184/89** | Teilzeitbeschäftigung | | 1 | 1 (Arbeitsgericht Hamburg) | Klägerin: § 23a Bundesangestelltentarif Gericht: Art. 117 EWG, Art. 119 EWG, RL 75/117/EWG | Verdopplung der Bewährungszeit für teilzeitbeschäftigte Arbeitnehmer | BRD |
| 25 | 4.6.1992 | **Arbeiterwohlfahrt der Stadt Berlin e .V. gegen Monika Bötel 369/90** | Teilzeitbeschäftigung | | 1 | 1 (Landesarbeitsgericht Berlin) | Klägerin: § 37, Abs. 2 Betriebsverfassungsgesetz Gericht: Art. 119 EWG, RL 75/117/EWG | Teilnahme an Schulungsveranstaltungen für Personalratsmitglieder während der Vollarbeitszeit | BRD |
| 26 | 7.3.1996 | **Edith Freers und Hannelore Speckmann gegen Deutsche Bundespost 278/93** | Teilzeitbeschäftigung | 1 | | | Art. 119, RL 75/117/EWG, Rechtssache 369/90 Monika Bötel | Für die Tätigkeit in einer gesetzlich geschaffenen Arbeitnehmervertretung dem Arbeitnehmer oder der Arbeitnehmerin zufließender Ausgleich, Schulungen für teilzeitbeschäftigte Betriebsräte | BRD |
| 27 | 3.12.2007 | **Ursula Voß gegen Land Berlin 300/06** | Teilzeitbeschäftigung | 1 | | | Art. 141 EG, RL 75/117/EWG | Überstundenzulagen für Beamte im Rahmen der nationalen Beamtenbesoldung, schlechtere Vergütung von Teilzeitbeschäftigten | BRD |
| 28 | 10.6.2010 | **Istituto nazionale della previdenza sociale (INPS)/Tiziana Bruno, Massimo Pettini (C-395/08), Daniela Lotti, Clara Matteucci (C-396/08)** | Teilzeitbeschäftigung | unklar | | 1 (Corte d'appello di Roma) | RL 97/81/EG | Teilzeitbeschäftigte, die jedes Jahr einige Monate arbeiten und in den anderen Monaten freihaben, Nichtberücksichtigung der arbeitsfreien Zeit für die Berechnung der Altersrente. | IT |
| 29 | 27.3.1980 | **Macarthys Ltd gegen Wendy Smith 129/79** | Gleichwertigkeit der Arbeit | 1 (dritte Instanz) | | | Erste Instanz: Equal Pay Act Dritte Instanz: Art. 119 EWG, RL 75/117/EWG | Notwendigkeit der Gleichzeitigkeit der gleichen Arbeit | UK |

| | Datum | Titel | Rechtsgebiet | Europarecht | National. Recht | Gericht: Europarecht | Rechtsgrundlage | Gegenstand | Staat |
|---|---|---|---|---|---|---|---|---|---|
| 30 | 1.7.1986 | **Gisela Rummler gegen Dato-Druck GmbH 237/85** | Gleichwertigkeit der Arbeit | 0 | 1 | 1 (Arbeitsgericht Oldenburg) | Gericht: RL 75/117/EWG | Kriterien eines Einstufungssystems | BRD |
| 31 | 4.2.1988 | **Mary Murphy und andere gegen An Bord Telecom Eireann 157/86** | Gleichwertigkeit der Arbeit | 0 | 1 (Die Klägerin zog das Europarecht erst in der Argumentation vor EuGH hinzu) | 1 (Irischer High Court) | Klägerinnen zunächst: Anti-Discrimination Pay Act (1974) zur Durchführung der RL 75/117/EWG Gericht: Art. 119 EWG RL 75/117/EWG | Höherwertige von Frauen geleistete Arbeit | IRL |
| 32 | 27.10.1993 | **Dr. Pamela Mary Enderby gegen Frenchay Health Authority und Secretary of State for Health 127/92** | Gleichwertigkeit der Arbeit | 0 | 1 | 1 (Court of Appeal of England and Wales) | Gericht: Art. 119 EWG | Unterschiedliches Entgelt für zwei gleichwertigen Tätigkeiten, von denen eine fast ausschließlich von Frauen und die andere von Männern ausgeübt wird, getrennte Tarifverhandlungen | UK |
| 33 | 11.5.1999 | **Angestelltenbetriebsrat der Wiener Gebietskrankenkasse gegen Wiener Gebietskrankenkasse 309/97** | Gleichwertigkeit der Arbeit | 0 | 1 | 1 (Oberlandesgericht Wien) | Kläger: Gleichbehandlungsgesetz (1979) Gericht: Art. 119 EWG, RL 75/117/EWG | Qualifikation als Grundlage der Feststellung der Gleichwertigkeit | AT |
| 34 | 8.11.1983 | **Kommission der Europäischen Gemeinschaften gegen Vereinigtes Königreich Großbritannien und Nordirland 165/82** | Zugang zu Beschäftigung | 1 (Vertragsverletzungsverfahren) | | | RL 76/207/EWG | Tätigkeiten in kleinen und privaten Haushalten, gleicher Zugang zum Beruf der Hebamme | UK |

| | Datum | Titel | Rechtsgebiet | Europarecht | National. Recht | Gericht: Europarecht | Rechtsgrundlage | Gegenstand | Staat |
|---|---|---|---|---|---|---|---|---|---|
| 35 | 21.5.1985 | **Kommission der Europäischen Gemeinschaften gegen Bundesrepublik Deutschland 248/83** | Zugang zu Beschäftigung | 1 (Vertragsverletzungsverfahren) | | | RL 76/207/EWG, RL 75/117/EWG | Garantien des Gleichheitsgrundsatzes, die sich aus der Verfassung ergeben. | BRD |
| 36 | 15.5.1986 | **Marguerite Johnston gegen Chief Constable of the Royal Ulster Constabulary 222/84** | Zugang zu Beschäftigung | 1 | | | RL 76/207/EWG | Bewaffneter Angehörige einer Hilfspolizei | UK |
| 37 | 26.10.1999 | **Angela Maria Sirdar gegen The Army Board und Secretary of State for Defence 273/97** | Zugang zu Beschäftigung | 1 | | | RL 76/207/EWG | Weigerung, eine Frau als Köchin bei der Königlichen Marineinfanterie einzustellen. | UK |
| 38 | 11.1.2000 | **Tanja Kreil gegen Bundesrepublik Deutschland 285/98** | Zugang zu Beschäftigung | 1 | | | RL 76/207/EWG | Beschränkung des Zugangs von Frauen zum Dienst mit der Waffe in der Bundeswehr | BRD |
| 39 | 7.12.2000 | **Julia Schnorbus gegen Land Hessen 79/99** | Zugang zu Beschäftigung | unklar | | 1 (Verwaltungsgericht Frankfurt am Main) | RL 76/207/EWG | Regelung des Zugangs zum juristischen Vorbereitungsdienst im Land Hessen, Vorrang von Bewerbern, die eine Wehr- oder Ersatzdienstpflicht erfüllt haben. | BRD |
| 40 | 11.3.2003 | **Alexander Dory gegen Bundesrepublik Deutschland 186/01** | Zugang zu Beschäftigung | 1 | | | RL 76/207/EWG, Rechtssache 258/98 Tanja Kreil gegen Bundesrepublik Deutschland | Nichtanwendung des Gemeinschaftsrechts auf die Wehrpflicht, Artikel 2 der Richtlinie 76/207/EWG, Beschränkung der Wehrpflicht auf Männer, Unanwendbarkeit der Richtlinie | BRD |
| 41 | 26.10.1983 | **Kommission der Europäischen Gemeinschaften gegen Italienische Republik 163/82** | Schwangerschaft und Mutterschutz | 1 (Vertragsverletzungsverfahren) | | | RL 76/207/EWG | Recht der Adoptivväter auf Anspruch eines „Mutterschaftsurlaubes“ nach Aufnahme des Kindes in die Adoptivfamilie | IT |

| | Datum | Titel | Rechtsgebiet | Europarecht | National. Recht | Gericht: Europarecht | Rechtsgrundlage | Gegenstand | Staat |
|---|---|---|---|---|---|---|---|---|---|
| 42 | 12.7.1984 | **Ulrich Hofmann gegen Barmer Ersatzkasse 184/83** | Schwangerschaft und Mutterschutz | 0 | 1 | 1 (Landessozialgericht Hamburg) | § 8, § 13 Mutterschutzgesetz, § 200, Abs. 4 Reichsversicherungsordnung Gericht: Rechtssache 248/83 Kommission gegen BRD | Mutterschaftsurlaub, Prüfung, ob analog auf Väter übertragbar. | BRD |
| 43 | 8.11.1990 | **Elisabeth Johanna Pacifica Dekker gegen Stichting Vormingscentrum voor Jong Volwassenen (VJV-Centrum) Plus 177/88** | Schwangerschaft | 0 | 1 | 1 (Hoge Raad der Nederlanden) | Gericht: RL 76/207/EWG | Weigerung, mit einer für geeignet befundenen schwangeren Bewerberin einen Arbeitsvertrag zu schließen. | NL |
| 44 | 8.11.1990 | **Handels- og Kontorfunktionaerernes Forbund i Danmark, gegen Dansk Arbejdsgiverforening (Hertz) 179/88** | Schwangerschaft | 0 | 1 | 1 (Höjesteret ) | Beklagte: RL 76/207/EWG Gericht: RL76/207/EWG Klägerin: § 1 und § 4 des Gesetzes über die Gleichbehandlung. | Entlassung aufgrund von Fehlzeiten infolge einer durch Schwangerschaft oder Entbindung verursachten Krankheit | DK |
| 45 | 5.5.1994 | **Gabriele Habermann-Beltermann gegen Arbeiterwohlfahrt, Bezirksverband Ndb./Opf. e .V. 421/92** | Schwangerschaft | 0 | Unklar | 1 (Arbeitsgericht Regensburg) | Gericht: RL 76/207/EWG, Rechtssache 177/88 Elisabeth Johanna Pacifica Dekker gegen Stichting Vormingscentrum voor Jong Volwassenen (VJV-Centrum) Plus | Vertrag (Nachtarbeit) zwischen einem Arbeitgeber und einer schwangeren Arbeitnehmerin, Unkenntnis der Schwangerschaft, Nichtigkeit wegen eines gesetzlichen Nachtarbeitsverbots für Schwangere | BRD |
| 46 | 14.7.1994 | **Carole Louise Webb gegen EMO Air Cargo (UK) Ltd. 32/93** | Schwangerschaft | 0 | 1 | 1 (House of Lords) | Klägerin: Sex Discrimination Act House of Lords: RL 76/207/EWG | Entlassung einer schwangeren Vertretung einer im Mutterschaftsurlaub befindlichen Beschäftigten | UK |

| | Datum | Titel | Rechtsgebiet | Europarecht | National. Recht | Gericht: Europarecht | Rechtsgrundlage | Gegenstand | Staat |
|---|---|---|---|---|---|---|---|---|---|
| 47 | 29.5.1997 | **Handels- og Kontorfunktionærernes Forbund i Danmark als Beauftragter von Helle Elisabeth Larsson gegen Dansk Handel & Service als Beauftragter der Føtex Supermarked A/S (Larsson) 400/95** | Schwangerschaft | 1 | | | RL 76/207/EWG (zusätzlich: Nationales Gleichbehandlungsgesetz) | Entlassung aufgrund von Fehlzeiten wegen einer durch Schwangerschaft oder Entbindung verursachten Krankheit, die bereits während der Schwangerschaft auftrat und nach der Entbindung andauerte | DK |
| 48 | 30.4.1998 | **Caisse nationale d'assurance vieillesse des travailleurs salariés (CNAVTS) gegen Evelyne Thibault 136/95** | Schwangerschaft und Mutterschutz | 0 | 1 | 1 (Cour de Cassation) | Klägerin: Art. L 123–1 Buchstabe c des Arbeitsgesetzbuches Gericht: RL 76/207/EWG | Anspruch auf Beurteilung und Anrechnung der Zeiten im Mutterschaftsurlaub | F |
| 49 | 14.9.1999 | **Gabriele Gruber gegen Silhouette International Schmied GmbH & Co. KG 249/97** | Schwangerschaft und Mutterschutz | 1 | | | Art. 119 EWG, (zusätzlich: § 23, Abs. 1 Angestelltengesetz) | Abfindung bei Auflösung des Arbeitsverhältnisses, Kündigung wegen fehlender Betreuungsmaßnahmen | AT |
| 50 | 3.2.2000 | **Silke-Karin Mahlburg gegen Land Mecklenburg-Vorpommern 207/98** | Schwangerschaft | 1 | | | RL 76/207/EWG, (zusätzlich: § 611a Bürgerliches Gesetzbuch) | Weigerung, eine schwangere Frau einzustellen. | BRD |
| 51 | 4.10.2001 | **Tele Danmark A/S gegen Handels- og Kontorfunktionærernes Forbund i Danmark (HK) 109/00** | Schwangerschaft | 0 | 1 | 1 (Højesteret) | Kläger: § 9 Gesetz über die Gleichbehandlung Beklagte: RL 76/207/EWG | Entlassung einer schwangeren Arbeitnehmerin, befristeter Arbeitsvertrag | DK |
| 52 | 27.2.2003 | **Wiebke Busch gegen Klinikum Neustadt GmbH & Co. Betriebs-KG 320/01** | Schwangerschaft | 0 | 1 | 1 (Arbeitsgericht Lübeck) | Gericht: RL 76/207/EWG | Schwangerschaft einer Arbeitnehmerin als Grund für die Ablehnung ihrer Rückkehr an ihren Arbeitsplatz vor Elternzeitende | BRD |

| | Datum | Titel | Rechtsgebiet | Europarecht | National. Recht | Gericht: Europarecht | Rechtsgrundlage | Gegenstand | Staat |
|---|---|---|---|---|---|---|---|---|---|
| 53 | 8.6.2004 | **Österreichischer Gewerkschaftsbund, Gewerkschaft der Privatangestellten gegen Wirtschaftskammer Österreich**<br>**220/02** | Schwangerschaft und Mutterschutz | 1 | | | Art. 141 EG | Berechnung einer Abfindung; Möglichkeit, die Arbeitnehmer, die einen Militärdienst leisten, mit den Arbeitnehmerinnen zu vergleichen, die nach Ablauf ihres Mutterschaftszeit eine Karenzzeit nehmen. | AT |
| 54 | 19.9.2013 | **Marc Betriu Montull gegen Instituto Nacional de la Seguridad Social (INSS)**<br>**5/12** | Schwangerschaft und Mutterschutz | 0 | 1 | 1<br>(Juzgado de lo Social nº 1 de Lleida) | Kläger Vereinbarkeit des Gleichbehandlungsgrundsatzes der spanischen Verfassung und Art. 48, Abs. 4 Arbeitnehmerstatut<br>Gericht: RL 76/207/EWG, RL 96/34/EG (Elternzeit) | Mutterschaftsurlaub als Anspruch unselbständig tätiger Mütter und als abgeleiteter Anspruch unselbständig tätiger Väter | ES |
| 55 | 22.2.2018 | **Jessica Porras Guisado gegen Bankia SA u. a.**<br>**103/16** | Schwangerschaft | 1 | | | 92/85/EG (im Rechtsmittel) | Kündigungsverbot einer Arbeitnehmerin während der Zeit vom Beginn ihrer Schwangerschaft bis zum Ende ihres Mutterschaftsurlaubs, Massenentlassungen | ES |
| 56 | 17.10.1995 | **Eckhard Kalanke gegen Freie Hansestadt Bremen**<br>**450/93** | Positive Maßnahmen | | 1 | 1<br>(Bundesarbeitsgericht) | Kläger: Verfassung des Landes Bremen, Grundgesetz, § 611a Bürgerliches Gesetzbuch<br>Gericht: RL 76/207/EWG, Landesgleichstellungsgesetz | Beförderung, gleiche Qualifikation von Bewerbern unterschiedlichen Geschlechts, Vorrang der weiblichen Bewerber | BRD |

| | Datum | Titel | Rechtsgebiet | Europarecht | National. Recht | Gericht: Europarecht | Rechtsgrundlage | Gegenstand | Staat |
|---|---|---|---|---|---|---|---|---|---|
| 57 | 11.11.1997 | **Hellmut Marschall gegen Land Nordrhein-Westfalen 409/95** | Positive Maßnahmen | | 1 | 1 (Verwaltungsgericht Gelsenkirchen) | Gericht: RL 76/207/EWG, Eckhard Kalanke gegen Freie Hansestadt Bremen | Vorrang bei Beförderung von Frauen im Wettbewerb mit Männern bei gleicher Qualifikation, wenn Erstere unterrepräsentiert sind, Öffnungsklausel zur objektiven Beurteilung jedes Einzelfalls | BRD |
| 58 | 28.3.2000 | **Georg Badeck u. a., Beteiligte: Hessischer Ministerpräsident und Landesanwalt beim Staatsgerichtshof des Landes Hessen 158/97** | Positive Maßnahmen | 1 | | | RS 450/93 Eckhard Kalanke gegen Freie Hansestadt Bremen (zusätzlich: Hessisches Gleichberechtigungsgesetz) | Beschäftigung in der öffentlichen Verwaltung; Maßnahmen, die der Beförderung von Frauen den Vorrang einräumen. | BRD |
| 59 | 29.11.2001 | **Joseph Griesmar gegen Ministre de l'Economie, des Finances et de l'Industrie und Ministre de la Fonction publique, de la Réforme de l'Etat et de la Décentralisation 366/99** | Positive Maßnahmen | 1 | | | Art. 119 EWG/ Art. 141 EG Gericht zusätzlich: 79/7/EWG | Vereinbarkeit einer Regelung mit dem Gemeinschaftsrecht, die für Zivilbeamtinnen die Berücksichtigung eines ruhegehaltsfähigen Dienstjahres für jedes ihrer Kinder vorsieht. | F |
| 60 | 19.3.2002 | **H. Lommers gegen Minister van Landbouw, Natuurbeheer en Visserij 476/99** | Positive Maßnahmen | 1 | | | RL 76/207/EWG Zusätzlich: Wet Gelijke Behandeling van mannen en vrouwen (Gesetz über die Gleichbehandlung von Männern und Frauen) | Ministerium, das seinem Personal subventionierte Kindertagesstättenplätze zur Verfügung stellt und Plätze vergibt, die – außer in Notfällen, die der Arbeitgeber beurteilt – den Kindern weiblicher Beamter vorbehalten sind. | NL |

| | Datum | Titel | Rechtsgebiet | Europarecht | National. Recht | Gericht: Europarecht | Rechtsgrundlage | Gegenstand | Staat |
|---|---|---|---|---|---|---|---|---|---|
| 61 | 5.2.2004 | **Gustav Schneider gegen Bundesminister für Justiz 380/01** | Positive Maßnahmen | 1 | | | Kläger: RL 76/207/EWG (zusätzlich: Amtshaftungsgesetz § 19 B-GBG , RL 76/207/EWG) | Beruflicher Aufstieg, Grundsatz einer effektiven gerichtlichen Kontrolle, Unzulässigkeit | AT |
| 62 | 30.4.1996 | **P gegen S und Cornwall County Council 13/94** | Gender Identity | | 1 | 1 (Industrial Tribunal Truro) | Kläger: Sex Discrimination Act Gericht: RL 76/207/EWG | Entlassung einer transsexuellen Person | UK |
| 63 | 17.2.1998 | **Lisa Jacqueline Grant gegen South-West Trains Ltd. 249/96** | Lebenspartnerschaften | 1 | | | Klägerin: Art. 119 EWG RL 76/207/EWG Equal Pay Act Gericht zusätzlich: RS 13/94 (P./S.) | Verweigerung einer Fahrtvergünstigung für Lebensgefährten des gleichen Geschlechts | UK |
| 64 | 21.5.2001 | **D und Königreich Schweden gegen Rat der Europäischen Union 122/99P, 125/99P** | Lebenspartnerschaften | 1 | | | Art. 49 EG-Satzung Statut der Beamten der Europäischen Gemeinschaften | Haushaltszulage für verheiratete Beamte der Europäischen Union, Anwendung derselben auf eine eingetragene Lebenspartnerschaft schwedischen Rechts | S |
| 65 | 7.1.2004 | **K. B. gegen National Health Service Pensions Agency und Secretary of State for Health 117/01** | Gender Identity | 1 | | | Art. 141 EG, RL 75/117/EWG | Ausschluss eines transsexuellen Partners vom Anspruch auf Hinterbliebenenrente, deren Gewährung auf den überlebenden Ehegatten beschränkt ist. | UK |
| 66 | 27.6.2006 | **Sarah Margaret Richards gegen Secretary of State for Work and Pensions 423/04** | Gender Identity | 1 | | | Art. 8 EMRK, RL 79/7/EWG, Rechtssache 117/01 K. B. gegen National Health Service Pensions Agency und Secretary of State for Health | Weigerung, einer Trans*-Person, die sich einer operativen Geschlechtsumwandlung vom Mann zur Frau unterzogen hat, mit dem 60. Lebensjahr eine Ruhestandsrente zu gewähren. | UK |

| | Datum | Titel | Rechtsgebiet | Europarecht | National. Recht | Gericht: Europarecht | Rechtsgrundlage | Gegenstand | Staat |
|---|---|---|---|---|---|---|---|---|---|
| 67 | 1.4.2008 | **Tadao Maruko gegen Versorgungsanstalt der deutschen Bühnen 267/06** | Lebenspartner-schaften | 1 | | | Kläger:<br>RL 2000/78/EG<br>§ 46 Sozialgesetzbuch VI<br>Gericht:<br>RL 2000/78/EG | Hinterbliebenenversorgung aus einem berufsständischen Pflichtversorgungssystem, Versagung mangels Eheschließung | BRD |
| 68 | 12.12.2013 | **Frédéric Hay gegen Crédit agricole mutuel de Charente-Maritime et des Deux-Sèvres 267/12** | Lebenspartner-schaften | 1 | | | Art. 14 EMRK,<br>Art. 2, Abs. 2<br>RL 2000/78/EG | Tarifvertrag, der eine Vergünstigung Arbeitnehmern vorbehält, die eine Ehe schließen; Ausschluss von Partnern eines zivilen Solidaritätspaktes. | F |
| 69 | 5.6.2018 | **Relu Adrian Coman, Robert Clabourn Hamilton, Asociația Accept/Inspectoratul General pentru Imigrări, Ministerul Afacerilor Interne, Consiliu Național pentru Combaterea Discriminării C-673/16** | Lebenspartner-schaften | 1 | | | Richtlinie 2004/38/EG | Anerkennung einer gleichgeschlechtlichen Ehe in einem Mitgliedstaat, in dem gleichgeschlechtliche Ehen nicht existieren. | RO |
| 70 | 26.6.2018 | **MB gegen Secretary of State for Work and Pensions 451/16 26. Juni 2018** | Gender Identity | 1 | | | Art. 4, Abs. 1<br>RL 79/7/EWG | Abhängigkeit der Anerkennung der Geschlechtsumwandlung von der Ungültigkeit einer bereits geschlossenen Ehe in Verbindung mit der Weigerung einer Person, die sich einer Geschlechtsumwandlung unterzogen hat, eine staatliche Ruhestandsrente gemäß der neuen Identität zu gewähren. | UK |

# Literaturverzeichnis


Agentur der Europäischen Union für Grundrechte (Hrsg.): Leben als Trans* in der EU, Wien 2015, online verfügbar: https://fra.europa.eu/sites/default/files/fra_uploads/fra-2015-being-trans-eu-comparative-summary_de.pdf [Zugriff: 3. Dezember 2020].

Ahrens, Petra/Abels, Gabriele: Die Macht zu gestalten – die Mutterschutzrichtlinie im legislativen Bermuda-Dreieck der Europäischen Union. Femina Politica – Zeitschrift für feministische Politikwissenschaft, 26(1), 39–54., online verfügbar: https:// doi.org/10.3224/feminapolitica.v26i1.03 [Zugriff: 12. März 2021].

Akt zur Einführung allgemeiner unmittelbarer Wahlen der Abgeordneten der Versammlung, Amtsblatt Nr. L 278, 8. Oktober 1976, online verfügbar: https://eur-lex.europa.eu/legal-content/DE/TXT/HTML/?uri=CELEX:41976X1008(01)&from=EN [Zugriff: 22. Dezember 2018].

Akt zur Einführung allgemeiner unmittelbarer Wahlen der Mitglieder des Europäischen Parlamentes, 23. September 2002, online verfügbar: https://eur-lex.europa.eu/legal-content/DE/ALL/?uri=CELEX%3A01976X1008%2801%29-20020923 [Zugriff: 25. Dezember 2018].

Alighieri, Dante: Über die Monarchie; 14. Jahrhundert, in: Foerster, Rolf Hellmut: Die Idee Europa 1300–1946. Quellen zur Geschichte der politischen Einigung, München 1963, S. 25–34.

Alter, Karen: The European Court's Political Power, New York 2010.

Amnesty International (Hrsg.): Diskriminierungen von Trans*-Personen und Intersexuellen: „Das wirft Ungarn ins Mittelalter zurück“, 19. Mai 2020, online verfügbar: https://www.amnesty.de/allgemein/pressemitteilung/ungarn-diskriminierung-von-trans-personen-und-intersexuellen-das-wirft [Zugriff: 11. Dezember 2020].

Arena, Amedeo: From an Unpaid Electricity Bill to the Primacy of EU Law: Gian Galeazzo Stendardi and the Making of Costa v. ENEL, in: The European Journal of International Law Vol. 30, Nr. 3, 2019, online verfügbar: http://www.ejil.org/article.php?article=3000&issue=149 [Zugriff: 2. Oktober 2020], S. 1017–1037.

Aston, Louise: Aus dem Leben einer Frau, Hamburg 1847.

Aston, Louise: Lydia, Magdeburg 1848.

Aston, Louise: Revolution und Conterrevolution, Mannheim 1849.

Aston, Louise: Wilde Rosen. Meine Emancipation. Gedichte und Autobiographisches, Neuausgabe, Berlin 2015.

Ausschuss für konstitutionelle Fragen des Europäischen Parlaments: Bericht über die Reform des Wahlrechts der Europäischen Union (2015/2035(INL)), 2. Oktober 2015, online verfügbar: http://www.europarl.europa.eu/sides/getDoc.do?pubRef=-//EP//TEXT+REPORT+A8-2015-0286+0+DOC+XML+V0//DE [Zugriff: 26. Dezember 2018].

Bank, Michaela: Women of Two Countries. German-American Women, Women's Rights, and Nativism, 1848–1890, Transatlantic Perspectives, Band 2, New York 2012.

Beck, Ulrich/Grande, Edgar: Das kosmopolitische Europa. Gesellschaft und Politik in der zweiten Moderne, Frankfurt am Main 2004.

Bentham, Jeremy: Introduction to the Principles of Morals and Legislation (1789), in: Burns J. H./Hart, H.L.A. (Hrsg.): The Collected Works of Jeremy Bentham, London 1970.

Bertelsmann Stiftung (Hrsg.): Traditionelle Rollenverteilung in Corona-Krise belastet die Frauen, Dezember 2020, online verfügbar: https://www.bertelsmann-stiftung.de/fileadmin/files/user_upload/Spotlight_Rollen_und_Aufgabenverteilung_bei_Frauen_und_Maennern_in_Zeiten_von_Corona.pdf [Zugriff: 12. März 2021].

Bluntschli, Johann Caspar: Die Organisation des Europäischen Staatenvereines (1881), Darmstadt 1878.

Boffey, Daniel: EU leader in bitter clash over COVID-19 recovery package, The Guardian, 20. Juli 2020, online verfügbar: https://www.theguardian.com/world/2020/jul/19/eu-leaders-extra-time-tempers-fray-coronavirus-recovery-summit-angela-merkel-emmanuel-macron [Zugriff: 20. Juli 2020].

Braidotti, Rosi: *Patterns of Dissonance. A Study of Women in Contemporary Philosophy.* Cambridge 1991.

Briand, Aristide: Memorandum über die Organisation eines Systems europäischer föderativer Union, 1. Mai 1930; in Europäische Gespräche, 8. Jahrgang, 1930, Heft 7. S. 372–384.

Brüggemann, Michael/Schulz-Forberg, Hagen: Becoming Pan-European? Transnational Media and the European Public Sphere, The International Communication Gazette, 1748-0485, Vol. 71, Nr. 8, 2009, S. 693–712.

Buchanan, James M.: An Economic Theory of Clubs, in: Economica, Vol. 32, Nr. 125, 1965, S. 1–14.

Bundesministerium der Justiz und für Verbraucherschutz, Bundesministerium des Innern, für Bau und Heimat: Entwurf eines Gesetzes zur Neuregelung der Änderung des Geschlechtseintrags, 8. Mai 2019, online verfügbar: https://www.bmjv.de/SharedDocs/Gesetzgebungsverfahren/Dokumente/RefE_TSG_Reform.pdf?__blob=publicationFile&v=2 [Zugriff: 14. Juli 2020].

Bundesministerium für Familie, Senioren, Frauen und Jugend: Elternzeit, online verfügbar: https://familienportal.de/familienportal/familienleistungen/elternzeit [Zugriff: 12. März 2021].

Bundesministerium für Familie, Senioren, Frauen und Jugend: Einigung auf verbindliche Vorgaben für mehr Frauen in Vorständen, 20. November 2020, online verfügbar: https://www.bmfsfj.de/bmfsfj/aktuelles/alle-meldungen/einigung-auf-verbindliche-vorgaben-fuer-mehr-frauen-in-vorstaenden/162534 [Zugriff. 27. November 2020].

Bundesministerium für Inneres der Republik Österreich: Schreiben zur Änderung des Vornamens und der Eintragung des Geschlechts im Geburtenbuch, BMI-VA 1300/0139-III/2/2010, 11. Mai 2010, online verfügbar: https://www.transx.at/Dokumente/BMI_11052010.pdf [Zugriff: 8. Mai 2020].

Bundesrat: Entschließung des Bundesrates zur Aufhebung des Transsexuellengesetzes sowie zur Erarbeitung eines Gesetzes zur Anerkennung der Geschlechtsidentität und zum Schutz der Selbstbestimmung bei der Geschlechterzuordnung, 362/17, 2. Juni 2017, online verfügbar: https://www.bundesrat.de/SharedDocs/drucksachen/2017/0301-0400/362-17(B).pdf?__blob=publicationFile&v=1 [Zugriff: 14. Juli 2020].

Bundesverfassungsgericht: Beschluss des Ersten Senats vom 15. Januar 1958, 1 BvR 400/51, online verfügbar: http://www.bverfg.de/e/rs19580115_1bvr040051.html [Zugriff: 3. Oktober 2019].

Bundesverfassungsgericht: Beschluss vom 29. Mai 1974 – BvL 52/71, online verfügbar: https://openjur.de/u/2130475.html [Zugriff: 15. November 2019].

Bundesverfassungsgericht: Beschluss des 1. Senats vom 11. Oktober 1978, 1BvR 16/72, online verfügbar: https://www.servat.unibe.ch/dfr/bv049286.html [Zugriff: 17. Mai 2020].

Bundesverfassungsgericht: Urteil des Zweiten Senats vom 30. Juni 2009, 2 BvE 2/08, online verfügbar: https://www.bundesverfassungsgericht.de/SharedDocs/Entscheidungen/DE/2009/06/es20090630_2bve000208.html [Zugriff: 7. August 2020].

Bundesverfassungsgericht: Beschluss des Ersten Senats vom 11. Januar 2011, 1 BvR 3295/07, online verfügbar: https://www.bundesverfassungsgericht.de/entscheidungen/rs20110111_1bvr329507.html [Zugriff: 6. Februar 2020].

Bundesverfassungsgericht: Urteil des Zweiten Senats vom 5. Mai 2020, 2 BvR 859/15, online verfügbar: http://www.bverfg.de/e/rs20200505_2bvr085915.html [Zugriff: 7. August 2020].

Bundeswehr: Personalzahlen der Bundeswehr, 2020, online verfügbar: https://www.bundeswehr.de/de/ueber-die-bundeswehr/zahlen-daten-fakten/personalzahlen-bundeswehr [Zugriff 17. Oktober 2020].

Calliess, Christian: Die Werte der Europäischen Union – Der europäische Staaten- und Verfassungsverbund als Werteverbund, in: Berliner Online-Beiträge zum Europarecht, Nr. 18, 10. Dezember 2004, online verfügbar: https://www.jura.fu-berlin.de/forschung/europarecht/bob/berliner_online_beitraege/Paper18-Calliess/Paper18---Die-Werte-der-Europaeischen-Union---Der-europaeische-Staaten--und-Verfassungsverbund-als-Werteverbund.pdf [Zugriff: 12. Dezember 2020].

Casper, Gerhard: The Emerging Constitution of the European Community, in: The University of Chicago Law School Record, Vol. 24, Nr. 1, 1978, online verfügbar: https://chicagounbound.uchicago.edu/cgi/viewcontent.cgi?article=1046&context=lawschoolrecord [Zugriff: 3. Oktober 2020], S. 5–12.

Casper, Gerhard: Gibt es ein europäisches Demokratiedefizit?, Carl Friedrich von Siemens Stiftung, München, 30. Mai 2006, online verfügbar: https://web.stanford.edu/group/gcasper_project/cgi-bin/files/papers/demokratiedefizit.pdf [Zugriff: 29. Oktober 2019].

Cavallar, Georg: Die Europäische Union – von der Utopie zur Friedens- und Wertegemeinschaft, Wien 2006.

Charta der Grundrechte der Europäischen Union, Amtsblatt der Europäischen Union, Abl. Nr. C 83/391, 30. März 2010, online verfügbar: http://www.europarl.europa.eu/germany/resource/static/files/europa_grundrechtecharta/_30.03.2010.pdf [Zugriff: 27. Juli 2019].

Charta der Vereinten Nationen, Statut des Internationalen Gerichtshofes, Stuttgart 1995.

Christiansen, Thomas/Göldner, Karin: EU-Spitzenkandidaten – Neue Impulse Und Ihre Folgen Für Das Politische System Der EU, in: Integration, Vol. 38, Nr. 1, 2015, S. 26–43, online verfügbar: http://www.jstor.org/stable/44076373 [Zugriff: 5. September 2020].

Churchill, Winston: Speech delivered at the University of Zurich, 19. September 1946, Council of Europe, online verfügbar: https://rm.coe.int/16806981f3 [Zugriff: 25. Juli 2020].

Ciobanu, Claudia: Poland's Replacement for Istanbul Convention Would Ban Abortion and Gay Marriage, 15. März 2021, online verfügbar: https://balkaninsight.com/2021/03/15/polands-replacement-for-istanbul-convention-would-ban-abortion-and-gay-marriage/ [Zugriff: 19. März 2021].

Coudenhove-Kalergi, Richard Nikolaus: Pan-Europa-Programm, Wien 1982 (1923).

Craig, Paul: The Lisbon Treaty. Law, Politics, and Treaty Reform, Oxford 2013.

Craig, Paul/de Búrca, Gráinne: EU Law. Text, Cases, and Materials, Oxford 2020.

Crucé, Émeric: Le Nouveau Cynee, ou Discours dees Occasions Et Moyens d'Etablier une Paix Generale Et la Liberté du Commerce par Tout le Monde (1629), Forgotten Books, London 2018.

The Danish Registered Partnership Act, Act No. 372, 1. Juni 1989, online verfügbar: http://www.qrd.org/qrd/world/europe/denmark/registered.partnership.act.with.amendments [Zugriff: 15. Februar 2020].

Dawson, Mark/DeWitte, Bruno/Muir, Elise: Judicial Activism at the European Court of Justice, Northampton 2013.

Der Bundeswahlleiter: Wahlbeteiligung bei Bundestags- und Europawahlen, 24. Juni 2019, online verfügbar: https://www.bundeswahlleiter.de/service/glossar/w/wahlbeteiligung.html [Zugriff: 15. November 2019].

Deutsche Gesellschaft für Transsexualität und Intersexualität e .V.: Schreiben an die Fraktionen im Landtag, 19. Oktober 2015, online verfügbar: http://www.dgti.org/images/pdf/BR_Initiative_dgti_Vorstand_oK_19_10_2015.pdf [Zugriff: 14. Juli 2020].

Deutsche Gesellschaft für Transsexualität und Intersexualität e .V.: Liste der Unterzeichner Aufforderung zur Bundesratsinitiative, 30. April 2017, online verfügbar: http://www.dgti.org/images/pdf/ListeUnterschriften.pdf [Zugriff: 14. Juli 2020].

Deutsche Gesellschaft für Transsexualität und Intersexualität e .V.: Stellungnahme zu dem Entwurf eines Gesetzes zur Neuregelung der Änderung des Geschlechtseintrags, 10. Mai 2019, online verfügbar: https://www.dgti.org/images/pdf/BMI_PStG_190509_final.pdf [Zugriff: 14. Juli 2020].

Deutsche Welle (Hrsg.): Ungarns Parlament stemmt sich gegen Frauenschutzkonvention, 5. Mai 2020, online verfügbar: https://www.dw.com/de/ungarns-parlament-stemmt-sich-gegen-frauenschutzkonvention/a-53343128 [Zugriff: 20. März 2021].

Deutsche Welle (Hrsg.): Ungarn nimmt Transsexuelle ins Visier: Rückfall ins „Mittelalter", 20. Mai 2020, online verfügbar: https://www.dw.com/de/ungarn-nimmt-transsexuelle-ins-visier-r%C3%BCckfall-ins-mittelalter/a-53505019 [Zugriff: 14. Juli 2020].

Deutsche Welle (Hrsg.): Ungarn. Orbáns Kampf gegen LGBTQI, 21. Mai 2020, online verfügbar: https://www.dw.com/de/ungarn-orb%C3%A1ns-kampf-gegen-lgbtqi/a-53522975 [Zugriff: 27. Juni 2020].

Deutsche Welle (Hrsg.): Istanbul-Konvention: Polen droht mit Rückzug aus Frauenrechts-Abkommen, 27. Juli 2020, online verfügbar: https://www.dw.com/de/istanbul-konvention-polen-droht-mit-r%C3%BCckzug-aus-frauenrechts-abkommen/a-54326108 [Zugriff: 12. Dezember 2020].

Deutsche Welle (Hrsg.): Andrzej Duda gewinnt Präsidentenwahl in Polen, 13. Juli 2020, online verfügbar: https://www.dw.com/de/andrzej-duda-gewinnt-pr%C3%A4sidentenwahl-in-polen/a-54148356 [Zugriff: 29. Juli 2020].

Deutsche Welle (Hrsg.): EU-Einigung: Rechtsstaatsverstöße könnten teuer werden, 5. November 2020, online verfügbar: https://www.dw.com/de/eu-einigung-rechtsstaatsverst%C3%B6%C3%9Fe-k%C3%B6nnten-teuer-werden/a-55508188 [Zugriff: 1. Mai 2021]

Deutsche Welle (Hrsg.): Polen: Die Abtreibungs-Debatte ist noch nicht zu Ende, 29. Januar 2021, online verfügbar: https://www.dw.com/de/polen-die-abtreibungs-debatte-ist-noch-nicht-zu-ende/a-56376051 [Zugriff: 30. Januar 2021].

Deutscher Bundestag: Gesetz zur Änderung des Grundgesetzes, 21. Dezember 1992, Bundesgesetzblatt, Jahrgang 1992, Teil 1, online verfügbar: https://www.bgbl.de/xaver/bgbl/text.xav?SID=&tf=xaver.component.Text_0&tocf=&qmf=&hlf=xaver.component.Hitlist_0&bk=bgbl&start=%2F%2F*%5B%40node_id%3D%27561469%27%5D&skin=pdf&tlevel=-2&nohist=1 [Zugang: 8. August 2020].

Deutscher Bundestag: Gesetzentwurf der Fraktionen CDU/CSU, SPD und BÜNDNIS 90/DIE GRÜNEN, Drucksache 16/8489, 11. März 2008, online verfügbar: https://dipbt.bundestag.de/doc/btd/16/084/1608489.pdf [Zugriff: 7. August 2020].

Deutscher Bundestag: Gesetz für die gleichberechtigte Teilhabe von Frauen und Männern an Führungspositionen in der Privatwirtschaft und im öffentlichen Dienst vom 24. April 2015, Bundesgesetzblatt Jahrgang 2015, Teil I, Nr. 17, 30. April 2015, online verfügbar: https://www.bgbl.de/xaver/bgbl/start.xav?startbk=Bundesanzeiger_BGBl&jumpTo=bgbl115s0642.pdf#__bgbl__%2F%2F*%5B%40attr_id%3D%27bgbl115s0642.pdf%27%5D__1606502667884 [Zugriff: 27. November 2020].

Deutscher Bundestag: Gesetzes- und Verfassungsänderungen in Ungarn seit 2010 aus Sicht des Rechts der Europäischen Union, Ausarbeitung PE 6–3000–46/13/2016, online verfügbar: https://www.bundestag.de/resource/blob/408304/c4c6c0068c9c5299545eaa7ee4ecb0ea/PE-6-046-13-pdf-data.pdf [Zugriff: 19. November 2020].

Deutscher Bundestag: Geschlechterparität in nationalen Parlamenten der EU-Staaten, Ausarbeitung WD 1–3000–016/18, 2018, online verfügbar: https://www.bundestag.de/resource/blob/575544/d40660e40b8b07c8c0f710d97b7d73e3/wd-1-016-18-pdf-data.pdf [Zugriff: 26. November 2020].

Deutscher Bundestag: Entwurf eines Gesetzes zur Änderung des Grundgesetzes (Änderung des Artikels 3 Absatz 3 – Einfügung des Merkmals sexuelle Identität), 12. September 2019, online verfügbar: https://dip21.bundestag.de/dip21/btd/19/131/1913123.pdf [Zugriff: 14. Juli 2020].

de Vreese, Claes H.: The EU as a public sphere, in: Living Review of European Governance, Vol. 2, Nr. 3, 2007, online verfügbar: http://www.europeangovernance-livingreviews.org/Articles/lreg-2007-3/download/lreg-2007-3BW.pdf [Zugriff: 11. Dezember 2020].

Die Welt (Hrsg.): Lohnkosten steigen in Deutschland deutlich an, in: Die Welt, 30. März 2010, online verfügbar: https://www.welt.de/wirtschaft/article6984656/Lohnkosten-steigen-in-Deutschland-deutlich-an.html [Zugriff: 22. September 2019].

Die Zeit (Hrsg.): Gebär-Mütter, 13. Februar 2019, online verfügbar: https://www.zeit.de/2019/08/ungarn-mutterschaft-subvention-viktor-orban-emanzipation-westen?utm_referrer=https%3A%2F%2Fwww.google.com%2F [Zugriff: 11. Dezember 2020].

Die Zeit (Hrsg.): Arbeitskosten in Deutschland deutlich über EU-Schnitt, in: Die Zeit, 29. April 2019, online verfügbar: https://www.zeit.de/wirtschaft/2019-04/arbeitskosten-industrie-dienstleistungen-deutschland-eu-statistisches-bundesamt [Zugriff: 22. September 2019].

Di Fabio, Udo: Grundrechte Als Werteordnung, in: *JuristenZeitung*, Vol. 59, Nr. 1, 2004, online verfügbar: www.jstor.org/stable/20827102. [Zugriff: 12. Dezember 2020], S. 1–8.

Dingler, Catrin: Der Schnitt. Zur Geschichte der Bildung weiblicher Subjektivität, Frankfurt am Main 2019.

Drechsel, Benjamin/Jaeger, Friedrich/König, Helmut/Lang, Anne-Katrin/Leggewie, Claus: Bilder von Europa. Innen- und Außenansichten von der Antike bis zur Gegenwart, Bielefeld 2010.

Duchhardt, Heinz/Németh, István (Hrsg.): Der Europa-Gedanke in Ungarn und Deutschland in der Zwischenkriegszeit, Veröffentlichungen des Instituts für Europäische Geschichte Main, Beihefte, Band 66, 2009.

Dumont, Gérard-François/Zurfluh, Anselm: Die Identität Europas. Werte für eine gemeinsame Zukunft, Schaffhausen 2001.

Ebert, Berit: Gleichstellung und Gender in der Jurisdiktion des Gerichtshofes der Europäischen Union. Eine Analyse unter Berücksichtigung kontemporärer Gerechtigkeitstheorien, Berlin 2012.

Ebert, Berit/Fradinger, Moira: Gender Dissidence in the 21st Century, The Berlin Journal, Nr. 34, Oktober 2020, S. 78–83.

Ebert, Berit: Ja, Nein, Vielleicht, oder doch vielleicht nicht? ... Trans* im Recht der Europäischen Union, 2020, History | Sexuality | Law, online verfügbar: https://hsl.hypotheses.org/.

Ecker, Diana: Der Freiheit kurzer Sommer. Auf Mathilde Franziska Annekes Spuren durch die pfälzisch-badische Revolution von 1849, Ubstadt-Weiher 2012.

Ellis, Evelyn: EC Sex Equality Law, 2. Auflage, New York 1998.

Eriksen, Erik Oddvar: An Emerging European Public Sphere, in: European Journal of Social Theory, Vol. 8, Nr. 3, August 2005, S. 341–363.

Eriksen, Erik Oddvar/Fossum, John Erik/Menéndez, Agustin José (Hrsg.): Developing a Constitution for Europe, London 2004.

Euronews: Reflecting on 12 years of gay marriage in the Netherlands, Euronews, 1. April 2013, online verfügbar: https://www.euronews.com/2013/04/01/reflecting-on-12-years-of-gay-marriage-in-the-netherlands [Zugriff: 15. Februar 2020].

Europarat: Revised draft report on the political, social and civic position of women in Europe, Straßburg, 15. August 1967, online verfügbar: https://rm.coe.int/090000168079a176 [Zugriff: 13. Juli 2020].

Europarat: Übereinkommen des Europarats zur Verhütung und Bekämpfung von Gewalt gegen Frauen und häuslicher Gewalt, 11. Mai 2011, online verfügbar: https://rm.coe.int/CoERMPublicCommonSearchServices/DisplayDCTMContent?documentId=0900001680462535 [Zugriff: 7. August 2020].

Europarat: Secretary General responds to Turkey's announced withdrawal from the Istanbul Convention, 20. März 2021, online verfügbar: https://www.coe.int/en/web/portal/-/secretary-general-responds-to-turkey-s-announced-withdrawal-from-the-istanbul-convention [Zugriff: 21. März 2021].

Europäische Bewegung: European Elections 2019. More Transparent and Closer to Citizens? Electoral Law Reform, 19. November 2015, Event Report, online verfügbar: https://europeanmovement.eu/wp-content/uploads/2015/12/Electoral-Law-Reform-_EVENT-REPORT2.pdf [Zugriff: 14. August 2020].

Europäischer Gewerkschaftsbund: Ein gerechteres Europa für Arbeitnehmer_innen, EGB-Programm für die Europawahlen, 2019, online verfügbar: https://www.etuc.org/sites/default/files/publication/file/2019-02/Draft-program-DE.pdf [Zugriff: 12. September 2020].

Europäische Kommission: Vorschlag für eine Richtlinie des Rates über Elternurlaub und Urlaub aus familiären Gründen, ABl. Nr. C 333, 9. Dezember 1983, online verfügbar: https://eur-lex.europa.eu/legal-content/DE/TXT/PDF/?uri=OJ:C:1983:333:FULL&from=DE [Zugriff 31. Juli 2019].

Europäische Kommission: Vorschlag für ein drittes mittelfristiges Aktionsprogramm zur Chancengleichheit, ABl. Nr. C 142, 31. Mai 1991, online verfügbar: https://eur-lex.europa.eu/legal-content/DE/TXT/?uri=celex%3A51990DC0449 [Zugriff: 27. November 2020].

Europäische Kommission: Mitteilung der Kommission an das Europäische Parlament und den Rat über die Auslegung des Urteils des Gerichtshofes vom 17. Oktober 1995 in der Rechtssache C-450/09, Eckhard Kalanke gegen Freie Hansestadt Bremen, 27. März 1996, online verfügbar: https://eur-lex.europa.eu/legal-content/DE/TXT/PDF/?uri=CELEX:51996DC0088&from=EL [Zugriff: 30. Juli 2019].

Europäische Kommission: Vorschlag für eine Richtlinie des Rates zur Anwendung des Grundsatzes der Gleichbehandlung ungeachtet der Religion oder der Weltanschauung, einer Behinderung, des Alters oder der sexuellen Ausrichtung, 2008/0140 (CNS), 2. Juli 2008, online verfügbar: https://eur-lex.europa.eu/LexUriServ/LexUriServ.do?uri=COM:2008:0426:FIN:DE:PDF [Zugriff: 29. Mai 2020].

Europäische Kommission: Vorschlag für eine Richtlinie des Europäischen Parlaments und des Rates zur Änderung der Richtlinie 92/85/EWG des Rates vom 19. Oktober 1992 über die Durchführung von Maßnahmen zur Verbesserung der Sicherheit und des Gesundheitsschutzes von schwangeren Arbeitnehmerinnen, Wöchnerinnen und stillenden Arbeitnehmerinnen am Arbeitsplatz, KOM(2008) 637, 3. Oktober 2008, online verfügbar: https://eur-lex.europa.eu/legal-content/DE/TXT/?uri=CELEX%3A52008PC0637 [Zugriff: 12. März 2021].

Europäische Kommission: Vorschlag für eine Richtlinie des Europäischen Parlaments und des Rates zur Gewährleistung einer ausgewogeneren Vertretung von Frauen und Männern unter den nicht geschäftsführenden Direktoren/Aufsichtsratsmitgliedern börsennotierter Gesellschaften und über damit zusammenhängende Maßnahmen, 2012/299 (COD), 14. November 2012, online verfügbar: https://eur-lex.europa.eu/legal-content/DE/TXT/PDF/?uri=CELEX:52012PC0614&from=DE [Zugriff: 20. Juni 2020].

Europäische Kommission: List of Actions by the Commission to Advance LGBTI Equality, 2015, online verfügbar: https://ec.europa.eu/info/sites/info/files/lgbti-actionlist-dg-just_en.pdf [Zugriff: 29. Mai 2020].

Europäische Kommission: 2016 Annual Report on the List of actions to advance LGBTI equality, 23. Februar 2017, online verfügbar: https://ec.europa.eu/news room/just/item-detail.cfm?item_id=54346 [Zugriff: 29. Mai 2020].

Europäische Kommission: Vorschlag für einen Beschluss des Rates zur Feststellung der eindeutigen Gefahr einer schwerwiegenden Verletzung der Rechtsstaatlichkeit durch die Republik Polen, 2017/0360(NLE), 20. Dezember 2017, online verfügbar: https://eur-lex.europa.eu/legal-content/DE/TXT/?uri=CELEX%3A5 2017PC0835 [Zugriff: 20. Juni 2021]

Europäische Kommission: 2017 Annual Report on the List of actions to advance LGBTI equality, 1. März 2018, online verfügbar: https://ec.europa.eu/info/sites/info/files/2017annualreportonlgbtilistofactions.pdf [Zugriff: 29. Mai 2020].

Europäische Kommission: 2018 Annual Report on the List of actions to advance LGBTI equality, 18. März 2019, online verfügbar: https://ec.europa.eu/info/si tes/info/files/aid_development_cooperation_fundamental_rights/2018_lgbti_annual_report_final_web_3.pdf [Zugriff: 29. Mai 2020].

Europäische Kommission: Eurobarometer on Discrimination 2019. The social acceptance of LGBTI people in the EU, 23. September 2019, online verfügbar: https://ec.europa.eu/info/sites/info/files/ebs_493_data_fact_lgbti_eu_en-1.pdf [Zugriff: 15. Juli 2020].

Europäische Kommission: Mitteilung der Kommission an das Europäische Parlament, den Rat, den Europäischen Wirtschafts- und Sozialausschuss und den Ausschuss der Regionen. Eine Union der Gleichheit: Strategie für die Gleichstellung der Geschlechter 2020–2025, COM(2020) 152 final, 5. März 2020, online verfügbar: https://eur-lex.europa.eu/legal-content/DE/TXT/PDF/?uri=CE LEX:52020DC0152&from=EN [Zugriff: 19. Juni 2020].

Europäische Kommission: Final Report 2015–19 on the List of Actions to Advance LGBTI Equality, 15. Mai 2020, online verfügbar: https://ec.europa.eu/info/sites /info/files/report_list_of_actions_2015-19.pdf [Zugriff: 29. Mai 2020].

Europäischer Gerichtshof für Menschenrechte: Rees gegen Vereinigtes Königreich, 17. Oktober 1986, online verfügbar: https://hudoc.echr.coe.int/eng#{%22itemid%22:[%22001-57564%22]} [Zugriff: 14. Juli 2020].

Europäischer Gerichtshof für Menschenrechte: Cossey gegen Vereinigtes Königreich, 27. September 1990, online verfügbar: https://hudoc.echr.coe.int/eng#{%22itemid%22:[%22001-57641%22]} [Zugriff: 14. Juli 2020].

Europäischer Gerichtshof für Menschenrechte: Sheffield und Horsham gegen Vereinigtes Königreich, 30. Juli 1998, online verfügbar: https://hudoc.echr.coe.int/eng#{%22itemid%22:[%22001-58212%22]} [Zugriff: 15. Juli 2020].

Europäischer Gerichtshof für Menschenrechte: van Kück gegen Deutschland, 12. Juni 2003, online verfügbar: http://www.worldlii.org/eu/cases/ECHR/2003/285.html [Zugriff: 14. Juli 2020].

Europäischer Gerichtshof für Menschrechte: Joanne Cassar against Malta, Application no. 36982/11, 9. Juli 2013, online verfügbar: file:///Users/beritebert/Downloads/001–123392.pdf [Zugriff: 1. Juni 2020].

Europäischer Gerichtshof für Menschenrechte: Rana gegen Ungarn, Application No. 40888/17, 16. Juli 2020, online verfügbar: https://hudoc.echr.coe.int/eng#{%22itemId%22:[%22001-203563%22]} [Zugriff: 8. August 2020].

Europäisches Parlament: Andrew Duff, o. D., online verfügbar: https://www.europarl.europa.eu/meps/de/4514/ANDREW_DUFF/history/7 [Zugriff: 10. November 2019].

Europäisches Parlament: Ergebnisse der Europawahlen 2014, o. D., online verfügbar: http://www.europarl.europa.eu/elections2014-results/de/turnout.html [Zugriff: 11. Dezember 2018].

Europäisches Parlament: Entschließung des Europäischen Parlaments zu der Lage der Grundrechte in der Europäischen Union (2002/2013(INI)), 4. September 2003, online verfügbar: https://www.lsvd.de/fileadmin/pics/Dokumente/ep030904.pdf [Zugriff: 29. Mai 2020].

Europäisches Parlament: Entschließung des Europäischen Parlaments zur Zunahme rassistischer Gewalt und von Gewalt gegen Homosexuelle in Europa, P6_TA(2006)0273, 15. Juni 2006, online verfügbar: https://www.europarl.europa.eu/sides/getDoc.do?pubRef=-//EP//NONSGML+TA+P6-TA-2006-0273+0+DOC+PDF+V0//DE [Zugriff: 29. Mai 2020].

Europäisches Parlament: Entschließung des Europäischen Parlaments vom 13. Dezember 2007 zur Bekämpfung der Zunahme des Extremismus in Europa, P6_TA(2007)0623, 13. Dezember 2007, online verfügbar: https://www.europarl.europa.eu/sides/getDoc.do?pubRef=-//EP//TEXT+TA+P6-TA-2007-0623+0+DOC+XML+V0//DE&language=DE [Zugriff: 29. Mai 2020].

Europäisches Parlament: Entschließung des Europäischen Parlaments vom 14. Januar 2009 zu der Lage der Grundrechte in der Europäischen Union 2004–2008, P6_TA(2009)0019, 14. Januar 2009, online verfügbar: https://www.europarl.europa.eu/sides/getDoc.do?pubRef=-//EP//NONSGML+TA+P6-TA-2009-0019+0+DOC+PDF+V0//DE [Zugriff: 29. Mai 2020].

Europäisches Parlament: Der Weg zu den Direktwahlen des Europäischen Parlamentes. Dokument aus Anlass des dreissigsten Jahrestages der Direktwahlen (Juni 1979), März 2009, online verfügbar: http://www.europarl.europa.eu/austria/resource/static/files/CardocSonder_Direktwahlen.pdf [Zugriff: 22. Dezember 2018].

Europäisches Parlament: Zweiter Bericht über den Vorschlag für eine Richtlinie des Europäischen Parlaments und des Rates zur Änderung der Richtlinie 92/85/EWG des Rates über die Durchführung von Maßnahmen zur Verbesserung der Sicherheit und des Gesundheitsschutzes von schwangeren Arbeitnehmerinnen, Wöchnerinnen und stillenden Arbeitnehmerinnen am Arbeitsplatz (KOM(2008)0637-C6-0340-2008/0193(COD)), 5. März 2010, online verfügbar: https://www.europarl.europa.eu/doceo/document/A-7-2010-0032_DE.pdf [Zugriff: 12. März 2021].

Europäisches Parlament: Legislative Entschließung des Europäischen Parlaments vom 20. Oktober 2010 zu dem Vorschlag für eine Richtlinie des Europäischen Parlaments und des Rates zur Änderung der Richtlinie 92/85/EWG des Rates über die Durchführung von Maßnahmen zur Verbesserung der Sicherheit und des Gesundheitsschutzes von schwangeren Arbeitnehmerinnen, Wöchnerinnen und stillenden Arbeitnehmerinnen am Arbeitsplatz, P7_TA(2010)0373, 20. Oktober 2010, online verfügbar: https://www.europarl.europa.eu/doceo/document/TA-7-2010-0373_DE.pdf [Zugriff: 12. März].

Europäisches Parlament: Entschließung des Europäischen Parlaments vom 28. September 2011 zu Menschenrechten, sexueller Orientierung und Geschlechtsidentität im Rahmen der Vereinten Nationen, P7_TA(2011)0427, 28. September 2011, online verfügbar: https://www.europarl.europa.eu/sides/getDoc.do?pubRef=-//EP//NONSGML+TA+P7-TA-2011-0427+0+DOC+PDF+V0//DE [Zugriff: 29. Mai 2020].

Europäisches Parlament: Entschließung des Europäischen Parlaments vom 10. März 2011 zum Mediengesetz in Ungarn, P7_TA(2011)0094, Abl. Nr. C 199 E/154, 7. Juli 2012, online verfügbar: https://eur-lex.europa.eu/legal-content/DE/TXT/PDF/?uri=CELEX:52011IP0094&from=EN [Zugriff: 11. Dezember 2020].

Europäisches Parlament: Entschließung des Europäischen Parlaments vom 6. Juli 2011 zu Frauen in wirtschaftlichen Führungspositionen (2010/2115(INI)), ABl. Nr. C 33 E/134, 5. Februar 2013, online verfügbar: https://www.europarl.europa.eu/sides/getDoc.do?pubRef=-//EP//NONSGML+TA+P7-TA-2011-0330+0+DOC+PDF+V0//DE [Zugriff: 13. Juli 2020].

Europäisches Parlament: Entschließung des Europäischen Parlaments vom 13. März 2012 zu der Gleichstellung von Frauen und Männern in der Europäischen Union (2011/2244(INI)), ABl. Nr. C 251 E/1, 31. August 2013, online verfügbar: https://eur-lex.europa.eu/legal-content/DE/TXT/PDF/?uri=CELEX:52012IP0069&from=DE [Zugriff: 13. Juli 2020].

Europäisches Parlament: Entschließung des Europäischen Parlaments vom 4. Februar 2014 zu dem EU-Fahrplan zur Bekämpfung von Homophobie und Diskriminierung aus Gründen der sexuellen Orientierung und der Geschlechtsidentität, P7_TA(2014)0062, 4. Februar 2014, online verfügbar: https://www.europarl.europa.eu/sides/getDoc.do?pubRef=-//EP//NONSGML+TA+P7-TA-2014-0062+0+DOC+PDF+V0//DE [Zugriff: 29. Mai 2020].

Europäisches Parlament: Entschließung des Europäischen Parlaments vom 11. November 2015 zu der Reform des Wahlrechts der Europäischen Union (2015/2035(INL)), 11. November 2015, online verfügbar: http://www.europarl.europa.eu/sides/getDoc.do?type=TA&reference=P8-TA-2015-0395&language=DE&ring=A8-2015-0286#BKMD-5 [Zugriff: 26. Dezember 2018].

Europäisches Parlament: Entschließung des Europäischen Parlaments vom 8. Oktober 2015 zur Anwendung der Richtlinie 2006/54/EG des Europäischen Parlaments und des Rates vom 5. Juli 2006 zur Verwirklichung des Grundsatzes der Chancengleichheit und Gleichbehandlung von Männern und Frauen in Arbeits- und Beschäftigungsfragen, P8_TA(2015)0351, ABl. Nr. C 349/56, 17. Oktober 2017, online verfügbar: https://eur-lex.europa.eu/legal-content/DE/TXT/PDF/?uri=CELEX:52015IP0351&from=EN [Zugriff: 29. Mai 2020].

Europäisches Parlament: Entschließung des Europäischen Parlaments vom 13. Dezember 2016 zur Lage der Grundrechte in der Europäischen Union 2015, P8_TA (2016)0485, 13. Dezember 2016, online verfügbar: https://www.europarl.europa.eu/doceo/document/TA-8-2016-0485_DE.pdf [Zugriff: 29. Mai 2020].

Europäisches Parlament: Entschließung des Europäischen Parlaments vom 17. Mai 2017 zur Lage in Ungarn, P8_TA(2017)0216, 17. Mai 2017, online verfügbar: https://www.europarl.europa.eu/doceo/document/TA-8-2017-0216_DE.pdf [Zugriff: 20. Juni 2021].

Europäisches Parlament: Bericht über die Lage der Grundrechte in der Europäischen Union 2016, A8–0025/2018, 13. Februar 2018, online verfügbar: https://www.europarl.europa.eu/doceo/document/A-8-2018-0025_DE.pdf [Zugriff: 29. Mai 2020].

Europäisches Parlament: Entschließung des Europäischen Parlaments vom 1. März 2018 zu dem Beschluss der Kommission, im Hinblick auf die Lage in Polen das Verfahren gemäß Artikel 7 Absatz 1 EUV einzuleiten, 2018/2541(RSP), ABl Nr. C 129/02, online verfügbar: https://eur-lex.europa.eu/legal-content/DE/TXT/PDF/?uri=OJ:C:2019:129:FULL&from=ES [Zugriff: 20: Juni 2021].

Europäisches Parlament: Parlament billigt Modernisierung des EU-Wahlrechts, 4. Juli 2018, online verfügbar: https://www.europarl.europa.eu/news/de/press-room/20180628IPR06818/parlament-billigt-modernisierung-des-eu-wahlrechts [Zugriff: 24. Oktober 2019].

Europäisches Parlament: Entschließung des Europäischen Parlaments vom 12. September 2018 zu einem Vorschlag, mit dem der Rat aufgefordert wird, im Einklang mit Artikel 7 Absatz 1 des Vertrags über die Europäische Union festzustellen, dass die eindeutige Gefahr einer schwerwiegenden Verletzung der Werte, auf die sich die Union gründet, durch Ungarn besteht, P8_TA(2018)0340, 12. September 2018, online verfügbar: https://www.europarl.europa.eu/doceo/document/TA-8-2018-0340_DE.pdf [Zugriff: 20. Juni 2021].

Europäisches Parlament: Entschließung des Europäischen Parlaments zur Zukunft der Liste von Maßnahmen zur Förderung der Gleichstellung von LGBTI-Personen (2019- 2024), P8 TA(2019)0129, 14. Februar 2019, online verfügbar: https://www.europarl.europa.eu/doceo/document/TA-8-2019-0129_DE.pdf [Zugriff: 29. Mai 2020].

Europäisches Parlament: Ergebnisse der Europawahl 2019. Sitze nach Fraktion und Land: 2019–2024, 2. Juli 2019, online verfügbar: https://europarl.europa.eu/election-results-2019/de/sitze-fraktion-land/2019-2024/ [Zugriff: 17. Oktober 2020].

Europäisches Parlament: Ergebnisse der Europawahl 2019. Wahlbeteiligung nach Land (%), 22. Oktober 2019, online verfügbar: https://europawahlergebnis.eu/wahlbeteiligung/ [Zugriff: 24. Oktober 2019].

Europäisches Parlament: Parlament verurteilt „LGBTI-freie Zonen" in Polen, Pressemitteilung, 18. Dezember 2019, online verfügbar: https://www.europarl.europa.eu/news/de/press-room/20191212IPR68923/parlament-verurteilt-lgbti-freie-zonen-in-polen [Zugriff: 30. Mai 2020].

Europäisches Parlament: Entschließung des Europäischen Parlaments vom 16. Januar 2020 zu den laufenden Anhörungen gemäß Artikel 7 Absatz 1 EUV zu Polen und Ungarn, P9_TA(2020)0014, 16. Januar 2020, online verfügbar: https://www.europarl.europa.eu/doceo/document/TA-9-2020-0014_DE.pdf [Zugriff: 11. Dezember 2020].

Europäischer Rat: Außerordentliche Tagung des Europäischen Rates (17., 18., 19., 20. und 21. Juli 2020) Schlussfolgerungen, 21. Juli 2020, online verfügbar: https://www.consilium.europa.eu/media/45136/210720-euco-final-conclusions-de.pdf [Zugriff: 19. November 2020].

European Union Agency for Fundamental Human Rights: Jahresbericht 2012, 18. Juni 2013, online verfügbar: https://fra.europa.eu/sites/default/files/annual-report-2012-chapter-5_de.pdf [Zugriff: 30. Mai 2020].

Faure, Sonya/Mallaval, Catherine: La cofondatrice du Planning familial Évelyne Sullerot est morte, Libération, 3. April 2017, online verfügbar: https://www.liberation.fr/debats/2017/04/03/la-cofondatrice-du-planning-familial-evelyne-sullerot-est-morte_1560269 [Zugriff: 19. Dezember 2020].

Fleischmann, Anne: Transidentität. Psychologische Gutachten für Betroffene entwürdigend?, Euronews, 9. August 2019, online verfügbar: https://de.euronews.com/2019/08/09/transidentitat-psychologische-gutachten-fur-betroffene-entwurdigend [Zugriff: 12. April 2020].

Foerster, Rolf Hellmut: Die Idee Europa 1300–1946. Quellen zur Geschichte der politischen Einigung, München 1963.

France 24 (Hrsg.): Turkey quits landmark Istanbul Convention protecting women from violence, 20. März 2021, online verfügbar: https://www.france24.com/en/middle-east/20210320-turkey-quits-landmark-istanbul-convention-protecting-women-from-violence [Zugriff: 21. März 2021].

François, Etienne/Serrier, Thomas (Hrsg.): Europa – Notre histoire: L'Héritage européen depius Homère, Les Arènes, 2017.

Frankfurter Allgemeine Zeitung: Tausende Polen protestieren gegen Justizreform, in: Frankfurter Allgemeine Zeitung, 18. Dezember 2019, online verfügbar: https://www.faz.net/aktuell/politik/ausland/tausende-polen-protestieren-gegen-pis-justizreform-16543130.html [Zugriff: 3. Dezember 2020].

Franzius, Claudio: Vom Nationalstaat zum Mitgliedstaat und wieder zurück? Modifikationen „offener Staatlichkeit" durch das Lissabon-Urteil des Bundesverfassungsgerichts, in: Leviathan, Vol. 38, Nr. 3, 2010, S. 429–64, online verfügbar: http://www.jstor.org/stable/23984766 [Zugriff: 5. September 2020].

Fraser, Nancy: Transnationalizing the Public Sphere. On the Legitimacy and Efficacy of Public Opinion in a Post-Westphalian World, in: Fraser, Nancy (u. a.): Transnationalizing the Public Sphere, Cambridge 2014, S. 8–42.

Frauen in die Aufsichtsräte (Hrsg.): Women-on-Board Index 185, Berlin, Mai 2020, online verfügbar: https://www.fidar.de/webmedia/documents/wob-index-185/2020-06/200114_Studie_WoB-Index_185_IV.pdf [Zugriff: 13. Juli 2020].

Fukuyama, Francis: Identity. The Demand for Dignity and the Politics of Resentment, New York 2018.

Ganßmann, Heiner/Haas, Michael: Eurosklerose? *PROKLA. Zeitschrift für Kritische Sozialwissenschaft*, 29(114), S. 55–71, online verfügbar: https://core.ac.uk/download/pdf/229351253.pdf [Zugriff: 30. Januar 2021].

Garavoglia, Matteo: Democracy in Europe: Politicizing Champions for the European Public Sphere, IAI Working Papers 11/14, Juni 2011, online verfügbar: https://www.jstor.org/stable/pdf/resrep09693.pdf?ab_segments=0%2Fbasic_search_gsv2%2Fcontrol&refreqid=fastly-default%3Abc5fb4b9ab736503333347b77566ce01 [Zugriff: 12. Dezember 2020].

Garrett, Geoffrey: International Cooperation and Institutional Choice: The European Community's Internal Market, in: International Organization, Nr. 46, 1992, S. 533–560.

Gehler, Michael: Europa. Ideen, Institutionen, Vereinigung, München 2005.

Gehler, Michael: Europa. Von der Utopie zu Realität, Wien 2014.

Gehring, Thomas: Integrating Integration Theory: Neo-functionalism and International Regimes, in: Global Society, Vol. 10, Nr. 3, 1996.

Gender Identity, Gender Expression and Sex Characteristics Act, 14. April 2015, online verfügbar: http://justiceservices.gov.mt/DownloadDocument.aspx?app=lom&itemid=12312&l=1 [Zugriff: 6. Februar 2020].

Gender Recognition Act, 2015, online verfügbar: http://www.irishstatutebook.ie/eli/2015/act/25/enacted/en/pdf [Zugriff: 6. Februar 2020].

Gentz, Friedrich: Über den Ewigen Frieden (1800), in: Raumer, Kurt von: Ewiger Friede. Friedensrufe und Friedenspläne seit der Renaissance, Freiburg im Breisgau, 1952, S. 461–497.

Gentz, Friedrich: Schriften zum Europäischen Gleichgewicht, in: Foerster, Hellmut Rolf: Die Idee Europa 1300–1946. Quellen zur Geschichte der politischen Einigung, München 1963, S. 125–140.

Gerhard, Ute: Für eine andere Gerechtigkeit. Dimensionen feministischer Rechtskritik, Frankfurt am Main 2018.

Gerichtshof der Europäischen Union: Frauen haben in Deutschland Zugang zum Dienst mit der Waffe, Pressemitteilung Nr. 1/2000, 11. Januar 2000, online verfügbar: https://curia.europa.eu/de/actu/communiques/cp00/aff/cp0001de.htm [Zugriff: 17. Oktober 2020].

Gesetz über die Änderung der Vornamen und Feststellung der Geschlechtszugehörigkeit, Bundesgesetzblatt, 10. September 1980, online verfügbar: https://www.bgbl.de/xaver/bgbl/start.xav?start=//*%5B@attr_id=%27bgbl180s1654.pdf%27%5D#__bgbl__%2F%2F*%5B%40attr_id%3D%27bgbl180s1654.pdf%27%5D__1581155028326 [Zugriff: 8. Februar 2020].

Gesetz zur Einführung des Rechts auf Eheschließung für Personen gleichen Geschlechts, Bundesgesetzblatt, Jahrgang 2017, Teil I, Nr. 52, 28. Juli 2017, 1. Oktober 2017 in Kraft, online verfügbar: https://www.bgbl.de/xaver/bgbl/start.xav#__bgbl__%2F%2F*%5B%40attr_id%3D%27bgbl117s2787.pdf%27%5D__1581761475435 [Zugriff: 15. Februar 2020].

Gillingham, John: Zur Vorgeschichte der Montan-Union Westeuropas. Kohle und Stahl in Depression und Krieg, Vierteljahreshefte für Zeitgeschichte, Jahrgang 34, Heft 3, 1986, online verfügbar: https://www.ifz-muenchen.de/heftarchiv/1986_3_4_gillingham.pdf [Zugriff: 25. Juli 2020].

Göler, Daniel/Jopp, Mathias Jopp: Die Europawahl 2014 und das Konzept der Spitzenkandidaten - Ein Kommentar, in: Integration, Vol. 37, Nr. 2, 2014, S. 152–60, online verfügbar: http://www.jstor.org/stable/24224055 [Zugriff: 5. September 2020].

Gollwitzer, Heinz: Europabild und Europagedanke, München 1964.

Grätz, Ronald/Neubauer, Hans-Joachim (Hrsg.): Jacques Delors. Mein Leben für Europa. Gespräche. Karl De Keyzer. EVROPA. Fotografien, Göttingen 2013.

Grimm, Dieter: Treaty or constitution? The legal basis of the European Union after Maastricht, in: Eriksen, Erik Oddvar/Fossum, John Erik/Menéndez, Agustin José (Hrsg.): Developing a Constitution for Europe, London 2004.

Grimm, Dieter: Europa ja - aber welches. Zur Verfassung der europäischen Demokratie, München 2016.

Grimm, Dieter: Die Europäische Union im 60. Jahr, in: Zeitschrift Für Staats- Und Europawissenschaften (ZSE)/Journal for Comparative Government and European Policy, Vol. 15, Nr. 1, Themenheft: 60 Jahre Römische Verträge - Where to go from here? Zur künftigen Gestaltung der Europäischen Union, 2017, S. 3–15, online verfügbar: http://www.jstor.org/stable/26165544 [Zugriff: 5. September 2020].

Griller, Stefan/Ziller, Jaques (Hrsg.), The Lisbon Treaty. EU Constitutionalism without a Constitutional Treaty?, Springer, Wien/New York 2008.

Haas, Ernst B.: International Integration: The European and the Universal Process, International Organization, Vol. 15, Nr. 3, 1961, S. 366–392.

Haas, Ernst B.: The Uniting of Europe. Political, Social, and Economic Forces, 1950–1957, Notre Dame 2004.

Habermas, Jürgen: Warum braucht Europa eine Verfassung, in: Die Zeit, 28. Juni 2001, online verfügbar: https://www.zeit.de/2001/27/Warum_braucht_Europa_eine_Verfassung_/komplettansicht [Zugriff: 11. Dezember 2020].

Habermas, Jürgen: Why Europe needs a constitution, in: Eriksen, Erik Oddvar/Fossum, John Erik/Menéndez, Agustin José (Hrsg.): Developing a Constitution for Europe, London 2004, S. 19–34.

Habermas, Jürgen: Zur Verfassung Europas. Ein Essay, Berlin 2011.

Habermas, Jürgen: Strukturwandel der Öffentlichkeit, 16. Auflage, Frankfurt am Main 2019.

Häberle, Peter: Europäische Rechtskultur, Versuch einer Annäherung in zwölf Schritten, Baden-Baden 1994.

Häberle, Peter: Gibt es eine europäische Öffentlichkeit?: Vortrag gehalten vor der Juristischen Gesellschaft zu Berlin am 15. Dezember 1999, Berlin 2000.

Hagemann, Karen/Dudink, Stefan/Rose, Sonya O.: The Oxford Handbook of Gender, War, and the Western World Since 1600, Oxford 2020.

Hank, Peter: Gustav Struve. Der konsequente Revolutionär, Freiburg 1998.

Hans Böckler Stiftung: Wir brauen ein Recht ohne Schlupflöcher, Interview mit Jo Leinen, in: Hans Böckler Stiftung (Hrsg.): Magazin Mitbestimmung, Ausgabe 07/2018, online verfügbar: https://www.boeckler.de/66355_111567.htm?id=magazinmitbestimmung_baf4f1a5938b8d520b328c13b51ccf11 [Zugriff: 26. Oktober 2019].

Hassel, Florian: Wie ein Schritt raus aus der EU, in: Süddeutsche Zeitung, 29. April 2020, online verfügbar: https://www.sueddeutsche.de/politik/polen-wie-ein-schritt-raus-aus-der-eu-1.4892281 [Zugriff: 3. Dezember 2020].

Hassel, Florian: Symbolfigur des Widerstands, in: Süddeutsche Zeitung, 9. Juni 2020, online verfügbar: https://www.sueddeutsche.de/politik/polen-symbolfigur-des-widerstands-1.4931788 [Zugriff: 3. Dezember 2020].

Henley, Jon / Strek, Kasia: ‚A backlash against a patriarchal culture': How Polish protests go beyond abortion rights, in: The Guardian, 6. November 2020, online verfügbar: https://www.theguardian.com/world/2020/nov/06/a-backlash-against-a-patriarchal-culture-how-polish-protests-go-beyond-abortion-rights [Zugriff: 11. Dezember 2020].

Henkel, Martin/Taubert, Rolf: Das Weib im Conflict mit den Socialen Verhältnissen. mathilde franziska anneke und die erste deutsche frauenzeitung, Bochum 1976.

Henry-Huthmacher, Christine: Geschlechterparität in den nationalen Parlamenten ausgewählter EU-Staaten, Konrad Adenauer Stiftung, Hauptabteilung Politik und Beratung, September 2019, online verfügbar: https://www.kas.de/documents/252038/4521287/Geschlechterparit%C3%A4t+in+den+nationalen+Parlamenten+ausgew%C3%A4hlter+EU-Staaten.pdf/f42672a0-9a5d-e560-9767-19f65d23f3ce?version=1.2&t=1570186323468 [Zugriff: 26. November 2020].

Hilz, Wolfram/Nötzold, Antje (Hrsg.): Die Zukunft Europas in einer Welt im Umbruch. Festschrift zum 65. Geburtstag von Prof. Dr. Beate Neuss, Wiesbaden 2018.

Hine, David/Kassim, Hussein (Hrsg.): Beyond the Market. The EU and National Social Policy, The State and the European Union Series, London 1998.

Hoffmann, Stanley: The European Process at Atlantic Crosspurposes, in: Journal of Common Market Studies, Vol. 3, Nr. 2, 1964, S. 65–101.

Högl, Eva: Zukunftsweisend für die europäische Frauenpolitik. Die europäischen Antidiskriminierungsrichtlinien, Femina Politica 2/2004, S. 104–108.

Holzleithner, Elisabeth: Mehrfachdiskriminierung im europäischen Rechtsdiskurs, in: Hormel, Ulrike/Scherr, Albert (Hrsg.): Diskriminierung. Grundlagen und Forschungsergebnisse, Wiesbaden 2010, S. 95–113.

Hoskyns, Catherine: Integrating Gender. Women, Law and Politics in the European Union, London 1996.

Hrbek, Rudolf: Auf dem Weg zu einem europäischen Parteiensystem, in: Hilz, Wolfram/Nötzold, Antje (Hrsg.): Die Zukunft Europas in einer Welt im Umbruch. Festschrift zum 65. Geburtstag von Prof. Dr. Beate Neuss, Wiesbaden 2018, S. 131–161.

Hubback, Judith: Wives Who Went to College, London 1957.

Hugo, Victor: Eröffnungsansprache des internationalen Friedenskongresses, 22. August 1849, online verfügbar: https://ifor-mir.ch/eroffnungsrede-von-victor-hugo-beim-pariser-friedenskongress-1849/ [Zugriff: 6. Dezember 2018].

Human Rights Watch (Hrsg.): The Netherlands: Victory for Trans* Rights, 19. Dezember 2013, online verfügbar: https://www.hrw.org/news/2013/12/19/netherlands-victory-Trans*-rights [Zugriff: 6. Februar 2020].

ILGA Europe (Hrsg.): Annual Review of the Human Rights Situation of Lesbian, Gay, Bisexual, Trans and Intersex People in Europe and Central Asia 2019, Februar 2019, online verfügbar: https://www.ilga-europe.org/annualreview/2019 [Zugriff: 28. Juli 2020].

ILGA Europe (Hrsg.): Annual Review of the Human Rights Situation of Lesbian, Gay, Bisexual, Trans and Intersex People in Europe and Central Asia 2020, Februar 2020, online verfügbar: https://www.ilga-europe.org/annualreview/2020 [Zugriff: 28. Juli 2020].

Institut für Zeitgeschichte im Auftrag des Auswärtigen Amtes (Hrsg.): Akten zur Auswärtigen Politik der Bundesrepublik Deutschland 1949/50. September 1949 bis Dezember 1950, München 1997.

Judt, Tony: A Grand Illusion? An Essay on Europe, London 2011.

Juncker, Jean-Claude: Rede beim Festakt des Europäischen Forums Alpbach, 21. August 2018, online verfügbar: https://ec.europa.eu/commission/presscorner/detail/de/SPEECH_16_2863 [Zugriff: 17. August 2020].

Kaiser, Wolfram/Visuri, Pekka/Malmström, Cecilia/Hjelseth, Arve/Listhaug, Ola/Jenssen, Anders Todal: Die EU-Volksabstimmungen in Österreich, Finnland, Schweden und Norwegen: Verlauf, Ergebnisse, Motive und Folgen, Institut für Höhere Studien Reihe Politikwissenschaft, Nr. 23, März 1995, online verfügbar: http://aei.pitt.edu/44483/2/1264672538_pw_23.pdf [Zugriff: 12. März 2021].

Kant, Immanuel: Beobachtugen über das Gefühl des Schönen und Erhabenen, Königsberg 1766.

Kant, Immanuel: Zum ewigen Frieden und andere Schriften, Frankfurt am Main 2008 (1795), S. 152–183.

Kellermann, Florian: Parlament verabschiedet sogenanntes Maulkorbgesetz, in: Deutschlandfunk, 24. Januar 2020, online verfügbar: https://www.deutschlandfunk.de/justizreform-in-polen-parlament-verabschiedet-sogenanntes.1773.de.html?dram:article_id=468676 [Zugriff: 3. Dezember 2020].

Kellermann, Florian: Polnische Richter verklagen ihr eigenes Gericht, in: Deutschlandfunk, 27. April 2020, online verfügbar: https://www.deutschlandfunk.de/mobbing-aus-politischen-gruenden-polnische-richter.795.de.html?dram:article_id=475376 [Zugriff: 3. Dezember 2020].

Kellermann, Florian: Standhafter Kritiker der PiS-Regierung, in: Deutschlandfunk, 1. Mai 2020, online verfügbar: https://www.deutschlandfunk.de/ex-verfassungsrichter-in-polen-standhafter-kritiker-der-pis.795.de.html?dram:article_id=475431 [Zugriff: 3. Dezember 2020].

Kietz, Daniela/Schunz, Simon: Das Europäische Parlament – Standortbestimmung Einer Unterschätzten Institution, in: Integration, Vol. 27, Nr. 4, 2004, S. 349–359, online verfügbar: http://www.jstor.org/stable/24221256 [Zugriff: 10. April 2021].

Kilroy, Bernadette: Integration Through Law: ECJ and Governments in the EU, Los Angeles 1999, Dissertation an der University of California Los Angeles.

Kinkel, Johanna: Hans Ibeles in London. Ein Familienbild aus dem Flüchtlingsleben, Berlin 1860.

Klein, Angelika/Behrens, Thomas: EuGH gegen Warschau, Länderbericht Polen, Konrad Adenauer Stiftung, April 2020, online verfügbar: https://www.kas.de/documents/252038/7938566/EuGH+gegen+Warschau.pdf/114f2e3a-15a4-75a5-e8f5-711e3f30f1cb?version=1.0&t=1587738484483 [Zugriff: 3. Dezember 2020].

Klein, Uta: Geschlechterverhältnisse und Gleichstellungspolitik in der Europäischen Union, Wiesbaden 2006.

Kokott, Juliane: Stellungnahme, Gutachtenverfahren 2/13, 13. Juni 2014, online verfügbar: http://curia.europa.eu/juris/document/document.jsf?docid=160929&doclang=DE [Zugriff: 16. April 2020].

Kommission der EWG: Vorschlag für eigene Mittel der Gemeinschaft und Haushaltsbefugnis des Parlaments, in: Lipgens, Walter (Hrsg.): 45 Jahre Ringen um die europäische Verfassung, Dokumente 1939–1984. Von den Schriften der Widerstandsbewegung bis zum Vertragsentwurf des Europäischen Parlaments, Bonn 1986, S. 481–484.

Kowalsky, Wolfgang: Projekt Europa. Die Zukunft der Europäischen Integration, Opladen 1997.

Kowalsky, Wolfgang: Europäische Sozialpolitik, Ausgangsbedingungen, Antriebskräfte und Entwicklungspotentiale, Opladen 1999.

Kranenpohl, Uwe: Ist Karlsruhe ›Europa‹ Ausgeliefert? Die Gestaltungsmacht des Bundesverfassungsgerichts und die Europäischen Gerichtsbarkeiten, in: Zeitschrift Für Politik, Vol. 60, Nr. 1, 2013, S. 90–103, online verfügbar: http://www.jstor.org/stable/43855055 [Zugriff: 5. September 2020].

Kükelhaus, Theodor: Der Ursprung des Planes vom Ewigen Frieden in den Memoiren des Herzogs von Sully (1893), London 2018.

Kulessa, Rotraud von/Seth, Catriona (Hrsg.): Die Europaidee im Zeitalter der Aufklärung, Cambridge 2017.

Kundnani, Hans: Europe after the Coronavirus: A “Return of the State”?, IAI Papers 20/32, November 2020, online verfügbar: https://www.jstor.org/stable/pdf/resrep27574.pdf?ab_segments=0%2Fbasic_search_gsv2%2Fcontrol&refreqid=fastly-default%3Abc5fb4b9ab736503333347b77566ce01 [Zugriff: 3. Dezember 2020].

Kuner, Lisa: Sie wollen nur weg, Der Tagesspiegel, 25. Oktober 2020, S. 24.

Ladwig-Tils, Birgit: Neues Mediengesetz und Verfassungsänderung – Ungarn, wohin steuerst Du?, Friedrich-Ebert-Stiftung, November 2011, online verfügbar: https://library.fes.de/pdf-files/akademie/online/08826.pdf [Zugriff: 11. Dezember 2020].

Lei nº 38/2018, Diário da República n.º 151/2018, 7. August 2018, online verfügbar: https://dre.pt/web/guest/home/-/dre/115933863/d tails/maximized?serie=I&day=2018-08-07&date=2018-08-01 [Zugriff: 14. Juli 2020].

Leinen, Jo/Pescher, Fabian: Von Parteienbündnissen Zu ‚Echten Parteien' Auf Europäischer Ebene? Hintergrund, Gegenstand Und Folgen Der Neuen Regeln Für Europäische Parteien, in: Integration, Vol. 37, Nr. 3, 2014, S. 228–246, online verfügbar: www.jstor.org/stable/24224041 [Zugriff: 10. April 2021].

Lemke, Christiane: Internationale Beziehungen. Grundkonzepte. Theorien und Problemfelder, 4. Auflage, Berlin 2018.

Lenz, Ilse/Mae, Michiko/Klose, Karin (Hrsg.): Frauenbewegungen weltweit. Aufbrüche, Kontinuitäten, Veränderungen, Opladen 2000.

Lindberg, Leon N.: The Political Dynamics of European Economic Integration, Stanford 1963.

Lindberg, Leon N.: Integration as a Source of Stress on the European Community, International Organization, Vol. 20, Nr. 2, 1966, S. 233–265.

Lindberg, Leon N., Scheingold, Stuart A.: Europe's Would-Be Polity: Patterns of Change in the European Community, The Annals of the American Academy of Political and Social Science, Englewood Cliffs 1970.

Linnhoff, Ursula: „Zur Freiheit, oh, zur einzig wahren –" Schreibende Frauen kämpfen um ihre Rechte, Köln 1983.

Lipgens, Walter (Hrsg.): 45 Jahre Ringen um die europäische Verfassung, Dokumente 1939–1984. Von den Schriften der Widerstandsbewegung bis zum Vertragsentwurf des Europäischen Parlaments, Bonn 1986.

Lipka, Michael: Where Europe stands on gay marriage and civil unions, Pew Research Center, 28. Oktober 2019, online verfügbar: https://www.pewresearch.org/fact-tank/2019/10/28/where-europe-stands-on-gay-marriage-and-civil-unions/ [Zugriff: 15. Februar 2020].

Lohkamp-Himmighofen, Marlene/Dienel, Christiane: Reconciliation Policies from a Comparative Perspective, in: Hantrais, Linda (Hrsg.): Gendered Policies in Europe. Reconciling Employment and Family Life. Basingstoke 2000, S. 49–67.

Loi réformant des régimes relatifs aux personnes transgenres en ce qui concerne la mention d'une modification de l'enregistrement du sexe dans les actes de l'état civil et ses effets, 25. Juni 2017, 1. Januar 2018 in Kraft, online verfügbar: http://www.ejustice.just.fgov.be/mopdf/2017/07/10_1.pdf#Page11 [Zugriff: 6. Februar 2020], S. 71465–71469.

Lov om ændring af lov om Det Centrale Personregister, 30. April 2014, online verfügbar: https://www.ft.dk/RIpdf/samling/20131/lovforslag/L182/20131_L182_som_fremsat.pdf [Zugriff: 6. Februar 2020].

Lundestad, Geir: East, West, North, South. Major Developments in International Relations since 1945, London/Thousand Oaks/Neu Delhi 2006, S. 158.

Majer, Diemut/Höhne, Wolfgang: Europäische Einigungsbestrebungen vom Mittelalter bis zur Gründung der Europäischen Wirtschaftsgemeinschaft (EWG) 1957, Karlsruhe 2014.

Majone, Giandomenico: Europe's „Democratic Deficit": The Question of Standards, in: European Law Journal, Vol. 4, Nr. 1, März 1998, S. 5–28.

Majone, Giandomenico: The European Union Post-Brexit: Static or Dynamic Adaption?, in: European Law Journal, Vol. 23, No. 1–2, August 2017, S. 9–27.

Malingre, Virginie; Stroobants, Jean-Pierre: Négociations au forceps à Bruxelles, Le Monde, 21. Juli 2020, S. 2–3.

Marcello-Müller, Monica (Hrsg.): Frauenrechte sind Menschenrechte! Schriften der Lehrerin, Revolutionärin und Literatin Amalie Struve, Herbholzheim 2002.

Márton, Mihai/Dobra, Dorin/Lengyel, Zsolt K. (Hrsg.): Kooperation in Europa. Modelle aus dem 20. Jahrhundert, Regensburg 2014.

Mazey, Sonia: The EU and Women's Rights, in: Hine, David/Kassim, Hussein (Hrsg.): Beyond the Market. The EU and National Social Policy, The State and the European Union Series, London 1998, S. 134–155.

Merkel, Angela: Rede von Bundeskanzlerin Merkel anlässlich der Eröffnung des 61. Akademischen Jahres des Europakollegs Brügge, 2. November 2010, online verfügbar: https://archiv.bundesregierung.de/archiv-de/rede-von-bundeskanzlerin-merkel-anlaesslich-der-eroeffnung-des-61-akademischen-jahres-des-europakollegs-bruegge-399506 [Zugriff: 15. Juli 2020].

Ministerrat der EWG: Luxemburger Erklärung, 29. Januar 1966, in: Lipgens, Walter (Hrsg.): 45 Jahre Ringen um die europäische Verfassung, Dokumente 1939–1984. Von den Schriften der Widerstandsbewegung bis zum Vertragsentwurf des Europäischen Parlaments, Bonn 1986, S. 485–487.

Mitrany, David: The Progress of International Government, London 1933.

Mitrany, David: A Working Peace System, Chicago 1966.

Möllers, Christoph: Krisenzurechnung und Legitimationsproblematik in der Europäischen Union, in: Leviathan, 43. Jahrgang, 3/2015, S. 339–362.

Möllers, Christoph/Schneider, Linda: Demokratiesicherung in der Europäischen Union, Tübingen 2018.

Monnet, Jean: Erinnerungen eines Europäers, München 1978.

Moravcsik, Andrew: Preferences and Power in the European Community: A Liberal Intergovernmentalist Approach, in: Journal of Common Market Studies, Vol. 31, Nr. 4, 1993, S. 473–524.

Müller-Brandeck-Bocquet, Gisela: Schicksalsjahre für die EU: 2017–2018, in: Hilz, Wolfram/Nötzold, Antje (Hrsg.): Die Zukunft Europas in einer Welt im Umbruch. Festschrift zum 65. Geburtstag von Prof. Dr. Beate Neuss, Wiesbaden 2018, S. 23–43.

Münkler, Herfried: Europa als politische Idee: Ideengeschichtliche Facetten des Europabegriffs und deren aktuelle Bedeutung, in: *Leviathan*, Vol. 19, Nr. 4, 1991, S. 521–541, online verfügbar: www.jstor.org/stable/23984201 [Zugriff: 25. März 2021].

o. V.: Länderdaten Frankreich, o. D., online verfügbar: https://www.laenderdaten.info/Europa/Frankreich/bevoelkerungswachstum.php [Zugriff: 10. November 2019].

Papier, Hans-Jürgen/ Hesse, Joachim Jens: Die Obersten Bundesorgane im Europäisierungsprozess: Das Bundesverfassungsgericht, in: Zeitschrift Für Staats- Und Europawissenschaften (ZSE)/Journal for Comparative Government and European Policy, Vol. 3, Nr. 3, 2005, S. 496–505, online verfügbar: http://www.jstor.org/stable/24237949 [Zugriff: 5. September 2020].

Parliament of the United Kingdom: Gender Recognition Act, 4. April 2005, online verfügbar: http://www.legislation.gov.uk/ukpga/2004/7/contents [Zugriff: 20. April 2020].

Paul, Ina Ulrike: Einigung für einen Kontinent von Feinden?, in: Duchhardt, Heinz/Németh, István (Hrsg.): Der Europa-Gedanke in Ungarn und Deutschland in der Zwischenkriegszeit, Veröffentlichungen des Instituts für Europäische Geschichte Main, Beihefte, Band 66, 2009, S. 25.

Penn, William: Essay über den gegenwärtigen und künftigen Frieden Europas, 1692, in: Foerster, Rolf Hellmut. Die Idee Europa 1300–1946. Quellen zur Geschichte der politischen Einigung, München 1963, S. 79 – 85.

Pernice, Ingolf: The Treaty of Lisbon and Fundamental Rights, in: Griller, Stefan/ Ziller, Jaques (Hrsg.): The Lisbon Treaty. EU Constitutionalism without a Constitutional Treaty?, Springer Wien New York 2008, S. 235–256.

Pew Research Center: Same Sex Marriage Around the World, 28. Oktober 2019, online verfügbar: https://www.pewforum.org/fact-sheet/gay-marriage-around-the-world/ [Zugriff: 15. Februar 2020].

Piepke, Susan L.: Mathilde Franziska Anneke (1817–1884). The Works and Life of a German-American Activist, New York 2006.

Plowden, Edwin: Robert Hall remembered; in Cairncross, Alec (Hrsg.): The Robert Hall Diaries 1954–1961, London 2014.

Pöhle, Klaus: Neues Parlament mit altem Umfeld. Zur Situation und Zukunft des direkt gewählten Europäischen Parlaments, in: Zeitschrift Für Parlamentsfragen, Vol. 10, Nr. 4, 1979, S. 525–538, online verfügbar: http://www.jstor.org/stable/24217689 [Zugriff: 5. September 2020].

Pollack, Mark A. (Hrsg.): The Engines of European Integration. Delegation, Agency, and Agenda Setting in the EU, Oxford 2003.

Queer.de (Hrsg.): Luxemburg beschließt fortschrittliches Trans-Gesetz, 26. Juli 2018, online verfügbar: https://www.queer.de/detail.php?article_id=31616 [Zugriff: 12. April 2020].

Rat der Europäischen Gemeinschaften: Empfehlung 84/635/EWG des Rates vom 13. Dezember 1984 zur Förderung positiver Maßnahmen für Frauen, ABl. Nr. L 331, 19. Dezember 1984, online verfügbar: https://eur-lex.europa.eu/legal-content/DE/TXT/PDF/?uri=CELEX:31984H0635&from=DE [Zugriff: 26. November 2020].

Rat der Europäischen Gemeinschaften: Beschluss des Rates vom 22. Dezember 1995 über ein mittelfristiges Aktionsprogramm der Gemeinschaft für die Chancengleichheit von Männern und Frauen (1996–2000), 30. Dezember 1995, ABl. Nr. L 335/37, online verfügbar: https://eur-lex.europa.eu/legal-content/DE/TXT/PDF/?uri=CELEX:31995D0593&from=DE [Zugriff: 27. Januar 2020].

Rat der Europäischen Union: Press Release, 3251st Council meeting, 25. Juni 2013, online verfügbar: https://www.consilium.europa.eu/uedocs/cms_data/docs/pressdata/EN/genaff/137614.pdf [Zugriff: 24. Juli 2020].

Rat der Europäischen Union: Schlussfolgerungen des Rates zur Gleichstellung von LGBTI, Pressemitteilung, 16. Juni 2016, online verfügbar: https://www.consilium.europa.eu/de/press/press-releases/2016/06/16/epsco-conclusions-lgbti-equality/ [Zugriff: 30. Mai 2020].

Rat der Europäischen Union: Beschluss (EU, Euratom) 2018/994 des Rates vom 13. Juli 2018 zur Änderung des dem Beschluss 76/787/EGKS, EWG, Euratom des Rates vom 20. September 1976 beigefügten Akts zur Einführung allgemeiner unmittelbarer Wahlen der Mitglieder des Europäischen Parlaments, ABl. Nr. L178, 16. Juli 2018, online verfügbar: https://eur-lex.europa.eu/legal-content/DE/TXT/HTML/?uri=CELEX:32018D0994&from=EN [Zugriff: 25. Oktober 2019].

Raumer, Kurt von: Ewiger Friede. Friedensrufe und Friedenspläne seit der Renaissance, Freiburg/München 1953.

Redaktionsnetzwerk Deutschland: Rita Süssmuth zum Paritätsgesetz: „Das Bundesverfassungsgericht ist gefragt, 24. Oktober 2020, online verfügbar: https://www.rnd.de/politik/rita-sussmuth-zum-paritatsgesetz-das-bundesverfassungsgericht-ist-gefragt-QVTF5BPR2BD7JOXUVMB3VEC7R4.html [Zugriff: 25. Dezember 2020].

Richter, Emanuel: Die Paneuropa-Idee. Die aristokratische Rettung des Abendlandes, in: Nautz, Jürgen/Vahrenkamp, Richard (Hrsg.): Die Wiener Jahrhundertwende, 2. Auflage, Wien 1996, S. 788 – 812.

Rodgers, Gerry/Lee, Eddy/Swepston, Lee/Van Daele, Jasmien:The International Labour Organization and the quest for social justice 1919–2009, Internationale Arbeitsorganisation, Genf 2009, online verfügbar: https://www.ilo.org/wcmsp5/groups/public/---dgreports/---dcomm/---publ/documents/publication/wcms_104643.pdf [Zugriff: 25. Juli 2020].

Rosamond, Ben: Theories of European Integration, New York 2000.

Rousseau, Jean Jacques: Auszug aus dem Plan des Ewigen Friedens der Herrn Abbé de Saint-Pierre und Urteil über den ewigen Frieden, in: Die Idee Europa 1300–1946. Quellen zur Geschichte der politischen Einigung, München 1963, S. 86–101.

Saint-Pierre, Charles Irénée Castel de: Projet pour rendre la paix perpetuelle en Europe (1713), Paris 1986.

Salewski, Michael und Timmermann, Heiner (Hrsg.): Gesichter Europas, Münster 2002.

Satzung des Gerichtshofs der Europäischen Union, 2019, online verfügbar: https://curia.europa.eu/jcms/upload/docs/application/pdf/2016-08/tra-doc-de-div-c-0000-2016-201606984-05_00.pdf [Zugriff: 11. Dezember 2020].

Scharpf, Fritz W.: Legitimationskonzepte jenseits des Nationalstaats, Max-Planck-Institut für Gesellschaftsforschung, Working Paper 04/6, November 2004, in: Casper, Gerhard: Gibt es ein europäisches Demokratiedefizit?, Carl Friedrich von Siemens Stiftung, München, 30. Mai 2006, online verfügbar: https://web.stanford.edu/group/gcasper_project/cgi-bin/files/papers/demokratiedefizit.pdf [Zugriff: 29. Oktober 2019].

Scherpe, Jens: Die Rechtsstellung von Trans*Personen im internationalen Vergleich, 8. August 2018, online verfügbar: https://www.bpb.de/gesellschaft/gender/geschlechtliche-vielfalt-trans/269633/die-rechtsstellung-von-transpersonen-im-internationalen-vergleich [Zugriff: 16. April 2020].

Schmid, Carlo: Rede des Abgeordneten Dr. Carlo Schmid (SPD) im Parlamentarischen Rat, 8. September 1948, online verfügbar: http://artikel20gg.de/Texte/Carlo-Schmid-Grundsatzrede-zum-Grundgesetz.htm [Zugriff: 7. August 2020].

Schmidt, Verena: Zum Wechselverhältnis zwischen europäischer Frauenpolitik und europäischen Frauenorganisationen, in: Lenz, Ilse/Mae, Michiko/Klose, Karin (Hrsg.): Frauenbewegungen weltweit. Aufbrüche, Kontinuitäten, Veränderungen, Opladen 2000, S. 199–231.

Schmidt-Phiseldeck, Conrad Georg Friedrich Elias von: Der Europäische Bund, Kopenhagen 1821.

Schmidt-Phiseldeck, Conrad Georg Friedrich Elias von: Europa und Amerika und Der Europäische Bund, in: Foerster, Rolf Hellmut: Die Idee Europa 1300–1946. Quellen zur Geschichte der politischen Einigung, München 1963, S. 179–195.

Schmitter, Philippe C.: A Revised Theory of Regional Integration, in: Leon N. Lindberg/Stuart A. Scheingold (Hrsg.): Regional Integration. Theory and Research, Cambridge MA 1971.

Schmitter, Philippe C.: How Democratize the european union… And Why Bother?, Lanham 2000.

Schmitter, Philippe C.: Neo-Neo-Functionalism, 2002, online verfügbar: https://www.eui.eu/Documents/DepartmentsCentres/SPS/Profiles/Schmitter/NeoNeoFunctionalismRev.pdf [Zugriff: 20. September 2020].

Schmitter, Phillippe C.: Ernst B. Haas and the legacy of neofunctionalism, in: Journal of European Public Policy, Vol. 12, Nr. 2, 2005, S. 255-272, DOI: 10.1080/1350176050004 3951.

Schmitter, Phillippe C. / Lefkofridi, Zoe: Neo-Functionalism as a Theory of Disintegration, Paper prepared for "European Disintegration - A Blind Spot of Integration Theory?' 22nd CES Conference, Paris july 8-10, 2015, 8. Juli 2015, online verfügbar: https://www.eui.eu/Documents/DepartmentsCentres/SPS/Profiles/Schmitter/Neo-F-Disintegration.final.pdf [Zugriff: 12. Dezember 2020].

Schneller, Adelheid: Der Brüssler Friede von 1516, Berlin 1910, online verfügbar: https://diglib.uibk.ac.at/download/pdf/55118?name=Der%20Br%C3%BCssler%20Friede%20von%201516 [Zugriff: 19. Dezember 2020].

Scholle, Rainer: Von der Europäischen Wirtschaftsgemeinschaft zur Politischen Union, in: Die Europäische Union, Zeitfragen, Bayerische Landeszentrale für Politische Bildung, 4. Auflage, München 1994.

Scholze, Siegfried: Der Internationale Frauentag einst und heute. Geschichtlicher Abriss und weltweite Tradition vom Entstehen bis zur Gegenwart, Berlin 2001.

Schuder, Felicitas: Gustav Struve (1805–1870). Scharfer Denker – glückloser Akteur, in: Rehm, Clemens/Hofmann Annette R. (Hrsg.): Gustav Struve. Turner, Demokrat, Emigrant, Ubstadt-Weiher 2020, S. 19–28.

Schuck, Andreas R.T./Azrout, Rachid/Boomgaarden, Hajo/Elenbaas, Matthijs/van Spanje, Joost/Vliegenthart, Rens/de Vreese, Claes H.: Media Visibility and Framing of the European Parliamentary Elections 2009: A Media Content Analysis in 27 Countries, in: Maier, Michaela/Strömbeck, Jesper/Kaid, Lynda (Hrsg.): Political Communication in European Parliamentary Elections, Farnham 2011, S. 175–196.

Schulz, Matthias: Europa-Netzwerke und Europagedanke in der Zwischenkriegszeit, European History Online, 3. Dezember 2010, online verfügbar: http://ieg-ego.eu/en/threads/models-and-stereotypes/model-europe/matthias-schulz-europa-netzwerke-und-europagedanke-in-der-zwischenkriegszeit#Horizonteeiner europischenWirtschaftsverstndigungDieUniondouanireeuropenneundandere Wirtschaftsorganisationen [Zugriff: 24. Juli 2020].

Schuman, Robert: Erklärung vom 9. Mai 1950, in: Robert-Schuman-Stiftung: Europäische Frage, Nr. 204, 10. Mai 2011, online verfügbar: https://www.robert-schuman.eu/de/doc/questions-d-europe/qe-204-de.pdf [Zugriff: 29. März 2020].

Sichermann, Barbara: Ich rauche Zigaretten und glaube nicht an Gott. Hommage an Louise Aston, Berlin 2014.

Silva, Adrian de: Entwicklungen der Trans*bewegung in Deutschland, Bundeszentrale für politische Bildung, 8. August 2018, online verfügbar: https://www.bpb.de/gesellschaft/gender/geschlechtliche-vielfalt-trans/245379/transbewegung-in-deutschland, [Zugriff: 2. Juni 2020].

Smith, Dale L./Ray, James Lee (Hrsg.): The 1992 Project and the Future of Integration in Europe, New York 1993.

Smith, Helena: Greece passes gender-change law opposed by Orthodox church, The Guardian, 10. Oktober 2017, online verfügbar: https://www.theguardian.com/world/2017/oct/10/greece-passes-gender-change-law [Zugriff: 14. Juli 2020].

Stahl, Enno: Lesebuch Mathilde Franzsika Anneke, Nylands Kleine Westfälische Bibliothek, Band 49, Köln 2015.

Statham, Paul: Making Europe News: Journalism and Media Performance, in: Koopmans, Ruud/Statham, Paul (Hrsg.): The Making of a European Public Sphere: Media Discourse and Political Contention, Cambridge 2010, S. 125–150.

Statista: Dauer des Mutterschutzes in ausgewählten Ländern der Europäischen Union, 2019, online verfügbar: https://de.statista.com/statistik/daten/studie/1950/umfrage/mutterschutz-in-europa/ [Zugriff: 12. März 2021].

Statistisches Bundesamt: Bevölkerung früheres Bundesgebiet, o. D., online verfügbar: https://www.destatis.de/DE/ZahlenFakten/GesellschaftStaat/Bevoelkerung/Bevoelkerungsstand/Tabellen_/lrbev01.html?cms_gtp=151914_list%253D3 [Zugriff: 25. Dezember 2018].

Steindorff, E.: Europäischer Markt und Euratom, Archiv des Völkerrechts, Vol. 6, Nr. 2, 1957, online verfügbar: www.jstor.org/stable/40797175 [Zugriff: 25. Juli 2020], S. 174–190.

Stone Sweet, Alec: Governing with the Judges: Constitutional Politics in Europe, New York 2000.

Stone Sweet, Alec/Sandholtz Wayne: European integration and supranational governance, Journal of European Public Policy, Vol. 4, Nr. 3, 4. Februar 2011, S. 297–317.

Struve, Amalie: Erinnerungen aus den badischen Freiheitskämpfen, Hamburg 1850, online verfügbar: https://download.digitale-sammlungen.de/BOOKS/download.pl?ersteseite=1&letzteseite=186&id=10021751&ersteseite=1&letzteseite=186&vers=d&nr=&abschicken=ja&captcha_zeit=160938971310021751&xdfz=2&captcha_in=7439&submitbutton=WEITER&dafoemail= [Zugriff: 3. Dezember 2020].

Struve, Amalie/Struve, Gustav: Die Stellung der Frau im Leben, Deutsche Zuschauer, New York, 24. Januar 1852, in: Michalka, Wolfgang/Weber, Hartmut: Gustav und Amalie Struve. Freiheit und Menschlichkeit, Bibliothek Europäischer Freiheitsbewegungen, Band 2, Eggingen 2003.

Struve, Gustav: Briefwechsel zwischen einem ehemaligen und einem jetzigen Diplomaten, Mannheim 1845.

Stüwe, Klaus: Europas Einigung als Idee. William Penn und das Projekt der Europäischen Union, in: Der Staat, Vol. 38, Nr. 3, 1999.

Süddeutsche Zeitung (Hrsg.): Volksabstimmung zu Europafragen, in: Süddeutsche Zeitung, 27. Dezember 2012, online verfügbar: https://www.sueddeutsche.de/politik/europaeische-union-so-will-die-csu-europa-reformieren-1.1559407-2 [Zugriff: 26. Oktober 2019].

Süddeutsche Zeitung (Hrsg.): Regierungskritischer Richter verliert seine Immunität, in: Süddeutsche Zeitung, 19. November 2020, online verfügbar: https://www.sueddeutsche.de/politik/polen-richter-igor-tuleya-1.5120054 [Zugriff: 3. Dezember 2020].

Süddeutsche Zeitung (Hrsg.): Erdogan kündigt Istanbul-Konvention auf – Empörung, 21. März 2021, online verfügbar: https://www.sueddeutsche.de/politik/menschenrechte-erdogan-kuendigt-istanbul-konvention-auf-empoerung-dpa.urn-newsml-dpa-com-20090101-210321-99-908468 [Zugriff: 21. März 2021].

Sullerot, Evelyne: La femme dans le monde moderne, Paris 1970.

Sully, Maximilien de Bethune: Mémoires du Duc de Sully, Vol. 1–6, Paris 1822.

Tagesschau (Hrsg.): Wie Mutterschutz und Elterngeld geregelt sind, 18. Juli 2019, online verfügbar: https://www.tagesschau.de/ausland/mutterschutz-elternzeit-eu-101.html [Zugriff: 12. März 2021].

Taylor Mill, Harriet: Zur Erteilung des Frauenwahlrechts. Essay, Wien 2020 (1851).

Timmermann, Heiner: Europa – eine Idee, in: Timmermann, Heiner (Hrsg): Eine Verfassung für die Europäische Union. Beiträge zu einer grundsätzlichen und aktuellen Diskussion Wiesbaden 2001, S. 31–40.

Tomuschat, Christian: Das Europa der Richter, in: Bröhmer, Jürgen/Bieber, Roland/Calliess, Christian/Langenfeld, Christine/Weber, Stefan/Wolf, Joachim (Hrsg.): Internationale Gemeinschaft und Menschenrechte. Festschrift für Georg Ress, Köln/Berlin 2005, S. 857–874.

Törne, Lars von: Allein unter Männern. Tanja Kreil kämpft für ihr Recht als Frau an der Waffe, Tagesspiegel, 10. Januar 2000, online verfügbar: https://www.tagesspiegel.de/politik/allein-unter-maennern-tanja-kreil-kaempft-fuer-ihr-recht-als-frau-an-der-waffe/115492.html [Zugriff: 16. Oktober 2020].

Trans* Europe: Historic Danish Gender Recognition Law Comes Into Force, Trans* Europe, 1. September 2014, online verfügbar: https://tgeu.org/tgeu-statement-historic-danish-gender-recognition-law-comes-into-force/ [Zugriff: 6. Februar 2020].

Transgender Europe (Hrsg.): Trans Rights Europe and Central Asia Map 2019, online verfügbar: https://tgeu.org/wp-content/uploads/2019/05/MapA_TGEU2019.pdf [Zugriff: 12. April 2020].

Transgender Europe: Members, n.D., online verfügbar: https://tgeu.org/membership/#members [Zugriff: 2. Juni 2020].

Trenz, Hans-Jörg: Media Coverage on European Governance Exploring the European Public Sphere in National Quality Newspapers, in: European Journal of Communication, Vol. 19, Nr. 3, 1. August 2004, online verfügbar: https://doi.org/10.1177/0267323104045257 [Zugriff: 11. Dezember 2020], S. 291–319.

Trybus, Martin: Sisters in Arms: Female Soldiers and Sex Equality in the Armed Forces, European Law Journal, 2003/9, S. 631–658.

Tuli, Andrea: Die Paneuropäische Sektion in Ungarn, in: Duchhardt, Heinz/Németh, István (Hrsg.): Der Europa-Gedanke in Ungarn und Deutschland in der Zwischenkriegszeit, Veröffentlichungen des Instituts für Europäische Geschichte Main, Beihefte, Band 66, 2009, S. 47–70.

UN Women (Hrsg.): Inter-Agency statement on violence against women and girls in the context of COVID-19, 24. Juni 2020, online verfügbar: https://www.unwomen.org/en/news/stories/2020/6/statement-inter-agency-statement-on-violence-against-women-and-girls--in-the-context-of-covid-19 [Zugriff: 12. Dezember 2020].

UN Women (Hrsg.): Statement by UN Women on Turkey's withdrawal from the Istanbul Convention, 20. März 2021, online verfügbar: https://www.unwomen.org/en/news/stories/2021/3/statement-un-women-turkey-withdrawal-from-the-istanbul-convention [Zugriff: 21. März 2021].

van de Steeg, Marianne: Rethinking the Conditions for a Public Sphere in the European Union, in: European Journal of Social Theory, Vol. 5, Nr. 4, 1. November 2002, online verfügbar: https://doi.org/10.1177/136843102760513884 [Zugriff: 12. Dezember 2020], S. 499–519.

Verfassungsblog: Es gibt keinen Besitzstandsschutz im Wahlrecht, 21. Oktober 2020, online verfügbar: https://verfassungsblog.de/es-gibt-keinen-besitzstandsschutz-im-wahlrecht/ [Zugriff: 25. Dezember 2020].

Vertrag über die Gründung der Europäischen Gemeinschaft für Kohle und Stahl, Paris 18. April 1951, online verfügbar: https://eur-lex.europa.eu/legal-content/DE/TXT/PDF/?uri=CELEX:11951K/TXT&from=DE [Zugriff: 13. März 2019].

Vertrag zur Gründung der Europäischen Wirtschaftsgemeinschaft, 25. März 1957, online verfügbar: https://eur-lex.europa.eu/legal-content/DE/TXT/PDF/?uri=CELEX:11957E/TXT&from=DE [Zugriff: 9. August 2019].

Vertrag über die Europäische Union, ABl. Nr. C 191, 29. Juli 1992, online verfügbar: https://eur-lex.europa.eu/legal-content/DE/TXT/HTML/?uri=CELEX:11992M/TXT&from=DE [Zugriff: 26. Juli 2019], S. 0001–0110.

Vertrag von Lissabon, EU-Vertrag, Vertrag über die Arbeitsweise der EU, Textbuch Deutsches Recht, Heidelberg 2011, 4. Auflage.

Verwaltungsgerichtshof der Republik Österreich: Urteil im Verfahren Michaela P., Zl. 2008/17/0054–8, 27. Februar 2009, online verfügbar: https://www.transx.at/Dokumente/VwGH_Feb09_Zi_2008_17_0054.pdf [Zugriff: 8. Mai 2020].

Vogel-Polsky, Eliane: L'Article 119 du traité du Rome – peut-il être considéré comme self-executing, Journal des Tribunaux, Brüssel, 15. April 1967.

von der Leyen, Ursula: Eine Union, die mehr erreichen will. Meine Agenda für Europa. Politische Leitlinien für die künftige Europäische Kommission, 2020, online verfügbar: https://ec.europa.eu/info/sites/info/files/political-guidelines-next-commission_de.pdf [Zugriff: 20. Juni 2020].

Weiler, Joseph: The Transformation of Europe, 1991, Yale Law Journal, S. 2403–2473.

Wessels, Wolfgang: Zur Strategie des direkt gewählten Parlaments – Auf der Suche nach einer Rolle für das Europäische Parlament, in: Integration, Vol. 2, Nr. 3, 1979, S. 110–24, online verfügbar: http://www.jstor.org/stable/24217992 [Zugriff: 5. September 2020].

Wessels, Wolfgang: Mensch und Methode. Überschätzt und überholt? Wolfgang Wessels, Mai 2001, online verfügbar: https://www.ihs.ac.at/publications/pol/pw_74.pdf [Zugriff: 29. März 2020].

Wilson, Elizabeth: Only Half Way to Paradise – Women on Postwar Britain: 1945–1968, London 1980.

Winkler, Heinrich August: Geschichte des Westens. Vom Kalten Krieg bis zum Mauerfall, München 2014.

Zeit Online: Franziska Giffey droht Firmen mit Sanktionen, Zeit Online, 30. Juni 2020, online verfügbar: https://www.zeit.de/arbeit/2020-06/frauenanteil-vorstaende-franziska-giffey-frauenfoerderung-sanktionen [Zugriff: 13. Juli 2020].

Ziółkowski, Michał: Two Faces of the Polish Supreme Court After "Reforms" of the Judiciary System in Poland: The Question of Judicial Independence and Appointments, European Papers, Vol. 5, Nr. 1, 2020, online verfügbar: https://www.europeanpapers.eu/en/europeanforum/two-faces-of-polish-supreme-court-after-reforms-of-judiciary-system-in-poland [Zugriff: 3. Dezember 2020].

Zweig, Stefan: Einleitung, in: Rotterdam, Erasmus von: Die Klage des Friedens (1517), Zürich 2017, S. 7–58.

## Richtlinien und Verordnungen (nach Datum)

Richtlinie 75/117/EWG des Rates vom 10. Februar 1975 zur Angleichung der Rechtsvorschriften der Mitgliedstaaten über die Anwendung des Grundsatzes des gleichen Entgelts für Männer und Frauen, ABl. L 45, 19. Februar 1975, online verfügbar: https://eur-lex.europa.eu/legal-content/DE/TXT/HTML/?uri=CELEX:31975L0117&from=DE [Zugriff: 24. Juli 2019].

Richtlinie 76/207/EWG des Rates vom 9. Februar 1976 zur Verwirklichung des Grundsatzes der Gleichbehandlung von Männern und Frauen hinsichtlich des Zugangs zur Beschäftigung, zur Berufsbildung und zum beruflichen Aufstieg sowie in bezug auf die Arbeitsbedingungen, ABl. Nr. L 39, 14. Februar 1976, online verfügbar: https://eur-lex.europa.eu/legal-content/DE/TXT/?uri=celex%3A31976L0207 [Zugriff: 27. Juli 2019].

Richtlinie 79/7/EWG des Rates vom 19. Dezember 1978 zur schrittweisen Verwirklichung des Grundsatzes der Gleichbehandlung von Männern und Frauen im Bereich der sozialen Sicherheit, ABl. Nr. L 006, 10. Januar 1979, online verfügbar: https://eur-lex.europa.eu/legal-content/DE/TXT/?qid=1570959308192&uri=CELEX:31979L0007 [Zugriff: 13. Oktober 2019].

Richtlinie 86/378/EWG des Rates vom 24. Juli 1986 zur Verwirklichung des Grundsatzes der Gleichbehandlung von Männern und Frauen bei den betrieblichen Systemen der sozialen Sicherheit, ABl. Nr. L 225, 12. August 1986, online verfügbar: https://eur-lex.europa.eu/legal-content/DE/TXT/HTML/?uri=CELEX:31986L0378&from=DE [Zugriff: 25. Juli 2019].

Richtlinie 92/85/EWG des Rates vom 19. Oktober 1992 über die Durchführung von Maßnahmen zur Verbesserung der Sicherheit und des Gesundheitsschutzes von schwangeren Arbeitnehmerinnen, Wöchnerinnen und stillenden Arbeitnehmerinnen am Arbeitsplatz, 19. Oktober 1991, online verfügbar: https://eur-lex.europa.eu/legal-content/DE/TXT/?uri=CELEX:01992L0085-20140325 [Zugriff: 29. Juli 2019].

Richtlinie 96/34/EG des Rates vom 3. Juni 1996 zu der von UNICE, CEEP und EGB geschlossenen Rahmenvereinbarung über Elternurlaub, ABl. Nr. L 145/4, 19. Juni 1996, online verfügbar: https://eur-lex.europa.eu/legal-content/DE/TXT/?uri=CELEX:01996L0034-19980205 [Zugriff: 29. Juli 2019].

Richtlinie 96/97/EG des Rates vom 20. Dezember 1996 zur Änderung der Richtlinie 86/378/EWG zur Verwirklichung des Grundsatzes der Gleichbehandlung von Männern und Frauen bei den betrieblichen Systemen der sozialen Sicherheit, ABl. Nr. L 046, 17. Februar 1997, online verfügbar: https://eur-lex.europa.eu/legal-content/DE/TXT/HTML/?uri=CELEX:31996L0097&qid=1563740184998&from=DE [Zugriff: 22. September 2019].

Richtlinie 97/81/EG des Rates vom 15. Dezember 1997 zu der von UNICE, CEEP und EGB geschlossenen Rahmenvereinigung über Teilzeitarbeit – Anhang: Rahmenvereinbarung über Teilzeitarbeit, ABl Nr. L 014, 20. Januar 1998, online verfügbar: https://eur-lex.europa.eu/legal-content/DE/TXT/HTML/?uri=CELEX:31997L0081&from=DE [Zugriff: 6. Oktober 2019].

Richtlinie 2000/43 des Rates vom 29. Juni 2000 zur Anwendung des Gleichbehandlungsgrundsatzes ohne Unterschied der Rasse oder der ethnischen Herkunft, ABl. Nr. L 180, 19. Juli 2000, online verfügbar: https://eur-lex.europa.eu/LexUriServ/LexUriServ.do?uri=OJ:L:2000:180:0022:0026:DE:PDF [Zugriff: 10. August 2019].

Richtlinie 2000/78/EG des Rates vom 27. November 2000 zur Festlegung eines allgemeinen Rahmens für die Verwirklichung der Gleichbehandlung in Beschäftigung und Beruf, ABl. Nr. L 303, 2. Dezember 2000, online verfügbar: https://eur-lex.europa.eu/legal-content/DE/TXT/HTML/?uri=CELEX:32000L0078&from=DE [Zugriff: 1. August 2019].

Verordnung (EG) Nr. 2004/2003 des Europäischen Parlaments und des Rates vom 4. November 2003 über die Regelungen für die politischen Parteien auf europäischer Ebene und ihre Finanzierung, ABl. Nr. L 297, 15. November 2003, online verfügbar: https://eur-lex.europa.eu/legal-content/DE/TXT/PDF/?uri=CELEX:02003R2004-20071227 [Zugriff: 17. August 2020].

Richtlinie 2004/38/EG des Europäischen Parlaments und des Rates vom 29. April 2004 über das Recht der Unionsbürger und ihrer Familienangehörigen, sich im Hoheitsgebiet der Mitgliedstaaten frei zu bewegen und aufzuhalten, zur Änderung der Verordnung (EWG) Nr. 1612/68 und zur Aufhebung der Richtlinien 64/221/EWG, 68/360/EWG, 72/194/EWG, 73/148/EWG, 75/34/EWG, 75/35/EWG, 90/364/EWG, 90/365/EWG und 93/96/EWG, ABl. Nr. L 158/77, 30. April 2004, online verfügbar: https://eur-lex.europa.eu/legal-content/DE/TXT/?qid=1581858312930&uri=CELEX:32004L0038 [Zugriff: 16. Februar 2020].

Richtlinie 2004/113/EG des Rates vom 13. Dezember 2004 zur Verwirklichung des Grundsatzes der Gleichbehandlung von Männern und Frauen beim Zugang zu und bei der Versorgung mit Gütern und Dienstleistungen, ABl. Nr. L 373, 21. Dezember 2004, online verfügbar: https://eur-lex.europa.eu/LexUriServ/LexUriServ.do?uri=OJ:L:2004:373:0037:0043:DE:PDF [Zugriff: 10. August 2019].

Richtlinie 2006/54/EG des Europäischen Parlamentes und des Rates vom 5. Juli 2006 zur Verwirklichung des Grundsatzes der Chancengleichheit und Gleichbehandlung von Männern und Frauen in Arbeits- und Beschäftigungsfragen (Neufassung), ABl. Nr. L 204, 26. Juli 2006, online verfügbar: https://eur-lex.europa.eu/LexUriServ/LexUriServ.do?uri=OJ:L:2006:204:0023:0036:DE:PDF [Zugriff: 10. August 2019].

Verordnung (EG) Nr. 1524/2007 des Europäischen Parlaments und des Rates vom 18. Dezember 2007 zur Änderung der Verordnung (EG) Nr. 2004/2003 über die Regelungen für die politischen Parteien auf europäischer Ebene und ihre Finanzierung, ABl. Nr. L 343/5, 27. Dezember 2007, online verfügbar: https://eur-lex.europa.eu/LexUriServ/LexUriServ.do?uri=OJ:L:2007:343:0005:0008:DE:PDF [Zugriff: 17. August 2020].

Richtlinie 2010/18/EU des Rates vom 8. März 2010 zur Durchführung der von BUSINESSEUROPE, UEAPME, CEEP und EGB geschlossenen überarbeiteten Rahmenvereinbarung über den Elternurlaub und zur Aufhebung der Richtlinie 96/34/EG, ABl. Nr. L 68, 18. März 2010, online verfügbar: https://eur-lex.europa.eu/LexUriServ/LexUriServ.do?uri=OJ:L:2010:068:0013:0020:de:PDF [Zugriff: 5. Oktober 2019].

Richtlinie (EU) 2019/1158 des Europäischen Parlaments und des Rates vom 20. Juni 2019 zur Vereinbarkeit von Beruf und Privatleben für Eltern und pflegende Angehörige und zur Aufhebung der Richtlinie 2010/18/EU des Rates, ABl. Nr. L 188/79, 12. Juli 2019, online verfügbar: https://eur-lex.europa.eu/legal-content/DE/TXT/PDF/?uri=CELEX:32019L1158&from=EN [Zugriff: 5. Oktober 2019].

Verordnung (EU, Euratom) 2020/2092 des Europäischen Parlaments und des Rates vom 16. Dezember 2020 über eine allgemeine Konditionalitätsregelung zum Schutz des Haushalts der Union, ABl. L 433/1, 22. Dezember 2020, online verfügbar: https://eur-lex.europa.eu/ legal-content/DE/TXT/PDF/?uri=CELEX:32020R2092&from=EN [Zugriff: 1. Mai 2021]

## Urteile des Gerichtshofes der Europäischen Union (nach Datum)

Rechtssache 26/62, NV Algemene Transport- en Expeditie Onderneming van Gend & Loos gegen Niederländische Finanzverwaltung, 5. Februar 1963, online verfügbar: https://eur-lex.europa.eu/legal-content/DE/TXT/?qid=1572171673305&uri=CELEX:61962CJ0026 [Zugriff: 27. Oktober 2019].

Rechtssache 6/64, Flaminio Costa gegen E.N.E.L. 15. Juli 1964, online verfügbar: https://eur-lex.europa.eu/legal-content/DE/TXT/?qid=1572171867641&uri=CELEX:61964CJ0006 [Zugriff: 27. Oktober 2019].

Rechtssache 80/70, Gabrielle Defrenne gegen Belgischen Staat, 25. Mai 1971, online verfügbar: https://eur-lex.europa.eu/legal-content/DE/TXT/PDF/?uri=CELEX:61970CJ0080&from=DE [Zugriff: 14. April 2019].

Rechtssache 43/75, Gabrielle Defrenne gegen Societé Anonyme Belge de Navigation Aérienne Sabena, 8. April 1976, online verfügbar: https://eur-lex.europa.eu/legal-content/DE/TXT/PDF/?uri=CELEX:61975CJ0043&from=DE [Zugriff: 24. Juli 2019].

Rechtssache 149/77 Gabrielle Defrenne gegen Société Anonyme Belge de Navigation Aérienne Sabena, 15. Juni 1978, online verfügbar: https://eur-lex.europa.eu/legal-content/DE/TXT/HTML/?uri=CELEX:61977CJ0149&qid=1569061340869&from=EN [Zugriff: 21. September 2019].

Rechtssache 120/78, Rewe-Zentral AG gegen Bundesmonopolverwaltung für Branntwein, 20. Februar 1979, online verfügbar: https://eur-lex.europa.eu/legal-content/DE/TXT/?uri=CELEX%3A61978CJ0120 [Zugriff: 12. März 2021].

Rechtssache 129/79, Macarthys Ltd gegen Wendy Smith, 27. März 1980, online verfügbar: https://eur-lex.europa.eu/legal-content/DE/TXT/?qid=155673724516 0&uri=CELEX:61979CJ0129 [Zugriff: 27. Juli 2019].

Rechtssache 96/80, J.P. Jenkins v Kingsgate (Clothing Productions) Ltd., 31. März 1981, online verfügbar: https://eur-lex.europa.eu/legal-content/DE/TXT/?qid=1555248383883&uri=CELEX:61980CJ0096 [Zugriff: 26. Juli 2019].

Rechtssache 12/81, Eileen Garland gegen British Rail Engineering Limited, 9. Februar 1982, online verfügbar: https://eur-lex.europa.eu/legal-content/DE/TXT/?qid=1555644346577&uri=CELEX:61981CJ0012 [Zugriff: 19. November 2019].

Rechtssache 164/82, Kommission der Europäischen Gemeinschaften gegen das Königreich Belgien, 1. Juni 1982, online verfügbar: https://eur-lex.europa.eu/legal-content/DE/TXT/PDF/?uri=OJ:JOC_1982_164_R_0007_01&qid=1560072976611&from=DE [Zugriff: 19. November 2019].

Rechtssache 163/82, Kommission der Europäischen Gemeinschaften gegen Italienische Republik, 26. Oktober 1983, online verfügbar: https://eur-lex.europa.eu/legal-content/DE/TXT/?qid=1560070102203&uri=CELEX:61982CJ0163 [Zugriff: 29. Juli 2019].

Rechtssache 165/82, Kommission der Europäischen Gemeinschaften gegen Vereinigtes Königreich Großbritannien und Nordirland, 8. November 1983, online verfügbar: https://eur-lex.europa.eu/legal-content/DE/TXT/?qid=155756990178 2&uri=CELEX:61982CJ0165 [Zugriff: 28. Juli 2019].

Rechtssache 184/83, Ulrich Hofmann gegen Barmer Ersatzkasse, 12. Juli 1984, online verfügbar: https://eur-lex.europa.eu/legal-content/DE/TXT/?qid=1560077951213&uri=CELEX:61983CJ0184 [Zugriff: 29. Juli 2019].

Rechtssache 248/83, Kommission der Europäischen Gemeinschaften gegen Bundesrepublik Deutschland, 21. Mai 1985, online verfügbar: https://eur-lex.europa.eu/legal-content/DE/TXT/?qid=1560070164490&uri=CELEX:61983CJ0248 [Zugriff: 28. Juli 2019].

Rechtssache 59/85, Niederländischer Staat gegen Ann Florence Reed, 17. April 1986, online verfügbar: https://eur-lex.europa.eu/legal-content/DE/TXT/?qid=1560678319745&uri=CELEX:61985CJ0059 [Zugriff: 19. November 2019].

Rechtssache 170/84, Bilka-Kaufhaus GmbH gegen Karin Weber von Hartz, 13. Mai 1986, online verfügbar: https://eur-lex.europa.eu/legal-content/DE/TXT/HTML/?uri=CELEX:61984CJ0170&qid=1555241013097&from=EN [Zugriff: 26. Juli 2019].

Rechtssache 222/84, Marguerite Johnston gegen Chief Constable of the Royal Ulster Constabulary, 15. Mai 1986, online verfügbar: https://eur-lex.europa.eu/legal-content/DE/TXT/?qid=1557572273358&uri=CELEX:61984CJ0222 [Zugriff: 28. Juli 2019].

Rechtssache 237/85, Gisela Rummler gegen Dato-Druck GmbH, 1. Juli 1986, online verfügbar: https://eur-lex.europa.eu/legal-content/DE/TXT/?qid=1557033691596&uri=CELEX:61985CJ0237 [Zugriff: 27. Juli 2019].

Rechtssache 157/86, Mary Murphy und andere gegen An Bord Telecom Eireann, 4. Februar 1988, online verfügbar: https://eur-lex.europa.eu/legal-content/DE/TXT/?qid=1557067326279&uri=CELEX:61986CJ0157 [Zugriff: 27. Juli 2019].

Rechtssache 262/88, Douglas Harvey Barber gegen Guardian Royal Exchange Assurance Group, 17. Mai 1990, online verfügbar: https://eur-lex.europa.eu/legal-content/DE/TXT/?qid=1556454558264&uri=CELEX:61988CJ0262 [Zugriff: 25. Juli 2019].

Rechtssache 33/89, Maria Kowalska gegen Freie und Hansestadt Hamburg, 27. Juni 1990, online verfügbar: https://eur-lex.europa.eu/legal-content/DE/TXT/?qid=1556435546647&uri=CELEX:61989CJ0033 [Zugriff: 26. Juli 2019].

Rechtssache 177/88, Elisabeth Johanna Pacifica Dekker gegen Stichting Vormingscentrum voor Jong Volwassenen (VJV-Centrum) Plus, 8. November 1990, online verfügbar: https://eur-lex.europa.eu/legal-content/DE/TXT/?qid=1557685795948&uri=CELEX:61988CJ0177 [Zugriff: 29. Juli 2019].

Rechtssache 179/88, Handels- og Kontorfunktionaerernes Forbund i Danmark, gegen Dansk Arbejdsgiverforening (Hertz), 8. November 1990, online verfügbar: https://eur-lex.europa.eu/legal-content/DE/TXT/?qid=1559467973435&uri=CELEX:61988CJ0179 [Zugriff: 29. Juli 2019].

Rechtssache 373/89, Caisse d'assurances sociales pour travailleurs indépendants "Integrity" gegen Nadine Rouvroy, 20. November 1990, online verfügbar: https://eur-lex.europa.eu/legal-content/DE/TXT/?qid=1563732628927&uri=CELEX:61989CJ0373 [Zugriff: 26. Juli 2019].

Rechtssache 184/89, Helga Nimz gegen Freie und Hansestadt Hamburg, 7. Februar 1991, online verfügbar: https://eur-lex.europa.eu/legal-content/EN/TXT/?qid=1555255955720&uri=CELEX:61989CJ0184 [Zugriff: 26. Juli 2019].

Rechtssache 31/90, Elsie Rita Johnson gegen Chief Adjudication Officer, 11. Juli 1991, online verfügbar: https://eur-lex.europa.eu/legal-content/DE/TXT/?qid=1563734451199&uri=CELEX:61990CJ0031 [Zugriff: 26. Juli 2019].

Rechtssache 369/90, Arbeiterwohlfahrt der Stadt Berlin e .V. gegen Monika Bötel, 4. Juni 1992, online verfügbar: https://eur-lex.europa.eu/legal-content/DE/TXT/?qid=1555406675036&uri=CELEX:61990CJ0360 [Zugriff: 26. Juli 2019].

Rechtssache 173/91, Kommission der Europäischen Gemeinschaften gegen Königreich Belgien, 17. Februar 1993, online verfügbar: https://eur-lex.europa.eu/legal-content/DE/TXT/?qid=1563716928707&uri=CELEX:61991CJ0173 [Zugriff: 19. November 2019].

Rechtssache 109/91, Gerardus Cornelis Ten Oever gegen Stichting Bedrijfspensioenfonds voor het Glazenwassers- en Schoonmaakbedrijf, 6. Oktober 1993, online verfügbar: https://eur-lex.europa.eu/legal-content/DE/TXT/HTML/?uri=CELEX:61991CJ0109&qid=1556441381676&from=DE [Zugriff: 26. Juli 2019].

Rechtssache 127/92, Dr. Pamela Mary Enderby gegen Frenchay Health Authority and Secretary of State for Health, 27. Oktober 1993, online verfügbar: https://eur-lex.europa.eu/legal-content/DE/TXT/?qid=1563730241761&uri=CELEX:61992CJ0127 [Zugriff: 27. Juli 2019].

Rechtssache 110/91, Michael Moroni gegen Collo GmbH, 14. Dezember 1993, online verfügbar: https://eur-lex.europa.eu/legal-content/DE/TXT/HTML/?uri=CELEX:61991CJ0110&from=DE [Zugriff: 26. Juli 2019].

Rechtssache 152/91, David Neath gegen Hugh Steeper Ltd, 22. Dezember 1993, online verfügbar: https://eur-lex.europa.eu/legal-content/DE/TXT/HTML/?uri=CELEX:61991CJ0152&from=DE [Zugriff: 26. Juli 2019].

Rechtssache 421/92, Gabriele Habermann-Beltermann gegen Arbeiterwohlfahrt, Bezirksverband Ndb./Opf. e .V., 5. Mai 1994, online verfügbar: https://eur-lex.europa.eu/legal-content/DE/TXT/?qid=1559710263710&uri=CELEX:61992CJ0421 [Zugriff: 29. Juli 2019].

Rechtssache 32/93, Carole Louise Webb gegen EMO Air Cargo (UK) Ltd., 14. Juli 1994, online verfügbar: https://eur-lex.europa.eu/legal-content/DE/TXT/?qid=1558189551671&uri=CELEX:61993CJ0032 [Zugriff: 29. Juli 2019].

Rechtssache 200/91, Coloroll Pension Trustees Ltd gegen James Richard Russell, Daniel Mangham, Gerald Robert Parker, Robert Sharp, Joan Fuller, Judith Ann Broughton und Coloroll Group plc., 28. September 1994, online verfügbar: https://eur-lex.europa.eu/legal-content/DE/TXT/HTML/?uri=CELEX:61991CJ0200&from=DE [Zugriff: 26. Juli 2019].

Rechtssache 7/93 Bestuur van het Algemeen burgerlijk pensioenfonds gegen G. A. Beune, 28. September 1994, online verfügbar: https://eur-lex.europa.eu/legal-content/DE/TXT/?qid=1556727488365&uri=CELEX:61992CC0408 [Zugriff: 26. Juli 2019].

Rechtssache 57/93, Anna Adriaantje Vroege gegen NCIV Instituut voor Volkshuisvesting BV und Stichting Pensioenfonds NCIV, 28. September 1994, online verfügbar: https://eur-lex.europa.eu/legal-content/DE/TXT/?qid=1556731178774&uri=CELEX:61993CJ0057 [Zugriff: 26. Juli 2019].

Rechtssache 128/93, Geertruida Catharina Fisscher gegen Voorhuis Hengelo BV und Stichting Bedrijfspensioenfonds voor de Detailhande, 28. September 1994, online verfügbar: https://eur-lex.europa.eu/legal-content/DE/TXT/?qid=1556733996104&uri=CELEX:61993CJ0128 [Zugriff: 26. Juli 2019].

Rechtssache 408/92, Constance Christina Ellen Smith und andere gegen Avdel Systems Ltd, 28. September 1994, online verfügbar: https://eur-lex.europa.eu/legal-content/DE/TXT/?qid=1556727488365&uri=CELEX:61992CJ0408 [Zugriff: 26. Juli 2019].

Rechtssache 450/93, Eckhard Kalanke gegen Freie Hansestadt Bremen, 17. Oktober 1995, online verfügbar: https://eur-lex.europa.eu/legal-content/DE/TXT/?qid=1570352559459&uri=CELEX:61993CJ0450 [Zugriff 30. Juli 2019].

Rechtssache 342/93, Joan Gillespie und andere gegen Northern Health and Social Services Boards, Department of Health and Social Services, Eastern Health and Social Services Board und Southern Health and Social Services Board, 13. Februar 1996, online verfügbar: https://eur-lex.europa.eu/legal-content/DE/TXT/?qid=1563718153596&uri=CELEX:61993CJ0342 [Zugriff: 26. Juli 2019].

Rechtssache 278/93, Edith Freers und Hannelore Speckmann gegen Deutsche Bundespost, 7. März 1996, online verfügbar: https://eur-lex.europa.eu/legal-content/DE/TXT/HTML/?uri=CELEX:61993CJ0278&qid=1555258604326&from=EN [Zugriff: 26. Juli 2019].

Rechtssache 13/94, P gegen S und Cornwall County Council, 30. April 1996, online verfügbar: https://eur-lex.europa.eu/legal-content/DE/TXT/?qid=1560367279779&uri=CELEX:61994CJ0013 [Zugriff: 31. Juli 2019].

Rechtssache 400/95, Handels- og Kontorfunktionærernes Forbund i Danmark als Beauftragter von Helle Elisabeth Larsson gegen Dansk Handel & Service als Beauftragter der Føtex Supermarked A/S (Larsson), 29. Mai 1997, online verfügbar: https://eur-lex.europa.eu/legal-content/DE/TXT/?qid=1560015518223&uri=CELEX:61995CJ0400 [Zugriff: 30. Juli 2019].

Rechtssache 409/95, Hellmut Marschall gegen Land Nordrhein-Westfalen, 11. November 1997, online verfügbar: https://eur-lex.europa.eu/legal-content/DE/TXT/?qid=1560097387882&uri=CELEX:61995CJ0409 [Zugriff: 30. Juli 2019].

Rechtssache 249/96, Lisa Jacqueline Grant gegen South-West Trains Ltd., 17. Februar 1998, online verfügbar: https://eur-lex.europa.eu/legal-content/DE/TXT/?qid=1560617905558&uri=CELEX:61996CJ0249 [Zugriff: 1. August 2019].

Rechtssache 136/95, Caisse nationale d'assurance vieillesse des travailleurs salariés (CNAVTS) gegen Evelyne Thibault, 30. April 1998, online verfügbar: https://eur-lex.europa.eu/legal-content/DE/TXT/?qid=1560015110355&uri=CELEX:61995CJ0136 [Zugriff: 29. Juli 2019].

Rechtssache 309/97, Angestelltenbetriebsrat der Wiener Gebietskrankenkasse gegen Wiener Gebietskrankenkasse, 11. Mai 1999, online verfügbar: https://eur-lex.europa.eu/legal-content/DE/TXT/?qid=1557032350707&uri=CELEX:61997CJ0309 [Zugriff: 27. Juli 2019].

Rechtssache 249/97, Gabriele Gruber gegen Silhouette International Schmied GmbH & Co. KG, 14. September 1999, online verfügbar: https://eur-lex.europa.eu/legal-content/DE/TXT/?qid=1560084926111&uri=CELEX:61997CJ0249 [Zugriff: 29. Juli 2019].

Rechtssache 333/97, Susanne Lewen gegen Lothar Denda, 21. Oktober 1999, online verfügbar: https://eur-lex.europa.eu/legal-content/DE/TXT/?uri=CELEX%3A61997CJ0333 [Zugriff: 19. November 2019].

Rechtssache 273/97, Angela Maria Sirdar gegen The Army Board und Secretary of State for Defence, 26. Oktober 1999, online verfügbar: https://eur-lex.europa.eu/legal-content/DE/TXT/?qid=1557575113217&uri=CELEX:61997CJ0273 [Zugriff: 28. Juli 2019].

Rechtssache 285/98, Tanja Kreil gegen Bundesrepublik Deutschland, 11. Januar 2000, online verfügbar: https://eur-lex.europa.eu/legal-content/DE/TXT/?qid=1557661000633&uri=CELEX:61998CJ0285 [Zugriff: 28. Juli 2019].

Rechtssache 207/98, Silke-Karin Mahlburg gegen Land Mecklenburg-Vorpommern, 3. Februar 2000, online verfügbar: https://eur-lex.europa.eu/legal-content/DE/TXT/?qid=1559996840449&uri=CELEX:61998CJ0207 [Zugriff: 29. Juli 2019].

Rechtssache 158/97, Georg Badeck u. a., Beteiligte: Hessische Ministerpräsident und Landesanwalt beim Staatsgerichtshof des Landes Hessen, 28. März 2000, online verfügbar: https://eur-lex.europa.eu/legal-content/DE/TXT/?qid=1560191717574&uri=CELEX:61997CJ0158 [Zugriff: 30. Juli 2019].

Rechtssache 79/99, Julia Schnorbus gegen Land Hessen, 7. Dezember 2000, online verfügbar: https://eur-lex.europa.eu/legal-content/DE/TXT/?qid=1559710519092&uri=CELEX:61999CJ0079 [Zugriff: 28. Juli 2019].

Rechtssachen 122/99P und 125/99P, D und Königreich Schweden gegen Rat der Europäischen Union, 21. Mai 2001, online verfügbar: https://eur-lex.europa.eu/legal-content/DE/TXT/?qid=1560621258404&uri=CELEX:61999CJ0122 [Zugriff: 1. August 2019].

Rechtssache 109/00, Tele Danmark A/S gegen Handels- og Kontorfunktionærernes Forbund i Danmark (HK), 4. Oktober 2001, online verfügbar: https://eur-lex.europa.eu/legal-content/DE/TXT/?qid=1558191700489&uri=CELEX:62000CJ0109 [Zugriff: 29. Juli 2019].

Rechtssache 366/99, Joseph Griesmar gegen Ministre de l'Economie, des Finances et de l'Industrie und Ministre de la Fonction publique, de la Réforme de l'Etat et de la Décentralisation, 29. November 2001, online verfügbar: https://eur-lex.europa.eu/legal-content/DE/TXT/?qid=1560097387882&uri=CELEX:61999CJ0366 [Zugriff: 30. Juli 2019].

Rechtssache 476/99, H. Lommers gegen Minister van Landbouw, Natuurbeheer en Visserij, 19. März 2002, online verfügbar: https://eur-lex.europa.eu/legal-content/DE/TXT/?qid=1560276593399&uri=CELEX:61999CJ0476 [Zugriff: 30. Juli 2019].

Rechtssache 320/01, Wiebke Busch gegen Klinikum Neustadt GmbH & Co. Betriebs-KG, 27. Februar 2003, online verfügbar: https://eur-lex.europa.eu/legal-content/DE/TXT/?qid=1559476911458&uri=CELEX:62001CJ0320 [Zugriff: 30. Juli 2019].

Rechtssache 168/01, Alexander Dory gegen Bundesrepublik Deutschland, 11. März 2003, online verfügbar: https://eur-lex.europa.eu/legal-content/DE/TXT/?qid=1557661000633&uri=CELEX:62001CJ0186 [Zugriff: 28. Juli 2019].

Rechtssachen 4/02 und 5/02, Hilde Schönheit gegen Stadt Frankfurt am Main und Silvia Becker gegen Land Hessen, 23. Oktober 2003, https://eur-lex.europa.eu/legal-content/DE/TXT/?qid=1570977496298&uri=CELEX:62002CJ0004 [Zugriff: 19. November 2019].

Rechtssache 117/01, K.B. gegen National Health Service Pensions Agency und Secretary of State for Health, 7. Januar 2004, online verfügbar: https://eur-lex.europa.eu/legal-content/DE/TXT/?qid=1560590382317&uri=CELEX:62001CJ0117 [Zugriff: 30. Juli 2019].

Rechtssache 380/01, Gustav Schneider gegen Bundesminister für Justiz, 5. Februar 2004, online verfügbar: https://eur-lex.europa.eu/legal-content/DE/TXT/?qid=1560097387882&uri=CELEX:62001CJ0380 [Zugriff: 30. Juli 2019].

Rechtssache 220/02, Österreichischer Gewerkschaftsbund, Gewerkschaft der Privatangestellten gegen Wirtschaftskammer Österreich, 8. Juni 2004, online verfügbar: https://eur-lex.europa.eu/legal-content/DE/TXT/?qid=1560090067907&uri=CELEX:62002CJ0220 [Zugriff: 29. Juli 2019].

Rechtssache 423/04, Sarah Margaret Richards gegen Secretary of State for Work and Pensions, 27. Juni 2006, online verfügbar: https://eur-lex.europa.eu/legal-content/DE/TXT/?qid=1563015248794&uri=CELEX:62004CJ0423 [Zugriff: 31. Juli 2019].

Rechtssache 300/06, Ursula Voß gegen Land Berlin, 6. Dezember 2007, online verfügbar: https://eur-lex.europa.eu/legal-content/DE/TXT/?qid=1555410969098&uri=CELEX:62006CJ0300 [Zugriff: 26. Juli 2019].

Rechtssache 267/06, Tadao Maruko gegen Versorgungsanstalt der deutschen Bühnen, 1. April 2008, online verfügbar: https://eur-lex.europa.eu/legal-content/DE/TXT/?qid=1560878973126&uri=CELEX:62006CJ0267 [Zugriff: 1. August 2019].

Verbundene Rechtssachen 395/08, Istituto nazionale della previdenza sociale (INPS)/Tiziana Bruno, Massimo Pettini und 396/08 Daniela Lotti, Clara Matteucci, 10. Juni 2010, online verfügbar: https://eur-lex.europa.eu/legal-content/DE/TXT/HTML/?uri=CELEX:62008CA0395&qid=1570349245847&from=DE [Zugriff: 6. Oktober 2019].

Rechtssache 5/12, Marc Betriu Montull gegen Instituto Nacional de la Seguridad Social (INSS), 19. September 2013, online verfügbar: https://eur-lex.europa.eu/legal-content/DE/TXT/?qid=1560276854275&uri=CELEX:62012CJ0005 [Zugriff: 29. Juli 2019].

Rechtssache 267/12, Frédéric Hay gegen Crédit agricole mutuel de Charente-Maritime et des Deux-Sèvres, 12. Dezember 2013, online verfügbar: https://eur-lex.europa.eu/legal-content/DE/TXT/?qid=1560878973126&uri=CELEX:62012CJ0267 [Zugriff: 1. August 2019].

Rechtssache 673/16, Vorabentscheidungsersuchen der Curtea Constituţională a României (Rumänien), eingereicht am 30. Dezember 2016, Relu Adrian Coman, Robert Clabourn Hamilton, Asociaţia Accept gegen Inspectoratul General pentru Imigrări, Ministerul Afacerilor Interne, Consiliu Naţional pentru Combaterea Discriminării, ABl. Nr. C 104/29, 3. April 2017, online verfügbar: https://eur-lex.europa.eu/legal-content/DE/TXT/?qid=1581857579047&uri=CELEX:62016CN0673 [Zugriff: 16. Februar 2020].

Rechtssache 103/16, Jessica Porras Guisado gegen Bankia SA u. a., 22. Februar 2018, online verfügbar: https://eur-lex.europa.eu/legal-content/DE/TXT/?qid=1562702065947&uri=CELEX:62016CJ0103 [Zugriff: 29. Juli 2019].

Rechtssache 673/16, Relu Adrian Coman, Robert Clabourn Hamilton, Asociaţia Accept gegen Inspectoratul General pentru Imigrări, Ministerul Afacerilor Interne, Consiliu Naţional pentru Combaterea Discriminării, Press Release No. 80/18, 5. Juni 2018, online verfügbar: https://curia.europa.eu/jcms/upload/docs/application/pdf/2018-06/cp180080en.pdf [Zugriff: 16. Februar 2020].

Rechtssache 451/16, MB gegen Secretary of State for Work and Pensions, 26. Juni 2018, online verfügbar: https://eur-lex.europa.eu/legal-content/DE/TXT/?qid=1562999911279&uri=CELEX:62016CJ0451 [Zugriff: 31. Juli 2019].

Vorabentscheidungsersuchen des Court of Appeal (Vereinigtes Königreich), eingereicht am 5. März 2018, Rechtssache 171/18, Safeway Ltd gegen Andrew Richard Newton, Safeway Pension Trustees Ltd, online verfügbar: https://eur-lex.europa.eu/legal-content/DE/TXT/?uri=CELEX%3A62018CN0171 [Zugriff: 24. Juli 2019].

Rechtssache 493/17, Verfahren über die Verfassungsbeschwerden von Heinrich Weiss u. a., Bernd Lucke u. a., Peter Gauweiler, Johann Heinrich von Stein u. a., 11. Dezember 2018, online verfügbar: https://eur-lex.europa.eu/legal-content/DE/TXT/?uri=CELEX%3A62017CJ0493 [Zugriff: 7. August 2020].

Rechtssache C-619/18, Europäische Kommission gegen Republik Polen, 24. Juni 2019, online verfügbar: https://eur-lex.europa.eu/legal-content/DE/TXT/?uri=CELEX%3A62018CA0619&qid=1609193484587 [Zugriff: 3. Dezember 2020].

Rechtssache 171/18, Safeway Ltd gegen Andrew Richard Newton, Safeway Pension Trustees Ltd., 7. Oktober 2019, online verfügbar: https://eur-lex.europa.eu/legal-content/DE/TXT/HTML/?uri=CELEX:62018CJ0171&qid=1586532608313&from=EN [Zugriff: 11. April 2020].

Rechtssache 192/18, Kommission gegen Polen, 5. November 2019, online verfügbar: http://curia.europa.eu/juris/celex.jsf?celex=62018CJ0192&lang1=de&type=TXT&ancre= [Zugriff: 1. Oktober 2020].

Verbundene Rechtssachen C-585/18, C-624/18, C-625/18, A. K. u. a. gegen Sąd Najwyższy, 19. November 2019, online verfügbar: https://eur-lex.europa.eu/legal-content/DE/TXT/?uri=CELEX%3A62018CJ0585&qid=1609181597998 [Zugriff: 3. Dezember 2020].

Beschluss des Gerichtshofes in der Rechtssache C-791/19 R, 8. April 2020, online verfügbar: https://eur-lex.europa.eu/legal-content/DE/TXT/?uri=CELEX%3A62019CO0791%2801%29&qid=1609182266433 [Zugriff: 3. Dezember 2020].

## Schlussanträge der Generalanwälte am Gerichtshof der Europäischen Union (nach Datum)

Schlussanträge des Generalanwaltes Alain Duteillhet de Lamothe in der Rechtssache 80/70, Gabrielle Defrenne gegen belgischen Staat, 29. April 1971, online verfügbar: https://eur-lex.europa.eu/legal-content/DE/TXT/HTML/?uri=CELEX:61970CC0080&from=EN [Zugriff: 14. April 2019].

Schlussanträge des Generalanwalts Alberto Trabucchi in der Rechtssache 43/75, Gabrielle Defrenne gegen Societé Anonyme Belge de Navigation Aérienne Sabena, 10. März 1976, online verfügbar: https://eur-lex.europa.eu/legal-content/DE/TXT/HTML/?uri=CELEX:61975CC0043&from=DE [Zugriff: 24. Juli 2019].

Schlussanträge des Generalanwaltes Francesco Capotorti, Rechtssache 129/79, Macarthys Ltd gegen Wendy Smith, 28. Februar 1980, online verfügbar: https://eur-lex.europa.eu/legal-content/DE/TXT/?qid=1556737245160&uri=CELEX:61979CC0129 [Zugriff: 27. Juli 2019].

Schlussanträge des Generalanwaltes Jean-Pierre Warner, Rechtssache 96/80, J. P. Jenkins v Kingsgate (Clothing Productions) Ltd., 28. Januar 1981, online verfügbar: https://eur-lex.europa.eu/legal-content/DE/TXT/HTML/?uri=CELEX:61980CC0096&qid=1555248383883&from=EN [Zugriff: 26. Juli 2019].

Schlussanträge des Generalanwalts Simone Rozès, Rechtssache 165/82, Kommission der Europäischen Gemeinschaften gegen Vereinigtes Königreich Großbritannien und Nordirland, 7. Juni 1983, online verfügbar: https://eur-lex.europa.eu/legal-content/DE/TXT/?qid=1557569901782&uri=CELEX:61982CC0165 [Zugriff: 28. Juli 2019].

Schlussanträge des Generalanwaltes Marco Darmon, Rechtssache 184/83, Ulrich Hofmann gegen Barmer Ersatzkasse, 27. Juni 1984, online verfügbar: https://eur-lex.europa.eu/legal-content/DE/TXT/?qid=1560077951213&uri=CELEX:61983CC0184 [Zugriff: 31. Juli 2019].

Schlussanträge des Generalanwalts G. Frederico Mancini, Rechtssache 248/83, Kommission der Europäischen Gemeinschaften gegen Bundesrepublik Deutschland, 26. Februar 1985, online verfügbar: https://eur-lex.europa.eu/legal-content/DE/TXT/?qid=1560070102203&uri=CELEX:61983CC0248 [Zugriff: 28. Juli 2019].

Schlussanträge des Generalanwalts Marco Darmon, Rechtssache 222/84, Marguerite Johnston gegen Chief Constable of the Royal Ulster Constabulary, 28. Januar 1986, online verfügbar: https://eur-lex.europa.eu/legal-content/DE/TXT/?qid=1557572273358&uri=CELEX:61984CC0222 [Zugriff: 28. Juli 2019].

Schlussanträge des Generalanwaltes Carl Otto Lenz, Rechtssache 237/85, Gisela Rummler gegen Dato Druck GmbH, 27. Mai 1986, online verfügbar:https://eur-lex.europa.eu/legal-content/DE/TXT/?qid=1557033691596&uri=CELEX:61985CC0237 [Zugriff: 27. Juli 2019].

Schlussanträge des Generalanwaltes Carl Otto Lenz, Rechtssache 157/86, Mary Murphy und andere gegen An Bord Telecom Eireann, 10. November 1987, online verfügbar: https://eur-lex.europa.eu/legal-content/DE/TXT/?qid=1557067326279&uri=CELEX:61986CC0157 [Zugriff: 27. Juli 2019].

Schlussanträge des Generalanwaltes Walter Van Gerven in der Rechtssache 262/88, Douglas Harvey Barber gegen Guardian Royal Exchange Assurance Group, 30. Januar 1990, online verfügbar: https://eur-lex.europa.eu/legal-content/DE/TXT/HTML/?uri=CELEX:61988CC0262&from=DE [Zugriff: 25. Juli 2019].

Verbundene Schlussanträge des Generalanwaltes Walter Van Gerven in den Rechtssachen C-109/91, C-110/91, C-152/91 und C-200/91, 28. April 1993, online verfügbar: https://eur-lex.europa.eu/legal-content/DE/TXT/HTML/?uri=CELEX:61991CC0109&from=DE [Zugriff: 26. Juli 2019].

Verbundene Schlussanträge des Generalanwaltes Walter Van Gerven in den Rechtssachen 408/92 Constance Christina Ellen Smith und andere gegen Avdel Systems Ltd. und 28/93 Maria Nelleke Gerda Van Der Akker und andere gegen Stichting Shell Pensioenfonds, 4. Mai 1994, online verfügbar: https://eur-lex.europa.eu/legal-content/DE/TXT/?qid=1556727488365&uri=CELEX:61992CC0408 [Zugriff: 26. Juli 2019].

Schlussanträge des Generalanwaltes Guiseppe Tesauro, Rechtssache 450/93, Eckhard Kalanke gegen Freie Hansestadt Bremen, 6. April 1995, online verfügbar: https://eur-lex.europa.eu/legal-content/DE/TXT/?qid=1560091949036&uri=CELEX:61993CC0450 [Zugriff: 30. Juli 2019].

Schlussanträge des Generalanwaltes Guiseppe Tesauro, Rechtssache 13/94, P gegen S und Cornwall County Council, 14. Dezember 1995, online verfügbar: https://eur-lex.europa.eu/legal-content/DE/TXT/?qid=1560451995317&uri=CELEX:61994CC0013 [Zugriff: 30. Juli 2019].

Schlussanträge des Generalanwalts Ruiz-Jarabo Colomer vom 9. Januar 1997. – Caisse nationale d'assurance vieillesse des travailleurs salariés (CNAVTS) gegen Evelyne Thibault, Rechtssache 136/95, Caisse nationale d'assurance vieillesse des travailleurs salariés (CNAVTS) gegen Evelyne Thibault, 9 Januar 1997, online verfügbar: https://eur-lex.europa.eu/legal-content/DE/TXT/HTML/?uri=CELEX:61995CC0136&qid=1605962522351&from=EN [Zugriff: 19. November 2020].

Schlussanträge des Generalanwaltes Sir Francis Geoffrey Jacobs, Rechtssache 409/95, Hellmut Marschall gegen Land Nordrhein-Westfalen, 15. Mai 1997, online verfügbar: https://eur-lex.europa.eu/legal-content/DE/TXT/?qid=1560097387882&uri=CELEX:61995CC0409 [Zugriff: 30. Juli 2019].

Schlussanträge des Generalanwaltes Michael Bendik Elmer, Rechtssache 249/96, Lisa Jacqueline Grant gegen South-West Trains Ltd., 30. September 1997, online verfügbar: https://eur-lex.europa.eu/legal-content/DE/TXT/?qid=1560617905558&uri=CELEX:61996CC0249 [Zugriff: 1. August 2019].

Schlussanträge des Generalanwaltes Antonio La Pergola, Rechtssache 273/97, Angela Maria Sirdar gegen The Army Board und Secretary of State for Defence, 18. Mai 1999, online verfügbar: https://eur-lex.europa.eu/legal-content/DE/TXT/?qid=1557575113217&uri=CELEX:61997CC0273 [Zugriff: 28. Juli 2019].

Schlussanträge des Generalanwaltes Antonio Saggio, Rechtssache 158/97, Georg Badeck u. a., Beteiligte: Hessische Ministerpräsident und Landesanwalt beim Staatsgerichtshof des Landes Hessen, 10. Juni 1999, online verfügbar: https://eur-lex.europa.eu/legal-content/DE/TXT/?qid=1560274052659&uri=CELEX:61997CC0158 [Zugriff: 30. Juli 2019].

Schlussanträge des Generalanwaltes Antonio Saggio, Rechtssache 207/98, Silke-Karin Mahlburg gegen Land Mecklenburg-Vorpommern, 7. Oktober 1999, online verfügbar: https://eur-lex.europa.eu/legal-content/DE/TXT/?qid=1560013637090&uri=CELEX:61998CC0207 [Zugriff: 29. Juli 2019].

Schlussanträge des Generalanwaltes Antonio La Pergola, Rechtssache 285/98, Tanja Kreil gegen Bundesrepublik Deutschland, 26. Oktober 1999, online verfügbar: https://eur-lex.europa.eu/legal-content/DE/TXT/?qid=1557661000633&uri=CELEX:61998CC0285 Zugriff: 28. Juli 2019].

Schlussanträge des Generalanwaltes Siegbert Alber, Rechtssache 366/99, Joseph Griesmar gegen Ministre de l'Economie, des Finances et de l'Industrie und Ministre de la Fonction publique, de la Réforme de l'Etat et de la Décentralisation, 22. Februar 2001, online verfügbar: https://eur-lex.europa.eu/legal-content/DE/TXT/?qid=1573996908181&uri=CELEX:61999CC0366 [Zugriff: 30. Juli 2019].

Schlussanträge der Generalanwältin Christine Stix-Hackl, Rechtssache 186/01, Alexander Dory gegen Bundesrepublik Deutschland, 28. November 2002, online verfügbar: https://eur-lex.europa.eu/legal-content/DE/TXT/?qid=1557661000633&uri=CELEX:62001CC0186 [Zugriff: 28. Juli 2019].

Schlussanträge des Generalanwaltes Ruiz-Jarabo Colomer: Rechtssache 117/01, K. B. gegen National Health Service Pensions Agency und Secretary of State for Health, 10. Juni 2003, online verfügbar: https://eur-lex.europa.eu/legal-content/DE/TXT/?qid=1560590382317&uri=CELEX:62001CC0117 [Zugriff: 31. Juli 2019].

Schlussanträge des Generalanwaltes Sir Francis Geoffrey Jacobs, Rechtssache 423/04, Sarah Margaret Richards gegen Secretary of State for Work and Pensions, 15. Dezember 2005, online verfügbar: https://eur-lex.europa.eu/legal-content/DE/TXT/?qid=1563015248794&uri=CELEX:62004CC0423 [Zugriff: 31. Juli 2019].

Schlussanträge des Generalanwaltes Evgeni Tanchev in der Rechtssache 171/18, Safeway Ltd gegen Andrew Richard Newton, Safeway Pension Trustees Ltd., 28. März 2019, online verfügbar: http://curia.europa.eu/juris/document/document.jsf?text=&docid=212341&pageIndex=0&doclang=DE&mode=req&dir=&occ=first&part=1 [Zugriff: 24. Juli 2019].

FSC
www.fsc.org
MIX
Papier | Fördert gute Waldnutzung
FSC® C083411

Kolibri 360 GmbH
Ferdinand-Jühlke-Straße 7
99095 Erfurt, Deutschland
produktsicherheit@kolibri360.de